上海现代服务业联合会郑惠强会长

上海现代服务业联合会郑惠强会长出席上海现代物流高峰论坛

市商务委领导出席上海现代物流高峰论坛

上海现代服务业联合会常务副会长陈振鸿参加《上海物流年鉴》编撰工作会议

《上海物流年鉴》编撰工作会议现场

上海现代服务业联合会会长郑惠强参加第四届理事会

上海现代服务业联合会副会长兼秘书长等领导会见天津市商务委领导

上海现代服务业联合会常务副会长陈振鸿调研华穗智慧物流有限公司

上海物流社团组织合作联盟秘书长会议

上海现代服务业联合会相关领导出席第三届虹桥经济论坛分论坛

物流与供应链专委会相关领导参观进博会

物流与供应链专委会相关领导在进博会现场

会员单位调研上海现代服务业促进中心

华辰优安进口越南农产品签约仪式

市商务委相关领导召开上海城市应急供应链体系建设研讨会

2020 首届中国（上海）工业品在线交易节物流采购日活动成功举办

上海物流行业社会组织合作联盟第一次秘书长联席会议

上海市人民政府副秘书长尚玉英带队调研华辰优安

市物流协会带领上海市 4 家先进集体、9 名劳动模范、1 名先进工作者
赴京参加表彰大会

市物流协会与青浦区市场监管局共同举办互动式培训会

市物流协会与市经信委生产性服务业处及惠尔物流公司开展支部联建活动

市物流协会参加中物联“物流企业标准宣贯暨创新发展大会”

市物流协会开展中职教师企业实践活动带教师培训会

物流与供应链专委会相关领导参加江苏上海物流产业招商活动

《上海物流年鉴》编辑部领导走访美团上海总部

长三角物流发展联席会议与合作联盟秘书处召开工作会议

上海现代服务业联合会白焕耀副秘书长出席会议现场

市物流协会征询智库专家对“十四五物流规划建议”的意见

市报关协会、市货代协会和市物流协会共同签订“诚信同盟宣言”

康成投资(中国)有限公司

康成投资（中国）有限公司（英文名称：CONCORD INVESTMENT (CHINA) CO., LTD. 简称"康成投资"）是上海市外商投资企业协会副会长级会员单位。"康成投资"是2005年3月4日经国家商务部批准成立的外商投资性公司，2009年12月21日经上海市商务委员会认定为"跨国公司地区总部"，是"大润发"系列注册商标的所有权人，目前公司注册资本为24831.3183万美元。

2017年11月20日，阿里巴巴与大润发母公司高鑫零售达成战略合作，阿里巴巴投入约224亿港元持有高鑫零售36.16%的股份。高鑫零售旗下有大润发和欧尚两大零售企业，截至2016年现代通路中的主要零售商占有率大润发(6.5%)和欧尚(1.3%)共有7.8%的市场份额，排名中国第一。作为全国最大的大卖场运营商与全国最大的电商平台，两者强强联手将从商业模式和资本结构双通道加快推动新零售进程。

物流体系的建构：

1. 全国物流中心：

5大中心仓库：华东/华北/东北/华南/华中

5大区域仓库：南京/厦门/成都/哈尔滨/金厦

总计面积：500000平方米

2. 仓库参数

品项数：23000 SKU

日均收货量：70万箱(2100万箱/月)

日均出货量：65万箱(2000万箱/月)

365天24小时提供服务

3. 自动化仓库作业

滑块分拣机+堆垛机器人：

【货到人】机器人系统

无人搬运车+遥控拣货车

4. 运输参数

日均趟次：485趟(14550趟/月)

总车辆数：360台

总柜数：1050个

平均里程：350-400公里(最远距离4000公里)

5. 运输作业

运输模式：路运/海运/铁路

GPS：里程/油耗/轨迹/车速/停车异常/超速报警

OTMS：外车预约/报到/追踪在途车辆及时状况

作业准则：

效率最大化，成本最小化

安全、效率、品质、服务、成本、创新

精益求精，落实工匠精神

服务宗旨

满足顾客需求，并让顾客满意

未来已来，唯一的不变就是改变

上海物流年鉴 2021

Shanghai Logistics Yearbook 2021

上海现代服务业联合会
上 海 市 物 流 协 会 编著
上 海 市 物 流 学 会

上海社会科学院出版社
SHANGHAI ACADEMY OF SOCIAL SCIENCES PRESS

图书在版编目（CIP）数据

上海物流年鉴. 2021 / 上海现代服务业联合会，上海市物流协会，上海市物流学会编著. ——上海：上海社会科学院出版社，2021

ISBN 978-7-5520-3545-2

Ⅰ. ①上… Ⅱ. ①上… ②上… ③上… Ⅲ. ①物流－上海－2019－年鉴 Ⅳ. ①F259.275.1-54

中国版本图书馆CIP数据核字(2021)第064239号

上海物流年鉴 2021

编　　著—— 上海现代服务业联合会
　　　　　　上海市物流协会
　　　　　　上海市物流学会
责任编辑—— 董汉玲
封面设计—— 白焕耀
出版发行—— 上海社会科学院出版社
　　　　　　上海顺昌路 622 号　邮编 200025
　　　　　　电话总机 021-63315947　销售热线 021-53063735
　　　　　　http://www.sassp.cn　E-mail:sassp@sass.cn
印　　刷—— 上海新岛印刷有限公司
开　　本—— 890 毫米 ×1240 毫米　1/16
印　　张—— 34.5
字　　数—— 848 千字
插　　页—— 16
版　　次—— 2021 年 4 月第 1 版
　　　　　　2021 年 4 月第 1 次印刷
书　　号—— 978-7-5520-3545-2/F·655
定　　价—— 399.00 元

《上海物流年鉴》编辑委员会

地址： 上海市浦东滨江大道 2525 弄 5 号 A 栋（邮编 200120）/ 北海路 8 号福申大厦 10 楼（邮编 200001）

电话： 021-50151868（总机）　**传真：** 021-50151827

E-mail: shsf.china@163.com　shlogyearbook@126.com

新浪博客 / 微博：http://blog.sina.com.cn/u/2748023544

前　言

2020年是我国全面建成小康社会和“十三五”规划收官之年，是“三大攻坚战”的最后攻关之年，是“决胜之年”，更是不平凡的一年。在新冠病毒全球大流行的背景下，物流行业在抗疫的大背景下起到了突击队的作用，为防疫抗疫及复工复产保驾护航，且基本落实了“十三五”以来制定的各项计划和目标。在这具有重大意义的一年里，《上海物流年鉴2021》在我们全体编撰人员的努力下，又如期和大家见面了。我谨代表上海现代服务业联合会及我个人，向多年来支持和参与年鉴编辑工作的工作人员和单位表示衷心感谢，同时向2021版上海物流年鉴的发行表示祝贺。

全市物流从业人士敢为先锋，在以习近平同志为核心的党中央、国务院和中共上海市委市政府的统揽全局、运筹帷幄下，我们上海物流业人士交出了一份满意的答卷。全年实现交通物流运输、仓储和邮政业增加值1474.82亿元。全年各种运输方式完成货物运输总量达139226.01万吨。全年上海港口吞吐量达到71669.95万吨，集装箱吞吐量达4350万标准箱，较上一年增长0.45%。比2019年增长20万标箱，再创历史新高，连续第十一年领跑全球。为主动提升城市能级、推动上海现代服务业高质量发展和物流行业“十四五”发展规划，奠定了坚实的基础。

2020年，在疫情防控的大背景下，面对国内外严峻复杂的形势和新冠肺炎疫情的严重冲击，我国外贸进出口明显好于预期，成为全球唯一实现货物贸易正增长的主要经济体，这充分体现了我国外贸的强大韧性和综合竞争力，可以说，既实现了稳定增长，也实现了质量提升。货物贸易的稳定增长是保障物流行业正向发展的原动力，同时在经济内循环的大战略下“宅经济”的创新发展，突出了一批市内配送服务的优秀企业，在满足老百姓足不出户的情况下，保障生活民生物资的保障供应。这些都是在2020年我们物流行业的突出贡献。

今年出版的《上海物流年鉴2021》是本年鉴创办以来的第十本。正所谓十年磨一剑，经过十年的不懈努力、探索创新，该年鉴已经成为业内认可度很高的权威物流行业发展分析图书，得到物流界内外的一致认可。

十年风雨同舟，无愧来时路。百载辉煌共梦，不移前进心。希望我们上海物流行业同仁继续发扬勇于承担、使命必达的精神，继续推动上海现代物流服务行业高质量发展。

郑秉强

2021年5月6日

目 录

第一篇 综合报告与政策文件

第二篇 物流业发展景气指数

第三篇 口岸、自贸区、进口博览会物流

第四篇 长三角物流业区域联动合作

第五篇 制造业物流

第六篇 逆向物流

第七篇 城市配送与快递物流

第八篇 物流装备、标准、技术和信息化

第九篇 物流金融与保险

第十篇 附 录

第一篇 综合报告与政策文件

1.1 物流业综合报告和2020年度统计数据

1.1.1 全国物流业

《中华人民共和国2020年国民经济和社会发展统计公报》交通运输、仓储和邮政业部分统计数据（节录）

四、服务业

全年批发和零售业增加值95686亿元，比上年下降1.3%；交通运输、仓储和邮政业增加值41562亿元，增长0.5%；住宿和餐饮业增加值15971亿元，下降13.1%；金融业增加值84070亿元，增长7.0%；房地产业增加值74553亿元，增长2.9%；信息传输、软件和信息技术服务业增加值37951亿元，增长16.9%；租赁和商务服务业增加值31616亿元，下降5.3%。全年规模以上服务业企业营业收入比上年增长1.9%，利润总额下降7.0%。

全年货物运输总量463亿吨，货物运输周转量196618亿吨公里。全年港口完成货物吞吐量145亿吨，比上年增长4.3%，其中外贸货物吞吐量45亿吨，增长4.0%。港口集装箱吞吐量26430万标准箱，增长1.2%。

表3 2020年各种运输方式完成货物运输量及其增长速度

指标	单位	绝对数	比上年增长（%）
货物运输总量	亿吨	463.4	-0.5
铁路	亿吨	44.6	3.2
公路	亿吨	342.6	-0.3
水运	亿吨	76.2	-3.3
民航	万吨	676.6	-10.2
货物运输周转量	亿吨公里	196618.3	-1.0
铁路	亿吨公里	30371.8	1.0
公路	亿吨公里	60171.8	0.9
水运	亿吨公里	105834.4	-2.5
民航	亿吨公里	240.2	-8.7

全年旅客运输总量97亿人次，比上年下降45.1%。旅客运输周转量19251亿人公里，下降45.5%。

表 4 2020 年各种运输方式完成旅客运输量及其增长速度

指标	单位	绝对数	比上年增长（%）
旅客运输总量	亿人次	96.7	-45.1
铁路	亿人次	22.0	-39.8
公路	亿人次	68.9	-47.0
水运	亿人次	1.5	-45.2
民航	亿人次	4.2	-36.7
旅客运输周转量	亿人公里	19251.4	-45.5
铁路	亿人公里	8266.2	-43.8
公路	亿人公里	4641.0	-47.6
水运	亿人公里	33.0	-58.0
民航	亿人公里	6311.2	-46.1

年末全国民用汽车保有量 28087 万辆（包括三轮汽车和低速货车 748 万辆），比上年末增加 1937 万辆，其中私人汽车保有量 24393 万辆，增加 1758 万辆。民用轿车保有量 15640 万辆，增加 996 万辆，其中私人轿车保有量 14674 万辆，增加 973 万辆。

全年完成邮政行业业务总量 21053 亿元，比上年增长 29.7%。邮政业全年完成邮政函件业务 14.2 亿件，包裹业务 0.2 亿件，快递业务量 833.6 亿件，快递业务收入 8795 亿元。全年完成电信业务总量 136758 亿元，比上年增长 28.1%。年末全国电话用户总数 177598 万户，其中移动电话用户 159407 万户。移动电话普及率为 113.9 部 / 百人。固定互联网宽带接入用户 48355 万户，比上年末增加 3427 万户，其中固定互联网光纤宽带接入用户 45414 万户，增加 3675 万户。全年移动互联网用户接入流量 1656 亿 GB，比上年增长 35.7%。年末互联网上网人数 9.89 亿人，其中手机上网人数 9.86 亿人。互联网普及率为 70.4%，其中农村地区互联网普及率为 55.9%。全年软件和信息技术服务业完成软件业务收入 81616 亿元，按可比口径计算，比上年增长 13.3%。

六、固定资产投资

全年全社会固定资产投资 527270 亿元，比上年增长 2.7%。其中，固定资产投资（不含农户）518907 亿元，增长 2.9%。分区域看，东部地区投资比上年增长 3.8%，中部地区投资增长 0.7%，西部地区投资增长 4.4%，东北地区投资增长 4.3%。

在固定资产投资（不含农户）中，第一产业投资 13302 亿元，比上年增长 19.5%；第二产业投资 149154 亿元，增长 0.1%；第三产业投资 356451 亿元，增长 3.6%。民间固定资产投资 289264 亿元，增长 1.0%。基础设施投资增长 0.9%。

表 5 2020 年分行业固定资产投资（不含农户）增长速度

行　业	比上年增长（%）	行　业	比上年增长（%）
总　计	2.9	金融业	-13.3
农、林、牧、渔业	19.1	房地产业 [36]	5.0
采矿业	-14.1	租赁和商务服务业	5.0

行 业	比上年增长（%）	行 业	比上年增长（%）
制造业	-2.2	科学研究和技术服务业	3.4
电力、热力、燃气及水生产和供应业	17.6	水利、环境和公共设施管理业	0.2
建筑业	9.2	居民服务、修理和其他服务业	-2.9
批发和零售业	-21.5	教育	12.3
交通运输、仓储和邮政业	1.4	卫生和社会工作	26.8
住宿和餐饮业	-5.5	文化、体育和娱乐业	1.0
信息传输、软件和信息技术服务业	18.7	公共管理、社会保障和社会组织	-6.4

表 6 2020 年固定资产投资新增主要生产与运营能力

指标	单位	绝对数
新增 220 千伏及以上变电设备	万千伏安	22288
新建铁路投产里程	公里	4933
其中：高速铁路	公里	2521
增、新建铁路复线投产里程	公里	3380
电气化铁路投产里程	公里	5480
新改建高速公路里程	公里	12713
港口万吨级码头泊位新增通过能力	万吨 / 年	30562
新增民用运输机场	个	3
新增光缆线路长度	万公里	428

来源：国家统计局《2020 年国民经济和社会发展统计公报》2021 年 2 月 28 日

2020 年全国物流运行情况通报

2020 年，统筹疫情防控和经济社会发展取得重大成果，物流运行持续稳定恢复。社会物流总费用与 GDP 的比率为 14.7%，与上年基本持平。

一、社会物流总额增速持续回升

2020 年，全国社会物流总额 300.1 万亿元，按可比价格计算，同比增长 3.5%。

从构成看，工业品物流总额 269.9 万亿元，按可比价格计算，同比增长 2.8%；农产品物流总额 4.6 万亿元，增长 3.0%；单位与居民物品物流总额 9.8 万亿元，增长 13.2%；进口货物物流总额 14.2 万亿元，增长 8.9%；再生资源物流总额 1.6 万亿元，增长 16.9%。

二、社会物流总费用与 GDP 的比率基本持平

2020 年，社会物流总费用 14.9 万亿元，同比增长 2.0%。社会物流总费用与 GDP 的比率为 14.7%，与上年基本持平。

从结构看，运输费用 7.8 万亿元，增长 0.1%；保管费用 5.1 万亿元，增长 3.9%；管理费用 1.9 万亿元，增长 1.3%。

三、物流业总收入实现小幅增长

2020 年，物流业总收入 10.5 万亿元，比上年增长 2.2%。

2020 年物流运行情况分析

中国物流与采购联合会
中国物流信息中心

2020 年，宏观经济经受前所未有的严峻挑战，物流作为经济发展的先行官，积极贯彻高质量发展理念，深化供给侧结构性改革，全年物流运行逆势回升、增势平稳，物流规模再上新台阶，物流业总收入保持增长，物流运行实现提质增效，单位成本缓中趋稳，为抗击疫情、保障民生、促进经济发展提供了有力支撑。

一、物流运行总体平稳，有力支撑国民经济发展

（一）物流规模再上新台阶，社会物流总额超 300 万亿元

社会物流总额迈上 300 万亿元新台阶。2020 年，全国社会物流总额 300.1 万亿元，按可比价格计算，同比增长 3.5%。分季度看，一季度、上半年和前三季度增速分别为 -7.3%、-0.5% 和 2.0%，物流规模增长持续恢复，四季度增速回升进一步加快。

物流业总收入保持增长。2020 年，物流业总收入 10.5 万亿元，同比增长 2.2%。物流业总收入增速自三季度由负转正，四季度以来呈现加速回升态势，恢复至上年水平。

（二）多业融合深度发展，物流企业活力持续增强

物流企业服务能力进一步提高，为打通供应链、协调产业链、创造价值链提供重要保障。2020 年我国物流企业 50 强实现物流业务收入 1.1 万亿元，同比增长 15%，第 50 名的企业物流营业收入超过 37 亿元，同比增长 19%。物流企业与汽车、家电、电子、医药、冷链、烟草、化工、冶金、电商、零售等制造、商贸流通业深度融合，形成一批专业能力强、服务质量高的品牌标杆。

疫情之下物流民生保障作用日益增强。农村物流、双向流通的渠道进一步打通，服务密度大幅度提升，邮政快递物流服务网点覆盖 3 万多个农村乡镇，支撑消费品下乡和农产品进城产值近万亿。物流企业严格做好疫情防控，分区分级推动复工复产，全力保障供应链稳定畅通，为保通保畅、保运保供提供了有力支撑。

物流行业维持较高景气水平。随着复工复产稳步推进，物流企业业务量及订单水平均稳步回升，物流供需两端同步回升，市场活力持续增强。中国物流业景气指数中的业务量指数和新订单指数自 3 月以来均处于回升通道，四季度加速回升，12 月分别回升 56.9% 和 55.8% 的较高水平，两者差值有所缩小，供需关系更趋平衡。

（三）物流产业就业形势较好，新增就业超百万人

物流业吸纳就业能力不断增强，从业人员快速增长。根据测算，2019 年年末，我国物流岗位（既包括物流相关行业法人单位和从事物流活动的个体工商户从业人员，也包括工业、批发和零售业等行业法人单位的物流岗位从业人员）从业人员数 5191 万人，比 2016 年增长 3.6%，年均增长 0.9%。

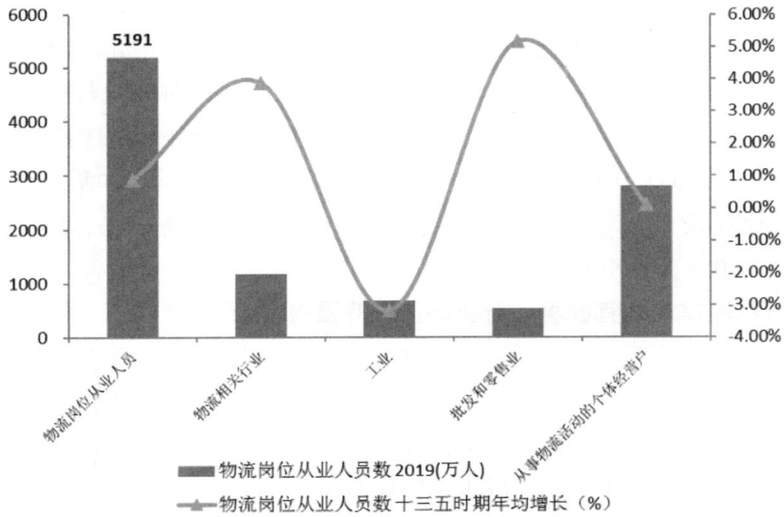

2019 年物流岗位从业人员情况

从结构来看，一是物流专业人才保持较快增长，物流人员专业化程度提升。我国物流相关行业从业人员数超过 1200 万人，比 2016 年增长 16%，年均增长 3.9%；二是运输物流仍是吸纳就业的主体，其中道路运输较快增长，铁路和水路有所放缓；三是电商快递、多式联运等新型行业成为新增就业的主要动力，“十三五”时快递物流行业新增吸纳就业超过 100 万人，年均增长 10%，多式联运及运输代理行业新增吸纳就业超过 15 万人，5 年年均增长 8%，增速均快于行业平均水平。

二、供给侧结构性改革推进，物流发展质量稳步提升

2020 年，物流需求结构继续调整，新动能带动引领作用凸显。工业领域的高新技术物流需求、国际物流需求、网上零售物流需求快速发展，新产业、新业态、新产品的拉动作用持续增强。

（一）工业物流企稳回升，新动能引领带动作用显著

2020 年，工业品物流总额同比增长 2.8%，其中一季度下降 8.4%，上半年下降 1.3%，前三季度增长 1.2%，呈现逐季回升态势。在内需及海外出口的带动下，四季度各月当月增速均保持在 6-8% 的快速增长区间，升至年内新高。

从结构看，制造业显著回升，有力支撑了工业物流需求的稳步复苏。一方面，装备制造和医药制造物流需求向好。其中，受益制造业投资与机电产品出口大幅改善拉动，装备制造业多数行业物流需求保持 10% 以上增长，装备制造业对工业物流需求增长的贡献率超过 70%，支撑作用突出；海外疫情防控物资需求增长迅猛，带动医药制造业物流需求大幅回升。另一方面，新动能相关物流需求持续增强，高技术制造业维持领先地位。2020 年全年，高技术制造业物流需求增长 7.1%，增速快于工业品物流总额 4.3 个百分点，新旧动能转换进一步加快。

（二）国际物流总体稳中向好，进出口物流全面回升

在疫情影响下，世界经济增长和全球贸易遭受严重冲击，但我国经济展现出强大市场活力和综合竞争力，进出口物流量快速回稳。

超大规模市场优势明显，进口需求稳中有升。2020 年，我国进口物流量同比增长 8.9%，增速比上年提高 4.7 个百分点。从年内情况看，各月均保持正增长，下半年增速有所加快，三、四季度达到 10% 的较高增速。从不同货类看，原油、铁矿砂等资源型产品进口量分别增加 7.3% 和 9.5%，粮食、肉类等农产品进口量分别增加 28% 和 60.4%。

出口物流需求保持平稳较快增长。海外疫情持续蔓延且有加速扩散趋势，欧美等主要经济体的需求向货物需求转变，同时我国制造业较为完备，恢复速度较快，出口物流量增速提高至近5%。

“一带一路”倡议持续推进，中欧班列快速发展。2020年，面对突如其来的新冠肺炎疫情，中欧班列对推动复工复产，稳定国内、国际供应链产业链发挥了重要作用。中欧班列“十三五”时期累计开行超过3万列，2020年开行1.24万列，去程和回程班列同比分别增长50%左右，全年发送113.5万标准箱，同比增长56%。全年综合重箱率达98.4%，同比提高4.6个百分点，其中回程重箱率提升显著，同比提高9.3个百分点

（三）民生消费物流需求略有放缓，新业态仍保持强势增长

2020年，单位与居民物品物流总额同比增长13.2%，6月以来连续7个月增速保持10%以上。新型消费模式保持逆势增长，成为民生物流需求的最大亮点。全年实物商品网上零售额增长14.8%，占社会消费品零售总额的比重比上年提高4.2个百分点。

（四）物流运行提质增效，单位物流成本缓中趋稳

年初受到新冠肺炎疫情影响，各地不同的管控措施造成物流通道不畅，部分区域资源紧缺，服务时效放缓，疫情防控相关措施带动物流成本上升。下半年，随着物流运行效率有所改善，物流发展的质量和效益不断提升。

一是运输协同性提升。多式联运、铁水联运进一步发展，铁路专用线与基础建设加快推进，着力打通“最先一公里”和“最后一公里”。集装箱铁水联运量快速增长，港口集装箱铁水联运量创近年较高水平。与此同时，铁路引领运输物流服务质量提升，铁路货运量占全社会货运量的比例提升至2020年的近10%。铁路产品供给不断优化，集装箱运输、冷链运输、高铁快运等成为铁路货运增长新亮点。

二是多部门政策措施助力企业纾困，优化营商环境，继续推动降低行政性物流成本。通过多方努力，单位物流成本增速明显趋缓，2020年社会物流总费用与GDP的比率14.7%，5年间下降1.3个百分点，物流降本增效成果显著。

2006-2020年社会物流总费用及与GDP的比率

三、物流运行压力犹存，不稳定问题仍需关注

总体来看，2021年我国宏观经济和物流发展将保持较强韧性，物流总规模稳定增长，需求结构继续调整，高质量物流服务体系加快形成，对各行业支撑和带动作用进一步增强，但也要看到物流

运行仍存在一些问题值得关注。

（一）物流需求稳定持续回升仍存在不确定性

从全球发展来看，2021 年各国对疫情形势认知由未知逐步走向已知，防控措施更加具有针对性，疫情对经济的影响将逐步衰减，但国际政治力量分化、地缘政治影响和逆全球化趋势仍会长期存在，世界经济稳定复苏仍面临挑战。结合上年四季度数据来看，出口带动的工业物流需求或将延续增长态势，消费相关需求增速保持平稳。部分传统制造领域、消费升级领域复苏动力较前期有所趋稳，物流需求分化、结构不均衡的趋势可能更明显。

（二）社会库存仍位于较高水平

虽然 2020 年下半年需求趋升，“去库存”明显加快，库存水平比疫情初期显著回落，但与历史同期相比依然位于较高水平。12 月末工业企业存货、产成品存货同比增长 5.2% 和 7.5%，增速比上年提高 3 和 5.5 个百分点。

同时，库存周转尚未恢复，工业企业产成品存货周转天数升至 17.9 天，为近年来较高水平。受此影响企业资金压力趋升，资金占用成本快速上涨，特别是四季度以来增速明显加快，2021 年这一趋势仍将延续。

（三）物流企业成本上涨，整体利润波动较大

2020 年，物流企业普遍经营压力较大。重点调查数据显示，2020 年 1-11 月调查企业物流业务收入、利润额比上年同期仍略下降，有 30% 物流企业处于亏损状态，利润率不足往年的一半。综合来看，物流企业盈利偏弱主要受到以下因素影响：

一是行业竞争激烈，服务价格持续低位。2020 年，物流服务价格指数比上年下降 5 个百分点。前三季度各月均处于下降通道，四季度虽有所回暖，但全年指数平均仍位于 50% 以下。从不同类型看，中国沿海（散货）运价指数全年平均为 1039.1 点，同比下降 2%；公路物流运价指数全年平均为 98.4 点，低于历史基期价格水平。

二是常态化疫情防控措施推高企业运营成本。物流领域严格按照各部门制定的《进口冷链食品预防性全面消毒工作方案》《冷链食品生产经营新冠病毒防控技术指南》和《冷链食品生产经营过程新冠病毒防控消毒技术指南》文件要求，及时采取防范措施，在货物进口、城市配送等各环节做好预防性消毒工作。物流企业，特别是跨境物流、冷链物流、快递配送等部分领域防控疫情相关成本明显增加明显，据不完全测算，物流领域预防性消杀、货物监测等相关成本超过 700 亿元。随着疫情常态化的趋势，此部分成本或将继续增长。

三是物流企业资金趋紧，现金流压力增大。2020 年年初物流企业经营普遍较为困难，加之经营成本的普遍上涨带来的现金流持续流出，造成企业流动资金趋紧。下半年经营虽有所好转，但受供应链上下游影响，应收账款回收期延长，部分领域特别是中小微物流企业资金周转压力加剧。1-11 月，物流企业流动资金周转次数同比下降 0.1 次，应收账款回收期比上年延长 12%。

未来一段时期，我国将加快构建以国内大循环为主体、国内国际双循环相互促进的新发展格局，宏观经济高质量发展的基本面不会改变，物流市场规模增长、业态更趋丰富、行业提质增效、运作效率持续改善的基本态势也不会改变，物流继续处于重要战略机遇期。2021 年是“十四五”规划的开局之年、关键之年，各地区、各部门科学统筹常态化疫情防控和经济社会发展，在经济持续复苏和低基数的基础上，年度物流运行主要指标将保持较快增速，部分指标或为两位数增长，总体呈现前高后低，预计一季度社会物流总额增长在 10%-13%，初步预计全年可达 8-10%，工业、国际、消费物流需求继续修复，物流市场规模加速扩张，物流运行效率有望恢复到正常水平。

执笔人：胡焓 孟圆

2020 年中国物流行业十大事件

1.《中共中央关于制定国民经济和社会发展第十四个五年规划和二〇三五年远景目标的建议》明确要求构建现代物流体系。

2. 中央财经委员会第八次会议强调，统筹推进现代流通体系建设，培育壮大具有国际竞争力的现代物流企业。

3. 新冠肺炎疫情全球大流行，全国物流行业成为抗疫保供、复工复产的“先行官”，230 家企业荣获“全国物流行业抗疫先进企业”称号。

4. 中欧班列全年开行突破一万列，国际航空货运和航运板块逆市上扬，物流业为保持国际供应链稳定做出重大贡献。

5. 高速公路省界收费站全部取消，货车通行费计费方式由计重收费改为按车（轴）型收费，疫情防控期间实施收费公路免收车辆通行费政策。

6. 国家物流枢纽联盟组建运行，中国物流与采购联合会牵头，45 家枢纽运营主体单位加入，发布《青岛宣言》。

7. 首批 17 个国家骨干冷链物流基地获批，首个冷链物流强制性国家标准《食品冷链物流卫生规范》(GB31605-2020) 面世。

8. 网络货运、多式联运、无接触配送、数字化仓库、自动驾驶、高铁货运、大型无人机载货、智能快递柜和无人配送车等新业态新模式新技术加快推广，物流企业数字化转型、智能化改造提速。

9. 首批 A 级供应链服务企业名单发布，《供应链管理》和《物流研究》杂志创刊。

10. 第四次全国物流行业劳模表彰大会在京举行，49 个先进集体、187 名劳动模范和 28 名先进工作者受到表彰。

2020 年我国物流业发展回顾与展望

2020 年，在全面建成小康社会决胜之年和“十三五”规划收官之年，我国物流业遭遇新冠肺炎疫情严重冲击和复杂国际形势严峻挑战。全行业紧跟党中央决策部署，统筹推进抗击疫情和现代物流体系建设，交出了一份不同寻常的成绩单。

当前，“十四五”规划以至于 2035 年远景目标蓝图徐徐展开。需要我们谋划发展战略，明确发展方位，构建现代物流体系，迈向建设“物流强国”新征程。

一、积极投身伟大抗疫斗争

2020 年开年伊始，一场突如其来的新冠肺炎疫情来势汹汹，扩散漫延，党中央领导全国人民开展了一场波澜壮阔的“人民战争”。物流行业紧急行动起来，积极投身于伟大抗疫斗争，争当“先行官”，维护“生命线”，为抗疫保供、复工复产做出了重要贡献。

（一）保通保畅，冲锋在前

疫情初期，多地封城断路，物流运行严重受阻。中物联积极响应党中央号召，向全国物流行业发起了《关于做好新型冠状病毒肺炎防控工作的紧急倡议》。广大物流企业争当逆行者，全力驰援打赢武汉保卫战、湖北保卫战。有关部门委托中物联提供疫情防控和生活物资应急运输保障重点物流企业名单，增强应急物流运力储备。物流企业纷纷组建应急运输车队，投身一线抗疫物资保供。多家骨干物流企业开通疫情防控物资“绿色通道”，航空货运企业增开抗疫物资全货机航班，一批国家物流枢纽、示范物流园区无偿开放应急仓储与中转服务，一批公路货运企业驰援雷神山医院建设，湖北物流企业协助武汉红十字会分发社会捐赠物资。全行业群策群力，为各地疫情防控物资提供物流服务，有效筑起了应急保供的“生命线”。

（二）复工复产，坚强后援

随着疫情逐步得到控制，各部门及时出台一系列保通保畅政策，坚持“一断三不断”，阶段性免收收费公路车辆通行费，设立应急转运中心，取消对货车通行和司机隔离的限制等政策措施及时有效，物流业从 2 月下旬开始复苏。邮政快递业率先复工复产，到 3 月 10 日复工率达 92.5%。货运物流企业到二季度末复工率达到 99.6%，陆续推出铁路“七快速”、公路“三不一优先”、水运“四优先”、航空货运“运贸对接”等措施。示范物流园区到上半年基本全面复工复产，减免物流租金政策切实有效，区域物资调运配送保障供应。物流业保供保畅坚强有力，成为各行业复工复产的“先行官”。

（三）使命光荣，责任担当

行业社团组织勇担社会责任，配合有关部门、带动行业加大物流保障力度，为打赢疫情防控阻击战提供坚实基础。中物联密切联系企业，积极反映保通保畅和复工复产政策诉求，提出的政策建议被政府有关部门采纳，转化为政策措施；制定《新型病毒流行期间公路货运企业运营防控指南》和《骑手心理防护手册》等指南，帮助行业企业在疫情期间规范防控措施；联合 200 多家物流企业、行业协会及有关单位共同发起《驰援疫情防控阻击战一线卡车司机的倡议书》；组织应急物资运输需求对接与援助，搭建信息平台完成超过数万项全国运力的调配；组织开展疫情援助捐款捐物活动，协助数千家爱心会员企业的捐赠对接落实。各地方行业协会纷纷成立抗疫应急办公室，密切联系企业，积极配合政府，做好应急物流保障协调工作，涌现了一批先进典型。招商局集团“灾急送”应急物流志愿服务队等先进集体、湖北顺丰速运有限公司分部经理汪勇等先进个人受到党中央、国务院和中央军委表彰。九州通医药集团物流有限公司等 230 家企业被中物联授予“全国物流行业抗疫先进企业”称号。广大物流人和全国各行各业的伟大抗疫精神将永载史册，成为我们进入新阶段，迎接新挑战的宝贵精神财富。

二、大灾之年取得新进展

2020 年，我国物流业经受了前所未有的严峻挑战，取得了来之不易的不俗成绩。2 月份中国物流业景气指数跌至历史最低点 26.2%，一季度社会物流总额同比降幅超过 10%。面对严峻挑战，全行业奋起追赶。二季度实现快速反弹，三季度基本转正，全年呈现快速触底反弹态势。全年实现社会物流总额超过 300 万亿元，同比增长约 3.5%；物流业总收入超过 10 万亿元，同比增长约 2.2%；全社会物流总费用与 GDP 的比率与上年基本持平，物流市场运行基本恢复到正常水平。12 月，中国物流业景气指数为 56.9%，继续保持高位运行，公路物流、仓储、快递物流、电商物流等各项指数均处于扩张区间，物流业的强大韧性，为我国经济运行率先由负转正做出了重要贡献。

（一）民生物流产业物流呈现新亮点

内需驱动的民生物流成为疫情下增长亮点，助力强大国内市场发展。无接触配送、社区电商物流、统仓统配，共同化、多频次的物流模式适应消费即时化、个性化、多样化的需求转变。电商快递、冷链物流、即时配送等民生物流领域经受疫情考验仍保持较快增长。全年单位与居民物品总额同比增长约 13.2%，超过社会物流总额增速近 10 个百分点。全年全国快递业务量超过 800 亿件，同比增长 30% 以上。冷链物流市场规模超过 3800 亿元，同比增长 10% 以上，冷链需求总量约 2.65 亿吨。

实体经济推动制造业等产业物流需求稳步增长。疫情下全球对中国商品的需求上升，12 月进出口 3.2 万亿元，创下单月最高记录。工业品物流需求稳步增长，仍然是社会物流需求的主要来源。全年工业品物流总额同比增长约 2.8%，其中，高技术制造、装备制造等中高端制造物流需求全面回升，增速超过 10%。制造业服务化提速，带动制造业物流一体化、精益化、集成化发展，支撑实体经济稳定向好。进口物流需求增势良好，原油、钢材、农产品、机电产品等重要原材料和零部件保持较快增长，大宗商品物流全力保供，有力保障生产供应和国内经济正常运转。

（二）国际物流保障能力开辟新路径

受贸易霸凌和疫情阻断冲击，国际供应链“断链”风险增加。疫情初期，国际客运飞机停飞，腹仓资源大幅缩减，国际航空货运短板凸显，严重影响国家防疫物资运输保供。随着新冠肺炎疫情全球蔓延，境外港口压港严重，舱位紧张和空箱不足导致价格大幅上扬。党中央国务院及时决断，“保产业链供应链稳定”被纳入“六保”工作，交通运输部等部门共建国际物流工作专班，畅通国际物流大通道。航空货运全货机加开国际航线，中欧班列逆势增长。全年国际航线全货机起飞超过 3 万架次，中欧班列开行超过 1.2 万列，同比增速均超过 50%。航空货运枢纽、中欧班列集结中心、海外仓获得政策支持，快递物流企业加大航空货运枢纽规划建设，5 地获批铁路集结中心开建，海外仓超过 1800 个，有力支撑产业链供应链安全稳定。

（三）物流企业分化调整显现新格局

受年初疫情影响，部分中小微物流企业抗风险能力不足，生存困难退出市场。一批骨干物流企业迎难而上，市场集中度有所提升。截至 2020 年年底，全国 A 级物流企业达到 6882 家，其中规模型 5A 级企业 367 家。50 强物流企业物流业务收入合计 1.1 万亿元，占物流业总收入的 10.5%，进入门槛提高到 37.1 亿元，比 2019 年增加 4.5 亿元。首批网络货运平台企业和供应链服务企业评估工作启动，星级冷链物流、星级车队逐步形成规模。电商快递、零担快运、合同物流、航空货运、国际航运、港口物流等细分市场集中度有所加强，涌现出一批规模型骨干物流企业。企业间多种形式的联盟合作、重组整合共御疫情风险，一批物流企业上市发展。传统物流企业逐步从物流提供商向物流整合商和供应链服务商转变，物流核心竞争力显著增强。

（四）数字化转型智能化改造迈开新步伐

新冠肺炎疫情加速行业数字化转型。实物商品网上零售额占社会消费品零售总额首超 1/4。传统企业积极向网上转移，带动传统物流发展方式向线上线下融合转变，全程数字化、在线化和可视化渐成趋势。头部物流企业加大智能化改造力度，物流机器人、无人机、无人仓、无人配送、无人驾驶卡车、无人码头等无人化物流模式走在世界前列。连接人、车、货、场的物流互联网正在加速形成，物流数据中台助力企业“上云用数赋智”。网络货运日均运单量 13 万单，车货匹配向承运经营转变。运力服务、装备租赁、能源管理、融资服务等互联网平台服务中小物流企业，助推中小企业数字化转型。物流业作为现代信息技术应用场景最多的服务业，迎来数字化转型的加速期。

（五）现代供应链创新应用取得新进展

国际贸易摩擦和全球疫情影响，对供应链弹性和柔性化提出更高要求。全球产业格局深化调整，现代供应链出现短链、内生、协同、智能新局面。一些发达国家推动制造业回流计划，倒逼国内制造业向中高端延伸，提升国内配套能力。中间投入产品转向国内生产，缩短产业链供应链长度。国内市场消费能力提升，推动本土市场替代国际市场成为主要目标市场之一，产业链供应链靠近市场提升响应速度。供应链核心企业带动产业链上下游协同发展，与物流、采购、金融等服务业深化融合，助力模式创新和价值增值，拓展产业链供应链深度。数字供应链加快发展，现代信息技术广泛应用，结合智能制造实现大规模定制，提升产业链供应链运行速度。现代供应链试点城市及企业创新驱动，供应链金融规范发展，在抗击疫情阻击战中发挥重要作用。中物联首批 A 级供应链服务企业出炉，引导供应链内部管理向供应链外部服务转变，创新企业增长新范式。

（六）物流基础设施建设引入“新基建”

传统物流基础设施和物流新基建投入保持高位运行。2020 年全年预计完成交通固定资产投资 3.4 万亿元。预计全年投产铁路营业里程 4585 公里，新改（扩）建高速公路约 1.3 万公里，智能快递箱超 40 万组。针对疫情防控暴露出来的物流短板，首批 17 个国家骨干冷链物流基地建设名单发布，农产品仓储保鲜冷链物流设施得到支持，国家冷链物流网络开始搭建。第三批示范物流园区工作组织开展，铁路专用线建设得到政策支持。国家物流枢纽再添新成员，第二批 22 个国家物流枢纽建设名单发布。国家物流枢纽联盟组建运行，45 家枢纽运营主体单位加入。智慧物流基础设施建设发力，智慧物流园区、智慧港口、智能仓储基地、数字仓库等一批新基建投入，促进“通道 + 枢纽 + 网络”的物流基础设施网络体系加快布局建设。

（七）行业基础工作得到新提高

物流标准化工作有新突破。自 2003 年 9 月全国物流标准化技术委员会建立以来，已制定发布国家标准 77 项、行业标准 57 项、团体标准 23 项，国际标准推进实现实质性突破。教育培训工作有新提升。目前，全国已有 698 个本科物流专业点和近 2000 多个中、高职物流专业点，五年培养物流毕业生近 80 万人。全国已有 60 万人参加了物流、采购等职业能力等级培训与认证，高素质物流人才队伍成长壮大。统计信息工作有新成绩。自 2004 年 10 月物流统计制度建立以来，已形成中国及全球制造业采购经理指数（PMI）、社会物流统计、物流业景气指数、公路运价指数、仓储指数、电商指数、快递指数等指数系列。

（八）行业营商环境展现新风貌

面对新冠肺炎疫情冲击，党中央、国务院建立联防联控机制，各部门及时推出一系列保通保畅、援企稳岗、复工复产政策，助力物流企业纾困解难，轻装上阵。疫情下带动电子政务、数字监管发力，各类政务服务“网上办、在线办”便民利民。国务院办公厅转发国家发展改革委、交通运输部二十四条降低物流成本的政策措施，继续推动降低各项物流成本。安全、环保、技术等政策措施和标准规范陆续出台，引导强化行业合规发展，环保治理、超限超载、非法改装、货车通行等政策措施出台，努力创造公平竞争物流市场环境。

总体来看，2020 年我国物流业经受了严峻考验，顶住了冲击挑战，取得了不凡业绩。但是我们也要清醒地认识到，物流发展不平衡不充分不协调问题依然存在，物流业整体发展水平和应对不确定因素的能力有待提高，国际物流、应急物流、绿色物流等方面尚有短板，运行规模和质量方面表现为“大而不强”，与人民群众日益增长的美好生活需要和经济高质量发展的要求还有一定差距，“物流大国”向“物流强国”转变任重道远。

三、新阶段物流业发展新方位

2021 年是“十四五”规划的开局之年，也是全面建设社会主义现代化国家新征程的起步之年。“十四五”时期，我国物流业发展仍将处于重要战略机遇期，但机遇和挑战都有新的发展变化。需要我们精准把握新发展阶段、认真贯彻新发展理念、支撑构建新发展格局，明确现代物流发展新方位。

把握新发展阶段，物流业在国民经济中的产业地位将进一步提升。《中共中央关于制定国民经济和社会发展第十四个五年规划和二〇三五年远景目标的建议》对物流发展、供应链创新高度重视，明确提出构建现代物流体系。现代物流“十四五”规划即将出台，现代物流体系建设加紧谋划、科学布局，物流业在国民经济中的基础性、战略性、先导性作用将进一步巩固提升。

贯彻新发展理念，物流业高质量发展将聚焦提质降本增效。实现更高质量、更有效率、更加公平、更可持续、更为安全的发展，必须贯彻新发展理念。新发展理念将贯穿发展全过程和各领域，指导物流业转变发展方式，推动质量变革、效率变革和动力变革，探索物流高质量发展的目标要求、实现路径和保障措施，全面推进“物流大国”向“物流强国”迈进。

构建新发展格局，物流业将成为畅通国内大循环、促进国内国际双循环的战略支点。中央财经委员会第八次会议研究提出“建设现代流通体系对构建新发展格局具有重要意义”，并要求“培育壮大具有国际竞争力的现代物流企业”。畅通国内大循环，立足扩大内需战略基点，建设完善国内物流网络，培育壮大现代物流企业，支撑现代流通体系运行，将打通产业间、区域间、城乡间物流循环，带动枢纽经济成为新增长极，促进形成强大国内市场。促进国内国际双循环，立足国内市场，吸引全球资源要素集聚，加大国际物流补短板力度，将打通国内外物流循环，打造自主可控、安全高效的产业链供应链，协同推进强大国内市场和贸易强国建设。

未来一段时期，我国经济长期向好的基本面不会改变，物流业平稳增长的态势也不会改变。物流业发展方式、质量要求和治理能力提档升级，将全面迈入高质量发展新阶段。站在“两个一百年”奋斗目标的历史交汇点上，我们要以构建现代物流体系，建设物流强国为目标，以推动高质量发展为主题，以供给侧结构性改革为主线，认真谋划“十四五”以至于2035年发展战略，高瞻远瞩把握行业趋势，脚踏实地做好当前工作，确保开好局，起好步。

一是保障产业链供应链自主可控、安全高效。今后一段时期，全球产业链供应链将加快重构。疫情暴露国际国内供应链弹性不足、控制力偏弱短板。供应链核心企业将更加关注解决物流等“卡脖子”环节，加强物流集中管理，寻找可替代物流解决方案，增强供应链弹性和可靠性，做好供应链链长，提升产业链现代化水平。物流业将深度嵌入产业链供应链，助力产业链供应链稳链；增强供应链一体化服务能力，促进产业链供应链补链；创造物流服务供应链新价值，推动产业链供应链强链。自主可控的国际物流资源积累和服务能力将得到加强，提升产业链供应链国际竞争力，维护经济社会安全稳定。

二是做强扩大内需战略支点。当前，内需已经成为并将长期成为我国经济增长的根本支撑。培育完整内需体系，将有利于激发我国超大规模市场优势，稳住经济增长“基本盘”。物流业作为连接生产与消费的重要环节，将成为扩大内需的战略支点。与居民生活和食品安全相关的即时物流、冷链物流、电商快递、城市配送等领域仍将保持较快增长速度；共同配送、仓配一体、逆向物流等服务模式将快速发展；配送中心、智能快递箱、前置仓、农村服务站点、海外仓等民生物流配套设施投入力度加大，消费物流服务网络和服务能力加快形成。

三是推进物流业制造业深度融合。当前，我国作为世界第一制造大国，制造业智能化、服务化是提升制造业质量效益的必然选择，也是构建现代产业体系的必由之路。物流业与制造业深化融合，将从简单的服务外包向供应链物流集成转变，通过内部挖掘降成本潜力，外部提升综合服务能力，增强产业链韧性；从物流与制造空间脱节向制造业与物流业集群发展转变，发挥物流枢纽集聚和辐射功能，吸引区域和全球要素资源，带动区域经济转型升级；从物流与制造资源分散向平台化智能化生态化转变，扩大企业边界，转变生产方式，优化资源配置，创造产业生态体系。工业互联网将带动物流互联网兴起，实现供应链全程在线化数据化智能化，助力智能制造创新发展，推动我国产业迈向全球价值链中高端。

四是加速物流数字化转型。近年来，世界主要经济体正进入以数字化生产力为主要标志的全新历史阶段，我国以数字经济为代表的新动能加速孕育形成。传统物流企业数字化转型和新兴数字企业进入物流市场同步推进，物流商业模式和发展方式加快变革，拓展产业发展新空间。现代信息技术从销售物流向生产物流、采购物流全链条渗透，将助力物流业务在线化和流程可视化，增强全链条协同管理能力。数据和算法推动物流大数据利用，传统物流企业加速数字化智能化网络化，智慧物流模式将全方位提升管理效能。依托新型基础设施，数字物流中台全面发展，智能化改造提速，将带动传统物流企业向云端跃迁，上下游企业互联互通，中小物流企业加快触网，构建“数字驱动、协同共享”的智慧物流新生态，更好实现与实体经济融合发展。

五是夯实物流基础设施网络。党的十九大提出要加强物流基础设施网络建设，2020年政府工作报告提出重点支持“两新一重”建设，传统基础设施将加快与新型基础设施融合。我国交通与物流基础设施投入加大，但是城市群、都市圈、城乡间、区域间、国内外物流网络尚未全面形成，国家物流枢纽、区域物流园区、城市配送中心和城乡末端网点对接不畅，多层次、立体化、全覆盖的物流基础设施网络还有较大发展空间。随着物流设施网络与区域经济协同发展，物流基础设施补短板和锻长板将成为重要投资方向。5G网络、人工智能、大数据、区块链等现代信息技术与物流设施融合，实现线上线下资源共享，互联高效、网络协同的智能物流骨干网有望形成，将成为现代化基础设施体系的重要组成部分。

六是助力更高水平对外开放。今后一段时期，我国作为第一货物贸易大国的地位更加巩固，国内国际双向投资与世界经济深度互动，吸引国际商品和要素资源集聚，离不开全球物流服务保驾护航。国际航运、航空货运等助力打通国际大通道，中欧班列、陆海新通道等国际物流大通道将加快建设，带来更高水平、更大范围、更深层次的物流开放新局面。国际航空货运、铁路班列受疫情刺激将进入快速发展期，并逐步与国内网络实现有效衔接和双向互动。国际快递、国际航运、国际班列服务商将加速向全程供应链物流整合商转变，提供供应链一体化解决方案。具有国际竞争力的现代物流企业日益增多，将跟随国内外大型货主企业“抱团出海”，立足国际物流枢纽建设，加大境内外物流节点和服务网络铺设，参与国际物流规则制定，在全球物流与供应链网络中发挥更大作用。

七是挖掘区域协同发展潜力。近年来，区域发展协调性持续增强，中西部地区经济增速持续高于东部地区，相对差距逐步缩小。新发展格局将推动我国经济发展的空间结构深度调整，促进各类生产要素合理流动和有效集聚，将带动物流区域布局协同发展，物流要素区域集中化规模化趋势显现。中西部地区作为未来新型城镇化、新型工业化的主战场，物流资源将加速集中集聚，较快形成规模经济。东部地区物流设施现代化改造升级提速，物流布局与产业布局协同发展。粤港澳大湾区、长三角、京津冀、长江经济带等区域发展重大战略全面推进，将带动区域物流基础设施布局优化，区域覆盖全面、功能配套完善、技术水平先进的物流基础设施建设先行，将提升区域物流服务水平，释放枢纽经济红利，打造区域经济新增长极。

八是补齐“三农”物流短板。当前，脱贫攻坚战取得决定性成就，“三农”工作重心转向全面推进乡村振兴，重点是解决农业质量效益和竞争力不高的矛盾问题。农业和农村物流作为农业产业化的重要支撑，具有很强的发展潜力。产地物流基础设施将得到重点支持，交通、供销、邮政、快递等存量资源充分利用，助力农村物流服务网络建设。县域经济农业规模化发展提速，农产品深加工和存储保鲜技术发力，提升农业产业化水平。销地批发市场加快转型升级，冷链、物流、加工、交易等多种功能叠加，提升农产品服务价值。产地直销、销地直采、农超对接等多种物流模式减少流通环节，打通农产品上行通道，将切实增加农民收入，有力推进乡村振兴。

九是抓紧物流绿色可持续发展。习近平总书记在第75届联合国大会期间提出，中国二氧化碳排放力争于2030年前达到峰值，努力争取2060年前实现碳中和。这一减排承诺引发国际社会热烈反响，也对持续改善环境治理提出了更高要求。物流业作为重要的移动排放源，环保治理压力将进一步加大，倒逼传统物流生产方式变革，绿色环保、清洁低碳成为发展新要求。绿色物流装备将得到全面推广，绿色包装、绿色运输、绿色仓储、绿色配送等绿色物流技术将加快普及应用。集装箱多式联运、托盘循环共用、甩挂（箱）运输、物流周转箱、逆向物流等绿色物流模式得到广泛支持，绿色物流质量标准将严格执行，一批绿色物流企业将加快涌现，促进经济社会全面绿色化转型。

十是完善协同治理营商环境。 营造市场化、法治化、国际化的营商环境，是实现治理体系和治理能力现代化的内在要求。物流业营商环境将持续改善，充分激发市场主体活力。混合所有制改革在物流领域将进一步深化，探索提升做强做优做大国有物流资本。企业兼并重组和平台经济将更加规范，防范垄断和资本无序扩张。物流降本增效深入推进，放管服改革将进一步深化，数字化监管和治理兴起，跨部门协同共治将深入推进，更好发挥全国现代物流工作部际联席会议机制的作用，推动行业综合协调和机制创新。标准、统计、教育、培训、信用等行业基础工作稳步推进，行业社团组织协同治理体制将发挥更大作用，维护社会公共利益和会员正当权益，推进社会治理现代化发展，高效规范、公平竞争的物流统一大市场将加快形成。

2021 年是我国现代化建设进程中具有特殊重要性的一年。“十四五”已经开局，物流高质量发展在路上，迈向物流强国使命光荣、责任重大。让我们携起手来，齐心协力、开拓进取，以高质量发展的优异成绩迎接建党 100 周年，为构建现代物流体系，推进物流强国建设，全面建设社会主义现代化国家、实现中华民族伟大复兴的中国梦而不懈奋斗！

摘录整理：朱泽榕 高玲

1.1.2 上海市物流业

《2020 年上海市国民经济和社会发展统计公报》中交通运输、仓储和邮政业部分统计数据（节录）

五、交通、邮电和旅游

全年实现交通运输、仓储和邮政业增加值 1474.82 亿元，比上年下降 8.4%。

全年各种运输方式完成货物运输量 139226.01 万吨，比上年下降 7.2%。旅客发送量 11973.18 万人次，下降 46.2%（见表 9）。

表 9 2020 年货物运输量与旅客发送量及其增长速度

指标	单位	统对值	比上年增长（%）
货物运输量	万吨	139226.01	-7.2
铁路	万吨	478.19	1.4
水运	万吨	92294.30	-6.4
公路	万吨	46051	-9.1
机场	万吨	402.52	-0.8
旅客发送量	万人次	11973.18	-46.2
铁路	万人次	7604.63	-40.7
港口	万人次	15.36	-86.6
公路	万人次	1332.28	-57.9
机场	万人次	3020.91	-50.6

全年完成港口货物吞吐量 71669.95 万吨，比上年下降 0.5%；集装箱吞吐量 4350.34 万国际标准箱，增长 0.5%。集装箱水水中转比例达 51.6%，国际中转比例 12.3%，分别比上年提高 3.3 和 1.5 个百分点。上海浦东、虹桥两大国际机场全年共起降航班 54.51 万架次，下降 30.5%；实现进出港旅客 6164.21 万人次，下降 49.4%。其中，国内航线进出港旅客 5644.24 万人次，下降 29.3%；国际及地区航线进出港旅客 519.97 万人次，下降 87.6%。

建成龙耀路越江隧道、沪苏通铁路一期，轨道交通 10 号线二期、18 号线一期（御桥路至航头路）建成投入试运行。至年末，全市轨道交通运营线路 18 条，长度达到 729.2 公里，运营车站 430 个。至年末，地面公交运营车辆达 1.77 万辆。其中，国 V 及以上和零排放公交车 15720 辆，占全部公交运营车辆的 89.0%。公交运营线路达 1585 条，线网长度 9116 公里；运营出租车 3.7 万辆，客运量 3.67 亿人次。全年公共交通客运总量 42.35 亿人次，日均 1157.1 万人次，比上年下降 29.6%。其中，轨道交通客运量 28.32 亿人次，下降 27.1%；公共汽电车客运量 13.65 亿人次，下降 34.5%。

至年末，全市拥有各类民用汽车 470.43 万辆，比上年末增长 6.5%。其中，私人汽车 365.56 万辆，增长 7.5%。

全年完成邮政业务总量 848.14 亿元，比上年增长 10.4%；电信业务总量 2822.91 亿元，增长 25.8%。邮政业全年完成邮政函件业务 3.14 亿件、包裹业务 204.90 万件、快递业务 33.63 亿件；快递业务收入 1428.19 亿元。

全年实现旅游产业增加值 1314.11 亿元，比上年下降 42.0%。年内评定推出首批 4 家市级旅游度假区和 16 家市级全域旅游特色示范区域，100 家旅游咨询社区服务点实现挂牌服务。

至年末，全市已有星级宾馆 193 家，旅行社 1790 家，A 级旅游景区（点）130 个，红色旅游基地 34 个（见表 10）。

表 10 2020 年旅游设施情况

指标	单位	绝对值
星级宾馆	家	193
# 五星级	家	71
四星级	家	60
旅行社	家	1790
# 经营出境旅游业务的旅行社	家	298
A 级旅游景区（点）	个	130
#5A 级景区（点）	个	3
4A 级景区（点）	个	68
红色旅游基地	个	34
# 全国红色旅游基地	个	12
旅游咨询服务中心	个	63

全年接待国际旅游入境者 128.62 万人次，比上年减少 85.7%。其中，入境外国人 83.01 万人次，减少 88.0%；港、澳、台同胞 45.61 万人次，减少 77.8%。在国际旅游入境者中，过夜旅游者 104.18 万人次，减少 85.8%。全年接待国内旅游者 23605.71 万人次，减少 34.7%，其中外省市来沪旅游者 11834.57 万人次，减少 31.1%。全年入境旅游外汇收入 37.74 亿美元，减少 55.0%；国内旅游收入 2809.50 亿元，减少 41.3%。

1.2 2020年政府部门报告和重要政策文件

1.2.1 政府部门报告

2020上海国际航运中心建设十大事件揭晓

在极不平凡的2020年，上海首次跻身国际航运中心排名前三，仅次于新加坡和伦敦。以此为新起点，上海国际航运中心从“基本建成”向“全面建成”加速迈进。近期，新华社中国经济信息社发布“2020上海国际航运中心建设十大事件”。

一、共建辐射全球的航运枢纽 长三角高质量一体化发展迈出坚实步伐

2020年，浦东开发开放30周年庆祝大会提出，上海要加快同长三角共建辐射全球的航运枢纽，提升整体竞争力和影响力。

6月，江苏通州湾新出海口开发建设战略合作框架协议正式签约，对推动长三角港口协同发展具有重要意义。同月，小洋山北作业区规划方案和沈家湾作业区规划调整方案通过部省市联合审查，洋山深水港区综合服务能级将进一步提升。10月，全国首单浙沪跨港区国际航行船舶保税供油试点成功，长三角海事服务一体化迈出新步伐。

三省一市携手共进，为长三角一体化高质量发展提供重要支撑。

二、集装箱吞吐量逆势再创新高 上海国际航运中心首次跻身全球前三

直面新冠肺炎疫情的冲击，实现集装箱吞吐量的逆势增长，洋山深水港区四期“无人”码头发挥自动化优势，创造了新的“洋山速度”，也成为浦东开发开放30周年的一张闪亮名片。2020年，上海港集装箱吞吐量再创新高，达到4350万标箱，连续11年位居世界第一。内贸和国际中转集装箱量增长明显，为保障“双循环”畅通发挥了重要作用。

集装箱吞吐量只是一个缩影。2020年7月，在上海虹口区北外滩发布的《新华·波罗的海国际航运中心发展指数报告（2020）》显示，上海首次跻身国际航运中心前三，仅次于新加坡和伦敦。近年来，上海在不断改善港口硬件设施的同时，还在供应链节点地位与高端航运服务功能上加速融合，航运软实力的提升取得重要突破，全球航运资源配置能力持续增强。

三、率先开展船员换班工作 航运业疫情防控“上海方案”全球推广

既要严格落实各项疫情防控措施，又要维护国际物流畅通。2020年3月初，上海在全球率先发布船员换班规则，开展船员换班工作，及时疏解航运界反应强烈的船员“换班难”问题，实现了符合条件的国际航行船舶船员的“应换尽换”。

上海船员换班方案为中国和全球同类方案制定提供了参考，相关管控措施在中国其他港口复制推广，并经由交通运输部向全球推荐。

四、全力保障入境货运 上海国际航空枢纽为全球供应链稳定贡献“上海力量”

2020年1月24日，农历除夕夜，东方航空接到民航局重大办指令，紧急执飞MU5000航班，运送上海市首支援鄂医疗队，成为中国民用航空第一班驰援武汉的航班。

在新冠肺炎疫情带来的巨大冲击下，上海国际航空枢纽围绕服务发展新格局，为全球人员和各类物资提供安全、高效的运输服务，全力服务国内复工复产复业和国际供应链保通保运保供大局。

2020年5月14日，浦东机场保障全货机起降415架次，刷新了上海国际航空枢纽新纪录。2020年，上海浦东和虹桥机场完成旅客吞吐量6164万人次，货邮吞吐量403万吨，为全球产业链供应链稳定贡献了上海力量。

五、中国首制大型邮轮入坞总装 航运高端装备制造频创新纪录

2020年11月，中国首艘大型邮轮在上海外高桥造船有限公司迎来坞内连续搭载总装，标志着中国大型邮轮实现了从整体设计、生产建造到实船总装搭载的里程碑式跨越，也为上海邮轮产业发展再添浓墨重彩的一笔。

此前，沪东中华船厂已于4月拿下卡塔尔石油公司一份总额超过200亿元的液化天然气（LNG）船队建造合同，创我国船舶出口新纪录。9月，沪东中华船厂为法国达飞海运集团建造的全球首艘23000标箱双燃料动力集装箱船在长兴岛造船基地命名交付。“超长船坞＋超级订单＋超大船舶”，意味着上海国际航运中心的高端装备制造能力不断“进阶”。

六、长江口南槽航道治理一期工程投运 优化集疏运体系努力不止步

2020年6月，长江口南槽航道治理一期工程整体通过交工验收，投入试运行。这标志着长江口在现有12.5米深水主航道的基础上，再添一条优质辅助航道，形成了“北主南辅、相得益彰”的良好态势。

6月，沪苏湖铁路开工建设。7月，沪苏通铁路正式开通运营。10月，上海首个内河航运综合性水上服务区——上海宣桥水上服务区投入营运。12月，位于浦东新区的赵家沟东段航道建成，具备Ⅳ级航道通航条件。从水路到铁路，上海国际航运中心优化集疏运体系从不止步。

七、上海出口集装箱结算运价指数发布 现代航运服务业踏浪前行

2020年11月，上海航运交易所正式发布上海出口集装箱结算运价指数（SCFIS）。这个交易型航运运价指数的推出为我国开展航运运价指数期货创新探索奠定基础。

同样在2020年，上海海事法院首次适用英国判例法审结一起与船舶佣金支付有关的涉外合同纠纷，并与中国船东互保协会签署合作备忘录，在全国范围内首推“船舶扣押预担保”新举措。种种思维创新和举措创新，标志着上海现代航运服务业正在踏浪前行。

八、洋山特殊综合保税区一期通过验收 航运制度创新向纵深挺进

2020年5月，洋山特殊综合保税区（一期）通过海关总署等八部委联合验收组验收，成为我国151个海关特殊监管区中唯一的特殊综合保税区，具有“一线放开，二线管住”的特点，在监管制度上有诸多创新，是国内目前开放程度最高的海关特殊监管区。

得益于洋山特殊综保区的制度创新，2020年7月，丹麦得斯威国际货运公司采购的汽车零部件等货物与其他货物重新拼箱后顺利出口，标志着国内首单跨关区国际中转集拼业务试单完成。8月，中远海运发展股份有限公司所属“新洋山”轮完成相关登记手续，成为中国（上海）自由贸易试验区临港新片区揭牌后首艘“中国洋山港”籍船舶。11月，上海达飞国际船舶管理有限公司获颁“海洋船舶船员服务机构资质证书”，成为上海第一家取得海员外派业务资质的外商独资企业。

九、全球航运业务网络股东协议书签署 绿色智慧港航加速到来

2020年2月，中远海运集运、上港集团等船公司和码头运营商完成全球航运业务网络（GSBN）股东协议书签署，标志着航运业首个区块链联盟GSBN向着正式成立迈出了重要一步。作为非营利联合体，GSBN将为供应链上各个利益相关方提供安全及可信任的数据交换平台。4月，中远海运集运联合上港集团、中远海运港口、青岛港集团等，运用区块链技术成功实现无纸化进口放货应用。9月，上港集团在沪宣布成立“长江港航区块链综合服务平台”。

与此同时，上海港岸电设施改造超额完成任务，累计完成65套岸电设施和68个专业化岸电泊位改造建设，岸电覆盖率达到 79%。

航运科技链接港口、航运和贸易，清洁能源技术助推港航业可持续发展，上海国际航运中心加快转型升级，绿色智慧的上海港正加速向我们走来。

十、第十六个中国航海日主会场系列活动在沪举办 航运文化助力航运强国建设

2020 年 7 月 11 日，以“携手同行 维护国际物流畅通”为主题的 2020 年中国航海日论坛在上海北外滩举行，同时还举办了舰船开放、帆船展示、航海嘉年华和上海国际航运中心建设成果展等一系列丰富多彩的活动，弘扬航运文化。

为呼应国际航运中心建设，近年来上海航运文化交流活动精彩纷呈。2020 年，海贸国际海事颁奖典礼首次落户上海，体现了国际港航业对上海国际航运中心地位的认可。与此同时，中国航海博物馆在 2020 年荣获文博界最高荣誉——国家一级博物馆。探索航运强国建设的星辰大海，离不开航运文化的引领。

来源：上海市交通委员会　发布时间：2021-01-20

上海将基本建成国际航运中心

从装卸转运能力严重不足到连 10 年稳坐全球集装箱吞吐量第一大港，从国际航线寥寥无几到联通全球的完善网络，从产业形态单一到聚集航运交易、经纪、保险等各类要素。25 年来，上海国际航运中心建设取得举世瞩目的成就。

根据上海国际航运中心建设的国家战略，到 2020 年，上海将基本建成航运资源高度集聚、航运服务功能健全、航运市场环境优良、现代物流服务高效，具有全球航运资源配置能力的国际航运中心。

从河港到海港“三级跳”赢得发展空间

20 世纪 80 年代末 90 年代初，国际集装箱运输已逐步成为国际航运市场主要运输方式，船舶大型化、经营联盟化、运输干线网络化渐成趋势，给国际航运市场和世界港口布局带来重大影响。同时，东北亚地区港口之间围绕国际集装箱枢纽港的竞争十分激烈。

国内方面，随着 1984 年 14 个沿海港口和海南岛率先开放，我国经济发展驶入快车道，沿海港口基础设施能力不足，已直接制约了经济发展。上海港矛盾更为突出，经常有上百条外贸船等候进港作业，航班密度以每年 20% 以上的态势强势增长。

市交通委副主任张林表示，缺乏深水航道的问题严重困扰着上海港。当时长江口航道和黄浦江航道水深都只有 7—8 米，即便是第三、第四代集装箱船舶也受航道水深影响无法在黄浦江里掉头。上海要跻身千万箱大港，必须找到破解深水航道这道历史性难题的最优解。

从黄浦江沿岸 12 个装卸作业区，到长江上的外高桥港区，再到东海上的洋山深水港区，上海国际航运中心的主体上海港完成了由河港向海港的“三级跳”。

为解决上海国际航运中心建设的核心问题之一——建设吃水在 15 米以上的集装箱深水枢纽港。经过 6 年反复比较论证，2002 年 6 月，洋山深水港区一期工程开工建设。2005 年 12 月建成投产，从此，上海港拥有了 7 万吨 -10 万吨级的集装箱泊位。紧随其后，洋山深水港区二、三、四期工程相继建成并投入运行，创造了中国港口发展历史上的奇迹，也成为世界瞩目的焦点。

“值得注意的是，长江口深水航道治理、外高桥集装箱码头建设和洋山深水港区选址论证‘三管齐下’，是对上海国际航运中心建设的有力支撑。”张林说，它为上海港的发展赢得了关键的 10

年战略机遇期。

“假如长江口深水航道治理工程不上马，外高桥港区就会因为缺乏深水航道而得不到有效发展，上海港在本世纪初就不可能以1000万标箱的水平跻身全球大港行列；假如洋山深水港工程项目不上马，那上海港只能止步于2000万标箱水平。”张林表示，今天上海港的发展正是“三管齐下”所构成的稳固基础。

数据统计，2017年上海港成为了全球首个年集装箱吞吐量突破4000万标箱的港口，2019年达4330.3万标箱，并连续10年蝉联世界集装箱吞吐量第一。

从多级转运到通江达海一手牵长江一手牵世界

内河高等级航道网建设是港口集疏运体系中重要的一部分，也是国际航运中心建设重要板块。随着长江12.5米深水航道向上游延伸，多级转运进一步减少，促进形成以上海国际航运中心为龙头，布局合理、层次分明、分工协作、优势互补的长江港口体系。南京以下“河港变海港”，长江中上游江海联运能力大幅提升，长江黄金水道焕发新活力。

此外，上海内河航道通航水平也实现大幅提高。上世纪80年代，上海的内河航道里都是小船，大部分都在50吨以下，还有很多是水泥船，甚至小木船、帆船。

“我们从那个时候起步开始构思‘一环十射’高等级航道规划。”张林介绍，从“八五”期酝酿，到“九五”期编入规划，到“十五”的时候就叫响了，主要航道都向1000吨级发展方向规划建设。“在那个年代，对千吨级的概念还觉得太遥远，因为大量的船是百吨船。我们的主力船型是拖带1拖12，浩浩荡荡，1条船后面拖12条驳船。虽然加起来也是千吨，但这种方式最大的问题是操控性能差，容易出事故，效率非常低。”

据悉，今年年底，“一环十射”项目将基本建成，届时，上海港腹地长三角地区的集装箱将通过苏申外港线、平申线、杭申线、长湖申线、大芦线等航道直抵芦潮港等内河集装箱港区，上海港集疏运体系将得到进一步优化。一手牵着长江，一手牵着世界，目前上海港集装箱班轮航线直达全球近300个港口。

从跟随到引领打造全球智慧港口新标杆

在目前全球正在运行的数十个自动化集装箱码头中，汇聚众多先进科技的上海港洋山深水港区四期码头（简称洋山四期），堪称是“集大成之作”。从基础设施建设到控制系统总集成，中国企业都在其中发挥着核心作用，洋山四期已经成为中国工程走向世界的一张名片。

历时三年时间的艰苦建设，洋山四期于2017年12月10日开港试生产，是目前全球正在运营的规模最大的自动化集装箱码头。作为自动化码头的新标杆和交通强国建设的重要载体，洋山四期的建成和投产标志着我国港口行业在运营模式和技术应用上实现了里程碑式的跨越升级，为上海港进一步巩固世界强港地位、加速国际航运中心建设提供了新动力。

“洋山四期采用世界首创61吨双20英尺吊具的自动化轨道吊，与传统41吨轨道吊相比，具有效率高、循环能耗低的特点，还可以在陆侧交互区实现自动化着箱，减少远程操作人员。”上海振华重工（集团）股份有限公司（简称振华重工）副总裁张健介绍。此外，洋山四期的锂电池驱动AGV采用了前沿技术，除了无人驾驶、自动导航、路径优化、主动避障外，还支持自我故障诊断、自我电量监控等功能。

自动化码头有序高效运作不仅需要设备，更需要软件系统的全面配合。洋山四期采用上港集团自主研发的全自动化码头智能生产管理控制系统（TOS）和振华重工自主研发的设备控制系统（ECS），构成码头的“大脑”与“神经”。

以“智慧、绿色、科技、效率”四个现代化港口建设关键词为主线，上海港口产业发展逐步形成产学研用相结合的创新体系。近年来，仅上港集团就相继承担省部级以上重大项目 14 项，荣获省部级以上科技奖励百余项。集卡预约平台、受理中心平台、长江支线服务平台及全面实现集装箱业务无纸化操作等一项项科技创新让上海港智慧港口建设走在了行业前列，引领了时代潮流。

来源：上海交通 发布时间：2020-05-13

1.2.2 中国物流与采购联合会每月物流政策辑要

2020 年 2 月 14 日（援企稳岗专题 2）

国家政策：

1. 中国人民银行 财政部 银保监会 证监会 外汇局：《关于进一步强化金融支持防控新型冠状病毒感染肺炎疫情的通知》（2020.2.1）

2. 财政部：《关于支持金融强化服务 做好新型冠状病毒感染肺炎疫情防控工作的通知》（2020.2.2）

3. 财政部 发展改革委 工业和信息化部 人民银行 审计署：《关于打赢疫情防控阻击战 强化疫情防控重点保障企业资金支持的紧急通知》（2020.2.7）

4. 财政部 国家税务总局：《关于支持新型冠状病毒感染的肺炎疫情防控有关税收政策的公告》（2020.2.7）

5. 工业和信息化部：《关于应对新型冠状病毒肺炎疫情帮助中小企业复工复产共渡难关有关工作的通知》（2020.2.9）

6. 国家税务总局：《关于支持新型冠状病毒感染的肺炎疫情防控有关税收征收管理事项的公告》（2020.2.10）

地方政策：

1. 河南省：运输物流企业享受金融和财税政策支持
2. 湖北省：给与送餐平台提供的无接触送餐财政补贴
3. 浙江省：各级政策性融资担保机构助力防疫物资运输
4. 福建省：着力降低企业物流成本，加大援企稳岗力度

2020 年 2 月 13 日（保通保畅专题 1）

国家政策：

1. 国务院办公厅：《关于做好公路交通保通保畅工作 确保人员车辆正常通行的通知》

2. 交通运输部 国家卫生健康委：《关于切实简化疫情防控应急运输车辆通行证办理流程及落实对应急运输保障人员不实行隔离措施的通知》

3. 公安部：《关于切实做好新冠肺炎疫情防控道路交通保障工作的通知》

4. 商务部：《关于做好重点城市生活物资保供工作的通知》

5. 公安部交通管理局：公安交管部门实行疫情防控车辆人员牌证加急办预约办便捷办

6. 农业农村部：《关于维护畜牧业正常产销秩序保障肉蛋奶市场供应的紧急通知》

7. 交通运输部、国家发展改革委、国家卫生健康委、国家铁路局、中国民用航空局、国家邮政局、国家铁路集团：《关于统筹做好春节后错峰返程疫情防控和交通运输保障工作的通知》

8. 公安部交通管理局：部署各地切实保障疫情防控应急运输车辆优先通行

9. 交通运输部：《关于统筹做好进鄂应急物资中转运输有关工作的通知》

10. 公安部交通管理局：疫情防控期间公安交管业务实行“网上办、自助办、延期办”

11. 交通运输部：《关于切实保障疫情防控应急物资运输车辆顺畅通行的紧急通知》

2020 年 2 月 15 日（复工复产专题 3）

国家政策：

1.《求是》杂志发表习近平总书记重要文章：《在中央政治局常委会会议研究应对新型冠状病毒肺炎疫情工作时的讲话》（2020.2.16）

2. 国务院应对新型冠状病毒感染肺炎疫情联防联控机制：《关于切实加强疫情科学防控　有序做好企业复工复产工作的通知》（2020.2.8）

3. 国务院：在全力以赴抓好疫情防控同时，分类有序推动企业复工复产（2020.2.11）

4. 国务院：《关于组织做好疫情防控重点物资生产企业复工复产和调度安排工作的紧急通知》（2020.1.30）

5. 中央应对新冠肺炎疫情工作领导小组：部署进一步增加重点医疗防控物资生产供应（2020.2.10）

6. 国务院安委会办公室 应急管理部：部署加强复工复产安全防范和安全服务　（2020.2.14）

7. 工业和信息化部：《关于应对新型冠状病毒肺炎疫情帮助中小企业复工复产共渡难关有关工作的通知》（2020.2.9）

8. 交通运输部部务会：毫不放松全力做好疫情防控各项重点工作 坚决打赢疫情防控人民战争总体战阻击战　（2020.2.13）

9. 商务部：《关于积极做好疫情应对支持服务外包企业发展工作的通知》（ 2020.2.14）

10. 交通运输部：《关于新冠肺炎疫情防控期间免收收费公路车辆通行费的通知》（2020.2.15）

地方政策：

1. 浙江省：推出稳企业稳经济稳发展 30 条意见（2020.2.10）

2. 江苏省：强化运输等领域安全排查和生产（2020.2.7）

3. 广东省：对交通物流等在建新建项目优先保障（2020.2.6）

4. 郑州市：发布物流企业复工复产时间表（2020.2.12）

5. 成都市：交通物流保障援企平台助复工复产（2020.2.13）

6. 大连市：线上系统为企业供应链管理精准服务（2020.2.12）

2020 年 2 月 26 日

支持物流企业复工复产地方政策“干货”速览

1. 深圳

《深圳市应对新型冠状病毒感染的肺炎疫情支持企业共渡难关的若干措施》

对租用市、区政府以及市属、区属国有企业持有物业（含厂房、仓储物流设施配套服务用房等）的非国有企业、科研机构、医疗机构和个体工商户，免除 2 个月租金；

2 月 20 日，深圳市新型冠状病毒感染的肺炎疫情防控指挥部办公室表示，深圳市将全面取消企业复工核实备案审批，改由企业备案承诺。

2. 成都

成都市税务总局发布疫情防控税收政策提示

对物流企业自有的大宗商品仓储设施用地，以及承租用于大宗商品仓储设施的土地，减免所属土地等级适用税额标准的 50% 计征城镇土地使用税；

成都市新型冠状病毒肺炎疫情防控指挥部办公室发布《关于调整部分已发布指挥部通告有关内容的通知》

企业复工，不再需行业主管部门审批。

3. 广东

2 月 20 日，制造业大市东莞重磅出台“复工十条”

为企业员工开启返岗“绿色通道”，对包专车、专列、专机接回员工的企业，给予交通费 2/3 的补助；企业直接招用首次在莞就业员工，给予企业每人 1000 元补助等，解决员工返岗难，企业人手不足问题。

4. 山东

山东出台意见支持生活服务、批发零售等行业健康发展

对参与国家和省组织调运任务的流通企业，按省内调运 30%、跨省调运 50% 的比例给与物流费用补助，单个企业补助总额不超过 50 万元；

济南市组织全市 53 家包车客运企业面向复工企业、复工人员推出一站式定制包车运输服务，落细防控措施，热情周到服务，让复工人员安全放心、快捷有序出行；

5. 天津

《天津市打赢新型冠状病毒感染肺炎疫情防控阻击战进一步促进经济社会持续健康发展的若干措施》

对承租国有资产类经营用房的中小企业及公建配套菜市场，免收 3 个月房租、3 个月房租减半。对租用其他经营用房的，鼓励业主为租户减免租金，由双方协商解决。

6. 山西

多措并举保障交通运输，满足复工复产需求

严禁擅自封闭高速公路、严禁阻断国省干线公路、严禁阻碍农村公路交通、严禁阻碍应急车辆通行、严禁擅自违法设置卫生检疫站。

7. 江苏

《省政府关于应对新型冠状病毒肺炎疫情影响推动经济循环畅通和稳定持续发展的若干政策措施》

对公路运输等受疫情影响较重的服务行业，所在设区市可依法减免相关税费、研究制定财政贴息等扶持政策，帮助企业缓解经营困难。

《关于加强科学防治精准施策坚决打赢疫情防控阻击战 统筹推进经济社会发展的指导意见》

江苏省实行差异化交通防控措施：对低风险地区，县域范围内不得设立各类卡口拦截或禁止车辆通行，不得封路、封村、封社区、封市场；设区市所辖县（市、区）全部为低风险地区的，市域范围内不得设各类卡口，取消一切车辆和人员通行限制，保障城乡公共交通正常运转；省内相邻县均为低风险地区的，县际之间不设查控点。对中风险地区，县界和辖区内高速公路要确保交通运输、城乡公共交通正常运转，确保人员正常出行和生产生活物资正常流通。对高风险地区，实行机动车有效管控。根据疫情态势逐步恢复生产生活秩序。对高速公路省界设立的 20 个查控点，仍然坚持“逢车必查、逢人必测”。

8. 安徽

《关于加强疫情科学防控有序做好企业复工复产工作统筹推进经济社会发展各项任务的意见》

对受疫情影响导致经营困难的批发零售、住宿餐饮、物流运输、文化旅游等行业的企业，可按规定申请暂缓缴存住房公积金。

9. 福建

6 部门联合出台暖企措施支持复工稳岗

对不裁员或少裁员，符合条件的参保企业，可返还其上年度实际缴纳失业保险费的 50%。对疫情影响面临暂时性生产经营困难且恢复有望、坚持不裁员或少裁员、符合条件的参保企业，按 6 个月的当地月人均失业保险金和参保职工人数落实失业保险稳岗返还政策。

10. 江西

江西省多地实行免费包车送复工人员，上饶市人社、就业部门通过和浙江省义乌、宁波等地市人社部门对接联系，免费为去往义乌市、宁波市求职复工群众提供复工专车。

11. 上海

市道路运输局积极开展复工复产准备工作

道路货运企业和从业人员只需登陆支付宝填写相关基础信息，即可自动生成电子版“货通证”，同时支持下载打印。持证货运车辆在长三角区域内可便捷通行；持证货运从业人员返回上海后，无须再次隔离 14 天。

12. 河南

河南省强化疫情防控重点保障企业资金支持利率优惠，专项再贷款投入战“疫”

为应对疫情提供相关信息通信设备和服务系统的企业以及承担上述物资运输、销售任务的企业提供资金支持；

河南金融监管部门 10 条“硬核”举措支持企业复工

对受疫情影响较大的物流运输等行业，以及有发展前景但受疫情影响暂遇困难的企业，特别是小微企业，不得盲目抽贷、断贷、压贷。对受疫情影响，因生产疫情防控医用物资、生活物资导致资金需求扩大、第一还款来源充足的存量贷款企业，符合条件的要主动增加授信额度，积极发放信用贷款，满足企业的临时资金需要；

《关于进一步强化疫情防控物资保障的若干措施》

对列入国家和自治区疫情防控物资保障重点企业名单的企业，在 2020 年 1 月 1 日—5 月 31 日新增用于疫情防控相关生产经营活动的贷款，自治区财政按照合同签订日的贷款市场报价利率的 50% 给予财政贴息，贴息期限不超过 1 年；

濮阳市实现入濮人员车辆二维码信息登记全覆盖

河南濮阳各交通防控卡点全部使用二维码进行检查，所有通过卡点的人员车辆必须使用二维码进行登记，实现全面提升濮阳市高速公路和市域周边交通防控卡点人员车辆通行和信息登记、分类、共享效率，有效阻断接触性疫情传播途径。

河南交警全力以赴保障复产复工

72 小时内对辖区的高速、国省道、县乡道路开展全面巡查，坚决禁止高速公路、国省干线公路擅自设立疫情检查站点，坚决杜绝县乡道路梗阻现象，恢复中断的农村道路，全力保障全省路网安全畅通。

13. 贵州

四个方面帮助道路运输企业平稳发展

对在疫情期间承诺不裁员、少裁员的符合稳岗返还条件的失业保险参保道路运输中小企业，返还标准由原来的不超过上年度实际缴纳失业保险费的 50% 提高到不超过上年度实际缴纳失业保险费的 100%。同时，要积极开展道路运输业务网上办理，简化办理流程，确保办理事项快速办结；

贵州省出台十二项措施应对新冠肺炎疫情促进道路运输企业平稳健康发展

鼓励全省卫星定位平台服务商，免收道路运输企业 3 个月卫星定位服务运维费用。对运输企业，从业人员无法及时申请办理的经营许可、换发道路运输证照、车辆道路运输证、从业资格证审验换证、驾驶证审验换证、机动车检验、道路运输车辆年审等业务的，可以延期到疫情结束以后办理。

14. 云南

昆明出台 20 条措施支持企业复工复产

支持参加应急物资保障的重点企业积极申报国家有关政策性优惠贷款，引导各银行金融机构在原有贷款利率水平上下浮 10% 以上。

15. 陕西

陕西省应对新型冠状病毒感染肺炎疫情工作领导小组办公室关于切实做好分区分级防控恢复生产生活正常秩序的实施意见

全面撤销省际省内高速公路出入口、国省干线、农村公路设置的检疫站点，恢复封闭的高速公路出入口和阻断的国省干线公路及农村公路，取消不合理的车辆和人员劝返措施，确保全省公路路网畅通，中风险地区和高风险地区确需设置公路检疫站点的必须报请省人民政府同意。

除 14 天内有确诊病例或疑似病例的村组、小区外，一律取消封闭。村委会、居委会指定专人负责辖区内所有人员健康管理，对来陕返陕人员进行健康二维码查验、跟踪管理。

我省五部门 15 条措施确保疫情防控期就业有序

对坚持不裁员或少裁员的参保企业，失业保险费返还比例由上年度实际缴费的 50% 提高到 60%；春节期间（截至 2020 年 2 月 9 日）开工生产、配送疫情防控急需物资的企业，新吸纳人员就业且签订劳动合同的，按照就业人数享受每人最高不超过 2000 元的一次性就业补贴；

陕西出台支持中小微企业稳定健康发展若干措施

对承租国有资产类经营用房的中小微企业，2020 年 2 月免收房租，3-4 月房租减半；

16. 宁夏

《关于加强疫情科学防控有序推进工业企业复工复产工作方案》

严禁擅自设卡拦截、阻断生产资料运输通道等违规行为，切实保障重要交通干线以及关键物流枢纽正常运行。

17. 新疆

新疆金融机构大力支持企业复工复产

人民银行乌鲁木齐中心支行还指导各金融机构主动加强与受疫情影响较大的批发零售、住宿餐饮、物流运输、文化旅游业等行业对接，要求各金融机构对有发展前景但暂时经营困难的企业特别是民营小微企业不得盲目抽贷断贷，而是要通过续贷、中长期贷等方式，帮助企业暂缓经营压力，保障企业正常开工、复工。

18. 海南

《海南经济特区机动车辆通行附加费征收管理条例》

我省将从 17 日零时起，至疫情防控工作结束，免收机动车辆通行费。免收汽油、柴油车辆通行附加费。

2020 年 3 月 19 日

支持物流企业复工复产政策“干货”速览

1. 交通运输部

交通运输部关于做好疫情防控期间道路运输企事业单位许可证件管理工作的公告（3 月 18 日）

在疫情防控期间，对于道路运输企事业单位道路运输经营许可证、道路危险货物运输许可证、放射性物品道路运输许可证有效期届满，但因疫情防控原因无法按时办理许可证件换发手续的，允许相关道路运输企事业单位的许可证件有效期自动向后延续至疫情解除后 45 天。其间，各地交通运输主管部门不得对未按时履行许可证件换发手续的道路运输企事业单位实施处罚。疫情解除后，各地交通运输主管部门要督促有关道路运输企事业单位及时办理许可证件换发手续。

2. 北京

北京市人民政府办公厅印发《关于全力做好疫情防控工作保障企业有序复工复产的若干措施》的通知（3 月 16 日）

强化物流和交通保障。组建包括 100 余家货物运输企业、1000 余辆各类货运车辆的应急保障车队，在首都之窗公布具体对接信息，为企业复工复产运输需求提供应急保障。

3. 天津

（1）市人社局关于做好失业保险稳岗返还工作有关问题的通知（3 月 13 日）

符合条件的交通运输等受疫情影响严重行业的企业，可于 2020 年 12 月 31 日前向参保区申报失业保险稳岗返还，并出具劳务派出（外包）协议、与实际用工单位注明返还资金归属的协议书（需双方单位加盖公章）以及双方单位盖章确认的派遣（外包）人员汇总名单。各区人社局核实相关情况并公示，于受理后 15 个工作日内返还企业上年度缴纳失业保险费总额的 50%。

（2）市人社局市财政局关于做好企业吸纳登记失业人员一次性就业补贴发放工作的通知（3 月 17 日）

2020 年 1 月 1 日 -12 月 31 日期间，企业正常生产经营 1 年以上、吸纳登记失业半年以上人员就业、签订 1 年以上劳动合同并按规定缴纳社会保险费满 3 个月。新冠肺炎疫情防控期间，物流配送等行业不受缴纳社会保险费时长限制，可在缴费当月申报。按照每吸纳 1 人 1000 元的标准，给予企业一次性吸纳就业补贴。

4. 河北

河北省人民政府关于进一步做好稳就业工作的实施意见（3 月 12 日）

阶段性降低失业保险费率、工伤保险费率的政策，实施期限延长至 2021 年 4 月 30 日。参保企业面临暂时生产经营困难且恢复有望、坚持不裁员或少裁员的失业保险稳岗返还政策、困难企业开展职工在岗培训补贴政策，实施期限延长至 2020 年 12 月 31 日。疫情防控期间，将中小微企业失业保险稳岗返还政策裁员率标准放宽到不高于上年度全国城镇调查失业率控制目标，对参保职工 30 人（含）以下的企业，裁员率放宽至不超过企业职工总数 20%。

5. 内蒙古

内蒙古财政厅内蒙古税务局关于新冠肺炎期间房产税和城镇土地使用税减免政策的公告（3 月 13 日）

自 2020 年 1 月 1 日起至我区新冠肺炎解除当月止，对交通运输和邮政业等行业的中小企业免征房产税和城镇土地使用税。

6. 上海

上海市交通委员会关于新冠肺炎疫情防控期间政务服务办理工作的通告（3 月 16 日）

本市道路运输车辆年审时间到期但因疫情原因暂时无法进行车辆审验或不具备相关审验条件的，允许其年审周期自动向后延续至疫情结束之后 45 天。疫情结束后，有关道路客货运输经营者及车辆要及时延续办理车辆年审手续；道路运输车辆年审制度恢复到原政策制度执行。

7. 浙江

（1）浙江省新型冠状病毒肺炎疫情防控工作领导小组关于印发大力实施减税减费减租减息减支共克时艰行动方案的通知（3 月 12 日）

对运输疫情防控重点保障物资，提供公共交通运输服务、生活服务以及为居民提供快递收派服务的收入，免征增值税；对小规模纳税人增值税征收率从 3% 降至 1%。对交通运输等四大行业企业和符合条件的小微企业的自用房产、土地免征 3 个月房产税、城镇土地使用税。免征中小微企业 2020 年 2-6 月、减半征收大型企业 2020 年 2-4 月基本养老保险、失业保险、工伤保险的单位缴费 345 亿元。全省收费公路对安装并使用电子不停车收费系统（ETC）的三、四类客车通行费实行 8.5 折优惠，省属及市、县（市）属国有全资和控股的高速公路路段对安装并使用 ETC 的合法装载货车通行费实行 8.5 折优惠，减费不少于 3.6 亿元，执行期限为国家收费公路免费通行政策结束后 3 个月。

（2）浙江省财政厅 国家税务总局浙江省税务局关于落实应对疫情影响房产税、城镇土地使用税减免政策的通知（3 月 16 日）

对交通运输等四大行业企业和符合条件的小微企业的自用房产、土地免征 3 个月房产税、城镇土地使用税。鼓励引导各类经营性房产业主在疫情期间为受困企业和个体工商户减免租金，按实际免租月份或折扣比例相应减免房产税、城镇土地使用税。

8. 山东

省委新冠肺炎疫情处置工作领导小组关于印发《关于进一步提高企业复工达产率加快重点项目开复工建设的若干措施》的通知（3 月 11 日）

对承租国有企业经营性房产的服务业企业，减免或减半收取 1-3 个月的房租；对存在资金支付困难的，可以延期收取租金，具体收取期限由双方协商确定。对承租机关事业单位等其他公有房产的服务业企业，免收 2、3 月份房租；经营确有困难的，可减半收取 4 至 6 月份房租。对租用私营房产的连锁经营企业，各市可根据企业租用门店数量和资金额度给予企业一次性租金补贴。2020 年 2 月起，免征服务业中小企业基本养老保险、工商保险和失业保险单位缴费部分，免征期限不超过 5 个月。

9. 湖北

省人民政府关于印发湖北省促进经济社会加快发展若干政策措施的通知（3 月 12 日）

对未能纳入疫情防控重点保障企业名单，但在支持我省疫情防控工作中作用突出的卫生防疫、医药产品、医用器材、医废处置、商贸流通等企业 2020 年新增贷款（1000 万元以内），省级财政按照市场报价利率的 30% 给予贴息。自 2020 年 3 月 1 日 -5 月 31 日，免征全省小规模纳税人适用 3% 征收率征收的增值税。纳税人因疫情影响不能按期缴纳税款的，经税务机关批准，可延期缴纳，最长不超过 3 个月。疫情防控期间到疫情结束，收费公路免收车辆通行费。疫情结束到 2020 年年底，在原优惠政策基础上，对二类 ETC 货车给予应交通行费 22% 的优惠，对三类 ETC 货车给予应交通行费 14% 的优惠。6 月 30 日前，减半收取铁路保价、集装箱延期使用、货车滞留等费用。

10. 四川

四川省人力资源和社会保障厅关于印发《四川省阶段性减免企业社会保险费实施办法》的通知（3 月 13 日）

2020 年 2-6 月，免征全省各类中小微企业三项社会保险单位缴费部分，以单位方式参保的个体工商户参照执行。2020 年 2-4 月，减半征收全省各类大型企业、民办非企业单位、社会团体等各类社会组织三项社会保险单位缴费部分。

11. 云南

云南省人民政府办公厅关于进一步精简审批优化服务精准有序推进企业复工复产的通知（3 月 13 日）

除煤矿外，我省所有地区不得采取审批、备案等方式延缓开工；不得对企业复工复产设置条件，变相审批；不得向企业收取复工复产保证金。

12. 青海

青海省人力资源和社会保障厅关于印发《青海省阶段性减免企业社会保险费实施细则》的通知（3 月 16 日）

减免社会保险单位缴费部分的单位或人员不包括机关事业单位（含参加企业基本养老保险的单位）、以个人身份参保的个体工商户和灵活就业人员。参保单位补缴减免政策实施前的欠费，预缴减免政策终止后的社会保险费，均不属于此次减免政策范围。参保单位在 2020 年缓缴社会保险费政策执行期截止前未做申报核定的，不再享受社会保险费减免政策。

13. 宁夏

（1）自治区人力资源和社会保障厅 自治区财政厅 自治区工业和信息化厅关于调整经营困难且恢复有望企业稳岗返还认定标准及相关条件的通知（3 月 18 日）

为支持企业做好疫情防控，帮助中小微企业渡过难关，扩大和稳定就业，2020 年 1 月 1 日 -12 月 31 日，对面临暂时性经营困难且恢复有望、坚持不裁员少裁员的参保企业继续开展稳岗返还，返还标准按 6 个月的当地月人均失业保险金和参保职工人数确定。

（2）自治区人民政府办公厅印发关于进一步精简审批优化服务精准稳妥推进企业复工复产实施方案的通知（3 月 13 日）

企业按有关规定做好防疫措施，自查自评达到复工复产条件，向当地政府、开发区管委会提交承诺书后，即可组织复工复产。中风险地区认真落实“外防输入、内防扩散”原则，精准稳妥推进企业复工复产。

2020 年 3 月 27 日（应对疫情财税金融政策专题）

与物流业相关的财税金融政策目录

类别	序号	发文单位	发文题目	文号	发文时间
财政	1	财政部 国家发展改革委 工业和信息化部 人民银行 审计署	《关于打赢疫情防控阻击战强化疫情防控重点保障企业资金支持的紧急通知》	财金〔2020〕5 号	2020. 2. 7
	2	财政部	《关于加快拨付贴息资金 强化疫情防控重点保障企业资金支持的补充通知》	财办金〔2020〕13 号	2020. 3. 2
	3	人力资源社会保障部 财政部 税务总局	《关于阶段性减免企业社会保险费的通知》	人社部发〔2020〕11 号	2020. 2. 20

类别	序号	发文单位	发文题目	文号	发文时间
财政	4	财政部、民航局	《关于民航运输企业新冠肺炎疫情防控期间资金支持政策的通知》	财建〔2020〕30 号	2020. 3. 4
	5	工业和信息化部	《关于应对新型冠状病毒肺炎疫情帮助中小企业复工复产共渡难关有关工作的通知》	工信明电〔2020〕14 号	2020. 2. 9
	6	商务部	《关于应对新冠肺炎疫情做好稳外贸稳外资促消费工作的通知》	商综发〔2020〕30 号	2020. 2. 18
	7	国家发展改革委	《关于疫情防控期间做好企业债券工作的通知》	发改办财金〔2020〕111 号	2020. 2. 8
	8	财政部 农业农村部	《关于切实支持做好新冠肺炎疫情防控期间农产品稳产保供工作的通知》	财办农〔2020〕6 号	2020. 2. 14
	9	国务院扶贫办 财政部	《关于积极应对新冠肺炎疫情影响加强财政专项扶贫资金项目管理工作确保全面如期完成脱贫攻坚目标任务的通知》	国开办发〔2020〕5 号	2020. 2. 17
税费	10	税务总局	《关于支持新型冠状病毒感染的肺炎疫情防控有关税收征收管理事项的公告》	国家税务总局公告 2020 年第 4 号	2020. 2. 10
	11	财政部 税务总局	《关于支持新型冠状病毒感染的肺炎疫情防控有关税收政策的公告》	财政部公告 2020 年第 8 号	2020. 2. 6
	12	交通运输部	《关于新冠肺炎疫情防控期间免收收费公路车辆通行费的通知》	交公路明电〔2020〕62 号	2020. 2. 15
	13	财政部 税务总局	《关于继续实施物流企业大宗商品仓储设施用地城镇土地使用税优惠政策的公告》	财政部 税务总局公告 2020 年第 16 号	2020. 3. 13
	14	财政部 税务总局	《关于支持个体工商户复工复业增值税政策的公告》	财政部 税务总局公告 2020 年第 13 号	2020. 2. 28
	15	税务总局	《关于延长 2019 年度代扣代收代征税款手续费申报期限的通知》	税总函〔2020〕43 号	2020. 3. 13
	16	税务总局	《关于充分发挥税收职能作用助力打赢疫情防控阻击战若干措施的通知》	税总发〔2020〕14 号	2020. 2. 10

类别	序号	发文单位	发文题目	文号	发文时间
金融	17	银保监会	《关于加强产业链协同复工复产金融服务的通知》	银保监办发〔2020〕28 号	2020. 3. 26
	18	中国人民银行、财政部、银保监会、证监会、国家外汇管理局	《关于进一步强化金融支持防控新型冠状病毒感染肺炎疫情的通知》	银发〔2020〕29 号	2020. 1. 31
	19	中国银行保险监督管理委员会、中国人民银行、国家发展改革委、工业和信息化部、财政部	《关于对中小微企业贷款实施临时性延期还本付息的通知》	银保监发〔2020〕6 号	2020. 3. 1
	20	中国银行间市场交易商协会	《关于进一步做好债务融资工具市场服务疫情防控工作的通知》	/	2020. 2. 3

2020 年 3 月号

政策点评：

1. 中央应对新型冠状病毒感染肺炎疫情工作领导小组：《关于在有效防控疫情的同时积极有序推进复工复产的指导意见》

2. 商务部等 8 部门：《关于进一步做好供应链创新与应用试点工作的通知》

政策动向：

1. 中共中央、国务院：构建更加完善的要素市场化配置体制机制

2. 国务院常务会议：确定支持交通运输快递等物流业纾解困难加快恢复发展的措施

3. 国务院常务会议：提升国际航空货运能力

4. 国家发展改革委、中央宣传部等 23 个部门：《关于促进消费扩容提质加快形成强大国内市场的实施意见》

5. 交通运输部：精准有序恢复运输服务扎实推动复工复产

6. 交通运输部：《关于统筹推进疫情防控和经济社会发展交通运输工作的实施意见》

政策摘要：

1. 国家发展改革委、交通运输部：正式启动 2020 年国家物流枢纽建设工作

2. 国家发展改革委：印发《关于开展首批国家骨干冷链物流基地建设工作的通知》

3. 交通运输部：印发《农村交通运输综合信息服务平台推广实施指南》

4. 交通运输部、国家税务总局：发布《关于收费公路通行费增值税电子普通发票开具等有关事项的公告》

5. 交通运输部：公布北京市等 14 个城市综合运输服务示范城市验收结果

6. 市场监管总局、国家邮政局：开展快递包装绿色产品认证工作

7. 国家邮政局：发布《邮政强国建设行动纲要》

8. 市场监管总局等六部门：《关于应对疫情影响 加大对个体工商户扶持力度的指导意见》

地方借鉴：

1. 广东省工信厅等九部门：印发《关于应对疫情影响加大对中小企业支持力度的若干政策措施》的通知

2. 湖南省交通运输厅：《关于加强复工复产期间交通运输安全生产工作的通知》

3. 江苏省商务厅：关于切实加强商贸流通领域复工复产安全生产工作的通知

4. 河北省交通检疫组：《统筹做好疫情防控和交通运输服务保障促进全面恢复正常生产生活秩序若干举措》

2020 年 4 月号

政策点评：

国务院复工复产推进工作机制国际物流工作专班：《关于公 布第一批国际物流运输重点联系企业名单的通知》

政策动向：

国务院安全生产委员会：《全国安全生产专项整治三年行动计划》

国家发展改革委等十一部门：《关于稳定和扩大汽车消费若干措施的通知》

交通运输部等五部门：部署淘汰国三及以下营运柴油货车

交通运输部：《关于恢复收费公路收费的公告》

交通运输部：部署做好货车计费方式调整等信息公开工作

政策摘要：

国务院：同意在雄安新区等 46 个城市和地区设立跨境电子 商务综合试验区

交通运输部:《充分发挥全国道路货运车辆公共监管与服务平台作用支撑行业高质量发展的意见》

交通运输部：《关于加强危险货物道路运输运单管理工作的通知》

交通运输部等七部门：《关于当前更好服务稳外贸工作的通知》

财政部、国家税务总局、工业和信息化部：《关于新能源 汽车免征车辆购置税有关政策的公告》

财政部、工业和信息化部等四部门：《关于完善新能源汽 车推广应用财政补贴政策的通知》

国家邮政局、工业和信息化部：《关于促进快递业与制造 业深度融合发展的意见》

地方借鉴：

湖南省人民政府办公厅：《关于促进冷链物流业高质量发 展的若干政策措施》

福建自由贸易试验区厦门片区管理委员会：《关于福建自 贸试验区厦门片区促进供应链创新发展若干办法的通知》

江苏省交通运输厅等：《江苏省运输结构调整补助方案》

多省市最新调整高速公路收费标准

2020 年 5 月号

政策解读：

国务院办公厅：转发国家发展改革委、交通运输部《关于进一步降低物流成本实施意见的通知》

贺登才：直面问题求实效　协同推进抓落实

政策动向：

习近平在第 73 届世界卫生大会视频会议开幕式上致辞：努力确保抗疫物资供应链

中共中央 国务院：推进西部大开发形成新格局

财政部、民航局：对民航运输企业在疫情防控期间稳定和提升国际货运能力实施资金支持

财政部、商务部、国务院扶贫办：做好 2020 年电子商务进农村综合示范工作

交通运输部：对拟投资补助的货运枢纽（物流园区）项目进行公示

海关总署：调整进出境铁路列车及其所载货物、物品舱单电子数据申报传输有关事项

中国人民银行等八部门：进一步强化中小微企业金融服务

政策摘要：

发改委等十二部门：《关于进一步优化发展环境促进生鲜农产品流通的实施意见》

交通运输部：《关于做好交通运输促进消费扩容提质有关工作的通知》

交通运输部：印发《内河航运发展纲要》

交通运输部：《关于公布首批农村物流服务品牌并组织开展第二批农村物流服务品牌申报工作的通知》

交通运输部：《关于全面加强危险化学品运输安全生产工作的意见》

交通运输部：关于做好《国内水路运输管理规定》实施有关工作的通知

商务部：《关于支持中国（湖北）自由贸易试验区加快发展若干措施的通知》

商务部办公厅、中国银联：《关于应对新冠肺炎疫情支持商贸流通发展促进居民消费的通知》

地方借鉴：

广州市商务局等三部门：《关于提振消费促进市场繁荣的若干措施》

广西交通运输厅等三部门：《降低我区深度贫困地区高速公路货运车辆通行费收费标准实施方案》

2020 年 6 月号

政策点评：

中共中央 国务院：《海南自由贸易港建设总体方案》

国务院办公厅：《关于支持出口产品转内销的实施意见》

政策动向：

国务院：《关于落实〈政府工作报告〉重点工作部门分工的意见》

国务院：《关于在中国（海南）自由贸易试验区暂时调整实施有关行政法规规定的通知》

交通运输部：《关于河北雄安新区开展智能出行城市等交通强国建设试点工作的意见》

国家发改委：发布 2020 年国家骨干冷链物流基地建设名单

公安部交管局：部署危化品运输整治行动

国家发改委：研究制定 2021-2025 年国家物流枢纽建设实施方案

政策摘要：

国家发改委、商务部等十二个部门：《关于进一步优化发展环境促进生鲜农产品流通的实施意见》

财政部 税务总局：《关于海南自由贸易港企业所得税优惠政策的通知》

商务部、交通运输部等五部门：《关于继续推进城乡高效配送专项行动有关工作的通知》

交通运输部：《关于进一步做好高速公路车辆通行费优惠预约通行服务工作的通知》

生态环境部等三部门：《关于建立实施汽车排放检验与维护制度的通知》

交通运输部：《于进一步强化交通运输疫情防控措施坚决防止疫情反弹的通知》

地方借鉴：

厦门市资源规划局等八部门：《厦门市物流用地公开出让管理办法》

云南省财政厅、商务厅等四部门：《支持特色农产品加工和冷链物流建设政策措施》

连云港市：《关于着力打造中国快递示范城市推动邮政业高质量发展若干政策的通知》

2020 年 7 月号

政策点评：

国务院办公厅：《关于进一步优化营商环境更好服务市场主体的实施意见》

工业和信息化部等十五部门：《关于进一步促进服务型制造发展的指导意见》

交通运输部：《关于推动交通运输领域新型基础设施建设的指导意见》

政策动向：

习近平在企业家座谈会上的讲话：要逐步形成以国内大循环为主体、国内国际双循环相互促进的新发展格局

国务院常务会议：部署进一步扩大开放稳外贸稳外资 决定深化服务贸易创新发展试点等

国务院常务会议：保障中小企业款项支付，机关事业单位和国企要带头执行

国务院办公厅：深化医药卫生体制改

国家发改委等四部门：做好2020年降成本重点工作

工业和信息化部等四部门：开展货车非法改装专项整治工作

中央网信办等七部门：开展国家数字乡村试点工作

商务部等七部门：开展小店经济推进行动

国家发改委、自然资源部：开展第三批物流园区示范工作

金砖国家第十次经贸部长会议：《金砖国家第十次经贸部长会议联合公报》《金砖国家关于多边贸易体制和世贸组织改革的联合声明》

政策摘要：

工业和信息化部、国家发改委等十七部门：《关于健全支持中小企业发展制度的若干意见》

农业农村部：关于印发《全国乡村产业发展规划（2020-2025年）》的通知

国家发改委等十三部门：《关于支持新业态新模式健康发展激活消费市场带动扩大就业的意见》

民航局：《关于支持粤港澳大湾区民航协同发展的实施意见》

农业农村部等七部门：《关于扩大农业农村有效投资 加快补上“三农”领域突出短板的意见》

地方借鉴：

广东省人民政府：《关于印发中国（梅州）等7个跨境电子商务综合试验区实施方案的通知》

福建省邮政管理局、省工信厅：《关于促进福建省快递业与制造业深度融合发展的指导意见》

济南市政府：《关于加快全市农产品冷链物流体系建设的实施意见》

2020年8月号

月度特稿：

习近平主持召开中央财经委员会第八次会议强调：统筹推进现代流通体系建设 为构建新发展格局提供有力支撑

习近平主持召开经济社会领域专家座谈会强调：畅通国民经济循环为主构建新发展格局

习近平在扎实推进长三角一体化发展座谈会上强调：提高产业链供应链稳定性和竞争力

政策解读：

国家发展改革委等十四部门：《推动物流业制造业深度融合创新发展实施方案》

贺登才：“两业”一体化 助力“双循环”

政策动向：

国家发展改革委与六银行：《关于信贷支持县城城镇化补短板强弱项的通知》

工业和信息化部：发布《新能源汽车生产企业及产品准入管理规定》

商务部：增补15家国家电子商务示范基地

商务部：开展便利店品牌化连锁化三年行动

海关总署：调整部分进出境货物监管要求

政策摘要：

国务院办公厅：《关于进一步做好稳外贸稳外资工作的意见》

国家发展改革委、民航局：《关于促进航空货运设施发展的意见》

国家发展改革委：《关于做好基础设施领域不动产投资信托基金（REITs）试点项目申报工作的通知》

国家发展改革委：《关于印发县城新型城镇化建设专项企业债券发行指引的通知》

交通运输部：《关于浙江省开展构筑现代综合立体交通网络等交通强国建设试点工作的意见》

交通运输部：《关于广西壮族自治区开展推进交通运输高水平对外开放等交通强国建设试点工作的意见》

交通运输部：《关于重庆市开展内陆国际物流枢纽高质量发展等交通强国建设试点工作的意见》

交通运输部《关于深圳市开展高品质创新型国际航空枢纽建设等交通强国建设试点工作的意见》

商务部：《关于印发全面深化服务贸易创新发展试点总体方案的通知》

海关总署：《关于进一步推进运输工具进出境监管作业无纸化的公告》

地方借鉴：

北京市商务局：《关于新冠肺炎常态化防控下加强食品冷链物流管理的通知》

海南省：印发《中国（三亚）跨境电子商务综合试验区实施方案》

银川商务局与青岛市口岸办：携手加强国际物流通道建设

2020 年 9 月号

政策特稿：习近平在深圳经济特区建立 40 周年庆祝大会上的讲话：发展 格局不是封闭的国内循环，而是开放的国内国际双循环

政策点评：中国人民银行商务部银保监会等八部门《关于规范发展供 应链金融支持供应链产业链稳定循环和优化升级的意见》

政策动向：习近平主持召开基层代表座谈会，快递小哥等代表参加 李克强主持召开国务院常务会议：确定政务服务“跨省通办” 商务部：增补国家电子商务示范基地

海关总署：对检出新冠病毒核酸阳性的进口冷链食品境外 生产企业实施紧急预防性措施

海关总署：进一步调整水空运进出境运输工具监管 海关总署：调整公路进出境运输工具及货运舱单管理

政策摘要：国务院：《关于印发北京、湖南、安徽自由贸易试验区总体 方案及浙江自由贸易试验区扩展区域方案的通知》 国务院：《关于深化商事制度改革进一步为企业松绑减负激 发企业活力的通知》

国务院：《关于加快推进政务服务“跨省通办”的指导意见》 国务院：《关于以新业态新模式引领新型消费加快发展的 意见》

国务院：《关于深化北京市新一轮服务业扩大开放综合试点 建设国家服务业扩大开放综合示范区工作方案的批复》 国家发改委：《海南现代综合交通运输体系规划》

交通运输部：《关于加强和规范事中事后监管的指导意见》 交通运输部：《关于进一步做好网络平台道路货物运输信 息化监测工作的通知》

地方借鉴：四川省自贡市：构建“4+4”现代服务业体系

江苏省南京市：邮管局等四部门推进农村物流融合发展

江苏省宿迁市：支持电商物流发展促进乡村振兴

江西省萍乡市：物流高质量发展三年行动计划

2020 年 10 月号

理解和解读：

《中共中央关于制定国民经济和社会发展第十四个五年规划和二〇三五年远景目标的建议》

政策动向：

习近平总书记发表重要文章指出：产业链、供应链在关键时刻不能掉链子，这是大国经济必须具备的重要特征。

李克强主持召开国务院常务会议：通过《新能源汽车产业发展规划》

国家发改委 交通运输部联合发布 2020 年国家物流枢纽建设名单

《关于河北山东河南等地违规设立限高设施和检查卡点严重影响货车通行问题的督查情况通报》

公安部：通报三个方面 12 项公安交管优化营商环境新措施

国家税务总局：对十三届全国人大三次会议第 8765 号建议网络货运有关问题答复

政策摘要：

国务院办公厅：《新能源汽车产业发展规划（2021 — 2035 年）》交通运输部：关于《道路运输条例（修订草案征求意见稿）》公开征求意见的通知

国家发改委：关于印发《近期扩内需促消费的工作方案》的通知

交通运输部：《关于推进交通运输治理体系和治理能力现代化若干问题的意见》

国家发改委等六部门：《关于支持民营企业加快改革发展与转型升级的实施意见》

工业和信息化部、应急管理部：《“工业互联网 + 安全生产”行动计划（2021-2023 年）》

海关总署：《关于调整公路进出境运输工具及货运舱单管理有关事项的公告》

地方借鉴：

重庆市：《支持邮政快递业服务经济高质量发展若干意见》

山西省太原市：《太原市加快现代服务业发展政策意见实施细则》

湖北省宜昌市：《关于加快推进全市“快递进村”工作的实施方案》

2020 年 11 月号

政策特稿：

习近平在亚太经合组织工商领导人对话会强调：更加有效地融入全球产业链、供应链、价值链

习近平在二十国集团领导人第十五次峰会第一阶段会议上建议：支持二十国集团继续就便利人员往来和货物流通开展机制化合作

习近平在第十七届中国－东盟博览会和中国－东盟商务与投资峰会开幕式上提出：建设中国－东盟信息港，打造“数字丝绸之路”

李克强在 15 届东亚峰会上建议：构建人员往来“快速通道”和货物流通“绿色通道”网络

李克强在上海合作组织成员国政府首脑（总理）理事会第十九次会议上建议：深化共建“一带一路”倡议同各国发展战略衔接，推动地区高质量互联互通

李克强主持召开国务院常务会强调：要求加强县域乡镇商贸设施和到村物流站点建设

政策点评：

国务院办公厅：《关于推进对外贸易创新发展的实施意见》

政策摘要：

国务院办公厅：《关于印发全国深化“放管服”改革优化营商环境电视电话会议重点任务分工方案的通知》

交通运输部等四部门：《关于深入开展道路限高限宽设施和检查卡点专项整治行动的通知》

海关总署：

《海南自由贸易港进口“零关税”原辅料海关监管办法（试行）》

地方借鉴：

浙江省：《浙江省数字乡村建设实施方案（征求意见稿）》

江苏省：《关于进一步降低物流成本的实施方案》

安徽省合肥市：《关于加快新能源汽车产业发展的实施意见》

天津市：《关于协同推进电商寄递包装治理工作的实施意见》

2020年12月号

政策特稿：

中央经济工作会议：部署“增强产业链供应链自主可控能力”，明确要求“建设现代物流体系”

中央军委主席习近平签署命令发布《军队后勤条例》：提出构建现代军事物流体系

全国发改工作会议：强调坚定推进结构调整和产业优化升级，增强产业链供应链自主可控能力

全国交通工作会议：强调加快建设现代化综合交通体系，为构建新发展格局当好先行

全国商务工作会议：强调建设现代商贸流通体系，促进形成强大国内市场

全国工信工作会议：强调着力稳定和优化产业链供应链

抗疫专题：

交通运输部等三部门：《关于科学精准做好河北、北京等地应急物资运输和交通保障工作的紧急通知》

交通运输部：《关于切实做好河北省石家庄和邢台地区疫情防控应急运输保障工作的通知》

政策摘要：

一、简政放权

国务院办公厅：《关于交通运输综合行政执法有关事项的通知》

交通运输部：《关于进一步做好总质量4500千克及以下普通货运车辆“放管服”改革有关工作的通知》

交通运输部：《关于优化道路运输车辆技术管理便利开展车辆技术等级评定工作的通知》

二、能源物流

李克强主持召开国务院常务会议：完善能源保供长效机制

应急管理部：向中央企业交办油气储存和长输管道问题隐患

全面加强能源产供储销体系建设

三、区域物流

国务院：《关于同意设立新疆塔城重点开发开放试验区的批复》

国家邮政局等五部门：《关于促进粤港澳大湾区邮政业发展的实施意见》

新疆维吾尔自治区：《关于加快推进自治区快递末端服务发展的指导意见》

四、农村物流

商务部等十二部门：《关于提振大宗消费重点消费促进释放农村消费潜力若干措施的通知》

山东淄博：《关于加快推进“快递进村”工作的实施意见》

五、绿色物流

国务院办公厅：《转发国家发展改革委等部门关于加快推进快递包装绿色转型意见的通知》

商务部办公厅：《关于推动电子商务企业绿色发展工作的通知》

六、智慧物流

国家发改委：《关于加快构建全国一体化大数据中心协同创新体系的指导意见》

工信部：《工业互联网创新发展行动计划（2021-2023 年）》

交通运输部：《关于促进道路交通自动驾驶技术发展和应用的指导意见》

七、国际物流

商务部办公厅：《关于印发首批海外仓实践案例好经验好做法的函》

来源：中国物流与采购联合会网

摘录整理：朱泽榕 高玲

1.2.3 国务院暨部委发布的物流业其他部分政策文件

2020 年 1 月 29 日国务院办公厅关于组织做好疫情防控重点物资生产企业复工复产和调度安排工作的紧急通知

2020 年 1 月 29 日交通运输部关于切实保障疫情防控应急物资运输车辆顺畅通行的紧急通知

2020 年 2 月 8 日国务院办公厅印发通知：做好公路交通保通保畅工作 确保人员车辆正常通行

2020 年 2 月 12 日 交通运输部关于统筹做好疫情防控和交通运输保障工作的紧急通知

2020 年 2 月 21 日 国务院应对新型冠状病毒感染肺炎疫情联防联控机制关于印发企事业单位复工复产疫情防控措施指南的通知

2020 年 3 月 3 日中共中央办公厅 国务院办公厅印发《关于构建现代环境治理体系的指导意见》

2020 年 5 月 20 日国务院办公厅转发国家发展改革委交通运输部关于进一步降低物流成本实施意见的通知

2020 年 7 月 15 日国务院办公厅关于以新业态新模式引领新型消费加快发展的意见

2020 年 8 月 22 日国家发改委等关于印发《推动物流业制造业深度融合创新发展实施方案》的通知

2020 年 8 月 26 日交通运输部关于进一步加强冷链物流渠道新冠肺炎疫情防控工作的通知

2020 年 9 月 16 日国务院办公厅关于进一步优化营商环境更好服务市场主体的实施意见

2020 年 10 月 10 日交通运输部关于上海市开展推进长三角交通一体化等交通强国建设试点工作的意见

2020 年 10 月 17 日交通运输部关于推进交通运输治理体系和治理能力现代化若干问题的意见

2020 年 10 月 17 日交通运输部 商务部 海关总署 国家铁路局 中国民用航空局 国家邮政局 中国国家铁路集团有限公司关于当前更好服务稳外贸工作的通知

交通运输部 国家卫生健康委关于切实简化疫情防控应急运输车辆通行证办理流程及落实对应急运输保障人员不实行隔离措施的通知

2020 年 10 月 20 日国务院办公厅关于印发新能源汽车产业发展规划（2021—2035 年）的通知

2020 年 11 月 30 日国务院办公厅转发国家发展改革委等部门关于加快推进快递包装绿色转型意见的通知

1.2.4 国务院办公厅印发通知：做好公路交通保通保畅工作确保人员车辆正常通行

2020-02-08 19:45 来源：新华社

国务院办公厅印发通知要求
做好公路交通保通保畅工作 确保人员车辆正常通行

新华社北京 2 月 8 日电 日前，国务院办公厅印发《关于做好公路交通保通保畅工作 确保人员车辆正常通行的通知》（以下简称《通知》），就进一步做好公路交通保通保畅工作，确保人员车辆正常通行，切实维护经济社会正常秩序作出专门部署。

一要全力保障公路路网顺畅运行。各地区、各有关部门要按照“科学有序、依法依规”原则，调整优化公路交通管控措施，严禁擅自封闭高速公路出入口，严禁阻断国省干线公路，严禁硬隔离或挖断农村公路，严禁阻碍应急运输车辆通行，严禁擅自在高速公路服务区和收费站、省界和国省干线公路设置疫情防控检疫点或检测站，已违法违规设置的要坚决撤销。要加强交通疏导，防止发生长时间、长距离公路交通拥堵，确保应急车道畅通。

二要有序恢复公路运输服务。湖北省特别是武汉市在城市公共交通（含轨道交通）、城际公交暂停运营期间，要统筹调度公交车、出租车（含网络预约出租车）运力，开展“点对点”服务，为医生、公共服务人员、老弱病残孕幼等各类重点人员出行提供必要保障。湖北省以外地区要结合复工开学安排，有序恢复城际客运、城市公共交通、出租车等公路运输服务，采取有力措施保障运力供给和乘车安全，统筹做好错峰出行，满足群众正常出行需求。要积极创造条件，通过公路直达运输等服务方式，保障农民工、学生等群体出行。疫情防控期间，对地方政府组织的农民工返岗包车免收高速公路通行费。

三要切实做好应急物资运输。各地区、各有关部门要突出重点，优先保障湖北省特别是武汉市的各类应急运输，优先保障疫情防控物资、生活必需物资运输。对持有“疫情防控应急物资及人员运输车辆通行证”的车辆，要严格执行应急运输绿色通道政策。对于短期向疫情重点区域运送物资的司机、装卸工等提供保障的人员，原则上不需采取隔离 14 天的措施。

《通知》强调，各地区要严格落实属地责任，全面系统摸排辖区内公路交通基础设施、运输市场情况，采取有力有效措施，解决保通保畅工作中存在的问题，确保人员车辆正常通行和重点防疫物资运输畅通。对擅自阻断公路交通基础设施、干扰公路运输正常秩序的，要严肃追究有关部门和单位的责任。

关于印发《推动物流业制造业深度融合创新发展实施方案》的通知

发改经贸〔2020〕1315 号

各省、自治区、直辖市及计划单列市、新疆生产建设兵团发展改革委、工业和信息化主管部门、公安厅、财政厅、自然资源主管部门、交通运输厅（局、委）、农业农村（农牧）厅（局、委）、商务厅（局、委）、市场监管局（厅、委）、银保监局，各地区铁路监督管理局，民航各地区管理局，邮政管理局，各铁路局集团公司：

为贯彻落实党中央、国务院关于推动高质量发展的决策部署，做好“六稳”工作，落实“六保”任务，进一步推动物流业制造业深度融合、创新发展，推进物流降本增效，促进制造业转型升级，国家发展改革委会同工业和信息化部等部门和单位研究制定了《推动物流业制造业深度融合创新发展实施方案》，现印发给你们，请认真贯彻执行。

国家发展改革委
工业和信息化部
公　安　部
财　政　部
自 然 资 源 部
交 通 运 输 部
农 业 农 村 部
商　务　部
市场监管总局
银 保 监 会
国 家 铁 路 局
民　航　局
国 家 邮 政 局
中国国家铁路集团有限公司
2020 年 8 月 22 日

推动物流业制造业深度融合创新发展实施方案

物流业是支撑国民经济发展的基础性、战略性、先导性产业，制造业是国民经济的主体，是全社会物流总需求的主要来源。推动物流业制造业融合发展，是深化供给侧结构性改革，推动经济高质量发展的现实需要；是进一步提高物流发展质量效率，深入推动物流降本增效的必然选择；是适应制造业数字化、智能化、绿色化发展趋势，加快物流业态模式创新的内在要求。当前，我国物流业制造业融合发展趋势不断增强，在推动降低制造业成本水平等方面取得积极成效，但融合层次不够高、范围不够广、程度不够深，与促进形成强大国内市场，构建现代化经济体系的总体要求还不相适应。特别是应对新冠肺炎疫情和推动复工复产期间，供应链弹性不足、产业链协同不强、物流业制造业联动不够等问题凸显，直接影响到产业平稳运行和正常生产生活秩序。为进一步深入推动物流业制造业深度融合、创新发展，保持产业链供应链稳定，推动形成以国内大循环为主体、国内国际双循环相互促进的新发展格局，特制定本方案。

一、总体要求

（一）指导思想。以习近平新时代中国特色社会主义思想为指导，全面贯彻党的十九大和十九届二中、三中、四中全会精神，牢固树立和深入践行新发展理念，紧紧围绕高质量发展要求，以深化供给侧结构性改革为主线，充分发挥市场在资源配置中的决定性作用，更好发挥政府作用，统筹推动物流业降本增效提质和制造业转型升级，促进物流业制造业协同联动和跨界融合，延伸产业链，稳定供应链，提升价值链，为实体经济高质量发展和现代化经济体系建设奠定坚实基础。

（二）发展目标。到 2025 年，物流业在促进实体经济降本增效、供应链协同、制造业高质量发展等方面作用显著增强。探索建立符合我国国情的物流业制造业融合发展模式，制造业供应链协同发展水平大幅提升，精细化、高品质物流服务供给能力明显增强，主要制造业领域物流费用率不断下降；培育形成一批物流业制造业融合发展标杆企业，引领带动物流业制造业融合水平显著提升；初步建立制造业物流成本核算统计体系，对制造业物流成本水平变化的评估监测更加及时准确。

二、紧扣关键环节，促进物流业制造业融合创新

（三）促进企业主体融合发展。支持物流企业与制造企业通过市场化方式创新供应链协同共建模式，建立互利共赢的长期战略合作关系，进一步增强响应市场需求变化、应对外部冲击的能力，提高核心竞争力。引导制造企业结合实际系统整合其内部分散在采购、制造、销售等环节的物流服务能力，以及铁路专用线、仓储、配送等存量设施资源，向社会提供专业化、高水平的综合物流服务。（各部门按职能分工负责）

（四）促进设施设备融合联动。在国土空间规划和产业发展规划中加强物流业制造业有机衔接，统筹做好工业园区等生产制造设施，以及物流枢纽、铁路专用线等物流基础设施规划布局和用地用海安排。（发展改革委、工业和信息化部、自然资源部、交通运输部、国家邮政局、国家铁路集团按职责分工负责）积极推进生产服务型国家物流枢纽建设，充分发挥国家物流枢纽对接干线运力、促进资源集聚的显著优势，支撑制造业高质量集群化发展。（发展改革委、交通运输部、国家邮政局负责）支持大型工业园区新建或改扩建铁路专用线、仓储、配送等基础设施，吸引第三方物流企业进驻并提供专业化物流服务。（发展改革委、工业和信息化部、国家 邮政局、国家铁路集团按职责分工负责）

（五）促进业务流程融合协同。推动制造企业与第三方物流、快递企业密切合作，在生产基地规划、厂内设施布局、销售渠道建设等方面引入专业化物流解决方案，结合生产制造流程合理配套物流设施设备，具备条件的可结合实际共同投资建设专用物流设施。加快发展高品质、专业化定制物流，引导物流、快递企业为制造企业量身定做供应链管理库存、线边物流、供应链一体化服务等物流解决方案，增强柔性制造、敏捷制造能力。（发展改革委、工业和信息化部、商务部、国家邮政局按职责分工负责）

（六）促进标准规范融合衔接。建立跨部门工作沟通机制，对涉及物流业制造业融合发展的国家标准、行业标准和地方标准，在立项、审核、发布等环节广泛听取相关部门意见，加强标准规范协调衔接；支持行业协会等社会团体结合实际研究制定物流业制造业融合发展的团体标准，引导和规范物流业制造业融合创新。鼓励制造企业在产品及包装设计、生产中充分考虑物流作业需要，采用标准化物流装载单元，促进 1200 毫米 ×1000 毫米标准托盘和 600 毫米 ×400 毫米包装基础模数从商贸、物流等领域向制造业领域延伸，提高托盘、包装箱等装载单元标准化和循环共用水平。（发展 改革委、工业和信息化部、交通运输部、商务部、市场监管总局、 国家邮政局按职责分工负责）

（七）促进信息资源融合共享。促进工业互联网在物流领域融合应用，发挥制造、物流龙头企业示范引领作用，推广应用工业互联网标识解析技术和基于物联网、云计算等智慧物流技术装备，建设物流工业互联网平台，实现采购、生产、流通等上下游环节信息实时采集、互联共享，推动提高生产制造和物流一体化运作水平。推动将物流业制造业深度融合信息基础设施纳入数字物流基础设施建设，夯实信息资源共享基础。支持大型工业园区、产业集聚区、物流枢纽等依托专业化的第三方物流信息平台实现互联互通，面向制造企业特别是中小型制造企业提供及时、准确的物流信息服务，促进制造企业与物流企业高效协同。积极探索和推进区块链、第五代移动通信技术（5G）等新兴技术在物流信息共享和物流信用体系建设中的应用。（发展改革委、工业和信息化部、交通运输部、国家邮政局按职责分工负责）

三、突出重点领域，提高物流业制造业融合水平

（八）大宗商品物流。推动和支持钢铁、有色金属、建材等大型制造业企业和工业园区提高煤炭、原油、矿石、粮食等大宗商品中长期运输合同比例以及铁路、水路等清洁运输比例。扩大面向大型厂矿、制造业基地的“点对点”直达货运列车开行范围。鼓励铁路、水路运输企业与制造业大客户签订量价互保协议，实现互惠共赢。依托具备条件的国家物流枢纽发展现代化大宗商品物流中心，促进大宗商品物流降本增效。（发展改革委、工业和信息化部、交通运输部、国家铁路集团按职责分工负责）

（九）生产物流。鼓励制造业企业适应智能制造发展需要，开展物流智能化改造，推广应用物流机器人、智能仓储、自动分拣等新型物流技术装备，提高生产物流自动化、数字化、智能化水平。加强大型装备等大件运输管理和综合协调，不断优化跨省大件运输并联许可服务。加快商品车物流基地建设，优化铁路运输组织模式，稳定衔接车船班期，提高商品车铁路、水路运输比例；优化商品车城市配送通道，便利合规车辆运输车通行。（发展改革委、工业和 信息化部、公安部、交通运输部、国家邮政局、国家铁路集团按职 责分工负责）

（十）消费物流。鼓励邮政、快递企业针对高端电子消费产品、医药品等单位价值较高以及纺织服装、工艺品等个性化较强的产品提供高品质、差异化寄递服务，促进精益制造和定制化生产发展。稳步推进国家骨干冷链物流基地建设，推动提高生鲜农产品产业化发展水平。推动构建全国性、区域性冷链物流公共信息平台，促进相关企业数据交换，逐步实现冷链信息全程透明化和可追溯。鼓励企业根据市场需求，提升港区及周边冷链存储能力。支持生鲜农产品及食品全程冷链物流体系建设，加快农产品产地“最先一公里”预冷、保鲜等商品化处理和面向城市消费者“最后一公里”的低温加工配送设施建设。（发展改革委、工业和信息化部、交通运输部、农业农村部、商务部、市场监管总局、国家邮政局按职责分工负责）

（十一）绿色物流。引导制造企业在产品设计、制造等环节充分考虑全生命周期物流跟踪管理，推动产品包装和物流器具绿色化、减量化、循环化。鼓励企业针对家用电器、电子产品、汽车等废旧物资构建线上线下融合的逆向物流服务平台和回收网络，促进资源循环利用以及逆向物流、再制造发展。支持具备条件的城市和制造、商贸企业开展逆向物流试点，探索符合我国国情的逆向物流发展模式。（发展改革委、工业和信息化部、商务部、国家邮政局按职责分工负责）

（十二）国际物流。发挥国际物流协调保障机制、全国现代物流工作部际联席会议等作用，加强顶层设计，构建现代国际物流体系，保障进口货物进得来，出口货物出得去。加强国际航空、海运、中欧班列等国际干线物流通道以及物流枢纽、制造业园区统筹布局和协同联动，支持外向型制造企业发展。支持制造企业利用中欧班列拓展“一带一路”沿线国家市场。加快培育与我国生产制造、货物贸易规模相适应的骨干海运企业和国际海运服务能力。围绕国际产能和装备制造合作重点领域，鼓励骨干制造企业与物流、快递企业合作开辟国际市场，培育一批具有全球采购、全球配送能力的国际供应链服务商。发展面向集成电路、生物制药、高端电子消费产品、高端精密设备等高附加值制造业的全流程航空物流，促进“买 全球”“卖全球”。支持邮政、快递企业与制造企业深度合作，打造安全可靠的国际国内生产型寄递物流体系。（发展改革委、工业 和信息化部、交通运输部、商务部、民航局、国家邮政局、国家铁路集团按职责分工负责）

（十三）应急物流。研究制定健全应急物流体系的实施方案，建立以企业为主体的应急物流队伍，在发生重大突发事件时确保主要制造产业链平稳运行。支持物流、快递企业和应急物资制造企业深度合作，研究制定应急保障预案，提高紧急情况下关键原辅料、产成品等调运效率。补齐医疗等应急物资储备设施短板，完善医疗等应急物资储备体系，提高实物储备和产能储备能力。在工业园区等生产制造设施、物流枢纽等物流基础设施规划布局、功能设计中充分考虑产品生产、调运及原辅料供应保障等需要，确保紧急情况下物流通道畅通，增强相关制造产业链在受到外部冲击时的快速恢复能力。（发展改革委、工业和信息化部、自然资源部、交通运输部、国家邮政局、国家铁路集团按职责分工负责）

四、加强统筹引导，优化融合发展的政策环境

（十四）营造良好市场环境。深入推进放管服改革，对物流业制造业融合发展新业态、新模式实施包容审慎监管。取消不合理的市场准入限制，确保各类市场主体平等参与市场竞争。严格落实国务院和相关部门已出台的物流降成本措施，为物流业制造业融合创新发展创造良好条件。支持行业协会加强行业自律和诚信建设，持续改善物流行业信用环境，增强制造企业与物流企业战略合作的信心和意愿。（各相关部门按职责分工负责）

（十五）加大政策支持力度。充分利用现有政策渠道支持物流标准化设施设备推广、铁路专用线建设、农产品冷链物流发展等。鼓励有条件的制造企业剥离物流资产成立独资或合资物流企业，符合条件的按照有关规定享受财税政策。支持制造企业在不改变用地主体和规划条件的前提下，利用存量厂房、土地资源发展生产性物流服务，其土地用途可暂不变更。加快修订铁路专用线管理相关文件，完善专用线共建共用机制，规范专用线收费项目标准和收费行为。（发展改革委、工业和信息化部、财政部、自然资源部、国家 铁路局、国家铁路集团按职责分工负责）

（十六）创新金融支持方式。鼓励银行保险机构按照风险可控、商业可持续的原则，开发服务物流业制造业深度融合的金融产品和服务。鼓励供应链核心制造企业或平台企业与金融机构深度合作， 整合物流、信息流、资金流等信息，为包括物流、快递企业在内的 上下游企业提供增信支持，妥善促进供应链金融发展。支持社会资本设立物流业制造业融合发展产业投资平台，拓宽融资支持渠道。（发展改革委、银保监会按职责分工负责）

（十七）发挥示范引领作用。支持骨干物流、快递、制造企业兼并重组、做大做强，在危化品物流、逆向物流及服务先进制造等专业化程度高的领域培育形成一批技术水平高、服务能力强的企 业，打造物流业制造业融合创新品牌。研究修订推荐性国家标准《企业物流成本构成与计算》，选取若干企业开展物流成本统计核算试点，研究建立制造业物流成本核算统计体系。鼓励龙头企业发起成立物流业制造业融合创新发展专业联盟，促进协同联动和跨界融合。在重点领域梳理一批物流业制造业深度融合创新发展典型案例，总结推广物流降成本、改造提升传统制造业等方面的成功经验。（发展改革委、工业和信息化部、交通运输部、市场监管总局、国家邮政局按职责分工负责）

（十八）强化组织协调保障。依托全国现代物流工作部际联席会议机制推进物流业制造业融合发展，加强跨部门政策统筹和工作协调，及时研究解决物流业制造业融合发展面临的突出问题，营造良好政策环境。充分利用科研院校、骨干企业等社会研究力量，搭建覆盖产学研用的咨询服务平台，为促进物流业制造业融合发展提供智力支持。依托主要行业协会建立物流业制造业融合发展动态监测和第三方评估机制，研究制定融合发展统计和评价体系，定期发布研究报告，为相关政府部门决策提供参考，引导行业健康发展。（各相关部门按职责分工负责物流业制造业深度融合创新发展实施方案）

摘录整理：朱泽榕 高玲

1.2.5 上海市人民政府暨部门物流业部分政策文件

2020 年 1 月 21 日上海市商务委员会等关于印发《上海口岸进一步深化跨境贸易营商环境改革若干措施》的通知

2020 年 2 月 7 日上海市人民政府关于印发《上海市全力防控疫情支持服务企业平稳健康发展若干政策措施》的通知

2020 年 2 月 20 日上海市全面深化国际一流营商环境建设实施方案

2020 年 3 月 28 日上海市交通委员会、上海市生态环境局、上海市公安局关于调整本市国三标准柴油货运机动车限制通行政策的通告

2020 年 3 月 31 日上海市商务委员会关于积极支持服务贸易企业加快复工复产的通知

2020 年 4 月 8 日上海市人民政府办公厅关于印发《上海市促进在线新经济发展行动方案（2020-2022 年）》的通知

2020 年 4 月 10 日上海市优化营商环境条例

2020 年 4 月 15 日上海市人民政府办公厅印发《关于提振消费信心强力释放消费需求的若干措施》的通知

2020 年 4 月 15 日上海市人民政府办公厅关于印发《上海市扩大有效投资稳定经济发展的若干政策措施》的通知

2020 年 4 月 19 日上海市人民政府关于印发《上海市推进新型基础设施建设行动方案（2020-2022 年）》的通知

2020 年 4 月 29 日上海市生态环境局、上海市公安局、上海市市场监督管理局关于城市车辆、重型燃气车辆实施第六阶段排放标准的通知

上海市全面深化国际一流营商环境建设实施方案

发布日期：2020-02-19　沪府办（2020）1 号

为深入贯彻习近平总书记关于“上海要瞄准最高标准、最高水平，打造国际一流营商环境”的重要指示，持续深化“放管服”改革，不断优化更具国际竞争力的营商环境，持续提升上海城市能级和核心竞争力，制订本实施方案。

一、明确总体要求

以习近平新时代中国特色社会主义思想为指导，全面贯彻党的十九大和十九届二中、三中、四中全会精神，全面深化改革，坚持以人民为中心，把落实“四个放在”、强化“四大功能”作为进

一步深化推进市场化、法治化、国际化营商环境建设的着力点，准确把握中央交给上海的三项新的重大任务和办好中国国际进口博览会的重大战略机遇，深入贯彻落实《优化营商环境条例》，从建设现代化市场经济体系的实际需要出发，在营商环境改革中接续努力；借鉴国际国内实践经验，聚焦重点、巩固成绩、补齐短板，用2-3年时间，进一步探索实施一批突破性、引领性的改革举措，形成一批可复制、可推广的治理经验；始终以市场评价为第一评价、以企业感受为第一感受，狠抓落实、善作善成，勇当高标准“一网通办”的表率、高品质营商环境的表率、高水平政府治理能力的表率，把上海打造成为贸易投资最便利、行政效率最高、政府服务最规范、法治体系最完善的开放型经济中心城市之一。

二、全面打响“一网通办”政务服务品牌

（一）围绕“一件事”开展流程再造。各区、各部门要从方便企业和群众“一件事一次办”的角度出发，对涉及的相关政务服务事项进行全面梳理，围绕申请条件、申报方式、受理模式、审核程序、发证方式、管理架构进行系统再造，形成“一件事”的工作标准。对纳入“一件事”的各项政务服务事项实施一体化办理，实现系统集成、数据共享、业务协同。创新编制“一件事”办事指南，实现“一件事一次告知”。

（二）推进线上线下深度融合。深化“一网通办”总门户建设。各领域“一网通办”业务系统接入“一网通办”总门户，推动从“系统迁移改造模式”转为“统一配置开发模式”。按照无差别“综合窗口”和分领域“综合窗口”两种模式，推进“综合窗口”改革全覆盖。推进“一网通办”线上线下办理一套业务标准、一个办理平台，数据同源、服务同源、功能互补、无缝衔接。推进政务服务线上线下联动精准预约，实现政务服务就近办、网上办。

（三）提升政务服务事项标准化和便利化水平。加强公共服务事项标准化建设，全面拓展公共服务事项接入“一网通办”，实现“应进必进”。梳理一批高频公共服务事项进行流程再造，为企业和群众提供更多、更优质的公共服务。建设全市统一的线下窗口管理平台，细化窗口工作标准，对接入的政务服务事项精准管理、实时监督。建立健全政务服务部门和窗口工作人员日常培训和岗前培训机制，全面提升工作人员业务能力和服务水平。依托银行等商业机构网点向楼宇和社区延伸部署智能服务终端，提升政务服务覆盖面、便捷度。

（四）完善市民主页和企业专属网页服务。完善市民主页和企业专属网页业务运营及技术对接标准，发挥各区、各部门服务优势，构建“统一标准、统分结合”的全市一体化运营体系。持续推进“一人（企）一档”建设，实现个人和企业高频常用档案信息100%覆盖，推动个人用户名下的民生领域所有实名制卡片全量归集。加强对惠企利民政策的分类梳理，提升对本市居民、非本市居民、商贸人士、境外人士及残障人士等各类人群的政策及服务宣传推广能力。完善证照到期、办件进度等主动提醒服务功能，持续探索更多主动服务内容。

（五）推广电子证照、电子印章、电子档案应用。新增归集不少于500类电子证照，基本覆盖全市党政机关签发的证件、执（牌）照、证明文件、批文、鉴定报告。探索运用区块链技术，鼓励我市行业协会、评估咨询机构等向电子证照库归集其出具的文件报告摘要、目录等信息，持续丰富归集的电子证照种类。实现已归集电子证照应用覆盖100%政务服务事项，电子证照类目100%关联办事材料清单，各级政府办事窗口100%接入电子证照库。大力推广电子证照在医院、学校、车站、博物馆、风景区、游乐场等场所的社会化应用。优化电子印章公共服务平台，提升电子印章、电子签名在法人、自然人办理各类政务服务事项中的应用度，减少纸质材料递交，减少跑动次数。加强电子印章、电子档案在政府内部管理中的应用。

（六）加强电子政务信息安全管理。按照全国一体化在线服务平台统一标准规范，加强与国家政务服务平台的对接，建设我市政务服务平台安全管理中心。进一步优化统一身份认证体系，扩大个人实名用户覆盖范围。进一步优化统一公共支付服务功能，扩大支付事项接入范围，持续拓展电子票据应用场景，实现安全支付。进一步提升安全便捷的物流服务能级和体验。探索重点领域法人事项在移动端办理，优化移动端应用架构，提升“随申办”服务的稳定性和安全性。

三、打造更具国际竞争力的营商环境

（七）全面推进开办企业“一表申请、一窗发放”。开办企业实现两个环节2-3天完成，申请人通过“一窗通”平台“一表申请”办理营业执照、公章、税控设备和发票、就业参保登记、公积金登记等所有开办企业事项。继续优化公章刻制免费政策。拓展电子营业执照应用范围，在税务、人力资源社会保障、公积金等涉企服务高频领域率先实现电子营业执照深度应用。探索实施住所承诺制和名称登记告知承诺制，提高企业核名一次性通过率。优化商业银行开户手续，压减办理时间。加快推动企业身份认证电子化，在批准企业设立的同时发放电子营业执照和电子印章，企业可以根据需要刻制实体印章。加快电子印章在企业管理、社区事务受理、社会化服务等领域的应用。

（八）推进办理建筑许可效率和质量双提升。进一步加强工程建设项目审批和监管的规范化和法制化建设。针对1万平方米以下的社会投资产业类项目，实施线上线下“一站式中心”改革，实现一站式办理，涵盖工程规划、施工许可、监督检查、竣工验收、不动产登记、供排水接入等全过程事项，实现五个环节24天完成全过程审批服务。鼓励实行建筑师负责制，全面落实减免聘请监理机构费用和委托工程勘察费用、供排水免费接入等政策。施工图审查不再由建设单位委托，调整为由建设管理部门加强事中事后全面监管。推进实施“一次委托、统一测绘、成果共享”的测绘服务领域“多测合一”改革，加快培育健全满足改革需要的“多测合一”服务机构市场。持续深化“一站式中心”改革，扩大覆盖面，进一步压减办事时间、环节和费用。逐步将其他行政许可、备案、涉及安全的强制性评估、中介服务和市政公用服务以及依法由审批部门组织、委托或者购买服务的技术审查等事项，纳入“一站式中心”并行办理。

（九）继续优化获得电力便利度。全面优化电力公司内部流程，压缩低压项目办电时间，做到两个环节10天完成。落实低压项目占掘路行政审批告知承诺制度，政府部门审批时限不超过两天，具备条件的当场核发许可。探索建立中断供电惩罚机制，研究制定供电可靠性指标管制计划。试行10千伏用户接入项目行政审批告知承诺，将占掘路行政审批时间压减至15个工作日以内，逐步压缩至两个环节，实现用户接电时间压缩20%。全面推广“网上国网”APP，在“一网通办”总门户开设服务专窗，对接国家电网“95598”网站，实现规划资源、交通、道路运输、绿化市容、公安等部门一表申请、并联办理。

（十）实施获得用气“310”服务。依托“一网通办”平台，进一步减少用户提交材料及办事环节，实现“310服务”，即“最多3个环节、1件材料、0跑腿”。整合优化用气报装外线施工办理程序，形成燃气接入外线工程规划许可、绿化许可、路政许可、占掘路许可等环节的并联审批、同步办理。推进燃气接入和服务标准化，提供办理进展可查询服务，做到接入标准、服务标准公开透明。开展供气延伸服务，为用户提供燃气接入、工程安装、器具配套、报警器安装等一站式服务，优化用户办事体验。

（十一）以推进统一担保体系建设为抓手，提高信贷便利度。在国家相关部门支持下，继续完善我市动产担保统一登记试点工作，探索扩大动产抵押类型。推动建立以担保人名称为索引的电子数据库，实现担保权人（或其代表）对担保品的登记状态可查询、修改或撤销。按照商业银行可持续、“保本微利”的原则，建立差异化的小微企业利率定价机制，确保普惠型小微企业贷款利率继续保持在合理水平。持续推进银行机构“百行进万企”活动，建立银企融资对接机制。促进“银”“担”

全面合作，推进逐步扩大融资担保基金规模至100亿元，并进一步扩大规模。完善对融资担保机构的风险补偿政策，加大财政扶持力度，提升融资担保能力。继续鼓励政策性融资担保机构开展业务，降低担保费率，不收或少收保证金。进一步升级银税服务平台，包括扩大共享数据种类、新增银税平台移动版、提升银税平台数据质量和服务功能，为诚信纳税的高科技、轻资产民营以及中小微企业提供无抵押纯信用贷款，增强企业对金融服务的获得感。

（十二）继续巩固和深化不动产登记服务改革。在各区不动产登记受理大厅设置企业服务专区，实现企业间转移登记当场缴税、当场发证，一个环节、当场完成。推广不动产登记电子证照，在“一网通办”门户网站增加网上受理企业转移登记业务，实现网上受理、缴税和发放电子权证。进一步降低不动产登记信息查询门槛，明确任何人均可以根据国家和我市不动产登记资料查询的相关规定，按地址查询全市已经登记的不动产自然状况、查封抵押限制状况、地籍图以及非居住房屋权利人等信息。加强对不动产登记相关信息查询工作的宣传，向社会公开律师尽职调查各项信息的获取渠道。完善地籍图更新机制和地籍测绘独立投诉机制。研究推进水、电、气、网过户与不动产登记同步办理。推行在商业银行网点办理不动产抵押登记“不见面审批”。探索在公开地图查询不动产登记资料和地籍图。

（十三）进一步推进纳税便利降低企业负担。按照国家部署，全面落实城镇土地使用税、房产税两税申报表合并工作。贯彻落实国家和地方各项减税降费政策，做好政策宣传和辅导工作，确保纳税人、缴费人应享尽享。全面落实增值税增量留抵退税政策，对全行业符合条件的纳税人实施增量留抵退税，积极争取为制造业创造更宽松的增值税留抵退税条件。加大电子税务局建设力度，探索打造智慧型办税服务场所，引入人工智能等信息化技术，为纳税人提供智慧化导税、办税、咨询等服务。全面推进电子退税，用电子数据代替纸质资料、网上传输代替人工传递，实现全流程无纸化退税操作。构建统一面向用户的税费申报平台，实现相关税费“一表申请、一网通办”。持续优化社保、公积金缴费流程，进一步减少缴费时间，纳税时间减少10%，力争压缩到100小时以内。

（十四）进一步深化跨境贸易降费提速改革。进一步推动口岸降费、规范收费，强化口岸收费目录清单管理，明确收费标准，落实降费措施，依法查处乱收费行为，进一步降低通关整体费用。实现“单一窗口”与上港集团现有收费查询平台对接，支持船代、货代、报关、运输、检疫处理和仓储企业在“单一窗口”开发收费查询功能，推动“单一窗口”与更多市场收费主体的网上收费系统深度融合，实现口岸相关市场收费的“一站式”办理和查询。提升口岸物流作业效率，以集装箱设备交接单无纸化平台为依托，深化和拓展平台功能，进一步打通物流环节堵点，提高物流效率。鼓励社会物流平台通过市场化手段提升物流信息电子化、智能化水平，高效合理配置物流资源。实施“两步申报”模式，进一步简化流程、提高效率。继续推广进出口“提前申报”，完善容错机制。试点实施进口货物“船边直提”和出口货物“抵港直装”。

（十五）以提升效率为核心优化执行合同。持续推进诉讼电子化，实施“迁网上云”工程，建设上海法院新一代现代化基础设施，提升审判信息化、智能化水平。深化电子档案机制改革探索，推进网上立案制度落地落实。研究制定深入推进互联网审判工作的指导意见，以全流程信息化建设助推审判效率提升。完善送达制度，推广应用电子送达平台，进一步扩大运用电子送达文书范围。加强对企业法定文书送达地址的管理。推广应用全国法院询价评估系统，加大网络司法拍卖力度，进一步降低执行环节的费用成本，提高执行效率。强化对鉴定机构接受委托、执业规范、收费等管理，促进鉴定机构压缩时限、提高质量。建立法院与不动产登记机构、银行等相关单位的信息共享机制，提高财产查控和强制执行工作效率。

（十六）进一步完善透明高效的政府采购和招投标制度规范。借鉴国际先进经验，细化完善政府采购（含工程招投标）信息公开机制，试行在部门预算批复后60日内公开本部门政府采购意向。同步完善政府采购和招投标相关规定，包括公布中标和合同信息，细化和规范招标需求编制、资格预审、招标投标文件澄清、异常低价识别管理等相关规则，规范和优化招标投标过程及标后管理、异议处理、合同履约、投诉等监督管理制度等。以道路维修养护等工程和服务招标投标为重点，明确界定项目分类标准及适用规则，按全流程全覆盖要求向社会公布道路维修养护等工程和服务的采购信息和执行情况信息，进一步压减办理时限和申报材料。完善政府采购平台和工程招投标平台功能，开发上线缴纳投标保证金、履约保证金及线上支付等功能，实现全流程电子化。实现政府采购平台与国库支付系统对接，通过政府采购平台向供应商及时反馈款项支付情况。

（十七）提升办理破产质效促进资源优化配置。建立重整识别、预重整和简易破产案件快速审理机制等措施，有效简化办理破产流程、提高程序效率。持续推进破产法庭建设，提高破产审判专业化水平，提升破产办理质效。对资产不足以清偿全部或到期债务且已依法进入破产程序的，按照相关规定，酌情减免城镇土地使用税等。充分发挥破产管理人协会作用，加大破产管理人专业培训力度，提高管理人履职能力和水平。夯实“府、院”统一协调制度机制，加强相关行政主管部门与法院之间的信息共享，依法支持市场化债务重组，统筹解决破产工作难题。推动不动产、特殊动产、设备、银行存款、车辆、股权、知识产权及其他财产权利登记系统向破产管理人开放，方便破产管理人依法清收查控相关财产，推进破产案件办理进程。加大市场化破产重整工作力度，充分释放破产重整在市场资源配置中的程序价值。

（十八）全面加强中小投资者保护。进一步畅通投资者维权渠道，妥善处理资本市场涉及投资者的矛盾纠纷，有效保护投资者合法权益。充分发挥上海市证券、基金、期货业纠纷联合人民调解委员会等调解组织的功能，探索并实践投资者与证券、基金、期货经营机构之间矛盾纠纷的多元化解机制，进一步营造“知调解、信调解、用调解”的投资者合法权益保护环境。认真执行法律法规及相关司法解释规定，依法保护股东特别是中小股东的知情权、监督权、决策权、收益权等合法权利。充分发挥上海金融法院等机构职能作用，深入推进金融纠纷多元化解、示范判决、大宗股票强制执行等金融审判执行机制改革探索，更好维护中小投资者合法权益。

（十九）建设公平公正的市场监管体系。建立涉公平竞争审查投诉举报受理回应机制。持续清理纠正在行业准入、资质标准等方面对不同所有制企业的歧视性或没有法律依据的差异性规定做法。鼓励支持政策制定机关在公平竞争审查工作中引入第三方评估，提高审查质量。建立以信用为基础的新型监管机制，全面推行信用分级分类监管，对信用较好、风险较低的市场主体，合理降低抽查比例和频次。全面推行信用承诺制，将申请人书面承诺履约情况记入信用记录。加快推进市场监管领域部门联合“双随机、一公开”监管，实现“进一次门、查多项事”。继续探索跨领域跨部门综合执法。深入探索包容审慎监管，进一步细化行政处罚裁量权，研究出台市场轻微违法违规经营行为免罚清单2.0版。在食品药品安全、质量安全、文化执法、劳动监察等领域，实施信用报告代替无违法违规证明，降低企业办事成本。

（二十）推进劳动力市场透明监管。扩大“一网通办”就业服务接入事项，进一步优化就业参保登记流程，强化各部门服务和数据协同，提升企业办事便利度。根据国家要求，结合我市实际，继续研究优化费率结构、综合社保缴费年度调整等措施，进一步减轻企业负担。落实就业补贴政策，围绕企业创业全过程打造覆盖全生命周期的政策扶持链。优化企业招聘与职工职业培训管理服务，帮助民营企业缓解“招聘难”问题。完善和谐劳动关系创建标准体系，开展对创建达标企业的正向激励。完善我市促进人才发展专项资金管理办法，聚焦支持人力资源服务业创新发展，更好地为人才引进集聚服务。

（二十一）推进知识产权创造、保护和运用高地建设。实施知识产权质量提升工程，新增一批知识产权示范（优势）企业和园区。完善国家知识产权运营公共服务平台国际运营（上海）试点平台功能。加快知识产权保护体系建设，探索设立中国（上海）知识产权保护中心，提升中国（浦东）知识产权保护中心能级。强化知识产权司法保护，加大对侵权假冒行为的惩戒力度。加强知识产权行政执法，探索建立知识产权执法联动协作机制。完善知识产权仲裁调解工作机制，建立健全社会共治模式，构建知识产权"严保护、大保护、快保护、同保护"工作格局。

（二十二）完善创新创业全周期政策服务链。拓展"高企贷"、科技金融风险补偿资金池等覆盖面，缓解科技企业融资难、融资贵等问题。探索金融服务创新创业新模式，进一步做大科创企业上市贷、科技履约贷、小巨人信用贷、微贷通等科技信贷产品与服务，扩大政策惠及面。实施众创空间专业化、品牌化、国际化培育工程，推动高校、科研院所科技成果转移转化。加强张江、漕河泾等创新创业特色载体功能建设。在"一带一路"相关国家（地区）建立若干个中小企业海外中心，推动中外企业在促进政策、贸易投资、科技创新等领域的务实合作。实施中小企业创新计划，促进中小企业健康发展。

四、加强保护和激发市场主体活力的制度供给

（二十三）开展落实《优化营商环境条例》专项行动。对我市实施《优化营商环境条例》情况进行全面梳理评估，强优补弱、建制提质。全面加强对一线工作人员的培训，确保窗口工作人员培训全覆盖。结合我市营商环境工作计划，分批组织开展对包括各部门证明事项清单及公布情况等在内的《优化营商环境条例》实施情况的专项检查。提高行政管理的法治化、规范化水平，全面梳理和评估涉企管理措施，对具备条件的，尽快上升为规范性文件等；对实施效果不理想的，抓紧修订或者废止。把我市关于深化改革、优化营商环境好的经验做法固定下来，着力构建公正有序的法治环境、清晰透明的市场环境、高效便捷的政务环境。

（二十四）推进实施市场准入负面清单制度。做好《市场准入负面清单（2019 年版）》实施工作，严格落实"一张清单"管理模式，确保"一单尽列、单外无单"；研究建立市场准入负面清单事项与现有行政审批流程衔接机制，持续优化管理方式，提高审批效率。加快完善市场准入负面清单信息公开机制，推动实现市场准入负面清单事项"一目了然、一网通办"。建立第三方评估机制，对市场准入负面清单动态调整情况开展评估，建立各类市场主体充分参与的市场准入负面清单修订意见建议和反馈机制。完善与市场准入负面清单制度相适应的事中事后监管机制，深入推进市场准入制度系统集成。做好市场准入负面清单与外商投资负面清单的衔接。

（二十五）推进"证照分离"改革全覆盖。在自贸试验区"证照分离"改革全覆盖试点工作的基础上，2020 年下半年在全市全面推开。重点推进"照后减证"，将中央层面和地方层面设定的涉企经营许可事项全部纳入改革范围，通过直接取消审批、审批改为备案、实行告知承诺、优化审批服务等四种方式，分类推进改革。在新闻出版、市场监管、卫生健康、道路运输、工程建设、知识产权、环境保护、农产品经营等领域，实行行政审批告知承诺。将证明事项告知承诺改革试点推广至全市范围。深化浦东新区"一业一证"改革试点，并探索进一步扩大适用范围。

（二十六）优化企业正常跨区迁移服务。支持企业适应产业结构调整、符合产业地图布局、拓展发展空间、适应行政管理的合理迁移行为。加强市、区两级分类管理，开通我市企业跨区迁移服务专窗。建立重点企业市级层面申诉协调机制，由市经济信息化委、市发展改革委、市市场监管局、市财政局、市税务局兜底协调。符合正常迁移条件的，10 个工作日内办妥相关迁出手续。将企业正常跨区迁移服务列入营商环境评价体系。

（二十七）**提升企业注销便利度。**进一步完善企业注销“一窗通”平台功能，打通市场监管、税务、人力资源社会保障等部门相关系统，实现企业注销“一网”服务。取消企业向登记机关备案清算组、登报发布债权人公告程序，改为通过企业注销“一窗通”平台自行办理。税务、商务、人力资源社会保障、海关等部门通过数据共享，获得申请书、经办人身份证件等材料，无需申请人提供。企业可通过企业注销“一窗通”平台，免费发布债权人公告。各部门并联办理业务，压缩办理时间。全面公开注销流程、条件时限、材料规范、办事地点等信息，实现申请人对各环节流程及办理进度可查询。2020 年年底前，实现企业办理注销提交材料精简一半以上、办理时间节约 1/3 以上。

（二十八）**推广惠企政策“一窗通办”。**优化惠企政策归口汇总机制，提高惠企政策清单更新频次。各部门惠企政策要在出台或更新后 1 周内推送至上海市“企业服务云”，由“企业服务云”按季度更新发布惠企政策清单。在“一网通办”框架下，加强“企业服务云”建设，建立全市统一的惠企政策申报系统，统一入口、一键申报、后台分送办理，逐步实现惠企政策“一口发布、一口受理、一口咨询”服务。强化“企业服务云”政策服务功能，为企业提供“一网式政策服务”在线检索、订阅、匹配服务。在各区行政服务中心设立惠企政策服务专窗，有条件的区先行试点惠企政策“零差别受理”综合窗口。2020 年年底前，实现中心城区综合窗口全覆盖，郊区综合窗口覆盖 50% 以上。

（二十九）**加强企业服务和投资促进体系建设。**建设全市统一的上海市投资促进和企业服务平台，为投资者提供全方位、全领域、全覆盖的招商引资服务。建立市、区两级统筹招商引资工作机制，强化安商稳商队伍建设，加强对招商引资和安商稳商队伍的培训。建立走访服务企业和企业帮办服务制度，提供“一站式”个性化帮办服务。积极支持我市重大招商引资项目引进各类优秀人才，对认定的重点招商引资项目，优先列入人才引进重点机构和非上海生源应届毕业生就业重点扶持单位。推行社会投资重点项目代办等服务机制，加快产业项目落地。充分发挥市级重大产业项目推进协调机制作用，推动重大产业项目早开工、早投产。充分融合“引进来”和“走出去”工作网络，集聚优质资源，拓展已有资源，积极构建面向全球的双向投资促进工作网络。加强各区、街镇、功能区、园区的投资促进和企业服务队伍建设，大力弘扬服务企业“店小二”精神，及时关注、主动回应企业诉求，共同做好安商稳商工作。畅通企业诉求和权益保护的反映渠道，搭建政企沟通制度化平台。“企业服务云”线上开辟“诉求反映窗口”，线下专设“诉求协调部”，并与“12345”市民服务热线建立“分口并线、兜底处理”机制，做到“1 个工作日电话联系、一般问题 5 个工作日办结、疑难问题 15 个工作日回复”。

（三十）**优化完善涉外营商环境。**加快建设“一网通办”涉外服务专窗，实现涉企政策和办事项目的中英文双语服务。在“随申办”市民专属网页中，开设外籍人士就医预约专栏，提供英语导医、预约等服务，完善各医疗机构的英文服务标识。在市、区两级设立外国人工作、居留“单一窗口”，为符合条件的外国高端人才提供一窗受理、一并发证、一门式服务，7 个工作日办结。组建提升外籍人士在沪工作生活便利化工作专班，为外籍人士对政府服务和公共服务便利化需求提供精准资源对接，建立和完善常态化服务机制。

（三十一）**建立健全企业家参与涉企政策制定机制。**研究制定我市企业家参与涉企政策制定的具体办法，明确分类听取意见建议等规范性要求。建立我市企业家参与涉企政策制定的决策咨询机制，适时开展由市工商联、行业协会商会等第三方机构主导、企业家代表参与的政策咨询和评估活动。充分利用网上政务平台、“两微一端”等方式，健全畅通便捷的政企互动网络平台。创新政企互动机制，强化政府与企业家常态化沟通机制，建立政府重大经济决策主动向企业家问计求策的程序性规范，推动形成企业家建言献策的良好氛围。

（三十二）主动推进长三角地区营商环境高地建设。 拓展电子证照在交通、出行、医疗、教育等跨省（域）需要量大的领域深度应用。进一步提升长三角“一网通办”网上办理能力，推动更多跨省（域）事项“全程网办”。打造一批高频、精品跨省（域）通办事项，探索以跨省（域）办成“一件事”为目标的跨省（域）主题式套餐服务，拓展移动端跨省（域）通办事项。升级原有跨省（域）办理跳转模式，统一办事指南核心要素，实现线上申报、受理、办理等深度对接，无感办理跨省（域）业务。试点建立统一的市场准入和监管规则。探索推进生产、施工许可准入等领域监管标准统一，促进产品检验标准、方法应用、结果判定等一体化建设。加强长三角科技资源共享服务平台等一批公共服务平台建设。加强长三角营商环境经验复制推广。

五、落实组织保障

（三十三）强化责任落实和协同配合。 坚持市领导分工牵头、各部门协同推进的工作机制。各区、各部门、各单位主要负责同志为第一责任人。完善市营商环境建设部门联席会议协调机制，由市发展改革委、市经济信息化委牵头，相关部门、单位参加，将营商环境改革与优化企业服务有机结合起来。鼓励各区、各部门、各单位积极行动，打造各具特色的亮点工作，因地制宜探索优化营商环境新经验、新做法。将行之有效的改革措施在全市复制推广，并在全市营商环境考核评估中列为加分项。

（三十四）完善营商环境建设法治保障。 所有涉企改革政策均须向社会公开，在“中国上海”门户网站和各部门网站发布。按照程序，组织对现有涉企政策的梳理，及时制定地方性法规、政府规章。将实践证明行之有效、人民群众满意、市场主体支持的改革举措固化下来，形成更多改革成果。对地方性法规、政府规章以及行政规范性文件，滞后于改革要求、不利于优化营商环境、制约新产业新业态新模式发展的，加快清理完善；与改革决策相抵触的，应改尽改、应废尽废。涉及修改法律、行政法规、部门规章的，与改革方案同步提出修改建议。充分发挥市优化营商环境法治保障共同体作用，完善制度设计、执行主体和规范对象的常态化沟通机制，增强发现、研究、解决营商环境法治问题的系统性。

（三十五）适时组织开展全市营商环境考核评估。 结合世界银行和国家营商环境评价，兼顾指标水平评价与工作绩效评价，加快政策落实和工作创新，形成较为完善、体现上海政务服务需求的上海营商环境评估指标体系。委托专业第三方机构，对各区和各重点园区组织开展营商环境考核评估。对已出台的政策组织开展“回头看”，定期检查评估涉企政策的知晓度、覆盖面和到达率。充分发挥上海市营商环境优化提升咨询会等平台和机制作用，通过年度议题、调研专题等方式，聚焦营商环境重点领域，提高营商环境改革精准度和市场主体获得感。

（三十六）加强营商环境宣传推介。 将营商环境宣传推介纳入全市宣传工作重点。提高营商环境改革政策的市场主体覆盖面和可及性，政策要做到简单明了、直白朴实。政策出台前，内部组织开展文件易读性评估；政策出台时，同步推出简本、解读材料、流程图、办事指南及示例，并在各部门网站和相关媒体上同时发布。开展面向中小企业的政策宣传推广工作，精准推送政策。结合全市营商环境改革重要节点，突出政策解读、案例效果、典型事迹等主题，组织各区、各部门、各单位开展形式多样、生动活泼的常态化系列宣传活动，提高宣传效果。把营商环境宣传与收集市场评价结合起来，形成政策推广与政策完善的良性互动。开展优化营商环境案例评选及典型案例宣传，加强正向激励和标杆引导。

上海市人民政府关于印发上海市全力防控疫情支持服务企业平稳健康发展若干政策措施的通知

印发日期：2020-2-7　发布日期：2020-02-08

沪府规〔2020〕3号

各区人民政府，市政府各委、办、局：

现将《上海市全力防控疫情支持服务企业平稳健康发展的若干政策措施》印发给你们，请认真按照执行。

上海市人民政府

2020年2月7日

上海市全力防控疫情支持服务企业平稳健康发展 的若干政策措施

为深入贯彻落实习近平总书记关于坚决打赢疫情防控阻击战的重要指示精神，全面落实党中央、国务院各项决策部署，市委、市政府始终把市民的生命安全和身体健康放在第一位，把疫情防控作为当前头等大事和最重要工作。在全力以赴做好疫情防控各项工作的同时，统筹抓好改革发展稳定各项工作，全力支持企业抗击疫情，切实减轻企业负担，加大财税金融支持力度，实施援企稳岗政策，着力优化企业服务，切实做好新形势下的"六稳"工作，同舟共济、共渡难关，现提出以下若干政策措施。

一、全力支持企业抗击疫情

（一）加大对防疫重点企业财税支持力度。按照国家政策规定，疫情防控重点物资生产企业扩大产能新购置设备，允许在所得税税前一次性扣除，全额退还增值税增量留抵税额。对纳税人运输疫情防控重点物资和提供公共交通运输服务、生活服务，以及为居民提供必需生活物资快递收派服务取得的收入，免征增值税。对相关防疫药品和医疗器械免收注册费。免征民航公司应缴纳的民航发展基金。对政府应急征用的企业生产指定的重点防疫物资，因生产成本高于实际售价而产生的政策性亏损，由市级财政给予全额补贴。企业已签订外销合同的外销重点防疫物资因政府征用转为内销的，企业不承担由此增加的税收负担。对疫情防控阻击战中勇于承担社会责任的企业和个人予以嘉奖。（责任部门：市财政局、市税务局、市经济信息化委、市商务委、市人力资源社会保障局、市药品监管局）

（二）加强对防疫重点企业专项金融信贷支持。鼓励开发性、政策性、国有大型商业银行的在沪分行和地方法人银行积极使用人民银行专项再贷款政策，对重点医疗防控物资和生活必需品生产、运输和销售的重点企业包括小微企业，提供优惠利率贷款，由财政再给予一半的贴息，确保企业贷款利率低于1.6%。支持在沪金融机构通过发行金融债券、特定用途债券等，将所筹资金用于疫情防控相关领域。（责任部门、单位：市地方金融监管局、人民银行上海总部、上海银保监局、市发展改革委、市经济信息化委、市商务委、市财政局）

（三）拓宽疫情防控相关企业直接融资渠道。充分发挥在沪金融市场作用，为疫情防控相关企业加强服务，支持其发行上市、再融资、并购重组，发行债券、资产支持证券等。支持鼓励与疫情防控相关的科技创新企业在上海证券交易所科创板上市。鼓励创业投资、股权投资机构引导社会资本投向相关医疗设备、疫苗药品研发生产类企业。（责任部门、单位：市地方金融监管局、人民银行上海总部、上海证监局、市发展改革委、市经济信息化委、市科委）

（四）强化保险保障作用。针对急缺医疗物资、疫情防控用品企业的进口诉求，鼓励中国信保上海分公司积极开展进口预付款保险。对受疫情影响受损的出险理赔客户，做到应赔尽赔快赔。鼓励保险机构为支援湖北及参与疫情防治的本市医务人员和防疫工作者，免费提供意外伤害及定期寿险保障。支持将意外险、疾病险等保险责任范围扩展至新型冠状病毒感染肺炎等。（责任部门、单位：上海银保监局、市地方金融监管局、市卫生健康委、市商务委）

（五）支持重点防疫物资供销企业扩产增能、增加进口。对政府应急征用的企业给予技术改造补贴，对被征用企业为生产防疫物资实施的应急技术改造项目，经认定后给予项目总投入 50%-80% 的财政补贴。对应急征用企业生产政府指定的特定防疫物资所形成生产能力的投入，最高可给予全额支持。疫情防控工作结束后，对企业因政府征用或指定生产而产生的剩余物资，企业继续销售确实难以消化的，按照规定通过政府储备和包销予以解决；对进口医用物资经统筹调配后仍有剩余的，按照规定程序纳入市级物资储备；对指定采购品种和数量的进口民用防控物资，企业继续销售后确实难以消化的，按照规定程序研究纳入市级储备商品。（责任部门：市经济信息化委、市商务委、市粮食物资储备局、市财政局）

（六）对进口防疫物资实行税收优惠。按照国家政策规定，对捐赠用于疫情防控的进口物资免征进口关税和进口环节增值税、消费税，对市卫生健康主管部门组织进口的直接用于防控疫情物资免征关税，对已征收的应免税款予以退还。（责任部门、单位：市财政局、市税务局、上海海关、市民政局、市卫生健康委、市商务委）

（七）建立进口防疫物资快速通关绿色通道。开通进口防疫物资受理专窗和绿色通道，主要进口口岸实现 7*24 小时全时通关。综合运用两步申报、提前申报等作业模式，对确需查验的防疫物资优先安排查验，随到随验，快速验放。对免税进口防疫物资可先登记放行，后补相关证明。（责任部门、单位：上海海关、市商务委）

（八）支持疫情防控创新产品研制攻关。组织实施本市新型冠状病毒诊断与治疗创新品种研发及产业化专项，通过战略性新兴产业专项资金、产业转型升级专项资金、科技创新计划专项资金等渠道给予支持，推动疫情防控创新产品快速形成有效产能并投入应用。（责任部门：市发展改革委、市经济信息化委、市科委、市卫生健康委、市药品监管局、市财政局）

二、切实为各类企业减轻负担

（九）减免企业房屋租金。中小企业承租本市国有企业的经营性房产（包括各类开发区和产业园区、创业基地及科技企业孵化器等）从事生产经营活动的，先免收 2 月、3 月两个月租金；对间接承租的企业，应确保租金减免落到实处，使实际经营的中小企业最终受益。鼓励国有企业在协商情况下通过减免缓交等方式尽可能多让利给中小企业，相关减收影响在经营业绩考核中予以认可。鼓励大型商务楼宇、商场、园区等各类市场运营主体为实体经营的承租户减免租金。主动为租户减免房产或土地租金的企业，缴纳房产税、城镇土地使用税确有困难的，可申请减免相应的房产税、城镇土地使用税。（责任部门、单位：市国资委、市商务委、市经济信息化委、市科委、市税务局）

（十）延期申报纳税。疫情防控期间，因受疫情影响，纳税人在法定期限内办理申报有困难的，可依法申请进一步延期。对因疫情影响导致按期缴纳税款有困难的，符合延期缴纳税款条件的，依法准予延期缴纳税款，最长期限不超过 3 个月。对因疫情影响未能按期申报、缴纳税款的纳税人，

经主管税务机关确认后，可免除相应的滞纳金和税务行政处罚。（责任部门：市税务局）

（十一）对相关企业和个人给予税收优惠。疫情防控期间，对于房产或土地被政府应急征用的企业，缴纳房产税、城镇土地使用税确有困难的，可申请减免相应的房产税、城镇土地使用税。按照国家政策规定，对受疫情影响较大的困难行业企业2020年度发生的亏损，最长结转年限由5年延长至8年。鼓励社会力量积极为疫情防控捐赠现金和物资，并可按照规定在所得税税前全额扣除，相关捐赠货物免征增值税、消费税和附加税费。对参加疫情防治工作的医务人员和防疫工作者，按照政府规定的标准取得的补助和奖金，以及单位发给个人的疫情防护用品，免征个人所得税。（责任部门：市财政局、市税务局）

（十二）免除定期定额个体工商户税收负担。疫情防控期间，按照定期定额纳税的个体工商户依法免于缴纳定额税款。（责任部门：市税务局）

（十三）暂时退还旅游服务质量保证金和补贴文化事业建设费。按照国家政策规定，自2020年2月5日起，对经营规范、信誉良好的旅行社，暂时退还旅游服务质量保证金80%，至2022年2月5日前返还。对生活服务业中的文化事业建设费缴费人，视其受疫情影响程度和实际缴纳费额的情况给予一定的财政补贴。（责任部门：市文化旅游局、市财政局）

三、加大金融助企纾困力度

（十四）多途径为企业提供资金支持。鼓励浦发银行、上海银行、上海农商银行加大对抗击疫情和受疫情影响较大行业及中小微企业的信贷投放，疫情防控期间相关贷款利率参照同期贷款市场报价利率（LPR）至少减25个基点，鼓励其他在沪金融机构参照执行。建立金融服务绿色通道，便利重点防疫物资生产供应等相关企业。鼓励金融机构利用银税互动、上海市大数据普惠金融应用等平台，通过绩效考核调整、提高不良容忍度等措施，加大对中小企业的信用贷款支持。（责任部门、单位：人民银行上海总部、上海银保监局、市地方金融监管局、市经济信息化委、市商务委、市大数据中心）

（十五）加大对流动资金困难企业的支持力度。加大对旅游、住宿餐饮、批发零售、交通运输、物流仓储、文化娱乐、会展等受疫情影响较大行业信贷支持，通过变更还款安排、延长还款期限、无还本续贷等方式，对到期还款困难企业予以支持，不抽贷、不断贷、不压贷。加快建立线上续贷机制。如因疫情影响导致贷款逾期，可合理调整有关贷款分类评级标准。（责任部门、单位：上海银保监局、市地方金融监管局、市经济信息化委、市商务委、市财政局）

（十六）加强融资担保支持。进一步发挥本市政策性融资担保基金作用，确保2020年新增政策性融资担保贷款比上年度增加30亿元以上。对防疫物资重点保障企业和受疫情影响较大的中小微企业，政策性融资担保基金继续加大融资担保支持力度。对新申请中小微企业贷款的融资担保费率降至0.5%/年，再担保费率减半收取，对创业担保贷款继续免收担保费。（责任部门：市财政局、市地方金融监管局）

四、着力做好援企稳岗工作

（十七）继续实施失业保险稳岗返还政策。2020年，本市将继续对不裁员、少减员、符合条件的用人单位，返还单位及其职工上年度实际缴纳失业保险费总额的50%。（责任部门：市人力资源社会保障局、市财政局）

（十八）推迟调整社保缴费基数的时间。从2020年起，将本市职工社会保险缴费年度（含职工医保年度）的起止日期调整为当年7月1日至次年6月30日，推迟3个月（2019年职工社会保险缴费年度顺延至2020年7月1日）。（责任部门：市人力资源社会保障局）

（十九）可延长社会保险缴费期。因受疫情影响，对本市社会保险参保单位、灵活就业人员和城乡居民未能按时办理参保登记、缴纳社会保险费等业务的，允许其在疫情结束后补办。参保单位逾期缴纳社会保险费的，在向本市社保经办机构报备后，不收取滞纳金，不影响参保职工个人权益记录，相关补缴手续可在疫情解除后3个月内完成。（责任部门：市人力资源社会保障局）

（二十）实施培训费补贴政策。对受疫情影响的本市各类企业，对在停工期间组织职工（含在企业工作的劳务派遣人员）参加各类线上职业培训的，纳入各区地方教育附加专项资金补贴企业职工培训范围，按照实际培训费用享受95%的补贴。平台企业（电商企业）以及新业态企业可参照执行。（责任部门：市人力资源社会保障局、市财政局）

（二十一）适当下调职工医保费率。根据医保基金收支状况，在确保参保人员医疗保险待遇水平不降低、保证医疗保险制度平稳运行的前提下，2020年暂将职工医疗保险单位缴费费率下调0.5个百分点。（责任部门：市医疗保障局、市人力资源社会保障局、市财政局）

（二十二）实施灵活用工政策。因受疫情影响导致生产经营困难的企业，可通过调整薪酬、轮岗轮休、弹性工时、综合调剂使用年度内休息日等方式稳定工作岗位，具体方式由企业与员工协商确定。（责任部门：市人力资源社会保障局）

五、有序促进企业复工复产

（二十三）做好企业复工复产服务保障工作。督促和帮助复工复产企业落实防疫安全措施。聚焦各类企业复工和生产经营所需，加强口罩、体温计、消毒液等防疫物资供应。依托长三角区域合作机制，发挥好行业协会、产业联盟等专业机构作用，通过原材料供应、物流运输等多种方式加强企业对接，切实帮助企业复产复工。（责任部门、单位：市经济信息化委、市商务委、市发展改革委、有关区政府和开发园区）

（二十四）加强企业用工保障力度。在企业自我管理防控疫情准备和风险评估基础上，引导企业优先安排疫情平稳地区员工回流就业。促进就业供需对接，搭建企业用工对接服务平台，依托微信、网络、视频等渠道开展各类线上招聘活动，畅通企业间对接通道，帮助企业缓解招工难矛盾。（责任部门：市人力资源社会保障局）

（二十五）培育支持新技术新模式新业态企业发展。加快培育网络购物、在线教育、在线办公、在线服务、数字娱乐、数字生活、智能配送等新业态新模式，大力发展网络诊疗、原创新药、医疗用品、医疗器械等健康产业，支持一批高成长创新型中小企业。加大科技创新券对科技型中小企业支持力度，2020年，受理的科技创新券使用额度上限由30万元提高至50万元。支持电信运营企业为受疫情影响严重的中小企业免费提供6个月以上的云视频会议等云上办公服务。（责任部门：市经济信息化委、市发展改革委、市科委、市商务委、市财政局）

六、优化为企服务营商环境

（二十六）优化企业服务机制。积极发挥政务服务“一网通办”的便企服务作用，强化市民主页和企业专属网页功能，扩大“随申办”超级应用服务覆盖面。依托市“企业服务云”打通政策服务“最后一公里”，加快推进一批不见面审批事项落地。在国际贸易“单一窗口”平台开通中小外贸企业服务专窗，便利企业疫情防控期间不见面办理通关、物流、金融等一揽子进出口业务。进一步发挥市服务企业联席会议作用，及时回应和解决企业在生产、经营、投融资中的堵点和痛点问题。（责任部门：市政府办公厅、市发展改革委、市经济信息化委、市商务委）

（二十七）完善企业信用修复机制。积极协助受疫情影响出现失信行为的企业开展信用修复工作，对受疫情影响暂时失去收入来源的企业，可依调整后的还款安排，报送信用记录。对因参与防疫工作而导致的企业延迟交货、延期还贷、合同逾期等失信行为，不将其列入失信名单。对受疫情影响无法如期履行或不能履行国际贸易合同的企业，支持上海市贸促会出具不可抗力事实性证明。（责

任部门、单位：市发展改革委、人民银行上海总部、上海银保监局、市商务委、市贸促会）

（二十八）**加强法律服务保障。**建立应急公共法律服务机制，优先采用线上、预约等方式办理公证、法律援助等法律服务事项。就不可抗力免责等防疫中的有关法律问题，及时向有需求的企事业提供指导建议。对于企业受疫情影响造成的合同履行、劳资关系等纠纷，及时组织律师、公证员、调解员等专业法律服务人员提供咨询、指引、调解服务。（责任部门：市司法局）

国家有其他服务企业平稳健康发展相关支持政策措施的，上海遵照执行。市政府各相关部门负责制定发布本政策措施的实施细则；各区政府可结合实际，出台具体实施办法。本政策措施执行期自印发之日起施行，有效期至新型冠状病毒感染的肺炎疫情结束后再顺延 3 个月（具体政策措施已明确执行期限的，从其规定）。

1.2.6 上海版“长三角货车通行证”发布

为在疫情防控期间方便长三角三省一市间的货物跨省运输，支持企业复工复产，根据长三角区域一体化防疫要求，上海市交通委指导市道路运输管理局制定并发布了上海市“长三角疫情防控交通运输一体化货运车辆通行证”（简称“货通证”）。

2 月 15 日起，本市符合国家和本市防疫条件的道路货运企业和从业人员只需登陆支付宝，进入城市服务—疫情服务专区，进入“长三角货通证”小程序，填写包括车牌号、货物类型、司机和随车人员个人信息、电话号码等关键信息，可自动生成电子版“货通证”，也支持下载打印。持证货运车辆在长三角区域内可便捷通行；持证货运从业人员返回上海后，无须再次隔离 14 天。

来源：上海市交通委员会 发布时间：2020-02-15

1.2.7 关于调整本市国三标准柴油货运机动车限制通行政策的通告

文号：沪交科〔2020〕23 号

为坚决打赢蓝天保卫战，有序推进本市大气环境质量改善，根据疫情防控期间城市运行保障需要，经上海市人民政府同意，决定对本市国三标准柴油货运机动车限制通行政策调整如下：

一、自 2020 年 6 月 1 日起，全天 24 小时禁止国三标准柴油货运机动车（本市国三标准柴油冷藏车和已加装尾气净化装置、并且尾气净化装置能正常使用的本市国三标准柴油集装箱运输车辆除外）在本市 S20 外环高速以内的道路上（不含 S20 外环高速以及 S20 外环高速高架段投影下的地面道路）行驶。

S20 外环高速包括 S20 外环高速与 G1503 上海绕城高速在外环隧道至五洲大道的共线段。

二、本市国三标准柴油冷藏车和根据上海市交通委员会《关于做好国三柴油集装箱运输车辆加装尾气净化装置工作的通知》（沪交科〔2016〕511 号）要求已加装尾气净化装置、并且尾气净化装置正常使用的本市国三标准柴油集装箱运输车辆，自 2020 年 8 月 1 日起，全天 24 小时禁止在本市 S20 外环高速以内的道路上（不含 S20 外环高速以及 S20 外环高速高架段投影下的地面道路）行驶。

S20 外环高速包括 S20 外环高速与 G1503 上海绕城高速在外环隧道至五洲大道的共线段。

三、自 2020 年 10 月 1 日起，全天 24 小时禁止国三标准柴油货运机动车在 G1503 上海绕城高速范围以内的道路上（含G1503上海绕城高速以及G1503上海绕城高速高架段投影下的地面道路）行驶。

G1503上海绕城高速包括G1503上海绕城高速与同济路高架共线段和G1503上海绕城高速与S20外环高速共线段。

四、违反通行规定的，由本市公安交通管理部门根据《中华人民共和国道路交通安全法》的有关规定依法处理。

五、市交通委、市生态环境局、市公安局《关于扩大国三标准柴油货运机动车限制通行范围的通告》（沪交科〔2019〕708号）自2020年3月31日起废止。

六、本通告自2020年4月1日起施行。

特此通告。

来源：上海市交通委员会 发布时间：2020-03-30 10:14

摘录整理：朱泽榕 高玲

1.3 物流业各协会行业快报

上海局推动市邮政快递业 2020 年减税降费 20 亿元

2020 全年， 上海市邮政快递企业累计实现减税降费 20.2 亿元，获得就业补贴 1039 万元、优惠贷款额度 15 亿元，上海市邮政管理局推进减税降费惠企政策持续发力，确保减税降费、助企纾困的政策红利得到充分释放。

一是在“统”字上下功夫，强化部署指导。全面梳理各部门出台的涉及邮政业 4 批共 36 项税费优惠以及市级各项惠企政策，印发《全力抗击疫情支持复工复产涉邮政策汇编》，先后三次印发文件，对行业推进减税降费政策落实工作进行部署。

二是在“专”字上下功夫，强化服务指导。市局机关主动做好政策宣传、解读辅导，扩大宣传途径，开办政策培训班；各派出机构结合日常检查、实地调研，政策“送上门”，确保企业应知尽知、红利应享尽享。

三是在“实”字上下功夫，强化跟踪落实。密切跟踪政策执行情况，加强与企业线上线下沟通，一对一辅导，点对点对接，把政策用足用好。

上海局将持续扎实做好政策落实“后半篇文章”，跟踪督办不松劲，协调解决不畏难，狠抓落实不懈怠，确保各项政策措施落地生效，更好发挥行业在服务生产生活、促进消费升级、畅通经济循环的先导性作用，服务构建新发展格局，推动行业高质量发展。

上海局召开上海市邮政快递业绿色生态环保工作推进会

为全面贯彻落实国家邮政局生态环保工作要求，切实打好本市邮政业污染防治攻坚战，推动落实寄递企业生态环保主体责任，确保“9893”年度工作目标的落实，11 月 4 日，上海局召开了邮政快递业绿色生态环保工作推进会，局党组成员、副局长余洪伟出席会议并讲话。

会上，上海局梳理了行业生态环保重点任务清单；对重金属及特定物质超标包装袋整治行动进行动员部署；对行业相关法规政策标准进行解读和宣贯。

今年以来，上海局全面推进行业生态环保工作，牢牢牵住体系构建这个“牛鼻子”，坚持在绿色高质量发展的顶层设计上下功夫，加快构建本市邮政快递业绿色治理体系，并在指标体系、政策体系和标准体系建设上初见成效。据统计，目前本市主要寄递企业电子运单使用率达到 99%，每年可节约 12 亿张 A4 用纸，约等于少砍 13.5 万棵树木，减少碳排放 1.35 万吨，节约用水 1.05 万吨。45 毫米以下“瘦身胶带”的封装比例达到 88% 左右，全市每年可节约胶带用量 6 亿米左右。电商快件不再二次包装率达 75%，同比增长 25% 以上，每年可节约 20 亿个包装袋、包装箱。主要寄递企业可循环中转袋的使用率达到 85% 以上，每年转运中心可减少一次性塑料编织袋约 1.2 亿条。“9893”工程整体进展顺利。

余洪伟指出当前行业仍存在随意包装和过度包装等不规范问题，对做好下一步工作，他要求：

一是切实提高政治站位，强化使命担当。充分认识做好行业生态环保工作的重要意义。二是采取有效措施，全面推动落实行业生态环保主体责任。要强化组织领导，将行业绿色治理摆在重要位置并持续推进；要强化督导检查，通过开展综合执法、联合督查等方式加强联动，提高工作覆盖广度与督查力度。要完善支撑保障，紧紧围绕监管责任的落实和推动地方属地责任落实、寄递企业主体责任落实提升监管实效；要广泛宣传引导，通过传递科学理念，凝聚社会共识，实现正面引导，营造良好社会氛围。三是强化组织实施，推动行业绿色治理取得更大实效。近期要重点做好重金属和特定物质超标包装袋专项治理、打造本市生态环保绿色“双11”及确保“9893”绿色工程各项任务全面完成等三项主要任务。

市场处、普服处、各派出机构及本市主要品牌寄递企业相关人员参加会议。

2021年上海市邮政快递业工作会议召开

——立足新阶段，坚持新理念，服务新格局，发展新优势

1月15日，上海局召开2021年上海市邮政快递业工作会议，传达学习中共中央政治局委员、国务院副总理刘鹤重要批示精神、交通运输部党组书记杨传堂和国家邮政局局长马军胜在2021年全国邮政管理工作会议上的讲话精神，总结回顾2020年工作和“十三五”时期上海邮政快递业改革发展成效，分析形势，谋划“十四五”及未来一段时期行业发展思路，明确提出2021年行业改革发展工作的总体要求和主要任务。市交通委党组成员、一级巡视员蔡军出席会议并作重要讲话，上海局党组书记、局长冯力虎作工作报告。上海市促进邮政业发展联席会议19家成员单位、15家规模以上邮政快递企业上海公司负责人及上海局副处以上领导干部、上海快递行业协会负责人参加了会议。

会议指出，2020年是极不平凡的一年。面对国内外严峻复杂的环境和新冠肺炎疫情严重冲击，上海邮政快递业全面贯彻落实习近平总书记重要指示精神，按照国家邮政局、上海市委市政府的工作部署和要求，紧扣全面建成小康社会目标任务，努力建设与小康社会相适应的现代邮政业，坚持稳中求进工作总基调，坚持新发展理念，坚持以供给侧结构性改革为主线，统筹疫情防控和行业发展，扎实做好“六稳”工作，全面落实“六保”任务，行业高质量发展有力推进，治理能力和水平稳步提升，各项工作都取得显著成效。全年邮政业务总量和业务收入分别完成848.1亿元和1503.4亿元，同比分别增长10.1%和10.1%，快递业务量和业务收入分别完成33.6亿件和1428.2亿元，同比分别增长7.3%和10.8%。支撑网络零售额超过5000亿元。行业发展趋势稳中向好、市场活力不断增强、发展态势不断巩固、服务满意度稳中有升，安全绿色发展水平持续提升，为满足生产生活和畅通经济社会循环、促进上海市经济社会发展作出了积极贡献。

会议强调，当前，上海邮政快递业发展仍然处于重要战略机遇期。要立足新发展阶段，坚持新发展理念，构建新发展格局，及时把握新机遇，积极应对新挑战，精心谋划行业发展。要依据国家构建“双循环”的新发展格局，围绕上海建设国内大循环的中心节点和国内国际双循环的战略链接新使命，着眼行业20字发展新战略，在新的发展征程上开创新局面、展现新气象。一是要坚持创新的核心地位，坚持供给产品创新、产业融合创新和科技创新。二是要发挥上海快递总部集聚优势、上海城市先发优势和上海邮政快递业在全国行业的比较优势。三是要持续提升产业能级，推动行业产业化发展、数字化转型和系统化建设。四是要建立完善高质量的产业体系、高标准的市场体系和高效能的治理体系。

会议强调，2021 年要坚持新发展理念，坚持稳中求进，以推动高质量发展为主题，以深化供给侧改革为主线，以改革创新为根本动力，按照“服务全领域、激活全要素，打造双高地、畅通双循环”的战略思路，以“两进一出”工程和新终端工程为抓手，着力强优势、稳态势，强基础、提能级，强体系、畅循环，统筹发展和安全，统筹邮政事业与产业双轮驱动，统筹做好常态化疫情防控和行业改革发展，服务上海建设卓越的全球城市和具有世界影响力的社会主义现代化大都市，不断为建设邮政强国、构建新发展格局作出新的贡献。预计 2021 年全年邮（快）件和业务收入分别完成 49.8 亿件和 1683.8 亿元，同比分别增长 10 % 和 12.0% 左右。其中，快递业务量和业务收入分别完成 38.6 亿件和 1613.9 亿元，同比分别增长 15% 和 13% 左右。邮政、快递服务满意度和服务质量持续提高，快递包装治理取得积极成效，发展质效进一步提高，寄递渠道安全保障能力进一步提升，“三个工程”建设取得积极进展。

会议要求，2021 年要重点抓好坚持党的全面集中统一领导、巩固行业稳中有进发展态势、推进“两进一出”工程建设、扎实做好平安寄递建设、持续推进绿色邮政发展、不断提升治理体系和治理能力现代化水平等六方面工作。

蔡军在讲话中肯定了 2020 年上海邮政快递业在统筹疫情防控和行业发展、扎实做好“六稳”工作、全面落实“六保”任务等方面的成绩。强调 2021 年是建党 100 周年，要坚持以习近平新时代中国特色社会主义思想为指导，深入贯彻落实党中央、国务院决策部署，贯彻落实全国交通运输工作会议精神，强化创新引领，持之以恒推动邮政业高质量发展；强化问题导向，提升治理能力现代化水平；加强党的领导，践行“人民邮政为人民”初心使命。

摘录整理： 朱泽榕 高玲

第二篇 物流业发展景气指数

2.1 2020年中国物流业景气指数

2020年1月中国物流业景气指数为49.9%

中国物流与采购联合会发布的2020年1月中国物流业景气指数为49.9%，较上月回落8.7个百分点；中国仓储指数为51.1%，较上月回落1.4个百分点。

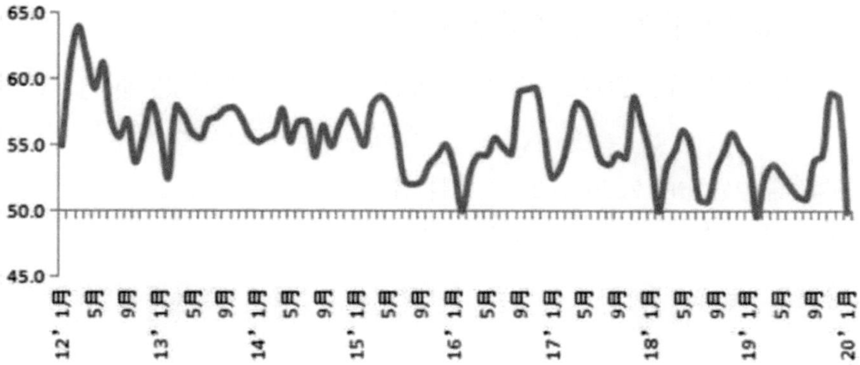

LPI走势图

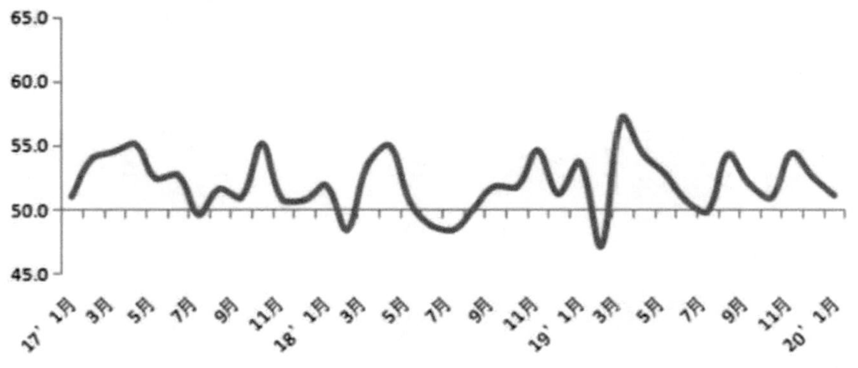

中国仓储指数走势图（%）

中国物流信息中心主任何辉认为：1月，受春节假期因素影响，物流业景气指数回落至50%以下，呈现出明显的周期性变化。从行业看，道路运输业、装卸搬运和其他运输服务业和快递业物流活动仍较为活跃。从品种上看，受节日因素带动，与民生相关的服装、食品和日用品的物流活动均较旺盛。当前正处于防控疫情的关键期，疫情短期内会对物流需求产生影响，待疫情解除后，生产和消费需求集中得到释放，将有望拉动物流呈现平稳增长。

业务总量指数回落，物流业务规模增势减弱。1 月，业务总量指数为 49.9%，比上月回落 8.7 个百分点，位于 50% 以下，反映出受节日因素影响，物流业务活动规模增势减弱，待疫情解除后，物流业务活动规模将保持平稳增长。

库存指数周期性回落，未来将出现恢复性增长。1 月，平均库存量指数回落 2.7 个百分点至 49.5%；库存周转次数指数回落 5.1 个百分点至 51.9%。两项库存指数双双呈现出周期性回落，后期有望出现恢复性增长。

从业人员指数回落，节日效应释放明显。1 月，受生产建设活动放缓、物流业务规模增势减弱影响，春节期间从业人员返乡等因素影响，从业人员指数回落更为明显，比上月回落 3.6 个百分点，回落至 48.6%。随着疫情的变化情况和劳动者对物流行业认知的不断提高，作为城市配套行业的物流行业短期用工需求缺口将逐步回稳。

从后期走势看，新订单指数为 50.1%，业务活动预期指数为 51.6%，预示着进入新的生产建设周期，物流活动将保持适度增长，平稳运行的态势。

2020 年 2 月中国物流业景气指数为 26.2%

发布时间：2020-03-02 09:00:00 科技信息部

中国物流与采购联合会发布的 2020 年 2 月中国物流业景气指数为 26.2%，较上月回落 23.7 个百分点；中国仓储指数为 39%，较上月回落 12.1 个百分点。

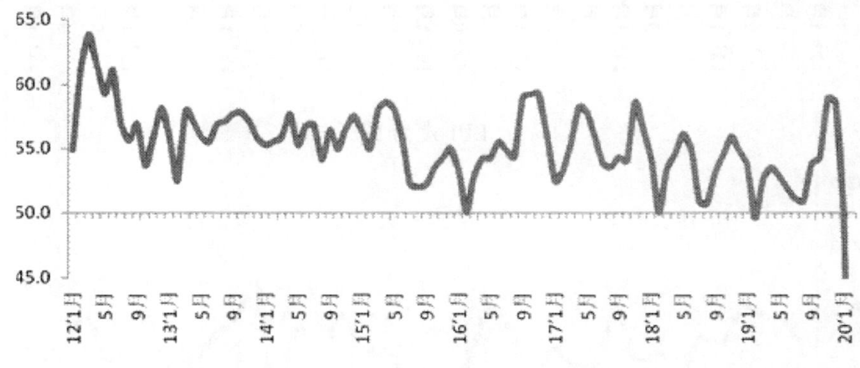

LPI 走势图

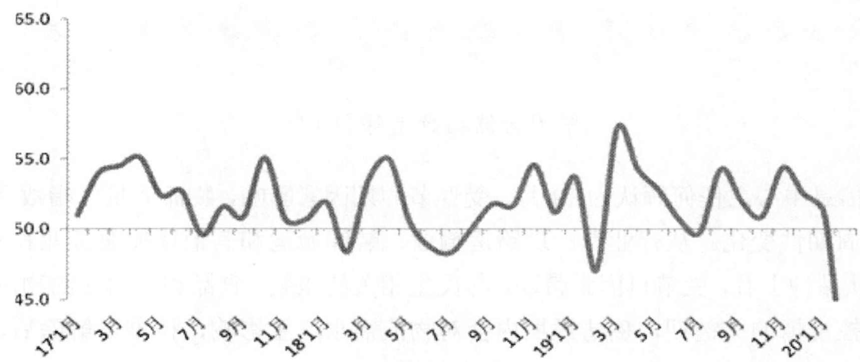

中国仓储指数走势图（%）

中国物流信息中心主任何辉认为：2 月，受新冠肺炎疫情冲击影响，物流活动严重受阻，物流景气指数出现大幅回落，各分项指数均有明显回落。从行业来看，物流各细分行业运行也普遍明显回落，尤其是运输型物流企业回落幅度更大。但从发展情况看，疫情对物流运行影响是短暂的、可控的。随着国内疫情防控形势的不断改善，物流复工复产进程在加快。当下在做好疫情防控的同时，分区分级有序做好复工复产，加大支持，扩大需求，促进经济社会尽快有序恢复至正常的生产经营状态。

业务总量指数回落，市场需求收缩。2 月，业务总量指数为 26.2%，比上月回落 23.7 个百分点，反映出受疫情扩散影响，供应链上下游物流运行出现了暂时的停滞休眠现象。

设备利用率指数回落，产能有所降低。2 月，设备利用率指数回落 11.1 个百分点至 39.1%，反映出需求放缓，物流行业企业产能有所下降，相关物流设备设施利用率明显不足。

从业人员指数回落，员工返岗率较低。2 月，从业人员指数回落 18.5 个百分点至 30.1%。受疫情扩散复工延迟影响，已开工企业员工返岗率低于正常水平。

从后期走势看，业务活动预期指数为 44.9%，较上月回落 6.7 个百分点，但经济稳定增长的势头并未发生改变，随着新冠肺炎疫情逐步得到控制，企业加快复工复产速率，供应链上下游被抑制的需求将得到释放，后市将出现快速的恢复性增长。

2020 年 3 月中国物流业景气指数为 51.5%

发布时间：2020-04-02 10:17:05 科技信息部

中国物流与采购联合会发布的 2020 年 3 月中国物流业景气指数为 51.5%，较上月回升 25.3 个百分点；中国仓储指数为 52.7%，较上月回升 13.7 个百分点。

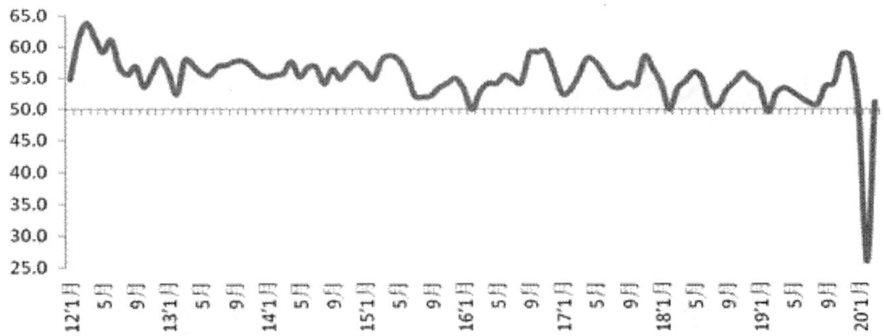

LPI 走势图

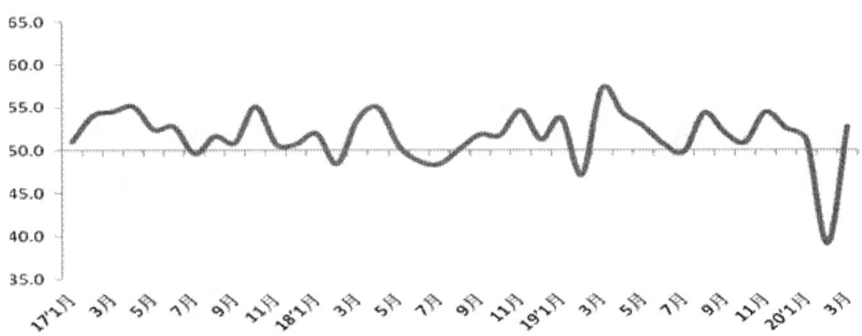

中国仓储指数走势图（%）

中国物流信息中心主任何辉认为：3 月，随着统筹推进疫情防控和经济社会发展系列政策措施的实施，我国新冠肺炎疫情防控形势明显向好，企业有序复工复产进程不断加快，市场需求连连释放，物流业景气指数有了大幅回升，物流业务量、库存周转次数、设备利用、固定资产投资、从业人员、资金周转、企业效益、业务活动预期等都有了明显好转。从地区看，东部、中部、西部物流活动都有好转，东部地区回升更快。从行业看，物流各细分行业景气状况都有不同程度的好转。从企业规模看，大中小微物流企业复工复产进程都在加快，但大中型企业由于实力更加雄厚，抗压能力强，复工复产进程更快。值得关注的是物流行业运营成本上升更为突出，经营困难加大，迫切需要有效政策扶持。

业务总量指数回升，需求恢复性增长。3 月，业务总量指数为 51.5%，比上月回升 25.3 个百分点，反映出物流行业有序推进物流企业复工复产，运输防疫相关物资和民生保障需求回升。

设备利用率指数回升，物流设备利用率提升。3 月，设备利用率指数为 51.2%，比上月回升 12.1 个百分点，反映出需求回暖，物流企业产能回升，相关物流设备设施利用率明显提升。

从业人员指数回升，但员工返岗率较低。3 月，从业人员指数为 50.2%，比上月回升 20.1 个百分点。大中型物流企业从业人员返岗率恢复速度较快，但小微型物流企业抗压性较弱，返岗率较低。

从后期走势看，新订单指数和业务活动预期指数均有明显回升，尤其是业务活动预期指数回升至 58.1%，反映出企业对未来预期较为乐观，物流活动回升进一步看好。

2020 年 4 月中国物流业景气指数为 53.6%

发布时间：2020-05-06 09:00:00 科技信息部

中国物流与采购联合会发布的 2020 年 4 月中国物流业景气指数为 53.6%，较上月回升 2.1 个百分点；中国仓储指数为 50.3%，较上月回落 2.4 个百分点。

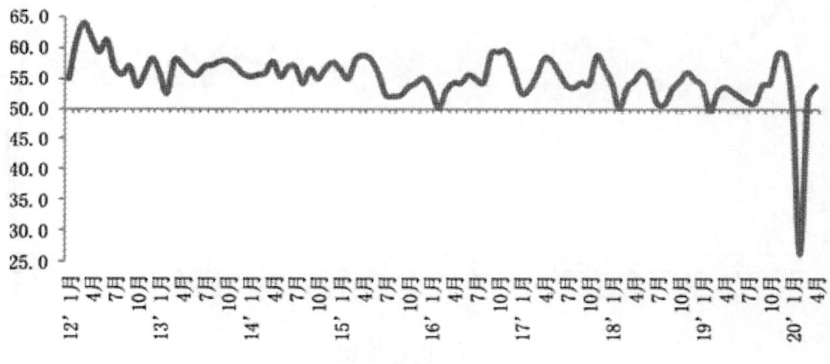

LPI 走势图

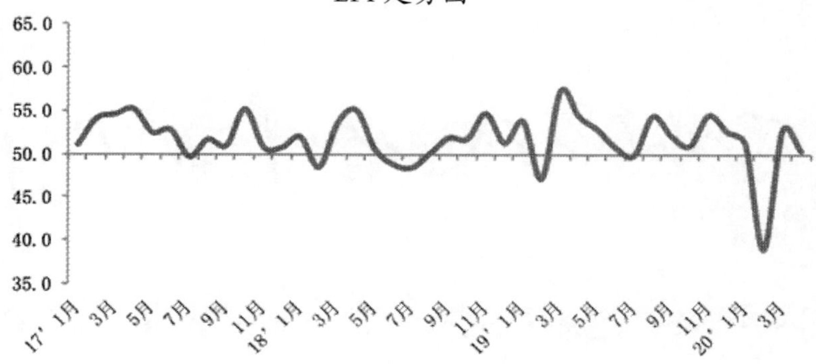

中国仓储指数走势图（%）

中国物流信息中心主任何辉认为：4 月，随着疫情得到有效控制和企业有序复工复产进程的加快，前期被疫情抑制的市场需求不断释放，物流业景气指数保持平稳回升的态势。从各单项指数看，除物流服务价格指数继续下降外，其他各项指数都继续保持回升，尤其是库存周转次数指数、新订单指数、物流业固定资产投资指数、设备利用率指数都继续保持明显回升态势。从区域看，东部、中部和西部地区物流活动均保持回升的态势，尤其是中部地区，随着离汉离鄂通道管控措施解除，各项指数回升幅度更大。从行业看，物流各细分行业指数均继续保持回升态势，其中受线上消费保持活跃的影响，快递业业务量快速增长。从品种看，随着生产、建设复工复产加快，钢材、有色、建材、机械设备和矿产品等大宗商品物流活动均较活跃；与民生相关的家电商品物流需求增速较快。从企业规模情况看，大型企业仍然保持了强劲的回升势头，小微企业回升则更加明显。值得关注的是当前物流服务价格仍在走低，物流企业经营成本压力依然较大，特别是小微企业资金周转状况仍十分困难，需要进一步加大扶植力度。

业务总量指数回升，业务活动趋于活跃。4 月，业务总量指数为 53.6%，比上月回升 2.1 个百分点，反映出随着落实常态化疫情防控下全面推进复工复产达产工作，市场需求逐步回暖，物流业务活动趋于活跃。

新订单指数回升，需求趋于回稳。4 月，新订单指数为 54%，比上月回升 4.8 个百分点。反映出订单增多，物流需求逐步启动，为后市物流行业保持回升态势奠定基础。

资金周转率指数回落，企业资金状况略显紧张。4 月，资金周转率指数为 49.1%，比上月回升 0.5 个百分点，指数虽有小幅回升，但仍位于缩减区间。反映出受疫情的影响，物流企业应收账款账期略有延长，资金周转压力有所增加，需要增强相关金融贷款利好政策的落地性，为物流企业特别是小微型物流企业减轻企业经营中的资金压力。

从业人员指数回升，就业形势向好。4 月，从业人员指数为 50.3%，比上月回升 0.1 个百分先，显示出随着中央“稳就业”相关政策的落实和市场需求回升的拉动，物流行业就业稳步回升。

从后期走势看，新订单指数和业务活动预期指数均有回升，反映出企业对未来预期较为乐观，后市将继续保持平稳增长，加快恢复至正常运营水平的态势。

2020 年 5 月中国物流业景气指数为 54.8%

发布时间：2020-06-02 09:00:00 科技信息部

中国物流与采购联合会发布的 2020 年 5 月中国物流业景气指数为 54.8%，较上月回升 1.2 个百分点；中国仓储指数为 50.4%，较上月回升 0.1 个百分点。

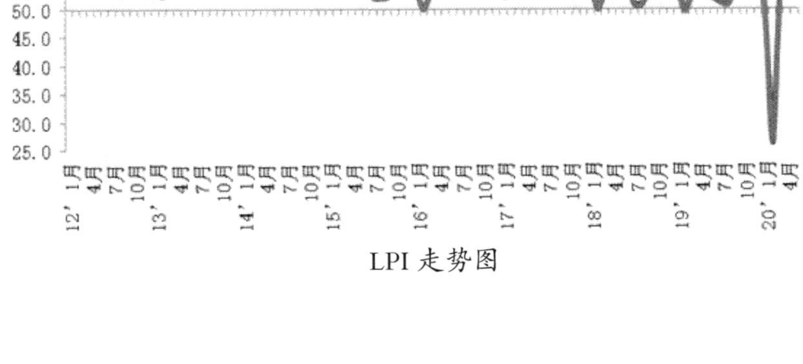

LPI 走势图

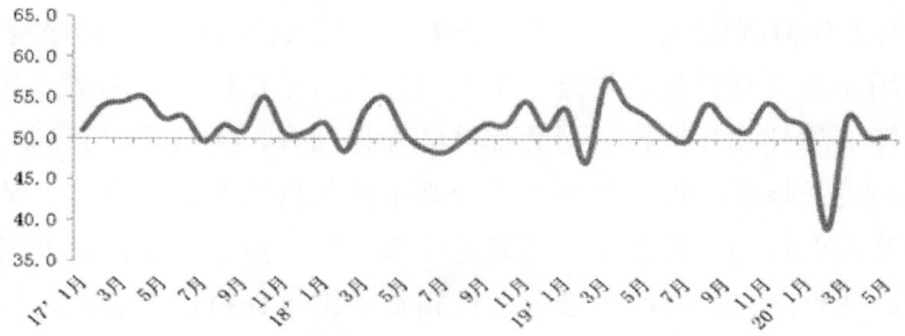

中国仓储指数走势图（%）

中国物流信息中心主任何辉认为：5月，随着供应链上下游趋于活跃，供需两端继续回暖，物流业景气指数继续保持平稳回升的态势。从各单项指数看，除库存周转次数指数增势趋缓外，其它各项指数都继续保持回升。其中资金周转率指数回升，显示出企业资金紧张的情况有所改善，同时物流服务价格和企业效益指数低位企稳，反映出物流企业经营恶化的趋势有所缓解。从行业看，物流各细分行业指数均继续保持回升态势，其中道路运输业和水上运输业业务量指数明显回升，受线上消费保持活跃的影响，快递业业务量继续保持快速增长。从区域看，东部、中部和西部地区物流活动均不同程度加快，东部地区回升势头强劲。从企业规模情况看，大中小微型物流企业业务量需求均有增加，其中小微型物流企业加速回升。

业务总量指数回升，业务活动趋于活跃。5月，业务总量指数为54.8%，比上月回升1.2个百分点，反映出随着市场需求持续释放，物流业务活动趋于活跃。

新订单指数回升，需求稳步回升。5月，新订单指数为54.2%，比上月回升0.2个百分点。反映出需求回暖，订单增多，为后市物流行业保持回升态势奠定基础。

固定资产投资完成额指数回升，物流相关投资意愿增强。5月，固定资产投资完成额指数为52.8%，比上月回升1.7个百分点。随着企业复工复产稳步推进，产能亦逐步恢复，企业加快转型升级，物流相关固定资产投资有所增加。

从后期走势看，新订单指数回升0.2个百分点至54.2%，业务活动预期指数回升0.3个百分点至59.3%，反映出企业对未来预期较为乐观，后市将继续保持平稳增长的态势。

2020年6月中国物流业景气指数为54.9%

发布时间：2020-07-02 09:00:00 科技信息部

中国物流与采购联合会发布的2020年6月中国物流业景气指数为54.9%，较上月回升0.1个百分点；中国仓储指数为50.7%，较上月回升0.3个百分点。

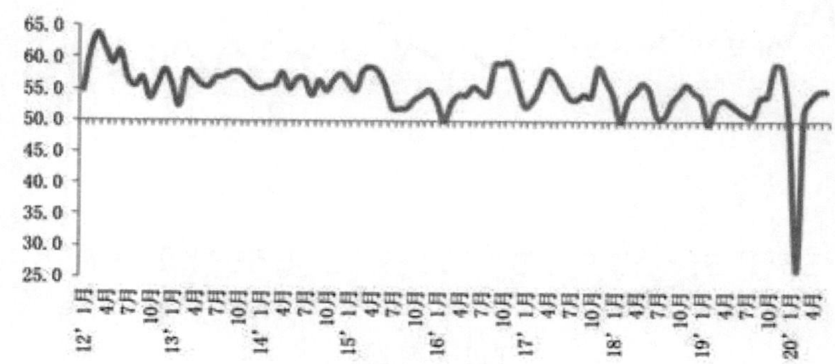

LPI走势图

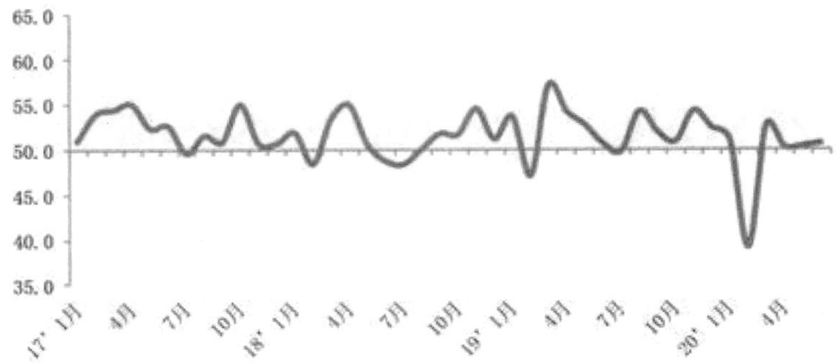

中国仓储指数走势图（%）

中国物流信息中心主任何辉认为：6 月，国内市场克服南方水灾影响，供应链上下游继续延续 3 月以来的恢复增长态势，物流业景气指数继续保持平稳回升的态势。从行业看，物流各细分行业指均保持在扩张区间，其中，铁路运输业、道路运输业和水上运输业业务总量指数明显回升。受电商促销季和线上消费需求活跃的影响，快递业业务量继续保持快速增长。从区域看，东部、中部和西部地区物流活动均保持活跃，西部地区回升势头更强。从企业规模看，大中小微型物流企业业务量需求均有所增加，其中中小型物流企业回升速率更快。

业务总量指数回升，业务活动趋于活跃。6 月，业务总量指数为 54.9%，比上月回升 0.1 个百分点，反映出随着市场需求持续释放，物流业务活动趋于活跃。

新订单指数回升，需求稳步回升。6 月，新订单指数为 54.4%，比上月回升 0.2 个百分点。新订单指数连续三个月在扩张区间回升，反映出需求逐渐回暖，有助于拉动物流行业相关行业业务复苏。

从业人员指数回升，就业需求稳定。6 月份，从业人员指数为 50.8%，比上月回升 0.3 个百分点。显示出物流行业用工需求稳定，从业人员数有所增加。

从后期走势看，新订单指数和业务活动预期指数均保持在较高的景气区间运行，反映出企业对未来预期较乐观，后市将继续保持平稳增长的态势。

2020 年 7 月中国物流业景气指数为 50.9%

发布时间：2020-08-03 09:00:00 科技信息部

中国物流与采购联合会发布的 2020 年 7 月中国物流业景气指数为 50.9%，较上月回落 4 个百分点；中国仓储指数为 53.5%，较上月回升 2.8 个百分点。

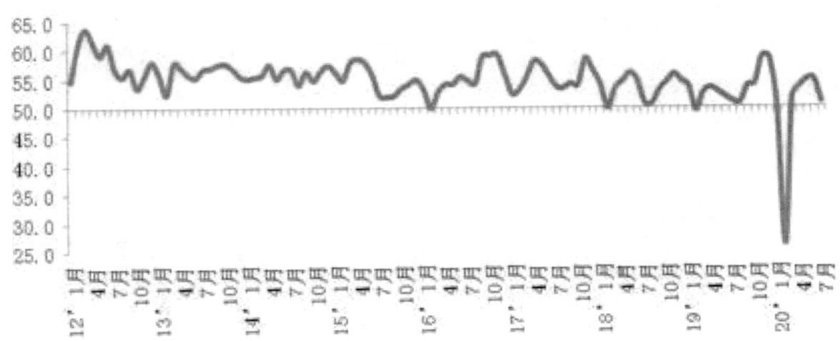

LPI 走势图

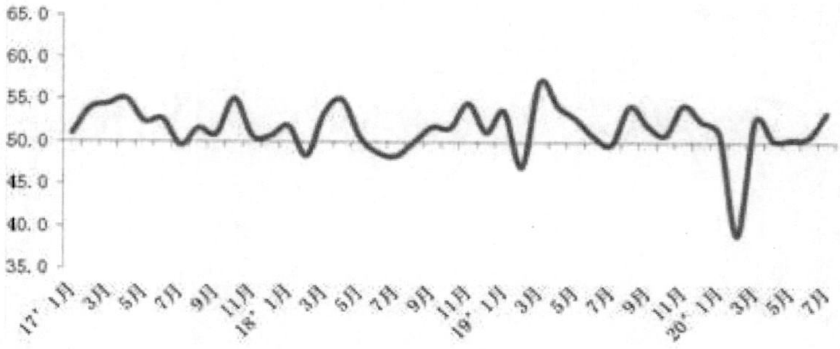

中国仓储指数走势图（%）

中国物流信息中心主任何辉认为：7 月，受季节性因素影响，中国物流业景气指数较上月有较大程度回落，但仍位于扩张区间，显示出物流业务活动继续保持平稳增长的态势。从品种看，建材、食品、服装等物流活动较活跃。从行业看，物流各细分行业运行平稳，其中线上消费带动快递快运业增势依然强劲。从区域看，西部地区业务量增长较快，东中部地区物流业务运行平稳。从企业规模看，大中小型物流企业保持平稳运行，微型物流企业业务量有所减少。

资金周转率指数回升。7 月，资金周转率指数较上月回升 0.3 个百分点，为 52%。显示出物流企业资金状况良好，对于企业增加投资有一定促进作用。

物流服务价格整体水平依然偏低。7 月，物流服务价格指数为 47.9%，较上月回落 1.7 个百分点，仍位于 50% 荣枯线以下，显示出物流企业服务价格整体水平依然偏低。

固定资产投资完成额指数有所回落。7 月，固定资产投资完成额指数回落为 50.1%，较上月回落 2.1 个百分点，主要受气候因素影响，中部地区物流相关基建项目进展速度放缓。

从后期走势看，新订单指数和业务活动预期指数均保持在景气区间运行，反映出企业对未来预期较乐观，后市将继续保持平稳增长的态势。

2020 年 8 月中国物流业景气指数为 52.2%

发布时间：2020-09-02 08:49:13 科技信息部

中国物流与采购联合会发布的 2020 年 8 月中国物流业景气指数为 52.2%，较上月回升 1.3 个百分点；中国仓储指数为 50.8%，较上月回落 2.7 个百分点。

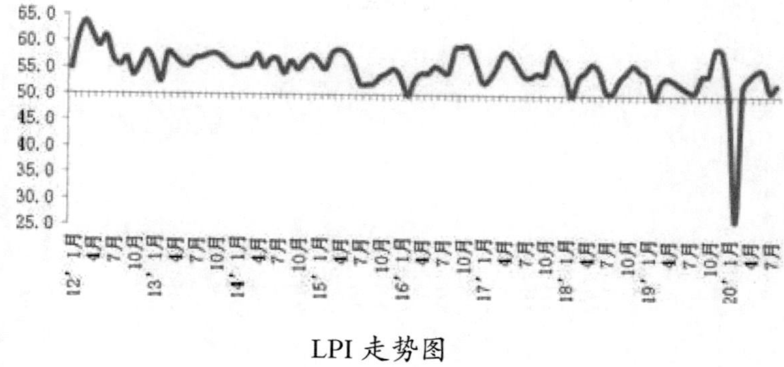

LPI 走势图

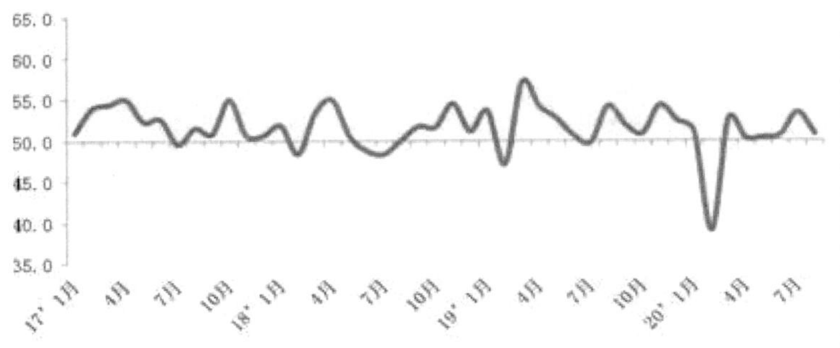

中国仓储指数走势图（%）

中国物流信息中心主任何辉认为：8 月，中国物流业景气指数较上月回升，各分项指数中，除资金周转率指数与上月持平外，其他分项指数均有不同程度回升，但其中物流服务价格指数、主营业务利润指数和从业人员指数低于 50%，降幅较上月有所收窄。从区域看，东中西部地区物流活动均保持活跃，西部地区由于生鲜水果消费旺季影响，业务量增长较快。从行业看，各行业稳中有升，其中快递快运业继续保持加快增长的态势。从企业规模看，大型物流企业保持较好的增长态势，小微型物流企业业务量有所下降，价格和利润等经济效益指标下滑。

新订单指数回升，市场需求保持增长。8 月，新订单指数为 51.6%，比上月回升 1.2 个百分点，显示出物流市场订单增加，业务需求旺盛。

物流服务价格略有回升，当整体水平依然偏低。8 月，物流服务价格指数为 48.8%，较上月回升 0.9 个百分点，仍位于 50% 荣枯线以下，显示出物流企业服务价格整体水平依然偏低。

固定资产投资完成额指数回升，物流基础设施趋于改善。8 月，固定资产投资完成额指数为 51%，回升 0.9 个百分点，反映出物流运行的基础设施条件呈现改善态势。

从后期走势看，新订单指数和业务活动预期指数均保持在景气区间运行，反映出企业对未来预期较乐观，后市将继续保持平稳增长的态势。

2020 年 9 月中国物流业景气指数为 56.1%

发布时间：2020-10-09 09:07:06 科技信息部

中国物流与采购联合会发布的 2020 年 9 月份中国物流业景气指数为 56.1%，较上月回升 3.9 个百分点；中国仓储指数为 50.8%，与上月持平。

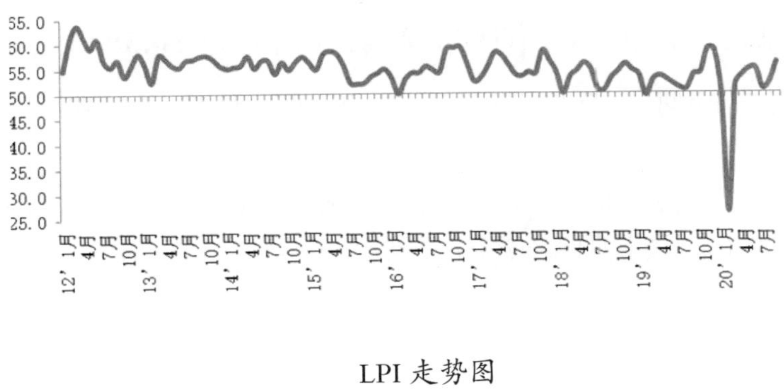

LPI 走势图

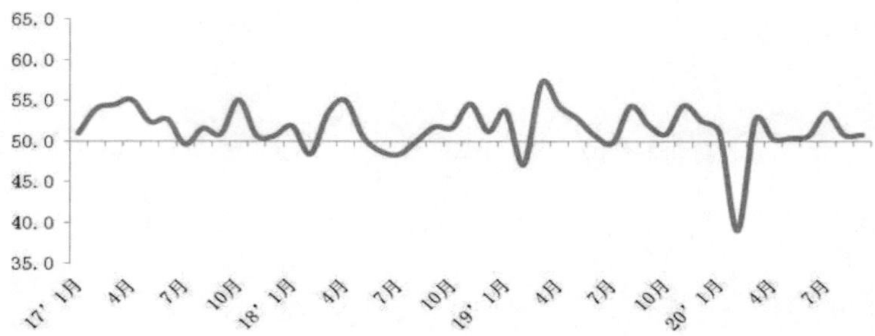

中国仓储指数走势图（%）

中国物流信息中心主任何辉认为：9月，中国物流业景气指数较上月有较大幅度回升，显示出随着“金九银十” 传统旺季到来和两节的临近，物流活动进一步活跃。从分项指数看，各分项指数均有不同程度回升，新订单增长，资金周转率加快，主营业务利润回升，显示出物流企业经营状况继续有所改善。从区域看，东中西部地区物流活动均保持活跃，中部和西部地区业务量增长较快。从行业看，各行业稳中有升，其中快递快运业进一步加快增长。从企业规模看，大中小微型物流企业较上月均有回升，其中微型物流企业业务量增多，回升幅度较大，扭转了之前持续低迷的状态。

新订单指数回升，市场需求增势提速。9月，新订单指数为55.9%，较上月回升4.3个百分点，显示出进入“金九银十”旺季，供应链上下游企业的物流需求进一步增大。

主营业务利润指数回升，企业经营状况有所改善。9月，主营业务利润指数为53.4%，较上月回升4.7个百分点。显示出随着业务规模的扩大，业务量增多，企业经营产生了利润空间，改善了物流企业的经营状况。

固定资产投资完成额指数回升，物流基础设施趋于改善。9月，固定资产投资完成额指数为54.2%，较上月回升3.2个百分点，反映出物流运行的基础设施条件呈现改善态势。

从业人员指数回升，物流就业形势平稳。9月，从业人员指数为51.8%，回升3.2个百分点，物流从业人员就业形势稳定。

微型物流企业运行情况转好。9月，微型物流企业业务量指数企稳回升至57.7%，终止了连续3个月回落的态势，且回升幅度较大。各分项指数均有不同程度回升，其中业务量指数、新订单指数、资金周转率指数，主营业务利润指数，从业人员指数和业务活动预期指数等指数，较上月均有较大回升。

从后期走势看，新订单指数和业务活动预期指数分别为55.9%和61.7%，预示随着物流运行的需求基础进一步巩固，物流业务活动仍将延续平稳回升的走势。

2020年10月中国物流业景气指数为56.3%

发布时间：2020-11-02 09:00:00 科技信息部

中国物流与采购联合会发布的2020年10月中国物流业景气指数为56.3%，较上月回升0.2个百分点；中国仓储指数为52.8%，较上月回升2个百分点。

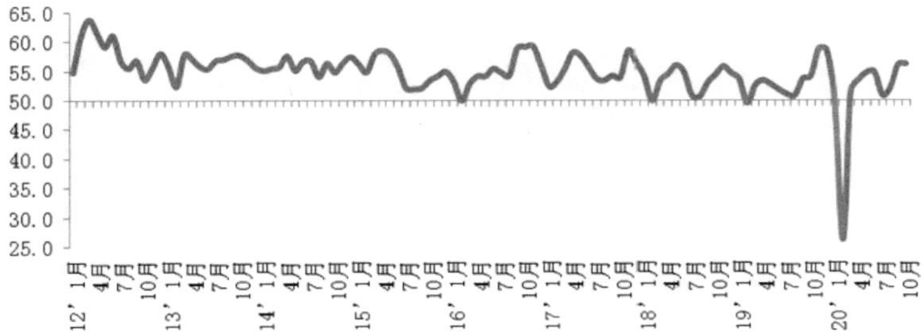

LPI 走势图

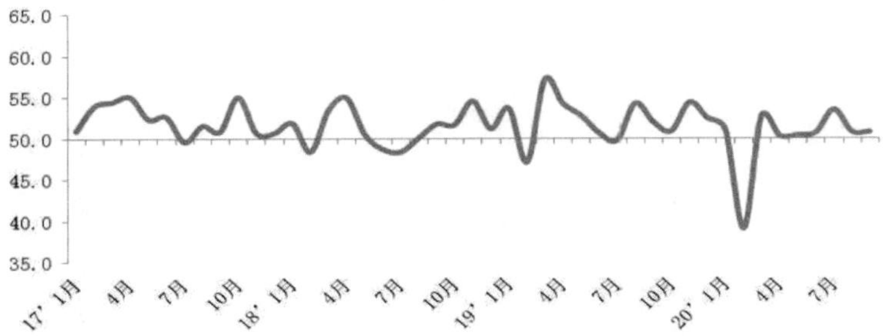

中国仓储指数走势图（%）

中国物流信息中心主任何辉认为：10 月，中国物流业景气指数继续保持高位回升态势且增速平稳。从分项指数看，12 个分项指数均位于扩张区间。从区域看，东部地区加快回升，中部和西部地区增势高位趋缓。从行业看，各行业均保持活跃的运行态势，快递快运业保持强劲增长势头。从企业规模看，大中小微型物流企业均位于较高景气区间，其中小微型物流企业业务量和订单均保持加快回升态势，企业经营状况继续向好。

新订单指数回升，物流需求仍较旺盛。10 月，新订单指数为 56.7%，较上月回升 0.8 个百分点，显示出物流需求仍较旺盛，将支撑物流业保持在适度增长区间。

设备利用率指数回升，利用效率依然较高。10 月，设备利用率指数较上月回升 0.4 个百分点，仍保持在 56.2% 的较高水平，显示出物流设备利用效率依然较高。

库存相关指数回升，消费旺季备货增加。10 月，平均库存量指数为 53.5%，较上月回升 1 个百分点；库存周转次数指数为 54.3%，较上月回升 0.9 个百分点。反映出随着电商购物节临近，物流企业为销售终端提供的仓储业务量有所增多。

从后期走势看，新订单指数 56.7%，回升 0.8 个百分点；业务活动预期指数为 62%，回升 0.3 个百分点。预示着物流业经济运行将保持平稳适度增长的趋势，而在“双十一”等因素带动下，快递物流等细分物流业态将进入季节性旺季。

2020 年 11 月中国物流业景气指数为 57.5%

发布时间：2020-12-02 09:00:00 科技信息部

中国物流与采购联合会发布的 2020 年 11 月中国物流业景气指数为 57.5% 较上月回升 1.2 个百分点；中国仓储指数为 56.9%，较上月回升 4.1 个百分点。

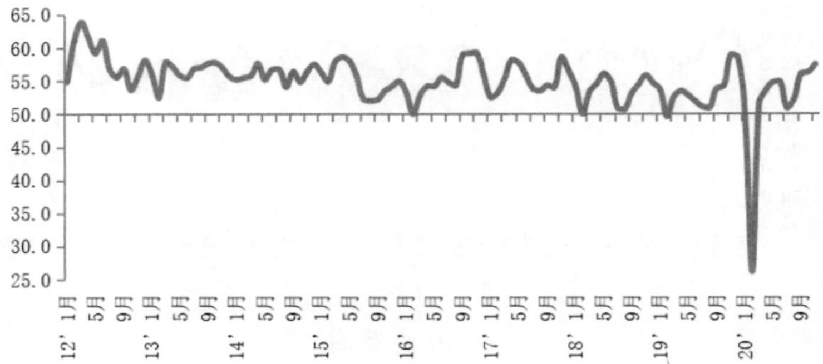

LPI 走势图

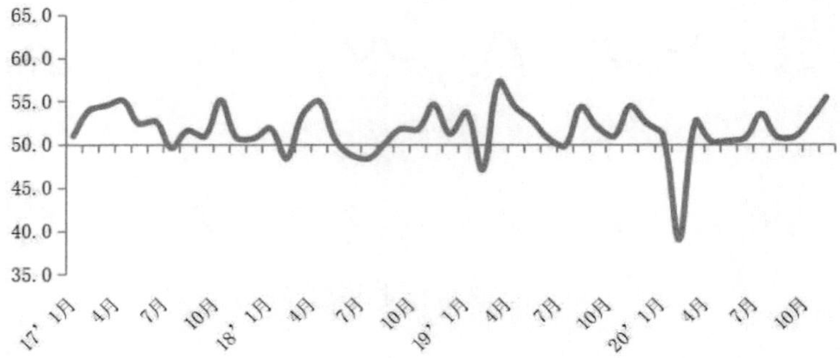

中国仓储指数走势图（%）

中国物流与采购联合会会长助理、中国物流信息中心主任何辉认为：11 月，物流业景气指数加快回升，显示出物流行业呈现出稳中向好的特点。各分项指数均保持在扩张区间；从区域看，东中西部地区物流活动继续保持活跃，业务量继续保持回升的态势；从行业看，除铁路运输业高位略有回调外，其他行业均保持回升，尤其是快递快运业，在电商购物节的带动下，再创年内新高。从企业规模看，大中小微型物流企业均保持在景气区间，增势向好。

业务总量指数回升，需求保持旺盛。11 月，业务总量指数回升 1.2 个百分点，为 57.5%。运输业、仓储业和邮政业均保持快速增长，显示出受电商活动影响，需求旺盛，物流业务活跃。

设备利用率指数回升，利用效率提高。11 月，设备利用率指数环比回升 0.1 个百分点，回升至 56.3%。显示出物流业务量的增加，带动物流服务相关设备利用率的提高。

库存周转次数指数和平均库存量指数均位于景气区间。11 月，库存周转次数指数为 55.4%，平均库存量指数为 53.4%，该两项指数保持在 50% 以上的景气区间，平均库存量指数的指数水平略低于库存周转次数指数的变化情况。表明经济活动活跃，消费需求旺盛，供需保持平衡，物流效率有所提升。

从后期走势看，新订单指数为 56.8%，业务活动预期指数为 58.9%，物流业经济将保持较好的运行态势。

2020 年 12 月中国物流业景气指数为 56.9%

发布时间：2021-01-04 09:00:00 科技信息部

中国物流与采购联合会发布的 2020 年 12 月中国物流业景气指数为 56.9% 较上月回落 0.6 个百分点；中国仓储指数为 51.5%，较上月回落 5.4 个百分点。

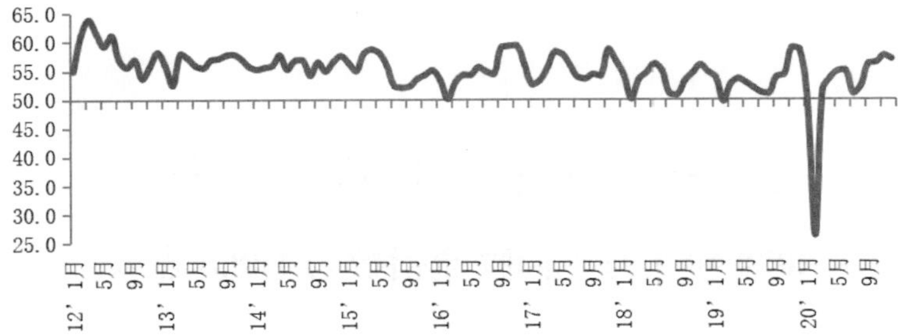

LPI 走势图

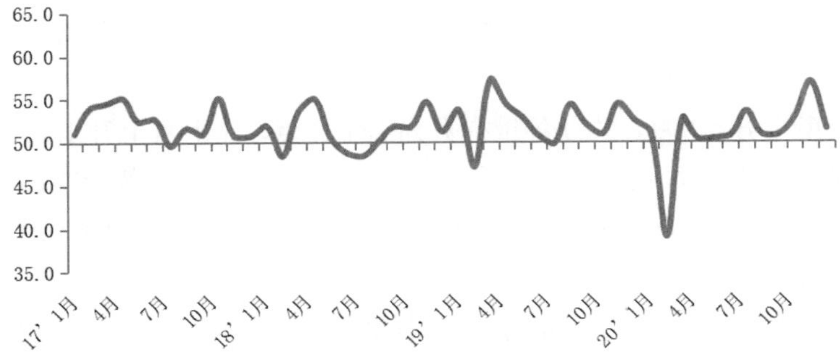

中国仓储指数走势图（%）

中国物流与采购联合会会长助理、中国物流信息中心主任何辉认为：12 月物流业景气指数虽略有回落，但仍在高景气区间运行，库存周转次数指数、资金周转效率指数和服务价格指数等指标较上月继续有所上升，反映出供应链上下游经济活动保持活跃。从分地区和分行业情况看，总体均保持稳定增长态势。从企业规模看，中小微型物流企业的业务量指数、新订单指数、主营业务利润指数、从业人员指数继续有所上升，反映出物流行业回升的基础在进一步改善。随着春节临近，物流行业将进入季节性收缩阶段，预计物流业景气指数会随之有所回落。

业务总量指数仍在 55% 的景气区间。12 月，业务总量指数为 56.9%，比上月回落 0.6 个百分点，反映出临近年底物流活动仍较为活跃，但较 11 月略有回落。

设备利用率指数和从业人员指数回落。12 月，设备利用率指数回落 1.1 个百分点，回落至 55.2%。节前出现临时性物流人员供需缺口，从业人员指数比上月回落 0.5 个百分点，回落至 52.5%。

资金周转率指数回升。12 月，资金周转率指数为 54.8%，较上月回升 0.3 个百分点，显示出临近年底，企业加快资金周转速率，资金环境有所改善。

从后期走势看，新订单指数和业务活动预期指数分别为 55.8% 和 53.4%，保持较高景气水平，反映企业对后期市场预期总体较好，但仍需关注春节临近，物流行业增速回落。

来源：中物联科技信息部

摘录整理：朱泽榕 高玲

2.2 2020年电商物流指数

2020年1月电商物流指数为108.8点

中国物流与采购联合会和京东集团联合调查的2020年1月中国电商物流运行指数为108.8点，比上月回落3.4个点。从9个分项指数看，除电商物流总业务量有所上升外，物流时效指数、履约率指数、满意率指数、成本指数、农村业务量指数、库存周转指数、人员指数、实载率指数都有所回落。

电商物流总需求有所上升。1月，总业务量指数为131.3点，比上月上升1.5个点；分地区来看，东部、西部和东北部地区总业务量指数环比上升，其中，东部地区总业务量略高于全国水平，西部地区与全国水平接近，中部和东北部地区与全国平均水平存在一定差距，中部地区总业务量指数回落5.8个点，回落幅度较大。

农村电商需求小幅回落。1月，电商物流农村业务量指数为124.3点，比上月回落2.3个点。分地区看，中部和西部地区回落幅度较大，分别比上月回落8.4和4.5个点，东部和东北部指数变化不大，比上月微涨0.8和0.1个点，除中部地区外，其他地区农村业务量指数仍高于全国平均水平。

物流时效指数、履约率指数、满意率指数、成本指数、库存周转指数、人员指数、实载率指数都有所回落，其中物流时效指数和人员指数回落幅度较大，降幅超过5个点。实载率指数和库存周转指数分别回落2.5点和1.4点，是继2019年12月下降后的再次下降。履约率指数、满意率指数和成本指数由升转降，分别比上月回落3-4个点左右。

1月传统节日与疫情因素影响交织，全国电商物流需求总体表现为：需求结构急速变化、物流时效明显降低、基础保障作用凸显的基本特征。

一是需求及结构急速变化，上半月总业务量指数保持回升，下半月冲高后急速回落，全月来看中部地区总业务量指数回落明显。农村电商物流需求受到冲击相对较重，中部和西部地区回落幅度较大。与此同时，物流需求结构向卫生健康用品、主副食品大幅转移，部分企业反映，粮油米面需求量同比增长10倍以上，日用百货类物流订单量增长超过2倍。

二是物流时效明显降低，各地针对疫情采取措施，跨省干线、城乡之间物流受到影响，城市社区末端配送问题更趋突出，1月份物流时效指数、履约率指数和满意度指数均回落到100点以下。

三是电商物流企业网络的基础性保障作用明显增强，从居民生活来看，京东、苏宁、天猫、物美多点等电商平台企业充分发挥自有供应链网络优势，从前端采购、干线运输、末端配送、质量控制等方面全力提高商品满足率，安全高质量地保障居民生活需要。从应急物流来看，各电商物流企业积极开通应急热线、特别通道，调配资源、备足运力优先运送救援物资。

后期，建议高度重视疫情变化对网购和实体需求的关联分析，预测电商物流需求和结构变化，充分预估疫情管制、人员限流对城市配送的影响，探索零接触物流中转模式，进一步激发电商平台活力。

2020 年 2 月电商物流指数为 96.6 点

发布时间：2020-03-05 12:08:36 科技信息部

中国物流与采购联合会和京东集团联合调查的 2020 年 2 月中国电商物流运行指数为 96.6 点，比上月回落 12.2 个点。从 9 个分项指数看，除成本指数小幅上升外，总业务量指数、物流时效指数、履约率指数、满意率指数、农村业务量指数、库存周转指数、人员指数、实载率指数都有所回落。

电商物流总业务量指数和农村指数均大幅下降。2 月，总业务量指数为 104.2 点，比上月下降 27.1 个点；分地区来看，全国所有地区总业务量指数下降明显，其中，东部地区总业务量略高于全国水平，西部、中部和东北部地区略低于全国平均水平。2 月，电商物流农村业务量指数为 101.9 点，比上月回落 22.4 个点。分地区看，西部和东北部地区回落幅度较大，分别比上月回落 26.6 和 24.9 个点，东部和中部指数回落明显，均比上月回落 22.6 个点。

物流时效指数、履约率指数、满意率指数、库存周转指数、人员指数、实载率指数都有较大幅度回落，其中物流时效指数和人员指数继上月下降后继续回落，且回落幅度进一步增大，降幅超过 11 个点。实载率指数、库存周转指数、履约率指数和满意率指数同样继续下降，分别回落 3-7 个点。

作为我国疫情防控形势最为严峻的 2 月，电商物流运行受到较大程度的影响，各项指数均下降明显。从供给端来看，各地加强疫情管控，非疫情保障物资和商品的物流运输受到极大限制。从需求端看，电商物流供给能力的不足也抑制了人们的线上消费，使得包括农村电商物流业务量的电商物流总需求量都有明显下降。

从各分项指数上来看，在各地严格的疫情管控措施下，城乡物流末端配送、跨省干线运输受到影响，物流时效指数、履约率指数、满意度指数和人员指数的回落幅度进一步加大，其中物流时效指数和人员指数回落至 90 点以下。

随着我国疫情形势的进一步缓解，以及保障物流畅通，促进企业复工复产政策陆续出台，后期电商物流运行将大概率趋于稳定。

2020 年 3 月电商物流指数为 104.7 点

发布时间：2020-04-02 15:10:28 科技信息部

中国物流与采购联合会和京东集团联合调查的 2020 年 3 月份中国电商物流运行指数为 104.7 点，比上月上升 8.1 个点。从 9 个分项指数看，除满意率指数小幅回落外，总业务量指数、物流时效指数、履约率指数、成本指数、农村业务量指数、库存周转指数、人员指数、实载率指数都有所回升。

电商物流总需求回升明显。3 月，总业务量指数为 120.6 点，比上月上升 16.4 个点；分地区来看，全国所有地区总业务量指数都有所回升，其中，中部地区和东北部地区总业务量略高于全国水平，东部和西部地区略低于全国平均水平，东北部地区总业务量上升幅度最大，回升 21 个点。

农村电商需求小幅回升。3 月，电商物流农村业务量指数为 108.8 点，比上月回升 6.9 个点。分地区看，东北部地区上升幅度较大，比上月上升 12.2 个点，并超过全国平均水平。东部和中部地区电商物流农村业务量指数与全国平均水平较为接近。

物流时效指数、履约率指数、库存周转指数、人员指数、实载率指数均实现止跌回升，其中库存周转指数与履约率指数回升较快，3 月，两项指数分别上升 9.8 个点和 7.3 个点。与此同时，满意度指数继续回落，但回落幅度有所减小，继上月下降 5.4 个点后，本月下降 0.6 个点。

随着3月新冠疫情本土传播基本阻断，疫情得到有效控制，全国各地复工复产工作进程不断推进，电商物流运行的下降态势基本扭转，3 月，电商物流总业务量实现了 20% 的增长，农村电商业务量指数增长接近 10%。库存周转指数、履约率指数和实载率指数均恢复到 100 点以上，表明物流供给能力在进一步恢复。人员指数虽有所回升，但仍徘徊在 100 点以下，疫情管控对物流企业的影响依然存在。

2020 年 4 月电商物流指数为 107.0 点

发布时间：2020-05-06 10:31:49 科技信息部

中国物流与采购联合会和京东集团联合调查的 2020 年 4 月中国电商物流运行指数为 107.0 点，比上月上升 2.3 个点。从 9 个分项指数看，除总业务量指数与履约率指数有所下降外、物流时效指数、满意率指数、成本指数、农村业务量指数、库存周转指数、人员指数、实载率指数都有所上升。

电商物流总需求小幅回落。4 月，总业务量指数为 120.1 点，比上月下降 0.5 个点；分地区来看，我国东部和中部地区总业务量指数有所回落，其中，中部地区回落幅度较大，与上月相比回落 4.6 个点，东北和西部地区总业务量继续上升，东北部地区高于全国平均水平。

农村电商需求继续上升。4 月，电商物流农村业务量指数为 112.3 点，比上月上升 3.5 个点。分地区看，四大地区农村电商需求均实现持续上升，中部和西部地区分别回升 6.8 点和 5.2 点，东北和中部地区的农村电商物流指数高于全国水平。

物流时效指数、库存周转指数、人员指数、实载率指数、成本指数均实现连续上升，其中物流时效指数和人员指数上升速度加快。满意率指数实现止跌回升，上升 2.5 个点，履约率指数有所回落，下降 0.6 个点。

在国内复工复产进程加快的基础上，4 月电商物流运行指数呈现连续回升态势，但也要看到回升的动力主要来自于运行质量和时效等方面，总需求需要进一步巩固和观察。4月，分项指数中时效指数、实载率指数和库存周转指数分别回升 8.3、1.7 和 1.4 个点，而库存周转指数和成本指数均已超过上年12月，人员指数时隔两个月之后再次攀升到100点以上也侧面印证从业人员到岗充足。从需求来看，电商物流总业务量指数出现回落，农村指数保持回升但区域之间不平衡，反映出疫情冲击仍不容忽视，电商物流运行恢复呈现波动性。

2020 年 5 月中国电商物流指数为 107.5 点

发布时间：2020-06-02 10:45:08 科技信息部

中国物流与采购联合会和京东集团联合调查的 2020 年 5 月中国电商物流运行指数为 107.5 点，比上月上升 0.5 个点。从 9 个分项指数看，除总业务量指数和成本指数小幅回落外，物流时效指数、履约率指数、成本指数、农村业务量指数、库存周转指数、满意率指数、人员指数、实载率指数都有所回升。

电商物流总需求小幅回落。5 月，总业务量指数为 119.9 点，比上月回落 0.2 个点；分地区来看，除东部地区外，其他地区的总业务量指数都有所回落，其中，东部地区和东北部地区总业务量略高于全国水平，中部和西部地区略低于全国平均水平，东部地区总业务量上升 2.7 个点。

农村电商需求有所上升。5 月，电商物流农村业务量指数为 116.5 点，比上月上升 4.2 个点。分地区看，东部、西部和东北部地区的农村电商需求均有所上升。其中，西部和东部地区上升幅度较大，分别比上月上升 5 个点和 4.9 个点。东部和东北地区电商物流农村业务量指数高于全国平均水平。

物流时效指数、满意度指数、库存周转指数、人员指数、实载率指数均实现连续上升，但上升幅度都有所降低。履约率指数实现止跌回升，由上月的下降 0.6 个点变为本月上升 1.6 个点。成本指数继上月上升 1.1 个点后，本月小幅回落 2.4 个点。

5 月总指数比上月回升 0.5 个点，呈现出稳中趋缓态势，从需求看，总业务量指数连续两个月回落，农村电商物流业务量指数环比回升 4.2 个点，但与去年同期仍有较大差距，而分地区看，东部地区表现突出，总需求和农村电商物流需求均上升明显，其他地区表现不一，呈现出地区之间需求不平衡。从供给来看，5 月份电商物流供给侧的仓储中转、干线运输和末端配送仍保持较高效率，这在物流时效指数、满意度指数、库存周转指数和实载率指数中均有体现，其中物流时效指数、实载率和满意度指数连续 4 个月回升，但也要注意到分项指数回升幅度较 4 月明显放缓，综合来看，5 月稳中趋缓，反映出当前电商物流供需两端尤其是需求端面临一定压力，需要进一步加强需求侧电商消费品种结构和消费预期的跟踪监测。

2020 年 6 月电商物流指数为 108.2 点

发布时间：2020-07-03 12:29:24 科技信息部

中国物流与采购联合会和京东集团联合调查的 2020 年 6 月中国电商物流运行指数为 108.2 点，比上月上升 0.7 个点。从 9 个分项指数看，除履约率指数、物流时效指数和成本指数小幅回落外，总业务量指数、农村业务量指数、库存周转指数、满意率指数、人员指数、实载率指数都有所上升。

电商物流总需求止跌回升。6 月，总业务量指数为 122.1 点，比上月上升 2.2 个点；分地区来看，除东北部地区，其他地区的总业务量指数都有所回升，其中，中部地区的回升幅度最大，已恢复到全国平均水平以上，东北部地区的总业务量小幅回落，但仍高于全国平均水平，西部和东部地区总业务量略低于全国平均水平。

农村电商需求继续上升。6 月，电商物流农村业务量指数为 118.4 点，比上月上升 1.9 个点。分地区看，中部、西部和东北部地区的农村电商需求均有所上升。其中，中部地区上升幅度较大，比上月上升 6.9 个点，高于全国平均水平。东部地区农村业务量指数与上月持平。东部、西部地区农村业务量指数低于全国平均水平。

库存周转指数、满意率指数、人员指数、实载率指数均实现连续上升。其中，库存周转指数和满意率指数上升幅度有所扩大。履约率指数、物流时效指数和成本指数有所下降，其中成本指数继上月下降 2.4 个点后，本月下降 0.9 个点，下降幅度有所收窄。

6 月，总指数比上月回升 0.7 个点，回升幅度有所加大，电商物流指数呈现出稳定上涨的态势。从需求端看，在电商购物节“6.18”的刺激之下，总业务量指数在连续两个月回落后，迎来首次回升，且一举回升到今年第二高的位置。农村电商物流业务量指数实现连续四个月上升，达到 118.4 点，但与疫情爆发前的 124.3 点仍有一定差距。分地区看，中部地区表现突出，总需求和农村电商物流需求均上升明显，东部和东北部地区变化幅度较小，呈现出地区之间需求的不平衡性。从供给来看，6 月电商物流供给侧的仓储中转、干线运输和末端配送仍保持较高效率，满意度指数、库存周转指数、人员指数和实载率指数继续保持上升态势。但在需求突然较大幅度上涨的影响下，相关企业在物流时效和履约率上的表现有所下降，表明企业的供给能力并没有完全恢复。与此同时，成本指数的连续下降表明物流企业的运行成本仍然偏高，值得后续关注。

2020 年 7 月电商物流指数为 108.0 点

发布时间：2020-08-03 10:42:53 科技信息部

中国物流与采购联合会和京东集团联合调查的 2020 年 7 月中国电商物流运行指数为 108.0 点，比上月略微下降 0.2 个点。从 9 个分项指数看，总业务量指数、农村业务量指数、库存周转率指数和人员指数小幅回落，物流时效指数、履约率指数、满意率指数、实载率指数和成本指数有所上升。

电商物流总需求有所下降。7 月，总业务量指数为 120.3 点，比上月回落 1.8 个点；分地区来看，东部和中部地区回落较为明显，其中，中部地区回落幅度最大，与全国平均水平差距明显。西部和东北部地区有所上升，且高于全国平均水平。

农村电商需求同样有所回落。7 月，电商物流农村业务量指数为 116.7 点，比上月回落 1.7 个点，这也是连续上升 4 个月后的首次回落。分地区看，除西部地区外，中部、东部和东北部地区的农村电商需求均有所下降，其中，中部地区下降 9.3 个点，下降幅度最大，东北部地区次之。西部和东北部地区农村电商业务量高于全国水平。

库存周转指数和人员指数有所回落，且两项指数均是连续上升 4 个月后的首次回落。物流时效指数、履约率指数、满意率指数、实载率指数和成本指数有所上升，其中，实载率指数保持了连续 5 个月的上升，并且超过了 1 月，达到了本年度的新高。

7 月，电商物流总指数比上月小幅回落 0.2 个点，是继 3 月份指数连续回升以来的首次回落，主要是需求有所回调，一方面随着电商“6.18”促销活动的退出，网络购物需求前期得到集中释放，需求活跃度正常回落，另一方面是 6-7 月我国南方大部进入汛期，部分地区遭遇严重洪涝灾害，数据显示中部地区在电商物流业务总量和农村业务量两个方面波动剧烈，综合相关因素导致总业务量及农村业务量指数有所下降。但 7 月指数的回落没有改变电商物流需求回升的基本态势，上半年以来我国电商物流运行稳中有升，网络零售逆势增长，上半年全国实物商品网上零售额 4.3 万亿元，增长 14.3%，增速连续 4 个月回升，占社会消费品零售总额的比重为 25.2%，对国内居民消费的支撑作用进一步增强，电商物流指数中总业务量在 7 月也仍然保持 20% 的高速增长。从供给端来看，7 月电商物流实载率指数实现突破，在连续 5 个月的上涨后，该指数达到了本年度新高。库存周转和人员指数受需求量的下降有所回落，但仍处于正常范围之内。其他反映电商物流供给能力的各项指数均实现小幅上涨，其中，成本指数、物流时效指数和履约率指数均实现止跌回升，表明电商物流企业的供给能力得到进一步恢复。

2020年8月中国电商物流指数为109.2点

发布时间：2020-09-02 10:18:41 科技信息部

中国物流与采购联合会和京东集团联合调查的2020年8月中国电商物流运行指数为109.2点，比上月上升1.2个点，为年初以来最高。从9个分项指数看，总业务量指数、农村业务量指数、库存周转率指数、人员指数、物流时效指数、满意率指数上升，实载率指数和成本指数小幅回落，履约率指数与上月持平。

电商物流总需求总体回升。8月，总业务量指数为124.7点，比上月回升4.4个点；分地区来看，8月东部和东北地区略微低于全国水平，但四大区域均呈现全面回升态势，东部和中部回升较为明显，其中中部地区需求表现突出，回升超过10个点。

农村电商需求回升明显。8月，电商物流农村业务量指数为120.2点，比上月回升3.5个点，并达到了前8个月次高水平，仅比1月份最高值低4.1个点。分地区看，四大区域农村电商物流量均大幅回升，其中东部地区回升幅度最大，8月份环比回升6.3个点。东部、西部和东北地区农村电商业务量高于全国平均水平。

实载率指数和成本指数有所回落，且实载率指数是连续上升5个月后的首次回落。物流时效指数、满意率指数、人员指数和库存周转指数有所上升，履约率指数保持不变。其中，物流时效指数继续保持高位增长，创今年以来新高。

8月份我国电商物流迎来强劲增长，全国电商物流业务量增速超过20%，四大区域区总业务量全面回升。需求释放带动整体指数上涨的主要原因，一方面，南方大部汛情有所缓解，全国疫情防控形势总体趋于平稳，居民网络消费能力和需求稳定释放，中国物流信息中心数据显示1-7月全国单位与居民物品物流总额连续两个月保持10%以上增长；另一方面，随着9月开学，各地大中小学生返校计划提上日程，历史数据显示学生购物频次和消费金额稳定，是电商网购消费的重要基础力量，学生返校进一步提振电商需求。从供给端来看，8月实载率指数在保持5个月连续上升后首次回落，但仍处于正常波动范围之内。人员指数和满意率指数保持稳定增长，物流时效指数达到年初以来较高水平，反应出需求大幅上涨的情况下，物流企业的供给能力仍然充足。

2020年9月电商物流指数为110.4点

发布时间：2020-10-02 15:40:11 科技信息部

中国物流与采购联合会和京东集团联合调查的2020年9月中国电商物流运行指数为110.4点，比上月上升1.2个点，继续创出年初以来新高。从9个分项指数看，总业务量指数、农村业务量指数、库存周转率指数、人员指数、物流时效指数、满意率指数、实载率指数、成本指数和履约率指数均有所上升。

电商物流总需求小幅回升。9月，总业务量指数为126.8点，比上月上升2.1个点；分地区来看，9月除东北部地区小幅回落之外，其他地区总业务量指数均有所上升，中部和西部地区明显高于全国平均水平，且西部地区上升2.1个点，上升幅度最大。

农村电商需求继续上升。9月，电商物流农村业务量指数为122.9点，比上月上升2.7个点，创出前9个月次高水平，与1月最高值的差距缩小到1.4个点。分地区看，四大区域农村电商物流量均有所回升，东北部地区回升幅度最大，9月环比回升4.5个点。东部、西部和东北地区农村电商业务量高于全国平均水平。

其他7个分项指数全面上升：实载率指数和成本指数实现止跌回升。物流时效指数、履约率指数、人员指数、实在率指数和成本指数均在本月达到了今年以来的新高。

随着中秋、国庆双节的临近，礼品消费以及与旅游相关的电商消费得到集中释放，9月全国电商物流需求保持强劲增长，总业务量指数连续两个月回升，四大区域总业务量实现均衡增长；农村业务量增速比上月提高2.7个百分点。从前九个月的情况看，各地保就业、稳增长、促消费政策持续发力，居民网络购物和电商消费消费意愿不断增强，电商物流三季度基本接近到去年正常水平，规模上实现了总业务量指数和农村业务量指数逐季递增，四大区域全面回升，需求结构上从基本生活保障品向娱乐消遣、家电、服装等品类恢复性扩展。在供给侧，电商平台供应链的高效运作能够确保订单物流时效、实载率保持在较高水平。后期看，重点平台调研中企业对“金九银十双十一”充满信心，期待后期需求将进一步恢复。

2020年10月电商物流指数为111.2点

发布时间：2020-11-02 11:18:58 科技信息部

中国物流与采购联合会和京东集团联合调查的2020年10月中国电商物流运行指数为111.2点，比上月上升0.8个点，连续3个月回升。从9个分项指数看，除库存周转指数有所回落以外，总业务量指数、农村业务量指数、人员指数、物流时效指数、满意率指数、实载率指数、成本指数和履约率指数均有所上升。

电商物流总需求小幅上升。10月，总业务量指数为128.4点，比上月上升1.6个点；分地区来看，10月全国所有地区总业务量指数均有所上升，中部和西部地区增速高于全国平均水平，东北部地区上升2.9个点，上升幅度最大。

农村电商需求继续上升。10月，电商物流农村业务量指数为124.1点，比上月上升1.2个点，与1月份最高值的差距缩小到0.2个点。分地区看，四大区域农村电商物流量均有所回升，东北部地区回升幅度最大，10月环比回升2.4个点，为所有地区中最高。东部、西部和东北地区农村电商业务量高于全国平均水平。

库存指数有所回落，相比上月回落0.8个点。物流时效指数、履约率指数、满意率指数、人员指数和实载率指数继续创出今年1月以来的新高。

10月，电商物流指数连续3个月回升，从7月108点回升至10月的111.1点，三季度以来电商物流持续恢复向好主要得益于需求侧的有力复苏。随着疫情防控常态化，各地区和电商平台企业积极出台措施，激发消费潜力、推动线上消费快速发展，居民网络购物活跃度大幅增加，全国实物商品网上零售总额三季度各月均保持在15%以上，远高于零售总额增长，重点调研的1-10月消费者人均电商物流费用支出同比增长超过9%，10月电商物流总业务量指数和农村业务量指数也实现了全面回升，但也要注意到目前全国旅游、餐饮以及商超零售等实体消费仍然没有恢复到往年同期，复苏弱于预期，电商物流和快递逆势增长但独木难支，需要进一步提高居民可支配收入水平，扩大消费政策实施范围和时效，稳定城乡居民消费需求。

2020年11月电商物流指数为111.5点

发布时间：2020-12-02 14:28:25 科技信息部

中国物流与采购联合会和京东集团联合调查的2020年11月中国电商物流运行指数为111.5点，比上月上升0.3个点，连续4个月回升。从9个分项指数看，总业务量指数、农村业务量指数、满意率指数、实载率指数、成本指数和履约率指数均有所上升，库存周转指数、人员指数和物流时效指数有所回落。

电商物流总需求小幅上升。11月，总业务量指数为129.8点，比上月上升1.4个点；分地区来看，11月中部地区的总业务量指数有所回落，西部地区总业务量指数高于全国平均水平，东北部地区总业务量指数增长幅度最大。

农村电商需求继续上升。11月，电商物流农村业务量指数为126.4点，比上月上升2.3个点，达到2020年年初以来的最高水平。分地区看，四大区域农村电商物流量均有所上升，中部地区上升幅度最大，11月环比上升4.9个点，为所有地区中最高。西部和东北地区农村电商业务量高于全国平均水平。

库存周转率指数继续回落，相比上月回落0.3个点。履约率指数、满意率指数、实载率指数和成本指数继续创出今年1月以来的新高。

在“双11”购物节的拉动下，11月电商物流指数保持连续回升态势，从7月的108点回升至11月的111.5点。从需求来看，总业务量指数保持增长态势，下沉市场继续发力，农村电商物流需求量超过今年1月的峰值，达到2020年初以来的最高值。在传统电商购物节到来以及疫情防控需求的双重加持下，越来越多的民众选择了线上消费，2020年中国网络购物用户规模已经超过7.49亿。与此同时，直播带货、社交电商等区别于传统电商平台的购物方式不断发展。国家发改委表示，2020年中国即将超越美国，成为全球最大消费品零售市场。网络购物和电商物流的发展在其中起到了至关重要的作用。

2020年12月电商物流指数为111.7点

发布时间：2021-01-04 08:38:01 科技信息部

中国物流与采购联合会和京东集团联合调查的2020年12月中国电商物流运行指数为111.7点，比上月上升0.2个点，连续5个月回升。从9个分项指数看，农村业务量指数、满意率指数、实载率指数、成本指数、履约率指数、人员指数和物流时效指数均有所上升，总业务量指数和库存周转指数有所回落。

电商物流总需求有所回落。12月，总业务量指数为129.5点，比上月小幅回落0.3个点；分地区来看，12月东部地区的总业务量指数有所回落，其他地区总业务量指数高于全国平均水平，中部地区总业务量指数增长幅度最大。

农村电商需求继续上升。12月份，电商物流农村业务量指数为126.8点，比上月上升0.4个点，为全年最高水平。分地区看，除东北地区有所回落外，其他区域农村电商物流量均有所上升，中部地区上升幅度最大，12 月环比上升 3.8 个点。西部和东北部地区农村电商业务量高于全国平均水平。

在四季度各电商物流企业促销活动拉动下，电商物流实现圆满收官，12 月总业务量指数环比回落但达到全年前三，近 3 年历史数据也表明本月回落属于需求激增后的正常回调，但在大面积寒潮和部分地区零星疫情的影响下，四大区域总需求和农村需求表现各异，出现一定的不均衡。从电商物流服务质量来看，12 月履约率指数、满意率指数、实载率指数均为全年最高，反映出整体服务质量和客户满意度正在向常态回归。值得注意的是，库存周转率指数相比上月回落 0.2 个点，且连续两个月回调，反映出库存中转环节效率降低，要继续关注疫情防控措施升级的影响。

来源：中物联科技信息部

摘录整理：朱泽榕 高玲

2.3 2020 年中国仓储物流指数

2020 年 1 月中国仓储指数为 51.1%

中国物流与采购联合会与中储发展股份有限公司联合调查的中国仓储指数，2020 年 1 月为 51.1%，较上月回落 1.4 个百分点。各分项指数中，期末库存指数较上月有所回升，其余指数均有不同程度的回落。

由 21 类商品组成的 2020 年 1 月期末库存指数为 53.7%，较上月回升 3.7 个百分点，连续 7 个月保持在扩张区间，表明企业库存水平继续上升。分品种来看，生产资料类商品中，钢材、有色、化工、建材、石油等商品库存较上月有所回升，其中建材、石油类商品回升幅度显著，而机械设备类商品库存有所下降；生活资料类商品中，纺织品、农副产品类商品库存较上月有所回升，家电、日用品等商品库存较上月明显回落。

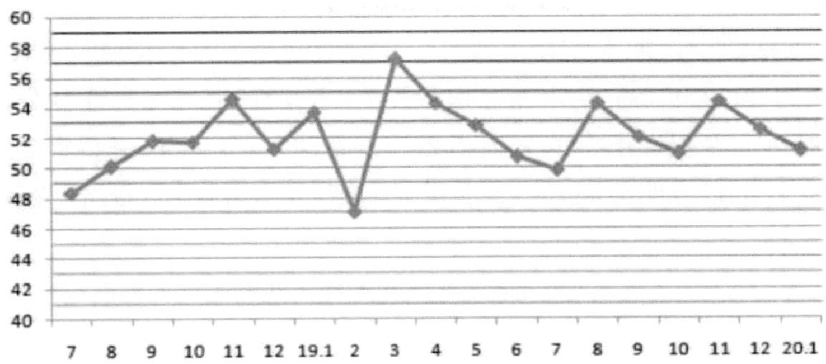

中国仓储指数走势图 %

中储发展股份有限公司总裁助理王勇认为：1 月仓储指数较上月有小幅回落，但仍保持在荣枯线以上，整体运行保持平稳向好。从分项指数来看，新订单、设施利用率、业务活动预期等主要指数虽然有不同程度下降，但均保持在扩张区间；期末库存指数较上月继续回升，连续 7 个月呈扩张趋势。从指数的变化情况来看，本月春节因素影响较为显著，消费预期带动消费相关行业市场需求增加，消费品仓储需求随之增长；另一方面，春节前大宗商品冬储需求也有所加大，两方面因素带动仓储行业库存继续上升。后期来看，面对当前疫情，企业开工复工延后，市场需求短期将受到一定影响，但对仓储行业需求仍有支撑作用。

业务需求保持扩张趋势。1 月，新订单指数为 51.3%，较上月回落 6.0 个百分点，虽然指数有所回落，但仍保持在荣枯线以上。受春节消费预期影响，食品、服装、日用品、农副产品等消费相关行业仓储需求有明显增长；另一方面，春节前大宗商品冬储需求也有所加大。综合来看，仓储业务需求保持旺盛。

库存周转效率下降。1 月，平均库存周转次数指数为 49.5%，较上月下降 3.3 个百分点，时隔 5 个月再次落入收缩区间，表明库存周转效率与上月相比有所下降。分品种来看，钢材、有色、化工、建材、石油、机械设备、纺织品和家电等商品周转效率回落明显。

收费价格增速放缓。1 月，收费价格指数为 53.4%，较上月回落 0.4 个百分点，仍位于扩张区间，表明仓储业务收费价格继续上涨，只是增速较前期有所放缓。

仓储行业盈利水平下降。1 月，业务利润指数为 46.6%，较上月下降 6.8 个百分点，时隔 5 个月再次落入收缩区间，表明企业利润较前期有明显下降。

劳动力供应偏紧。1 月，企业员工指数为 49.1%，较上月回落 1.3 个百分点至荣枯线以下，反映出受春节假期影响，劳动力供应偏紧。

从后期走势来看，1 月，业务活动预期指数为 54.7%，较上月下降 2.1 个百分点，但仍位于扩张区间较高水平。春节前企业生产增速虽有所下降，仍保持在较好水平，同时市场需求也呈稳中有增态势。受市场供需扩张带动，企业采购活动增加，企业对后市预期向好。面对突发的疫情，企业开工复工延后，市场需求短期将受到一定影响，但对仓储行业需求仍有支撑作用。

2020 年 2 月中国仓储指数为 39.0%

发布时间：2020-03-02 09:02:22 科技信息部

中国物流与采购联合会与中储发展股份有限公司联合调查的 2020 年 2 月为 39.0%，较上月回落 12.1 个百分点。各分项指数中，期末库存指数较上月有所回升，其余指数均有明显回落。

由 21 类商品组成的 2020 年 2 月期末库存指数为 54.5%，较上月回升 0.8 个百分点，连续 8 个月保持在扩张区间，是唯一一个仍在上升的分项指数。分品种来看，生产资料类商品中，钢材、有色、化工、建材类商品库存较上月有明显回升；生活资料类商品中，日用品商品库存较上月有明显回升。

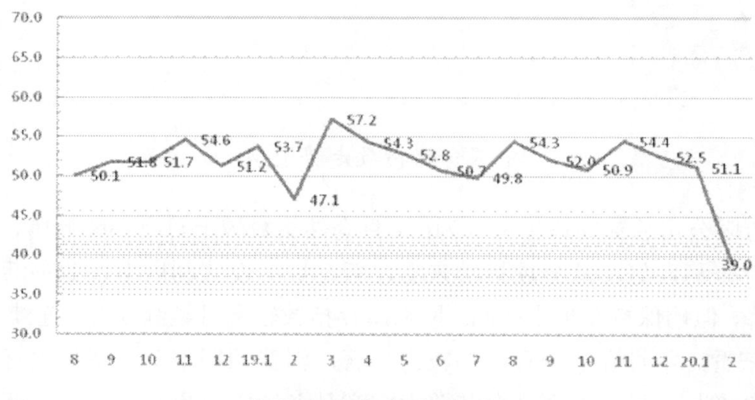

中国仓储指数走势图 %

中储发展股份有限公司总裁助理王勇认为：2 月仓储指数大幅回落，主要受新冠肺炎疫情影响，行业运行受到一定冲击，但回落幅度处于预期范围内。从指数变化情况来看，由于延期复工、业务中断、市场需求大幅下降等因素影响，新订单、业务量、业务利润、库存周转次数等指数均有大幅回落。但值得注意的是，期末库存指数不降反升。这主要是由于市场需求接近冰点，加之运输受阻，商品出库速度放慢，而同时上游钢材等大宗商品的生产并未完全停滞，导致进库大于出库，库存水平有所上升。后期来看，随着疫情逐步得到控制，市场需求将会集中释放，生产加快恢复性增长，将带动仓储行业需求回暖。

业务量大幅下滑。2 月，业务量指数为 30.0%，较上月回落 19.6 个百分点，反映出受疫情影响，上下游企业普遍延迟复工，业务中断。分品种来看，钢材、有色、化工、建材、石油、木材、机械设备等生产资料类商品业务量有明显下滑；食品、服装、家电、日用品、农副产品等生活资料类商品业务量有明显下滑。

库存周转效率大幅下降。2 月，库存周转次数指数为 25.0%，较上月下降 24.5 个百分点，反映出受疫情因素影响，进出库周转次数明显减少，库存周转效率显著降低。分品种来看，钢材、有色、化工、建材、煤炭、石油、家电和日用品等商品周转效率下降最为明显。

收费价格回落。2 月，收费价格指数为 45.7%，较上月下降 7.7 个百分点，反映出受疫情影响，仓储收费价格未能延续之前的连续上升趋势，时隔 7 个月再次出现下降。

经济效益大幅下降。2 月，业务利润指数为 24.3%，较上月下降 22.3 个百分点；主营业务成本指数为 37.1%，较上月下降 15.9 个百分点。受业务量大幅下降影响，企业利润也有大幅下滑。

劳动力供应紧张。2 月，企业员工指数为 37.9%，较上月回落 11.2 个百分点，反映出由于恐慌情绪及交通管制、人员流动限制、防疫物资缺乏等因素影响，员工返工困难。

从后期走势来看，2 月，新订单指数为 32.9%，较上月下降 18.4 个百分点；业务活动预期指数为 45.0%，下降 9.7 个百分点。虽然指数均呈现大幅下降走势，但经济稳定增长的势头并未发生改变，随着新冠肺炎疫情逐步得到控制，企业加快复工复产，供应链上下游被抑制的需求将得到释放，后期仓储行业需求也将出现快速的恢复性增长。

2020 年 3 月中国仓储指数为 52.7%

发布时间：2020-04-02 10:16:54 科技信息部

中国物流与采购联合会与中储发展股份有限公司联合调查的中国仓储指数，2020 年 3 月为 52.7%，较上月回升 13.7 个百分点。各分项指数中，期末库存指数较上月有所回落，其余指数均有不同程度的回升。

由 21 类商品组成的 2020 年 3 月期末库存指数为 50.5%，较上月回落 4.0 个百分点，连续 9 个月保持在扩张区间。虽然指数有所回落，但仍位于扩张区间，反映出库存继续增加，库存水平与往年相比仍然较高。分品种来看，生产资料类商品中，钢材、有色、化工、建材、矿产品类商品库存较上月有明显回升；生活资料类商品中，纺织品、日用品、医药类商品库存较上月有明显回升。

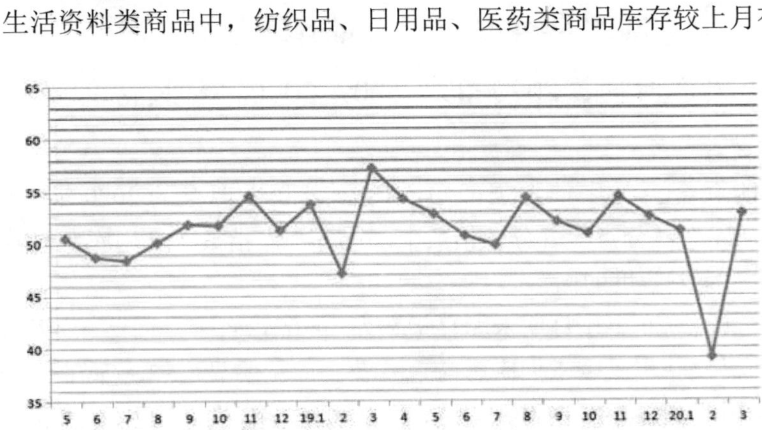

中国仓储指数走势图 %

中储发展股份有限公司总裁助理王勇认为：3 月仓储指数出现大幅回升，显示复工复产总体情况较好，行业活跃度逐步提高。由于2月受疫情冲击严重指数较低，3月指数大幅回升也在情理之中。从分项指数变化情况来看，新订单、业务量、业务利润、业务成本、库存周转次数等指数回升幅度超过20个百分点，特别是业务量指数，达到60%以上。期末库存指数虽然有所回落，但仍位于扩张区间，表明库存水平仍有小幅上升。由于当前国内外经济形势的空前严峻和复杂，下游需求恢复到正常水平仍需时日，库存水平与往年相比仍然较高。后期来看，中央政治局会议明确了要加快释放国内市场需求，多地规划的新基建项目也纷纷加快推进，随着一系列安排部署的逐步落实，仓储行业需求将进一步回暖。

业务量大幅回升。3月，业务量指数为60.1%，较上月大幅回升30.1个百分点，达到一年以来高点。分品种来看，钢材、有色、化工、石油、机械设备等生产资料类商品业务量明显回升；服装、家电、纺织品、医药等生活资料类商品业务量明显回升。

库存周转效率明显提高。3月，库存周转次数指数为54.2%，较上月回升29.2个百分点，反映出随着疫情影响得到有效控制，行业上下游市场供需均有所增长，物流及货物运输较前期更加通畅，商品周转效率大幅提高。分品种来看，钢材、有色、化工、石油、家电和服装等商品周转效率回升最为明显。

收费价格指数回升。3月，收费价格指数为50.0%，较上月回升4.3个百分点，反映出仓库租金价格保持平稳。

成本支出增长较快。3月，业务利润指数为45.6%，较上月回升21.3个百分点；主营业务成本指数为57.5%，较上月回升20.4个百分点，成本指数回升幅度较大，且位于荣枯线以上，表明企业成本支出较前期明显增加；而利润指数虽然也有所回升，但位于荣枯线以下，表明企业利润较前期继续萎缩。

劳动力供应明显回升。3月，企业员工指数为51.3%，较上月回升13.4个百分点，再次回到扩张区间，表明随着多地下调疫情防控应急响应等级，人员流动明显加快，企业员工返岗率上升。

从后期走势来看，3月，新订单指数为55.7%，较上月回升22.8个百分点；业务活动预期指数为55.3%，较上月回升10.3个百分点。新订单指数和业务活动预期指数均有明显回升，且回升至扩张区间较高水平，表明企业对后期走势信心较为充足。

2020年4月中国仓储指数为50.3%

发布时间：2020-05-06 09:00:01 科技信息部

中国物流与采购联合会与中储发展股份有限公司联合调查的2020年4月中国仓储指数为50.3%，较上月回落2.4个百分点。各分项指数中，业务利润指数、平均库存周转次数指数较上月有所回升，其余指数均有不同程度的回落。

由21类商品组成的2020年4月期末库存指数为44.0%，较上月回落6.5个百分点，时隔10个月再次回到收缩区间，反映出受需求回暖影响，企业出库量明显增加，库存水平较前期有所下降。分品种来看，生产资料类商品中，钢材、有色、化工、建材、机械设备类商品的库存较上月有较大幅度回落；生活资料类商品中，食品、家电类商品的库存较上月有所回落。

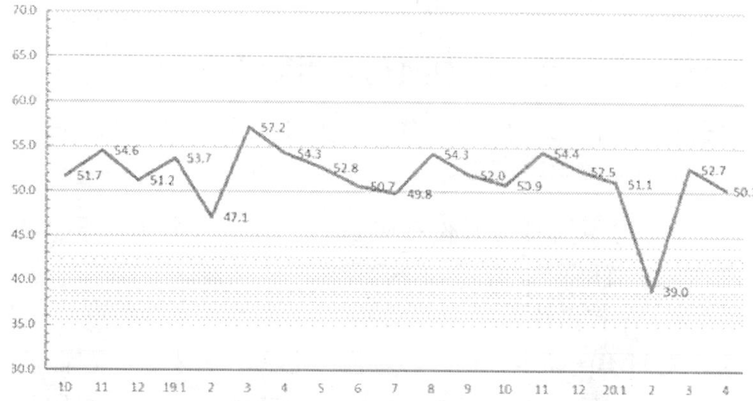

中国仓储指数走势图（%）

中储发展股份有限公司总裁助理王勇认为：4 月仓储指数较上月小幅下降，但仍处荣枯线上，表明行业仍处于恢复态势。由于 2 月受疫情冲击严重指数较低，使 3 月仓储指数大幅回升，4 月随着疫情防控形势进一步巩固，行业上下游活动逐渐转向常态，指数增速放缓也在情理之中。从分项指数变化情况来看，新订单、业务量、设施利用率等指数虽然较上月有所回落，但位于荣枯线上较高水平，表明行业回升势头较好。值得注意的是，本月期末库存指数时隔 10 个月再次落入收缩区间，表明随着下游需求逐步启动，前期库存居高不下的情况开始有所缓解。后期来看，新老基建近期成为重要议题，两会的召开大概率将进一步释放利好，有助于仓储行业需求向好。

业务活动保持活跃。4 月，业务量指数为 56.1%，较上月回落 4.0 个百分点，反映出随着疫情防控进入常态化，仓储企业全面恢复正常生产经营，业务活动较前期更加活跃。分品种来看，钢材、有色、建材、石油、木材、机械设备、矿产品等生产资料类商品的业务量均大幅回升；食品、家电等生活资料类商品的业务量明显回升。

库存周转效率提高。4 月，库存周转次数指数为 56.5%，在上月高位水平的基础上再次回升 2.3 个百分点，反映出货物进出库需求增加，物流较前期更加通畅，商品周转效率继续提高。分品种来看，钢材、有色、化工、建材、家电和日用品等商品的周转效率回升最为明显。

收费价格回落。4 月，收费价格指数为 47.8%，较上月下降 2.2 个百分点，反映出仓储收费价格再次走低。

经济效益有所好转。4 月，业务利润指数为 51.1%，较上月回升 5.5 个百分点，时隔四个月再次回到扩张区间，表明企业盈利较前期有所增加；主营业务成本指数为 51.1%，较上月回落 6.4 个百分点，表明企业经营成本仍在增加，但增速较前期明显放缓。从指数的变化情况来看，目前企业经营情况有所好转。

劳动力供应偏紧。4 月，企业员工指数为 49.4%，较上月回落 1.9 个百分点，再次落入荣枯线以下，反映出疫情影响仍未消退，劳动力供给仍然偏紧。

从后期走势来看，4 月，新订单指数为 53.9%，较上月回落 1.8 个百分点；业务活动预期指数为 53.3%，较上月回落 2.0 个百分点。两项指数虽然有所回落，但仍位于扩张区间，表明企业对行业后期走势的信心仍然较为充足。

2020 年 5 月中国仓储指数为 50.4%

发布时间：2020-06-02 09:01:25 科技信息部

中国物流与采购联合会与中储发展股份有限公司联合调查的中国仓储指数，2020 年 5 月为 50.4%，较上月小幅回升 0.1 个百分点，连续 3 个月保持在荣枯线以上。

由 21 类商品组成的期末库存指数为 47.1%，较上月回升 3.1 个百分点，已连续两个月位于收缩区间。分品种来看，生产资料类商品中，钢材、有色、化工、建材类商品库存较上月有明显回落；消费品类商品中，食品、家电、日用品、农副产品类商品库存较上月有明显回落。

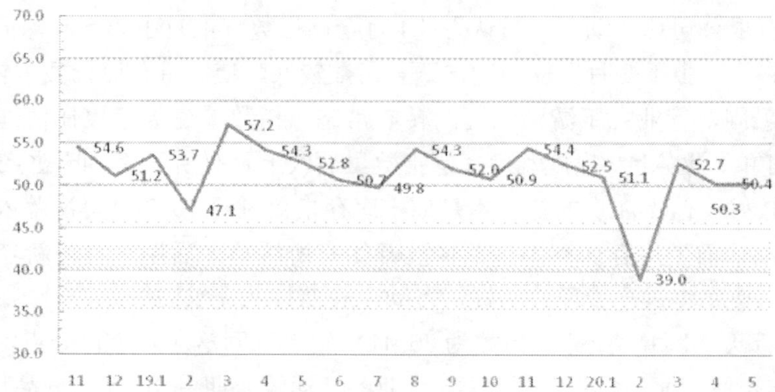

中国仓储指数走势图（%）

中储发展股份有限公司总裁助理王勇认为：5 月仓储指数较上月小幅回升，仍保持在荣枯线以上，表明仓储行业延续较好回升势头。新订单、业务量、设施利用率等指数虽然有小幅回落，但仍位于扩张区间，显示业务需求平稳增长。从市场情况来看，目前需求有所恢复，商品周转效率有所加快，但由于需求提升速率较为缓慢，企业以消化库存为主，采购相对较少，生产有所减弱，导致库存水平有所下降。后期来看，随着提振投资、扩大消费等方面的政策显现成效，生产与消费之间的循环更加通畅，仓储行业或将延续向好趋势。

业务量增速放缓。5 月，业务量指数为 52.7%，较上月回落 2.5 个百分点，反映出仓储业务量仍在增加，只是与前期相比速度有所放缓。分品种来看，大宗商品类中的钢材、有色金属和木材产品的仓储业务量有明显增长；消费品类中的医药、家电和化妆品的仓储业务量有明显增长。

库存周转效率明显提高。5 月，库存周转次数指数为 56.4%，较上月回落 0.1 个百分点，但仍保持高位运行，反映出随着市场需求逐渐恢复，商品库存周转效率明显提高。分品种来看，钢材、有色、化工、建材、食品和家电等商品的周转效率回升最为显著。

利润保持回升势头。5 月，业务利润指数为 50.7%，虽然较上月回落 0.4 个百分点，但仍保持在扩张区间；主营业务成本指数为 50.7%，较上月回落 0.4 个百分点，表明企业利润仍在增长，只是增速较前期略有放缓。在业务需求平稳增长的背景下，企业盈利情况保持较好回升势头。

从后期走势来看，5 月，业务活动预期指数为 53.4%，较上月回升 0.1 个百分点。指数虽然略有回落，但仍位于荣枯线上，表明企业预期仍然保持平稳向好。

2020年6月中国仓储指数为50.7%

发布时间：2020-07-02 09:00:00 科技信息部

中国物流与采购联合会与中储发展股份有限公司联合调查的中国仓储指数，2020年6月份为50.7%，较上月上升0.3个百分点。各分项指数中，新订单指数、设施利用率指数、收费价格指数、业务利润指数、主营业务成本指数、期末库存指数、企业员工指数、业务活动预期指数较上月有所上升，业务量指数、平均库存周转次数指数较上月有所下降，延伸业务量指数与上月持平。

由21类商品组成的2020年6月期末库存指数为47.8%，较上月回升0.7个百分点，表明期末库存水平继续下降，速度较上月有所放缓。分品种来看，生产资料类商品中，钢材、有色、建材、机械设备类商品库存较上月有明显回落；生活资料类商品中，食品、日用品、家电类商品库存较上月有明显回落。

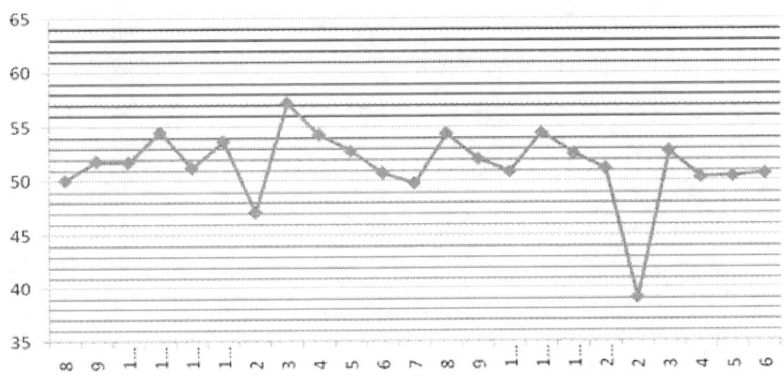

中国仓储指数走势图 %

中储发展股份有限公司总裁助理王勇认为：6月仓储指数继续小幅回升，连续4个月保持在荣枯线上，新订单、设施利用率、业务利润等分项指数均有明显回升，表明仓储业务需求稳中有增，企业效益有所好转，行业回升势头进一步巩固。从市场情况来看，在国内大部分地区疫情稳定、市场需求回升的带动下，企业生产活动上升，采购较前期有所增加，商品周转效率进一步提高，库存水平继续下降，但下降势头有所放缓。后期来看，业务活动预斯指数连续四个月保持在荣枯线上，企业预期保持乐观。疫情的逐步控制和政府政策的激励都为行业运行提供了有利的环境，预计未来短期内仓储行业仍将延续向好趋势。

业务需求稳中有增。6月，业务量指数为51.4%，较上月回落1.4个百分点，表明业务量仍在增长，只是增速较上月有所放缓。分品种来看，大宗商品类中的矿产品、有色金属和化工产品的业务量有明显增长；消费品类中的医药、服装和日用品的业务量有明显增长。

库存周转效率提高。6月，库存周转次数指数为52.2%，虽然较上月回落4.2个百分点，但仍位于荣枯线上，反映出商品周转效率进一步提高。分品种来看，钢材、有色、化工等商品周转效率回升最为明显。

利润出现明显回升。6月，业务利润指数为57.0%，较上月回升6.3个百分点，连续3个月保持在扩张区间，表明企业利润继续增长，且增速较前期明显加快。

从后期走势来看，6 月，新订单指数为 53.5%，较上月回升 2.1 个百分点；业务活动预期指数为 53.5%，较上月回升 0.1 个百分点。指数双双回升，且连续 4 个月保持在荣枯线上，表明企业预期保持乐观。

2020 年 7 月中国仓储指数为 53.5%

发布时间：2020-08-03 09:00:00 科技信息部

中国物流与采购联合会与中储发展股份有限公司联合调查的中国仓储指数，2020 年 7 月为 53.5%，较上月上升 2.8 个百分点。各分项指数中，新订单指数、业务量指数、设施利用率指数、期末库存指数、企业员工指数及业务活动预期指数较上月有所上升，主营业务成本指数与上月持平，其余指数有所回落。

由 21 类商品组成的期末库存指数为 54.5%，较上月上升 6.7 个百分点至荣枯线上，反映出整体库存水平有所上升。

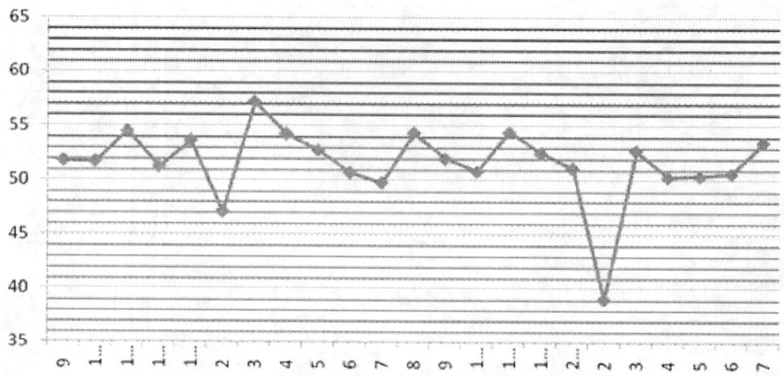

中国仓储指数走势图 %

中储发展股份有限公司总裁助理王勇认为：7 月仓储指数回升明显，达到 8 个月以来新高，新订单、业务量、设施利用率、期末库存及企业员工等主要分项指数均有明显上涨，表明仓储行业运行良好，业务需求增长显著，企业效益继续好转。分品种来看，消费品业务需求明显好于大宗商品业务需求，是带动指数回升的主要原因。此外，商品周转效率增速放缓，期末库存水平再次上升。后期来看，业务活动预期指数仍保持在荣枯线上较高水平，企业预期保持乐观，预计未来短期内仓储行业仍将延续向好趋势。

业务需求增长。7 月，业务量指数为 52.9%，较上月上升 1.5 个百分点，仍位于扩张区间，反映出业务量继续增长，且增速有所加快。大宗商品类中的建材产品的业务量有明显增长；消费品类中的食品和服装的业务量有明显增长。

收费价格下降。7 月，收费价格指数为 49.3%，较上月下降 2.8 个百分点至荣枯线下。收费价格未能延续之前的上涨趋势，时隔三个月再次出现下降。

经营状况继续好转。7 月，业务利润指数为 50.7%，较上月下降 6.3 个百分点，但仍保持在扩张区间，表明企业利润仍在增长，但增速有所放缓。

劳动力供应回升。7 月，企业员工指数为 52.2%，较上月上升 2.2 个百分点至扩张区间。表明从业人员人数有所增长，前期劳动力供应偏紧的情况有所缓解。

从后期走势来看，7 月，新订单指数为 55.8%，较上月上升 2.3 个百分点；业务活动预期指数为 54.3%，较上月上升 0.8 个百分点。两项指数保持在荣枯线上较高水平，表明企业预期保持乐观，预计未来短期内仓储行业仍将延续向好趋势。

2020 年 8 月中国仓储指数为 50.8%

发布时间：2020-09-02 08:50:18 科技信息部

中国物流与采购联合会与中储发展股份有限公司联合调查的 2020 年 8 月中国仓储指数为 50.8%，较上月下降 2.7 个百分点。各分项指数中，延伸业务量指数、主营业务成本指数较上月有所回升，其余指数均有不同程度的回落。

由 21 类商品组成的 2020 年 8 月期末库存指数为 50.0%，较上月回落 4.5 个百分点。分品种来看，生产资料类商品中，钢材、建材等商品库存较上月有较明显回落；生活资料类商品中，服装、家电、农副产品等商品库存较上月有较明显回落。

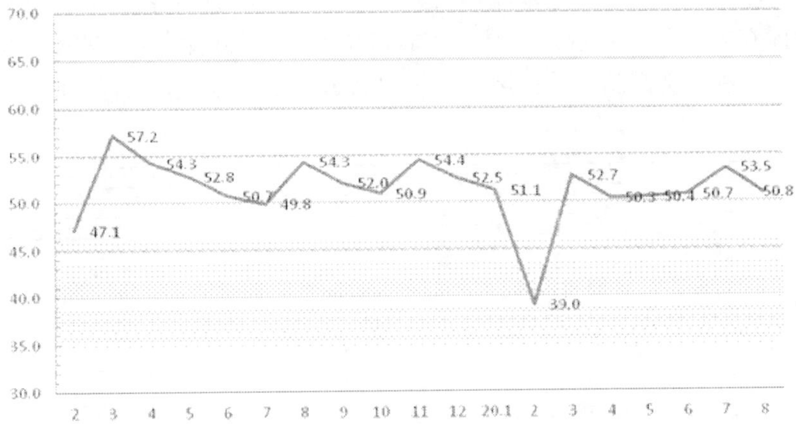

中国仓储指数走势图 %

中储发展股份有限公司总裁助理王勇认为：8 月仓储指数有所回落，行业运行压力较前期加大。本月指数回落主要受期末库存指数和平均库存周转次数指数回落影响。从市场情况来看，目前供需两侧均有所改善，但需求恢复慢于生产恢复，库存仍然保持高位水平，生产企业减缓扩大生产，多数以去库存为主，导致仓储业务量较前期略有回落。此外，本月从业人员指数回落至荣枯线以下，表明行业劳动力供给偏紧，特别是小微企业经营压力较大，从业人数减少。从新订单指数和业务活动预期指数的表现情况来看，企业对未来短期内的业务需求仍有信心，预示未来仓储行业发展仍将保持向好趋势。

业务量下滑。8 月，业务量指数为 49.2%，较上月下降 3.7 个百分点至荣枯线以下；延伸业务量指数为 51.7%，较上月上升 6.7 个百分点。分品种来看，钢材、有色、建材等生产资料类商品业务量有所回落；家电、日用品等生活资料类商品业务量有所回落。

收费价格继续下降。8 月，收费价格指数为 49.2%，较上月下降 0.1 个百分点，连续两个月位于荣枯线以下，反映出随着传统业务需求下滑，收费价格也有所下降。

成本支出再次增长。8 月，主营业务成本指数为 51.5%，较上月上升 0.1 个百分点，连续 6 个月位于荣枯线以上，表明企业成本支出压力继续加大。

从业人员人数减少。8 月，企业员工指数为 49.2%，较上月下降 3.0 个百分点至荣枯线以下，受业务需求下滑影响，从业人员人数有所减少。

从后期走势来看，8 月，新订单指数为 53.8%，较上月下降 2.0 个百分点；业务活动预期指数为 53.8%，较上月下降 0.5 个百分点。指数表现情况预示未来短期内仓储行业保持平稳向好发展仍有基础。

2020 年 9 月中国仓储指数为 50.8%

发布时间：2020-10-09 09:09:20 科技信息部

中国物流与采购联合会与中储发展股份有限公司联合调查的 2020 年 9 月中国仓储指数为 50.8%，与上月持平。设施利用率、收费价格、主营业务成本、平均库存周转次数、业务活动预期等主要分项指数较上月均有所回升。

由 21 类商品组成的 2020 年 9 月期末库存指数为 49.4%，较上月回落 0.6 个百分点，反映出库存水平有所下降，去库存效果初步显现。分品种来看，生产资料类商品中，钢材、机械设备等商品库存下降较为显著；生活资料类商品中，日用品、纺织品等商品库存较上月有所增长。

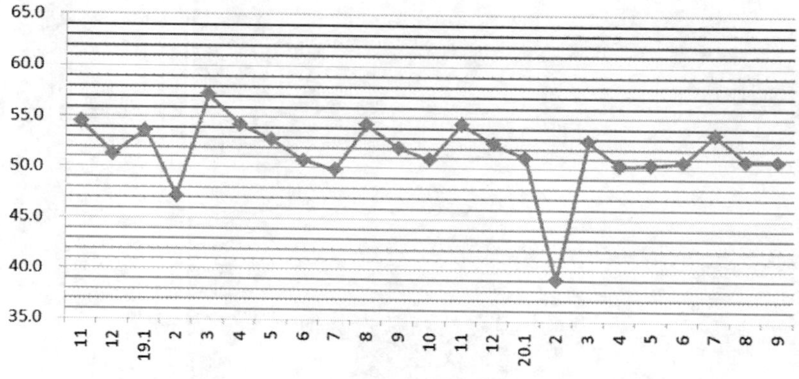

中国仓储指数走势图 %

中储发展股份有限公司总裁助理王勇认为：9 月仓储指数与上月持平，表明行业保持平稳良好发展态势。从分项指数变化情况来看，仓储设备设施利用率继续提高，商品周转效率提升明显，出库量增加，库存水平下降，表明市场需求有所增长，去库存效果显现，也反映出国内经济景气度有所上升。后期来看，业务活动预期指数涨幅明显，企业对未来短期内的业务增长信心充足，预示未来仓储行业发展仍将保持向好趋势。

设施利用率继续提高。9 月，设施利用率指数为 52.5%，较上月上升 0.2 个百分点，继续在荣枯线以上保持增长态势，企业库场实际使用面积不断增加，表明仓储业务需求较为旺盛。

库存周转效率明显提高。9 月，平均库存周转次数指数为 55.8%，较上月上升 5.8 个百分点，反映出商品周转效率明显提高。分品种来看，生产资料类中的建材、化工产品和生活资料类中的日用品、纺织品，库存周转效率较高。

收费价格保持稳定。9 月，收费价格指数为 50.0%，位于荣枯线上，反映出仓储行业近期收费价格保持稳定。

成本支出再次增长。9 月，主营业务成本指数为 52.5%，较上月上升 1.0 个百分点，在荣枯线以上继续增长，表明企业成本压力继续加大。

从后期走势来看，9 月，业务活动预期指数为 57.0%，较上月上升 3.2 个百分点，达到年内高点。近期我国经济实现全面恢复，已接近至常态化运行，加之双节和金九银十的到来，市场需求将会进一步回暖，预计未来仓储行业发展仍将保持向好趋势。

2020 年 10 月中国仓储指数为 52.8%

发布时间：2020-11-02 09:00:00 科技信息部

中国物流与采购联合会与中储发展股份有限公司联合调查的中国仓储指数，2020 年 10 月为 52.8%，较上月上升 2.0 个百分点。各分项指数中，延伸业务量指数、业务活动预期指数较上月有所回落，收费价格指数与上月持平，其余指数均有不同程度的回升。

由 21 类商品组成的 2020 年 10 月期末库存指数为 53.2%，较上月上升 3.8 个百分点，反映出受经济好转、市场需求回升以及“双十一”等因素影响，库存水平有所回升。分品种来看，生产资料类商品中，化工产品库存有明显上升；生活资料类商品中，棉麻、医药和服装等商品库存有明显上升。

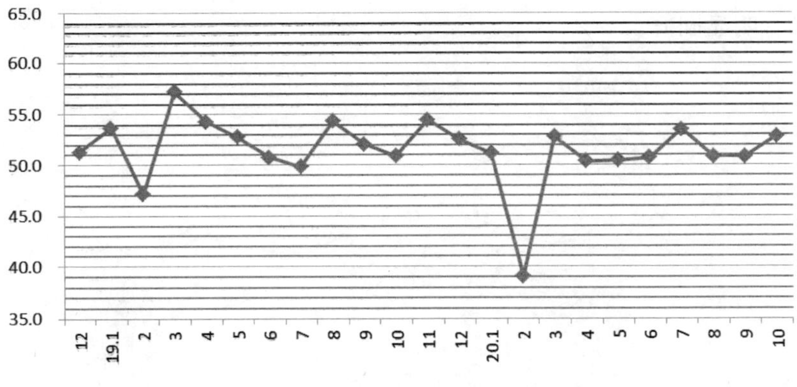

中国仓储指数走势图 %

中储发展股份有限公司总裁助理王勇认为：10 月仓储指数较上月明显回升，达到较高水平，新订单、业务利润、期末库存及企业员工等主要分项指数均有不同程度上升，反映出仓储行业保持平稳向好发展态势。从市场情况来看，大宗商品正值旺季，市场需求持续好转，带动仓储业务活动活跃；消费品受即将到来的“双十一”影响，企业备货积极，库存明显提高。后期来看，新订单和业务活动预期指数均处于高位水平，企业对未来短期内的业务增长信心充足，预示未来仓储行业发展仍将保持向好趋势。

库存周转效率继续提高。10 月，库存周转次数指数为 51.9%，较上月上落 3.9 个百分点，仍保持在荣枯线上，反映出商品周转效率继续提高，只是增速较前期有所放缓。

收费价格小幅提高。10 月，收费价格指数为 50.6%，较上月回升 0.6 个百分点至荣枯线上，反映出仓储行业收费价格小幅提高。

利润和成本双双上升。10 月，业务利润指数为 50.6%，较上月上升 3.1 个百分点；主营业务成本指数为 53.7%，较上月上升 1.2 个百分点，达到 7 个月以来高点，反映出企业成本支出压力较大。从指数变化情况来看，虽然利润有所增长，但成本不断增高对企业经济效益产生不利影响。

企业员工数量增加。10 月，企业员工指数为 52.5%，较上月上升 2.5 个百分点，时隔两个月再次回到荣枯线上，反映出劳动力供应偏紧的情况有所缓解，从业人员人数有所增长。

从后期走势来看，10 月，新订单指数为 53.1%，较上月上升 3.7 个百分点；业务活动预期指数为 56.2%，虽然较上月下降 0.8 个百分点，但仍位于高位水平，反映出企业对未来短期内的业务增长信心充足。近期我国经济加快回归正常运行轨道，加之“双十一”临近，市场需求特别是消费品需求将会进一步回暖，预计未来仓储业务仍将保持向好趋势。

2020 年 11 月中国仓储指数为 56.9%

发布时间：2020-12-02 09:00:00 科技信息部

中国物流与采购联合会与中储发展股份有限公司联合调查的中国仓储指数，2020 年 11 月为 56.9%，较上月上升 4.1 个百分点，连续 9 个月保持在荣枯线以上。各分项指数中，期末库存指数与上月持平，业务活动预期指数较上月小幅回落，其余指数均有不同程度的回升。

由 21 类商品组成的 2020 年 11 月期末库存指数为 53.2%，反映出企业为备货积极，库存水平继续升高。生产资料类商品中，矿产品库存较上月有明显回升；生活资料类商品中，农副产品、医药类商品库存较上月有明显回升。

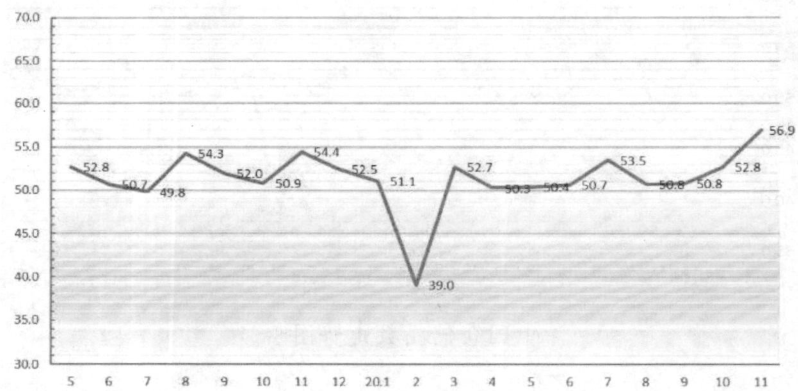

中国仓储指数走势图 %

中储发展股份有限公司总裁助理王勇认为：11 月指数回升至高位水平，各分项指数均保持在 50% 以上，表明仓储业务受电商活动影响，需求涨幅显著，行业运行继续保持良好态势。在业务需求旺盛和仓储收费价格回升的影响下，企业利润有明显增长，指数达到 20 个月以来的高点。但值得关注的是，企业经营成本上升较快，仍需注意降本增效。后期来看，新订单指数和业务预期指数均保持高位运行，加之后期电商活动和节日因素对仓储业务需求仍有支撑，预计未来短期内仓储行业运行仍将保持稳中向好。

业务量大幅回升。11 月，业务量指数达到 68.5%，创下指数调查以来的新高，反映出受上月基数较低及 “双十一”等电商活动影响，服装、农副产品等消费品仓储需求旺盛，带动仓储行业整体业务规模扩大。分品种来看，钢材、有色、化工、石油等生产资料类商品仓储业务量明显回升；农副产品、日用品、医药等生活资料类商品仓储业务量明显回升。

库存周转效率加快。11 月，库存周转次数指数为 59.5%，较上月上升 7.6 个百分点，反映出在仓储需求回升、市场活跃的背景下，商品周转效率得到大幅提高。分品种来看，钢材、化工、建材、矿产品和农副产品等商品周转效率较上月有所提高。

收费价格上涨。11 月，收费价格指数为 50.8%，较上月上升 0.2 个百分点，连续两个月位于荣枯线以上，反映出随着仓储业务需求增加，收费价格也有所上涨。

利润和成本双双上升。11 月，业务利润指数为 58.5%，较上月上升 7.9 个百分点；主营业务成本指数为 58.5%，较上月上升 4.8 个百分点。指数的变化情况反映出在业务需求旺盛的背景下，企业经营效益明显好转，但企业经营成本居高不下，行业降本增效仍需进一步落实。

从后期走势来看，新订单指数为 62.3%，较上月上升 9.2 个百分点；业务活动预期指数为 55.4%，虽然较上月回落 0.8 个百分点，但仍处于扩张区间较高位水平。新订单指数和业务预期指数均保持高位运行，加之后期“双十二”、圣诞、元旦等电商活动和节日因素的影响，消费品仓储需求仍有支撑，预计仓储行业运行仍将保持稳中向好态势。

2020 年 12 月中国仓储指数为 51.5%

发布时间：2021-01-04 09:00:00 科技信息部

中国物流与采购联合会与中储发展股份有限公司联合调查的中国仓储指数，2020 年 12 月为 51.5%，较上月下降 5.4 个百分点，连续 10 个月保持在荣枯线以上。各分项指数中，收费价格指数、业务活动预期指数较上月有所上升，其余指数均有不同程度的下降。

由 21 类商品组成的 2020 年 12 月期末库存指数为 52.7%，较上月下降 0.5 个百分点，反映出整体库存水平继续上升，只是增速较上月有所放缓。分品种来看，生产资料类商品中，钢材库存较上月有明显上升；生活资料类商品中，日用品、农副产品、医药库存较上月有明显上升。

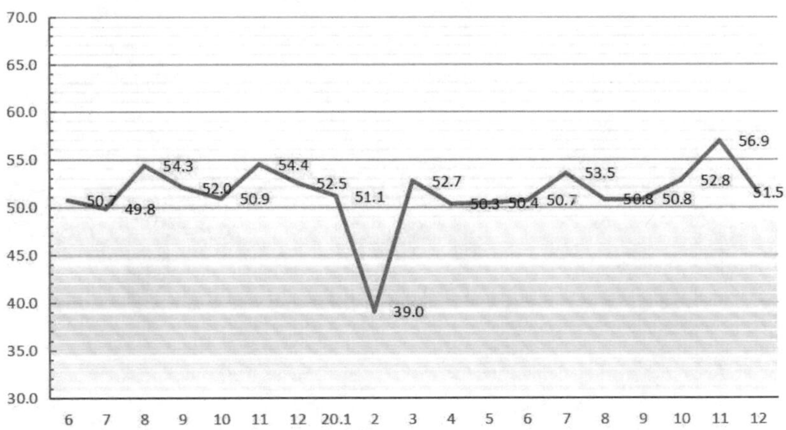

中国仓储指数走势图 %

中储发展股份有限公司总裁助理王勇认为：12 月指数有所回落，主要是受上期基数较高影响，指数仍位于 50% 以上，且连续 10 个月保持在扩张区间，反映出仓储行业运行仍然保持平稳向好态势。

消费品受节日因素和电商活动提振，业务需求较为旺盛；大宗商品需求表现超出预期，业务活动也较为活跃。整体库存水平继续提高，增速略有放缓。此外，由于需求增加，仓储市场租金也有所上涨，收费价格指数达到下半年来新高。后期来看，业务预期指数保持高位运行，节日因素对消费品需求仍有支撑，大宗商品价格虽然有所上涨，但冬储需求仍有一定规模，预计未来短期内仓储行业运行仍将保持稳中向好。

业务需求保持旺盛。12 月，业务量指数为 54.4%，仍保持在扩张区间较高水平，反映出仓储业务需求在上月高速增长的基础上，依旧保持旺盛的态势。分品种来看，钢材、有色、木材、石油、机械设备等生产资料类商品业务量有明显上升；农副产品、日用品、食品等生活资料类商品业务量有明显上升。

收费价格创下半年新高。12 月，收费价格指数为 51.8%，较上月上升 1.0 个百分点，连续 3 个月位于荣枯线以上，反映出随着仓储业务需求持续增加，仓储市场租金也有所上涨，收费价格指数达到下半年来新高。

从业人数保持稳定。12 月，企业员工指数为 50.0%，较上月回落 3.8 个百分点，保持在荣枯线上，反映出仓储行业劳动力供应保持稳定，有利于行业平稳运行。

从后期走势来看，12 月，新订单指数为 52.6%，仍保持在扩张区间；业务活动预期指数为 56.1%，较上月上升 0.7 个百分点，保持高位水平，反映企业对后期市场预期总体较好。节日因素对消费品需求仍有支撑；受明年经济形势的乐观预期和价格上涨趋势的影响， 大宗商品冬储需求仍有一定规模，预计后期仓储行业运行仍将保持稳中向好态势。

来源：中物联科技信息部

摘录整理：朱泽榕 高玲

2.4 2020 年中国快递物流指数

2020 年 1 月中国快递物流指数为 99.5%

2020 年 1 月，中国物流与采购联合会发布的中国快递物流指数为 99.5%，比上月回落 6.2 个百分点。本月商务快件指数、农村快件指数、跨境快件指数均有所回落，其中商务快件指数和跨境快件指数回落超 7 个百分点；人员指数和时效指数双双回落，且自去年以来连续 3 个月回落。综合来看，本月经济活跃度回落属于季节性回调，但仍需持续关注经济运行走势变化以及新型冠状病毒疫情对后续产业经济活跃度和就业市场的影响。

服务业商务快件指数较快回落。1 月，服务业商务快件指数为 100.5%，比上月回落 8.2 个百分点。分行业看，服务业 14 个大类行业中 6 个行业商务快件指数高于 100%。与居民消费相关的卫生、文体娱乐、住宿餐饮、批发零售业商务快件指数保持在 100% 以上，但住宿餐饮业低于去年同期，批发零售业环比去年 12 月份回落 7.7 个百分点。房地产、建筑业、交通运输业商务快件指数继续小幅回落。本月仅科研技术服务业商务快件指数在 105% 以上。

制造业商务活动整体稳定。1 月，制造业商务快件指数为 103.2%，比上月回升 0.6 个百分点。分行业看，制造业 21 大类中有 11 大类商务快件指数高于 100%。受节前企业赶工抢订单，与居民消费相关部分制造业商务活动较为活跃。其中纺织服装业商务快件指数为 108.4%；农副食品加工业、医药制造业商务快件指数分别回升 4.4 和 4.2 个百分点，达到 106% 以上较高水平。装备制造业整体保持活跃态势，本月电气机械、通信电子设备、交通运输设备制造业商务快件指数均有不同程度回落，但仍保持在 100% 以上；汽车制造业商务快件指数低位回落，持续低迷。重化工业商务活动再次走低，黑色金属冶炼加工业、塑料制品业、有色金属冶炼加工业和金属制品业商务快件指数均回落 0.2-2.9 个百分点，持续运行在 100% 以下较低水平。

从业人员指数连续回落。1 月，从业人员指数为 94.3%，比上月回落 2.7 个百分点。一是节前务工人员返乡，二是受疫情控制影响，整体用工市场仍处于供需偏紧状态。分地区看，东、中、西部地区人员指数全面回落，东北地区人员指数总体稳定。

企业外部经营便利度持续走低。1 月，便利度指数为 64.7%，比上月回落 5.3 个百分点。分项来看，通行便利度指数为 60.2%，比上月回落 8.8 个百分点；政务服务便利度指数为 65.1%，比上月回落 6.2 个百分点；公共设施便利度指数为 67.6%，比上月回落 2.5 个百分点；投送便利度指数为 65.8%，比上月回落 3.8 个百分点。

2020 年 2 月中国快递物流指数为 91.2%

发布时间：2020-03-05 12:07:22 科技信息部

2020 年 2 月，中国物流与采购联合会发布的中国快递物流指数为 91.2%，比上月回落 8.3 个百分点。从分项指数看，商务快件指数、农村快件指数和跨境快件指数分别为 91.5%、90.3% 和 94%，环比回落 9.2、13.2 和 1.5 个百分点；时效指数和便利度指数回落超 10 个百分点。综合来看，受疫情影响，本月经济运行趋缓，供需市场有所收缩，产业经济活跃度明显回落。

服务业商务快件指数继续回落。2 月，服务业商务快件指数为 90.2%，比上月回落 10.3 个百分点。分行业看，服务业 14 个大类行业中仅 1 个行业商务快件指数高于 100%。受疫情影响，文体娱乐、住宿餐饮、租赁服务业商务快件指数回落幅度超 10 个百分点。教育、卫生行业商务快件指数回落 5-10 个百分点，降至 100% 以下。房地产业、建筑业快件指数继续小幅回落。在居民生活刚需带动下，本月仅生活服务业商务快件指数回升 6.6 个百分点。批发零售业商务快件指数回落 4.3 个百分点，但仍位于 100% 以上。

制造业商务快件指数全面回落。2 月，制造业商务快件指数为 93.4%，比上月回落 9.8 个百分点。分行业看，制造业 21 大类中有 5 大类商务快件指数高于 100%。受制造业全产业链条休眠、断裂影响，装备制造业中电气机械、通信电子设备等商务快件指数回落 5-12 个百分点；汽车制造业、通用设备制造业商务快件指数小幅回落，仍位于 100% 以下。与民生相关的农副食品加工业、纺织服饰业和医药制造业商务快件指数分别为 102.1%、101.2 和 107.4%，处于较活跃水平。重化工业商务快件指数再次走低，有色、化工行业跌势加重。有色金属冶炼加工业、化学原料制造业商务快件指数低位继续回落 5 个百分点以上，黑色金属冶炼加工业、塑料制品业回落 2-3 个百分点，回落至近两年较低水平。

从业人员指数明显回落。2 月，从业人员指数为 87.2%，比上月回落 7.1 个百分点。疫情期间返工人员需自我隔离，因疫情防控需要，复工出工比例低于正常水平，人力资源供需压力持续偏紧。分地区看，四个地区人员指数均有所回落，中部地区回落幅度大于其他地区。

企业外部经营便利度再次走低。2 月，便利度指数为 52.4%，比上月回落 12.3 个百分点。分项来看，通行便利度指数为 52.1%，比上月回落 8.1 个百分点；政务服务便利度指数为 53.4%，比上月回落 11.7 个百分点；公共设施便利度指数为 54.8%，比上月回落 12.8 个百分点；投送便利度指数为 49.4%，比上月回落 16.4 个百分点。

2020 年 3 月中国快递物流指数为 103.7%

发布时间：2020-04-06 14:05:01 科技信息部

2020 年 3 月，中国物流与采购联合会发布的中国快递物流指数为 103.7%，比上月回升 12.5 个百分点。其中，各分项指数都有不同程度回升。商务快件指数和农村快件指数分别回升 14.2 和 12.8 个百分点，跨境快件指数小幅回升 1.5 个百分点，人员指数和便利度指数双双回升超过 10 个百分点。综合来看，本月指数大幅回升，一是受上月疫情因素影响，指数较快回落导致基数过低。二是受 3 月疫情得到控制，经济有所恢复，企业经营紧张但逐步复工复产，市场供需改善，故产业经济活跃度明显回升。

服务业商务快件指数明显回升。3 月，服务业商务快件指数为 102.2%，比上月回升 12 个百分点。分行业看，服务业 14 个大类行业中有 6 个行业商务快件指数高于 100%。本月在疫情防控取得一定成效的积极作用下，服务业商务活动呈现回升态势。其中，建筑业商务快件指数小幅回升 5.4 个百分点。交通运输业和批发零售业商务快件指数为 101.6% 和 102.8%，分别回升 9.2 和 2.6 个百分点。科技服务业、信息技术服务业、卫生行业商务快件指数分别回升 7-17 个百分点，达到 105 以上较好水平。

与居民消费相关的文体娱乐、住宿餐饮和租赁服务本月也有不同程度回升，但仍低于去年同期水平。

制造业商务活动全面回暖。3 月，制造业商务快件指数为 106.4%，比上月回升 13 个百分点，高出服务业商务快件指数 4.2 个百分点。分行业看，制造业 21 大类中有 15 大类商务快件指数高于 100%，且制造业 21 大类行业商务快件指数环比全部回升。重化工业商务活动整体偏好。化学原料和塑料制品业商务快件指数分别为 106.4% 和 104.1%，比上月回升 12.9 和 9.3 个百分点；有色金属加工业、黑色金属加工业、金属制品业商务快件指数低位回升 4-6 个百分点，但仍位于 100% 以下。装备制造业商务快件指数升势良好。其中电气机械、通信电子设备、通用设备、运输设备等制造业商务快件指数均回升至 100% 以上；汽车制造业回升 5.8 个百分点，达到 98.4%。与民生相关的纺织业、纺织服装业、农副食品加工业、医药制品业均回升至 105% 以上较好水平，显示在经济运行、企业生产逐渐恢复的同时，居民消费也随之稳步回升。

就业形势稳中向好。3 月，从业人员指数为 102%，比上月回升 14.8 个百分点。目前各地企业员工返岗率稳步提升，人力资源问题有所改善。分地区看，东北、东、中、西部区域人员指数分别回升 9-19 个百分点，均位于 100% 以上。

企业外部经营便利度大幅回升。3 月，便利度指数为 76.9%，比上月回升 24.5 个百分点。本月随着各地逐渐下调疫情防控等级，开放通行通道、加大公共服务力度等，企业外部经营条件明显好转。分项来看，通行便利度指数为 76.9%，比上月回升 24.8 个百分点；政务服务便利度指数为 76.6%，比上月回升 23.2 个百分点；公共设施便利度指数为 77.2%，比上月回升 22.4 个百分点；投送便利度指数为 76.7%，比上月回升 27.3 个百分点。

2020 年 4 月中国快递物流指数为 104.5%

发布时间：2020-05-06 10:22:13 科技信息部

2020 年 4 月，中国物流与采购联合会发布的中国快递物流指数为 104.5%，比上月回升 0.8 个百分点。其中，商务快件指数和跨境快件指数环比出现不同幅度回落，农村快件指数环比保持较快回升，人员指数环比回升 7.7 个百分点，便利度指数小幅回落 2.7 个百分点。综合来看，本月综合指数延续回升势头，显示经济恢复的基本态势没有改变，但从分项指数看，部分行业、企业回升动力不足，经营仍遇到诸多困难，导致行业活跃度指数回落，应持续关注行业发展，出台相关鼓励措施，促进企业复工复产，改善企业经营环境，在后疫情时代为经济平稳运行提供有效支撑。

服务业商务快件指数小幅回升。4 月，服务业商务快件指数为 102.8%，比上月小幅回升 0.6 个百分点。分行业看，服务业 14 个大类行业中有 8 个行业商务快件指数高于 100%。本月指数连续小幅回升，主要得益于：一是房地产业、建筑业商务快件指数双双回升，分别回升 6.2 和 3.7 个百分点。二是重点行业持续发力、高位运行。交通运输业、科研技术服务业、信息技术服务业和卫生行业商务快件指数连续两个月位于 105% 以上高水平区间。三是金融业、教育业保持良好回升势头。本月金融业和教育业商务快件指数分别回升 4.8 和 4.1 个百分点，近 3 个月来首次重回 100% 以上。但仍要看到，与民生相关的文体娱乐、住宿餐饮及租赁服务业商务快件指数分别为 94%、93.9% 和 93%，回升动力持续不足。

制造业商务活动小幅放缓。4 月，制造业商务快件指数为 105%，比上月回落 1.4 个百分点。分行业看，制造业 21 大类中有 15 大类商务快件指数高于 100%。重化工业商务活动两极分化。有色金属加工业、黑色金属加工业和金属制品业商务快件指数均有所回升，而化学原料和塑料制品业等商务快件指数环比均有所回落。装备制造业本月活跃度小幅放缓。受市场需求回升有限、进出口贸易受阻、企业营商环境不利等多重影响，电气机械、通信电子设备、通用设备、运输设备等制造业商务快件指数虽保持在 100% 以上，但相较上月环比回落 1.9-6 个百分点。与民生相关的纺织业、纺织服装业和农副食品加工业商务快件指数环比有所回落，但仍保持在 105% 以上高水平区间。医药制品业商务快件小幅回升 1.2 个百分点，达到 110.5%。

就业形势持续向好。4 月，从业人员指数为 109.7%，比上月回升 7.7 个百分点。目前疫情得到有效控制，企业生产稳步恢复，随着部分地区下调疫情防疫等级，国家层面稳就业措施不断落实，人员指数呈现稳中向好回升态势。分地区看，东北、东、中部区域人员指数分别回升 5.3-9 个百分点，西部区域人员指数回落 2.8 个百分点。

企业外部经营便利度下降。4 月，便利度指数为 74.2%，比上月回落 2.7 个百分点。分项来看，通行便利度指数为 73.1%，比上月回落 3.8 个百分点；政务服务便利度指数为 74.6%，比上月回落 2 个百分点；公共设施便利度指数为 75.3%，比上月回落 1.9 个百分点；投送便利度指数为 73.6%，比上月回落 3.1 个百分点。

2020 年 5 月中国快递物流指数为 108.8%

2020 年 5 月，中国物流与采购联合会发布的中国快递物流指数为 108.8%，比上月回升 4.3 个百分点。本月综合指数在连续两个月回升的基础上，继续加快回升，反映与快递物流相关的商务活动保持较高活跃度，经济运行延续良好恢复态势。从分项指数看，主要以国内市场为主的商务快件指数和农村快件指数分别回升 5.9 和 7.9 个百分点，表明国内市场正较快恢复。跨境快件指数受出口形势紧张影响，在上月环比小幅回落基础上，本月总体与上月持平。两大行业商务快件指数中，制造业指数和回升幅度均低于服务业指数。

服务业商务快件指数全面回升。5 月，服务业商务快件指数为 110.7%，比上月回升 8 个百分点，回升幅度较上月扩大 7.4 个百分点。分行业看，服务业 14 个大类行业中有 12 个行业商务快件指数高于 100%。本月受我国疫情影响逐步稳定，生活服务回归正常水平，各大服务行业商务快件指数均有不同程度回升。其中，房地产业和建筑业商务快件指数分别回升 10.6 和 5.3 个百分点，年内首次回升至 100% 以上。金融业和批发零售业商务快件指数分别为 104.4% 和 105.6%，连续两个月在 100% 以上。科学技术、教育、生活服务、文体娱乐商务快件指数均有所回升，回升幅度在 0.9-10.7 个百分点之间。交通运输业和卫生业商务快件指数高位回升至 110% 以上较高区间。本月仅有住宿餐饮、租赁服务产业恢复缓慢，相关商务快件指数仍位于 100% 以下。

制造业产业活跃度明显改善。5 月，制造业商务快件指数为 108.1%，比上月回升 3 个百分点。分行业看制造业 21 大类中有 19 大类商务快件指数高于 100%。受益于市场需求增加，供求关系有所改善，重化工业商务活动趋于活跃。化学原料制品业、化学塑料制品业和非金属矿物制品业商务快件指数为 105.2%、106.7% 和 102.9%，分别回升 1.8、3.9 和 5 个百分点。有色金属加工业和黑色金属加工业商务快件指数回升 0.8 和 4.4 个百分点，虽位于 100% 以下，但已连续 3 个月回升。装备制造业商务活动走势良好，高端装备制造业仍为增长主要动力。电气机械、通信电子设备制造业商务快件指数为 105.9% 和 106.5%，位于 105% 以上高水平；通用设备、专用设备和运输设备等制造业商务快件指数分别回升 1-5.2 个百分点，连续 3 个月位于 100% 以上。本月汽车制造得益于积压订单和消费需求的释放，汽车制造业商务快件指数自 19 年起首次回升至 100% 以上。与居民生活刚需相关的纺织业、农副食品加工业和医药制造业商务快件指数，二季度以来持续高位运行，本月回升至 109% 以上区间，整体高于制造业平均水平。

就业形势总体良好。5 月，从业人员指数为 112.1%，比上月回升 2.4 个百分点。后疫情时代，务工人员复工意愿增强，国家层面稳就业举措不断推进，从业人员指数连续回升，就业形势稳中向好。但就业市场仍反映出一二线发达城市就业岗位满负荷等特点，从地区从业人员指数看，东北和中部地区从业人员指数有小幅回落，东部地区从业人员指数小幅回升 1.6 个百分点。

企业外部经营便利度小幅走低。5 月，便利度指数为 69%，比上月回落 4.3 个百分点。本月便利度指数虽小幅回落，但反映地方政府管理、城市通行、企业运营、社区开放便利度改善的情况有所增加，但也有部分地区反映因大量复工导致出现已市区交通拥堵。分项来看，通行便利度指数为 67.7%，比上月回落 5.4 个百分点；政务服务便利度指数为 69.4%，比上月回落 5.2 个百分点；公共设施便利度指数为 70.3%，比上月回落 5 个百分点；投送便利度指数为 68.4%，比上月回落 5.2 个百分点。

2020 年 6 月中国快递物流指数为 107.1%

发布时间：2020-07-07 09:42:44 科技信息部

2020 年 6 月，中国物流与采购联合会发布的中国快递物流指数为 107.1%，比上月回落 1.7 个百分点。随着宏观调控和相关政策的落实，4-5 月经济活跃度增强，商务快递业务迅速回暖，5 月商务快件指数冲高至 110.4 点，6 月指数小幅回调，不改变二季度以来回升势头，总体保持较高水平运行。综合来看，今年以来经济运行稳中向好，综合指数高于近两年同期水平，其中商务活动指数和农村快件指数更达到近两年第二高水平。两大行业中，制造业指数高于服务业指数。

服务业商务快件指数保持高位。6 月，服务业商务快件指数为 106.7%，比上月回落 4 个百分点，但仍保持在较高水平。分行业看，服务业 14 个大类行业中有 12 个行业商务快件指数高于 100%。本月建筑业商务快件指数较快回升，比上月回升 5.2 个百分点，房地产业商务快件指数整体保持稳定，维持在 100% 以上。上半年线上教育、金融、电商等行业顺势发展，在整体服务业指数回落情况下，教育业、金融业商务快件指数分别回升 2.6 和 3 个百分点，回升至 106.4% 和 107.4%，显示出较好发展态势。批发零售业、科学技术、交通运输业、生活服务业商务快件指数均有不同程度回落，回落幅度在 1.4-5.1 个百分点之间。住宿餐饮、租赁服务商务快件指数回升动力有限，依然运行在 100% 以下。

制造业商务活动持续活跃。6 月，制造业商务快件指数为 109.7%，比上月回升 1.7 个百分点。分行业看制造业 21 大类中有 20 大类商务快件指数高于 100%，本月行业总体展现出较高活跃度。重化工业商务活动整体运行平稳。化学原料制品业、化学塑料制品业和非金属矿物制品业商务快件指数环比涨跌互现，分别为 105.8%、101.1% 和 101.2%。有色金属加工业商务快件指数回升 1.1 个百分点，年内首次回升至 100% 以上。装备制造业商务活动继续活跃，新动能快速发展。电气机械和通信电子设备制造业商务快件指数为 108.3% 和 107.1%，本月继续高位回升 2.4 和 0.6 个百分点。运输设备制造业和通用设备制造业小幅回升至 105% 以上水平，汽车制造业、专用设备制造业也有不同程度回升。与居民生活相关的纺织服饰业、农副食品加工业、烟草制品业和医药制造业商务快件指数保持高位运行，特别是医药、食品加工行业自年初以来商务活动持续旺盛，上半年平均为 107.3% 和 109.6%，高于制造业商务活动平均水平。

就业形势持续向好。6 月，从业人员指数为 112.9%，比上月回升 0.8 个百分点。本月就业形势稳定向好，分区域就业结构持续改善，快递业就业市场恢复良好。分区域看，中部和东部地区从业人员指数分别回升 5.5 和 2.7 个百分点，随着企业复工复产加快，一二线发达省份吸纳就业能力增强，就业形势持续优化。东北、西部地区从业人员指数则小幅回落 3-4 个百分点。

企业外部营商环境稳中有升。6 月，便利度指数为 69.1%，比上月回升 0.1 个百分点。本月调查显示，部分地区落实通行政策较好，通行环境有所好转，但反映道路拥堵、派件时效受影响的意见在增多。同时，部分地区针对疫情反复和外部输入压力采取防控保障措施，短时间内造成城乡末端投送便利度下降。分项来看，通行便利度指数为 68.1%，比上月回升 0.4 个百分点；政务服务便利度指数为 69.4%，与上月基本持平；公共设施便利度指数为 70.8%，比上月回升 0.5 个百分点；投送便利度指数为 68.2%，比上月回落 0.2 个百分点。

2020 年 7 月中国快递物流指数为 107.2%

发布时间：2020-08-05 09:20:04 科技信息部

2020 年 7 月，中国物流与采购联合会发布的中国快递物流指数为 107.2%，比上月回升 0.1 个百分点。随着经济恢复态势进一步增强，相关行业商务活动活跃度稳中向好，本月综合指数总体稳定，继续保持年内较高水平。从主要指标看，在国内市场需求持续巩固带动下，商务快件指数和农村快件指数均有小幅回升。本月进出口形势有所改善，跨境快件指数为 98.1%，比上月回升 3.3 个百分点。

制造业商务快件指数高位回升。7 月，制造业商务快件指数为 111.8%，比上月回升 2 个百分点。分行业看制造业 21 大类中有 19 大类商务快件指数高于 100%。重化工业商务活动走势分化、总体良好。一是与化学原料、制品相关的商务活动保持活跃。本月化学原料制品业、化学塑料制品业商务快件指数本月小幅回升，分别为 106.7% 和 106.4%。二是重金属加工业活跃度持续走低。黑色金属加工业和有色金属加工业商务快件指数均回落 0.5 个百分点，仍位于 100% 以下。装备制造业商务活动增长势头良好，新动能拉动作用明显。电气机械制造业和交通运输设备制造业商务快件指数连续两个月位于 108% 以上高水平。通信电子设备制造业和专用设备制造业分别为 103.8% 和 103.9%，总体保持稳定。通用设备制造业和汽车制造业回落 1.5 和 0.8 个百分点，但仍位于 100% 以上。与民生消费相关的纺织服饰业、农副食品加工业、烟草制品业和医药制造业商务快件指数均保持在 105% 以上较好水平，其中医药制品业商务快件指数连续在 110% 以上。

服务业商务活动小幅趋缓。7 月，服务业商务快件指数为 105.8%，比上月回落 0.9 个百分点，连续两个月小幅回落。分行业看，服务业 14 个大类行业中有 12 个行业商务快件指数高于 100%。本月受夏季高温、南方暴雨洪涝等恶劣天气影响，房地产业和建筑业商务快件指数分别回落 2.5 和 2.9 个百分点。金融业和批发零售业商务快件指数分别为 105.3% 和 102.3%，小幅回落 2.1 和 0.2 个百分点。教育、信息技术服务业商务快件指数走势良好，高位回升 2 和 1.6 个百分点，达到 108.4% 和 107.8%。卫生、文体娱乐商务快件指数小幅回落但仍保持在 100% 以上。住宿餐饮和租赁服务商务快件指数保持缓慢回升趋势，略微回升 0.5 和 0.2 个百分点，但仍在 100% 以下。

从业人员指数较快回落。7 月，从业人员指数为 101.8%，比上月回落 11.1 个百分点。受高温雨季恶劣天气影响以及促销旺季结束，从业人员规模有所回落。分地区看，东部地区人员指数回落幅度较快，回落幅度超 10 个百分点。

企业外部经营便利度下降。7 月，便利度指数为 67.5%，比上月回落 1.6 个百分点。分项来看，通行便利度指数为 64.7%，比上月回落 3.4 个百分点；政务服务便利度指数为 68.4%，比上月回落 1 个百分点；公共设施便利度指数为 70.1%，比上月回落 0.7 个百分点；投送便利度指数为 67%，比上月回落 1.3 个百分点。

2020 年 8 月中国快递物流指数为 107.6%

2020 年 8 月，中国物流与采购联合会发布的中国快递物流指数为 107.6%，比上月回升 0.4 个百分点。本月经济运行活跃度增强态势进一步巩固，其中商务快件指数、农村快件指数、跨境快件指数均有不同程度回升，回升幅度在 0.1-2.8 个百分点之间。但随着需求态势好转，经营便利度指数的连续回落、人员指数持续低位运行等问题矛盾需着重关注、及时改善。

制造业商务快件指数小幅趋缓。8 月，制造业商务快件指数为 110.9%，比上月回落 0.8 个百分点，但总体仍高位运行，反映制造业市场回升势头稳定。分行业看制造业 21 大类中有 19 大类商务快件指数高于 100%。重化工业商务活动延续平稳走势。化学原料制品业、化学塑料制品业商务快件指数高位回落 0.9 和 1.1 个百分点，但仍处于 105% 水平以上。黑色金属加工业和有色金属加工业商务快件指数分别为 98.3% 和 99.4%，继续低位运行。装备制造业内生动力良好，商务活动持续旺盛。电气机械制造业、汽车制造业和专用设备制造业商务快件指数分别为 108.1%、102.2% 和 103.8%，小幅回落 0.5-1.4 个百分点。通信电子设备制造业、交通运输设备制造业和通用设备制造业商务快件指数均位于 105% 以上较高水平，且本月继续高位回升 0.9-5.6 个百分点。与民生消费相关的纺织服饰业、农副食品加工业、烟草制品业和医药制造业商务快件指数虽有不同程度回落，但都保持在 105% 以上，显示居民消费相关商务活动仍具备较强动力。

服务业商务活跃度回升。8 月，服务业商务快件指数为 106.6%，比上月回升 0.7 个百分点。分行业看，服务业 14 个大类行业商务快件均指数高于 100%。本月房地产业商务快件指数小幅回升 1 个百分点，重回 100% 以上，建筑业商务快件指数为 104.9%。在 9 月开学季以及电商需求旺盛刺激下，与居民相关的批发零售、租赁等行业显示继续向好。金融业和批发零售业商务快件指数分别为 105.4% 和 106.9%，分别回升 0.1 和 4.5 个百分点。文体娱乐、租赁服务、住宿餐饮商务快件指数较快回升，分别回升 3.6-4.5 个百分点。卫生、教育和信息技术服务商务快件指数分别为 107.6%、109.1% 和 108.3%，高位运行并连续两个月回升。

从业人员供需偏紧。8 月，从业人员指数为 102.2%，比上月回升 0.4 个百分点。本月人员指数较上月虽有回升，但整体相对于二季度回落近 10 个百分点，目前就业人员不足、人力成本上涨是企业普遍反映问题，应予以重点关注。分地区看，东部、中部地区从业人员指数回落趋势快于东北部及西部地区。

企业经营便利度指数连续回落，但降幅缩窄。8 月，便利度指数为 66.9%，比上月回落 0.6 个百分点。分项来看，通行便利度指数为 64.2%，比上月回落 0.5 个百分点；政务服务便利度指数为 67.9%，比上月回落 0.5 个百分点；公共设施便利度指数为 67.9%，比上月回落 2.2 个百分点；投送便利度指数为 67.4%，比上月回升 0.5 个百分点。

2020 年 9 月中国快递物流指数为 108.1%

发布时间：2020-10-05 14:55:14 clictj

2020 年 9 月，中国物流与采购联合会发布的中国快递物流指数为 108.1%，比上月回升 0.5 个百分点。本月快递指数连续 3 个月小幅回升，从分项指数看，随着国内需求稳步扩大、进出口市场不断回暖，加上国庆、中秋假日消费带动，商务快件指数、农村快件指数、跨境快件指数继续回升，达到年内较高水平，人员指数、便利度指数保持基本稳定，总体来看产业活跃度增强势头良好，反映我国经济复苏进程加快，发展形势持续向好。

制造业商务活跃度回升。9 月，制造业商务快件指数为 111.4%，比上月回升 0.4 个百分点，本月制造业商务活动指数高位回升，制造业市场整体良好。分行业看制造业 21 大类中有 20 大类商务快件指数高于 100%。重化工业商务活动稳中向好。化学原料制品业、化学塑料制品业商务快件指数小幅回升，仍位于 105% 以上。黑色金属加工业和有色金属加工业商务快件指数略有回升，但回升动力有限，分别为 99.7% 和 100.3%。装备制造业发展态势良好。电气机械制造业、汽车制造业和交通运输设备制造业商务快件指数分别回升 3.2-11.4 个百分点，回升至 110% 以上较高水平，是指数回升主要动力。通信电子设备制造业、专用设备制造业小幅回升 0.5 和 2 个百分点，延续较好发展态势。在民生消费快速增长刺激下，纺织服饰业、烟草制品业和医药制造业商务快件指数均回升至年内最高水平。

服务业商务快件指数回升。9 月，服务业商务快件指数为 108.3%，比上月回升 1.7 个百分点。分行业看，服务业 14 个大类行业商务快件均指数高于 100%。本月房地产业、建筑业商务快件指数小幅回升，分别为 103.4% 和 105.1%，回升至年内第二高水平。金融业、科研技术服务业商务快件指数小幅回升 4 和 4.3 个百分点，维持在较高水平。在双节假期消费刺激下，与民生相关的住宿餐饮、租赁服务、文体娱乐业商务快件指数较快回升，回升幅度在 2.4-6.2 个百分点之间。受今年以来疫情等因素影响，公共服务中的卫生、教育等服务业商务活动旺盛，相关快件指数达到 110% 以上水平，呈现持续高位运行趋势。

从业人员供需整体平稳。9 月，从业人员指数为 103.4%，比上月回升 1.1 个百分点。三季度从业人员指数总体平稳，在国家层面保民生、保就业相关政策措施带动下，市场吸纳就业能力有所增强。分地区看，东北部、东部、西部地区从业人员指数有所回升，中部地区从业人员指数小幅回落 0.8 个百分点，仍位于 100% 以上。

企业外部经营便利度回调。9 月，便利度指数为 66.6%，比上月回落 0.3 个百分点，本月便利度指数回落主要因素是通行便利度指数和公共设施便利度指数回落。分项来看，通行便利度指数为 64%，比上月回落 0.2 个百分点；政务服务便利度指数为 68.9%，比上月回升 1 个百分点；公共设施便利度指数为 65.3%，比上月回落 2.6 个百分点；投送便利度指数为 68.2%，比上月回升 0.8 个百分点。

2020 年 10 月中国快递物流指数为 108.6%

发布时间：2020-11-05 10:53:35 科技信息部

2020 年 10 月，中国物流与采购联合会发布的中国快递物流指数为 108.6%，比上月回升 0.5 个百分点。四季度我国经济运行实现稳中向好开局，在国家层面扩内需促消费政策、传统生产建设旺季以及国内国际经济"双循环"新发展格局推动下，本月经济保持平稳恢复态势，商务快件指数和跨境快件指数继续回升，保持在较好水平，其中本月商务快件指数回升至 110% 以上；农村经济活跃度持续旺盛，农村快件指数连续 6 个月运行在 110% 以上。对比往年同期，除便利度指数小幅回落外，其余指数均有不同程度回升，反映出相关产业商务活动已基本恢复至上年同期水平。

制造业商务快件指数连续回升。10 月，制造业商务快件指数为 111.9%，比上月回升 0.5 个百分点，连续两个月位于 110% 以上。分行业看，制造业 21 大类中有 20 大类商务快件指数高于 100%。重化工业商务活动总体平稳、走势分化。化学原料制品业和化学塑料制品业商务快件指数分别为 109.5% 和 107.4%，保持在 105% 以上较高水平。黑色金属加工业和有色金属加工业商务活跃度持续低位运行，商务快件指数均在 100% 左右波动。装备制造业商务快件指数高位回落，仍保持较高水平。电气机械制造业、通信电子设备制造业、汽车制造业和通用设备制造业商务快件指数小幅回落 0.8-3.3 个百分点，但连续两个月位于 105% 以上。交通运输设备制造业商务快件指数为 112.8%，小幅回升 0.1 个百分点。节假日因素带动下，与民生消费相关的纺织业、农副食品加工业、文体娱乐用品制造业分别回升 3.1、4.1 和 1.4 个百分点，医药制造业、烟草制品业小幅回落 3.3 和 0.5 个百分点，仍在 105% 以上较高水平。

服务业商务快件指数较快回升。10 月，服务业商务快件指数为 109.9%，比上月回升 1.6 个百分点。分行业看，服务业 14 个大类行业商务快件指数均高于 100%。房地产业和建筑业商务快件指数总体平稳，建筑业商务快件指数小幅回升 1.7 个百分点。金融业和批发零售业商务快件指数双双回升至 110.5% 和 105.7%，分别回升 1.2 和 1.1 个百分点。节假日因素带动消费需求释放，文体娱乐、租赁服务、住宿餐饮商务快件指数较快回升，分别回升 0.8-1.5 个百分点。交通运输业和信息服务业商务快件指数高位回升至 109.4% 和 108.9%。卫生、教育、科研技术服务业商务快件指数本月有不同程度回落，但基于前期需求释放回升较快，仍位于 105% 以上较高水平。

就业形势小幅改善。10 月，从业人员指数为 103.9%，比上月回升 0.6 个百分点。从业人员指数连续 4 个月小幅回暖，加之电商促销临近，预计短期内从业人员指数可能延续小幅回升。分地区看，东北地区从业人员指数回落 6.8 个百分点，东部、中部、西部地区分别回升 0.5-2.1 个百分点。

企业经营便利度指数连续回落。10 月，便利度指数为 66.5%，比上月回落 0.1 个百分点。本月受疫情防控影响，便利度指数略有回落，但随着各地优化营商环境配套举措逐步推进，便利度指数回落幅度有所收窄。分项来看，通行便利度指数为 65.3%，比上月回升 1.3 个百分点；政务服务便利度指数为 67.0%，比上月回落 1.9 个百分点；公共设施便利度指数为 66.1%，比上月回升 0.8 个百分点；投送便利度指数为 67.4%，比上月回落 0.8 个百分点。

2020 年 11 月中国快递物流指数为 109.8%

发布时间：2020-12-07 09:00:00 科技信息部

2020 年 11 月，中国物流与采购联合会发布的中国快递物流指数为 109.8%，比上月回升 1.2 个百分点。本月经济恢复持续向好、稳中有进。市场需求进一步扩张，大宗商品原材料价格回升，下游产业生产恢复加快，本月经济运行各项生产指标均保持较好恢复态势。从快递物流指数看，国内市场供需持续改善，企业生产较为活跃，商务快件指数和农村快件指数为 111.4% 和 118.7%，比上月分别回升 0.7 和 4.7 个百分点，均保持在 110% 以上；随着进出口贸易稳中向好，跨境快件指数为

105.6%，比上月回升 1.4 个百分点。

制造业商务快件指数较快回升。11 月，制造业商务快件指数为 113.7%，比上月回升 1.9 个百分点，连续 4 个月位于 110% 以上。分行业看，制造业 21 大类商务快件指数中有 20 个高于 100%。受制造业市场需求扩张，下游企业生产加快，大宗原材料领域商务活跃度呈现向好态势。化学原料制品业和化学塑料制品业商务快件指数分别均回升 4.2 个百分点，年内首次达到 110% 以上；黑色金属加工业商务快件指数为 103.2%，小幅回升 3.2 个百分点，连续两个月在 100% 以上；有色金属加工业回升动力有限，指数在 100% 以下低位徘徊。装备制造业商务快件指数保持较高景气水平。电气机械制造业、通信电子设备制造业、运输设备制造业和通用设备制造业商务快件指数全部位于 110% 以上，本月分别均回升 1-2.1 个百分点；汽车制造业小幅回落 1.6 个百分点，但仍位于 100% 以上较高水平。“双十一”、年末备货等节假日因素带动下，纺织业、农副食品加工业达到 115% 以上高水平区间；文体娱乐用品制造业、烟草制品业商务快件指数有小幅回落，但整体仍位于 100% 以上较好区间。

服务业商务活动小幅回暖。11 月，服务业商务快件指数为 110.5%，比上月回升 0.6 个百分点。分行业看，服务业 14 大类商务快件指数均高于 100%。本月，建筑业商务快件指数高位回升，达到 109.7%。金融业和批发零售业商务快件指数分别为 108% 和 109.3%，环比分别回落 2.6 个百分点和回升 3.5 个百分点。科研技术、信息服务和交通运输业商务快件指数分别回升 2.5、5 和 1.7 个百分点，均回升至 110% 以上高位。年末消费带动下，文体娱乐、租赁服务均保持在 110% 以上，小幅回升 2.1 和 0.6 个百分点。

就业形势继续改善。11 月，从业人员指数为 104.3%，比上月回升 0.4 个百分点。年末从业人员指数连续回升，就业形势有所好转。分地区看，东北地区从业人员指数为 103.8%，比上月回升 3.7 个百分点，东部地区从业人员指数为 104.9%，比上月回升 4.2 个百分点，中部地区从业人员指数为 104.4%，比上月回升 1 个百分点。

企业外部经营环境便利度下降。11 月，便利度指数为 66.4%，比上月回落 0.1 个百分点。分项来看，通行便利度指数为 65.1%，比上月回落 0.2 个百分点；政务服务便利度指数为 69.5%，比上月回升 2.5 个百分点；公共设施便利度指数为 65.7%，比上月回落 0.4 个百分点；投送便利度指数为 65.3%，比上月回落 2.1 个百分点。

2020 年 12 月中国快递物流指数为 106.7%

发布时间：2021-01-05 09:57:25 科技信息部

物流与采购联合会发布的中国快递物流指数为 106.7%，比上月回落 2.2 个百分点。本月经济运行保持平稳恢复态势，产业活跃度稳中向好，快递物流指数虽然小幅回落但整体仍保持在较好水平。从主要指标看，本月国内市场需求保持平稳增长、增速较前期有所放缓，商务快件指数和农村快件指数分别为 107.3% 和 110%，环比小幅回落但仍保持在 105% 以上。跨境出口贸易形势继续缓和，受年底订单趋增带动，跨境快件指数小幅回升 0.4 个百分点，达到 106%。

制造业商务快件指数有所回落。12 月，制造业商务快件指数为 108.5%，比上月回落 5.2 个百分点。分行业看，制造业 21 大类商务快件指数中有 20 个高于 100%。本月制造业需求持续回升，商务活动总体趋好，指数回落属于季节性回调。其中，大宗物资类指数回落较为明显。化学原料制品业和化学塑料制品业商务快件指数分别为 105% 和 104.3%，比上月回落 8.7 和 7.3 个百分点；黑色金属加工业和有色金属加工业商务快件指数分别为 103.6% 和 99.3%，环比小幅回升 0.4 和 0.7 个百分点。装备制造业增势良好、商务活动旺盛。电气机械制造业、汽车制造业和通信电子设备制造业商务快件指数运行态势良好，均维持在 109% 以上较高水平。运输设备制造业、通用设备制造业和专用设备制造业分别小幅回落 1.2-9 个百分点，但仍保持在 105% 以上。受年末节日带动，纺织业、食品饮料制造业和烟草制品业商务快件指数分别为 109.6%、108.9% 和 107.1%。

服务业商务活动趋缓。12 月，服务业商务快件指数为 106.7%，比上月回落 3.8 个百分点。分行业看，服务业 14 大类商务快件指数均高于 100%。本月，房地产业商务快件指数结束了连续两个月回落，小幅回升 1.8 个百分点，达到 104.3% 的年内新高；建筑业商务快件指数小幅回落 4.3 个百分点，但仍位于 105% 以上。金融和科研领域商务活动有所放缓，金融业和科研技术商务快件指数分别回落 4.1 和 5.9 个百分点。批发零售业、交通运输业和信息服务业商务快件指数本月继续保持在 105% 以上，分别为 106.3%、106.5% 和 108.2%。住宿餐饮、文体娱乐以及租赁服务等民生类商务快件指数受疫情、天气等因素影响，商务活动持续趋缓，指数环比回落 2.6-6.2 个百分点。

人员指数有所回落。12 月，从业人员指数为 102.7%，比上月回落 1.6 个百分点。分地区看，东北地区从业人员指数为 102.3%，比上月回落 1.4 个百分点，东部地区从业人员指数为 104.2%，比上月回落 0.7 个百分点，中部地区从业人员指数为 103%，比上月回落 1.4 个百分点。

企业外部经营环境继续回落。12 月，便利度指数为 65.8%，比上月回落 0.6 个百分点。分项来看，通行便利度指数为 64.6%，比上月回落 0.5 个百分点；政务服务便利度指数为 68%，比上月回落 1.5 个百分点；公共设施便利度指数为 65.4%，比上月回落 0.3 个百分点；投送便利度指数为 64.6%，比上月回落 0.7 个百分点。

来源：中物联科技信息部

摘录整理：朱泽榕 高玲

第三篇　口岸、自贸区、进口博览会物流

3.1 口岸物流

3.1.1 上海口岸2020年概况

2020年是上海海关特殊监管区域转型升级的关键之年，市商务委克服新冠肺炎疫情防控带来的不利影响，积极支持企业复产复工，会同上海海关和本市相关部门共同组成验收领导小组，克服困难、主动作为，多次召开会议做好验收准备，牵头赴现场实地调研，确保按照时间节点推进建设和验收工作，圆满完成全年上海海关特殊监管区域转型升级的工作目标，为上海下一步更高水平对外开放、提升外贸竞争力提供更多先行先试的政策高地和招商引资的新型平台。

承载临港新片区重要功能的“双特”区域洋山特殊综合保税区一期、二期完成全域封关，通过海关总署等国家八部委现场验收，获得市领导表扬完成了不可能完成的任务。上海仅存的出口加工区嘉定出口加工区完成综合保税区转型升级，本市漕河泾、奉贤、松江、青浦、金桥、嘉定六家出口加工区已经全部转型升级为综合保税区。上海自贸试验区内的外高桥保税物流园区完成综合保税区转型升级，未来园区业务功能将进一步拓展。

完成上海吴淞口国际邮轮港发展有限公司码头3、4号泎位的对外开通启用报批工作。该项目于2019年12月11日通过我委牵头组织的正式验收，其中3号泊位长380米，4号泊位长446米。2020年1月21日，市政府正式批复同意对外开通启用。

完成洋山深水港区四期码头1-7号泊位对外开通启用工作。作为上海目前唯一一家全自动化集装箱码头，码头长2350米，该项目承担着创新和引领港口行业发展的重任，码头的正式对外开通启用，对巩固上海港国际集装箱枢纽港地位，提升上海港核心竞争力均具有十分重要的意义。该码头自2017年12月开港以来，已经以临时接靠方式停靠过国际航行船舶1500多艘次。2020年4月27日，市政府正式批复同意对外开通启用。

来源：口岸管理处

3.1.2 上海口岸 2020 年度物流统计数据

2020 年 12 月上海口岸主要数据统计表

大类	项　目	12月	同比（%）	本年累计	同比（%）
货物	**上海口岸进出口货物总值（亿元）**	8246.1	5.9	87463.1	3.8
	进口	3598.3	7.7	37648.8	6.2
	出口	4648.6	4.5	49814.3	2.1
	上海关区进出口货物总值	6092.1	3.4	64604.6	1.8
	进口	2647.5	6.3	27024.8	3.1
	出口	3444.7	1.2	37579.8	0.9
	上海市进出口货物总值	3318.8	2.6	34828.5	2.3
	进口	2054.1	7.5	21103.1	3.8
	出口	1264.7	-4.5	13725.4	0.0
	上海口岸货物吞吐量（万吨）	3375.0	9.2	39259.4	-1.8
	航空口岸货邮量	33.7	10.5	342.1	2.8
	水运口岸货物量	3341.3	9.2	38916.7	-1.9
	上海口岸集装箱吞吐量（万标箱）	306.2	11.5	3638.5	-1.6
	出口	136.7	13.5	1596.6	-0.5
	进口	124.6	14.6	1476.9	-4.4
	内支线	44.9	-1.4	565.0	3.1
人员	**上海口岸出入境人员总数（人次）**	186702	-94.8	6270951	-86.3
	旅客总数	117294	-96.4	5210644	-87.7
	航空口岸出入境人员	151989	-95.5	5673686	-86.7
	旅客	117285	-96.3	5091964	-87.3
	水运口岸出入境人员	34713	-82.2	592773	-80.2
	旅客	9	-100.0	114811	-93.9
	铁路口岸出入境人员	0	-100.0	4492	-94.1
	旅客	0	-100.0	3869	-94.3
交通工具	**上海口岸出入境交通工具总数**	10078	-55.3	128942	-53.6
	飞机（架次）	8339	-59.3	107606	-57.6
	船舶（艘次）	1739	-12.6	21307	-9.1
	列车（车次）	0	-100.0	29	-91.0
	进出上海口岸国际航行船舶（艘次）	3249	-6.4	38356	-4.9
	货船	3233	-5.5	38110	-3.8
	邮（客）船	16	-69.8	246	-65.5

备注：①本月上海口岸进出口货物总值占全国进出口货物总值（32005.2 亿元）的 25.8%。②本月上海水运口岸货物吞吐量占上海港货物吞吐量（6478 万吨）的 51.6%；水运口岸集装箱吞吐量占上海港集装箱吞吐量（363.6 万标箱）的 84.2%。③本月上海航空口岸货邮吞吐量占上海航空港货邮吞吐总量（39.7 万吨）的 84.7%，出入境旅客占上海航空港旅客吞吐总量（511.52 万人次）的 2.3%。④进出上海口岸国际航行船舶包括在上海口岸办理出入境手续的国际航行船舶（即上海口岸出入境船舶）和在我国其他口岸办理出入境手续但进出上海口岸的国际航行船舶。

来源：上海市商务委员会上海市口岸服务办公室

2020 年上海外贸进出口总额达 3.5 万亿元，实际利用外资增长逾 6%

1 月 24 日，上海市第十五届人民代表大会第五次会议 24 日开幕。上海市人民政府市长龚正在作政府工作报告时指出 ，2020 年，上海城市核心功能实现新提升，金融市场交易总额达到 2274.8 万亿元、增长 17.6%。上海新增跨国公司地区总部 51 家、外资研发中心 20 家，国家实验室等一批高水平科研机构落户。

据悉，2020 年上海的营商环境更加优化，原定三年完成的营商环境改革措施一年基本落地，重大项目审批制度改革实施。2020 年，外贸进出口总额达到 3.5 万亿元、增长 2.3%，实际利用外资达到 202.3 亿美元、增长 6.2%。

龚正表示，2020 年上海城市精细化管理和社会治理创新持续深化，苏州河中心城区 42 公里岸线的公共空间基本贯通开放。

龚正指出，2020 年，上海制定实施长三角一体化发展行动方案，长三角生态绿色一体化发展示范区在规划管理等方面率先形成 32 项制度创新成果。根据政府工作报告，2020 年，上海口岸进境航班 4.7 万架次、进境人员 190 万人次，分别占全国空港口岸的 33.6% 和 27.9%。

龚正表示，过去的一年，上海稳企业、保就业扎实推进，不失时机推动企业复工复产达产，出台实施抗疫惠企、稳就业促发展等一系列政策举措，新增减税降费超过 2300 亿元，新增就业岗位 57 万个。上海扩内需、稳外需扎实推进，重大工程完成投资 1708 亿元、增长 16.8%，建成 67 公里轨道交通线，举办“五五购物节”等重大促消费活动。

来源：中国新闻网

上海浦东机场口岸 2020 年出入境货机数超 7.2 万架次 创历史新高

获悉，刚刚过去的 2020 年，浦东机场口岸出入境货机数量达 72381 架次，同比增长逾 110%，创下历史新高。

受新冠肺炎疫情影响，浦东机场口岸出入境人员数量大幅下降；去年 1 月底到 2 月中旬，国际货运业务也非常不景气，每天出入境货机只有几十架次。在国家统筹推进疫情防控和经济社会发展中，一手抓抗疫，一手抓复工复产，浦东机场口岸货运航班出入境频次快速增长。自 2020 年 2 月 19 日单日出入境货机数量破百以来，持续回暖上扬，出现同比微涨。

上海机场边检站方面 1 日对记者介绍，该站加强与机场、联检单位协作配合，在保证边检窗口

24小时通关服务、全天候维护“单一窗口”线上申报平台的同时，为部分运载重要物资的急转货运航班同步办理入出境边检手续，实现机组员工“少跑腿”、货运航班“快装卸”，有效提升货运航班的准点率和国际货物中转效率。

该边检站民警周峰接受采访时对记者说：“4月8日那天，我们接连为6架来自四个国家运载防疫物资的货包机、军机办理边检手续，那场面真是壮观得很。”

5月，随着国内疫情防控进入常态化阶段，浦东机场口岸出入境货机数量猛增，日均出入境货机逾300架次，同比增长近3倍。上海机场边检站打出强力“组合拳”：“增配国际货运航班查验警力+组建专职机坪巡查战队+无线移动验放车+雷达生命探测仪”，创新提高疫情防控举措。5月14日，该边检站验放393架次，创该口岸单日出入境货机数量历史新高。进入暑期，出入境货机逾11800架次，保持同比翻倍的强劲增幅。

采访中，记者了解到，该站自主研发了“货机（公务机）风险等级管理系统”，动态掌控相关航空公司违法违规等级，亦对可能出现的非法出入境行为实施精准打击，升级口岸管控、疫情防控效能。据统计，一年来，该站共发现查处外航代理公司错报、漏报机组人员信息、外籍机组人员未持有效签证入境等案事件近百起。

来源：中国新闻网

3.1.3 重要政策

关于印发《上海口岸进一步深化跨境贸易营商环境改革若干措施》的通知

（沪商自贸〔2020〕16号）

上海口岸各单位：

为深入贯彻落实国务院《优化口岸营商环境促进跨境贸易便利化工作方案》（国发〔2018〕37号）及上海市委办公厅、上海市政府办公厅《关于印发＜上海市全面深化国际一流营商环境建设实施方案＞的通知》（沪委办〔2020〕1号）文件精神，加快打造法制化、国际化、便利化的口岸营商环境，推动跨境贸易高质量发展，市商务委、上海海关、市发展和改革委、市交通委、市财政局、市市场监管局、国税总局上海税务局等单位共同制定了《上海口岸进一步深化跨境贸易营商环境改革若干措施》，现予印发，请各相关单位认真做好组织实施工作。

特此通知。

上海市商务委员会

上海海关

上海市发展和改革委员会

上海市交通委员会

上海市财政局

上海市市场监督管理局

国家税务总局上海市税务局

2020年1月21日

上海口岸进一步深化跨境贸易营商环境改革若干措施

为深入贯彻落实国务院《优化口岸营商环境促进跨境贸易便利化工作方案》（国发〔2018〕37号）及上海市委办公厅、上海市政府办公厅《关于印发＜上海市全面深化国际一流营商环境建设实施方案＞的通知》（沪委办〔2020〕1号）文件精神，在前期根据海关总署促进跨境贸易便利化专项行动部署会已开展的上海口岸2020年优化跨境贸易营商环境专项行动基础上，特制定上海口岸进一步深化跨境贸易营商环境改革若干措施。

一、进一步优化口岸“通关物流”作业流程

1. 推广进口货物“两步申报”通关模式。在保留原有申报模式的基础上，推广进口货物“两步申报”模式，企业先进行“概要申报”，最少仅需填报9个项目，确认2个物流项目，海关完成风险排查处置后即可加快货物提离。之后再在规定时间内完成“完整申报”。

2. 提高出口货物“提前申报”覆盖面。扩大上海口岸出口货物“提前申报”企业适用范围，重点提高外高桥港区出口货物“提前申报、运抵验放”模式应用比例。企业在货物备齐、集装箱货物装箱完毕并取得预配舱单电子数据后，可在货物运抵海关监管作业场所前3日内向海关办理申报手续；货物运抵海关监管作业场所后，海关办理货物查验、放行手续。

3. 开展“出口直装”“进口直提”港口操作模式试点。在确保港区生产安全的前提下，开展水运口岸世行测评标准品“出口直装”“进口直提”港口操作模式试点，加快通关物流速度。

二、进一步提高全流程作业电子化水平

4. 进一步推进口岸环节监管单证无纸化。依托国际贸易单一窗口扩大监管证件网上办理种类。按照海关总署统一部署，开展检验检疫单证电子化改革，试点入境货物检验检疫证明申领无纸化，逐步推进企业自行打印。

5. 简化航运物流类单证手续。通过国际贸易单一窗口推进实现提货单换单委托书、电放保函等单证无纸化。鼓励船公司运用区块链等先进技术试行电子提单，推动出口提单在线签发和企业自主打印试点，进一步优化进口换单手续。提升码头作业收据（含增值税发票）电子化比例。

6. 推广“汽车零部件自动辅助申报系统”应用。简化汽车零部件类商品海关申报操作，推广应用国际贸易单一窗口“汽车零部件自动辅助申报系统”。企业申报时，只需录入零部件编号，即可自动返填所有申报要素，实现菜单式申报。

7. 推进进出口电子化放箱试点。依托港务集团集装箱设备交接单电子化平台和上海电子口岸平台，对接各船公司电子箱管系统，简化放箱环节手续，试点电子化放箱和提供“7×24小时”放箱服务。

8. 推进集装箱封志集约发放。提升集装箱封志发放和传递效率，鼓励各船公司在集装箱堆场集中发放封志，或与社会物流平台合作开展试点，通过信息化手段实现封志集约发放。

9. 推行港口操作业务无纸化。实施上海港提货单无纸化功能全面上线，完善港口作业单证无纸化平台功能和服务，更好地发挥系统互联、数据互通、信息共享的效用，提高客户使用体验。

三、进一步优化海关监管

10. 优化对企业的“容错机制”。对非主观原因造成的申报差错和企业主动披露的违规行为，统一认定标准，实施快速处置，对企业不予记录报关差错或依法减轻、免予处罚。

11. 优化海关查验。降低报关单进入人工审核的比例，优化随机抽批和查验整体比例。大力推广机检集中审像作业模式，扩大智能审图的作业覆盖范围。

12. 优化查验陪同机制。优化查验场所全程监控和查验作业全程记录机制，允许企业自主选择查验陪同方式，提升企业获得感。

13. **加快口岸查验平台建设。**加快推进水运口岸监管场所内查验平台建设和升级改造，规范设置查验场地及各作业区功能，进一步优化上海口岸查验执法环境。

四、进一步规范和降低口岸相关收费

14. **进一步规范口岸相关收费。**通过市场引导、价格监督检查和行业规范等方式，引导口岸经营服务单位进一步降低相关服务收费。继续规范熏蒸、消毒等检疫处理环节收费行为。加强对各类集装箱堆场收费不规范、洗箱修箱乱收费等问题的监管。持续完善口岸收费目录清单制度，精简收费项目，强化动态管理。

15. **落实港口建设费地方留成部分退费政策。**企业可在国际贸易单一窗口平台申请返还港口建设费地方留成部分。积极向上级部委争取在征收环节直接减免港口建设费地方留成部分。

16. **鼓励船公司调整收费结构。**加强与船公司沟通协调，鼓励船公司根据实际经营成本，调整收费项目名称和标准，优化海运收费价格结构。

17. **推进单一窗口查询口岸收费功能。**实现国际贸易单一窗口与“上港理享”平台的对接，通过用户贯通，实现企业登录国际贸易单一窗口即可查询港口、船代、理货、查验相关的付费记录。在国际贸易单一窗口上公布和推广口岸服务收费“一站式阳光价格”。

五、进一步提升口岸服务可预期性

18. **发挥海关疑难报关单专窗作用。**在现有 12360 海关服务热线、通关现场业务咨询窗口等基础上，发挥海关两级疑难专窗作用，主动监控、处置各类超长时间报关单，及时解答通关申报疑难问题，紧密联系进出口企业，全面收集需求性建议，助力通关效率再提升。

19. **细化公布港口作业时限标准。**严格落实口岸作业时限制度，进一步细化装卸、场内转运、吊箱移位、掏箱、回装、提箱等作业时限标准，在国际贸易单一窗口和口岸经营服务单位业务现场公布，提升透明度，为企业提供合理预期。

以上各项措施，涉及具体要求和实施细则的，由各有关单位和部门另行公布。

3.1.4 综合信息

2020 年上海国际航运中心建设十大事件揭晓

长江入海口，全自动集装箱码头昼夜不息；浦东虹桥两大机场，抗疫保运保供中大展身手；黄浦江两岸，高端航运服务机构争相入驻；一朵“数据云”，洞察全球航运市场走势……在极不平凡的 2020 年，上海首次跻身国际航运中心排名前三，仅次于新加坡和伦敦。以此为新起点，上海国际航运中心从“基本建成”向“全面建成”加速迈进。

近期，中国经济信息社发布了 2020 年上海国际航运中心建设十大事件。

一、共建辐射全球的航运枢纽，长三角高质量一体化发展迈出坚实步伐

2020 年，浦东开发开放 30 周年庆祝大会上提出加快同长三角共建辐射全球的航运枢纽，提升整体竞争力和影响力。

2020 年 6 月，江苏通州湾新出海口开发建设战略合作框架协议正式签约，对推动长三角港口协同发展具有重要意义。同月，小洋山北作业区规划方案和沈家湾作业区规划调整方案通过部省市联合审查，洋山深水港区综合服务能级将进一步提升。10 月，全国首单浙沪跨港区国际航行船舶保税供油试点成功，长三角海事服务一体化迈出新步伐。

二、集装箱吞吐量逆势再创新高，上海国际航运中心首次跻身全球前三

直面新冠肺炎疫情的冲击，实现集装箱吞吐量的逆势增长，洋山深水港区四期“无人”码头发挥自动化优势，创造了新的“洋山速度”，也成为浦东开发开放30周年的一张闪亮名片。2020年，上海港集装箱吞吐量再创新高，达到4350万标箱，连续11年位居世界第一。

2020年7月，在上海虹口区北外滩发布的《新华·波罗的海国际航运中心发展指数报告（2020）》显示，上海首次跻身国际航运中心前三，仅次于新加坡和伦敦。近年来，上海在不断改善港口硬件设施的同时，还在供应链节点地位与高端航运服务功能上加速融合，航运“软实力”的提升取得重要突破，全球航运资源配置能力持续增强。

三、率先开展船员换班工作，航运业疫情防控“上海方案”全球推广

2020年3月初，上海在全球率先发布船员换班规则，开展船员换班工作，及时疏解航运界反应强烈的船员“换班难”问题，实现了符合条件的国际航行船舶船员的“应换尽换”。

上海船员换班方案为我国和全球同类方案制定提供了参考，相关管控措施在国内其他港口复制推广，并经由交通运输部向全球推荐。

四、全力保障入境货运，上海国际航空枢纽为全球供应链稳定贡献“上海力量”

2020年1月24日，东方航空运送上海市首支援鄂医疗队，成为中国民用航空第一班驰援武汉的航班。

在新冠肺炎疫情带来的巨大冲击下，上海国际航空枢纽围绕服务发展新格局，全力服务国内复工复产复业和国际供应链保通保运保供大局。2020年5月14日，浦东机场保障全货机起降415架次，刷新上海国际航空枢纽新纪录。2020年，上海浦东和虹桥机场完成旅客吞吐量6164万人次，货邮吞吐量403万吨，为全球产业链供应链稳定贡献了上海力量。

五、中国首制大型邮轮入坞总装，航运高端装备制造频创新纪录

2020年11月，我国首艘大型邮轮在上海外高桥造船有限公司迎来坞内连续搭载总装，标志着我国大型邮轮实现了从整体设计、生产建造到实船总装搭载的里程碑式跨越。

沪东中华船厂于2020年4月拿下卡塔尔石油公司一份总额超过200亿元人民币的液化天然气（LNG）船队建造合同，创我国船舶出口新纪录。9月，沪东中华船厂为法国达飞海运集团建造的全球首艘23000标箱双燃料动力集装箱船在长兴岛造船基地命名交付。“超长船坞＋超级订单＋超大船舶”，意味着上海国际航运中心的高端装备制造能力不断“进阶”。

六、长江口南槽航道治理一期工程投运，优化集疏运体系努力不止步

2020年6月，长江口南槽航道治理一期工程整体通过交工验收，投入试运行。这标志着长江口在现有12.5米深水主航道的基础上，再添一条优质辅助航道，形成了“北主南辅、相得益彰”的良好态势。

2020年6月，沪苏湖铁路开工建设。7月，沪苏通铁路正式开通运营。10月，上海首个内河航运综合性水上服务区——上海宣桥水上服务区投入营运。12月，位于浦东新区的赵家沟东段航道建成，具备Ⅳ级航道通航条件。从水路到铁路，上海国际航运中心优化集疏运体系从不止步。

七、上海出口集装箱结算运价指数发布，现代航运服务业踏浪前行

2020年11月，上海航运交易所正式发布上海出口集装箱结算运价指数（SCFIS）。该指数的推出为我国开展航运运价指数期货创新探索奠定基础。

2020年，上海海事法院首次适用英国判例法审结一起与船舶佣金支付有关的涉外合同纠纷。10月，上海海事法院与中国船东互保协会签署《合作备忘录》，在全国范围内首推“船舶扣押预担保”

新举措。

八、洋山特殊综合保税区一期通过验收，航运制度创新向纵深挺进

2020 年 5 月，洋山特殊综合保税区（一期）通过海关总署等八部委联合验收组验收，成为我国 151 个海关特殊监管区中唯一的特殊综合保税区，具有“一线放开，二线管住”的特点，在监管制度上有诸多创新，是国内目前开放程度最高的海关特殊监管区。

得益于洋山特殊综保区的制度创新，2020 年 7 月，丹麦得斯威国际货运公司采购的汽车零部件等货物与其它货物重新拼箱后顺利出口，标志着国内首单跨关区国际中转集拼业务试单完成。8 月，中远海运发展股份有限公司所属“新洋山”轮完成相关登记手续，成为中国（上海）自由贸易试验区临港新片区揭牌后首艘“中国洋山港”籍船舶。11 月，上海达飞国际船舶管理有限公司获颁“海洋船舶船员服务机构资质证书”，成为上海第一家取得海员外派业务资质的外商独资企业。

九、全球航运业务网络股东协议书签署，绿色智慧港航加速到来

2020 年 2 月，中远海运集运、上港集团等船公司和码头运营商完成全球航运业务网络（GSBN）股东协议书签署，标志着航运业首个区块链联盟 GSBN 向着正式成立迈出重要一步。4 月，中远海运集运联合上港集团、中远海运港口、青岛港集团等，运用区块链技术成功实现无纸化进口放货应用。9 月，上港集团在沪宣布成立“长江港航区块链综合服务平台”。

上海港岸电设施改造超额完成任务，累计完成 65 套岸电设施和 68 个专业化岸电泊位改造建设，岸电覆盖率达到 79%。

航运科技链接港口、航运和贸易，清洁能源技术助推港航业可持续发展，上海国际航运中心加快转型升级，绿色智慧的上海港正加速向我们走来。

十、第十六个中国航海日主会场系列活动在沪举办，航运文化助力航运强国建设

2020 年 7 月 11 日，以“携手同行 维护国际物流畅通”为主题的 2020 年中国航海日论坛在上海北外滩举行，同时还举办了舰船开放、帆船展示、航海嘉年华和上海国际航运中心建设成果展等一系列丰富多彩的活动，弘扬航运文化。

探索航运强国建设的星辰大海，离不开航运文化的引领。2020 年，海贸国际海事颁奖典礼首次落户上海，体现了国际港航业对上海国际航运中心地位的认可。中国航海博物馆在 2020 年荣获文博界最高荣誉——国家一级博物馆。

来源：新华社

上海跨境贸易便利度全球第五，未来将继续压缩口岸合规成本、合规时间

1月2日，在上海市政府优化营商环境3.0方案的新闻发布会上，上海市商务委副主任申卫华表示，在跨境贸易便利度方面，上海将对标新加坡和韩国等先进国家的标准，进一步加大改革力度，压缩上海口岸的合规成本、合规时间，争取在众多的海运经济体中走在前列。

口岸营商环境是上海市整体营商环境的重要组成部分，跨境贸易便利度是航运中心建设的重要指征，也是国际贸易竞争力的重要体现。

在世界银行近日发布的 2020 年《营商环境报告》中，中国跨境贸易指标排名从 2019 年的第 65 名提升至第 56 名，超越了日本、巴拿马、新西兰等 9 个进出口为海运的国家和地区，其中上海跨境贸易便利度在具有可比性的海运经济体中已经排在全球的第 5 名。

申卫华透露，今年，上海出台了优化口岸营商环境、提升跨境贸易便利化的专项行动方案，主

要措施有优化口岸流程、推进单证“无纸化”、优化监管、降低口岸费用、提升服务可预期五个方面。

在优化口岸流程方面，上海将在“两步申报”的模式下进一步改革，所谓“两步申报”模式就是企业原来到海关申报需要一次性完成申报，申报事项105项。未来，上海的企业仅申报9个基本项+2个确认项，就可以将货物提离。对于需要进线管制或检验检疫的商品、需要税款担保的商品，在增加申报N个项目后也可以将货物提离，提离以后在一定时间内再按照海关的要求再进行完整申报，这一措施可以优化整个口岸的进口作业流程。

在单证“无纸化”方面，上海将进一步推进无纸化“入境货物检验检疫证明”“提货单换单委托书”“电放保函”等单证，以提升企业的便利度。

在优化口岸监管方面，上海海关将鼓励企业进行“提前申报”，因为企业“提前申报”的申报数据会因各种原因出现相应的差错，所以上海将逐渐完善对企业的容错机制，比如对于进港时间变更、船期变更、运输工具变更等的内容减轻免除或者不予处罚。申卫华说，“实行容错机制能够节约企业的时间，顺应港航、海关查验各方面的流程改造。如今，洋山港的出口提前申报已经实现100%”。

在降低口岸费用方面，2019年，上海为减轻企业负担，已完成2.4亿退费。未来，上海将进一步落实“港口建设费”地方留成部分的退费。

在提升服务可预期方面，上海将进一步提升全流程透明度，发挥海关的疑难报关单窗口的咨询作用，为企业解决各种疑难问题，使企业实现全程可预期性。

此外，上海国际贸易单一窗口是上海在世行测评中最主要的得分点之一。

如今，单一窗口已经实现了十大功能、53个地方应用，22个相关部门都已经进入单一窗口，为上海4万多家企业和全国近30万家的进出口企业服务。上海国际贸易单一窗口已经不仅仅是上海的单一窗口，也是全国的单一窗口。

申卫华指出，“单一窗口不仅解决了企业在口岸报关所需要的货物申报、运输工具申报、许可资质办理，还实现了很多地方性的特色服务功能”。

2020年，上海将进一步对标国际，实现上海单一窗口“标准功能－特色服务－第三方应用”三位一体的一站式贸易服务。

所谓“标准功能”是把目前标准版单一窗口的行政许可、相应的运输工具申报等统一在上海单一窗口办理，实现和国家的对接。同时结合上海地方需求，深化地方特色服务、贸易合规等相关功能，并在单一窗口中实现这些功能。

此外，上海要让企业、国家与第三方的应用在单一窗口上实现对接，进一步落实收费透明度、产品追溯等功能，把上海单一窗口打造成政府办事窗口、国际贸易服务窗口、企业利用和应用大数据新技术的窗口。

具体来说，首先，上海单一窗口将承接临港新片区贸易监管制度创新工作任务，同时与临港的数据应用功能进行对接，完成辅助进出口的各种应用开发。

其次，上海将推进长三角区域单一窗口的信息资源和业务功能融合，形成长三角的单一窗口平台。再次，上海将结合进博会的溢出效应，把国际贸易单一窗口当中的区块链技术应用到进口博览会商品保税展示销售中。

最后，上海将与东盟、欧盟等地的电子口岸申报接口对接，实现信息的互联互通，帮助企业实现“一次申报、全球通关”，使上海单一窗口成为全球贸易网络互联互通的节点。

来源：中国港口网

上海口岸开辟国际邮件运输“空改海”新模式 缓解空运运力不足

近日，中远海运旗下超大型集装箱轮“室女座”搭载约45.7吨重的国际邮件，从上海盛东码头出发，驶向希腊比雷埃夫斯港。这批国际邮件装载在12个40呎集装箱内，将在比雷埃夫斯港进行中转，最终送至以色列海法港。“室女座”是一艘2万箱级别的集装箱轮，也是中远海运集装箱航线上，第五艘化身“邮政快递员”的巨轮。4月10日，该公司与中国邮政携手开辟国际邮运“空改海”新模式。当天，两艘搭载着中国邮政物资的中远海运集装箱船从上海出发分别驶向日本和新西兰。目前这一海上新邮路已包含上海至日本、新西兰、以色列、巴西等国家和地区的航线。近期，这一业务还将拓展到国内其他口岸。

中远海运为国际邮件开辟了绿色通道，实时对接中国邮政的提空箱、装箱、重箱进港、海关放行等信息动态。同时，公司将装有邮政物资的集装箱配载于最方便卸船的位置，确保货船抵达目的港后，优先安排卸船、及时完成交付。上海邮政方面表示，通过海上新邮路运输的，基本都是受航空运力紧张，以及无有效航班导致滚存的邮件。截至4月27日，上海邮政已与中远海运等航运企业合作，通过海运寄送了239大箱、1小箱，共计1万多袋、1486.9吨国际邮件。

来源：商务部网站

全力优化营商环境 上海洋山口岸实现监控数字化、管控“触角”延伸

今年，虽经历新冠肺炎疫情冲击，但上海洋山港率先复苏：3月，生产运营已恢复正常，至7月底，洋山港单日吞吐量达到71398标箱。其中，洋山四期自动化码头以1.6万标箱刷新了码头昼夜作业记录，提振了经济信心。

搭建信息高速公路；推进码头视频监控数字化改造，为口岸管控安装“千里眼”，采取高效便捷办事方式，洋山边检部门为口岸安全运营提供了强力保障，提升口岸综合竞争力，助力优化营商环境。

记者3日走访了作为洋山口岸建设的参与者和管理者——洋山边检站。今后，洋山口岸将切实打通“窗口”“卡口”“梯口”信息断点，推进推船舶梯口智能抵进监控系统、卡口管理系统和人员精准管控系统等建设。

洋山边检站站长龚耀接受中新网记者专访时透露，该站启动新一轮综合勤务模式改革，建成了智能指控一体化平台，升级人脸比对和测温功能模块。边检部门实现了对一线警力、执勤车辆和靠港外轮等信息的综合实时掌控，扩展了边检卡口管理系统部署范围。

据了解，2019年8月，中国（上海）自由贸易试验区临港新片区正式揭牌。作为全国唯一的特殊综合保税区，洋山港实施具有较强国际市场竞争力的开放政策和制度。随着长三角一体化战略的推进，如今，洋山港汇集了近80条国际班轮航线，覆盖6大洲、4大洋，集装箱年吞吐量从2005年的324万标箱激增至2019年的1980万标箱。每天数万个集装箱从这里运往全世界。统计数据显示，洋山边检站年查验入出境（港）船舶数量从开港的2000余艘次增长至9100余艘次，船型从第四代、第五代的5000-8000标箱级集装箱船升级到最新一代24000标箱级超级集装箱巨轮。

据龚耀介绍，在新模式下，通过智能指控一体化平台，洋山边检站勤务指挥中心实现了扁平化、

可视化指挥，可灵活调配一线警力。作为海港边检，大量数据需要通过网络传送处理。洋山边检站协调码头企业拓宽东海大桥专用光纤通路，架起了“信息高速公路”，提升了信息传输速率。

据了解，在视频监控数字化改造中，边检部门先后完成了码头现场等多处联动监控中心的建设，接入了辖区各码头及执勤点共 90 路数字高清监控视频，大大增强了灵活性。

东海绿华山锚地是上海港唯一具备过驳减载、待泊补给、半潜作业和避风抢险条件的综合锚地，被称为“国际锚地”。每天有大量国际航行船舶在此作业，如何堵塞管控漏洞、加强搭靠船舶及人员管理，成为紧迫课题。龚耀表示，技术革新为口岸管控装上了“千里眼”。

据介绍，洋山边检站在锚地减载平台、交通艇及物资供应运输船舶上架设远程实时视频图传系统，通过部署多个移动监控点实现锚地视频电子巡检，进一步延伸管控“触角”。如今，民警在屏幕前只需轻点鼠标就能看到35 海里外东海锚地的实时画面。

龚耀告诉记者，目前洋山边检站正推进船舶梯口智能抵进监控系统等建设，运用大数据和结构化分析手段，实时、精准掌握进出港区和登离轮的人员信息、位置，切实打通信息断点，强化对登离轮人员全程监管。这样，民警可以把更多精力转向后台核查、数据排查等工作。

边检部门打造“八个办”：“马上办、网上办、预约办、靠前办、接力办、协同办、限时办、一次办”，这些举措进一步优化营商环境，提升口岸综合竞争力。2020 年以来，“马上办”为靠泊洋山港的国际航行船舶累计节约了 1000 多小时的作业时间 ；“一次办”累计为海工企业节约拖轮费用近百万元人民币（下同）；“网上办”使 6500 余名办证人员免去了窗口奔波，特别是新冠肺炎疫情发生以来，网络申办登轮证、搭靠外轮许可证等比例达到了 95% 以上……

今年 3 月 9 日，疫情期间，洋山港还成功破解中国船员换班难题，率先开启船员调换封闭式转运通道，至今已帮助 3200 余名中国船员登离轮换班，助力航运业复工复产。

来源：中国新闻网

世界“船王”来了！全球最大集装箱班轮靠泊上海洋山港

5 月 3 日 22:00 时，单船载箱量为 2.4 万标准箱级的“现代阿尔赫西拉斯”轮靠泊洋山港四期 5 泊位，再次刷新洋山港超大型集装箱轮靠泊的历史纪录。洋山边检站协同其他口岸联检单位，在严密各项疫情防控措施的前提下，保障这座海上巨无霸快速装卸作业。

去年 7 月，2.3 万标箱级集装箱轮“地中海古尔松”号靠泊洋山港，洋山港成为世界上少数能够靠泊这一个级别集装箱轮的港口。今年以来，地中海航运公司旗下已下水运营的 11 艘同级别集装箱巨轮，先后 21 次靠泊洋山港。洋山港的集疏运体系已能够成熟接卸此级别集装箱巨轮。

洋山深水港因大船而生，是上海专门为适应船舶大型化趋势而建设的深水良港，是上海打造国际航运中心的旗舰工程。亚洲东部集聚了世界最强的船舶工业和最为密集的深水良港，几乎所有新建下水的超大型集装箱轮都会选择挂靠洋山港，使得靠泊洋山港集装箱轮的船型和载箱量记录不断刷新，且更新频率越来越快。

大船进港，考验的是港口负荷容量和集装箱快速处理能力。超大型集装箱轮靠港往往能使整个码头迅速忙碌起来。码头需要在 48 小时内聚集到三四千辆集卡及五十多列火车，对吊机长度、装卸速度、作业人员、车辆疏导、堆场面积、公路网络、海铁联运等整个集装箱疏运体系和调度能力都是一个考验。以接卸 5000 个集装箱计算，就需近 1.9 万平方米堆场，1100 多辆集卡，占用 9.3 公里道路。

洋山港具备良好的区位优势，背靠长三角腹地，周边密集的制造企业提供着源源不断的箱量来源和广阔市场。18 米的水深条件，350 万平方米的堆场面积，32.5 公里的东海大桥，世界最大的单体自动化码头，以及陆域芦潮港海铁联运枢纽及密如蛛网的公路运输网络……除了这些先天优势外，洋山港并不缺后天努力，多次刷新集装箱装卸作业速度的世界记录，停靠再大的船也不在话下。而随着大量新造巨轮纷纷下水运营，洋山的枢纽港地位日益突出，集装箱吞吐量在上海港的占比稳步走高。

除了良好的硬件保障外，软实力也尤为重要。洋山边检站等口岸管理单位，全力保障洋山这个世界大港始终保持一流的吐吞水准，提升上海作为国际航运中心的吸引力和竞争力。去年，“地中海古尔松”轮靠港，洋山边检站亮出“六个办”移民管理工作品牌，多措并举提高通关效率。此次新船王“现代阿尔赫西拉斯”轮靠港，洋山边检站的工作品牌已经升级为“马上办、网上办、预约办、靠前办、接力办、协同办、限时办、一次办”等“八个办”，并根据新冠病毒疫情形势融入常态化防控措施，既注重疫情防控又兼顾通关效率。

“船王”抵港前，洋山边检站加强与船舶代理及上一港沟通联系，运用大数据提前核查船舶轨迹和船员行程，了解全船船员信息和健康状况，通过网络为船舶办理入港边检手续，减少窗口聚集和非必要接触。船舶靠港期间，洋山边检站协同口岸运营企业加强船舶在港期间监管，严格岸基人员登轮管理，确保船岸人员无直接接触。船舶离港后，洋山边检站将及时把相关信息通报下一港边检站。

据悉，“现代阿尔赫西拉斯”轮为亚欧航线班轮，在沪装卸完 4400 多标箱后将驶往深圳盐田港，之后还将满载着货物带着前往欧洲。

来源：上观新闻

上海口岸助基建“大家伙”远渡重洋

自上海罗泾码头起航、满载着 1929 件重达 8313 吨的水泥生产线项目用货物的“LEYI 号”，近日终于抵达阿尔及利亚。这批货物将用于当地迄今最大水泥建设工程。正是这批货物的及时到港，确保了项目可按原计划于今年 9 月完工。今年以来，克服全球复杂疫情影响，我国一批又一批自主品牌大型设备，逆风远渡“一带一路”沿线国家，参与当地重大项目建设，其中至少 30% 从上海起航。

运往埃塞俄比亚的变压器、出口约旦的燃气联合循环电站用管束、用于雅万高铁的盾构机……今年以来，上海口岸高频出口“大家伙”，且无不用于“一带一路”上的大项目。3 月，一批毛重 87.6 吨的轮式起重机、水泥搅拌车、泵体等设备从上海罗泾码头出发，前往非洲喀麦隆，这批货物将用于我国援建喀麦隆国民议会大厦项目；5 月，又一批镀锌钢管和构件，从上海张华浜码头出发，前往印度尼西亚，用于华电集团玻雅项目建设。该项目是印尼最大的坑口电站工程，建成后，年发电量将达 90 亿千瓦时。

上海张华浜、罗泾码头地处黄浦江北段沿线，距长江最近仅 3 公里，区位优势明显。我国第一批国际集装箱运输航线就在此开辟，集装箱吞吐量在上海港全港一度占比高达 90%。不过，随着 2005 年洋山深水港开港，张华浜和罗泾码头集装箱份额逐年减少，目前已降至不足 1%。但与此同时，随着“一带一路”倡议的深入实施，两码头逐渐挑起中国制造“大块头”件杂货出口重任，2018 年以来已保障了超过150万吨的中国制造出口“一带一路”沿线30余个国家和地区。

今年疫情发生以来，我国自主品牌克服重重困难努力出口，一方面，尽可能将疫情对我国参与“一带一路”沿线重大工程进度的影响降到最低；另一方面，又把握住海外疫情不确定性中所蕴含的机会。如今年5月底，重量超过1200吨、我国迄今出口的最大重量履带式起重机，从上海发往土耳其，用于当地风电安装。此台起重机的制造方中联重科透露，受疫情影响，欧洲工厂赶不上交货日期，土耳其客户转而向中国采购，后续还有两台起重机也将从上海发出。

记者了解到，出口“一带一路”的大型基建设备普遍体积庞大、结构复杂、货值高昂，如出口土耳其的起重机，出发前需拆分成173个部件才能上船。另外，腾挪这些“大家伙”非常耗时，全球疫情又导致航线变化大，对装船时间要求紧迫，这需要海关监管更高效。为此，负责监管张华浜、罗泾码头货物出口的吴淞海关定制多项便利措施，设置“一带一路”专窗服务，提前掌握企业出运计划，同时开辟“绿色通道”，实现物流与海关通关无缝衔接。对于年出口“一带一路”货物货值在1000万美元及以上的大型企业，由专员一对一跟进，如针对科大重工的皮带机、上海锅炉厂的锅炉出口等，海关专员会提前介入了解工程方案图、设施图等，指导企业清晰规范申报。另外，考虑到“大家伙”行动不便等特点，海关设计了随到随查、视频巡查、船边直装等便利举措。

根据海关总署最新数据，今年上半年，我国与“一带一路”沿线国家合计进出口4.2万亿元，尽管同比下降0.9%，但降幅明显低于我国外贸整体3.2%的跌幅。其中，身为我国基建设备出口“一带一路”主战场的上海口岸功不可没。最新数据显示，今年前6个月，上海关区对“一带一路”国家和地区进出口7224亿元人民币，占全国对“一带一路”进出口比重达17.2%。

来源：新华网

上海海关打造长三角航运“流动加油站”：外轮停靠上海港补给浙江舟山油料

9月3日，在上海港外高桥二期码头，1800吨来自舟山岙山保税库的跨关区直供高硫燃料油，正缓缓地从中石化浙江舟山石油有限公司旗下“渤海供7”号轮上，加注到外轮“OOCL LONDON”的船舱中。

通常，上海港靠泊的船只大多只停靠一个潮水的时间（约12个小时），这样一来靠港船舶时常要面对“加油难”、“油料供应量不足”等困扰，如何高效进行燃油补给就成了摆在上海船供企业面前的一大难题。

上海海关所属虹口海关了解到这一情况后，向企业推广了海关支持长三角一体化发展的重点举措——跨关区直供业务。该业务有效连接了上海港数量巨大的集装箱船舶受油需求和舟山港储备丰富、种类齐全的保税油存储资源。

供油企业只需要向启运地海关申报一次油料出库，装油船即可直接到受油地为船舶供油，避免了转库等二次物流以及由此产生的费用、分销库仓储费用等，显著降低运营成本，同时也减少油料二次入库而造成的损失。通过“送油上门”服务，打造出“黄浦江上流动的加油站”。

得益于长三角海关之间“保税油跨关区直供”业务的常态化开展，类似这样靠泊上海港的外轮加注来自舟山油料的情况已成为常态。

船舶停靠在上海港加油。图片来源：上海海关8月30日就有2艘外轮“SITC YANTAI”“JUDITH SCHULTE”分别在外高桥四期码头和洋山港一期码头接受供油。今年截至8月底，中石化浙江舟山石油有限公司已累计为215艘次靠泊上海港的外轮供油。

“近几年，受到原油走势、经济指数、地缘政治、以及新冠疫情这样的突发公共事件等众多因素影响，国际船舶运输企业面临了生存的压力，巨额亏损和破产时有发生。为缓解企业压力，同时帮助更多航运船东共渡难关，我们公司不断寻求有效缩减运营成本的方法。”中石化浙江舟山有限公司上海分公司负责人介绍。

该负责人表示“在上海海关和杭州海关的大力支持下，我们公司顺利开展了‘保税油跨关区直供’业务，也就是从舟山的岙山保税油库直接向停靠在上海港的国际航行船舶加注保税燃油，这一模式有效利用了两地区位优势，规避了上海港码头紧张等因素造成的不利影响，节省了油品二次入库及发货等物流环节，该业务从2015年开展至今，已经累计为我们节约费用4000余万元。”

市场链打通了，供应链也要同步更上。

为抢占低硫保税燃油全球市场高地，中石化舟山石油有限公司位于上海高桥的液体保税仓库和出口监管仓库急需扩大库容规模，并为此向海关提出国际航行船舶保税低硫油燃供所涉“出口监管仓”和“保税仓”功能整合的申请。上海海关稽查处、虹口海关积极回应企业意愿，短时间内对企业资质、存储条件等进行勘验，同意企业扩库申请，批复同意“两仓整合”，并帮助企业针对新仓库建立起一整套完善的监管方案，为企业后续经营提供了信心。

来源：中华航运网

进口商品最快当天送达！淘宝全球购“上海仓”开仓

9月16日，中国最大电商平台淘宝全球购上海外高桥跨境保税仓宣告正式开仓。该“上海仓”由上海市外高桥国际贸易营运中心有限公司（下简称“营运中心”）与淘宝全球购合作推出，将为全球中小品牌跨境电商提供“硬支撑”，成为盘活国内国际两大市场的新引擎。

作为淘宝全球购国内首批跨境仓之一，上海仓日订单处理能力在5000单以上。未来，外高桥将进一步促进跨境电商多元化发展，着力提升跨境业务中心仓功能，构建“上海购物，外高桥供货”模式。

全球购供应链以“小时”计算

当天下单 当天收货

中午，小布在淘宝全球购上海外高桥跨境保税仓内看到，工作人员正在扫描包裹上的订单号，同步在电脑屏上显示的上海跨境公服平台正在比对该笔跨境订单各类信息，系统发出“通关放行”指令后，仓库另一边的工作人即开始打包出区发货。

据仓库相关负责人蔡俊说“现在正在处理的订单，有些是国内消费者上午下单的，我们这里收到订单信息后，最快3小时内我们就可出仓发货，江浙沪买家最快估计当天就能收到货物。”

该跨境仓库位于上海外高桥保税区日樱北路255号，是保税区唯一一个拥有IS027001信息安全体系认证的跨境保税仓。该仓距洋山深水港60分钟车程，浦东机场30分钟车程，外高桥港15分钟车程。

与一般的保税仓库有何不同？营运中心副总经理吴鹏说，该仓库作为淘宝指定的跨境仓，可为千万跨境商家和企业提供从海外运输、进境申报、货物储存、一件代发、快递配送、分销运营等全供应链服务。

“我们的系统都是和淘宝对接的，因为从货物流到信息流形成了闭环，在购买时，消费者也不需再输入身份证，确保了信息的安全，”吴鹏说，“目前仓库合作的全球购卖家有上百个品牌，这意味着通过指定跨境仓的进口商品在监管方式上是规范的，对消费者来说更有保障。”

拉长板 补短板

构建“上海购物，外高桥供货”模式

贸易线上化已成为当下新经济形势下的趋势，越来越多企业选择开启跨境电商的外贸新征途。根据上海市跨境电商公服平台数据统计，2020 年 1-6 月，保税区域（未包含原洋山保税港区）跨境电商订单申报总量超过 630 万单，同比增长 37.75%，占全市比重从原来的 40% 提高到 42.75%；交易总额超过 19.6 亿元，同比增长 58.15%，占全市比重 50.73%。

在火爆“生意”的背后，对于那些虽然在国外有着良好的口碑与销量，但在国内缺乏知名度的中小品牌来说，想进入中国市场，仍面临不少的门槛。

作为全国第一个国家进口贸易创新示范区，保税区域已经集聚了跨境电商产业所需要的硬条件。此次淘宝全球购跨境仓落地外高桥，在营运中心副总经理陈逸峰看来，将拉长以往的保税仓储物流等长板，同时补全线上贸易产业链的短板，你在外高桥看到的虽然是冷冰冰的仓库，但仓库里堆的都是全球纷至沓来优质的产品，也是各个国际中小品牌进入中国的渠道，我们将构建‘上海购物，外高桥供货’的模式。”

活动现场，营运中心分别与淘宝全球购、景通中国、卓悦中国、波奇网进行了现场签约。据悉，保税区内还将建立外高桥海外优选商品直播基地等。

来源：浦东发布

4350 万标箱！上海港蝉联世界第一

全年集装箱吞吐量实现 4350 万标箱。其中，国际中转完成超 530 万标箱，同比增长超 14%；水水中转比达到 51.6%，同比增长约 3%……2020 年，上海港收到了一份振奋人心的成绩单——集装箱年吞吐量连续 11 年蝉联世界第一。

2020 年年初，全国港口生产运营因疫情受到严重影响。面对疫情初期外贸受阻的困境，上港集团全力拓展内贸集装箱业务。集团成立了洋山、外港、内贸三大集装箱片区，以片区为工作单元推动集装箱业务发展；对长三角货源地箱货情况进行深入调研分析，与船公司紧密协作，实现“港、航、货”三方联手。2020 年，上海港内贸吞吐量总和突破 600 万标箱，同比增长约 15%。

2020 年 4 月开始，上海港集装箱吞吐量跌幅收窄。进入三季度以后，海内外市场货物需求进一步增大，上海港集装箱吞吐量止跌回稳，增幅达 2.4%。

面对海外市场，上海港坚持“防疫情、保通畅”工作思路，推出七项集装箱增长专项措施，落实国际中转装卸费优惠、国际中转箱堆存减免期延长、海铁联运清关箱优惠等项目，努力实现促增量、稳存量；鼓励船公司加大空箱调运力度，为国内企业货物出口打通海运服务链。

来源：中华航运网

2020年上海大力推进“五大中心”建设

2020年，上海将大力推进国际经济、金融、贸易、航运和科技创新等“五个中心”建设，这是15日开幕的上海市第十五届人民代表大会第三次会议上传出的消息。

具体来说，上海将基本建成综合经济实力雄厚、产业能级高、集聚辐射能力强的国际经济中心；基本建成与我国经济实力以及人民币国际地位相适应的国际金融中心，集聚各类重要金融机构，加快建设全球资管中心，大力发展金融科技，基本形成具有国际竞争力的金融机构体系。

上海还将基本建成在全球贸易投资网络中具有枢纽作用的国际贸易中心，优化货物贸易、服务贸易结构，做大转口贸易、离岸贸易、数字贸易，加快形成进出口并举、内外贸并重的贸易发展新格局。

具有全球航运资源配置能力的国际航运中心也将在2020年基本建成。上海将着力发展海铁联运、水水中转，加快建设外高桥铁路进港专用线和大芦线等内河航道，基本形成现代航运集疏运体系。促进航运要素和功能性机构集聚，推动航运运价指数期货上市，基本形成现代航运服务体系。

同时，上海还将形成具有全球影响力的科技创新中心基本框架。上海要制定实施科技创新中心建设深化方案。加快组建国家实验室，建成并开放软X射线、活细胞成像平台等大科学设施，全面启动张江科学城第二轮82个项目建设，加快形成张江综合性国家科学中心基础框架。

2020年，上海还要促进创新链与产业链深度融合，全面实施集成电路、人工智能、生物医药“上海方案”，集聚高水平研发机构，加快形成一批聚焦关键核心技术、具有国际先进水平的功能型研发转化平台。并且，推进张江国家自主创新示范区建设，支持大学科技园做大做强，加快形成一批引领产业发展的科技创新中心重要承载区。

来源：新华社

3.2 自贸区物流

3.2.1 中国（上海）自由贸易试验区概况

2013 年 8 月，国务院批准设立中国（上海）自由贸易试验区（以下简称“上海自贸试验区”）。上海自贸试验区面积 28.78 平方公里，涵盖上海外高桥保税区、上海外高桥保税物流园区、洋山保税港区和上海浦东机场综合保税区等 4 个海关特殊监管区域。

2015 年 4 月，国务院印发《进一步深化中国（上海）自由贸易试验区改革开放方案》。上海自贸试验区实施范围扩展至 120.72 平方公里，涵盖上海外高桥保税区、上海外高桥保税物流园区、洋山保税港区、上海浦东机场综合保税区 4 个海关特殊监管区域（28.78 平方公里）和陆家嘴金融片区（34.26 平方公里）、金桥开发片区（20.48 平方公里）、张江高科技片区（37.2 平方公里）。

2017 年 3 月，国务院印发《全面深化中国（上海）自由贸易试验区改革开放方案》，上海自贸试验区的建设目标为：到 2020 年，率先建立同国际投资和贸易通行规则相衔接的制度体系，把自贸试验区建设成为投资贸易自由、规则开放透明、监管公平高效、营商环境便利的国际高标准自由贸易园区，健全各类市场主体平等准入和有序竞争的投资管理体系、促进贸易转型升级和通关便利的贸易监管服务体系、深化金融开放创新和有效防控风险的金融服务体系、符合市场经济规则和治理能力现代化要求的政府管理体系，率先形成法治化、国际化、便利化的营商环境和公平、统一、高效的市场环境。

2019 年 7 月，国务院批准增设中国（上海）自由贸易试验区临港新片区，规划范围 119.5 平方公里，发展目标是：到 2025 年，建立比较成熟的投资贸易自由化便利化制度体系，打造一批更高开放度的功能型平台，集聚一批世界一流企业，区域创造力和竞争力显著增强，经济实力和经济总量大幅跃升。到 2035 年，建成具有较强国际市场影响力和竞争力的特殊经济功能区，形成更加成熟定型的制度成果，打造全球高端资源要素配置的核心功能，成为我国深度融入经济全球化的重要载体。

来源：自贸区和特殊区域发展司

3.2.2 2020 年度相关统计数据

2020 年保税区域进出口情况

2020 年，外高桥保税区完成进出口额 1330.4 亿美元，同比增长 4.1%，其中进口额 1004.8 亿美元，增长 3.7%，出口额 325.7 亿美元，增长 5.0%。外高桥保税物流园区完成进出口额 31.2 亿美元，同比下降 4.0%，其中进口额 14.8 亿美元，增长 19.3%，出口额 16.3 亿美元，下降 18.5%。洋山保税港区完成进出口额 132.5 亿美元，同比增长 5.5%，其中进口额 89.7 亿美元，增长 11.2%，出口额 42.8 亿美元，下降 4.8%。浦东机场综合保税区完成进出口额 97.5 亿美元，同比下降 6.3%，其中进口额 47.4 亿美元，下降 16.2%，出口额 50.1 亿美元，增长 5.4%。

四区合计完成进出口总额 1591.7 亿美元，同比增长 3.3%，其中进口额 1156.8 亿美元，增长 3.4%，出口额 434.9 亿美元，增长 2.9%。

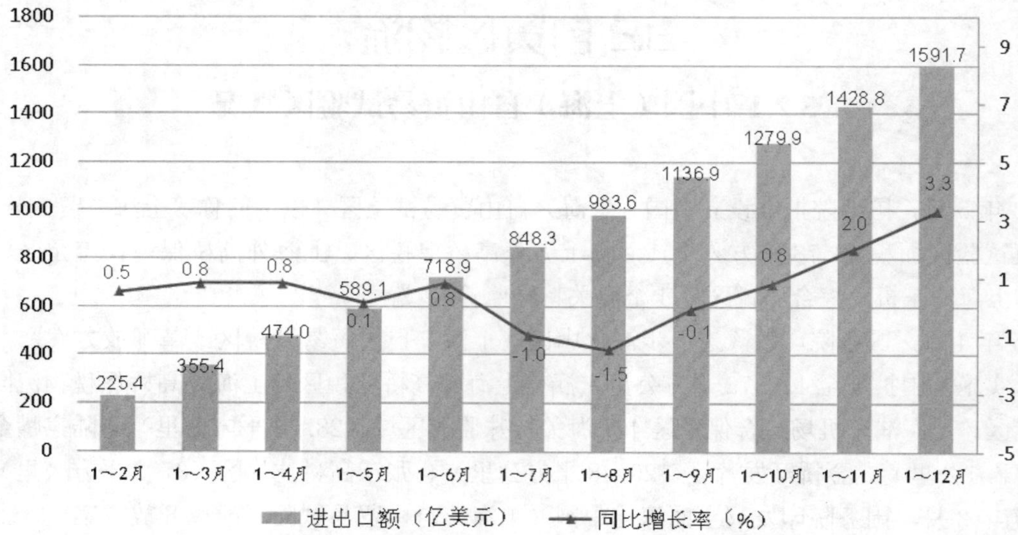

来源：海关总署网

3.2.3 2020 年上海自贸区重要政策

2020 年上海自贸区海关政策梳理

2020 年，有关部门全力支持防疫物资出入境便利化与企业安全有序复工复产，“国际贸易单一窗口”建设深入推进，“金关二期”系统不断优化完善。外高桥等海关特殊监管区域持续发挥创新先锋作用，推进“两步申报”、“提前申报、运抵验放”、专业贸易平台通关检疫便利化等海关综合监管措施先行探索，在全国率先开启“淘宝全球购”跨境仓及“淘分销”模式，促进具有区域功能特色的新兴业态集聚发展。

2020 上海自贸区海关相关重点政策包括但不限于：

● 2020-12

上海国际贸易单一窗口货物申报对接版（信天翁）“两段准入” 操作手册发布

2019 年 10 月 16 日，海关总署发布《关于分段实施准入监管 加快口岸验放的公告》（海关总署公告 2019 年第 160 号），自 2019 年 11 月 15 日起正式实施，通过对进口货物分段实施准入监管，加快货物口岸通关验放速度。“两段准入”监管作业改革是海关全面深化业务改革 2020 的重要任务之一，是进一步优化口岸营商环境，促进贸易便利化的重要举措。

● 2020-11

关于调整加工贸易禁止类商品目录的公告（商务部 海关总署公告 2020 年第 54 号）

商务部和海关总署对加工贸易禁止类商品目录进行调整。将《商务部 海关总署 2014 年第 90 号公告》加工贸易禁止类商品目录中符合国家产业政策，不属于高耗能、高污染的产品以及具有较高技术含量的产品剔除，共计剔除 199 个十位商品编码。同时，对部分商品禁止方式进行调整。调整后的加工贸易禁止类商品目录仍按《商务部 海关总署 2014 年第 90 号公告》有关规定执行。自 2020 年 12 月 1 日起实施。

关于发布《进出口税则商品及品目注释》修订内容（第六、七期）的公告（海关总署公告 2020 年第 118 号）

近期，世界海关组织协调制度委员会对《商品名称及编码协调制度注释》部分内容进行了修订，为此，中国海关对《进出口税则商品及品目注释》相关内容同步进行修订并发布。自 2020 年 12 月 1 日起实施。

关于全面禁止进口固体废物有关事项的公告（生态环境部商务部　国家发改委　海关总署公告 2020 年第 53 号）

海关特殊监管区域和保税监管场所（包括保税区、综合保税区等海关特殊监管区域和保税物流中心（a/b 型）、保税仓库等保税监管场所）内单位产生的未复运出境的固体废物，按照国内固体废物相关规定进行管理。海关特殊监管区域和保税监管场所外开展保税维修和再制造业务单位生产作业过程中产生的未复运出境的固体废物，参照第三款规定执行。

《上海市关于推进贸易高质量发展的实施意见》（“36 条”）

全面推广进口货物“两步申报”通关模式，外高桥港区全面实施出口货物“提前申报、运抵验放”模式；继续发挥“疑难报关单专窗”作用，解答疑难单证问题。进一步压缩出口退税办理时间。在自贸试验区海关特殊监管区域探索通过电子账册、信用监管、风险监控等集成化制度安排，完善海关综合监管模式；深化长三角海关高质量一体化改革，优化货物转运流程，推广集团保税监管模式；积极推进海关特殊监管区域整合优化，推动沿江各海关特殊监管区域间货物便捷流转。

《关于本市贯彻落实国务院办公厅〈关于进一步做好稳外贸稳外资工作的意见〉的政策指引》

政策指引明确将推广进口货物“两步申报”通关模式。所谓“两步申报”，指第一步概要申报与第二步完整申报。加工贸易和海关特殊监管区域内企业以及保税监管场所的货物申报在使用金关二期系统开展“两步申报”时，第一步概要申报环节不使用保税核注清单，第二步完整申报环节报关单按原有模式，由保税核注清单生成。启动“两步申报”试点同时保留现有申报模式，企业可自行选择上述二种模式之一进行申报。

● 2020-09

淘宝全球购外高桥跨境仓正式开仓

9 月 16 日，淘宝全球购上海外高桥跨境仓开仓仪式暨淘分销招商会在外高桥举行。此次开仓的外高桥 42# 跨境电商仓库由外高桥集团股份下属营运中心公司为淘宝全球购旗下供销平台“淘分销”量身打造，是“淘分销”上海唯一指定的官方合作仓。“淘分销”旨在连接境外品牌和淘宝卖家，帮助没有分销渠道的品牌快速铺货至淘宝 c 店，让没有货源的 c 店店主快速找到货源，让更多国内消费者足不出户，买遍全球。

● 2020-08

上海国际贸易单一窗口与“一网通办”深度融合

上海国际贸易单一窗口不断探索与“一网通办”的深入对接，目前已实现与“一网通办”用户体系的深度融合。用户可以通过点击“一网通办”官网的“国际贸易单一窗口”图标，进入上海国际贸易单一窗口界面。

● 2020-06

金关二期加工贸易管理系统申报攻略

金关二期加工贸易管理系统监管平台上线以来，不断简化加贸手册业务手续，但对于不熟悉系统的企业来说，常出现申报却被退单的情况。阅读权威申报攻略，提升申报入库成功率。

● 2020-04

浦东新区和上海海关签署合作

上海海关与浦东新区再次携手，推出 7 项措施支持浦东发展，其中多次提及外高桥，内容包括支持浦东范围内海关特殊监管区域分类整合优化，支持外高桥保税物流园区转型升级为综合保税区，支持做强外高桥专业贸易平台，进一步培育更多千亿级销售规模商品品类，支持自贸试验区国别（地区）商品中心等指定场所探索便利化检疫监管新模式等。

三部委发布公告：试点扩大内销 选择性征收关税

自 2020 年 4 月 15 日起，将《财政部 海关总署 国家税务总局关于扩大内销选择性征收关税政策试点的通知》（财关税〔2016〕40 号）规定的内销选择性征收关税政策试点，扩大到所有综合保税区。海关特殊监管区域内，加工贸易企业申请内销时，需按规定缴纳进口环节的增值税、消费税。进口关税可以选择按其进口料件或制成品来缴纳。利用该项政策，企业可以自主合理地降低税负。目前，这项政策已在全国 40 个海关特殊监管区域内实施，其中 24 个是综合保税区，此次试点扩大至全国 113 个综合保税区，更多企业将从中受益。

● 2020-03

《关于应对新冠肺炎疫情支持外贸企业稳定发展的政策措施》

对企业复工复产急需进口的原材料、零部件、机器设备等产品设立通关“绿色通道”。对因疫情影响，产生的企业延迟交货、退换货等情况，及时办理手续，提供相关便利；导致的报关单修撤，不记录报关差错。企业开展分送集报、集中内销、深加工结转、保税展示交易等业务时，申报时限可在原来基础上顺延 1 个月。本市疫情防控期间，对加工贸易企业（含海关特殊监管区域内企业），因防疫需要延迟复工造成加工贸易手（账）册超过有效期（核销周期）的，可延期办理，事后补充提交有关材料。加工贸易手（账）册项下深加工结转、内销征税等各类申报业务超过规定时限的，可延期办理相关手续。

《关于推动服务外包加快转型升级的指导意见》

逐步将服务外包有关事项纳入国际贸易“单一窗口”；加强对服务外包企业的信用培育，引导更多规范守法的服务外包企业成为海关经认证的经营者（aeo）企业；有序增加服务外包示范城市，在确保有效监管和执行相关税收政策的前提下，研究支持对服务外包示范城市“两头在外”的研发、设计、检测、维修等服务业态所需进口料件试点保税监管等。

● 2020-02

海关总署公告 2020 年第 17 号、第 18 号、第 21 号

为全力防控疫情，最大程度减轻企业运营压力，海关发布系列政策，确保用于新型冠状病毒感染的肺炎疫情的捐赠物资快速通关，临时延长汇总征税缴款期限和有关滞纳金、滞报金事宜，临时延长加工贸易手（账）册核销期限和有关注册登记备案事宜等。

来源：外联发商务咨询

上观号作者：中国上海自贸试验区

我国唯一一个特殊综合保税区发布88条支持政策

6月2日，《洋山特殊综合保税区产业发展和空间布局规划》和《关于促进洋山特殊综合保税区对外开放与创新发展若干意见》正式发布。《若干意见》以建设国际竞争力和影响力最强的自由港为目标，聚焦货物和资金的高效便捷流动，深化制度创新；聚焦国际供应链管理、国际高端制造及相关服务业、跨境综合服务业三大重点产业，从贸易监管、金融创新、重点领域政策创新和财政扶持、综合保障等八个方面，提出了88条综合支持意见，提高企业运作效率，降低企业运作成本。

一线放开，区内自由

实施高标准的贸易自由化便利化方面，洋山特殊综合保税区将实现“一线”充分放开。除法律法规要求必须进行申报的外，“一线”对于不涉证、不涉检的货物，采用径行放行，企业可以直接提货、发货；“二线”由以往区内外企业双侧申报制度改为区外企业单侧申报制度。

特殊综保区区内高度自由。海关取消账册管理，不要求区内企业单独设立海关账册，免于手册核销、单耗管理等海关常规监管，对区内企业实行企业自律管理，海关不干预企业正常经营活动。企业可依法开展中转、集拼、存储、加工、制造、交易、展示、研发、再制造、检测维修、分销和配送等业务。货物在洋山特殊综合保税区内不设存储期限。

区内还将构建法治化、国际化的营商环境。试行商事主体登记确认制。境外知名仲裁及争议解决机构经市司法行政部门登记并报国务院司法行政部门备案后，可在区内设立业务机构，就国际商事、海事、投资等领域发生的民商事争议开展仲裁业务。

特殊综保区将建设一体化信息管理服务平台，以“协同监管+风险预警+政务服务+增值服务”为核心功能，建设涵盖管理机构、行业主管部门、区内企业和相关运营主体的一体化信息管理服务平台，为企业提供货物贸易、跨境电商、数字贸易、金融保险、航运服务、增值服务等一站式贸易自由化便利化服务，为政府部门间协同监管、联防联控与创新服务提供支撑。借助平台，支持金融机构运用一体化信息管理服务平台的增信功能，探索基于区块链等技术的大宗商品仓单质押融资、供应链金融等业务和监管创新。

推进跨境金融创新发展

推进跨境金融创新与发展方面，洋山特殊综保区将促进跨境资金自由使用。研究开展自由贸易账户本外币一体化功能试点。区内外商直接投资企业资本金等直接投资活动相关的资金在自由贸易账户内不设专户管理，可自由兑换、自由使用。在不导致税基侵蚀和利润转移的前提下，探索试点自由贸易账户的税收制度安排。区内企业从境外募集的资金、符合条件的金融机构从境外募集的资金及其提供跨境服务取得的收入，可自主用于区内及境外的经营投资活动。

特殊综保区还将创新跨境金融服务。试点开展境内贸易融资资产跨境转让业务。支持区内企业开展区内与境内区外各类业态的贸易采用人民币计价结算，银行可按境内贸易融资资产跨境转让的方式提供人民币贸易融资并进行跨境转让。支持银行通过自由贸易账户按照风险可控的国际通行原则，为区内企业拓展国际供应链管理、国际高端制造及相关服务业、跨境综合服务业等相关业务，提供全生命周期、客户化适配性强的跨境及国际金融服务。

此外，特殊综保区将加大对重点金融机构和业务的培育力度。支持金融机构在依法合规、风险可控的前提下，参照国际通行规则，为区内企业和非居民提供跨境发债、跨境投资并购和跨境资金集中运营等跨境金融服务。

拓展国际供应链管理服务

拓展国际供应链管理服务方面，洋山特殊综合保税区将巩固提升现代物流服务。对从事国际航运、仓储、物流、运输业务的企业和从事国内货物运输、仓储、装卸搬运业务的企业，根据每年的综合贡献度，给予一定的奖励。支持发展航空物流、冷链物流、精密物流等高端物流仓储业。

特殊综合保税区将培育发展国际中转集拼业务。进一步完善启运港退税相关政策；扩大中资方便旗船沿海捎带政策实施效果，研究在对等原则下允许外籍国际航行船舶开展以洋山港为国际中转港的外贸集装箱沿海捎带业务；支持浦东国际机场开展航空中转集拼业务，实行更加便利的海关监管制度；对从事国际中转集拼业务、开展跨境租赁集装箱等航运业务、从事集装箱、航空货物等国际中转业务的企业，及搭建国际中转集拼服务中心、保税船供物资服务平台、保税船供燃料油服务平台等功能性市场或专业贸易平台，给予最高 1000 万元的资金支持。

特殊综保区还将支持发展国际船舶登记业务及相关业务，支持构建多式联运体系。

培育国际高端制造及相关服务业

培育国际高端制造及相关服务业方面，洋山特殊综合保税区将支持发展国际研发设计。对在区内布局建设创新中心、工程技术中心、研发中心、重点实验室、企业技术研究院等国际研发机构，以及符合重点产业导向的市级及以上众创空间、孵化器的的，将给予总额最高 2000 万元的资金支持。

特殊综合保税区将创新发展国际高端制造业，支持加工制造类企业推进技术改造，给予最高 5000 万元的资金支持；培育壮大高端检测维修和绿色智能再制造，鼓励建设检测维修和绿色再制造中心，鼓励设立汽车整备中心，鼓励设立船舶能耗数据中心。支持开展航空航天、船舶、轨道交通、工程机械、数控机床、通讯设备、精密电子等产品入境维修和再制造，提升高端智能再制造产业国际竞争力。对搭建保税研发设计、保税维修检测、船舶能耗数据中心等平台的企业，经管委会认定，根据运营绩效评估，给予最高不超过 200 万元的一次性支持。

特殊综保区还将提升区外重点产业贸易自由化便利化水平。对国产大飞机项目，探索由企业自主管理试飞期间零部件及设备的加装、拆卸等作业，实行事后向海关报备管理模式。简化试飞期间零部件、设备进口、退返维修、升级、再进口流程。

“政策从优”，普遍适用

洋山特殊综合保税区还将促进跨境综合服务业发展，依托国家赋予的贸易、金融等领域的政策优势，支持发展离岸贸易、跨境金融服务、国际大宗商品交易、总部经济、跨境电商、高端消费品保税展示交易等；提高综合服务水平，支持引进境内外高端人才，支持搭建公共功能型平台，建立健全一体化服务体系，完善招商引资激励机制。

自贸试验区、综合保税区和临港新片区所有政策均适用于洋山特殊综保区。同时，上海市出台的政策，对企业和人才的支持力度优于本意见相关规定的，洋山特殊综保区按照“政策从优”原则，普遍适用。

同日发布的《洋山特殊综合保税区产业发展和空间布局规划》结合洋山特殊综合保税区产业发展现状、资源禀赋和政策优势，明确产业发展思路与目标，提出重点产业和洋山特殊综合保税区芦潮港、小洋山岛以及浦东机场南部各区块产业空间布局，着眼于在岸业务和离岸业务统筹发展，重点培育国际供应链管理、国际高端制造及相关服务业、跨境综合服务业三大产业；努力到 2035 年，打造国际中转集拼中心、国际分拨及配送中心、国际订单及结算中心、全球销售及服务中心、跨境数字贸易中心、全球检测维修和绿色再制造中心、高端研发和制造中心、国际金融资产交易中心、国际大宗商品现货交易中心、国际融资租赁交易中心等“十大中心”，为探索建设具有中国特色自由贸易港提供更多实践样本。

来源：上观新闻

3.2.4 上海自贸区物流业年度综合情况

上海自贸区七周年：潮起长江口，再逐新高地

从长江入海口极目远眺，巨轮满载货物驶向全球；向西回望，林立的高楼勾勒出城市美丽天际线。这片热土，就是中国首个自贸区——中国（上海）自由贸易试验区（以下简称上海自贸区）。

“建设自由贸易试验区是党中央在新时代推进改革开放的一项战略举措，在我国改革开放进程中具有里程碑意义。”

2013 年 9 月 29 日，上海自贸区挂牌成立。今年 9 月 29 日，上海自贸区迎来挂牌七周年。7 年的坚守与执着，上海自贸区交出了一份亮眼的“成绩单”。据中山大学自贸区综合研究院成果显示，上海自贸区位居全国自贸区制度创新总体排名第一、省级综合排名第一。

自贸区“雁阵”中，上海“头雁”效应明显：在国家层面向全国或特定区域复制推广的 260 项制度创新成果中，有 124 项为上海自贸试验区首创或与其他地方共同总结形成。国际贸易“单一窗口”“证照分离”改革、自由贸易账户等，已经成为上海自贸区深化改革开放的亮丽名片。

7 年来，上海自贸区栽种下的“开放之苗”，如今已硕果累累；率先实施的制度创新，进入常态化运作；更新的业态，正在加速成长。

企业是自贸区改革最生动的品牌和名片

种下梧桐树，引得凤凰来。7 年来，上海自贸区成为开放创新“风口”，得到一批全球顶尖创新资源的青睐。截至 2020 年 6 月底，上海自贸区累计新设外资企业 1.2 万户，占浦东新区新设外资企业的 77%，占比从自贸试验区挂牌初期的 5% 上升到 20% 左右。

企业，是上海自贸区改革最生动、最有说服力的品牌和名片。2019 年 9 月 26 日，上海自贸区成立以来引进的首家外商参与投资的综合性医院——上海阿特蒙医院，经过数年建设，正式在外高桥落成开院。据介绍，该院是 2013 年上海自贸区成立时，引进开展中德两国医疗领域合作、落实自贸区服务业对外扩大开放的重要医疗项目，伴随第一份负面清单应运而生。

位于浦东金桥的瑞伯职业技能培训有限公司也深有同感。根据 2018 年德勤国际财富管理中心的统计，瑞士在财富管理竞争力、财富管理规模、财富管理业绩上均排世界第一。“我们的成功，与历来优秀的财富管理教育培训体系分不开。”公司投资方——瑞士金融理财规划商学院院长菲利克斯·霍拉赫说，近年来，越来越多中国人富起来了，财富管理的需求迅速增长，财富管理人才缺口日益凸显。

然而，之前由于管制等原因，外资难以进入中国金融培训领域，上海自贸区给“菲利克斯们”开了一扇窗，由于不在负面清单限制内，他的申办计划很快通过审批。“上海自贸区商务委批文，两天就下来了。人社局审批，一周内办妥！”瑞伯公司总经理钟科很惊叹，“就连现在我们租用的这块场地，也是在上海自贸区金桥管理局的引荐下快速找好的。”

申请、批准、授权、兴建...... 每个环节都高效对接与服务，打消了外商投资者们心中的疑虑，促成了投资。“感谢中国政府的大力支持。”

截至 2020 年 6 月底，上海自贸试验区率先试点的 54 项扩大开放措施累计落地企业项目 3392 个。

制度创新成为经济高质量发展“催化剂”

改革开放是上海最大的优势。从全国第一个自由贸易试验区，到第一份外商投资准入负面清单，上海在贸易和投资自由化便利化、金融开放创新等方面先行先试，为我国全面扩大开放探索新途径、

积累新经验。

上海自贸区建设7年来，按照党中央、国务院的决策部署，“大胆试、大胆闯、自主改”，在中央部委和相关部门的大力支持下取得了丰硕成果，一大批首创性制度诞生在上海自贸区，并复制推广到全国。

改革千头万绪，必须抓好其中“牵一发而动身”的地方。从上海自贸区1.0方案中的“加快政府职能转变”，到3.0方案中的“提升政府治理能力先行区”，政府自身的改革始终是自贸区建设的核心内容。在上海自贸区企业服务中心，有一项独特的“窗口无否决权”制度：工作人员“说YES不请示，说NO要报告”。不设障碍设路标、不打回票打清单、不给否决给路径——这一窗口让更多创业梦想成真。

上海在线新经济企业盒马鲜生是这项制度的受益者。盒马的“新零售业态”有卖场、餐饮服务，还有网络下单配送。面对这种“四不像”，上海自贸区没有简单说NO，而是和企业认真探讨，将食品销售和餐饮服务同时纳入经营许可证，并首次把互联网功能业态加入其中。“自2016年在浦东率先落地以来，盒马已在全国的数十个城市开出60多家门店。”盒马鲜生总裁侯毅说。

“自贸试验区是国家的试验田，不是地方的自留地；是制度创新的高地，不能成为优惠政策的洼地；是苗圃，不是盆景”——从2013年挂牌之日起，上海自贸区就通过对标国际最高标准、最好水平，不断推出营商环境的“升级版”。7年多来，上海自贸区的面貌发生了很大改变，但建设者们一门心思“再创业”的劲头没有改变，跑出了营商环境“自贸区速度”。

新兴产业快速发展，区域经济结构转型未来可期

上海自贸区制度创新也进一步激发了市场创新活力和经济发展动力。新兴产业快速发展，保税区域经济结构也在不断优化。从企业设立情况看，截至2020年5月底，自贸试验区累计新设立企业6.5万户，7年来新设企业数是前20年同一区域企业数的1.8倍。

贸易便利化改革效应正持续显现，2019年自贸试验区完成进出口总值1.48万亿元，同比增长4.4%，占全上海比重43.6%，其中出口4493.5亿元，同比增长3.8%，进口1.03万亿元，同比增长4.7%。

从经营收入情况看，新兴产业已成为保税区域较为稳定的经济增长点。2019年，租赁服务收入完成266亿元，增长15%；技术服务产业实现服务收入276亿元，增长10%。创新药物研发企业和大数据服务企业增长超过20%。

上海自贸区也有力推动了浦东转型发展。数据显示，2019年，浦东新区地区生产总值超过1.27万亿元，同比增长7.0%；财政总收入4316亿元，同比增长1.2%；一般公共预算收入1071亿元，同比增长0.5%。

在首届进博会开幕式上，习近平总书记强调支持自贸试验区深化改革创新，持续深化差别化探索，加大压力测试，发挥自由贸易试验区改革开放试验田作用，鼓励和支持上海在推进投资和贸易自由化便利化方面大胆创新探索，为全国积累更多可复制可推广经验。

随着临港新片区的火热建设，上海自贸区这块“试验田”始终坚定不移地实施国家战略，推动各项改革任务全面落地，在建设国际一流水准的自贸区道路上勇往直前。相关负责人表示，下一步，将按照中央要求，对标国际上公认的竞争力最强的自由贸易区，在推进投资和贸易自由化便利化方面大胆创新探索，系统实施具有较强国际市场竞争力的开放政策和制度，形成更具国际市场影响力和竞争力的特殊经济功能区，把自贸试验区建设成为新时代改革开放的新高地。

乘风破浪，正当其时。站在全国改革开放的前沿和窗口，上海自贸区创造了诸多敢为人先的记录，为全国贡献了“上海经验”。深信，加速驶向世界经济的海洋，自贸改革未来更可期。

来源：中国上海自贸试验区

一目了然！来看上海自贸区最新建设情况

在近日举行的区六届政协第四十一次主席会议上，浦东新区政府通报了上海自贸试验区最新建设情况。

今年以来，上海自贸试验区“大胆试、大胆闯、自主改”，坚持首创引领，扎实推进《全面深化方案》的各项改革任务和年度重点工作。

加强改革系统集成

今年以来，上海自贸试验区紧紧围绕改革创新系统集成的要求，持续深化投资和贸易便利化改革，进一步激发市场活力和创新动力，率先试点企业名称登记告知承诺制，将企业名称登记速度从改革前的“一天”提升到“实时”；出台市场监管制度创新“新十条”措施，试行“住所告知承诺制”，将“工位登记”制度的适用范围也扩大至浦东新区全区经认定的167家孵化器和众创空间。

在持续深化贸易便利化改革方面，金桥综合保税区正式揭牌，加快复制推广自贸试验区贸易便利化措施。上海国际贸易“单一窗口”上线“海外物资捐赠系统”，推广应用出口退税功能。国内首个跨境工业电商项目——近铁公司品牌半导体企业跨境电商项目上线运作。

此外，离岸贸易、数字贸易等新业态、新模式加快发展。中国（上海）自由贸易试验区离岸转手买卖产业服务中心启动运作，推动离岸转手买卖常态化、规范化、规模化发展，区内已有47家中外资企业获得离岸转手买卖支付汇兑便利支持，占全市比重超过90%。《推进浦东新区跨国公司地区总部高质量发展若干措施》16条发布。截至2020年6月底，浦东新区累计吸引落户跨国公司地区总部344个，占全市近一半。

进一步转变政府职能

深入推进“证照分离”改革全覆盖试点，推出拓展非特化妆品备案“全程不见面审批”、代理记账许可审批“告知承诺”、上海自贸区保险分支机构设立、迁址、撤销管理由审批改为备案、预包装食品经营许可改备案制等改革试点举措。

2019年7月31日“一业一证”改革正式启动。首批10个试点行业涵盖便利店、体育健身场馆、饭店等与群众生活相关的领域，随后拓展到43个区级事权行业全覆盖，总体实现审批时限压减近90%，申请材料压减近70%，填表要素压减超60%。

同时，智能化监管应用场景加快建设中，依托“六个双”相关海量监管数据，运用人工智能、大数据、云计算等现代信息技术，构筑经济领域重大风险防范化解体系，加快建设危险化学品、建设交通、重点产业、金融服务和农林牧渔等72个智能监管系统并推动实战化运行，逐步实现可视化、智能化、协同化和精准化全过程监管。

会议透露，下一步，上海自贸试验区将全面推进改革、开放、创新、发展，力争在首创性制度创新、首创性项目落地上取得新突破，力争在全面强化“四大功能”上体现新作为，在全国自贸试验区的大格局中保持先发优势。

来源：浦东发布

上海港集装箱吞吐量连续 11 年世界第一

海港贸易逆势攀高。从上海海关获悉，2020 年，上海港全年集装箱吞吐量逆势达到 4350 万标准箱，连续 11 年位居世界第一。在《新华—波罗的海国际航运中心发展指数报告（2020）》排名中，上海首次跻身国际航运中心排名前三。这背后离不开上海海关坚持新发展理念，持续优化口岸通关监管服务，拓宽、畅通了港口贸易发展的“新航道”。

去年初，疫情防控最吃劲的时候，在上海外高桥港区，上海海关所属外港海关坚持生命至上、特事特办，为防疫物资开辟“绿色通道”。抓好常态化疫情防控工作同时，外港海关充分发挥口岸监管优势，聚力“六稳”工作和“六保”任务，制定《支持企业复工复产稳增长促发展细化方案》和《进一步支持企业复工复产和产业链稳链补链的 9 项细化措施》，大力推进“两步申报”　“两段准入”　“无陪同查验制度改革”等改革举措，把惠企便企举措落到实处，助力市场主体纾困发展，为稳外贸促发展发挥了积极作用。目前，上海外高桥港日均有 1.8 万辆集装箱卡车出入港区，近 30 艘次大型集装箱船抵离港口。

随着国内企业步入复工正轨，吴淞海关落实外贸领域供给侧改革要求，积极开展技术帮扶，助力企业应对国际竞争。对于大型项目货物进出口，发挥“关企联络员”作用，多方联络、协调沟通，制定科学的监管预案和个性化服务措施，做到“一项一策”、科学高效。

在临港新片区，特斯拉上海超级工厂为人称道的不仅是特斯拉“百公里 3 秒的加速度”，还有一个新奇迹：疫情期间特斯拉在全球唯一一个不停工的工厂。“不仅没有停工，而且得到‘加速’。”特斯拉上海超级工厂相关人员坦言，给企业提供加速度的，是洋山海关创新的“一汽呵成”服务模式。

除常规特快措施外，改革集成是“一汽呵成”的亮点：从传统申报到“两步申报”新模式，从汇总征税到自报自缴，一系列创新举措率先在新片区企业推广应用，让特斯拉等区内企业尝到甜头、跑在前头。据悉，疫情期间，特斯拉在洋山海关进口整体通关时间不仅没有增加，反而降至不到 4 小时。与之对应的，特斯拉也实现了从进口汽车零配件到出口“上海造”整车的飞跃。

“一汽呵成”还减免税费助企业轻装上阵。去年初，某企业给洋山海关寄来一封特殊“求助信”：该企业采购的 2 台民用航空发动机在春节前抵达洋山港，受疫情影响未能按时申报，产生滞报金 50 余万元，寻求海关帮助。

航空发动机是我国推进高端装备制造业发展的重要抓手，高额滞报金成了“拦路虎”。洋山海关迅速启动支持企业复工复产工作预案，安排专人对接，落实海关总署《关于应对疫情影响促进外贸稳增长的十条措施》，顺利办理了滞报金减免手续，助力企业轻装上阵。去年，上海洋山港集装箱吞吐量首次突破 2000 万标箱，再创历史新高。

来源：《文汇报》

持续发力！保税区域项目建设快马加鞭

日前，位于上海自贸区浦东机场综合保税区 A3 地块的智能物流中心定制库项目提前实现主体结构封顶。

该项目主体结构封顶是一个里程碑，更是一个新的起点，在接下来的建设中，现场实施的重点将转入二结构墙体砌筑、机电安装、室外总体施工，以及近铁客户的AutoStore自动化仓储配套货架设备安装多工种之间的交叉施工的新阶段。

该定制库项目作为浦东机场综保区内首个定制化示范性自动化项目，由近铁国际物流（KWE）负责营运，通过引进瑞士SWISSLOG公司自动化高密度存取AUTOSTORE系统，搭配协作机器人、AGV等自动化设备，将实现货物作业区100%无人化操作，极大提高货物仓储、发运效率，减少人力成本和作业差错率；并大幅度提高项目的整体智能化程度、空间利用率及运行效率，实现物流领域的技术飞跃，从而进一步巩固浦东机场在国际物流分拨中心方面的地位。

智能物流中心定制库项目建筑面积12648.7平方米，于2019年10月启动开工建设。尽管年初突如其来的新冠疫情的严重影响了正常的施工进度安排，但是作为保税区域的重点项目，区域专门制定扶持计划帮扶复工，以最严标准、最高要求、最细举措落实各项防控工作，安排服务专员进企业、进工地、进项目，发放“保税区管理局疫情防控告企业书”和“区域企业复工复产疫情防控指南”，着力解决复工企业“急忧愁盼”问题，积极打通人流、物流、资金流堵点，确保员工回得来、原料供得上，克服重重困难，最终较原计划提前了11天完成了主体结构封顶，为后续顺利交付奠定了扎实的基础。

智能物流中心定制库项目是浦东机场综保区进一步提升科技创新功能，走向“智慧化”“科技化”的标志。该仓库将为物流行业智能化转型升级提供了经验与实例，让更多的企业能直观地感受到科技创新带来的优势与效益，促进区内企业加快转型升级，全面优化和提升服务技术，集聚越来越多创新能力强、附加价值高、竞争力强的优质企业在保税区域，共同推动保税区域科技创新与经济同步发展，将保税区域发展推向更高水平、更深层次。

良好的营商环境是推动发展的重要因素。作为上海自贸试验区的先发区域和核心区域，未来，保税区域将打造“一站式”服务平台，让企业足不出保税区域就可以获得最顶尖的创新土壤、最一流的人才支撑、最先进的技术合作、最完善的配套服务。同时，进一步加快推动产业项目、总部项目、创新平台及营商环境配套设施的集聚和发展，为区域打造更具国际竞争力的营商和投资发展环境，推动保税区域实现更高质量发展。

来源：智慧自贸区

全球唯一！亚太冠军！外高桥跻身全球第四大自由区

近日，国际权威机构英国《金融时报》旗下的FDI杂志对全球1200多个自由贸易园区2019年度指标进行测评，外高桥保税区入围全球十大自由区（Top 10 Global Free Zones）前四，同时斩获区域整体实力奖（Overall Regional Results）：亚太区冠军（Winner - Asia-Pacific）、中小企业整体实力奖（Overall SME Results）：亚太区冠军（Winner - Asia-Pacific）、大客户欢迎奖（Large Tenant Awards）：亚太区高度评价奖（Highly Commended - Asia Pacific）、特别奖项（Specialism Category Awards）：生命科学奖（Life Sciences）四大重量级奖项。

此次评选，外高桥保税区跻身全球第四大自由区并斩获区域整体实力奖（Overall Regional Results）：亚太区冠军（Winner - Asia-Pacific），这足以证明外高桥保税区正在逐步赶超全球其他自由贸易园区，并真正成为亚太地区最佳自由贸易园区。

外高桥保税区是全国第一个保税区，于1990年6月经国务院批准设立，规划面积10平方公里。

历经30年的创新发展，这里从一片芦苇地，如今已发展成国内经济规模最大，业务功能最丰富的海关特殊监管区域，也是全国第一个“国家进口贸易促进创新示范区”，更是全球具有国际竞争力的投资热土，国内同类型区域经济发展的领头羊。

外高桥保税区坐拥得天独厚的条件，更有国家政策保驾护航。这里战略优势明显，毗邻上海港，与上海“五大中心”建设联动；背靠长江三角洲城市群，与长三角一体化重大区域战略布局联动。这里产业优势集聚，以贸易业为核心支柱产业，叠加发展生命健康、数据中心、智能制造服务、电子信息、高端消费等特色产业，形成了产业集聚效应。这里服务优势突出，独特的“三位一体”（管理局、开发主体和驻区职能部门协同）服务机制，配套金融、法律、环保、人才、知识产权等系列服务。

近年来，外高桥保税区全面深化各项制度创新举措，区域投资和贸易便利化水平不断提高，国际化、法治化、便利化的营商环境逐渐完善，国际知名度和影响力持续提升。

2020年《中国海关》杂志发布的《2019年中国进口企业200强》、《2019年中国出口企业200强》两份榜单中，外高桥共有17家次企业上榜，其中12家企业上榜2019年中国进口企业200强，合计进口额达2520.6亿元；5家企业上榜2019年中国出口企业200强，合计出口额达1070亿元。而在2019年上海市开发区综合评价报告显示，外高桥保税区经济规模在全市108家开发区中排名第一。

近年来，外高桥保税区通过积极培育总部企业拓展高能级产业形态，鼓励区内总部企业贸易升级，积极发展离岸贸易、新兴贸易等接轨世界经济的贸易形态，培育决策性战略职能，促进区内总部企业投融资融合，整合亚太区投资决策、资金管理等增强资源配置竞争力的战略职能。截至今年9月，区内已认定118家跨国公司地区总部，企业涵盖面广，竞争力强，具备了较强的集聚辐射和资源配置功能。

据统计，2019年，外高桥保税区共完成进出口额8819.6亿元，比上年增长7.4%，占全市25.9%。其中进口额6680.7亿元，增长8.8%，占全市32.9%；出口额2138.9亿元，增长3.2%，占全市15.6%。

作为上海建设国际贸易中心的重要载体、国际航运中心的核心区域、国际金融中心的重要突破点，如今外高桥保税区注册企业数已达3万家，从业人员数27.9万人，6类商品进口额占全国比重超过10%，在全球230余个国家和地区中，外高桥保税区投资企业与221个国家和地区发生进出口业务往来，世界各地企业纷至沓来，共享高水平开放、高质量发展红利。

这些成绩的取得都足以证明外高桥保税区这个离世界最近的地方，依然是上海、全国乃至世界投资、创业的最佳热土。

2020年是浦东开发开放30周年，也是外高桥保税区三十而立之年。未来，保税区域将认真贯彻落实习近平总书记提出的加快形成“以国内大循环为主体，国内国际双循环相互促进”的新发展格局理念，对标国际最高标准、最好水平，持续推进改革创新系统集成，进一步提升区域整体营商环境，努力在建设最高标准、最好水平自由贸易园区方面继续走在前列，率先打造新发展格局的自贸区样板。

来源：保税区管理局

上海自贸区启动全球营运商计划

日前，上海自贸区启动“全球营运商计划（GOP）”，松下电器全球采购（中国）有限公司现场获颁营业执照。首批41家企业与保税区管理局签署“全球营运商计划（GOP）”战略合作备忘录。

“全球营运商计划（GOP）”是在上海建设卓越的全球城市和浦东打造社会主义现代化建设引领

区的背景下，上海自贸区主动谋划、创新推出，并在上海自贸区保税区域率先实施的助力企业成长成为“全球营运商”的长期培育计划，由保税区管理局牵头，驻区职能部门、开发主体和区内企业共同参与。

全球营运商是指运作范围至少覆盖两大洲，营运模式至少涵盖贸易、投资、分拨、研发中的一种，面向全球、运作全球和配置全球的高能级功能总部。该计划旨在进一步集聚高能级的市场主体、高层次的人才、全球性的资金，推动企业做大市场、做大增量、做强能级，巩固并强化上海自贸区在新发展格局下的重要枢纽、通道和平台功能，力争用3-5年时间，培育一批在贸易、投资、供应链及研发等方面可以汇聚和配置全球资源的优质企业；用5-10年时间，培育一批真正意义上的全球营运“头部”企业，在细分领域内占据全球统筹领导地位，在全国乃至世界范围内形成引领示范效应。

全球营运商计划将改变过去由政府发布支持意见的单向扶持方式，根据每一个培育对象的个性化需求，由政府与企业双向沟通、共同磋商形成“1＋X”的支持政策包。“1”是专业化的服务支持，“X”是多领域的发展支持。保税区域将从专业化服务、系统性支持和开拓式创新等多个方面，全力推进全球营运商计划。

来源：《经济日报》

上海国际航运中心全球前三：将继续夯实枢纽门户功能，从“基本建成”迈向“全面建成”

长江入海口，全自动集装箱码头昼夜不息；黄浦江两岸，高端航运服务机构争相入驻；一朵航运“数据云”，洞观全球航运市场走势……7月11日发布的《新华－波罗的海国际航运中心发展指数报告（2020）》显示，上海首次跻身国际航运中心排名前三，仅次于新加坡和伦敦。下一步，上海国际航运中心将继续夯实枢纽门户功能、强化资源配置功能、聚焦科技创新功能，从“基本建成”向“全面建成”迈进。

交账之年　优异答卷

“到2020年，上海要基本建成航运资源高度集聚、航运服务功能健全、航运市场环境优良、现代物流服务高效，具有全球航运资源配置能力的国际航运中心。”2009年颁布的《国务院关于推进上海加快发展现代服务业和先进制造业建设国际金融中心和国际航运中心的意见》描摹了愿景。

11年过去了，上海国际航运中心建设进展如何？一系列权威统计数据，汇成一份沉甸甸的答卷：

——航运“巨舰”纷至沓来。

上海汇聚了综合运力规模排名世界第一的中远海运集团、全球最大的造船集团中国船舶集团、全球最大的港口机械装备制造商振华重工，以及国际海事组织亚洲海事技术合作中心等国际性、国家级航运功能性机构。截至2019年年底，全球排名前100位班轮公司中的39家、全球五大船舶管理机构中的4家、国际船级社协会正式成员中的10家、全球排名前5的邮轮企业均在沪设立区域总部或分支机构。

——现代物流为全球网络提供重要支点。

2019年，上海港连续十年位居国际集装箱第一大港地位，浦东机场货邮吞吐量全球第三，吴淞口国际邮轮港成为亚洲第一、全球第四的邮轮母港……如果将全球货流、客流按照活跃度绘制一张网格图，上海是其中最重要的支点之一。

——现代航运服务传递“中国声音”。

除了硬件基础设施，上海的航运“软实力”不断取得突破。当前，上海的船舶险和货运险业务总量全国占比近 1/4，国际市场份额名列前茅。航运信息服务发展迅速，上海集装箱运价指数成为全球集装箱运输市场风向标。上海海事法院和海事仲裁服务机构共同打造国际海事司法上海基地，相关服务全国领先。

“在中央坚强领导下，上海国际航运中心经历了以硬件基础设施建设为主到硬件基础设施和软环境建设并重的发展之路，基本建成了世界公认的国际航运中心。下一步，交通运输部将继续支持上海国际航运中心建设，推动上海建成世界前列的国际航运中心。”交通运输部副部长刘小明说。

开放作楫 创新为帆

“上海将在参与国际航运事务当中实现开放融合发展。我们将致力于推动航运领域更深层次、更高水平开放，促进航运与贸易、金融、科技融合发展，积极参与国际海事技术规则制定，提高上海参与国际航运事务、服务全球的能力。”11日在上海虹口区北外滩举行的2020年中国航海日论坛上，上海市副市长汤志平的一番话，点出了上海国际航运中心建设的密码所在。

开放作楫。为降低国际集装箱中转成本，上海在我国率先启动启运港退税试点，降低我国出口货物的国际海运综合物流成本。落户于虹口的上海航运交易所，首发集装箱运价指数，填补国际空白，并逐步打造包括主要运输市场、“一带一路”、船舶价格等指标在内的“上海航运指数”品牌。

依托上海自贸区建设，上海在航运融资方面大踏步前进。浦东新区航运办副主任董晓玲介绍，截至 2019 年年底，上海自贸区累计设立融资租赁母公司 1400 余家，特殊项目公司近 400 家，累计运营飞机 458 架，船舶 414 艘。

创新为帆。全球瞩目的洋山自动化码头 2017 年开港试运行之际，原上海市城市交通管理局局长刘桂林感慨万千：“过去，百斤重的大包要码头工人一个个扛到船上；现在，码头设施实现了从‘机械’到‘机智’的转变，操作工从蓝领变成了白领。”

创新不只体现在装卸作业，还体现在口岸通关管理的智能化、信息化。从 2018 年开始，上海口岸沿用近 30 年的集装箱设备交接单实行电子化试点，“无纸化”有望每年为企业减少 4 亿元以上的费用，还能实现 24 小时报送、提高报关效率，进而缓解交通拥堵。

破浪前行 拥抱未来

在疫情冲击下，全球经济不确定因素逐渐增多，国际航运市场前景趋于复杂化。从“基本建成”迈向“全面建成”，上海国际航运中心还将继续扬帆。

“应对疫情挑战，中央提出构建国内国际双循环相互促进的新发展格局。双循环必定要有一个通道，这个通道就是港口。目前，上海港和国际贸易的相关性达到 90%。随着居民生活水平的提高，我国的国内贸易一定会大力发展，给上海港带来新的机遇。”谈及未来发展前景，上海国际港务集团董事长顾金山充满信心。

持续推进的长三角一体化，也为上海国际航运中心提供了重要支撑。“长三角世界级港口群是上海国际航运中心的服务对象和重要基础，后者又推动了前者的发展壮大，两者互相促进、互相依存。”上海市交通委员会主任谢峰表示。

中国远洋海运集团有限公司董事长许立荣表示，新一代信息技术与港航生产、管理、服务的深度融合，为上海国际航运中心建设提供了新动力。2020 世界人工智能大会期间，上汽集团宣布，企业自主研发的“5G+L4”智能重卡已经在上海洋山港启动准商业化运营，今年计划完成 2 万个标箱的运输任务。各方合力，将助力洋山深水港建设成为集智能驾驶、智慧物流为一体的现代化港口。

与此同时，今年 5 月揭牌的洋山特殊综合保税区，还将在国际中转集拼、沿海捎带、船舶法定检验等领域，推动更多标志性的开放创新措施先行先试。通过与国际贸易、金融中心和全球科创中心融合发展，上海国际航运中心正破浪前行，迎接新的更大未来。

来源：新华社

上海自贸区临港新片区 36 项海事业务“区内办”

5 月 20 日，上海海事局驻中国（上海）自由贸易试验区临港新片区办事处在临港新片区管委会挂牌成立。上海海事局下放及调整 36 项行政执法事权，推动临港新片区海事业务“区内事、区内办”。

“新片区办事处”的成立，旨在为高标准高质量建设新片区、加快打造更具有国际市场影响力和竞争力的特殊经济功能提供有力的海事服务保障。此次事权下放的重点，在于逐步推进“中国洋山港”籍国际船舶登记工作，争取海员外派机构改革政策在新片区先行试点，在航运公司安全管理体系审核方面逐步推行“证照分离”，便利新片区内的港航单位和船员就近办理相关的证书和申报手续等方面。

上海海事局副局长、上海海事局驻中国（上海）自由贸易试验区临港新片区办事处主任谢开运介绍，以前，这些业务只能到上海海事局政务中心办理，对于一些注册地或者主要营业场所所在地在临港新片区的企业、船舶、船员极不方便，人力、物力和时间成本的消耗直接导致经济成本的增加。此次行政执法事权下放，将最大化便利新片区的行政相对人。

谢开运表示，上海海事局将加大促进临港新片区建设力度，包括缩短新片区行政审批办结期限、推行新片区证明事项告知承诺、进一步降税增补、争取海员外派机构改革政策在新片区先行试点、推动实行更加便利的“中国洋山港”籍国际船舶登记管理制度、进一步优化船舶登记工作流程等。

来源：中国交通新闻网

畅联股份助力丹纳赫打造上海自贸区物流仓库

10 月 21 日，畅联股份与丹纳赫中国生命科学在上海外高桥自贸区举行以“聚焦生命，聚力共赢”为主题的战略合作协议签订及丹纳赫生命科学保税仓库剪彩及挂牌仪式。

此次开幕剪彩仪式标志着，丹纳赫中国生命科学的保税区业务模式正式启动。其将原先分设在中国香港的物流中心迁移至中国（上海）自由贸易试验区，未来将以整合的分析仪器市场战略来迎合中国快速发展的生命科学业务。

在丹纳赫方面看来，供应链的优化和合作，特别是加速本土供应链供给，缩短总体供给时间，是其在加强整体解决方案的同时，提升市场竞争力的重要必经过程

此次，丹纳赫中国生命科学在上海外高桥建立物流中心和保税仓库，将进一步扩大丹纳赫的在华投资，加速供应链供给的时效性和安全性，为国内客户提供更及时、快速的供货服务打下基础。

通过合作，丹纳赫将利用畅联股份在供应链管理方面的经验和技术优势及集约化的整合功能，逐步将集团体系内的物流业务交由畅联股份操作。

畅联股份帮助丹纳赫优化整体供应链水平，提升运营效率，降低运营成本的同时，也将建立在全国乃至与国际接轨的服务网络体系，实现双方共赢。

通过此次战略合作的逐步深入，双方将共同推动上海自由贸易试验区服务功能的拓展，为上海自由贸易试验区乃至浦东新区建设添砖加瓦，为浦东的创新驱动、转型发展做出积极贡献。

丹纳赫中国生命科学总裁李冰表示，在新冠肺炎疫情下，其深刻地感受到，需要在供应链上增加投资，从而加速产品运转，快速交付到客户手中，从而提高和优化整个供应链环节的运行效率。

畅联股份董事、总经理徐峰表示，畅联股份多年来始终为各行各业全球知名的跨国企业提供综合物流解决方案。凭借优秀的服务资源、服务能力以及服务质量，累计为四十余家国际知名医疗企业提供多方位的综合物流服务。

畅联股份具备强大的自主系统开发能力，为诸多客户度身定制并开发各类系统，最大程度满足客户的个性化需求。在为这些医疗客户服务过程中，畅联股份不断累积经验，优化方案，加深及扩大与各客户的合作，成为各大合作医疗客户值得信赖的伙伴。

来源：中国证券网

促进综合保税区高质量发展

市委副书记、市长龚正 12 月 14 日主持召开市政府常务会议，促进本市综合保税区高质量发展，加快新能源汽车产业发展。

会议原则同意《上海市促进综合保税区高质量发展的实施意见》并指出，上海在建设海关特殊监管区域方面起步早、探索力度大，总体发展水平位于全国前列。要在打造中心节点、战略链接中发挥更大作用，推动引导企业以综保区为平台，更好配置资源，深度融入全球产业链、价值链和供应链。要在扩大开放、创新管理中发挥更大作用，对标最高标准、最好水平，将综保区建设成全面深化改革开放的新高地，同时准确把握 RCEP 签署落地等带来的新机遇，创新业务及监管模式。要在提高经济密度、促进经济高质量发展中发挥更大作用，加大政策等保障力度，为综保区发展营造更好环境。

会议原则同意《上海市加快新能源汽车产业发展实施计划（2021-2025 年）》和《关于支持本市燃料电池汽车产业发展若干政策》并指出，新能源汽车正处于大发展时期，上海必须以时不我待的紧迫感，积极抢占产业制高点。要鼓励不同技术路线竞争发展，加快公共领域新能源汽车的应用和充电桩的设施布局，全力打响上海新能源汽车品牌。要做好趋势研判，及时调整政策导向和相关标准。

来源：《新民晚报》

3.3 进口博览会物流

2020 第三届中国国际进口博览会物流保障综合信息

2020 年 11 月 4 日，第三届中国国际进口博览会开幕式在上海举行，国家主席习近平将通过视频发表主旨演讲。11 月 5-10 日，第三届中国国际进口博览会在中国上海举办。第三届进口博览会首次设置公共卫生、非银行金融等新题材，同时，首次开启“边招展、边对接”模式，帮助全球参展商和采购商更好对接。第三届企业商业展将分为四大主题板块，分别是：技术和装备板块、消费品和智慧生活板块、食品和农产品板块、服务和健康板块，将设置服务贸易、汽车、消费品、技术装备、医疗器械及医药保健、食品及农产品 6 个展区。

服务保障

上海已梳理形成第三届中国国际进口博览会接待宾馆酒店名单，并专门制定出台《第三届中国国际进口博览会住宿场所疫情防控管理指引》，确保第三届进博会来宾“住得下、游得好”。上海市卫生健康委员会、上海市文化和旅游局已制定出台《第三届中国国际进口博览会住宿场所疫情防控管理指引》，指导相关宾馆酒店加强场所卫生管理、落实疫情防控要求。

上海机场边检站在浦东国际机场口岸正式启用 14 条进博会边检专用通道。14 条专用通道中，有 8 条位于浦东国际机场 2 号航站楼边检入境大厅。据该站方面介绍，T2 航站楼国际航班较多，从该航站楼入境的参会人员也相对较多，这 8 条专用通道对应一个办理入境边检手续的专区，此举既能确保口岸防控安全，又能保障参会企业嘉宾快速通关。

商务部新闻发言人高峰强调，在疫情常态化防控下，第三届进博会始终把安全放在首位，未来将全力以赴抓实抓细各项筹备工作，确保举办一届安全、精彩、富有成效的进博会。

2020 年 11 月 02 日，在中国上海举办的第三届进博会将如期举办，而且展区面积较上届更大，展馆设置更优。为全力保障服务第三届进博会“越办越好”，上海海关根据海关总署统一部署，聚焦技术创新与服务优化，推出一系列全新的便利化举措。

展前：“无纸通关”助进境再提速

上海海关首次实施展览品进境“无纸化通关”，企业通过“单一窗口”上传电子单证，海关即可进行线上审单放行，让数据多跑路，让企业少跑腿。

展中：销售税收政策更优惠

财政部、海关总署、税务总局近日联合下发《关于中国国际进口博览会展期内销售的进口展品税收优惠政策的通知》。相较往届进博会，2020 年展期内销售进口展品的税收政策亮点频闪。

展后：“展品变商品”给企业更多选择

海关拓展了进博会展览品展后处置途径。对于列入跨境电商零售进口商品清单的进境展览品，在展后转入海关特殊监管区域或保税物流中心（B 型）的，符合条件的，可以按照跨境电商零售网购保税进口商品模式销售，促进展品变商品，进一步扩大进博会溢出效应。

探访第三届进博会物流保障团队：配送车辆每天消杀，指挥中心“升级提速”

“呼叫，沪 XXXXXX 车辆出现故障，请救援车辆赶赴现场进行救援。”“报告指挥中心，预计 7 分钟后到达现场。”

这是位于浦东物流保障指挥中心的一幕。第三届进博会即将到来，连续三年为进博会餐饮配送提供物流保障的领鲜物流已进入高效筹备阶段，并进行着最后的应急演练。24 日起，物流配送团队就将入场，开始为期 20 的保障工作。

指挥中心可视化升级，应急保障车 7 分钟内到发故障现场

今年第三届进博会较去年在面积、参展机构等数据方面均有增长，在如今全民防疫的环境下，这无疑为物流供应商的保障工作带来层层考验。

领鲜物流上海事业部部长徐红峰介绍说，今年我们服务进博会的自有车辆为 30 台，还调出拥有前两届进博会保障工作经验的 40 位一线精英驾驶员，再次服务进博会。“我们会提前进行实地演练，对相关保障供应的企业进行线路排摸熟悉，对系统操作进行全覆盖培训。”

不仅如此，记者在现场看到，和前两年相比，今年指挥中心可视化技术升级，不仅能“看到”所有车辆的实时位置，还有故障和违规操作信息的自动推送。

徐红峰说，一旦车辆出现故障或驾驶员出现违规操作，指挥中心后台及负责人员手机端就能立刻收到信息，屏幕上能呈现该车的驾驶室监控画面、车辆实时位置、车牌号、驾驶员姓名及联系方式等信息，以便第一时间进行相应处置。

据悉，进博会馆内门店商户由领鲜物流负责承运的有 16 家，预计每天将派遣 12 车次，以“上门服务”的方式为分布在全市各区域的供应商仓库提供“提货配送”服务。

“为保障物流车辆每日畅通地运转服务于进博会，今年还特别选址布点了五台应急保障车，一旦物流车辆发生故障，7 分钟内应急保障车可抵达现场。”徐红峰说。

防疫工作是重点，物流车辆每日清洁消杀、一车一账

对于今年的餐饮配送保障，疫情防控工作至关重要。领鲜物流进博突击队队长程东山连续三年参加进博物流配送保障工作。他介绍说，今年我们对所有进出人员实行测温和 “随申码”“国务院行程码” 的二码检测，显示正常方可进场。30 台自有车辆也需每日进行符合要求的清洁、消杀工序，并登记台账，随车记录，随时可查，一车一账，专人负责。

值得一提的是，今年物流保障团队还特别采购了全自动大功率的高压高温蒸汽清洗机，用于为物流车辆杀菌清洁。相关保障人员每 7 天进行一次核酸检测，前后检测次数或多达 4 次。

为了承运展馆内工作人员的供餐提供安全保障，从 2020 年 10 月 24 日 0 点起，物流配送保障工作正式开始，至 2020 年 11 月 12 日为期 20 天。

“20 天我们预计将累计派遣保障车辆 200 次，高峰期将达到每天 20 车，累计工作餐保供 35 万人份，合计约 280 吨。”程东山透露说。

来源：东方网

进博时间 | 中远海运物流深度参与第三届进博会

11 月 5 日，第三届中国国际进口博览会正式开展，吸引了全球目光。在新冠肺炎疫情仍在全球肆虐的特殊背景下，更大展览规模、更靓新品首发、更完美参展体验的背后，也包含了中远海运物流服务第三届进博会的一份努力与贡献。

主场运输亮点纷呈

中远海运物流所属中远海运空运以第一名成绩入选第三届进博会主场运输商，秉持“为展商多想一点、为展商早做一步”的宗旨，制定展品运输、仓储防疫应急措施，了解展商参展计划及需求，做好了展品的集货和分流工作，让展商在提货理货中感受到了更好的服务体验。本届进博会，中远海运物流累计为 310 家展商提供了境内清关、仓储、运输服务，完成 380 票展品入馆就位操作，展品合计 1747 立方米。进博会闭幕后还将为展品提供包装运输、出口订舱、出口清关等端到端、一体化的便利服务。服务客户包括三星、松下、雷克萨斯、雅诗兰黛、耐克、迪卡侬、花王等国际著名品牌。此外，在国际段运输中，共提供 12 票国际空运服务，合计 2171 公斤，展品分别来自美国、日本、加拿大、英国、捷克和奥地利。

特装搭建延续精彩

此次进博会，中远海运物流共为 27 家企业的 31 个展台提供了设计搭建一站式服务，总面积 3207 平方米，共覆盖 8 个展馆。以个性化设计呈现了各企业的国家特色和品牌形象。自 10 月 24 日进场施工以来，在受疫情影响展商未到场监工的情况下，中远海运物流高质高效完成全部展位的特装搭建工作，得到了客户的一致好评。服务客户包括农夫山泉、加拿大国家铁路公司、安捷伦等国内外品牌，以及中远海运集团招展企业。同时，搭建材料在完全符合进博会要求的前提下，坚持选择绿色环保的装饰材料。

招展工作实现突破

中远海运物流在本届进博会中，进一步拓展服务范围，积极邀请合作伙伴、货主企业参展，先后邀请到 1 家越南物流公司和两家海外食品公司，参展面积共 81 平方米。在食品展区展位紧缺的情况下，营销团队积极协调各方资源，最终为客户争取到了满意的展位。

服务保障细致周到

志愿者服务保障。中远海运物流此次派出了一支来自物流系统 5 家单位 17 名成员组成的志愿服务团队，协助提供展馆展品布展与施工、应急管理和安全生产巡视、展馆现场服务等工作，在展览筹备中展现出一抹亮丽的中远海运“青春蓝”。

健康防疫保障。鉴于本届国内展品增多的情况，中远海运物流主运团队加强了对仓库的管理，重点关注仓库选址、仓库人员防护问题，同时对货物进行了及时的整体消杀。展馆现场所有服务人员均做了两次或两次以上的核酸检测，并在现场配备了充足的防疫物资，确保工作人员的身体健康。

安全管理保障。中远海运物流在所有展位都配备了专职安全员和兼职安全员，在现场巡视过程中，如发现安全隐患和违规操作，立即停工进行整改。

服务永无止境。从为首届进博会提供国际空运、特装施工服务到第三届集招展、国际空运、主场运输、特装施工等一体化会展服务，中远海运物流始终与进博会同成长，共进步。

来源：中远物流党建网

全流程闭环管理 进博会冷链食品总仓已有 100 立方参展食品入库

第三届中国进口博览会将于下月初开幕。为强化进博会冷链食品展品疫情防控工作，上海市市场监管局制定了专项工作方案，参展的进口冷链食品将实施“分批入库、统一进馆”的运作模式，由进博会冷链食品总仓进行储存和转运。

位于上海浦东新区的冷链食品存储仓库，第三届进博会的冷链食品展品将分批次在这里入库并进行抽样检查。截至 29 日上午，一共有 68 家参展商的 100 立方参展食品在这里入库。

展品通过核酸检测后，被送入冷库。冷库使用环保的二氧化碳载冷剂，设有恒温库、冷藏库、冷冻库和深冻库，分别对应零上 10（摄氏）度到零下 60（摄氏）度，在冷库内，进口冷链食品分垛堆放，保持间隔。同时对于展品进入的批次、展商、国别，都进行登记报备。

上海华辰优安供应链有限公司总经理 史统达：在我们专用的月台、专用的冷库和专用的卸货区，都安排了这样的监控设施。监控硬盘的（保存）时间可以达到三个月的时间，保证可视化和可追溯。

冷链食品出库时，则会实施“点对点〞的冷链转运。装车时，要经过监管部门核验无误后，对装运的车厢加扣带有唯一编码的封签，确保运输途中封闭管理；展品由专用车辆从总仓冷链直运至进博会展馆内，中途不停留和中转。

上海市市场监管局第三届进博会服务保障业务指导组组长 吴仁华：整个仓库自 10 月 22 日开始有（展品）入库了，那么将来在 11 月 1 日和 2 日两天时间把冷链食品这些展品转运至进博会的展馆，进行布展。

为保障第三届进博会顺利进行，主会场四叶草附近的轨道交通“虹桥火车站”站、徐泾东站、诸光路站将防疫响应等级临时提高至一级。这些地方设立了安检、测温一体化通道，进入国展场馆内的乘客还将接受二次测温。（总台央视记者 翟壮 梁丽娟 陈博 田琪永）

来源：央视新闻网

国际海运频现爆舱、甩柜，这家公司在进博会带来智慧物流方案

当前中国对外出口贸易正稳步回升，但受国际运力尚未完全恢复影响，发往全球的海运集装箱经常出现“一箱难求”的情况，甚至有时候会发生“爆舱”“甩柜”风险。所谓“爆舱”“甩柜”是指出船运公司所接单的集装箱数量已经大于最大承受范围，部分出口公司虽然成功订到了舱位，也只能无奈继续等待。

11 月 5 日，在第三届中国国际进口博览会上，一站式国际智慧物流在线服务平台“运去哪”CEO 周诗豪表示，该公司带来了一键智慧订舱、物流可视化、货代履约自动化、物流大数据等多项数字化国际物流创新成果，可以为广大进出口企业提供更为优质的国际物流服务。

周诗豪表示，“近期，受中国工厂产能恢复和国际市场需求复苏影响，中国出口回升远超想象。但新冠疫情仍在全球持续蔓延，对跨境物流造成了严重的影响。今年以来，全球各主要航线运输舱位爆满、价格飞涨，货物运输延迟的现象频繁发生，给全球供应链及企业的跨境贸易带来了众多的挑战和不确定性”。

记者从上海航运交易所了解到，据上海出口集装箱运价指数显示，从上海发往美国西海岸的集装箱运价已经从 2019 年平均 1530 美元 /FEU（按 40 英尺集装箱计算）上涨至 2020 年 10 月 23 日的

3865 元美元 /FEU，相比此前 8 月的价格又上涨了 500 美元。

“此前，国际海运流程复杂，出口商订舱时需要提交大量的文件、单据，发送很多邮件，最后可能订好了船舱却发不出去。”周诗豪说，“我们针对这个痛点开发了‘一键智慧订舱’系统，通过和船公司合作，可以实现 30 分钟快速订舱，让订舱就像买机票一样简单。只需一键，即可搞定港前服务、干线服务、到港服务等各类国际物流环节，而且通过我们现在订舱是完全确保舱位的。”

作为一个智慧的国际物流平台，“运去哪”还利用人工智能、大数据、区块链等新技术方式，有效打通了船公司、码头、海关等相关节点，可为用户提供全程的物流可视化服务。在发货过程中，企业可以像查询快递一样，实时追踪国际物流运输的节点，货物是否上船、是否抵达目的港等等，都会通过系统第一时间推送给收发货人。当出现延误等运输风险时，系统还会提前预警，并为企业准备应对策略，确保货物的顺利运输和交付。

“运去哪”已在中国、墨西哥、巴西、日本、泰国、越南、南非、新加坡等全球多地建立分支机构。与中远海运集运、马士基航运、以星航运等众多船公司、航空公司达成战略合作，构建起从中国运输至全球的海运、空运网络，并推出集运头等舱、空运头等舱等一系列创新型产品，实现在线报价、在线下单、在线物流追踪等丰富功能，让跨境供应链物流更加高效、智能。

来源：澎湃新闻网

米其林“云签约”第三届进博会 以信心和行动对抗新冠肺炎疫情

2 月 26 日，中国国际进口博览会（以下简称“进博会”）首度举行网上签约会。米其林中国区总裁伟书杰先生（Kamran VOSSOUGHI）代表公司与中国国际进口博览局完成了“云签约”，用实际行动传递米其林对中国经济和进博会的信心。

进博会是首个专注于进口的国家博览会，这是国际贸易发展历史上的一大突破，更是中国为进一步向世界开放市场大门，而采取的一项重大举措。过去两年，米其林一直通过多种形式支持进博会的举办，并和多家国内企业在进博会上达成重要合作。

对于此次签约参展，伟书杰表示有三大原因：挖掘更多消费者和客户的需求，使更多普通的中国消费者受益，支持中国经济在疫情后的恢复和发展。“新冠肺炎疫情的爆发对中国乃至世界的经济都有着巨大的影响。亟需像进博会这样的平台来恢复经济、增强信心。米其林也希望在这一过程中扮演重要的角色。”

国家会展中心（上海）进口博览会展览部副总经理周伶彦介绍说，“从疫情开始以来，我们始终强调在做好疫情防控的同时，一刻不停歇地抓好第三届进博会的筹备工作。”这个时间节点按往年正是集中签约的时候，不能因为疫情影响拖慢了筹展的速度，因此考虑利用现代科技手段，采取网上签约会的形式，服务于参展企业。

在疫情之下推行“云签约”，米其林对这一举措表示欢迎。伟书杰认为，网上签约会体现了“组织者的智慧和诚意”，他对第三届进博会的成功举办充满信心，更对中国市场的前景充满信心，“进博会将成为复苏经济最有力的‘武器’之一。当进博会正式开幕时，我希望大家可以开怀大笑，因为我们的信心和行动已经取得了丰硕的成果。”

目前，和疫情的战斗还在继续，米其林的抗疫行动也未停步。1 月 26 日，米其林宣布向武汉市捐赠了 300 万元，以帮助当地社区与民众。同时，米其林还准备提供轮胎和车辆维护服务，帮助与疫情相关的人员和货物运输车辆，以支持对抗疫情。为了保障市场供应，在确保员工安全和健康的前提下，米其林在华的三家工厂在获得政府审批后正式复工，开始逐步恢复产能，为中国抗击疫情以及未来提振经济做出贡献。

来源：中国物流与采购网

20多天飘洋过海，第一批海运分拨进口参展商品到上海啦！

家居装饰、玻璃器皿……一个满载捷克贸易团展览品的海运集装箱经历了二十多天的海上旅程，于10月16日上午抵达上海吴淞海关辖区内新贸海分拨仓库。

记者今日从上海海关获悉，这是吴淞海关今年迎来的第一批以海运分拨货形式进口的进博会参展商品。吴淞海关物流监控二科迅速安排关员进行监拆监卸，净重4.16吨的45件货物很快就被整齐有序地放置到进博展品专属区域。

有了服务前两届进博会的经验，吴淞海关已经做好充分准备。与辖区内相关运输物流企业开展精准对接，了解承运计划，跟进展品动态，提前制定监管方案，合理配置监管力量，在当前全球疫情防控形势仍然比较严峻的条件下，针对企业的顾虑和疑问，给出专业解答。对于涉及动植检、3C产品、食品化妆品等专业查检方面的工作，具体分工到人，做到术业有专攻，进博一盘棋。

据悉，吴淞海关辖区内新贸海国际集装箱物流有限公司已经对接进博展商180余家，预计境外发货参展货物的展商30余家。在海关监督配合下，已经开展统一的库区安全排查，并设立应急预案。

根据既往经验，海运进境展品的高峰将在一周后来临。吴淞海关组建了“进博先锋队”，驻守“进博专用窗口”，第一时间进行进境分拨货物的单证受理，配合货物进港流程，海关同步开展监拆监卸，进箱、拆箱、存储全线绿色通道。在保证日常业务正常开展的前提下，保障进博展品的优先权，实现监管作业“零等待”。

截至目前，吴淞海关已经为300多家报关企业和100多家属地企业组织了进博专题“线上培训”，介绍进博会通关须知和海关便利措施。

来源：《新民晚报》

第三届中国国际进口博览会即将开启 光明乳业实力护航

由中华人民共和国商务部和上海市人民政府主办的第三届中国国际进口博览会（以下简称进博会）将于今年11月5-10日在上海举办，第三届进博会首次设置公共卫生、非银行金融等新题材，同时，首次开启″边招展、边对接″模式，帮助全球参展商和采购商更好对接。在盛会即将到来之际，唯一一家连续三届服务进博会的物流配送企业光明乳业旗下冷鲜物流已进入备战状态，将以实力护航本次进博会。

据悉，今年第三届进博会较去年在面积、参展机构等数据方面均有增长，在如今全民防疫的环境下，这无疑为物流供应商的保障工作带来层层考验。领鲜物流将继续承担本届进博会保底保障的物流服务商角色。为了护航本届进博会，领鲜物流已严格筛选员工成立“光明乳业领鲜物流进博保障突击队”，并将技术精湛，拥有前两届进博会保障工作经验的40位一线精英驾驶员调出，再次服务进博会，提前进行实地演练，对相关保障供应的企业进行线路排摸熟悉，对系统操作进行全覆盖培训。

此外，领鲜物流将继续采取“归口管理、集中配送、统一调度”机制，以“五星级”的服务标准，“三层面”管理体系做好食品保障工作，并采取双重保障机制，领鲜物流康桥物流中心将作为物流配送企业，领鲜物流马桥物流中心作为光明乳业的供应发货点，采用“馆外大物流，馆内小物流”的运力保障模式，确保物流配送工作能安全高效地予以推进，切实保障所有人都能够“吃得好、吃得安、供得上”。

作为流通护航者，领鲜物流将积极发挥品牌优势，引领做好第三届进博会的餐饮食品供应保障工作。与此同时，牛奶棚食品、光明冷饮等各类光明明星产品都将亮相进博会，当前各项筹备工作正在稳步有序的推进当中。光明乳业再次以“上海品牌”传播者的身份亮相国际平台，向世界传递独具特色的光明名片。

来源：商讯

第三届中国国际进口博览会开幕 港航物流企业成服务贸易展区主角

11 月 4 日晚上，第三届中国国际进口博览会（以下简称“进博会”）暨虹桥国际经济论坛开幕式在上海举行，国家主席习近平通过视频发表主旨演讲。包括中远海运集团、上汽安吉物流、比雷埃夫斯港、钻石快航等在内的中外港航物流企业积极参展，成为服务贸易展区的主角，展现了国际航运物流企业在保障全球贸易物流通道畅通、促进各国经贸往来、维护全球产业链供应链稳定中发挥的重要作用。

今年进博会总展览面积创新高，比上届规模扩大近 3 万平方米，共设置食品及农产品、汽车、技术装备、消费品、医疗器械及医药保健、服务贸易六大展区，结合全球热点和行业发展趋势，新设公共卫生防疫、节能环保、智慧出行和体育用品及赛事四大专区。本届进博会主动调控参展参会人员规模，重点邀请有明确采购意向的专业观众到会，但即使在这一背景下，各地采购商报名仍积极踊跃，共组建 39 个交易团、近 600 个分团，注册单位 11.2 万家，注册人数达到 40 万人。

在今年的招展参展、服务保障及交易组织中，我国港航企业发挥了重要作用。中远海运集团以进博会服贸展区为重点，积极发挥全球网络优势，邀请境外参股企业、合作伙伴、供应商、货主企业参展，并充分发挥下属公司的航运、物流业务优势，适当开展其他展区招展。本届进博会中远海运共邀请比雷埃夫斯港、西班牙码头有限公司、泽布吕赫码头、阿布扎比码头等港口码头公司，东方海外、钻石快航等航运公司，高昇控股、中欧陆海快线等物流公司和易孚（IQAX）国际科技公司等在内的 67 家企业参展，参展面积 2133 平方米，招展企业数量和面积均超过前两届。

招商局集团携海外港口及园区企业亮相进博会，通过两个展位，展现更多“一带一路”参展企业的风采。其中一个展位以“天涯若比邻”为主题，以科技感十足的双层船型展位设计，集中展示受招商局邀请的来自非洲、亚洲、欧洲、南美洲的七家海外港口及园区企业业务亮点。另一个展位通过入园项目的实体沙盘和入园企业拟生产的产品模型，包括车载等离子危废处理装置、三倍速无人机模型、电动无人货运飞行器等展品，全方位立体呈现欣欣向荣、不断发展的中白工业园。

作为进博会重要组成部分，“2020 全球贸易与国际物流高峰论坛”“全球跨境供应链共享共建创新发展大会暨国际仓储与物流联盟年会”“中国汽车产业发展论坛”等 100 多项高规格、高水准、高质量的配套活动将同步开展。期间，包括中远海运集团、上海振华重工（集团）股份有限公司等在内的众多港航物流企业将与合作伙伴签署采购大单。

来源：中国水运网

上海：第三届进博会“重量级”展品抵沪

昨天（18日），高3.15米、重35.56吨的履带式推土机经过一个多月的海上旅程抵达了洋山港。这是第三届进博会迄今抵沪的最重一件展品。

早上7时45分左右，在“海巡011轮”的护航下，400米长的“中海北冰洋轮”稳稳靠泊洋山深水港盛东集装箱码头。随后，海关人员登船开展防疫等措施，海事、边检执法人员检查了船舶代理方提供的文件证书，确认无误后，为该船办结了清关手续。

11时08分，TD-25型履带式推土机从船舱内被吊起，在操作员的精准操作下被平稳放置到平板车上。这款推土机高3.15米、重35.56吨，可在多种地形条件下开展高效作业。

自9月4日从波兰北部港口启运以来，这款推土机在海上漂泊了一个多月。疫情期间，欧洲各港口检疫升级，而这件展品在10月26日左右就要进行总装，船期耽误将直接影响展会，为此，船方积极协调各地管理机关。

中远海运集运进口博览会物流操作小组成员 周依雯：当时在那边，一般船的耽误时间在一周到10个工作日这样的状态。以中远海运名义，包括进博会中国的名义和他们当局进行沟通之后，他们也给予最大限度、最快速的放行。

来源：央视网

潍柴携林德搬运机器人亮相第三届进博会 展出智能物流重头戏

11月4日，第三届中国国际进口博览会正式开幕，潍柴携旗下海外高端品牌集中亮相国家会展中心（上海）。作为潍柴的重要业务板块之一，智能物流是今年潍柴海外高端品牌展的重头戏。

2016年，潍柴支持德国凯傲集团以21亿美元的价格，收购美国德马泰克公司全部股份，成功筑起了一条“凯傲物料搬运 + 德马泰克智能仓储”智能物流产业链。

在本届进博会上，拥有200多年历史的德马泰克推出堆垛机新一代优选系列，集德国设计与中国制造之所长，融合卓越性能、出众品质与性价比于一身。展会现场，智能仓库化仓储系统集成了机器人拆垛和自动导引车自动搬运，使仓库无人化作业变成了现实。

智能物流离不开高端叉车助力。在林德叉车物料搬运区，林德搬运机器人Linderobotics正在做内部物流搬运作业，另外潜伏式机器人AMR灵活地在场地里运转，最高速度可达到2m/s，快速准确将货物搬运至目的地。

林德叉车为德国凯傲集团旗下优秀品牌。2012年，潍柴与全球第二、欧洲最大的叉车制造商德国签署战略合作协议，正式进入全球领先的叉车和高端液压领域，企业的结构调整和产业升级再次按下了“加速键”。

在林德叉车展示区，另外两款叉车产品也是实力担当。其中，2.0吨锂电池托盘搬运叉车，获得了德国红点设计大奖，搭载了潍柴新能源锂电池，绿色环保，有效降低污染物排放。

据了解，潍柴海外高端产品展位于智能及高端装备展区，占地1050平方米，为该展区最大的展位，吸睛无数，展区人头攒动、络绎不绝。潍柴旗下海外高端品牌的集中亮相进博会，彰显了对中国经济强大韧性、巨大发展前景的信心。（CIS）

来源：证券日报网

中国航油物流公司做足充分准备全力服务进博会

11 月 5-10 日，第三届中国国际进口博览会在上海举办，在当前全球疫情和世界经济形势仍然严峻复杂的情况下，如期办好第三节进博会具有特殊重要意义。中国航油集团物流有限公司作为确保进博会航油供应的保障单位之一，高度重视本届进博会安全保障工作，提前谋划，周密部署，按照“严、实、细、全”的要求，抓好安全生产和供油保障工作，用实际行动履行好、落实好各项安全保障各项责任，确保进博会保障“绝对安全、万无一失”。

物流公司立足安全生产现状，加强组织领导，提前谋划，提前部署，确保“防疫、生产、资源、队伍、信息、安保、施工”七个安全，全力备战第三届进博会。

10 月组织召开会议对进博会保障工作进行专题部署，要求提高政治站位，加强组织领导，压实保障责任，做到重大保障“三个 100%”。按照《物流公司重大安全保障工作规定》，成立进博会保障工作小组，由主要领导担任组长，11 月 1 日 -11 月 13 日落实重大保障二级响应，从疫情防控、安全生产、资源保障、队伍管理、网络安全、安保措施、特殊作业、信息传递和应急管理等方面统筹部署，要求机关及各所属公司严格落实 24 小时三级值班，实行每日零报告制度，确保及时掌握安全保障工作情况。

上海地区所属公司成立保障机构，制定保障方案，明确各项责任，细化保障工作，进行逐项落实，异地公司严格落实重大保障二级响应要求，做好安保、生产等工作。

开展专项活动。物流公司 9 月 30 日下发《关于开展“抓执行、提能力、保安全、迎进博”专项活动的通知》，大力开展“四查四看”活动：一查安全意识，看有无对安全规章、操作规程等一知半解；二查能力水平，看有无基层管理短板弱项和人员技术能力不足；三查风险防范，看有无风险盲区、隐患整改不到位；四查作风建设，看有无得过且过，执行力落实不到位，抓紧抓实疫情防控常态化条件下的安全生产工作，确保圆满完成进博会安全保障工作。

完成全覆盖安全检查。为强化进博会安全保障工作，全面排查安全隐患，确保各项工作有效落实，物流公司于 9 月完成了全覆盖安全审计工作，并对外协船公司进行了全覆盖安全调研，对相关外协船舶进行了专项安全检查。物流公司领导带队对浦航公司、“海鑫 611”“海鑫油 616”“海鑫油 619”轮进行专项抽查和检查督导。

严格疫情防控。物流公司严格落实疫情防控常态化要求，加强网格化管理，针对节假日人员流动性大，青岛、喀什两地出现聚集性病例的情况，严格实行离沪审批、返岗前行程报备，过境员工核酸检测等措施。进博会期间船员无特殊情况禁止下船，外籍船舶所有人员严禁下船，要求岸基人员上船特别是外籍船舶要做好防护措施，确保疫情防控到位。

强化资源保障。本着“早预测、早准备、早安排”的思想，对航油库存、船舶航行、码头靠泊、加油车保障等工作进行重点部署，确保航油供应安全。浦航公司加强与浦东、虹桥机场的沟通协作，充分掌握库容、船期、码头使用情况，提前做好港口、海关、海事等相关部门的申报备案工作，全力沟通和配合航油供应调度，确保船舶靠泊、管道输送计划顺利。海鑫公司进博会期间上海黄浦江重点航段实行双船长制，落实资深船长保驾，对在上海港停靠的船舶进行岸基跟船，确保船舶航行安全。承飞公司就进博会加油车安全年保障工作中可能面临的问题进行梳理，修订完善飞机加油车应急维修保障方案，重点对配件供应保障、库存情况、人员安排等方面进行优化调整，提前完成应急保障配件的采购，并启动加油车应急保障，提供 24 小时应急服务，确保进博会期间库房常用配件满足应急保障服务需求。

加强安保措施。船舶和码头按政府部门要求自10月28日起提升安保等级至2级，按要求加强安保检查力度和频次，增配安保力量，码头与船方签署2级《保安声明》，进博会期间外籍船舶所有人员禁止下船；油库对电子围界、视频监控、防冲撞设施、门禁道闸、应急装备等进行全面检查，确保各类安保设备设施正常运行，同时严格外来人员管控，对所有外来人员、车辆、物品做好检查登记，确保外来人员时刻陪同。

强化应急管理。根据《中国航油生产作业场所应急物资配备标准》，完成全部应急物资配备。海鑫“619”轮联合浦航码头开展了消防应急演练，对预案的执行情况、设备设施完好情况进行全方位的检验；承飞公司开展油车故障应急处置演练，对加油车故障诊断、排故方案制定和现场检修能力进行了检验。

此外，物流公司还按照“严、细、实、全”的工作要求，对安全生产、队伍管理、网络安全、特殊作业、信息传递等工作进行了针对性部署，确保安全生产平稳有序，航油供应安全及时。

物流公司用实际行动践行初心使命，坚守安全底线不动摇，始终保持对疫情防控和安全生产的高压态势，统筹兼顾保障安全，全力以赴迎接进博，为“迎双庆、保双增”专项行动增奠定基础，为中国航油高质量发展提供保障。

来源：澎湃新闻

7-11便利店189项、星巴克158项……
进博会这些供应食品出库将在松江这里完成

10月27日18时，天色已经渐渐暗了下来，一辆大型白色货车缓缓驶入位于新桥镇民益路22号的上海统超物流有限公司，车皮一侧喷绘着的“第三届中国国际进口博览会餐饮物流保障专用车”很是显眼，进博会场馆内7-11便利店189项及星巴克门店158项供应食品及食品相关产品的出库将在这里完成。据悉，这已经是统超物流第三次参与进博会供货任务了。

“相较前两届进博会，本届进博会对供博食品安全保障的要求更严、标准更高。”新桥市场监管所的诸婉英已经和同事提前来到现场，对所有出货商品进行逐一检查，严把关口，捍卫进博会“舌尖上的安全”。

统超物流成立于2009年，业务范围包括仓储理货、流通加工、运输配送等，对客户而言扮演的是“库房”和“中转站”的角色。客户服务部主任董女士解释道：“统超物流的客户如7-11便利店，产品有上百种，不同的供应商都是将货物集中到统超物流，再由统超物流分拣，按照订单需求与时间配送到各大门店。”产品不同，储存的环境也有区别，在库房可以看到，7000多平方米的空间被划分为了恒温、冷藏、冷冻等若干区域。对于保质期比较长的，如杯子、餐具等，属于“库存型”的，而糕点、便当、鲜奶等，则是“通过型”，意指“快速在这里通过”。

能够与进博会“结缘”，也因与客户有很大关联，星巴克与7-11便利店进驻进博会场馆，统超物流也“顺理成章”地承担起了供货的任务。除了物流运输改由第三方公司，其他的环节流程与日常工作并无差异，不过要求与标准却是明显升级了，例如所有的商品必须具有COA质量检测报告、为进博会供货产品提供存放专区、每一位与货品有过接触的工作人员必须通过核酸检测，每个包装箱外表都必须贴有一张黄色的字条，明确标注了门店名称、产品SKU、产品名称、产品温层、供应商、到货时间等信息，方便逐一核对。

“知悉辖区企业统超物流再一次参与到进博会的进货保障任务中时，我们感到很自豪，同时也责任重大，必须万无一失地高质量完成。”诸婉英介绍，新桥市场监管所专门成立了进博食品保障组，由她领队，共由 6 名工作人员组成，制定详细保障计划和应急预案，配合第三方完成对统超物流的前期评估测评，并督促企业完成供博工作相关人员核酸检测 26 人次。

“只要有货物运出，我们的工作人员一定会提前到场，完成所有货品的检验之后，才能允许货品离场。”诸婉英介绍，统超物流的首批物资送抵进博场馆是从 10 月 25 日开始的，新桥市场监管所进博食品保障组的出库保障工作同步启动，从常温仓库到 -20℃的冷冻库，现场仔细核对每一种产品的索证索票、标签、数量、生产日期及批号、批次检验报告等，从收货至装车签封发货进行全过程监督，确保万无一失。

随着进博会餐饮物流保障专用车缓缓靠近库房，统超物流工作人员第一时间测量车厢冷藏区域温度，“2.5℃，符合要求”，货物才陆续搬运至运输车上。

刚开始几天，供货的量还不大，每天只需一辆车就能够全部装下，车厢中间用一层特殊装置的隔板，将空间分为了常温与冷藏两个区域。待货物全部搬到车上，车厢门关闭，统超物流的工作人员递给诸婉英几根蓝色的封条，郑重地系起来，以表“该车货品已通过检验”，物流车辆这才可以离场。新桥市场监管所进博食品保障组则回到办公室内，将检查信息填写到发货跟踪监督检查表，并录入指定小程序，以便随时查看。

据介绍，随着进博会开幕的日子日渐临近，供货量将逐渐提升，无论是对于新桥市场监管所还是统超物流，这场捍卫食品安全的战役才刚刚打响。

来源：澎湃新闻

第三届进博会开通航空货运“绿色通道”

中国国际进口博览局与上海空港社区货运枢纽专业委员会昨天签署合作协议。

根据协议，双方将携手进博会物流供应商，以更高的标准、更严的要求、更实的举措、更精的服务，为第三届进博会的成功举办提供安全、有序、便捷、高效的航空货运服务保障。进博局授权货运专委会为“第三届进博会航空货运指定服务平台”，服务进博会航空货物运输保障工作的开展。

据悉，货运专委会将设立专用通道，协调各个货站、航站楼，开通进博会航空货运“绿色通道”，专用于进博会物资进出港业务；设立专用窗口，协调各地面保障企业，开设专用窗口服务进博会相关业务；协调各运输车队，安排专用车辆服务进博会物资在各环节点之间的短驳运输。

上海国际展览运输有限公司、上海依佩克国际运输有限公司、中远海运航空货运代理有限公司、中外运华东有限公司、上海欣越国际运输代理有限公司、海程邦达国际物流有限公司、东方国际物流有限公司等 7 家单位将承担国内外全部展品的运输任务，货运专委会将建立专项服务平台，对接七大物流供应商，建立微信群，开通服务平台专项热线，发布“进博会物资航空货运保障指引”信息，实现在线查询货物信息和问询操作流程服务。（记者张晓鸣）

来源：《文汇报》

摘录整理：固晨曦　童瑶

第四篇 长三角物流业区域联动合作

4.1 2020年长三角区域物流一体化发展报告

长三角经济圈是我国特大经济圈之一，也是四大物流圈之一。伴随《长三角地区一体化发展三年行动计划（2018-2020）》的落定，长三角城市群已基本形成以现代服务业为主产业结构的基础设施体系、区域产业体系和协同创新体系，为今后我国长三角区域现代物流高质量深度联动发展奠定坚实基础。

2020年8月，中共中央总书记习近平在安徽合肥主持召开扎实推进长三角一体化发展座谈会并发表重要讲话。长三角一体化发展涵盖上海、江苏、浙江和安徽三省一市，约占全国1/4经济总量，是我国经济发展最活跃、开放程度最高、创新能力最强的区域之一，在国家现代化建设大局和全方位开放格局中具有举足轻重的战略地位。

现代物流作为重要的基础设施，对区域经济发展的重要性同样不言而喻。多年来，长三角区域一体化的加速发展战略，使得共建“物流大通道”成为长三角高质量区域联动发展的重要组成部分之一。我们要坚决贯彻习近平总书记的重要指示，抓住有利发展时机，全力推进长三角物流一体化快速发展，努力实现高质量区域物流建设规划。“区划界限没了，条块分割没了，流通成本自然降了”，长三角地区物流一体化发展不仅是长三角经济联动发展的基本需求，也是现代物流供应链管理的进一步延伸和网络化拓展的切实需要，更是促进我国现代物流业健康发展、降低流通成本的有效途径。

上海市市长龚正作2020年上海市政府工作报告中强调，上海将聚焦打造国内大循环的中心节点和国内国际双循环的战略链接，主动服务和融入新发展格局。下一步将以联动畅通为切入点，着力打造长三角一体化发展格局。制定实施新一轮三年行动计划，深入实施虹桥国际开放枢纽建设总体方案，推进长三角世界级港口群一体化治理等建设方案。

三年来，长三角地区在围绕参与“一带一路”、长江经济带建设，推进长三角区域协同发展方面取得了重要共识，这背后长三角区域物流一体化先行同样发挥了积极促进作用。早在2007年8月，苏浙沪三地（上海、江苏和浙江）共同研究制定了《关于推进长三角地区现代物流联动发展的若干措施》，确定了完善物流一体化基础设施、培育发展物流市场、优化物流发展环境三大发展重点，并启动了长三角地区现代物流发展联席会议制度，由各地物流协会领导每年召开一次会议商讨物流联动发展的工作重点和推进措施。

目前，在长三角地区三省一市的共同努力下，已经逐步形成政府部门、行业协会和企业联盟三个层面的交流机制，培育了一批三地制造业与物流业联动示范项目，区域物流一体化发展取得长足进步，正在探索应用智慧无人仓、AGV、人工智能识别等先进物流技术，构建技术和通达率全球领先的长三角智慧物流体系，为实现长三角地区物流网络从“天”级推到“小时”级目标，打造新零售“三公里理想生活圈”具有重要意义。

一、推进长三角区域物流一体化战略工作方针

2020年是国家“十三五”和“十四五”规划的交接年，也是全面建设社会主义现代化国家新征

程的关键之年。未来我国物流业发展仍将处于重要战略机遇期，但机遇和挑战都有新的发展变化。新的发展理念将贯穿发展全过程和各领域，指导物流业转变发展方式，推动质量变革、效率变革和动力变革，探索物流高质量发展的目标要求、实现路径和保障措施，全面推进“物流大国”向“物流强国”迈进。

要注重长三角物流一体化发展整体性。长三角区域物流一体化发展的很重要特点，就是要将多个区域的行为放置于一个分工协作的统一整体当中。其整体性主要体现在：三省一市的物流区域布局与基础设施的建设统一规划，相互衔接，避免恶性竞争在内部发生；三省一市的物流信息系统构成是一个即时的完整、连续的网络，实现区域物流传递无缝化的信息；区域物流政策统一有效等。

要注重长三角物流一体化发展开放性。长三角区域物流一体化发展不是一种排他的、封闭的区域联合体系，而是一种开放型的联合体系。物流一体化尽管会在一定范围内逐步形成统一的物流共同市场，但并不排斥各成员同其他区域的联合与协作。长三角区域物流一体化的形成是为了更好地参与合作与竞争。

要注重长三角物流一体化发展区域性。长三角区域物流一体化发展是以某区域为范围的，相对于某一个城市物流，范围要广，它可能包括多个城市，整合若干个城市物流，它不仅要对某个城市服务，更重要的是，还需要合理配置该区域的各方面资源，服务于整个区域。

要注重长三角物流一体化发展共享性。长三角区域物流一体化发展通过合理的协作与分工会给该区域内的物流的各成员方带来共同的利益，达到共赢的目的。因此，长三角区域物流一体化范围内相关的地方政府、各管理部门、企业和组织会由于这种共同利益结合起来，最后形成一个互利共赢的统一的体系。

要注重长三角物流一体化发展独立性。长三角区域物流一体化发展是以经济区划为基础的。经济区划是按照社会劳动区域分工的规律、区域经济发展水平以及经济联系的密切程度构成的一种共同体。因此，长三角区域物流一体化各成员之间具有相对的独立性，是一种合约关系而非隶属关系。

二、推进长三角区域物流一体化战略工作原则

针对我国长三角区域物流一体化国家战略，我们要正确研判当前社会经济发展形势，我国物流业已遭遇新冠肺炎疫情严重冲击和复杂国际形势严峻挑战，我们要在畅通国内大循环、促进国内国际双循环的新战略和推进现代物流业高质量发展中善于发现和抓住新机遇。以落实国家“十四五”规划为契机，进一步加强长三角区域物流产业发展，认真贯彻新发展理念、支撑构建新发展格局，明确现代物流发展新方位。

形成长三角区域物流一体化统一思想理论。我们要加快建立统一思路发展理论，通过提高政治站位，抓住物流发展机遇。要充分认清长三角区域物流一体化高质量发展的重大政治和经济意义，增强紧迫感，抓住发展机遇，努力实现长三角区域物流业和物流企业的高质量一体化协同发展。

完善长三角区域物流一体化有效协同制度。我们要进一步完善长三角四省市协会会长定期会商制度，优化长三角地区四省市物流（含地和县）协会秘书长联席会议制度；加强长三角四省市物流（含地和县）协会会长、秘书长的沟通交流群，加强密切联系，高瞻远瞩把握和引导行业发展趋势。

加强长三角区域物流一体化活动联动机制。我们要通过加强联系紧密度，拓展合作新空间，树立大市场、大合作、大交流、大对接的理念，进一步加强长三角区域物流协会和企业的互联互通，互渗互融，提高区域物流的质量和水平。长三角四省市物流协会要加强联动一体化，丰富省市层面的物流重要会议，并邀请四省市物流机构代表共同参加，形成有效联动机制。

搭建长三角区域物流一体化需求对接平台。我们要通过长三角地区物流主管政府部门、行业协会和有关机构，共同聚焦指导物流企业转型，努力推动创新，用多种形式帮助解决行业企业痛点和难点问题，出实招，办实事，重实效。根据企业实际需求组织对口物流主管部门进行长三角区域一体化发展的物流业务、资源、设施、市场、科技应用等商务指导。

构建长三角区域物流一体化共同调研模式。我们要组建长三角区域物流一体化专家顾问团队，通过走访交流和实地调研，形成专业建言献策渠道，共同推动长三角区域物流发展政策尽快落地。三省一市物流行业协会要发挥联系政府和企业的桥梁作用，要反映一线实情，表达企业诉求，探索长三角区域物流一体化高质量发展的目标要求、实现路径和保障措施。

三、推进长三角区域物流一体化战略工作倡议

为坚决贯彻习近平总书记关于优化供应链的重要指示精神，确保我国物流供应链在国民经济中不可缺少的重要作用，确保物流供应链在抗击疫情斗争中的突出作用，确保物流供应链在全球供应链建设中的基地作用，推动长三角经济社会稳步快速发展，上海市物流行业协会组织合作联盟于2020年5月6日（中国物流节）向长三角物流业联合发出倡议：

坚持新冠疫情防控工作始终要不放松。当前境外疫情暴发增长态势仍在持续，我国外防输入压力持续加大，国内防止疫情反弹的复杂性也在增加。长三角地区物流业各单位和企业要进一步把思想和行动统一到党中央国务院对疫情的判断和决策部署上来，疫情防控这根弦必须时刻绷紧，切不可麻痹松懈。要落实责任，执行制度，抓紧抓实抓细常态化疫情防控工作，以疫情防控确保长三角经济社会秩序的全面恢复。

大力促进消费推动经济社会稳步发展。长三角物流业相关单位和企业要积极响应政府提出的保民生、促增长、稳就业的号召。通过复工复产复运，推动生产性物流，加强城乡配送物流，做好应急物流，为防范和应对突发事件提供物质保障、技术支撑和专业服务，提升突发事件应急救援能力，保障人民群众生命财产安全和维护国家公共安全。为促进消费，加快建立同疫情防控相适应的经济社会运行秩序发挥物流的基础性、战略性作用，努力作出新的贡献。

努力确保供应链的畅通和产业链优化。长三角地区物流业相关单位和物流企业要积极主动化危为机，危中找机，大力促进现代物流供应链、产业链的恢复和运转，以高效的物流更好服务供应链，保证产业链。在推进现代供应链体系的建设和完善，构建开放、稳定、安全的全球供应链，推动长三角区域的经济社会发展中作出新的更大成绩。

合力推进长三角区域物流高质量发展。长三角物流业相关单位和企业要加快物流新技术、新模式等的应用，运用大数据、云计算、物联网和区块链等信息科技，线上线下结合，跨界融合发展，加强区域合作联动，充分发挥市场在资源整合中的决定性作用，努力实现长三角区域物流一体化高质量发展。

畅通长三角区域物流与国际物流接轨。长三角物流业相关单位和企业要为“共建国际物流工作，畅通国际物流大通道”做出积极表率。新冠疫情初期，国际客运飞机停飞，腹仓资源大幅缩减，国际航空货运短板凸显，严重影响国家防疫物资运输保供。我们要加大航空货运枢纽、中欧班列集结中心、海外仓等规划建设有力支撑长三角区域物流产业链供应链安全稳定。

四、推进长三角区域物流一体化战略工作目标

国家部署“十四五”规划以至于2035年远景目标蓝图，为构建现代物流体系，推进物流强国建设和物流高质量发展，需要我们谋划发展战略，明确发展方位，要以构建现代物流体系，建设物流强国为目标，以推动高质量发展为主题，以改革创新为动力，以数字化转型、智能化改造、网络化升级为手段，提升我国现代物流产业链和供应链的国际综合竞争力。

推进长三角区域物流业制造业一体化深度融合。我国制造业智能化、服务化是提升制造业质量效益的必然选择，也是构建现代产业体系的必由之路。物流业与制造业一体化深度融合，将从简单的服务外包向供应链物流集成转变，通过内部挖掘降成本潜力，外部提升综合服务能力，增强产业链韧性；从物流与制造空间脱节向制造业与物流业集群发展转变，发挥物流枢纽集聚和辐射功能，吸引区域和全球要素资源，带动区域经济转型升级；从物流与制造资源分散向平台化智能化生态化转变，扩大物流行业企业边界，进一步优化各方资源配置，创造新的产业生态体系。

推进长三角区域物流一体化更高水平对外开放。我国作为第一货物贸易大国的地位更加巩固，国内国际双向投资与世界经济深度互动，吸引国际商品和要素资源集聚，离不开全球物流服务保驾护航。长三角区域物流要优先加大开放，为积极构建国际物流大通道努力，加快布局国际物流枢纽建设，加大境内外物流节点和物流服务网络铺设，积极参与国际物流商务规则的制定，不断力争赢得更高水平、更大范围和更深层次的物流新格局，优先在全球大物流网络中占得重要席位。

推进长三角区域物流一体化信息平台标准建设。长三角“大融通”工程必须优先考虑，目前长三角区域物流一体化许多城市都有一定的信息数据库，亟待信息融合贯通，不过还存在一些平台标准技术问题，造成实际操作过程中无法兼容、数据不能自由共享与交换等情况，根本无法显现出信息应有的价值，同时还影响物流效率。我们要加快建设编码与公共数据统一接口标准，实现物流信息平台的一体化和标准化，通过物流信息分类编码标准、信息传输与电子数据交换标准、信息采集标准等科学技术，促进长三角区域物流供应链一体化大融通发展。

推进长三角区域物流一体化智慧数字模式建设。近年来，我国以智慧经济为代表的新动能加速孕育形成，长三角地区传统物流企业智慧转型和新兴数字企业进入物流市场同步推进，传统的物流商业模式和发展方式正在实现加速变革，一种通过数据和算法推动物流大数据创新的现代科学技术，为传统物流企业加速数字化、智能化、网络化和可视化带来可能，智能化改造提速和智慧物流新兴模式的出现，将带动传统物流企业向云端跃迁，全方位提升长三角区域物流供应链管理效能。

推进长三角区域物流一体化的绿色可持续发展。物流业作为重要的移动排放源，伴随物流大通道的快速发展，环保治理压力将进一步加大，倒逼传统物流生产方式变革，绿色环保、清洁低碳成为新时代发展新要求。长三角区域绿色物流装备将得到全面推广，绿色包装、绿色运输、绿色仓储、绿色配送等绿色物流技术将加快普及应用。集装箱多式联运、托盘循环共用、甩挂（箱）运输、物流周转箱、逆向物流等绿色物流模式得到广泛支持，绿色物流质量标准将严格执行，一批绿色物流企业将加快涌现，促进我国长三角地区经济社会全面绿色化转型。

五、推进长三角区域物流一体化战略工作关键问题

与世界上经济发达地区相比，目前我国物流企业仍然存在着“小、散、差、弱”等行业问题，各个类型的物流企业经营规模和传统业务背景差别比较大，造成物流企业类型迥异、业务种类比较多，各地政府在物流发展规划上更是“产业同构”现象相对较严重。在一定程度上，长三角区域物流企业要率先加快对物流企业进行优化整合，这不仅是物流企业专业化、规模化、社会化发展的需要，更是长三角区域物流一体化发展的必要条件。随着国家战略推进实施以及物流新技术、新业态、新模式不断涌现，我国智慧物流建设环境将进一步得到优化，传统物流产业升级变革态势将继续出现增长势头。当然，这一变革过程并不是一蹴而就的，对于传统物流行业来说，这是一条充满艰辛且任重而道远的道路。

我国长三角区域物流一体化战略发展尚处于初级阶段。尽管当前长三角区域物流一体化已经取得一定成绩，但就三省一市物流在合作效果和深度而言，还刚刚普及到第一层次。按照深度程度，我们可大致分为三个层次：第一层是信息政策趋同，是指从相关的政策信息、会议活动、信息咨询和交流互访等方面，实现一体化中的步调一致；第二层是经营管理趋同，是指从三省一市物流企业实际注册、车辆管理和物流技术等方面，实现一体化的数据和技术步调一致；第三层是行业环境趋同，是指在前两个层次的基础上，三省一市物流企业所处地域环境、政策规划、财税融资和公共资源等方面，实现一体化的营商环境步调一致。

我国长三角区域物流一体化战略指导细则尚待构建。目前，我国尚无真正意义上的物流一体化企业指导细则，只在少数相关长三角一体化规划中有涉及到物流一体化的内容，难以满足快速发展的物流一体化需求。此外，长三角区域物流一体化数据资源共享开放和流动系统难协调，仍然存在标准不统一、数据不完整、不好用、不安全甚至不可用等问题。比如，长三角物流大数据生态在数据采集、存储、利用、交易和销毁等环节的全生命周期过程中，所有权与管理权分离，多终端、多系统和多环节的信息存在隐性留存，导致数据系统流转追踪难、控制难，数据确权和可信销毁也更加困难。

我国长三角区域物流一体化战略发展联动有待加强。跨区域联动发展是长三角区域物流一体化战略发展的关键。一体化运营的一个显著特点就是跨区域无边界。比如：浙江的车辆可能要跑到江苏去参加运输，中间还要经过上海地界，各地的政策不一样，收费不一样，标准不一样，就会给物流企业造成额外困扰。同时，物流本身又是一个系统工程，牵涉生产和流通企业的方方面面，横跨各行各业，各行业之间的政策是否匹配同样关系到物流企业的发展是否顺利。跨区域联动发展，通过三省一市政府部门、行业协会和企业联盟的交流沟通、统筹协调，及时破除物流业发展中的种种瓶颈和阻碍，创造有利于物流业发展的市场环境、体制机制是一个行之有效的办法。

我国长三角区域物流一体化战略发展核心技术薄弱。我国智慧物流升级发展长期存在“空心化”和“低端化”问题，步入国家十四五规划，我们需要避免这一问题在新规划发展中再次出现。尽管我国已在人工智能应用领域取得较大进展，但是基础理论、核心器件和算法、软件等层面，较之美国等技术发达国家仍然明显落后。目前，我国智慧物流在数据管理、信息处理、智能系统与配套技术工具方面，还主要依赖国外开源社区的开源软件。然而，由于我国对国际开源社区的影响地位相对较弱，直接导致长三角区域物流一体化战略构建技术缺乏自主可控能力，成为制约我国物流一体化产业发展和国际供应链接轨运营的隐患。

我国长三角区域物流一体化战略发展应用有待深化。目前，我国长三角区域物流与实体经济融合不够深入，主要问题表现在：智能物流设施配置不到位，数据采集难度大；缺乏有效引导与支撑，实体厂商数字化转型缓慢；缺乏自主可控的数据互联共享平台等。尽管，工业互联网已经成为互联网发展的新领域，然而仍然还处在初级发展阶段：政府热、企业冷，政府时有“项目式”“运动式”推进，而企业由于没看到直接、快捷的好处，接受度不高；物流智能设备设施的数字化率和联网率偏低；大多数大企业仍然倾向打造难以与外部系统交互数据的封闭系统，而众多中小企业智慧转型的动力和能力严重不足；国外厂商的设备在我国具有垄断地位，这些企业纷纷推出互联网平台，抢占大数据服务市场。

作者：王京 张三敏

4.2 2019-2020 年长三角地区物流发展合作联盟工作报告

2019 年和 2020 年上半年工作总结与工作计划

2019 年，长三角地区的物流发展与合作在国家关于“推动长三角更高质量一体化发展”的重大战略举措指引下，在各成员单位的支持和努力下，顺利召开了主席团成员和秘书处工作会议；举办了“长三角物流发展与合作论坛”，承办了“探索实现长三角物流一体化国家战略”座谈会；举行了主席团和秘书处工作交流研讨会。以及 2020 年上半年经过合作联动，共同打好疫情防控阻击战。这一切为推进区域物流联动发展，发挥了积极的作用。

一、2019 年和 2020 年上半年工作总结

2019 年 3 月 15 日在上海召开了 2019 年度长三角地区物流发展联席会议、长三角地区现代物流合作联盟主席团暨秘书处工作会议。出席会议的有：苏浙皖沪三省一市政府牵头部门负责人，联席会议和合作联盟主席团成员、秘书处人员共 30 余人。安徽省发改委和省物流与采购联合会首次应邀参加会议。上海市物流协会刘鹰秘书长主持了会议。会议听取了秘书处所作的联席会议和合作联盟 2018 年度工作总结与 2019 年度工作打算的工作报告，经审议通过了报告。听取了上海市商务委周岚处长关于 2019 年长三角地区（上海）物流联动发展大会方案的介绍，经讨论原则同意方案。决定 2019 年于 5 月 6 日在上海市召开长三角供应链创新与应用大会暨 2019 年长三角物流发展与合作论坛。这次会议还交流了各地协会工作经验做法和各省市物流业的新发展、新情况和新问题。

2019 年 5 月 6 日，由上海现代服务业联合会、上海市物流协会、上海市物流学会、江苏省现代物流协会、浙江省物流协会、安徽省物流与采购联合会共同主办的长三角供应链创新与应用大会暨 2019 年长三角物流发展与合作论坛。来自苏浙沪皖三省一市政府主管部门、物流企业、行业组织、高校和科研单位等共 500 人参会。上海市人大常委会原副主任、上海现代服务业联合会会长郑惠强，上海市商务委副主任刘敏、中国物流与采购联合会副会长蔡进、苏浙沪皖四省市政府主管部门和行业协会等领导出席。会议由上海现代服务业联合会物流与供应链服务专委会专职副主任兼秘书长韩志雄主持。郑惠强会长代表主办方在会上首先致欢迎词。刘敏副主任代表长三角地区四省市政府主管部门讲话。蔡进副会长在会上作了“长三角物流与供应链创新”的主旨演讲，会上，倡议成立“长三角供应链创新与应用发展基金”，发布了上海物流年鉴、长三角仓储设施情况报告、应收账款融资服务平台简介等。

2019 年 5 月 6 日下午，由长三角地区物流合作联席会议、长三角地区物流发展合作联盟秘书处召开了“探索实现长三角物流一体化国家战略”座谈会。参加会议的有苏浙皖沪三省一市政府主管部门、行业协会、受邀参会的优秀物流企业和供应链创新与应用示范企业代表共 70 余人。上海市商务委周岚处长、安徽省发改委陆加军副处调研员、上海市物流协会会长百联集团副总裁浦静波、江苏省现代物流协会副会长侯普、安徽省徽商集团副总经理余保山等领导出席。会议由上海市物流协会秘书长刘鹰主持。这次会议是在积极贯彻习总书记关于实施长三角区域高质量一体化发展国家战略的重要指示和长三角地区三省一市全力推进这一国家战略的大背景下召开的。为了开好座谈会，三省一市协会事先进行了充分沟通和认真准备，确定了会议主题和形式，并各推荐所在省市 5 家物流与供应链管理优秀企业在会上作交流发言。座谈会上，三省一市共 20 家企业和协会代表，围绕企

业发展和特点、供应链创新与应用中的收获、问题和对策，对长三角物流一体化的建议等进行了充分交流和探讨，形成了许多重要共识。大家认为，一要提高政治站位，抓住发展机遇。要充分认识长三角高质量一体化发展的重大政治和经济意义，增加紧迫感，抓住发展机遇，努力实现长三角物流业和物流企业的高质量一体化发展。二要加强联系紧密度，拓展合作新空间。要树立大市场、大合作、大交流、大对接的理念，进一步加强长三角协会和企业的互联互通、互渗互融，提高区域物流的质量和水平。三要推进要素流动，加强协同互补。企业资源要向长三角开放，各种要素要在长三角更好流动。市场、网点、平台都要着眼协同，加强互补性。四要积极建言献策，推动政策落地。行业协会要发挥联系政府和企业的桥梁作用，要在长三角范围内开展考察和调研，反映一线实情，表达企业诉求，推动政策在长三角区域更好更快落地。五要更好服务实体，解决企业需求。政府、协会和有关方面在推进中要聚焦实体，关注企业，指导企业转型，努力推动创新，帮助解决痛点、难点，出实招，办实事，重实效。六要加强协会交流，推动区域联动。要通过各种形式，多种渠道，增强长三角行业协会的交流频次，丰富交流内容，研究区域物流发展热点和焦点，实现联动发展。上海市物流协会浦静波会长在会上作了总结，提出要正确研判当前经济形势，推进高质量发展中善于发现和抓住机遇。以落实国家战略为契机，进一步加强长三角物流企业和行业协会的联系，推动合作，共同实现新的更高质量的发展。浦会长要求根据座谈会的共识，提出推动长三角物流一体化的工作计划，征求大家意见后共同实现。嗣后，秘书处将座谈会的意见形成文字，通过微信群发给各位成员单位，并征求各位意见和建议。

2019 年 12 月 10 日，长三角地区物流发展联席会议、长三角地区物流发展合作联盟主席团成员及秘书处工作交流探讨会召开。来自长三角地区三省一市物流行业协会的代表 30 余人参加会议。会议由上海市物流协会刘鹰秘书长主持，浙江省物流协会会长胡江潮、江苏省现代物流协会副会长兼秘书长侯普，安徽省物流与采购联合会副会长周保昌、上海市物流协会会长浦静波等领导出席。南京、扬州、苏州、太仓、杭州、宁波、芜湖等协会会长和秘书长出席了会议。会议就贯彻长三角一体化发展的新要求，对秘书处提出的“探索推动长三角物流一体化要求的工作设想”进行了讨论，原则上予以通过，并提出了修改完善的意见和建议。会议还交流了各地物流发展情况。大家认为，要抓好《长江三角洲区域一体化发展规划纲要》的贯彻落实，聚焦重点领域、重点区域、重点项目、重大平台而共同努力，把区域物流一体化发展的文章做好。会议经过讨论，决定 2020 年长三角物流发展大会由江苏省现代物流协会承办。

长三角地区三省一市协会合作联动，共同打好疫情防控阻击战。 2020 年岁末年初，我国经历了一场前所未有、惊心动魄的新冠肺炎疫情阻击战。在以习近平总书记为核心的党中央领导下，全国人民团结一心，顽强奋战，取得了疫情防控的阶段性胜利，成功遏制了疫情扩散，经济社会也得到了恢复和发展。上半年，三省一市行业协会坚决贯彻中央和所在省委市委、政府的决策部署，紧紧围绕疫情防控和推动复工复产两大重点，有令即行，体现作为。当好桥梁，加强服务，取得了协会工作的新进展，一是积极响应政府号令，把政府有关防疫各阶段要求及时贯彻布置到行业、落实到企业。二是根据政府部门需要，有呼即应。如：根据政府部门要求提供有应急运输能力的企业名单；物流公司库存中防疫药品情况；上报物流行业从业人员复工时的防疫指导规范；物流配送企业节后复工情况调查；支持企业的政策落实情况，包括减免租金、社保缓交、金融贷款支持、税收延缓、企业复工复产等，以及遇到的问题和下一步的政策建议等，形成本行业协会的情况专报，及时上报政府。三是做好统计调研，为政府疫情防控和复工复产的精准施策提供服务。如做好物流运力保障统计；做好防疫用品统计和分配；做好企业复工复产情况统计。为宏观政策调整提供行业的参考意见。四是发出疫情防控指导意见和倡议。如 2 月中旬，三省一市协会联合向长三角地区物流行业发出了

“关于复工复运稳企稳供共同维护长三角经济社会发展的联合倡议”，提出了6条倡议意见。五是开展复工复产调研，提出意见建议、表达诉求。2月中旬长三角地区三省一市协会就疫情下长三角物流行业复工情况、困难和问题及对策建议的情况进行沟通联系，并据浙江省物流协会、江苏省现代物流协会、安徽省物流协会和上海市物流协会的调研，综合汇总成专题报告。就长三角物流企业的复工复产情况、面临的困难和问题、有关政策性建议等，提供区域政府部门参考。三省一市行业协会还就复工复产中企业诉求，向有关部门反映，帮助企业共渡时艰。六是积极协调联络，为支援疫情阻击战发挥协会的作用。如上海宇昂新材料公司生产消毒液，但塑料包装瓶耗尽急需浙江供货商提原材料，因疫情防控通行有困难，上海市经信委要求上海市物流协会帮助协调，协会立即联系浙江省物流协会请求帮助，最终通过多方努力得到解决。七是加强宣传，积极报道会员企业的疫情防控先进事例。三省一市行业协会通过协会公众号、网站连续刊发会员企业在防控疫情中的先进事迹，并开展表彰活动，弘扬疫情防控中的先进典型。八是坚守岗位网上办公，工作团队运转不间断。从春节前起，三省一市的行业协会就启动远程办公、网上办公。在疫情防控和复工复产推进期间，每日在网上办公，开展工作讨论，落实相关事项，密切配合完成政府有关防疫、复工、通行、资金等各类统计任务。及时掌握会员企业防疫动态和需求，帮助解决运力、人力、通行等问题。充分体现了行业组织在关键时刻的作为和地位。受到政府和企业的赞扬。

二、工作计划

要继续贯彻落实习近平总书记关于“推动长三角更高质量一体化发展“的指示精神，发挥好长三角地区物流发展合作联席会议，长三角地区物流发展合作联盟两个联盟组织的平台作用，更好地推进长三角地区物流业一体化发展。建议做好如下几项工作：

一是开好2020年度长三角物流发展联席会议和合作联盟主席团和秘书处工作会议。报告2019年及2020年上半年秘书处工作和提出2020年的打算；商定2021年长三角物流发展与合作论坛主办方；交流苏浙皖沪物流行业发展和协会工作情况。

二是落实好几经讨论的“探索推动长三角物流一体化国家战略座谈会”的工作设想，积极开展各种活动，增强多样性，提高有效性。

制度方面：①建立长三角三省一市协会会长定期会商制度，每年一次，由轮值方主办；②建立长三角三省一市（含地和县）协会秘书长联席会议制度，每季一次，由轮值方主办；③建立长三角三省一市（含地和县）协会会长、秘书长微信群，加强联络；④建立秘书处，设在上海市物流协会。

会议方面：①轮值组织好每年一次的长三角物流大会和论坛，或相关活动；②年度协会会员大会可邀请三省一市协会参加；③省市层面的物流重要会议、论坛，互邀参加；④各省市举办的重要展会、招商活动，相互支持。

组织考察方面：①推荐并组织对优秀企业、示范企业、代表性物流设施设备等考察至少每季一次，由三省一市轮值组织；②推荐并组织对本省市有创新性、特色性项目的学习和考察。

对接方面：①根据企业需求组织对口企业或合作方进行长三角物流业务、资源、设施、市场、科技应用等商务合作活动；②发挥各自优势，联合开展为行业、企业的职业技能等培训。

调研方面：①从长三角物流一体化发展角度，联合开展对物流政策的落实，企业诉求等的调研活动，建言献策；②从推进协同、互补发展、降本增效等出发，联合走访企业，出谋划策。

在开展竞赛和学术交流方面：①每年至少开展一次行业物流操作技能等竞赛；②每半年开展一次物流前瞻性学术交流活动和创新性案例展示。

三是进一步推动三省一市行业间的联动。在原来网站联络、会刊互赠，A级企业互评，微信建群等互联的基础上，要更上一个台阶，希望在以下几个方面能有深度合作联动，并取得效果。一要加强物流企业信用建设方面的合作，做到信用信息互通并逐步向企业信用互认发展，更好服务市场主体。二要加强物流统计方面合作，互学互鉴，使三省一市的物流统计更好体现长三角物流高质量发展的现状和趋势，更好服务行业发展。三要加强物流标准化建设方面的合作，发挥各自优势，在团体标准、地方标准、国家标准等方面作出长三角一体化的新贡献。四要加强物流智能化装备推广应用方面的合作，通过试点，取得经验，推动广大物流企业能用得起、用得好的物流智能装备，实现产业的新跨越。

作者：张三敏

第五篇 制造业物流

5.1 汽车物流

5.1.1 2020 年中国汽车物流行业市场前景及投资研究报告

汽车物流是指汽车产业链上原材料、零部件、整车以及售后配件在各个环节之间的实体流动过程。随着国民经济的发展与人均可支配收入的提高，我国汽车消费的需求日益增加，促进我国整车行业快速发展，进而带动汽车物流行业不断增长。

一、汽车物流产业链

与汽车产业链相对应，汽车物流包括上游的汽车零部件物流、中游的整车物流、下游的汽车售后备件物流三个主要环节，而广义的汽车物流还包括废旧汽车回收物流环节、二手车物流环节等。

从产业链来看，汽车物流的主要流程为：

（1）大量零部件生产企业生产出组装汽车所需的各种零部件；

（2）物流服务供应商将零部件运送到汽车生产厂商总装车间附近的仓库或直接送达生产线；

（3）汽车生产厂商整车生产线将各种零部件进行组装、测试，形成整车产品；

（4）物流服务供应商将下线的商品车运送到衔接主机厂的总库（前置库）进行仓储及管理；

（5）在总库中停放的车辆进行售前检测后由物流服务供应商运往中转库或经销商，经销商将商品车销售给最终消费者；

（6）消费者使用商品车的过程中进行保养、维修，期间所需的零部件由各大车企的零部件区域库（备件库）提供，物流供应商根据汽车厂商的指令将零部件备件运往具有维修资格的经销商。

二、汽车物流行业政策

近年来，国家陆续推出法规政策或行业标准推动汽车物流业发展，具体内容如下：

汽车物流行业相关政策文件汇总一览表

时间	政策 / 文件 / 措施 / 标准	主要内容
2019 年	《汽车售后服务备件仓储作业规范》	完成了该项行业标准报批工作
2019 年	《汽车成套零部件出口包装和集装箱装箱作业规范》	完成了该项行业标准报批工作
2019 年	《汽车整车物流多式联运设施设备配置要求》	完成了该项国家标准报批工作
2018 年 5 月	确定进一步降低实体经济物流成本的措施	2018 年 5 月 16 日，李克强主持召开国务院常务会议，确定进一步降低实体经济物流成本的措施。对物流企业承租的大宗商品仓储设施用地减半征收城镇土地使用税。实现货车年审、年检和尾气排放检验“三检合一”。简并货运车辆认证许可。推动取消高速公路省界收费站。简化物流企业分支机构设立手续。

时间	政策 / 文件 / 措施 / 标准	主要内容
2016 年 3 月	《中国人民共和国国民经济和社会发展第十三个五年规划纲要》	提出提高物流组织管理水平，规范公路收费行为，降低企业物流成本；深化流通体制改革，促进流通信息化、标准化、集约化，推动传统商业加速向现代流通转型升级。加强物流基础设施建设，大力发展第三方物流和绿色物流、冷链物流、城乡配送。实施高技术服务业创新工程。引导生产企业加快服务环节专业化分离和外包等
2015 年 8 月	《关于加快实施现代物流重大工程的通知》	到 2020 年，物流业增加值年均增长 8% 左右，物流业增加值占国内生产总值的比重达到 7.5% 左右，第三方物流比重由目前的约 60% 提高到 70% 左右，全社会物流总费用与国内生产总值的比率将在目前 16.60% 的基础上再下降 1 个百分点
2014 年 9 月	《物流业发展中长期规划（2014-2020 年）》	提出要以着力降低物流成本、提升物流企业规模化集约化水平、加强物流基础设施网络建设为发展重点，大力提升物流社会化、专业化水平，进一步加强物流信息化建设，推进物流技术装备现代化，加强物流标准化建设，推进区域物流协调发展
2014 年 7 月	《国务院关于加快发展生产性服务业促进产业结构调整升级的指导意见》	提出引导企业剥离物流业务，积检发展专业化、社会化的大型物流企业。完善物流建设和服务标准，引导物流设施资源集聚集约发展，培育一批具有较强服务能力的生产服务型物流园区的配送中心。加强综合性、专业性物流公共信息平台和货物配载中心建设，衔接货物信息，匹配运载工具，提高物流企业运输工具利用效率，降低运输车辆空驶率
2012 年 8 月	《关于深化流通体制改革加快流通产业发展的意见》	提出了加强现代流通体系建设，积极创新流通方式，全面提升流通信息化水平，培育流通企业核心竞争力，大力规范市场秩序，深化流通领域改革开放等意见
2011 年 8 月	《国务院办公厅关于促进物流业健康发展政策措施的意见》	提出了切实减轻物流企业税收负担，加大对物流业的土地政策支持力度，促进物流车辆便利通行，加快物流管理体制改革，鼓励整合物流设施资源，推进物流技术创新和应用，加大对物流业的投入等意见

来源：中商产业研究院整理

三、汽车物流市场现状

汽车物流企业有其自身的专业化物流运作经验与技术，有专业的物流网络及设施、专业化的物流运作管理人才和现代化的物流信息系统，有利于促进汽车产品总体物流效率的提高和物流合理化。

作为供应链集成的一种手段，物流系统为用户提供中介服务，起到了供应商和用户之间的桥梁作用。在企业零部件采购供应的环节中，可通过引入具备协调中心功能的第三方物流系统，以取消和减少供需双方的库存，从而增加了供应链的敏捷性和协调性，大大改善供应链的服务水平和运作效率。

近年来，现代物流管理理念、方法和工具已经在各大汽车物流企业中得到了推广，众多的汽车制造厂商一方面期望能进一步降低物流费用，从而降低销售成本，另一方面又想提供更好的服务来满足客户的需求。中国现代汽车物流发展的过程已进入从整车物流为主、向零部件入厂物流以及零部件售后物流方向延伸，形成了一主两重（以整车物流为主，以零部件入厂 / 售后物流为重）的现代汽车物流的新格局。

1. 整车物流

由于汽车制造业显著的规模效应，目前我国已经形成了六大汽车生产基地的格局，分别是以长春为中心的东北，以北京、天津为中心的华北，以上海为中心的长三角，以武汉为中心的华中，以广州为中心的华南，以及以重庆为中心的西南。

主机厂所在地需要配备与产量匹配的中转仓库，商品车通过中转库发向全国实现销售。目前我国汽车销量最大的区域为华东区域，汽车生产的集中与消费市场的分散带来了巨大的物流需求。

2. 零部件产前物流

零部件产前物流要求物流企业与汽车生产厂商有非常紧密的合作关系，随时根据汽车生产厂商的生产计划提供生产所需零部件的仓储、运输等服务。

整车生产厂商配套的零部件生产企业众多，每个大型整车生产企业都有数目庞大的零部件生产、供应企业群，也构成了层次繁多、结构复杂的采购供应物流体系：零部件生产、供应企业是采购物流的起点，先将零部件运输至围绕在整车生产厂周边的仓库群，零部件在这些仓库群进行仓储，并随时根据汽车生产厂商的生产需求将零部件进行换包装、配送至汽车生产厂商生产线线边仓储点。

生产线线边仓储点再将零部件运往汽车装配线上。首先要将所需要的成千上万的零部件按照所生产的汽车型号进行排序，并准确无误地送到目的地（生产线上某零部件具体消耗地点），实现向生产线准时供货，以保障汽车装配的正常运行。

由于生产线旁的空间有限，如果物流规划不合理，配送不及时，极易发生零部件的堆积和断档，影响生产的正常进行，因此产前物流对零部件的排序传送的精准度要求很高，目前，国内大部分产前物流由汽车生产厂商或其下属物流企业完成。

3. 售后维修用零部件（售后备件）物流

售后备品物流服务与汽车保养、修理、升级换代等汽车售后服务紧密相关。汽车 4S 店一般不具备大规模的零部件仓储能力，其产生汽车备品需求时，一般需要向汽车生产原厂提交相应订单，然后汽车生产厂商根据订单与物流企业合作，将零部件售后备件配送至汽车 4S 店。

由于主机厂分布集中，零部件配套生产企业一般集中在主机厂周边，而 4S 店分布在全国各地，因此汽车制造厂商会在全国布局售后备件区域库以覆盖全国 4S 店。

售后备品物流难度体现在：一方面，其服务需求有明显的不确定性，客户又对时效性要求较高，物流企业需要具备良好的物流管理系统、覆盖范围广泛的配送网络及仓储网络，涉及电子商务、业务流程优化、集货调配运输、配送中心规划管理、库存控制、零部件定时配送、订单管理等多项业务；另一方面，由于备品品种繁多，且结构精密，因此要求物流企业具备高度专业的仓储、包装、运输技术。上述高标准要求使得售后备品物流业务进入门槛较高。

四、汽车物流行业竞争格局

汽车物流企业有其自身的专业化物流运作经验与技术，有专业的物流网络及设施、专业化的物流运作管理人才和现代化的物流信息系统，有利于促进汽车产品总体物流效率的提高和物流合理化。

作为供应链集成的一种手段，物流系统为用户提供中介服务，起到了供应商和用户之间的桥梁作用。

在企业零部件采购供应的环节中，可通过引入具备协调中心功能的第三方物流系统，以取消和减少供需双方的库存，从而增加了供应链的敏捷性和协调性，大大改善供应链的服务水平和运作效率。

近年来，现代物流管理理念、方法和工具已经在各大汽车物流企业中得到了推广，众多的汽车制造厂商一方面期望能进一步降低物流费用，从而降低销售成本，另一方面又想提供更好的服务来满足客户的需求。

中国现代汽车物流发展的过程已进入从整车物流为主、向零部件入厂物流以及零部件售后物流方向延伸，形成了一主两重（以整车物流为主，以零部件入厂 / 售后物流为重）的现代汽车物流的新格局。

目前行业竞争情况为，安吉物流、一汽物流、长安民生、风神物流、中都物流等是汽车物流行业中的领军企业代表，这些企业均为整车制造厂商直属物流企业。

目前的汽车物流行业格局中，领先企业绝大多数都是汽车制造厂商直属物流企业，这是由于车企直属物流企业自身的物流的优势在于与车企的关联度更高，容易渗入车企的供应链当中。

随着车企对于汽车物流成本指标日趋严格，其自身的物流系统必须要与其他企业合作，从而实现成本的降低。独立于汽车制造企业的第三方汽车物流公司的优势在于服务态度积极，为获取订单不断优化服务质量。

因此，未来国内汽车制造企业很有可能主要由第三方汽车物流承担物流供应商的角色，资源整合能力将得到大幅提升。

五、汽车物流行业前景

1. 国家政策支持

2008 年以来，国家加快出台了针对物流行业相关的鼓励政策与振兴规划，例如《关于加快我国流通领域现代物流发展的指导意见》《关于促进制造业与物流业联动发展的意见》《关于促进汽车流通业“十二五”发展的指导意见》《关于促进物流业健康发展政策措施的意见》《物流业调整和振兴规划》《商贸物流发展专项规划》等。

《中华人民共和国国民经济和社会发展第十三个五年规划纲要》提出，提高物流组织管理水平，规范公路收费行为，降低企业物流成本；深化流通体制改革，促进流通信息化、标准化、集约化，推动传统商业加速向现代流通转型升级。

加强物流基础设施建设，大力发展第三方物流和绿色物流、冷链物流、城乡配送。实施高技术服务业创新工程。引导生产企业加快服务环节专业化分离和外包等。

政府出台的一系列政策和规划为汽车物流行业的未来发展方向提供了明确的指导。

2. 汽车消费市场不断向纵深发展，直接带动汽车物流业的发展

根据公安部以及国家统计局的最新公布数据，2019 年我国每千人汽车保有量是 186 辆左右，距离主要发达国家保有量水平还有比较大的差距，比如美国的千人保有量是在 800 辆左右，欧洲、日本在 500-600 辆，因此我国汽车市场的消费潜力依然巨大。

尤其在二、三线城市等汽车保有量相对较低的地区，更多的家庭将选择购买汽车作为出行工具。除此以外，国内品牌汽车的逐渐增多和大众化汽车的普及，给消费者提供了多样化、不同价位的汽车产品以选择，既满足了不同层次消费者的需求，也通过汽车消费结构的丰富与完善促进我国汽车行业发展。

据公安部统计，2019 年全国新注册登记机动车 3214 万辆，机动车保有量达 3.48 亿辆。私家车保有量首次突破 2 亿辆，达 2.07 亿辆。另外，据最新统计数据显示，截至 2020 年 9 月，全国机动车保有量达 3.65 亿辆，其中汽车保有量 2.75 亿辆。机动车驾驶人 4.5 亿人，其中汽车驾驶人 4.1 亿人。

数据来源：公安部、中商产业研究院整理

3. 交通基础设施不断完善

我国物流基础性设施进一步完善，交通设施规模迅速扩大，一方面，刺激汽车消费市场扩张；另一方面，也为汽车物流业发展提供了良好的设施条件，进一步降低物流成本。

根据中国交通运输部公布的数据显示，截至 2019 年年末，全国公路总里程 501.25 万公里，比上年增加 16.60 万公里。公路密度 52.21 公里 / 百平方公里，增加 1.73 公里 / 百平方公里。全国公路桥梁 87.83 万座、6063.46 万米，比上年增加 2.68 万座、494.86 万米。

4. 信息技术进步迅速

目前全球导航卫星系统（GNSS）、地理信息系统（GIS）、道路交通信息通信系统（VICS）、智能交通系统（ITS）等运输领域新技术与条形码、智能标签（RFID）等自动识别技术以及电子数据交换（EDI）等先进技术已经运用到汽车物流行业。

汽车物流行业的信息化有利于提高汽车物流标准化程度，更好地规划运力，减少资源浪费，能有效提高流程运作效率，进一步降低物流成本，推动汽车物流行业向更高层次发展。

5.1.2 2020 年中国汽车物流市场现状与竞争格局分析

滚装物流，是在商品车物流全过程中，运用现代物流技术，对符合滚装条件的商品车，采用汽车船滚装运输为主要方式，将商品车快捷、安全、低成本的运送到指定客户的一种物流方式。

2019 年汽车整车水路运输仍以滚装运输模式为主，2019 年完成汽车整车滚装运输量 340 万辆，基本与 2018 年持平，其中沿海滚装 219 万，沿江滚装 121 万。

汽车滚装物流企业行业集中度较高。6 家公司滚装船舶共计 93 艘，占据了全国汽车滚装船舶总量的 94.90%。

中国汽车整车水路运输保持稳定

我国整车物流行业起萌于 20 世纪 90 年代，是伴随着我国汽车产业逐步发展而发展的，同时在服务水平、质量等方面也受到我国物流产业的影响。

滚装物流，是在商品车物流全过程中，运用现代物流技术，对符合滚装条件的商品车，采用汽车船滚装运输为主要方式，将商品车快捷、安全、低成本的运送到指定客户的一种物流方式。

2019 年汽车整车水路运输仍以滚装运输模式为主，少量采用集装箱运输，2019 年完成汽车整车滚装运输量 340 万辆，基本与 2018 年持平，其中沿海滚装 219 万，沿江滚装 121 万。

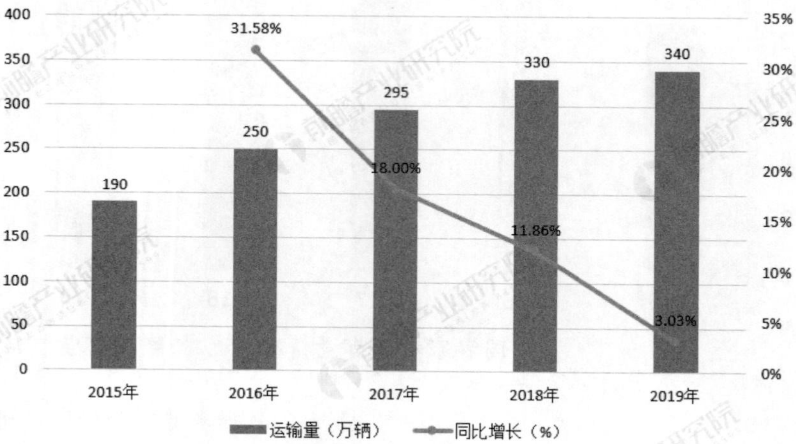

2015-2019 年汽车整车水路滚装运输量情况（单位：万辆，%）

资料来源：中物联汽车物流分会 前瞻产业研究院整理

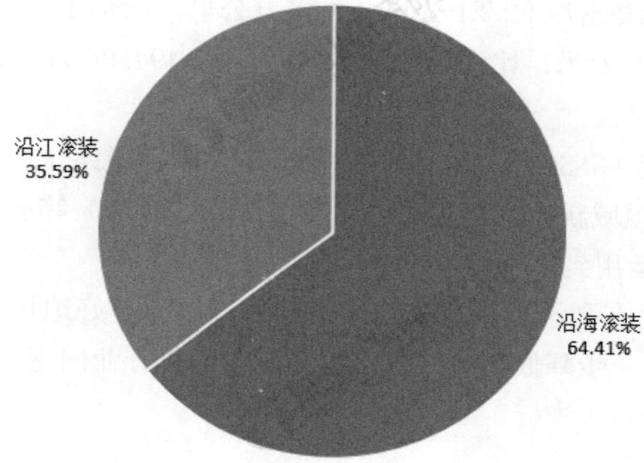

2019 年汽车整车水路滚装运输量结构情况（单位：%）

来源：中物联汽车物流分会 前瞻产业研究院整理

水路滚装运输船舶中江船数量最多

从运力结构来看，全国江海滚装船舶共计 98 艘，其中江船 55 艘，沿海船 40 艘，远洋船 3 艘（执行远洋运输），江船主要以 800 车位的船型为主，海船主要以 2000 车位以上的船型为主，沿江航线主要为汉渝线、汉申线，沿海主要为渤海湾环型航线、海南线、上海至天津线、上海至大连线等区间航线、广州至天津、广州至大连两条沿海南北干线。

从滚转码头来看，传统滚装行业主要进口口岸仍以上海、天津、广州、大连为主，武汉、重庆为主的沿江内贸水运口岸迅速崛起，烟台、东莞等沿海口岸内贸业务实现较大幅度增长，市场格局日趋于合理化；码头服务也由传统的装卸业务向综合汽车物流服务模式转变，在传统装卸业务基础上，延伸仓储保管、分拨配送、改加装、信息管理等增值服务将有力增强码头的核心竞争力。

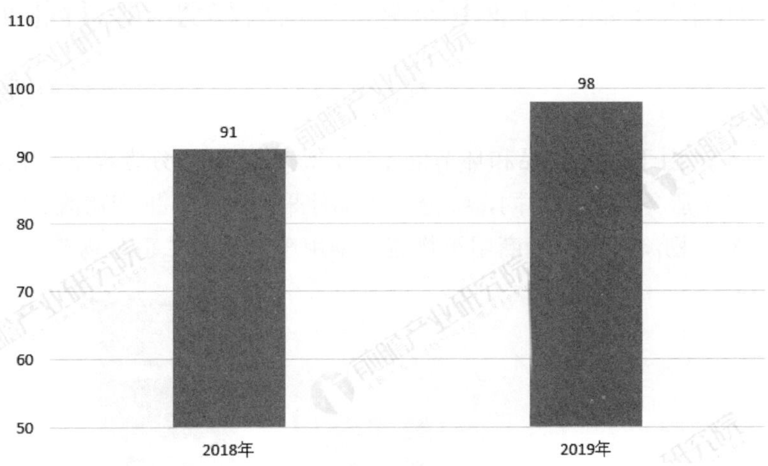

2018-2019 年汽车整车水路滚装船数量情况（单位：艘）

资料来源：中物联汽车物流分会 前瞻产业研究院整理

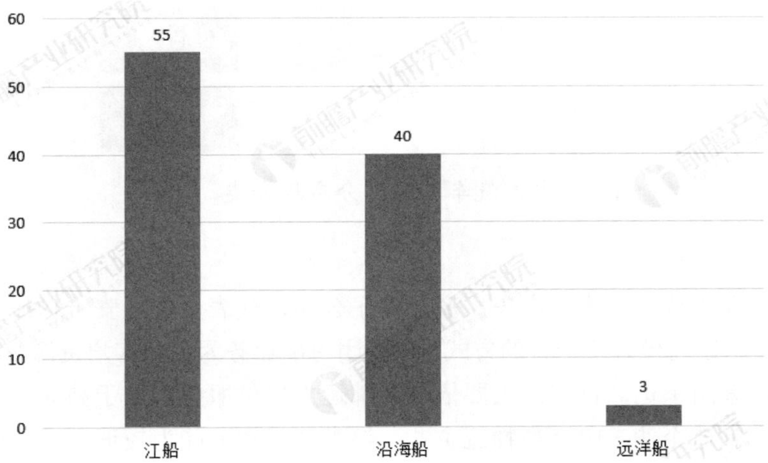

2019 年汽车整车水路滚装船运力结构情况（单位：艘）

来源：中物联汽车物流分会 前瞻产业研究院整理

汽车滚装物流企业行业集中度较高

汽车滚装物流企业主要有：深圳招商滚装运输有限公司、上海安盛汽车船务有限公司、民生轮船股份有限公司、中远海运特种运输股份有限公司、重庆华阳嘉川船务有限公司、北京长久物流股份有限公司等。上述公司滚装船舶共计 93 艘，占据了全国汽车滚装船舶总量的 94. 90%。

来源：中国产业经济信息网 2020-08-07

5.1.3 2020 年中国汽车物流行业市场现状与发展趋势分析 行业面临转型提升

汽车物流发展现状

在汽车物流行业中，由于运输物品和环节的不同，汽车物流可分为零部件物流和整车物流两个大类。零部件物流又可按服务环节的不同，细分为零部件采购物流、生产物流、零部件进出口物流、售后备品件物流等；整车物流可细分为商用车物流、乘用车物流和二手车物流。

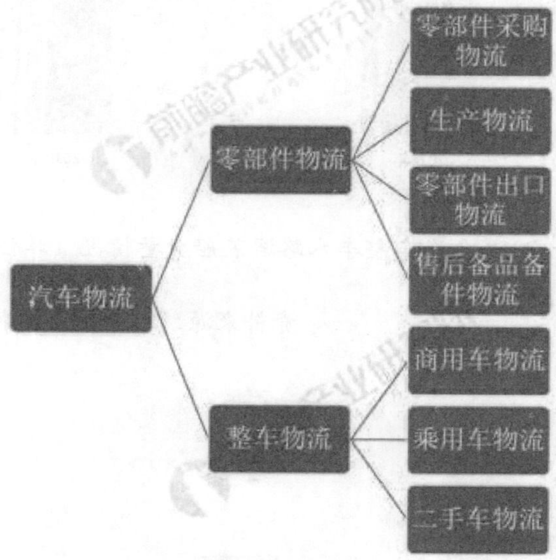

中国汽车物流细分市场分类

来源：前瞻产业研究院整理

国内汽车物流企业主要分三类：汽车厂商下属子公司，代表主要有安吉物流和一汽物流等，其主要采用自有运力和承运商模式相结合的方式，以集团内部业务为主要客户资源；第三方物流企业，代表为长久物流等，采用承运商模式，主要依靠外部运力提供服务，由于独立于汽车制造厂商，其可以服务于多家汽车制造企业；中小型物流企业，该类公司物流能力较低，在获取客户资源方面较为困难，一般作为外协运力与大型汽车物流企业合作，进而参与到汽车物流中。

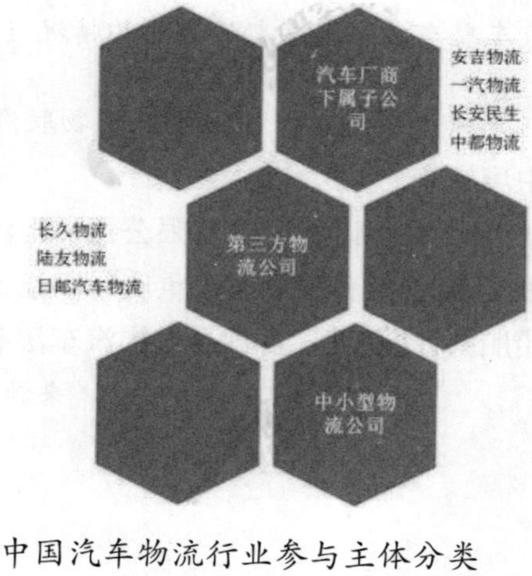

中国汽车物流行业参与主体分类

来源：前瞻产业研究院整理

汽车物流面临转型升级

在宏观经济低增长、企业转型、市场需求低迷等多重因素作用下，从 2018 年开始，我国汽车产业面临的压力进一步加大，产销量与行业主要经济效益指标均呈现负增长。根据中国汽车工业协会数据，2019 年汽车产销分别完成 2572.1 万辆和 2576.9 万辆，产销量同比分别下降 7.5% 和 8.2%，产销量降幅比 2018 年分别扩大 3.3 和 5.4 个百分点。2020 年 1-6 月汽车产销分别完成 1011.2 万辆和 1025.7 万辆，产销量同比分别下降 16.81% 和 16.91%。

来源：前瞻经济学人

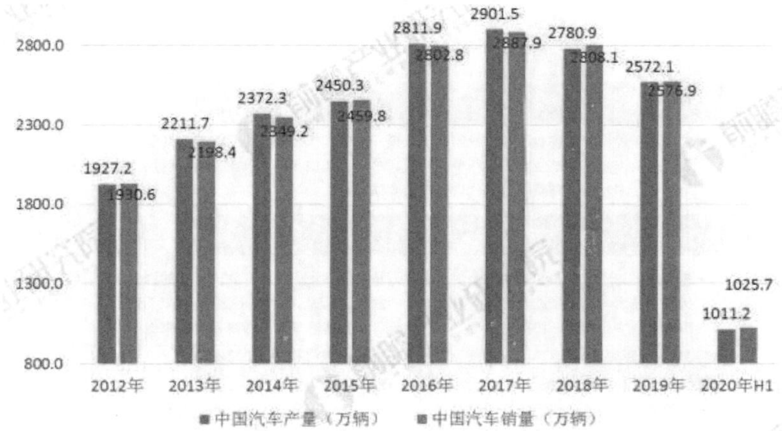

2012-2020 年 H1 中国汽车产销规模趋势图（单位：万辆）

资料来源：中国汽车工业协会 前瞻产业研究院整理

汽车行业低增长必然会影响到汽车物流行业的发展，汽车物流市场原有依赖汽车产销量增长而带来的业务增长模式已经不适应现在的发展趋势，整个市场正在由增量市场向存量市场不断转移，汽车物流行业面临转型提升的新阶段，存量市场中的汽车后市场、二手车、汽车租赁等行业的物流需求逐渐引起关注，存量市场物流价值将被进一步挖掘。

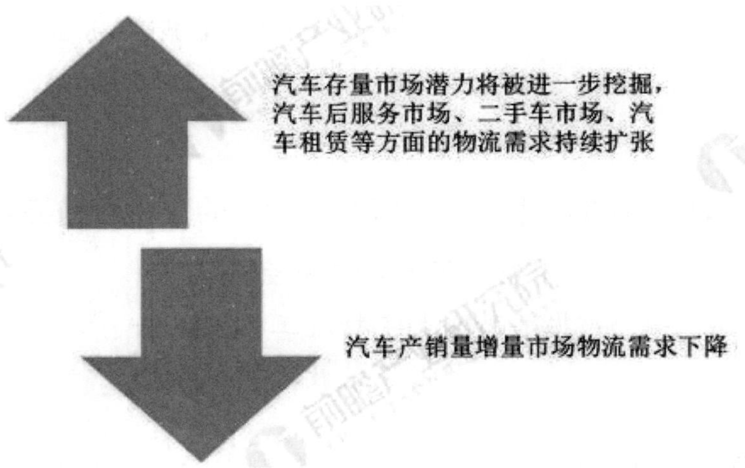

中国汽车物流行业转型升级示意图

来源：前瞻产业研究院整理

汽车物流发展趋势

基于错综复杂的国际宏观经济形势和产业结构调整的背景下，汽车行业进入发展调整期，汽车物流行业也面临新的挑战，未来汽车物流的发展将继续扩张市场空间、打造物流服务新模式、孕育科技发展新动能、强化产业融合新生态、打开国际物流新局面，加快从物流环节向供应链物流全链条延伸拓展，打造高质量汽车物流服务新体系，迎接新时代汽车产业发展的新要求。

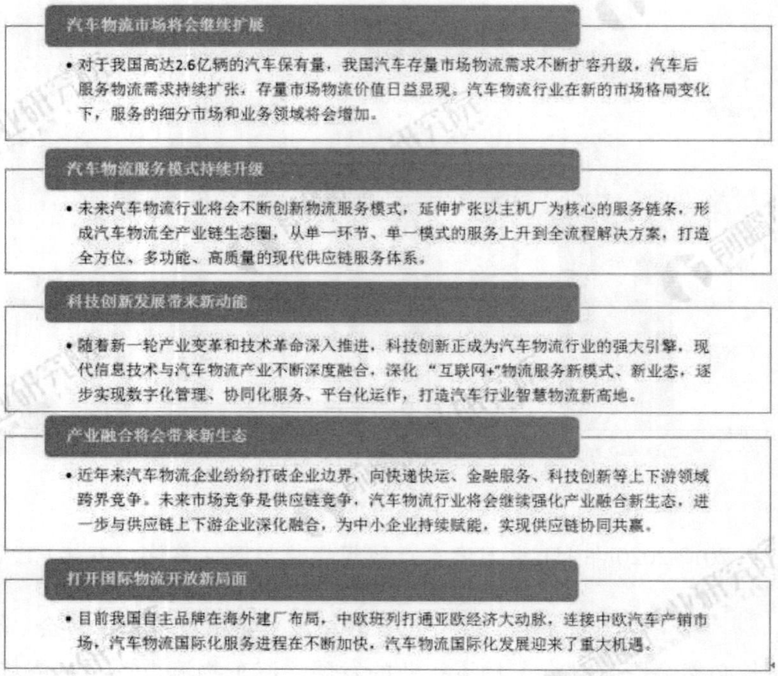

中国汽车物流行业发展趋势

来源：前瞻产业研究院整理

以上数据来源于前瞻产业研究院《中国物流行业市场前瞻与投资战略规划分析报告》，同时前瞻产业研究院提供产业大数据、产业规划、产业申报、产业园区规划、产业招商引资等解决方案。

来源：前瞻经济学人

5.1.4 疫情冲击下，全球汽车供应链的变化与趋势初探

中物联汽车物流分会副会长

北京交通大学物流工程系主任

张晓东教授

张晓东教授应邀在5月15日召开的"汽车零部件国际供应链物流保障座谈会"演讲，具体内容如下：

大家下午好，感谢中物联汽车物流分会给我这个机会，也感谢各位主机厂领导和朋友分享的实际情况，结合今天会议的内容和在座的分享，我从全球汽车供应链的调整变化和未来发展趋势角度，

谈几个方面的初步感想。

一、供应链将成为企业在未来全球竞争中关注的焦点

此次新冠肺炎疫情使供应链及供应链管理进入到了大众视线，成为了大众话题。从早期的口罩生产、医用物资投送、生活必需品保障，到后来的沿供应链产业链协同复工复产和全球供应链安全稳定，让政府部门、企业各级人员和普通百姓都对供应链及其管理给予了高度关注。咱们业内人士，也开始对供应链的上下游关系、协同创新发展、准时配送、采购与库存管理、风险防控等早期供应链管理的内容进行了重新的思考。而随着疫情在全球的爆发及其持续影响，全球供应链的网络重构及其安全稳定的运作模式变革将成为企业在未来全球竞争中关注的焦点。

二、疫情对于中国汽车产业的供应链的近远期影响

在疫情下，近期影响分为几个阶段，早期的或忧虑或大意、中期的备货不足、现阶段的复工复产直至逐渐达产，虽然我国总体向好，但是由于全球疫情的不明朗，将导致下半年甚至明年的供应链运行具有极大的不确定性。从刚才各家企业发言情况来看，目前企业对疫情导致的近期影响基本上是挺过来了，但对于远期影响，还要做好潜在风险的防控准备。这不仅仅要简单分析供应链库存是否够，还应该分析国际环境、政策影响等诸多因素，比如目前中美之间的一些争论，这些因素对未来产业链和供应链安全稳定的影响不可小觑。我们可以感觉到，上半年挺过去基本问题不大，而真正的暴风雨恐怕要在下半年甚至明后年才开始。

对于汽车产业来说，总体形势向好。一是汽车产业需求或将发生变化。此次疫情使大家由于担心感染而在某种程度上对公共交通出行的热情带来了一定的冲击。如果疫情继续发展，持续出现无症状感染者、阶段性反弹或出现集聚病例，随着疫情防控常态化，届时大家对于私家车的需求就会存在上升趋势，这种需求是爆发式增长还是在不同区域逐步增长仍需进一步分析。由此，这种变化对于汽车供应链的产供销节奏亦会产生比较大的影响。二是汽车全球产业链布局分工面临着极大的不确定性。现在国际政治关系局势紧张，某些企业的产业链关系存在一些隐患。汽车产业在我国的产业结构体系中具有举足轻重的地位，无论是从现阶段汽车产业链对国民经济的综合贡献，还是在今明两年由全面建成小康社会转向现代化强国建设的关键时期，汽车产业在未来经济社会发展中将面临新的机遇和挑战，汽车企业需要在国际供应链竞争中提前做好准备。随着我们在与世界各国经济联系中面临的一系列不确定性的增强，即使我们希望加强与各国的经贸联络，但如果不做好必要的准备，将不利于企业在国际供应链中的发展。就汽车产业而言，主机厂自身生产方式的变革、对零部件供应商的多样化选择及其全球性布局调整、不同产权结构的决策差异等均将深刻影响汽车供应链组织与运行，这值得行业进一步关注。

三、供应链管理中的新机遇与新挑战

当遇到公共突发事件时，供应链应该进行什么样的调整？是完全推倒重来，还是维持原来做法，这些现在都处在摸索和探讨阶段。各企业一方面要在宏观层面上关注供应链的安全稳定，以应对未来由产业布局结构调整带来的不确定性，另一方面也要关注末端的技术方法和供应链管理中的一些老问题、新模式，这些变化将会带来一些新机遇与新挑战。比如，汽车行业的准时制生产方式（Just In Time）在受到疫情影响下，是采取准时制配送的老办法，还是调整变化，采取新办法，这就涉及延展到末端的技术方法如何调整以适应供应链的新变化；目前有些企业由于疫情影响要加大备货，未来一旦回归正常，企业的安全库存是否敢降到原来的库存水平，未来企业如何判定安全库存标准，将怎样进行参数结构调整，这些都对汽车供应链管理带来了新的机遇与挑战，值得行业持续关注。另外，在物资保障中，除了供货端还有运输物流服务端，面对全球运输网络和运输方式的调整，未来在风险防控、安全库存、稳定供应、及时响应等方面也会有一系列的新模式。我们要运用一些新技术、新模式、新方法去增强国际供应链的安全稳定性。

四、供应链未来发展趋势与应对措施

一是要关注网络重构的问题。目前，从国家和行业层面，都在关注全球供应链网络的重构与安全稳定问题，例如国际交通战略通道的安全稳定、综合物流服务网络的安全稳定、生产商贸企业供销网络的安全稳定，这些都面临着一系列重构趋势。对于汽车行业来说，各个主机厂的上游零部件生产基地、下游销售与售后备件市场，在不同区域内将会呈现差异化特点，伴随这种差异化的产生，需要对汽车供应链运输通道进行新的调整与重构。

例如，这次疫情对武汉和湖北的主机厂、零部件企业造成很大影响，目前国内能对这种影响进行宏观调控，但如果站在全球视角，影响就变大了，主机厂国际零部件采购与供应、零部件企业的国际销售因疫情影响会导致一系列全球供应链格局的近期稳定性调整和远期合作关系变化。所以必须长短结合，纵深考虑，持续观察。

二是要面对以新基建为代表的技术变革。在采购货物中，新的库存管理模式，新的准时制配送标准与模式是什么？新的应用场景在哪里？这些或可通过新基建来的技术集成来实现创新性变革。但新基建不等于全部以信息技术为基础的新建基础设施，还包括老的基础设施借助新的信息技术实现技术转型升级和模式创新。汽车是个传统产业，但工业互联网带来了对供应链新的思考，比如上汽通用五菱在疫情期间调整生产口罩、意大利利用 3D 打印技术改造流水线生产呼吸机等。技术变革是未来发展的一个大趋势，我们不是技术开发者，但是我们要对技术变革引起行业企业的变化进行思考和谋划。

三是要勇于进行模式创新。在疫情冲击下，传统供应链的部分板块会随着全球格局的变化以及技术变革进行模式创新。比如在全球干线运输通道当中，不同的空间格局如何在航空、海运、铁路间实现多元互补？今年 1-4 月，中欧班列逆势上扬，有效补充了疫情下其他运输方式供给不足的情况。这表明，在空间差异化下，不能仅依赖于某一种运输方式，要充分发挥不同运输方式的比较优势，采用多式联运、运用综合运输。在公共突发事件时，应急物流如何设置，这既是国家的问题，也是企业的问题；这不是简单的库存问题，而是需要运输与库存的联动结合，这两者之间的协同又在不同运输方式当中有所表现。那么如何实现优势互补？还以中欧班列为例，由于中欧班列具有干线“无接触”运输的优势，也即中欧班列实行分段运输，不涉及人员检疫，在疫情防控形势下显示出了独特的优势，在各国间保持了运输的稳定性，虽然也需要公铁联运来完成全程运输，但干线对海运和空运的补充给了客户企业在考虑供应链安全稳定时更多的选择。因此，了解不同运输方式的比较优势，或对未来模式创新会产生意想不到的结果。此外，不同企业的运营合作关系、区域化的空间布局、市场密度、供需密度等都不尽相同，可能会有阶段性差异化短板，比如企业把武汉作为前置库的重要节点，如果这个地点“沦陷”，其原本分拨服务的周边地区，就需要由其他地区前置库来应急服务。而这种服务网络的动态调整，若能从现行的应急预案模式，转换为基于新技术的动态柔性服务网络模式，则会创造一系列的新模式与新机遇。

汽车供应链的调整与发展需要靠行业协会进一步引领，行业同仁可以进一步分析，进一步细化，共同探索能够更好的推动汽车供应链畅通发展的新方向。时间关系，就简单谈这些，不到的地方敬请海涵。

谢谢大家！

来源：搜狐网，根据“汽车零部件国际供应链物流保障座谈会”上演讲整理

5.1.5 探讨后疫情时代，汽车物流的发展方向

综合来看，新一轮中美贸易摩擦或将影响欧美外贸，新冠疫情导致全球产业链出现重组契机。一带一路战略持续推进，可以重点关注国内前端运输业务并强化铁路布局；经济层面，未来中国将以内循环为主体，中国GDP增速放缓；随着汽车市场的走低，将推动销售端变革，低成本、分散式、多模态融合将成为趋势。由此，汽车后市场物流、二手车物流、废旧汽车回收物流等细分市场呈现机遇；在技术层面，5G通讯技术、车联网、人工智能、智能移动服务和数字营销等前沿领域不断发展，动力电池市场空间较大，氢能源货车或将改变运力市场，自动驾驶技术可能带来物流体系的重构；工信部对燃油车退出时间表的研究，以及国家出台各类相关政策和补贴，新能源和二手车等新兴市场逐渐形成。

“十四五”期间，GDP增速将下降至4.5%左右，乘用车市场的高速增长期已结束，汽车消费正进入存量市场。中性预测中国汽车市场整体复合增长将在5.1%左右，受经济放缓影响，消费需求走低，车市销售或将持续低迷，汽车物流也将结束“增量经济”时代。同时，在以特斯拉为代表的电动汽车、智能互联汽车、自动驾驶汽车等造车新势力不断涌现，促使传统汽车企业正在加速转型。而这些造车新势力的直销模式，打破了传统的4S店模式。这一销售模式的改变，也将推动汽车物流市场进行模式革新。从细分市场看，传统车企排名前十位的集团，占汽车总销量的90.4%。2019年新能源汽车累计销售106万辆，同比微增4%，增速显著放缓，处于退坡后的持续调整期。下半年市场相对疲软，依然靠政策驱动。其中，以特斯拉为首的新势力表现较好，纯电市场份额达到16%。进口车方面，2019年累计汽车进口量108.5万辆，同比下跌2.0%，降幅继续收窄。受汽车市场整体下行及宏观经济影响，1-12月进口车销售83.8万辆，同比下滑1.8%，降幅继续收窄；12月，进口车销售8.5万辆，同比增长2.1%，环比增长14.6%。社会车辆方面，社会物流总体体量预估为440万台/年以上，二手车市场受限迁影响，体量未完全释放。

汽车市场的一系列变化，使我们汽车物流行业融入了更多的智慧要素，逐渐展现出物流的智慧效能。伴随着这一趋势的推进，汽车物流产业的价值中心也将转移至智慧物流。以物联网为基础，通过云端大数据、区块链应用等手段来提升供应链管理效率，为客户提供全方位智能物流解决方案。通过智能调度等智能技术，以及全自动立体库等自动化装备，实现物流场景的无人化、少人化，从而降低成本。

同时，依托智慧物流平台，进一步打造社会化的多式联运品牌，发挥水铁运输优势，降低行业综合运输成本，提高综合运输效率。为客户提供多样化运输方式选择，实现门到门的一体化解决方案。

另一方面，目前市场上以特斯拉、蔚来等新型车企为代表，坚持“线上销售+线下体验”，即体验中心+交车中心+服务中心的直销模式。而这项变革也将促使我们整车物流行业紧跟着进行“新零售”模式的物流革命。未来的整车物流将演变为VDC到城市多品牌云仓的干线运输和城市配送上门的模式，相比传统的VDC-VSC-4S店-个人用户的模式，大大简化了运输及仓储环节，为主机厂减少了质量风险和物流费用，并极大地提升了终端用户感受。而对于我们整车物流企业而言，可提前参与到汽车新零售模式的变革，打造城市多品牌云仓、配备城市配送运力、布局城市配送网络，打造面向C端的服务能力。

目前的内外部环境变化是我们的破局动力。希望我们汽车物流企业能够资源共享、合作共赢。于变局中开新局。

来源：上汽安吉物流 上汽安吉物流整车事业部总经理彭峰

5.1.6 2020 年全国汽车整车物流发展大会丨上汽安吉物流再获行业大奖!

8 月 6 日，2020 全国汽车整车物流发展大会在上海召开，这是汽车物流行业 规模最大、规格最高、影响力最大的行业交流大会。会议吸引了来自汽车物流及相关行业的领导、专家、企业高管等，以“ 聚力新程·共赢未来”为主题，对上半年行业情况进行了盘点和回顾，对行业未来发展趋势进行了分析，对行业标杆企业技术和管理进行了分享。

汽车物流分会轮值会长、上汽安吉物流总经理王泽民认为，今年上半年，突如其来的新冠疫情对世界经济和全球汽车产业链造成了巨大冲击，汽车物流行业也面临着严峻挑战。此次疫情的爆发，上汽安吉物流和众多物流企业一样，遇到了道路限行、司机难复工等困难。上汽安吉物流的多式联运示范工程经受了“大考”，给出了令人满意的“答卷”。上汽安吉物流获 2020 年度汽车整车物流 KPI 标杆企业。

安吉上海业务发展部总监丁凯发表了题为“整车物流多式联运的体系建设与发展趋势”的主旨演讲，相信疫情之后，多式联运模式或将迎来新一轮的发展契机。

越是逆风之时，越是考验我们的战略定力和破局动力；上汽安吉物流将一如既往发挥标杆作用，在危情中育新机，于变局中开新局，共同为构建汽车物流良好生态圈贡献力量！

来源：搜狐网

5.1.7 2020 全国汽车物流行业年会丨上汽安吉物流再次斩获多项行业大奖

10 月 28 日，2020 全国汽车物流行业年会在长春召开。大会邀请国家有关政府部门和高端专家诠释国家经济、汽车和汽车物流行业的焦点政策和发展趋势；邀请行业领袖共同探讨企业的发展策略以及全球市场变化与创新技术带来的新机遇与挑战。

大会以“变·中求进聚·势前行”为主题，全面盘点和总结了过去一年汽车物流行业的发展情况，分析未来行业走势，共享相关技术和管理经验，并对优秀企业和个人进行了表彰。

在高端沙龙环节，上汽安吉物流副总经理沈飞与来自行业协会、代表企业的嘉宾，以“我国汽车物流行业发展：行业纵览——变革与趋势”为主题，共同畅谈行业的发展趋势与机遇变革。

上汽安吉物流整车事业部总经理彭峰作了题为“破局之道——我国汽车物流创新发展”的专题演讲，同与会人员共享公司在创新发展途中的经验与体会。

作为汽车物流分会的轮值会长单位，上汽安吉物流及旗下企业对行业发展起到了重要推动作用，并斩获多项重量级奖项。

上汽安吉物流

获“2020 年度汽车物流行业特别突出贡献企业”荣誉

个人奖项方面

上汽安吉物流总经理王泽民

上汽安吉物流副总经理、安吉智行总经理沈飞

获“2020 年度汽车物流行业特别突出贡献企业家”荣誉

彭峰、陈琦峰

获“第四届汽车物流行业特别突出贡献专家”荣誉

2020 年是充满挑战的一年，上汽安吉物流将继续发挥标杆作用，在危机中育新机，于变局中开新局，乘风破浪，砥砺前行，为汽车物流行业蓬勃发展贡献力量。

来源：上汽安吉网站

5.1.8 西上海股份 IPO 成功过会 致力于成为强开放性的第三方汽车物流企业

中国上市公司网讯 8 月 27 日，西上海汽车服务股份有限公司（以下简称“西上海股份”或公司）首发申请获证监会通过，公司将登陆上交所主板上市。

据悉，西上海股份本次公开发行股票数量不超过 3,334 万股，不低于发行后股份总数的 25%。公司本次拟投入募集资金 49,811 万元，主要用于乘用车立体智能分拨中心（立体库）扩建项目。

公开资料显示，西上海股份的主营业务是为汽车行业提供综合物流服务，以及汽车零部件的研发、生产和销售。公司的汽车物流业务主要包括整车仓储及运营服务、汽车零部件仓储及运营服务、零部件运输服务和整车运输服务。公司的汽车零部件制造业务的主要产品为包覆件和涂装件。公司所提供的服务或产品主要直接或间接覆盖的汽车品牌有上汽大众、上汽通用、上汽乘用车、上汽通用五菱、广汽本田、广汽菲克、广汽三菱、东风日产、东风汽车、一汽大众、吉利汽车、奇瑞汽车、江淮汽车、长安汽车等。

西上海股份具有专业汽车物流知识和管理经验优势。汽车物流活动的复杂性和特殊性使专业知识和管理经验的作用更为突出。公司已在汽车物流领域经营多年，已在运输、仓储、配送等汽车物流的各个环节积累了一定的专业知识和管理经验，逐渐摸索出了具有自身特色的第三方汽车物流服务模式。能够更快更好地针对客户需求提解决方案并予以实施，以满足汽车制造企业快速多变的个性化物流服务要求。公司多年的经营和布点已经在我国多个整车制造核心集聚区域形成了一定的运输、仓储网络。这种运输、仓储网络一方面能够支撑汽车制造企业在全国范围内的零部件采购和整车销售，提高服务的可靠性；另一方面也有助于第三方汽车物流企业更好地整合资源，提高服务的经济性。

发审委会议提出询问的主要问题

报告期内发行人来自上汽集团及其子公司的业务占比较大，发行人依赖上汽集团子公司和广汽本田及其子公司物流信息系统执行整车、零部件运输服务。发行人零部件制造的供应商由上汽集团子公司确定或需在上汽集团子公司确定的供应商名录中选择，并存在部分原材料的采购价格由上汽集团子公司核定的情形。请发行人代表说明：(1) 发行人上汽集团业务的获取方式是否公开、公平和独立，与上汽集团及其下属公司的交易定价是否公允；(2) 汽车物流业务执行过程中依赖客户信息系统的原因和必要性，对发行人汽车物流业务的影响和重要性，是否符合行业惯例；(3) 供应商及部分采购价格由客户指定是否符合行业惯例，对发行人生产经营的影响，采购价格的定价依据及公允性；(4) 发行人是否存在对大客户的依赖，是否对发行人的持续经营能力存在重大不利影响，与上汽集团及其子公司业务合作的持续性和稳定性。请保荐代表人说明核查依据、过程，并发表明确核查意见。

西上海集团职工持股会原为西上海集团大股东，西上海集团原为发行人大股东。请发行人代表：(1) 结合相关股权转让原因、公允性、内部决策程序、受让资金来源及相关批复等情况，说明现实际控制人取得发行人和西上海集团股权的合法合规性；(2) 结合原持股会成员《确认函》签署情况及相关诉讼情况，说明发行人股权是否存在潜在纠纷和法律风险。请保荐代表人说明核查依据、过程，并发表明确核查意见。

发行人根据其业务特点采用不同的收入确认政策。汽车物流业务运营成本主要包括仓储场地租金、运营劳务外包、外购运力等。请发行人代表：(1) 说明报告期整车仓储及运营业务中，各主要客户主要仓库的整车仓储合同期限及整车仓储及相关运营合同具体定价情况，是否存在报告期价格异常波动情形，相应租赁合同是否存在到期未能续签的风险；(2) 说明零部件和整车物流业务的劳务外包和外购运力采购定价是否合理，报告期是否存在异常波动；(3) 结合在客户指定原料采购渠道及采购价格以及发行人对产品的定价机制，说明上述行为是否实质构成受托加工，结合《首发业务若干问题解答》的相关规定对照论述说明相应的收入及成本确认是否符合企业会计准则的要求。请保荐代表人说明核查依据、过程，并发表明确核查意见。

来源：中国上市公司网

5.1.9 西上海 IPO 渐行渐近 开拓汽车物流新格局

西上海汽车服务股份有限公司（简称“西上海股份”）IPO 渐行渐近，只等证监会下发批文，便可成功登陆上交所主板，此前在 8 月 27 日已成功过会。

据招股书披露，西上海股份主营业务是为汽车行业提供综合物流服务，以及汽车零部件包覆件和涂装件的研发、生产和销售。西上海股份汽车物流业务主要包括整车仓储及运营服务、汽车零部件仓储及运营服务、零部件运输服务和整车运输服务。

汽车物流是汽车产业链上原材料、零部件、整车以及售后配件在各个环节之间的实现实体流动的关键一环，在汽车产业链中起着桥梁和纽带的作用，按服务对象可划分为整车物流和零部件物流。

按目前我国汽车物流行业的竞争格局，中国汽车物流企业主要是由四种形式构成：一是从传统的国营运输企业介入汽车物流领域转变而来的企业，如中铁特货运输有限责任公司等；二是由国内大型汽车制造企业控股或参股的企业，如一汽物流有限公司，风神物流有限公司等；三是独立于汽车制造商的第三方汽车物流企业，如北京长久物流股份有限公司、西上海汽车服务股份有限公司等；四是中外合资企业的汽车物流企业，如安吉智行物流有限公司等。

西上海股份作为第三方物流企业的主要优势是高效的物流资源整合能力，一方面在客户资源整合方面，由于非汽车生产厂商控股，西上海股份致力于与众多的汽车生产厂商展开合作，打破了汽车生产厂商之间的壁垒，通过高效整合各家汽车生产厂商物流需求，实现物流方案优化；另一方面从汽车生产厂商的物流管理方面来看，将物流外包给第三方物流企业，汽车生产厂商集中自身资源专注于汽车研发、制造和销售等核心环节，从而降低管理成本，提高竞争能力。独立于汽车制造商的第三方汽车物流企业是未来汽车物流行业发展的趋势，而西上海股份正是第三方物流企业的头部企业之一。

值得一提的是，西上海股份通过多年专注于汽车行业的仓储运营，已形成了成熟的标准化运营经验，在整车仓储运营业务已获得上汽大众、上汽通用、沃尔沃、三菱、奇瑞等多家整车厂商认可，凭借西上海的服务优势和资源优势，将进一步拓展新的整车仓储运营业务客户。在汽车零部件仓储运营服务包括售后备件仓储运营服务和产前零部件仓储运营服务，目前售后备件仓储运营服务已开发了上汽通用、广汽本田等多家整车厂商，产前零部件仓储运营服务已经开发了东风汽车、上汽大众、一汽大众等整车厂商。

西上海股份本次发行募集资金将投资于上海嘉定“乘用车立体智能分拨中心扩建项目”，项目总投资 4.98 亿元。上海嘉定是上海乃至华东地区的汽车及零配件生产制造的重镇，由于国民汽车需求量逐年增加导致的汽车产量的上涨与嘉定地区工业用地总量的限制，汽车物流服务——尤其是整车分拨中心的需求与供给之间缺口逐渐扩大。以上汽大众的整车库需求为例，其嘉定地区安亭工厂的规划产能为 165JPH，产量为 100 万辆，但目前常规稳定库容仅有约 1.5 万个，库容缺口巨大。2018 年 10 月，上汽大众 MEB 工厂于安亭地区开工，预计在 2020 年投产，使上汽大众在安亭地区的产能进一步提升至 130 万辆。

目前，乘用车出厂后的仓储需求很大一部分采用了临时停车场的模式来满足。这种临时停车场模式存在很大的不确定性和严重的安全隐患。

上海嘉定“乘用车立体智能分拨中心（立体库）扩建项目”将有效提升西上海现有仓储服务能力，缩小上海嘉定地区整车及零部件等仓储需求与供给之间的缺口，满足下游客户对专业的汽车物流服务的需求，西上海股份离成为强开放性的第三方汽车物流企业更近一步。

来源：金融界

5.1.10 中远海特拟与上汽安吉物流成立合资汽车滚装公司

2 月 24 日，中远海特（600428.SH）公布，公司召开第七届董事会第二十次会议，全体董事审议通过“关于与上汽安吉物流成立合资汽车滚装公司的议案”。

为落实公司战略规划，实现强强联合，更好地促进公司汽车船业务长远健康发展，董事会同意公司与上汽安吉物流股份有限公司（“安吉物流”）共同出资成立合资公司。

安吉物流成立于 2000 年 9 月 8 日，注册资本 6 亿元，经营范围包括道路货物运输（不含危险货物）、水路普通货物运输、各类工程建设活动、货物进出口、技术进出口等，是上海汽车工业（集团）总公司所属专业从事汽车及零部件物流业务的子公司。安吉物流形成了整车、口岸、航运等九大业务板块，是目前国内最大、国际领先的第三方汽车物流供应商。安吉物流共经营 25 艘汽车船，其中自有船舶 23 艘，外部光租船 2 艘。

根据合资方案，合资公司注册资本 2 亿元，双方以现金作为出资，公司和安吉物流的持股比例分别为 35% 和 65%。合资公司名称为“安吉滚装运输有限公司”（暂定名，以工商行政管理最终审批的名称为准）；主营业务为国内沿海、内河和国际汽车滚装运输业务，以及与汽车滚装业务相关的两端物流业务；拟注册在海南洋浦。合资公司成立后，股东双方现有的汽车船将以光租或期租的方式长期租赁给合资公司经营。

经测算，预计项目的内含报酬率为 11.91%，具有较好的投资效益。

来源：船海装备网

5.1.11 合众赋能共建科技互联

——东泽全力发动整车保税仓储服务等新业态

回顾 2020，面对着一个艰难的开局，我们共同经历了新冠疫情带来的严峻形势，全球经济急剧衰退、进出口贸易受到严重影响，各行各业遭受巨大冲击，伴随着危机而来的往往是更大的机遇，东泽国际共克时艰，把握国内外机遇，迎接市场行业的复苏和新的发展商机。

2020 年，东泽喜获上海市品牌培育示范单位、全国先进物流企业和创新成长奖、上海优秀报关企业等荣誉佳绩；东泽继续推进科技智能和大数据管理转型，完成了运输一体化平台 3.0 升级、智慧报关系统开发，并启动了交大产融奢侈品供应链平台战略合作项目；2020 年东泽开拓了华南、西南地区的新市场，全力发动了跨境电商、国际贸易、冷链物流、整车保税仓储服务等新业态的引擎，逆势而上，迎战新机。

国际形势乱象丛生、大国博弈加剧，经济推动物流的同时也对物流的发展提出了较高的要求，信息不能实现集成共享仍是当前我国物流发展过程中所面临的痛点问题，当新一轮的科技革命破茧而出，高新技术的发展融合正在重塑全球的产业结构转型，营造出全新的经济格局，智慧物流将一定是未来物流行业的发展方向。

东泽秉承“服务智创用户价值、携手共赢美好未来”的企业使命，以科技成果智创服务，近三年每年 1000 万持续科研投入，共建科技互联：旗下科技品牌——东泽（上海）信息科技有限公司和铤能通（上海）科技有限公司，运用“区块链 + 物联网 + 人工智能”技术开发自动报关系统、供应链一体化平台、轻奢品全产业链配套系统、高端汽车零配件的溯源与验真项目等，每一步都获得了扎实的成果基础：

2015 年，系统平台投入建设，东泽运输 & 仓储系统 1.0；

2016 年，持续投入物流供应链，GPS 系统、 AI 危险驾驶识别；

2017 年，自主研发系统，南航运输平台上线、推行现场点检无纸化、报关报检系统开发；

2018 年，报关 OCR 技术引入、仓储管理升级（操作时效追踪 + 过程可视化）、运输平台化应用运输过程预警（疲劳及安全预警）；

2019 年，系统自动化智能化，仓储管理进行物联网化管理、运输综合一体化升级、网络货运平台上线运营、供应链管理平台搭建；

2020 年，区块链一物一码溯源解决方案，普货集装箱运输系统平台，智慧报关系统开发，整车报关结算系统，跨境电商平台开发，交大产融项目联合开发，自动巡库机器人样机。

通过基于工业互联网思维的智慧物流全新技术应用，东泽已实现物流采购、报关、运输、仓储、配送等物流各环节的信息化运作，并针对行业痛点，定制化解决方案，利用整车物流的细分领域知识，实现了公司经营、生产、管理的全面数据化后，将整体供应链的信息共享，打造智慧供应链工业互联网品牌，得到了众多国际一线品牌的认可和支持。

在新旧动能转换的数字化时代背景下，用技术驱动组织的效能提高已呈现加速度的节奏，未来，东泽将不断提升高品质供应链服务、巩固高精尖智慧物流科技成果，只有凝心聚势拥抱全新时代，合众赋能共建科技互联，方能持续创造企业价值，实现国际供应链一站式服务的宏伟蓝图。

公司信息

东泽国际创建于 2010 年，注册资金 5000 万元，是一家基于工业互联网思维发展的综合型服务企业，运用自主研发的自动报关、运输一体化、智慧仓储、区块链溯源等技术产品，提供报关、运输、仓储、系统开发、国际贸易、平台运营于一体的全供应链服务解决方案。公司先后获批国家 4A 级综合服务型物流企业、AEO 海关高级认证、ISO 管理全体系（9001/27001/14001/45001）认证、全国优秀报关企业、全国先进物流企业、上海市重点物流企业、智慧物流平台等，现已拥有 20 余家子公司，客户遍布世界 500 强企业，持续打造具有国际化服务水准和影响力、令中华民族骄傲的专业科技物流企业。

东泽集团品牌

国际供应链一站式服务

东泽国际　日纳得实业　瑞鲨科技　香港祥雲　东泽科技　铤能通科技

东泽供应链　锦浩共源　桦拓冷链　永瑞供应链　千影科技　东锴汽修

公司总部：上海市自贸区基隆路 55 号国际信贸大厦 18 楼　200131

平台中心：上海市浦东新区曹路镇永和路 69-1　201209

商务中心：上海市虹口区杨树浦路 18 号 3008-3010 室　200082

空运中心：上海市浦东闻居路 1333 号 C 区 719 室　201207

来源：上海东泽国际物流有限公司

5.1.12 传化智联牵手吉利 构建汽车物流供应链解决方案

2020年2月26日晚间，传化智联（002010）发布公告称，控股子公司传化物流集团（以下简称“传化物流”）与吉利商用车集团旗下万物友好运力科技有限公司（以下简称“万物友好”）签订合资合作协议。双方围绕“打造汽车物流供应链新标杆”以及“孵化干线运力模式，打造新能源运力平台”将联合设立两家合资公司。

更全面切入汽车物流领域

公告表示，本次合资合作，有助于公司更全面地切入汽车物流领域，深化汽车行业供应链解决方案构建，同时打造更高效经济的新能源干线运力平台，进一步加码智能物流服务平台货源端及运力端的建设。

据悉，目前，我国汽车物流发展从整车物流为主、向零部件入厂物流以及零部件售后物流方向延伸的趋势明显。加之我国新能源汽车产业兴起，与新能源汽车零部件、充电桩解决方案及售后服务有关的一体化供应链物流服务需求也不断增长。有资料显示，2020年，汽车行业对一体化供应链物流服务的需求规模约为3470亿元，2025年预计将增至4460亿元，复合年增长率为5.2%。

围绕“打造汽车物流供应链新标杆”成立的合资公司，将结合传化智联端到端的物流服务能力及全国化网络，借助吉利汽车的规模优势和运营能力，通过承接吉利汽车物流业务，形成整车物流、零部件物流的综合解决方案，打造汽车物流供应链平台。

据悉，汽车物流供应链的复杂度和对整体的协作性要求很高，有很强的专业性，具备精益物流供应链的特点。传化智联的公路港城市物流中心全国网布局及单点发全国的精益服务特性，可以有效满足了汽车产业链上原材料、零部件、整车以及售后配件等生产企业或厂商实体流通辐射全国的网络需求。目前，传化智联已为万向钱潮、玲珑轮胎、倍耐力、康普顿等400余汽车相关的企业提供了直接或间接的汽车物流供应链服务。

“通过服务好吉利每年超百万辆汽车产销及上下游供应链，我们也将不断完善我们的精益物流供应链解决方案，进而服务好更多企业。”传化智联执行总裁陈坚表示。

打造新能源运力平台

去年11月2日，国务院办公厅印发《新能源汽车产业发展规划（2021—2035年）》中提到：到2025年，我国新能源汽车新车销售量达到汽车新车销售总量的20%左右，公共领域用车全面电动化；构建智能绿色物流运输体系；推动新能源汽车在城市配送、港口作业等领域应用，为新能源货车通行提供便利。

此次围绕“打造新能源运力平台”设立的合资公司，将凭借吉利商用车的技术优势和运营能力，结合传化智联整合连接的400多万干线、城配车源以及全网每年超3000万的车流量及网络优势，孵化干线运力模式，打造新能源运力平台。

这也是继2017年双方合资成立浙江绿色慧联有限公司（以下简称：绿色慧联），共同开拓新能源商用车物流市场后的进一步协同深化。2020年绿色慧联交付新能源车辆超过5000台，截至目前业务覆盖全国40多个城市。

据悉，新能源运力平台也将成为传化智联大运力池资源的有力补充，提升对运力资源的调度和运营能力，并从运输端延伸到整个供应链链条的上下游，帮助企业降本增效。

来源：腾讯网

5.1.13 我国汽车销量好于预期 利好下游汽车物流行业

2020 年，在汽车业周期调整和新冠肺炎疫情的双重影响下，中国汽车业在“破”与“立”中，迈入行业变革期。4 月起，我国汽车市场强势复苏，月销量连续四个月同比正增长，截至 7 月底，我国汽车累计销量 1236.5 万辆，累计降幅连续收窄，走势好于预期。

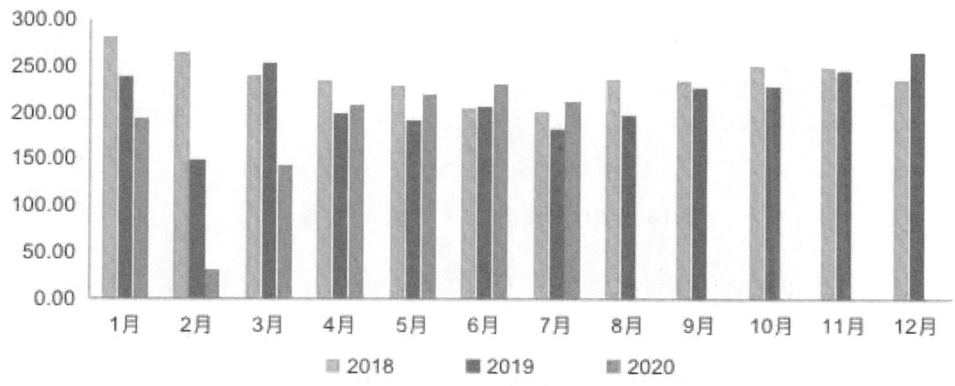

2018-2020 年我国汽车月度销量

随着碳排放标准的不断提高与新能源汽车使用条件的不断成熟，汽车市场从油车向新能源汽车过渡正在成为趋势，并滋生新的一轮置换需求。今年 7 月，新能源汽车销量同比变化转负为正。

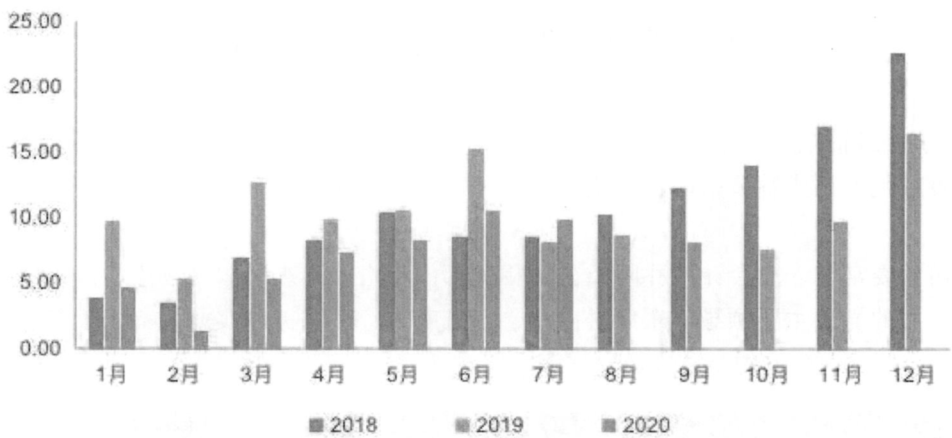

2018-2020 年我国新能源汽车月度销量

我国汽车市场已从保持增量逐渐向盘活存量过渡。与新车相比，二手车的价格优势明显。随着限迁政策的推行与人们消费观念的转变，我国二手车交易量逐年增长。7 月份，二手车交易量与新车销量一样逆市上涨。

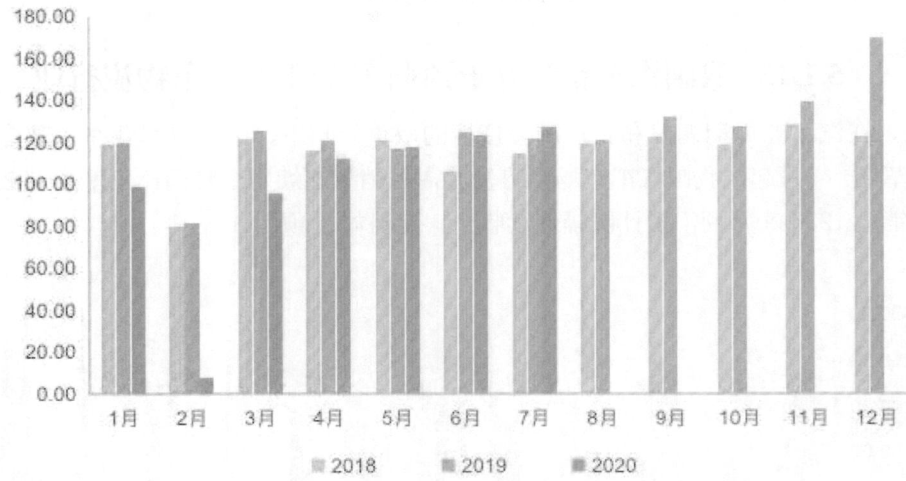

2018-2020 年我国二手车月度交易量

2020 年汽车工业对 GDP 增长的贡献率处于历史高值，2020 年下半年以来，不论是二手车交易，还是新能源汽车以及新车市场，都实现了同比增长。汽车销量直接传导至下游汽车物流行业。

作为国内大型的汽车物流企业，长久物流服务全国 80% 以上的汽车品牌，能够充分反映、联动汽车市场的变化。据长久物流方面表示，公司正在积极布局国际海运业务，与华洋海事中心有限公司成立久洋船务有限公司；同时，公司不断开拓社会车辆市场，将业务从传统 B 端延伸至 C 端市场，深耕汽车物流领域，不断做大做精做强。

来源：证券日报网

5.1.14 东风物流整合正式进入操作实施阶段

2020 年 1 月 16 日，东风物流整合项目股东协议签字仪式在东风汽车集团有限公司（下称东风公司）总部召开。股东代表正式签署东风物流整合项目股东协议，标志着东风物流整合正式进入操作实施阶段。

东风公司党委常委、总会计师乔阳及公司相关部门负责人，东风车城物流、风神物流、东本储运三家物流公司的党政主要领导，东风进出口、东风南方、上海神越实业等 7 家股东单位代表，以及东风物流整合项目办公室的全体成员出席签字仪式。

会上，物流整合办公室主任翁运忠对东风物流整合项目整体推进情况进行介绍，为了改善公司物流业务分散，提高业务集中度，掌控核心资源，形成集约效应，东风公司开展了物流整合。东风物流整合从 2019 年 6 月 23 日公司总经理办公会确定立项后，在各股东的共同努力与合作下，总体进展顺利，各项工作按照既定的目标有序推进。将设立东风物流集团公司，对车城物流、风神物流、东本储运开展资本及业务整合。

会上，惠州工交、惠州大亚湾、圣泽捷通、通达集团共 4 家东风物流集团股东代表进行发言，分别表达了对新公司发展的期待。

乔阳说，这次物流整合是顺应汽车行业竞争形势的要求和需要。根据中央巡视整改的要求和东风集团物流整合的总体进度安排，东风物流集团将于一季度正式挂牌并进行正常的运营。希望各股东进一步支持配合、协同作战，确保按期整合到位。他提出，新公司要聚焦客户需求，为客户提供全方位、高效的物流服务，这是公司今后生存发展的根本；要做好管理规范化建设，结合业务运营模式的优化，实现高度市场化、专业化运作；要在保障各股东权益前提下，按照市场化运行方式，切实做好物流整合的各项工作，确保公司内外的物流各项业务平稳。

来源：东风汽车报

5.1.15 全民轿车运输“快递时代”

在“中国提速”的道路上，轿运物流正在经历不易察觉的壮丽和汹涌——全民轿车运输“快递时代”正蓄势而来，优信物流或许就是那个抢先一步的破局者。

7 月 22 日，在北京优信集团总部召开的“优信智慧物流升级发布会”上，优信宣布全面启动“鹏飞 3.0+”系统，构建了连接全国的零散轿运智慧物流网络，激活中国零散轿运物流血脉，让家庭轿车也能像发送“大件快递”一样简单。

截至目前，优信智慧物流已在国内搭建了 12 条自营物流干线、22 个中转仓、12 个分拨点，干线总里程超过 26000 公里，新版系统运输线路将覆盖 365 个地级市，为零散轿车运输提供更便捷的“门对门”服务。除为优信全国购提供运送服务外，优信智慧物流也对行业和个人全面开放轿车运输服务。

“不简单”的零散轿运物流

随着网络电商的发展，人们对“随时随地下单”“门对门送货”的消费方式已经习以为常，但想要随时、随地运送一台车并不简单。

零散轿运物流并不只是从 A 地运到 B 地这么简单，大众需求的格局和运输逻辑很难与传统轿运的规模化运输相匹配。传统大宗轿运行业默认运行着“运多不运少，运整不运散、运长不运短”的运营规则，只能实现线路较为固定的批量运输，缺少灵活零散的运载方式。

全民轿车运输“快递时代”

优信集团物流交付中心负责人李舒波表示，零散轿运物流的难点在于订单的零散和随机，这给运力准备带来极大的不确定性。传统零散轿运缺少有效的组织和规划，返程空载后无效运输和等待的情况普遍发生，导致运输效率低下，运输成本也高居不下。

优信智慧物流解决轿车跨区域运输难点

零散轿运物流的“痛”在需求量巨大的二手车行业尤为明显，中国汽车流通协会发布数据，截至 2020 年 6 月，1-6 月二手车转籍总量为 143.37 万辆，转籍比例为 25.99%，线上购车、异地购车逐渐成为主流，随着异地购车 2012 年开始，优信通过技术手段，搭建连接全国买家与车商的智慧物流网络，解决零散二手车跨区域运输难题。

此外，越来越多的家庭由于旅游、搬迁等原因有异地运车需求。

面对零散的轿运需求，优信“通过骨干线 + 中心仓 + 中转车及最后一公里”的物流布局，搭建智能配套系统，依据成本模型和时效模型规划出最优的运输方案。一是建立“自营干线”，覆盖主要流向区域，可满足 80% 以上的国内轿运物流需求；二是补充“联营支线”，联合其它轿运物流公司设置“分拨点”对其支持，达成全国物流网络覆盖；三是进一步优化干线规划、路由设计和运力配置。

在优信智慧物流系统中，原本分散在全国各地的轿运物流、仓储、代驾公司等上下游产业链被系统整合，能力互补，在各自业务和地域范围内专业、有序地完成任务。

此次升级的“鹏飞 3.0+”系统，是优信智慧物流分配任务的“大脑”，承载着 WPI 预估模拟、配载率模拟、多点路由测算、预抵联动推演以及调度工作台的功能。在“鹏飞 3.0+”系统的加持下，相比 6 月，7 月上半月优信物流日行速度增加 8%，准点率提高到 98%，甚至有超过 35% 以上的订单可以做到提前到达。

智慧物流 优信全国购“底气”

优信智慧物流是优信“全国购”业务的重要支撑，同时，优信二手车在线商城又为智慧物流提供了基础数据，“鹏飞 3.0+”系统将运价、时效等信息都能“秒级”呈现到客户面前。用户仅需通过优信物流的微信公众号“优途物流”即可在线下单，享受车辆从起运、全线路门对门提送、到全程节点在途反馈的全链条服务。

在运营模式上，优信二手车业务深入汽车流通的各个环节，系统整合全国轿运物流上下游产业链，推动行业整体向前发展，实现互惠共赢。对于合作物流企业，优信智慧物流精细分工，科学匹配运力，进一步提升运输效率，为合作物流企业带来更多收益。对于车主和车商，优信智慧物流可以带来更便捷的跨地域用车体验，以及更无忧的全国采购物流支持。

未来，优信智慧物流将用更多科技的手段带来更高效的物流组织和规划。李舒波表示，优信鹏飞 4.0 版本已经进入数据收集和模拟阶段，在 4.0 版本中将通过线路规划寻优、多线程路由动态测算、在途寻优等更多技术手段成为打开优信“速度”的钥匙。

今年，优信二手车大力推行在线购车模式，对产品和服务进行全面升级，给客户带来“简单真实”的购车体验。最新升级的优信智慧物流系统，是优信服务升级的关键利器，优信集团创始人兼 CEO 戴琨称“优信智慧物流是竞争者难以逾越的护城河之一。”优信二手车在线商城将进一步加速，真正实现二手车“全国选，在家购”的网购体验。

来源：光明网 王新

摘录整理：张瑞坤

5.2 危化品物流

5.2.1 2020 年中国危化品物流行业年度运营报告

2020-11-30

危化品物流规模及产值

我国危化品物流市场的发展最主要得益于石化行业的迅速发展。据统计2019年，我国危化品物流市场规模达到1.87万亿元，同比上涨13.4%；虽然受疫情的影响，预计到2020年末，危化品物流市场规模将超过2万亿元。

危化品物流市场运输能力分析

全危化品物流行业市场规模预计2万亿元，第三方物流市场占有率30%

各区域危化品物流规模及产值统计

2020年我国各区域危化品物流规模及产值占比统计

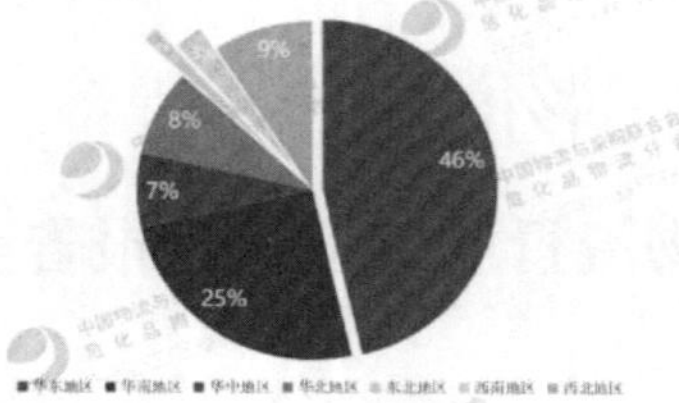

2020年接受调研企业的业务辐射范围

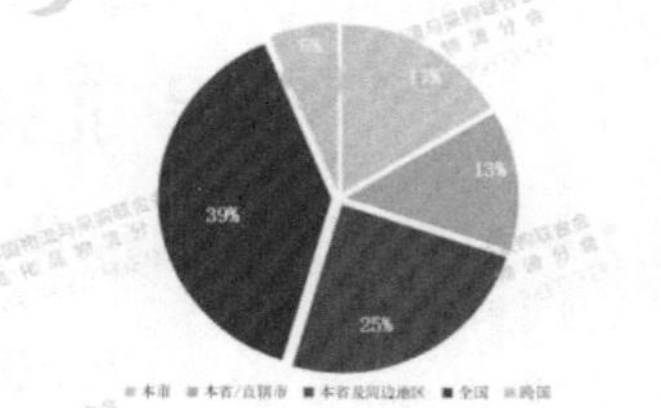

与服务主体分布趋势接近，东南沿海分布密集

90% 以上的危化品物流客户为化工企业。通过将上游企业的原材料运输给下游加工企业来立足，市场消费企业大部分集中在东沿海省份，这里的石化加工类企业更为发达，华东地区和华南地区合计占据着全国70%以上的市场比例。

全国性业务仍是主体，精专区域的企业占比达30%

39% 在2020年由危化品物流分会调研的危化品物流企业中，39%的企业业务辐射全国，25%的企业业务仅辐射本省及周边，只有6%的企业业务跨国。

数据来源：中物联危化品物流分会

危化品物流道路运输2020年前三季度情况

占 各 种 运 输 方 式 的 近 **70%**

道路运输企业车辆规模和从业人员情况

不同规模车辆的危险货物运输企业的数量占比

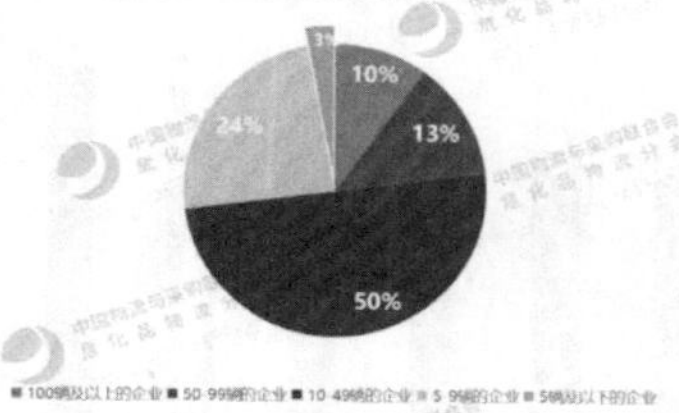

危险货物道路运输人员数量及构成

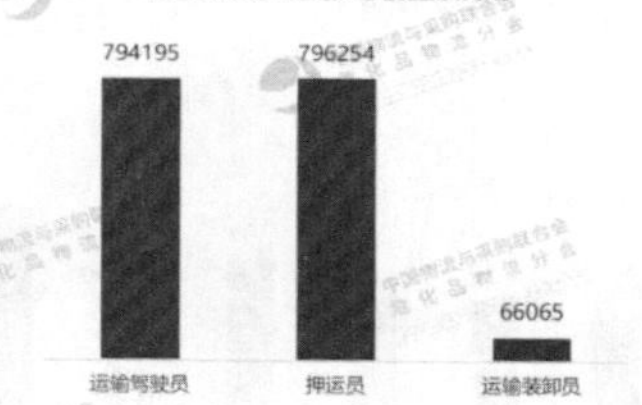

全国危险货物道路运输企业达1.27万户，车辆在50及以上的企业为2884户；10-49辆的为6400户，占比为50%；行业集中度不高，以中小企业为主。

从事危险货物运输行业的人员总量超过165.65万，驾驶员、押运员和装卸管理员的总数量前五名的省份为山东、江苏、辽宁、广东、河北。

数据来源：中物联危化品物流分会

1-9月危险货物运输事故统计分析

据已知数据统计，2020年1-9月危化品安全事故近300起。其中自燃、起火原因29起，驾驶员侧翻61起，车辆相撞、追尾65起（占22%），车辆运输过程中泄露103起（占34%），车辆轮胎磨损事故11起，操作不当中毒6起，其他问题（如避让躲避行人）12起，死亡（不包含人数）13起。（表格数据摘取部分资料）

时间	事件	原因	后果
6月13日	温岭槽罐车爆炸事故	G15沈海高速温岭市大溪镇良山村附近高速公路上，一辆槽罐车发生爆炸冲出高速公路。	该事故共造成20人死亡、172人住院治疗。
1月16日	河南信阳—槽罐车泄漏火灾	潢川县西环路小潢河大桥上一辆压缩天然气槽罐车起火，无人员被困	该事故由于处置及时没有造成剧烈爆炸和人员伤亡
6月20日	广东阳江—LNG槽罐车泄漏	一辆装载20吨LNG的槽罐车，在行驶至阳化高速阳江阳春市路段时，追尾碰撞一辆装载大理石材的货车	槽罐车车头起火燃烧，罐体气体泄漏
7月15日	山东东营路停车场油罐车爆炸	东营市东营港经济开发区化学品停车场一辆装载轻质油的罐车油罐冒罐	导致车辆起火燃烧，引起周边车辆起火，造成8人烧伤
8月18日	山东济南氨水罐车泄漏	京台高速殷家林附近，三辆车追尾，中间氨水罐车泄漏	氨水罐车容积约30吨，车尾严重变形，氨水泄漏严重，现场无被困人员且无伤亡

2020年1-9月份危险货物运输事故类型统计

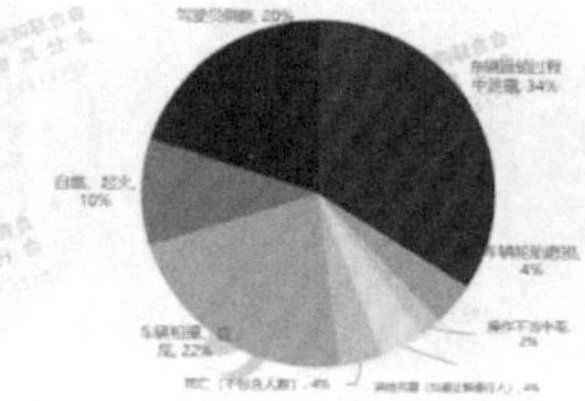

数据来源：中物联危化品物流分会

危险化学品罐车高速公路收费成本分析

- 为充分了解危险货物运输企业对高速收费新规的反馈及实际运行情况，分会于本年度多次开展“2020中国化工物流行业道路运输情况调研”、“关于危险货物通行费率调整测算的调查”，对东北、华北、华中、华东、西北、西南、华南七个区域百余家重点企业的高速收费情况进行了数据汇总分析。
- 对危化品物流公司车辆运输的214段高速收费数据进行分析（主要是针对有增幅的路段分析），发现按轴收费比计重收费总费用高，高出30.48%。

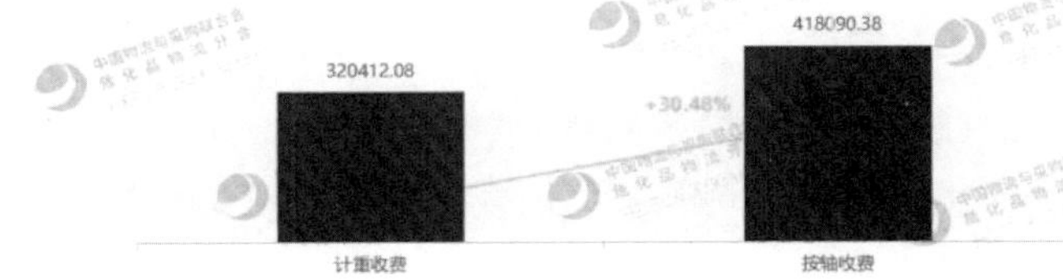

数据来源：中物联危化品物流分会

高速路段费用上涨下跌情况分析

- 调研的214段高速收费数据中，**上涨段数为202条，1段持平，11条下降**，下降段数占比为5%。山东、陕西、河北、湖北、江苏、安徽、湖南、江西、福建、广东、广西、宁夏、辽宁等**13个省份重车+空车往返平均价都有不同程度涨幅**，其中山东、陕西、河北、湖南、湖北路段涨幅较大。其中上海、浙江、山西、甘肃路段重车+空车往返平均价格略有下降。
- 所有上涨的收费段中，总体涨幅比率高于50%（含）的段数为39段，占比19.2%；涨幅比率介于10%与50%之间的路段占比为67.5%，涨幅比率低于10%（含）的比率为13.3；综合反映出整体运价增幅较大，需要进一步细化政策，区别收费。

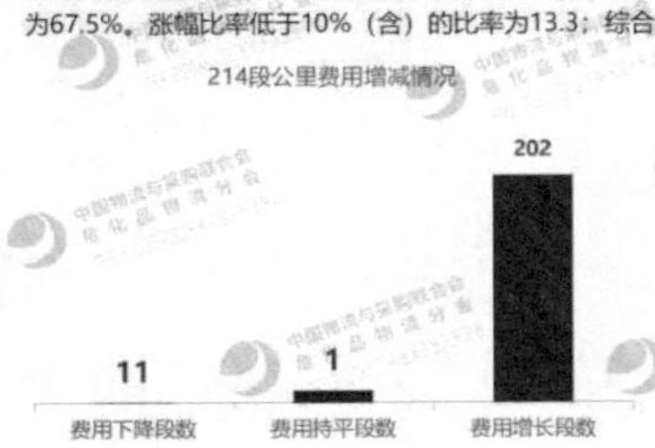

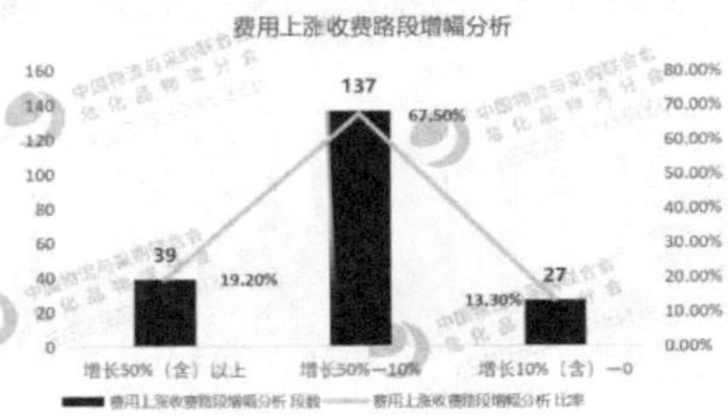

数据来源：中物联危化品物流分会

我国水路危险货物运输需求与供给能力

- 油船：截止6月底，沿海省际运输油船共计1217艘、1042.55万载重吨，较2019年底减少32艘，吨位增加14.11万载重吨，增幅1.37%。
- 化学品船：截止6月底，沿海省际运输化学品船共计283艘、110.81万载重吨，较2019年底减少5艘、3.19万载重吨，降幅2.80%。
- 液化气船：截至6月底，沿海省际运输液化气船共计73艘、24.82万载重吨，较2019年底数据无变化。

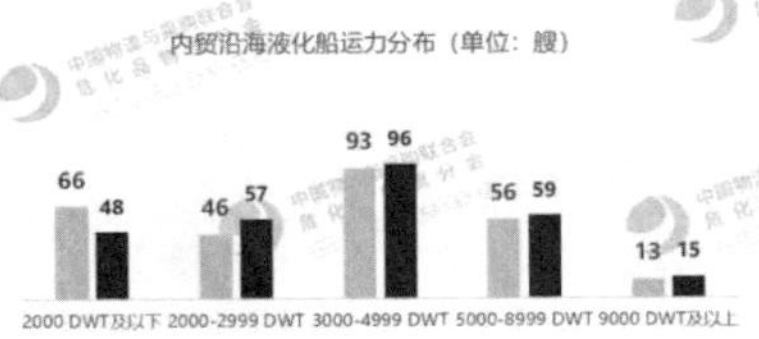

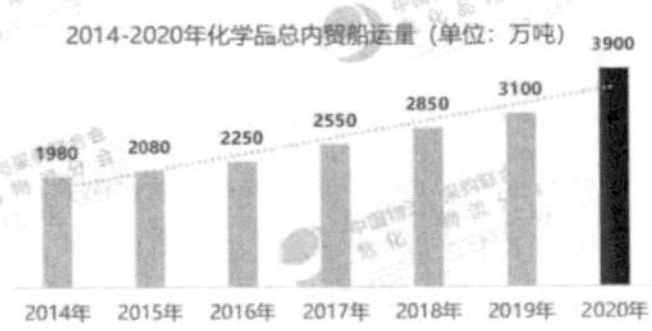

数据来源：中物联危化品物流分会

我国危化品仓储总体需求规模及特点

目前，我国石化仓储企业平均资产为2.3亿元，平均占地面积约20万平方米、建筑面积3.2万平方米以上、储罐库容量约5万立方米。最近几年，虽然危化品仓储存能力有所增加，增长在10%以上，但仍然难以满足市场需求，尤其是疫情影响，导致今年对库存需求猛增。在调研的企业中，有69.7%的企业表示未来有扩容计划。

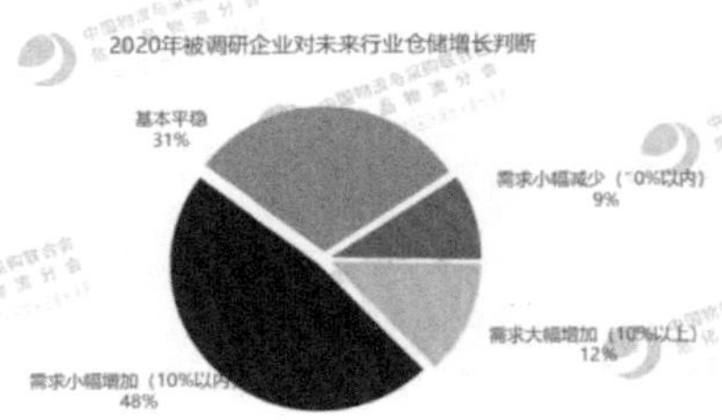

数据来源：中物联危化品物流分会

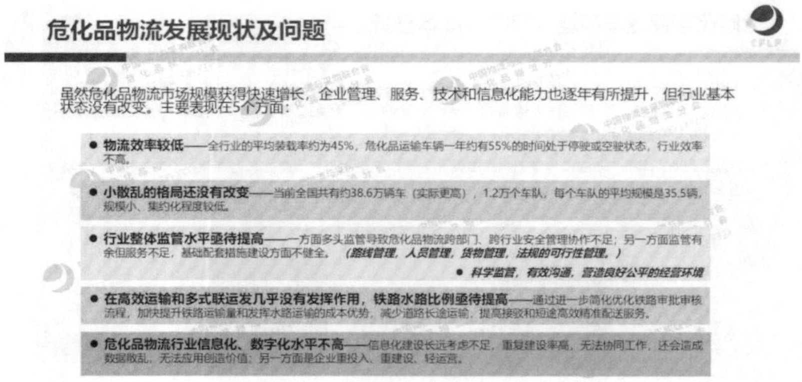

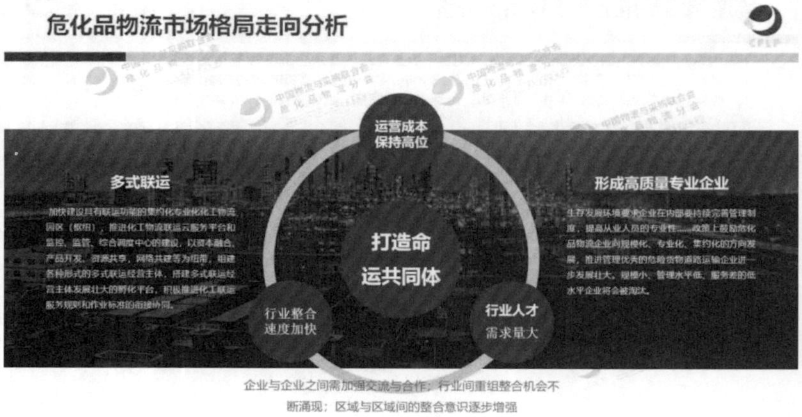

来源：中国物流与采购联合会危化品物流分会秘书长 刘宇航

5.2.2 疫情下化工物流企业复工情况调研报告

——中物联危化品物流分会

随着大部分地区新冠肺炎疫情趋于相对稳定，各地正在积极有序推进复工复产，国家各部委高度重视，相关政策不断出台，国务院出台《关于切实加强疫情科学防控 有序做好企业复工复产工作的通知》；交通运输部发布《关于新冠肺炎疫情防控期间免收收费公路车辆通行费的通知》；工业和信息化部发布《关于应对新型冠状病毒肺炎疫情帮助中小企业复工复产共渡难关有关工作的通知》等一系列促进复工复产的政策。为充分了解近期新冠肺炎疫情对企业复工生产经营的影响，了解化工物流企业在复工中遇到的难点、痛点，并征集企业最期望得到哪些扶持政策，为政府部门掌握企业复工生产情况、制定化工（物流）企业扶持政策提供数据基础。

中物联危化品物流分会特在行业内开展了新冠肺炎疫情下化工物流企业复工情况调研，共收集回 190 份有效问卷，以下报告统计和数据采集信息为截至 2 月 20 日。

一、调研企业特征

接受本次调研的化工企业，以运输环节企业为主，占比为 69. 8%；且分布在华东地区的超过 50%。

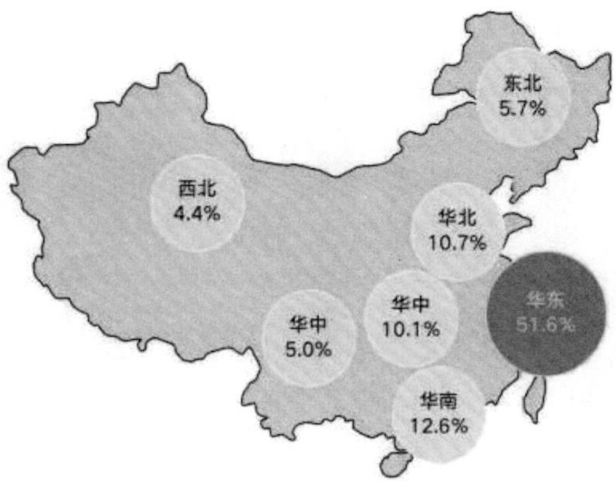

接受调研企业域分布数量占比

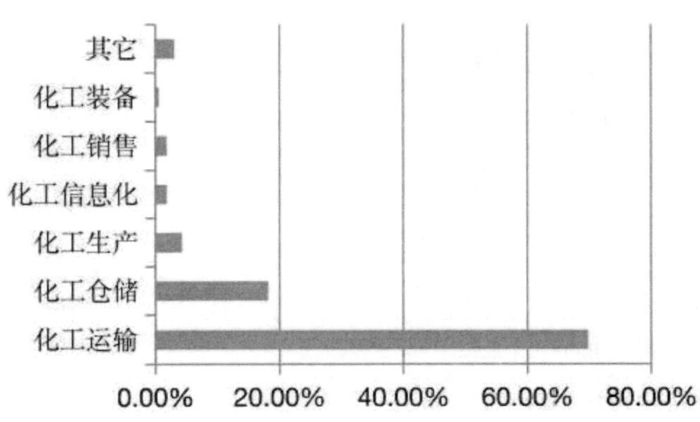

接受调研企业数量占比

来源：危化品物流分会 2020 年 2 月调研

二、调研企业复工情况

本次调研对象中，截至 2 月 17 日前，含春节期间未停工企业，化工物流企业已复工 76.1%；未复工企业占比 23.9%，背后原因主要是员工返厂受阻、人员不足，下游企业未开工、产品滞库等原因；且开工的企业中，基本全部到岗的比例也只是 17.6%，仍有近 41.5% 的调研企业开工率不到 50%。

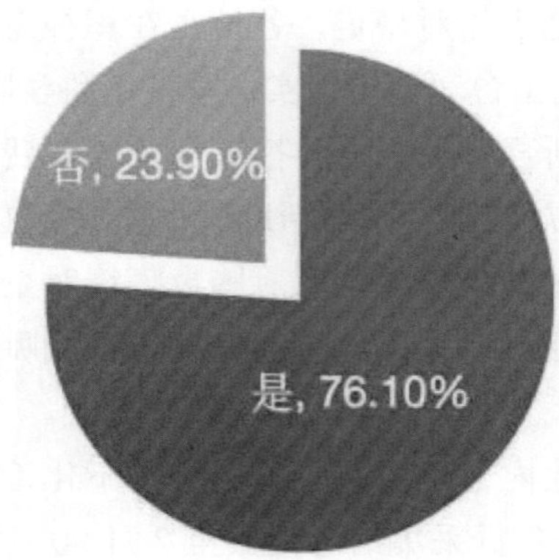

接受调研化工物流企业复工情况

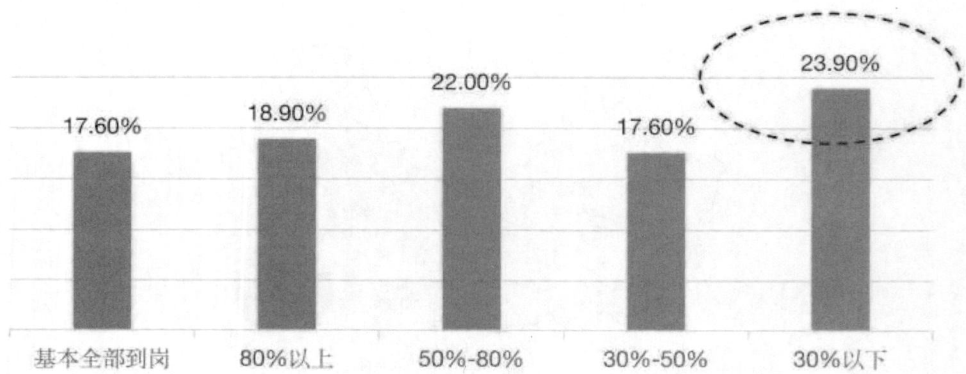

接受调查企业复工程度

数据来源：危化品物流分会 2020 年 2 月调研

制约开工的主要因素	占比
因员工返厂受阻、防疫要求等原因造成人力不足	34.70%
因下游企业未开工而产品滞库	17.40
因地方相关部门不批复复工申请	11.80
因上游企业未开工而原料供应不足	11.50
因运输问题而产品胀库	10.90
因运输问题而原料供应不足	7.90
其它原因	5.90

来源：危化品物流分会 2020 年 2 月调研

从疫情爆发后，化工物流企业作为关键的一环，纷纷驰援疫区，对于很多奋战在一线的驾押人员，这个假期仍是忙碌和特殊的。虽然 2 月 10 日是全国很多城市节后复工的时间，但各省市的复工政策及安排随着疫情的发展在持续调整，目前新冠肺炎疫情仍在发展，但除疫情严重区域外大部分省市趋于稳定，全社会将共同面对复工的问题，化工物流企业也在其中，随着各项复工复产政策的推进，已复工和即将复工的企业都在积极做好复工各项工作，落实疫情防控，有序恢复生产和工作秩序，但仍难快速恢复全国范围的正常运转，尤其是中小化工物流公司复工面临着较大不确定性。

化工物流行业属于劳动密集型行业，目前受疫情防疫影响，大量物流从业者无法重返岗位，行业出现严重用工紧缺成为制约复工的最主要因素。

与此同时，分会呼吁所有行业企业：

（1）遵守当地政府的复工复产政策，提前制定复工复产方案；

（2）针对疫情，成立公司疫情防范小组，确保公司所有的疫情防护措施做到位；

（3）节后复工时间根据人员调整，按当地疫情控制程度进行调整，确保疫情不蔓延；

（4）围绕人力资源、财务状况、客户情况、业务情况等几个方面对生产运作进行盘点，并制定相应的应对策略；

（5）复工人员及办公环境消毒杀菌，复工前办公、车辆、仓库各个区域都必须进行消毒、杀菌处理，确保工厂内部人员的防护安全；

（6）提前做好工作区域防护教育工作，疫情防护用品准备清单，确保防护用品充足。

三、制约企业复工情况的因素

本次调研对象中，表示在复工过程中尚有诸多因素制约工作效率，主要包括“各地交通管制标准不一，存在劝返和通行证受限等情况（22.30%）”，“业务量下滑，收入降低”，现金流压力巨大（18.70%）”“本就利润较薄的中小物流企业面临更加困难的经营状况（17.60%）”等因素。

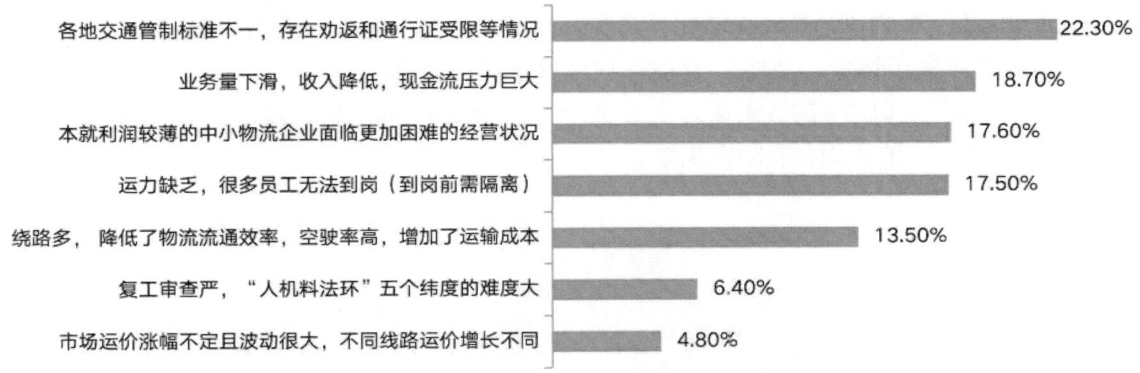

接受调研的企业复工过程中制约工作效率的因素占比

数据来源：危化品物流分会 2020 年 2 月调研

公路运输企业：各地不一的隔离政策和不畅通的“通行证”是造成部分运力紧缺的原因之一。物流行业本身就是微利，车辆跑长途被劝返会导致巨额亏损。分会建议各运输企业通过相关平台了解详细的全国交通管控情况，每天更新临时路况，方便了解各地的最新运输管控政策，并制定运输计划。分会也希望行业监管部门发挥协调机制，对重点城市地区分类分层管理，避免“一刀切”。此外，地方政府需对物流企业防疫工作提高支持力度，特别是口罩等防护用品。

透运企业：（1）存在码头禁止船员出入、拒绝代收生产生活物资交船舶的情况，也不允许当地代理把物资放在码头的指定地点，船舶物资供应短缺，影响营运。（2）锚泊的船舶不允许船员离船，也不允许使用快艇传送生产生活物资。建议码头允许当地代理或船公司办事处负责人将采购的物资放在码头的指定地点并协助送上船。给企业的生产运营提供政策便利。

四、驾押人员不足的原因

本次调研对象中，表示驾押人员不足的主要原因是“一刀切”式的管理，其次是配送货物后被要求隔离 14 天，分别占比为 51.3% 和 30.8%。

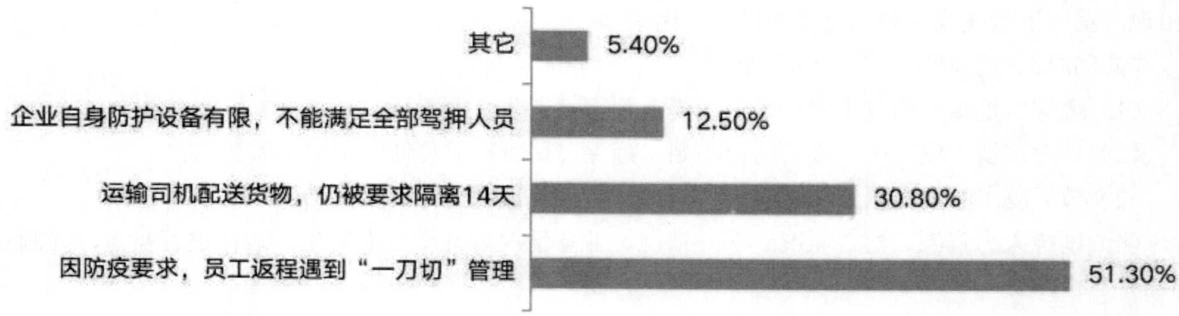

化工物流企业驾押人员不足的主要原因占比

来源：危化品物流分会 2020 年 2 月调研

在分会对企业的问询中，有上百起遭遇“一刀切”管理的案例，难以协调解决。但随着疫情的稳定，各项政策的持续推进，截止发稿前，全国多省已经要求保持物流畅通，不能再搞简单化一关子之、一停子之，为生产、消费创造良好条件。严禁擅自设卡拦截，断路堵路，阻断交通，畅通生产生活物资运输。涉及跨省跨市物流运输需办理通行证的，应及时帮助企业办理相关证明；积极协调推进配套生产企业、生产性物流仓储企业及相关商贸企业复工复产，保障社会经济稳定运行。

五、调研企业关于运价、成本、返程车利用率情况的反馈

本次调研对象中，61.7% 的货主认为化工物流企业（包含公路运输、水运、仓储服务）订单中物流价格无变化；21.5% 的认为会有略微涨幅。

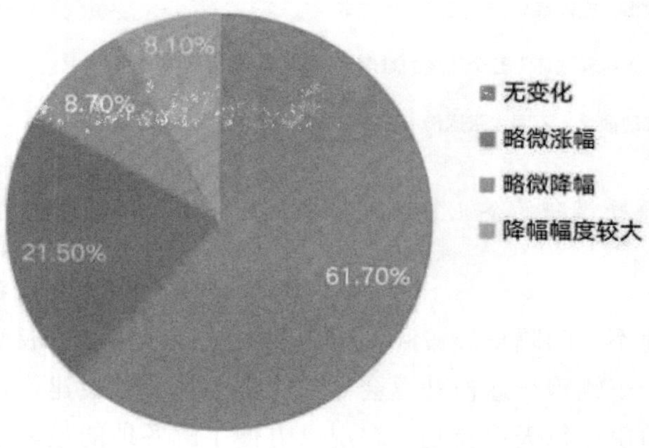

接受调研的货主对化工物流企业（包含公路运输、水运、仓储服务）订单中物流价格调整态度

来源：危化品物流分会 2020 年 2 月调研

此外，疫情期间公路免费通行，对 80.3% 的企业认为对缓和成本作用较少；而化工运输企业有 53.1% 的车辆返程利用率为 0。

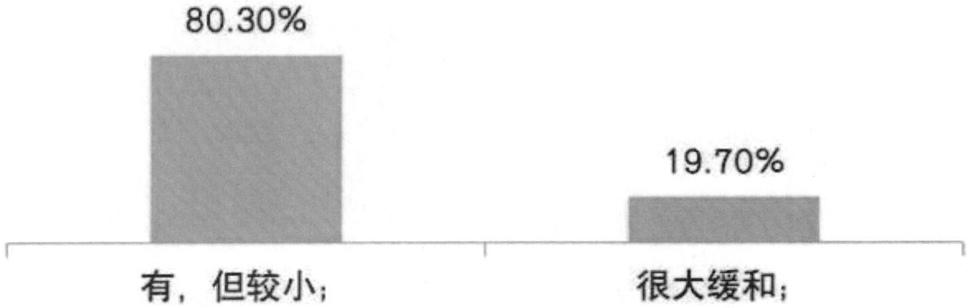

疫情期间免收公路通行费后，对化工运输企业的成本运营的缓和作用占比

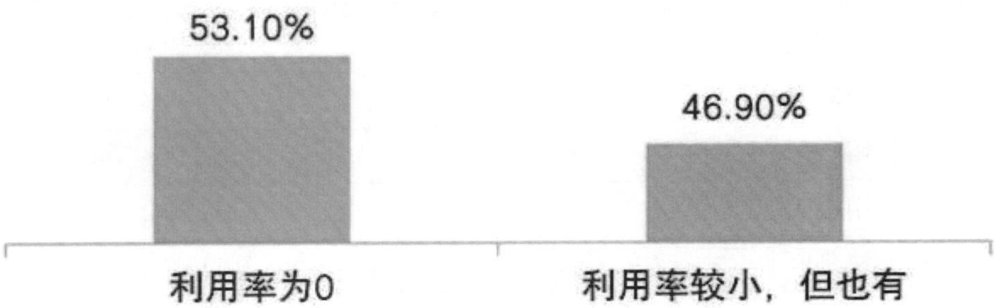

接受调研企业疫情期间，化工运输企业车辆返程车利用率

来源：危化品物流分会 2020 年 2 月调研

经国务院同意，2 月 17 日零时起至疫情防控工作结束，全国收费公路免收车辆通行费。目前物流企业普遍处于微利时代，化工物流企业在疫情爆发下面临着巨大的经营困难和经济损失，根据估算，疫情下行业内合同物流企业预计亏损超过 30% 的比例，而高速公路免收通行费是对物流企业减负政策，分会呼吁各大化工生产制造企业、贸易企业等货主企业不以免收公路通行费为由降低运输费用，并在当前疫情依然严重、物流企业生存困难的基础上，本着平等、和谐、包容、共赢的原则，不压低运价、不截留货款，尊重从业者劳动尊严，鼓励驾驶员按时休息、避免疲劳驾驶，营造和谐友爱的良好局面。

与此同时，分会也呼吁化工物流企业不要因拼抢业务时进行相互压价，出现靠降低运价争业务相互恶性竞争，造成市场混乱，影响化工物流行业的良性和谐发展。分会将会向相关部门提交建议，尽快出台相关规定规范化工物流企业管理，制定合理的行业运价标准来确保物流企业长期稳定发展。

六、调研企业对各级政府帮扶政策的态度

本次调研对象中，72.3% 的企业虽然知晓各级政府的帮扶政策，但尚未享受；在问及企业所在地方市场监管部门目前已出台的政策措施，是否对帮助企业克服困难的作用时，只有 8.2% 的企业认为，会有较大的帮扶作用；而企业最希望政府给予的政策是税收优惠、利息减免，成本补贴，和允许企业人员返工复工。

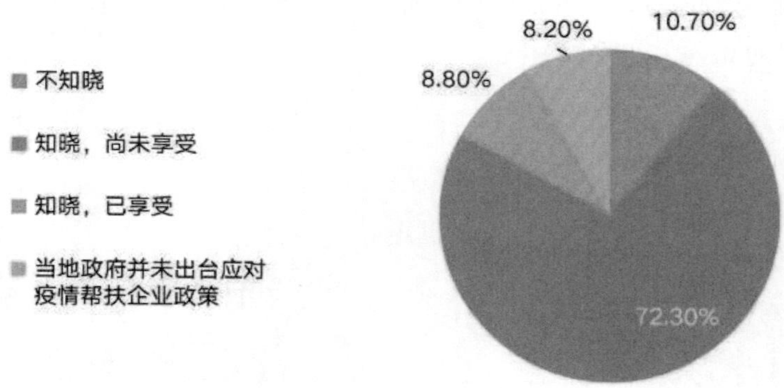

接受调研企业对各级政府政策的晓及熟受情况

来源：危化品物流分会 2020 年 2 月调研

接受调研的企业对政府政策对企业的帮扶作用态度	
没有作用	8.20%
作用轻微	34.60%
作用一般	27.00%
作用很大	8.20%
无法判断	22.00%

来源：危化品物流分会 2020 年 2 月调研

接受调研的企业最希望获得的政策扶持	
希望政策	占比
税收优惠 利息减免	21.90%
成本补贴（租金、人工成本等）	16.70%
允许企业人员返工复工	14.20%
企业复工、经营转型申办等手续简化	10.40%
缩短审批时间 提供金融支持	9.60%
为企业融资 渠道提供支持	9.50%
适度延长还款期限 其它	9.00%
降低融资难度	8.50%
其他	0.20%

来源：危化品物流分会 2020 年 2 月调研

连日来，国务院与多个部门联动施策，提高政策受众面，加快政策兑现，为复工复产复市提供保障支撑。18 日工信部办公厅发出的通知要求，运用新一代信息技术加快企业复工复产，支持互联网交通、物流、快递等生产性服务企业率先复工复产。截至 2 月 20 日，北京、天津、河北、山西、内蒙古、上海、江苏、浙江、安徽、江西、山东、重庆、湖北、湖南、广东、广西、海南、重庆、四川、陕西、福建、辽宁、河南、贵州、云南、甘肃、青海、黑龙江、宁夏、吉林、深圳、新疆等 32 个省区市的省政府及直辖市，相继发布应对疫情支持企业发展政策。其中，苏州是全国首个地方政府出台应对疫情支持企业发展的城市，形成了良好的示范带动效应。

城市	政策	内容
深圳	深圳市应对新型冠状病毒感染的肺炎疫情支持企业共渡难关的若干措施	对租用户、区政府以及市属、区属国有企业持有物业（含厂房、仓储物流设施配套服务用房等）的非国有企业、科研机构、医疗机构和个体工商户，免除 2 个月租金
湖南	湖南税务“十举措”助力疫情期间企业复工复产	支持国家储备商品销售、提供交通运输，物流和仓储服务等有关税收优惠政策
成都	成都市税务局发布疫情防控税收政策提示	对物流企业自有的大宗商品仓储设施用地，以及承租用于大宗商品仓储设施的土地，减按所属土地等级适用税额标准的 50% 计征城镇土地使用税
广东	广东省税务局关于强化落实税务政策坚决打赢疫情防控阻击战的通知	国家储备商品有关增值税、房产税、城镇土地使用税、印花税优惠政策，以及大宗商品仓储设施城镇土地使用税优惠政策
浙江	浙江省委省政府出台全力稳企业稳经济稳发展 30 条意见	对承租国有资产类经营性房产（包括各类开发区和产业园区、专业市场、工业厂房）从事生产经营活动的企业，免收 2、3 月两个月租金

要全面满足全国复工复产的需要，物流供应链保障需要进一步升级，希望各地出台的审批、税费、金融等相关具体政策能够真正实施下去。同时希望各地结合实际采取精准有效措施，减轻企业负担、降低生产成本、稳定人员就业、保障要素供给，帮助行业内中小化工物流企业树立信心、减少损失、渡过难关，有序复工复产，切实保障经济平稳运行。

七、调研企业可恢复生产运营的时限

本次调研对象中，已经正常生产或能够在一个月之内恢复生产运营的企业共占 81.7%。

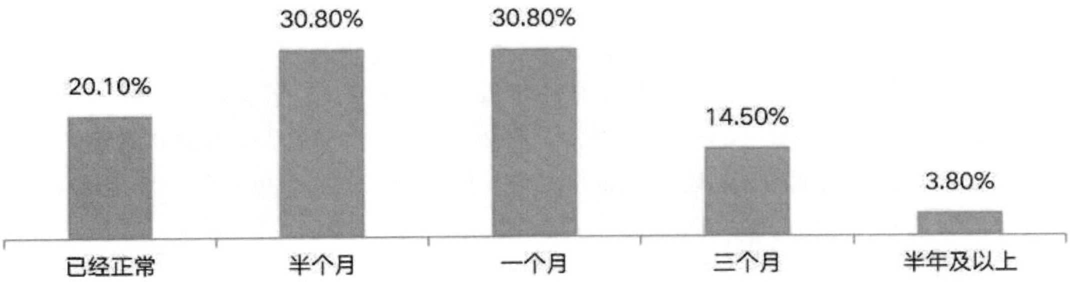

接受调研的企业复工正常生产运营需要的企业

来源：危化品物流分会 2020 年 2 月调研

根据 2 月 18 日 G7 提供的数据显示：目前全国大中型企业长途整车运输流量恢复率为去年旺季 11 月份（以下简称“去年”）的 28%，较前一日增长 5%，为春节后最大增幅；全国大型公共园区中吞吐流量达到去年 10% 以上有 201 个，较前一日多 35 个，恢复速度明显加快。其中吞吐量达到去年 10%-30% 的有 25 个，占比 7%；吞吐量达到 30% 以上的有 176 个，较前一日多 43 个，占比 51%；吞吐量达到 50% 以上的有 106 个，较前一日多 30 个。物流行业复工复产的情况在逐步好转。

八、疫情对化工物流行业后续影响评估

从总体来看，约 42% 的调研企业认为，物流行业中小企业将面临较大的生存压力，24% 的调研企业认为疫情会造成短期内行业动荡，长期会促进行业转型升级。

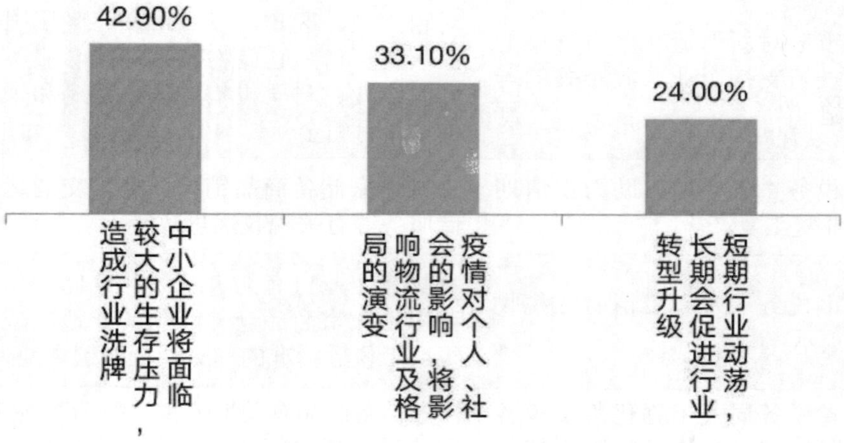

疫情对 2020 年化工物流行业的影响

对此，分会认为：整体新冠肺炎疫情对企业的经营影响大约在一年半左右的时间，最关键的是第一阶段的“爆发期”和二阶段“胶着期”半年的时间，对企业是生死攸关的关键性半年。疫情之下，企业复工难，运输难，成本高居不下，本就利润较薄的中小物流企业将面临更加困难的经营状况，由于物流企业市场充分竞争的特点，资金链普遍偏紧，再受到疫情影响流动资金严重不足，部分现金流不充裕的企业将会进入重大突发性经营困境，给企业带来重大的经营风险。

在经济社会逐步恢复正常的情况下，企业经营开始消化第二阶段造成的成本及资金风险，逐步恢复到正常的经营发展轨道。但在疫情期间出现的市场变化、供应链变化会持续从动态到常态，形成新的物流服务需求，新的供应链关系也将逐步形成，抗风险能力强的分布式供应链模式将会受到供应链链主的重视，这将为危化品物流服务企业带来难得的新的物流服务机会与机遇。

随着陆续复工复产，化工物流企业在保障安全的前提下短期内要减少损失，通过吸取教训、补足短板促来进中长期发展。但不可避免的是整个行业的市场集中度将快速提升，趋向从区域称雄到跨区域整合，趋向贯通化工物流产业链，挖掘核心价值，并通过高层建筑的大布局带来规模效益，使得“头部企业”所占的市场份额越来越大。民营企业必须加强自身认知，捋顺商业逻辑和生存价值。并加快迭代和升级，转型向战略创新驱动及抵抗高风险的新模式，才有可能在“头部效应”的趋势中继续发展，进而成为行业中的寡头。

秘书处联系方式：

蔡执阳 13693513749 czy@liot.org.cn

左　雷 13164217020 zl@liot.org.cn

李彦波 15901164868 lyb@liot.org.cn

韩　冰 13391771329 hb@liot.org.cn

于鹏程 18713456743 ypc@liot.org.cn

来源：中物联危化品物流分会 2020 年 2 月 21 日

5.2.3 刘宇航：助牢复工复产安全屏障 合力共推行业复苏

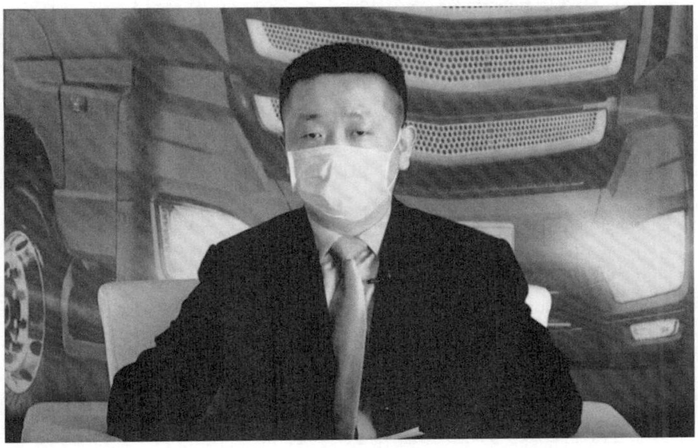

主持人：陈光 北京福田戴姆勒汽车有限公司危化品行业总监

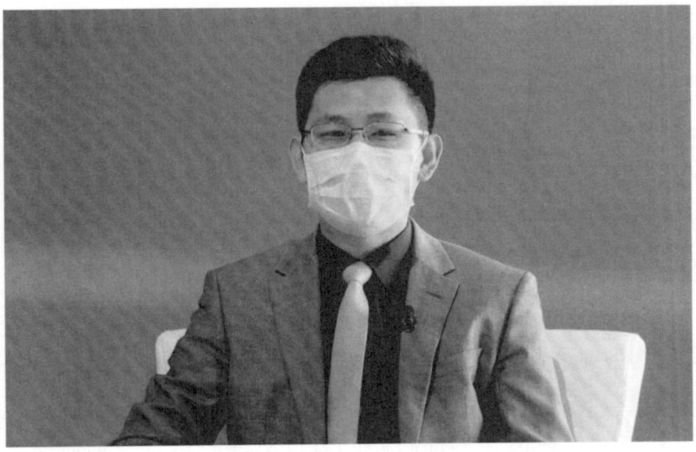

特邀嘉宾：刘宇航，中国物流与采购联合会危化品物流分会秘书长、中国物流信息中心副主任

自疫情爆发以来，党和国家高度重视人民的生命健康与生活保障，在这场没有硝烟的战争中，化工物流行业全心投入，助力战疫早日成功。在党中央的指导下，全国陆续有序安全复工，物流是

先行官，必须打通大动脉，畅通“微循环”，那么在疫情期间，如何做到安全复工复产，有请中国物流与采购联合会危化品物流分会秘书长刘宇航来为我们一一讲解。

主持人：刘秘书长，您好，很高兴能邀请您来到我们的直播间。众所周知，危化品运输行业很特殊，对安全要求非常高，在疫情还未完全解除的当下，危化品运输行业和行业复工复产面对哪些难题？

刘宇航：陈总好。这次新冠状肺炎疫情对我国各行业各领域都产生了较大的影响，生产制造业，农业和服务业的开年运行均受到冲击。就物流领域而言，刚刚我们也组织召开了中国公路物流复工总动员的直播会议，在会议上何黎明会长的讲话中用数据表明了这次疫情对我国现代物流业的影响。根据国家发改委和中物联近期对全国 2400 家物流企业调研情况来看，物流领域复工在逐渐好转，但依然压力巨大。

危化品物流作为物流领域内极具专业性和特色性的分支，除了受到如：工人返岗难、道路通行难、资金压力大的物流领域共性问题之外，还面临着比普货领域更复杂问题。就此，我们分会也在上周组织了化工品生产和化工物流领域的复工调查并发布了调查分析报告。

本次调研中以民营企业为主约占调研总数的 70%，且主要是分布在华东区域的道路运输企业和生产企业。从调研情况来看，包括春节期间未停工的企业总体而言化工化物流企业复工率以超过 75%，但是实际上能达到 50% 以上运输能力的企业不足半数。从制约因素来看，前三大因素分别是用工影响（27.8%）、运力不足影响（24.1%）和市场采购影响（19.7%）。被调查企业反映，化工物流产业在这轮疫情中冲击主要体现在：一是从业人员复工困难；二是车辆道路运行受阻；三是与车辆运行服务配套的修理厂、加油站、服务区、装卸厂家、罐体清洗等等均处于停滞状态；四是返程车利用几乎为零，车辆重载率低，效率低下；五是改变路桥费收费方式直接增加的成本还没有消化掉，又直接增加了疫情的管控，雪上加霜；六是疫情出现后增加的各种围绕防御疫情的手续、检查报告、体检表、通行证等等进一步加大了物流企业的各种工作难度，降低了运行效率，这些都给企业带来了一系列的运营难题。同时也正在成为制约正常生产生活平稳有序运行的短板，对各地科学有序复工带来严重影响。

主持人：危化品运输行业的风险本身就高于其他运输行业，在疫情时期，有哪些注意事项可以保障危化品运输的安全？

刘宇航：这场疫情来的非常突然，正直春节假期期间，很多企业和员工都在休假，但是，我们化工领域有很多是保民生物资的产业，春节期间有很多单位也在运行。在疫情发生期间，湖北和全国各地急需医疗防护物资和消毒产品，主要消毒产品包括 84 消毒液、双氧水、医用酒精、碘伏等，其中多为危险货物，为保障防疫消毒应急物资的运输中，广大危化品物流企业和驾驶员顾全大局、落实要求，冒着疫情风险，甚至无偿运输，保障消毒化工品物资运输；为抗击疫情作出重大贡献！在疫情期间需要注意事项：

（1）首要一点，不论是否以疫情期间，危化品物流企业的安全准则不能降，不能变。要严格遵照各项操作规程，尤其受到各地不确定的路况管控，驾押人员容易出现疲惫和情绪波动，更要注意观察和开导；

（2）从企业运行角度而言，要遵守当地政府的复工复产政策，提前制定复工复产方案；这个现在各地都有好转，已经从复工审核转变为复工备案制，但疫情当前，仍要遵守各地对疫情管控的要求，这也是为了战疫的最终胜利；

（3）针对疫情，各物流企业要成立疫情防范小组，制定疫情期间防护制度和落实，确保从业人员和公司管理人员安防防护，避免交叉和集中感染；

（4）企业要做到疫情的外防输入，内防扩散，做好复工人员的观察和适度生活隔离；

（5）做好工作区域防护教育工作，疫情防护用品准备清单，确保防护用品充足；

（6）有能力的情况下逐步更换新的设备设施，像昨天上午组织的复工动员大会上我也了解到咱们福田戴姆勒推出的AMT自动挡的高压灭菌车，是个很好的产品。并坚持对相关设备设施进行消毒防疫，尤其要注意对一线从业人员的心理开导；

（7）做好安全教育培训工作，可采取线上培训方式，现在网络培训也较为便利，分会去年也搭建了驾押人员的在线培训平台；

（8）面对逐渐复工复产的化工品制造业上下游，可能会出现短期的物流需求暴涨，也建议物流企业要量力而行，切不可急功近利，危化品物流安全再任何时候任何订单都应该只提不降！

主持人：疫情时期，国家对于危化品运输行业出台一些列的政策，能否请刘秘书长为我们详细解读一下？

刘宇航：疫情爆发以来，国务院、交通部、公安部、卫计委、发改委等多部门根据疫情发展情况，及时出台相关政策，包括各省市地区政府也积极发布各类政策，各方面各环节齐发力做好防疫防控、保障道路运输和物资流通畅通，助力企业科学安全复工复产工作。应该说很多政策很及时，很有针对性，也看到了近几年我国政府在治理体系，政策出台和 放管服方面的重大改变。针对这次疫情出台的临时性政策很多，一一列举比较难。我们可以大概将涉及物流领域的政策划分为两个时间段，一是疫情攻坚战，全面防护阶段的政策。在这个时期，主要任务就是有效控制疫情扩散，保障严重疫区的医疗救援物资和居民生活需要。因此，前一段时期出现了很多封城，封市，封区，封村的情况。几乎全国各地的高速公路，国道，省道，县道都无法完全通行，对应急保障物资的运输都带来巨大影响。因此多部门联合在那个时期陆续制定出台了如：交通运输部印发《关于切实保障疫情防控应急物资运输车辆顺畅通行的紧急通知》中提出，落实绿色通道政策，要确保“三不一优先”，物资运输车辆“不停车、不检查、不收费”，优先便捷通行。要严格落实“一断三不断”的要求，坚决阻断病毒传播渠道，保障公路交通网络不断、应急运输通道不断、必要的群众生产生活物资的运输通道不断。包括还有，进一步简化《通行证》办理流程，开通应急窗口、绿色通道特事特办急事急办，保持应急运输电话24小时畅通，坚决避免地方“一刀切”采取隔离措施影响交通运输保障工作等等都在很大程度上帮助企业做好交通运输保障工作。如：国务院办公厅印发《关于做好公路交通保通保畅工作确保人员车辆正常通行的通知》中提出的“五个严禁”：严禁擅自封闭高速公路出入口，严禁阻断国省干线公路，严禁硬隔离或挖断农村公路，严禁阻碍应急运输车辆通行，严禁擅自在高速公路服务区和收费站、省界和国省干线公路设置疫情防控检疫点或检测站，已违法违规设置的要坚决撤销。

另一个阶段就是近期，从全面防疫到精准防控，促进复工复产，带动各领域进入复苏阶段。这个过程中，发改委，财政部，工信部，人劳部、农业部等部门都出台了若干稳生产，促复工的辅助性政策。如：国务院发布《关于切实加强疫情科学防控有序做好企业复工复产工作的通知》，还有对物流领域影响较大的利好政策，交通运输部关于新冠状肺炎疫情防控期间免收收费公路车辆通行费的通知，确保免收车辆通行费期间高速公路“免费不免责”“免费不免服务”。还有财政部出台的对防控物资保障的重点企业加大资金支持，支持恢复产能、扩大产能，全力保障物资的供给，以及24日出台的对受疫情影响较大的交通运输业，餐饮住宿，旅游等领域企业免受增值税的政策等等。对于我们化工物流行业来说要充分利用政策利好，有效帮助企业减轻成本压力有效提升效率，我们也看到一些企业受疫情的影响，在防护和复苏复产方面受到压制，那么就会出现少数企业急于脱离疫情造成的困境，过度使用政策从而造成行业内部的一个恶性竞争，造成红利丧失，这种现象对化工物流行业长远发展来说是非常不利的，所以，我们也是希望政府部门在政策方面，一是科学把控，二是建立监管督导机制也可以借助行业协会力量有效反馈政策执行过程中的各类问题，真正有效促进行业发展。

疫情防控是一项系统工程，坚持全国一盘棋，统筹兼顾、协调联动，才能打赢这场疫情防控的总体战，一些地方上有存在本位思想、多头管理，很多政令不能及时的执行下去，导致存在隔离政策不统一，隔离驾驶员、通行证难办、劝返等问题，后在国务院、交通部和行业协会不断的呼吁下，多地开始减少封路、限行的政策。总体来说，此次疫情体现各级部委，统一思想、科学防控、精准施策的表现很好，但是要督导落实和切实能够让利于企业，避免地方的小政影响大政。

主持人：感谢刘秘书长的精彩解读，刘秘书长解释的很详细。根据最近一段时间的统计数据我们可以看到，疫情防控得到了很大的缓解，一些危化物流企业也陆续开始了复工复产，如何快速推动化工企业复工，有什么措施能够帮助化工企业快速解决这些困难？

刘宇航：本次疫情对化工物流乃至社会各界的影响大家都有目共睹，我就不多说了。从目前国内情况来看，我国作为一个制造业大国，化工业是制造业的一个基础产业，所以，化工物流行业的复工复产本身就具有一定的先导性和积极作用，打通大动脉，畅通"微循环"。当然，在全国供应链和产业链的模式下，任何一个产业都不是能够独立运行的，化工物流企业要想实现全面复工或者说复苏，需要上下游若干产业的逐步复苏和恢复。我们看到这次疫情期间唯一运转率没有下降甚至比往年同期增加的是大型的自营快递企业和即时配送企业，但是这些企业的服务对象多数是 toC 端的，而大物流领域是服务 toB 端的，与工业和农业生产是相辅相成的，没有物流的先行官发挥血脉的作用，工农业不能够顺利复产；同时没有大量的工农业生产的上下游的物流需求，也不会带动物流业迅速复苏。再这样的一种情况下，化工物流行业应该怎样科学有效恢复或者说还需要哪些政策支持，因此，在这个期间我个人提出几点不成熟的建议：一是对相关政府监管部门，鉴于疫情的影响，人员返岗压力较大，对于化工物流道路运输领域短途的运输，是否可以考虑暂时取消押运员，一方面减少企业复工人员基数压力，另一方面也可以测试押运员真正的是否能发挥作用；　二是切实落实发改，财政等部门对于交通运输企业的扶持政策，税收减免，人员五险一金的延期缴纳或适度减免，企业复工的便利程度等要切实可行，并且应明确各地方的优惠扶持政策力度只能大于中央部委建议而不能各行其道，另出台地方的伪扶持政策，要建立督导机制，发挥行业协会的组织协调和督导作用；三是各化工物流企业要形成合力，相互帮持，充分共享扶持政策带来的短期红利，而不要继续相互恶性竞争，压价竞争。也要向货主企业发出倡议，还利给物流企业，　货主企业不仅购买的是物流服务，更应该看做是建立稳定的合作和长期的保障；四是建立企业特殊期管理机制，加强企业内部管理，做好协调人员不足、运力不足等运营管理，尤其是企业内控管理，形成企业在应对特殊时期积极有效的应对和一个优良的管理机制，通过这样的机制和管控降低企业运行成本，有效抵制疫情所带来的影响和不确定因素。

主持人：感谢刘秘书长的分享。在我们的共同努力下，疫情一定会很快的过去。疫情结束后，我们的危险品运输行业是否会面临挑战或者机遇？为什么？

刘宇航：任何时候对于每个行业而言面对市场都是存在机遇与挑战。这次疫情对于化工物流行业的产业结构可能会带来一次大的触动，甚至上升到国家高度来说，对于公共卫生体系以及国家基础设施建设、应急保障方面都会提出一个新的要求和影响。通过这次疫情，大家也都在讨论疫情后会诞生或者获得迅速发展的若干行业，如智能配送，无接触配送，即时配送，生鲜统配等等。对于化工物流而言，要针对本次疫情的影响，一是疫情之后国家各产业链的发展可能将出现新的调整，包括产品供应源、企业分布都可能发生变化，这样一来，我们物流企业原来的策略也相应的会有一定的变化；二是随着疫情的发展，企业逐步复工复产给企业所带来的需求，可能会出现局部的爆发性或是骤减，在这样的情况下，物流企业需要紧密关注化工物流上游市场的变动和走势，以及大经济方面的导向，可能会出现新爆发或是被淘汰产能这样的调整，企业需要及时进行内部机制和运营策略的调整；三是建立新型合作模式与关联，认识到稳定、可靠合作伙伴的重要性，不只是服务于被服务的合同制关系，联通上下游，建立一种互利互赢、相互依存的共赢共存关系。这一点从物流企业本身来讲要加强内部结构的打造，能够提供更加专业、优良、高质量的服务，具有依赖性和竞争力。四是加强优秀企业经验借鉴，与本企业业务相关领域具有引领性的企业加强合作联营。尤其新的一年各类政策持续落地，比如罐车治理，对于这个行业来讲保障了我们设备产品的安全，这是保障整个运输安全的基石，分会也是非常积极协助相关部门来推动落实。再这样的一种情况下，我们也希望企业能够及时关注、筛查、更新企业设备设施，与上下游的企业也要建立稳定的联系，选购更优良的产品，保障企业发展需求。五是建立协会、企业、政府间的有效联系，一方面及时反馈政策措施与市场运营相关问题，特别是企业相关数据的采集，着实为政府部门出台政策提供数据依据。

总体来说，对于基础性、保障性的作用的大物流领域而言，长期的发展方向和向好的趋势不会变，尤其随着高端制造业的发展，包括中国供应链发展在全球的影响，化工作为国民经济基础之一会持续增加，物流需求也会持续增长。对于化工物流企业而言，一是要做好内功提升自我能力，建立稳定合作关系，开发新的合作伙伴，在企业布局、布点和服务能力方面做到有效提升和调整。也希望更多的企业与分会建立联系，共同致力于推动化工物流行业安全、高效、健康、可持续发展。

主持人：对于今天刘秘书长的采访我做了一个自我的总结，第一是疫情期间，企业根据自身各项资源准备情况，合理有序安排复工时间，避免资源不到位、人员不足等等导致的突发情况；第二是合理运用国际及各地方政府给予的政策福利，帮助企业快速恢复正常的运转，第三个是加强企业内功，完善体制，这次疫情对于化工物流行业或是生产企业都类似于一个洗牌过程，一部分中小企业面临淘汰和消失。再次感谢刘秘书长的分享。

一方有难，八方支援，全力以赴，共克时艰，只要我们携手同舟，共铸防城，我们终将战胜疫情。同时也希望通过今天的直播活动能够助力广大危化品运输企业安全、有序复工，今天的直播活动就到这里，再见。

5.2.4 后疫情时代，化工行业供应链优化之路

（安全学院）的各位朋友们，大家下午好，我是中物联危化品物流分会秘书长刘宇航，非常欢迎大家今天（3月6日）通过分会这个线上平台进行交流，今天（3月6日）也是作为（安全学院）线上直播分享的第一期，我将跟大家重点分享关于当前疫情状况下与疫情可控期以及后期化工物流领域发展的相关问题与思考。之后还会就平台上的一些热点提问进行交流探讨。首先我将跟大家分享的内容有三大板块：一是疫情发生后中物联及其他行业协会做的有效工作，从宏观数据的依据来看对全国经济发展以及化工物流行业的影响；二是当前状况下，我国化工行业发展的数据以及对化工物流行业的影响，包括企业方面的应对与我个人的建议；三是疫情影响下对供应大战的思考和趋势分析。

首先跟大家分享一下，整个化工物流行业运行情况。

自2019年底开始的新型冠肺炎病毒疫情至今仍在蔓延，突如其来的变故让全国人民和各行各业措手不及，时至今日而言，之前对于疫情影响的一些判断还存在一定的不准确性，而且已经逐渐演

变成了对于全球产业及管理的一次考验。中国作为目前受疫情影响最严重的国家，整体经济发展和生产制造业，农业及现代服务业均遭受巨大损失，尤其是现代服务业领域，各个板块在春节的旺季时期受到巨大的影响。在抗击疫情战役中，党中央坚强的领导和各级政府部门的尽职履责，广大医护人员和其他一线人员的无私奉献，使得我们疫情防护取得了较大的进展和成效。在这个过程中，行业协会组织以及大中型企业也发挥了巨大的作用。中国物流与采购联合会在这次疫情中也是积极组织协调会员企业参与救援和援助，协调运力，开展调研建言献策并发挥了政策督导的作用。在1月27日我会向全国物流行业发出“关于做好新型冠状病毒肺炎防护工作的紧急倡议”，得到全国物流行业，会员企业，和代管协会，地方行业协会的积极响应。我会向有关部门提供疫情防控和生活物资应急运输，保障重点物流企业名单。据不完全统计，中物联会员企业目前已有300余家企业向疫区捐助款项和物资总计超30亿元，无偿运输紧急物资2万余吨。各个分支机构都在本领域内开展各项协助和协调工作，如危化品物流分会积极协调车辆运输医护物资，无偿提供服务，分会协调了80单左右的运力进入疫区，冷链委协调食品药品运输供给，汽车委协调医护车辆援助，公路货运协调车辆通行和调研车辆受阻信息采集，金融委开展针对小微企业的无接触快速贷款等等，联合会的各个部门都在积极响应配合。同时联合会还通过调研和数据分析，向中央和有关政府部门报送了70余份行业发展情况和建议，很多得到了采纳，而且现在每天都在持续进行中。现阶段我们也正在整理疫情影响和防控之后，有序的分区分级复工应该重点保障的企业及企业运行情况，及时向国务院以及相关部门进行报送。

从整体情况来看这次疫情对于现代物流业的影响较为严重，起码短期来看是影响极大。2月下旬，国家发改委和中物联共同做了一次物流行业运行的情况调研，根据调研的2400余家大中型企业反馈来看，物流运行活力总体下降，目前来看物流领域综合复工的企业占比不足50%。

另外，我们一直在发布多项物流运行的大数据和指数，包括PMI、CCPMI、运价指数、电商、仓储等等，从宏观物流指数方面来看，受疫情的影响1月、2月指数都是大幅度的下降，压力依然较大而且反映的比较明显。2020年2月中国物流业景气指数为26.2%，较上月回落23.7个百分点，目前是该指数发布3年以来的最低点。设备利用率指数和从业人员指数均有大幅回落，反映出整个物流领域的需求放缓，企业员工返岗率低，相关物流设备设施利用率明显不足，因此也造成物流行业企业产能有所下降。

我们刚刚发布的2月中国制造业采购经理指数（PMI）数值为35.7%，也是历史新低。从13个分项指数来看，影响企业活力的几个主要分项指标如：生产指数、新订单指数、新出口订单指数、采购量指数、进口指数均下降超过20%以上。可见本次疫情对于宏观经济发展和物流领域的整体运行带来的巨大影响和压力。

另外，我们刚刚发布的2月份全球制造业采购经理指数也是回落到50%以下，为47.4%，亚洲区域明显回落，欧洲有小幅回升，说明本次疫情的主要影响反映在亚洲区域，从另一方面也说明中国在亚洲经济和产业链中巨大的影响和作用。就现在的疫情影响来说，虽然全球多地也有病例的出现，但是巨大影响传导至欧美区域还较慢，但是为了应对疫情可能带来的影响，美国，澳大利亚以及其他新兴经济体纷纷降息，加强财政支持力度，在贸易摩擦和一些全球事件的影响下，经合组织和国际货币基金组织等纷纷下调了全球经济发展预期增速，大概在0.2个百分点。可见疫情将对全球经济和产业发展带来影响已经是国际共识。但是在这次疫情爆发和控制中我国的管理和管控非常及时和有效，各产业的恢复速度也较快，应该说为国际上其他区域的病毒防治，产业运行和经济复苏带来了非常宝贵的经验。

随着疫情的有效控制和各项扶持政策的鼓励，道路运输、水运、铁路和仓储领域的各方面物流活动在逐步向好恢复，从公路运行情况来看，截至 3 月 1 日我们调研数据显示，目前重卡的车辆活跃数量已经近 200 万辆，整车运输恢复程度已接近 60%，零担运输方面省内运输的恢复率约为 52%，跨省运输的恢复率稍微低一些为 45% 左右，整体都在逐步恢复。

从几个特色物流领域的调研情况来看，园区领域，仓储类园区开工率为 40% 左右，依托于公路的运输服务型物流园区开工在 15%。相比较而言，国企、央企所属园区开工率好于同行业，示范物流园区开工状况好于一般园区。56 家示范物流园区中已有近 90% 的企业开工运行，化工物流企业板块，最新的数据显示，相对于其他领域化工物流领域复工复产推进的比较迅速，含春节期间未停工企业，企业复工比例也超过 80%，员工返岗率也较高达到了 60%；冷链领域复工率也超过 75%，铁路、水运方面也在逐步恢复，尤其是铁路运输正在逐步恢复。在整体的复工复产过程中，一些国家现代化的平台、大型信息化、调度化的平台、物流园区、大中型企业，尤其一些龙头企业和节点城市的作用非常明显，对整个物流行业恢复发挥了巨大的效应。

第二方面，跟大家分享一下化工领域的基本情况和化工物流方面面临的问题以及一些建议。

首先从化工行业整体运行来看，3 月 3 日，石化联合会也发布了行业年报。从年报来看，一是化工行业保持了相对平稳的发展，2019 年全年实现营业收入 12.3 万亿，同比增长 1.3%。但是受到去年经济发展波动和国际贸易摩擦的影响，产品产量增加但是效益有所下降，比如原油、天然气、合成树脂、合成纤维等原材料产品的产量和销售总量均有上涨，但是行业效益下降，利润总额同比下降 14.9%，其中炼油板块下降幅度最大 42.1%、化工板块下降 13.9%，所以整个化工行业的利润较之以前是一个非常大的下滑。

另一方面，化工领域上游的大中型国企央企和一些合资企业的复工复产率较高，尤其是央企下属的 2 万余户主要化工生产企业复工率已经超过 80%，但是实际来讲对于产业影响比较巨大的或者对于我们居民生活消费和工业生产影响比较大的是下游一些尤其是接近末端的中小型企业，这类企业劳动密集性比较高，也相对比较分散，而且货物的需求量、品类相对较多，所以从这个角度来说，下游的复工不是很理想，尤其是中小型企业的复工复产非常受影响。据最新调查统计，36% 的石化企业面临产品运输的困难，16% 的石化企业面临生产原料供应不上的问题，17% 的石化企业面临人员返岗问题。所以说，不论是产品的输出还是原材料的供应节点问题都出现在物流领域，也出现在因为物流领域所造成的工业产业链上相互的困扰和影响，形成一种不理想或是恶性循环的状态。

从这样的化工产业数据可见，2019 年整个化工产业利润在下降，那么作为化工物流领域的上游企业利润的波动必然会影响到下游的物流服务领域以及采购领域，包括成本的控制。因此去年四季度开始，很多甲方货主企业在制定 2020 年物流计划的时候都有考虑一些硬性的在甲方角度实施物流成本的控制。这对于本来利润率就趋于普货物流的危化品物流行业而言是巨大的另一方面从本次疫情的影响来看，化工物流除了受到人员返岗难的用工影响、道路通行难的运力影响以及市场活跃度下降的货源和成品输出影响之外，化工物流企业还要面临几乎成倍于普通物流领域的运行压力。比较有代表性的包括：

一是从业人员复工困难（这个方面相对于普货，危险货物道路运输还要求有押运员，才能上路，因此如果押运员不能返岗，危化品道路运输则不能正常开展，因此相对于普货而言，从业人员的返岗压力可以说是成倍的增加，针对这个情况我们也在行业内进行了调查，组织了相关材料准备反映给相关部门，例如疫情期间高速区间免费、特殊时间段是否可以争取在短途运输过程中取消押运员、临时采用电子押运或是报备的方式）；二是车辆道路运行受阻（随着国务院及相关部门各项政策的督导落地，以及社会各界对物流复工先行和作用体现的认知，目前道路运行情况较之上个月情况有所好转。但是相对于普货而言，危险货物本身的路线就受到很多限制，尤其在去年危险货物管理办法发布之前，很多省市高速是禁止危险货物车辆通行或者限制时间不统一，这又是区别普货恢复运输的又一大压力）；三是与车辆运行服务配套的修理厂、加油站、服务区、装卸厂家、罐体清洗等等均处于停滞状态（这类企业本身的复工恢复情况相对较弱，企业在物流服务领域来说复工处于第三第四梯队，大部分企业还没有恢复运营，这方面也给物流行业带来一定的压力）；四是返程车利用几乎为零，车辆重载率低，效率低下（在这个特殊时期，实际上物流需求是有的，但是受到整个物流运输调度、路线、道路通行状况等多方面的影响，返程车利用率大幅降低）；五是改变路桥费收费方式，（对于企业物流成本的核算以及物流成本的增加还没有进行有效的消化或是有效地管控，又因为这次疫情的管控增加了新的压力，可谓是雪上加霜。这一点上，分会也在积极协调配合交通运输部和公安部在做调整，针对危化品运输车辆专门出台相对应的高速公路通行收费管理办法，目前也正在推进中）；另外两个方面主要是针对下游市场及整个疫情防护的需要，应该说企业运营的压力会比较大，因为需求的不足，企业资金方面的压力、人员方面的压力，甚至是以往合同订单的压力，执行情况以及对合同违约执行情况等不定性因素增加；还有一个也是目前反馈比较集中的就是疫情期间高速公路免收过路费的政策，这本来是一个重大利好，也有利于我们物流行业复工的恢复，但是目前在企业实际运营过程中，存在一些企业的过度利用以及一些不良的市场恶性竞争的调节下，把这种对于利好在一定范围内形成了一种不良导向，从而导致很多物流企业并没有在政策中获得有效的利益，从某种程度上形成了一种输血式越扶越贫越扶越倒的状况，未能实现政府层面为企业提供支持和创造红利的本意，因此在企业运行过程中的市场运行机制和市场环境都有待改善。

另外，据我们调研情况，疫情下行业内合同物流企业压力非常大，尤其在化工物流领域，因为化工物流领域本身来说相对要求是一个更加专业化的领域，相较于普货运输、其他领域快消品企业转型比较快，他们的运输设备、企业管理、模式以及其他的运营方式等能够有效的针对市场的波动及时响应并进行调节、转变。但是，化工物流企业从设备、人员、管理、调度，包括整个的生产计划、企业运营计划都是针对日常化工产品市场来做的，所以在这样的情况下要做一个临时的调整是非常困难的。因此，根据调研反馈来看，我们发现合同物流这块企业反馈今年乃至明年企业的盈利能力下降甚至亏损的预计超过 30%，这对我们化工物流行业来讲是一个非常大的冲击，也希望这方面的信息大家能够有个充分的认识，因为化工物流的作用还是非常大的，尤其是道路运输企业占整个运输方式的 75% 以上，如果我们有 30% 的企业，年收入在 5000 万 -1.5 亿的主流企业有大的波动的话，那么对于整个化工物流行业的运力、化工生产供应链协调的匹配都将会有非常大的影响。同时，在这样特殊的时期分会也提出倡议，在政策扶持下，上下游企业能够站在供应链的角度，本着共赢共享的原则来看待处理相互关系和合作，协助物流企业降低困难，不压低运价、不截留货款，不增加合同约定之外的特殊要求。分会也呼吁各行业企业都应该形成合力达成共识，不搞恶性竞争，不从短期的价格调整去影响双方的利益。最终市场整体环境的提高、整体素质的提高、整体运营能力的提高才会带动行业向好向上发展。另外，分会也将积极研究和探讨推动整个化工物流公、铁、水、仓储等各领域运价基数、运营成本等基础数据的核算，给市场提供可参考的数据支撑，助力市场良性净化。

对于目前行业面临的情况，我提出几点个人建议：

一、首要一点就是坚持安全准则，化工物流行业无论在怎样困难环境下，或是各时期客观环境中，都应该保持安全底线，不能因为特殊时期、市场、人员、业务需求等等因素改变企业的安全准则和警戒线。

二、从企业运行角度而言，在企业复工复产过程中要严格遵守国家和当地政府以及企业所在区域的防护要求，保障疫情得到有效的控制和管理，为经济的复苏、产业的恢复、物流运行的改善做好战略准备，这也是为了战疫的最终胜利。

三、针对疫情防护做好企业内部管理，做好制度、人员的管理以及制度的有效落实，同时，根据企业业务的需求量和人员返岗的情况做好防护物资的有效匹配，定期更新和处置。

四、注重在这特殊时期对从业人员的关怀，尤其是参与到一线救援、无偿服务的这类人员，加强他们的荣誉感和获得感，同时一定程度上对他们心理上、状态上进行一个疏导，规避紧张的情绪，更安心更安全的参与工作，同时获得企业行业更多的温暖。

五、做好企业安全教育培训工作，可采取线上培训方式，现在网络培训也较为便利，分会去年也搭建了驾押人员的在线培训平台。

六、下一阶段随着企业复工复产，包括春耕的来临、企业大量复工复产的需求，例如口罩上的喷绒布、消毒水等各类原材料的需求会随着复工潮暴涨，会对物流需求有一个临时的导向，也希望企业做好本业的同时能有抓住有效机会，量力而行，切不可急功近利。

七、加强与行业协会组织的沟通和信息的交互，及时反馈运行中的问题和需求，分会会尽可能尽快的向有关部门反映并争取解决。比如上周分会开通的采集在各项严令禁止，五严禁，一断三不断等要求下的道路不通畅情况的举报群，每天采集真实信息都会集中报送给国务院督查办公室以及物流交通协调工作组进行及时反馈，通过这种方式有效监督国家政策落地情况，保障物流畅通。

第三个分享的内容是对供应链发展的思考。

3月5日，智慧物流分会也组织了一场关于疫情期间物流领域的复工情况和技术应用的沙龙活动，在会上的发言嘉宾分享了疫情期间的企业参与抗疫的情况，企业管理和内部防控的经验以及对于应急体系和供应链完善方面的思考。那么今天我也结合一些行业的观点和个人的思考，跟大家分享一下供应链发展的问题和情况。

首先，通过这次疫情影响真实的反映出了企业已经建立的以及在运营的情况，包括管理制度、人员调度、资金储备和应用的情况，以及融资、资金链条的情况等多个弱点，通过这次突发情况让企业意识到并及时做出应对。这次疫情就像一面镜子，让企业了解到目前已经建立和实施的供应链在规划与管理上的弱点，突出的几个问题，一是我们目前的供应链体系抗风险能力较弱，而且目前我们所建立的供应链服务体系更多的是基于某一产品或某一类产品的供应链是主要的方式，而没有建立起面向市场机制的相对灵活的供应链体系；二是在突发情况下实际的供应链处于失衡的状态，在这样的情况下，供应链上的任何一家企业或是任何单独链条上的参与方都无力对整个链条进行有效的调整和恢复，如医疗物资供应，表现在有物资有车辆，但是物流配送环节想要保障但实施难度大，而导致上端物资积压终端需求极度紧张，没有真正实现供应链应发挥的资源整合的作用；三是由于物流、人员的不畅导致工业产业领域供应链处于休眠或者叫无效状态。如化工领域，上游一直按照工厂设计满负荷生产，而下游企业的复工复产没有跟进，物流保障又受阻，造成上游产品无法下达，而胀库，迫使上游原料生产减产能甚至停车停产。但是，实际当中春节后的正常运转或者现阶段全面推进复工复产又造成了巨大的上游原料的需求，而又传导给上游企业要增加产能，整个链条均处于一个响应迟钝的无效状态。

从这次各种影响来看，最需要我们反思的就是，通过这次突发事件我们应该让供应链通过数据科学分析发挥真正的把握大局的作用，例如哪些具有全球供应链能力的企业能够在国内资源紧张的情况下，积极调动全球资源，通过全球供应链，迅速链接国内渠道，将资源分散到各个区域，这样的企业他的供应链优势和能力，以及效益都是非常可观和明显的。因此，如何实现我们供应链全球化的作用，以及如何建立能够把握行业发展大局和行业发展宏观作用的供应链体系值得我们深思。

第二方面在于化工物流领域区别于其他领域，目前都在讨论化工物流供应链的发展以及一体化服务的能力，但是实际上目前能够真正做到供应链方式的不多，大多还处于合同物流的范围内，但是通过供应链方式的案例已经有接触，比如在这次突发事件中提到的应急体系的建立，应急体系不是一个常规活动，是一个需要在平时不占用大量资源，但是又具备快速响应和快速调度以及实施能力的执行，特色就是要体现出能够满足集中的爆发需求和前期的不确定性（有点类似电商领域的提前货品储备和仓储的云调配），提前不显现，在关键时刻能够做出响应。第二点，应急体系分大方面和小方面。大方面来讲它是一个很专一很专业的领域，服务于政府部门、国内外大型机构。小方面来讲，对于企业自身如何通过应急体系的建立在不确定因素下、小范围突发情况下能够需速恢复，这也是应急体系的一个重要要素。

那么，从供应链建设的角度来看，我也来谈几点个人的看法，一是在供应链建设之初，如何建立全球化资源调动、全局化发展的把握，通过终端市场以及大市场环境的需求的调动来实现供应链的策划和布局，站在宏观角度和高度上纵览全局的变化和趋势；二是在供应链建设过程中，加入柔性化、应急化的要素，能够有效应对并重新配置周边可利用的资源，包括劳动力资源、采购原材料及其他可为企业所利用的闲置资源，提高企业供应链建设的助力转型、增强柔性化、及时响应调整的能力；三是要重视和加强供应链上下游企业的协同和合作，建立联盟关系，共同抵御风险。在突发公共事件中，一旦出现链条中断，企业能够及时响应，通过各自的优势和强大的替代资源迅速恢复整个供应链的运行；四是应加快供应链数字化智慧化的升级步伐，建立网状结构的供应链体系，增加风险平衡的机制和要素。一个要形成技术和生产方式相结合的高质量服务的智能化平台，第二个要通过数据化、智能化智慧化根据产业链的变化有效做出科学预判和决策，第三个要逐步步向突发情况下或是满足大负荷极重工作需求的自动化设备而综合形成的数字化的智慧供应链体系。

通过这样的体系的建立，一是可以有效的推动各产业间的协同能力，解决目前产业链错位的问题，实现与高端制造业相匹配的智慧化的现代物流业。这一点在疫情影响下也有一些新的探讨，中国物流业目前的发展基数比较大，包括企业、人员等等，在这种情况下，物流领域一旦出现突发事件很难及时作出集中调配和底层资源的作用，所以，我们也要考虑是否可以在某种程度上及某个产业领域进行充分的集中，便于在突发事件及需要链条协同的时候实现有效传导。二是可以进一步的推动资源的共享，要共享供应链上下游的各种资源，尤其是数据资源的共享，真正的实现协同。三是可以提升行业的预判能力。通过预判企业可以对采购、经营、销售及战略调整、企业转型前期提供解决方案，有效规避风险，建立科学有效的弥补方案。四是可以更好的完善应急水平。打破或解决目前应急机制孤立和不完善，形成依托产业链，建立高效有序、稳定可靠、响应敏捷、低成本高效率的应急与安全的这种保障体系。

以上就是我今天主要跟大家分享的内容，目前留言区有很多朋友提出问题，下面我也将根据个人的理解和看法选出几个目前行业比较关注，提问比较集中的几个问题跟大家进行交流。谢谢大家！

问答环节

提问 1：疫情对危运行业下游影响到底有多大？对物流企业实现年度目标会有多大影响？

刘宇航：疫情对危化品运输行业下游的影响有多大，这个问题短期内以我们的了解很难用数字化来体现。但是从行业内企业普遍的感受来讲，今年我们下游运营的压力非常大，因为存在双重或三重的迭代的作用。第一个方面就是刚才讲的 2019 年整个化工产业利润的下滑或者利润低于预期这种情况下，必然会在我们物流板块去争取一些所谓的利润的保障或者是回流，这个本身也是作为企业来讲正常的一个反应情况，而且我们一直也在呼吁物流领域要高效率降成本。这一方面，可能会给很多人一个误解的方向，就是说我们物流企业还有大量的成本可控可降，那么向物流企业要利润或者向服务领域要利润，这是大家现在的共识，但是这种共识是有偏差的，所以不能通过简单的运价调整的方式，大家也都理解。因此，我觉得第一方面影响就是上游的化工生产制造企业未来控制利润对我们化工物流企业的影响。第二个方面，目前企业自身的管理方面成本压力应该是越来越大，尤其是人员成本，应该说短期内来看是一个无法有效破解的难题，一方面是政策要求，一方面是企业运营的需求，所以说这个方面的压力是非常大的。第三个方面，就像刚刚讲的企业整个对于运价的控制，包括企业和上游货主之间的沟通成本和效率，这个方面应该说压力也非常大。所以大家刚刚提到说到底影响有多大，我在跟其他企业朋友的交流中也了解到，起码从去年年底到目前这几个月情况来看，企业的利润肯定是下滑的，而且应该说百分之七八十的企业都是利润下滑的，能够保持基本平稳不变的企业可能占不到30%，那么百分之六七十企业说是有亏损这种预期和状态的。

那么我们整个化工物流行业在这样的压力下，怎么去迅速的恢复？这个方面不是物流领域能够独立有效运作的，因该说目前我们面临着很多方面的压力，比如资金压力、企业运营压力以及货物的压力等等，所以从个人角度讲，我觉得企业还是应该要加强管理、加强沟通，尤其是信息化的作用，因为很多信息资源对于行业的恢复或者行业的快速响应作用是非常明显的。比如，抛开化工物流领域来讲，像整车、零担在疫情之后的迅速恢复，一方面是政策的鼓励，另外一方面就是目前运营的一些平台化的企业真正发挥了作用，能够把信息和需求有效的调动衔接起来。这样以来，在企业自己以往熟悉的领域内，无法去解决自己的业务需求或者业务服务之后，能够迅速的向外部区域或者向其他领域寻求一个补充，即使这种补充是临时性的或者没有很有大的效益，但是依然能够起到有效的一个补充作用。所以对于化工物流行业来讲，我建议大家要加强信息的互动，进行有效的沟通。另外一方面就是人员、企业的管理，对于企业来讲非常重要，但是还需要通过具体的方式进行有效的调整。另外一个方式就是刚才讲的新技术智慧化、数字化的应用以及在一定程度上企业规模的保障。这样的话在未来的疫情影响下，可能这类企业会迅速得以恢复，但是一些中小型的零散型的企业，可能在恢复的过程中就会比较难，而且这样的机会也比较少。这些是我个人理解，关于疫情下对于行业的一些影响。

提问 2：目前疫情影响下客户纷纷表示要降运费，企业如何应对，分会可否帮助企业呼吁一下？

刘宇航：这个问题是目前行业内比较关注的焦点问题，实在来讲从政策下发之初就预想到会有这样的一个情况。第一方面，从政策之初分会就发出这样一个倡议，货主企业来遵守市场运营的规则，能够返利于或者起码要保证让利于我们物流运输的企业。但是真正的情况来讲，不论是政府部门也好，还是行业协会也好，因为只要政策下沉到市场来，它就是一个市场机制的环节，在这样的情况下让我呼吁的话，一方面我会建议政府部门成立相应的督导部门来监督和查处一些在这样特殊时期，对于我们物流领域进行欺诈、克扣、压榨的企业行为，要给出严肃的警告或者处置，让整个行业看到我们对于整个产业平衡需求的保护。第二方面，建议我们物流企业自身还是要抱团，就是说我们要形成一种联盟或者一种有效的沟通机制，它不是垄断，是为了大家要能够形成一致的机制，就是我们在什么样的程度下是不能接受这样的事情的。那么对于货主企业来讲，虽然也希望控制成本，但是如果所有的企业在一定程度上都达到了一致现象之后，那么对于他们来讲，这就是一个标准的一个参与方式，所以我觉得本身我们企业也要团结，形成有效的保障。

这就是为什么建议我们要在一个行业内的基数要增加，因为如果我们国内化工物流企业在数量上、管理上、规模上形成一个效应之后，那么小散户的影响就会非常小，相较之下大的化工企业也尽可能不会去找小散户企业参与这样的运营，所以我们企业的价格就会有得到有效的保证。包括，刚才讲到我们也会建立一些行业的运价或者运行成本的调研，能够真正发挥它的指导作用。

提问 3：在应急情况下，企业人员无法返岗，诸多措施都无法实现，如何应对？

刘宇航：这个影响确实是很大的，因为物流行业在智慧化、自动化方面，从现在的情况或者未来5-10年来看，人员还是第一要素，所以人员不复工复产，就达不到生产要素的绩效要求，你效率短期内是很难提高的，所以对化工物流行业来讲短期是很难实现的。比如说我们看到目前阶段，一些大的电商企业，大量的投入无人化、智能化的设备，开展自动化的24小时运营，这都受到整个订单需求或者整个物流运作的大量需求，人工是满足不了的，包括精确度、作业程度、绩效以及管理方面的成本大于自动化成本，短期来看是阵痛，但长远看一定是利大于弊。对于化工物流企业来讲，我们短期内实现这样的方式管控是不可能的，但是我们内部通过有效的信息化的手段，简短的信息传导的周期，增加人员管理或者监管、人员管控的成本，这些方面还是能够有效的节约。

提问4：目前押运员不能及时到位，影响到业务开展。可否建议疫情期间中短途运输暂时取消押运员制度？

刘宇航：这个问题刚刚我也有讲到，我们一直在呼吁，包括2015年分会给交通部写过报告和请示，建议关于取消押运员的方式，部里也开展过研讨。实际来讲交通部也是希望突破这样的一个方式，去年就已经开始推进电子运单这样方式，其实可以有效的监控和管理我们在运车辆的品类、货物、路线、载重等方面信息。押运员在某种程度上讲，在这样的环境下作用并不明显，有时候只能起到一个倒班司机的作用。所以在这样情况下，押运员的作用在某种程度上几乎没有发挥出来或者是没有按照预想效果发挥作用，我们也在建议协助相关部门在做这样的调研。目前交通部是有这样的考虑，可能其他涉及的几个部门还有所顾虑。但在疫情影响下，我们已经在建议，能否在人员不足、返岗率不高情况下，尤其一些紧急物资调配的过程中，能否采用取消押运员或者这样临时的不配备押运员的方式去操作推进，当然政府部门还需要一个时间来科学考虑和衡量，但是我们还是会去积极的推进，因为这个方面对于我们整个化工来讲，人员成本、车辆成本都会减少，而且效率在提高，甚至说在一些我们不愿意看到的一些重大的事故当中，能够减少人员的伤亡，也能减少我们整个企业在人员伤亡中的一些损失。

提问5：上游客户要求快速分享高速免费的红利，下游运力成本的红利要层层释放，这个时间差是否存在？

刘宇航：这个问题可能就是说大家觉得上游的高速免费政策企业不仅没有获得，下游的成本控制又要增加。我现在遇到是有一些民营化工的货主企业是在要求分享高速路免费政策的利润。还是那句话，从任何一家企业来讲，控制成本都是大家共同的需求，但是这个现象，第一我们肯定是要抵制的或者说这个是不道德的。第二方面来讲，这是企业的一种运营方式，是市场的一个行为，所以通过这样的方式，我们只能尽量呼吁，而且有必要建议国家建立起这样的督导督查机制，从国家层面来有效的干预部分的市场运营的情况。

提问6：数字化化工供应链的核心竞争力是什么，企业应如何进行数字化转型工作，转型过程中可能遇到的困难是什么？

刘宇航：这个问题层面很大，供应链方面我也是跟着蔡会长在学习，没有过深的研究，但是您提到的数字化化工供应链的核心竞争力，我觉得不论是化工领域还是其他领域也好，其实数字化的本身就像刚刚我讲的个人的理解三个方面内容，一个方面就是数字化本身来讲，它就是一个智能化自动化的前提，或者是供应链想要发挥作用的前提，因为供应链本身首先要打通的就是信息流，那么信息流就是我们把所有的这些反映情况，通过数字化的方式能够快速的传递有效的组织。第二方面我们把数字化再扩大来讲，数字化是一个大数据的领域之一，也是我们对企业行为探索分析的数据化的领域之一。所以要实现我们数字化供应链前提的核心是我们对数据化对大数据的掌握，然后以及我们上下游链条企业数据化情况的掌握。通过这样的方式，我们就可以实现数字化供应链的核心竞争力。第三方面就是刚刚讲的，我们要有效的把企业运营能力、运营情况数据化的去和我们产业相结合。这一点巴斯夫跟我们分享过巴斯夫供应链的案例，感受比较深，小方面的对于一个化工企业而言，从物料进入门卫开始到终端产品最后一个末端产品输出，流程是什么样的？你能否有效的掌握或者分析、预判，如果能实现到这一点，那么我觉得你的供应链那就真的是建立起来了。如果对于企业来讲，无论是生产企业还是物流企业来讲，从货源采购方开始到你的库房、库房之外，在出货这个过程中，你所了解的是你必须的本质，但是对于这方面的了解我认为不是供应链的概念，因为你不知道它最终的去向，也不能通过这种数据化的能力去预判未来这些新的原料、产品的导向对于企业现在的生产会有哪些影响或者发挥什么作用，甚至说会有哪些新的转变，这就是刚刚我们谈到的有应急理念和因素在里面。所以我觉得数字化供应链的核心一个是智能化的平台，一个是数据化的决策调控，一个是充分的资源协同共享，一个是自动化的操作和能力以及自动化的装备设备的应用，或者叫技术化设备的应用。

转型过程中遇到的主要困难，我觉得大方面，第一是刚刚讲的企业是站在什么样的角度去建立供应链，是否能够实现站在全局全行业的角度去建立供应链体系，从末端产品的需求、末端产品的调度来反推我供应链发展的预期整个行业发展的预判，这是一个方面。第二是我们供应链上下游的企业能否有效的进行高效整合和协调。我们看到目前很多物流领域的企业在提供应链战略和策略，一些供应链企业也上市在运营，他们很多都有一个特色，一方面是有母体公司的支撑，另一方面也有一些大的长期稳定的、较固定的、单一化的服务企业，通过常年的这种积累建立起来一个有效的供应链的共享机制或者信息的互通，有建立的相互信任感。所以这样的供应链的企业在建立过程中，供应链确实是达到了一定作用，也实现了供应链的方式。但是一旦遇到大的变故之后，这种供应链的应急处置能力、转变能力、柔性能力就会降弱。所以对于我们化工物流企业来讲要建立供应链的体系，首先之一就是要建立起稳定的客户关系。第三要有预判供应链发展的能力。第四要做出有效的供应链服务的输出。第五是通过自身的努力，让你做的这些供应链输出的服务计划和保障能够有效地实施，真正地发挥作用，让你的货主企业，你的上游链条的企业看到你带动供应链的价值，我觉得是我们供应链转型中大家要考虑的问题。

提问 7：危让品车辆只能用 10 年、普车 15 年，要求高配版本的危化品车十年满后能转普车后延长使用吗？

刘宇航：这个问题大家也多次提到，尤其是最近的国三国四的淘汰的事情，对于很多企业来讲压力也非常大，面临这一方面设备的淘汰、资金的回笼、折旧的压力，另一方面面临着企业业务的增长，又需要大量的采购，所以其实也是一个综合各方面的一个压力的要素。但是规定车辆使用年限这些大的政策方面，第一我们觉得是一个系统化的工程，也不是说我们目前的这些车辆达到这样的要求，我们现在很多车辆的设计之初以及智慧化，包括车桥、车轴、发动机、变速箱都是按照几百万公里不维修的状态，其实车辆的状况应该还是不错的。

但是在某种程度讲，我们国内的车辆的设计之初的理念和状况依然没有像国际上一些车企是按照终身制设计的概念，所以我觉得这个方面第一我们本身设备的不足，当然是受政策影响。第二方面要控成本，第三方面就是我们目前国家在这方面的考虑，还是从安全考虑。还是那句话，就是说如果我们产业足够集中了，那么不论企业提出什么样的建议和要求都是合理的，而且是真正的站在企业发展需求方面也能得到认可。但是鉴于我们目前这么分散的管理的要素的情况下，如果政策一旦放开，那么对于一些个人的小型的，甚至现在依然没有有效控制住的这种挂靠管理那就会压力非常大。包括我们刚刚讲的今年本来计划要执行的罐车治理管理办法，应该说也是迫于我们危化品安全运输安全要求的，所以应该说后期我们企业在这方面的成本压力会更大，所以我现在只能给大家建议，如果企业需要在近期或者在未来一段时间采购新的装备设备，包括车辆来讲，应该短期内释放一些自己的预算，在采购方面多采用一些质量比较好，而且能够按照以往的企业的生存的情况来看，做的比较规范的企业的设备，这样在于未来你的不确定因素下的影响效率会小一些。已经下过订单和采购过的这些企业，如果订单过程中你的装备的供应商不能够有效的达到国家相关的法律法规或者是政策的要求，你应该在这个时间段加紧跟他们的沟通，增加合同的补充内容，要求他们给你提供能够满足新法规要求的新的装备，来降低自己的风险。但是如果你明知道这个企业生产的产品是不具备标准化或者这种质量能力的，而你也为了价格去考虑这样的需求，那么我觉得这样的不良发展的后果可能要自己去承担。

关于使用期延限的问题我们会去争取，这个事是企业面临的实在的困难和困境，困境也是由以往我们政策布置的不系统化造成的，所以这个风险或者成本完全由企业来买单，在某种程度讲也是不合理的，所以这个方面我们只能说积极建议，但是环保治理就类似于疫情防护一样是第一要务，所以在这种情况下，我们去逆大的发展趋势去做肯定是会有阻碍的，但是我们会尽可能的去收集大家反馈的诉求和数据，能够积极，在一定程度上尽可能的减少大家的损失，比如说通过临时通行线路的发放，甚至说通过一定的延期以及相互跟主机厂的沟通，增加置换采购补贴的力度，我觉得在这种层面执行这个事可能更好实现。比如说跟分会合作的有很多主机厂重汽、福田、一汽、陕汽、红岩等等这些大的主机厂产品都非常好，然后我们也可以跟您去沟通，大家可以通过分会的频道，我们尽可能的跟大家争取在置换补贴方面给予一定的优惠或者一定的增加，来减少大家的损失。

提问 8：纯物流、纯贸易、贸运一体，这三种模式的优劣势是什么，哪种更有竞争力？

刘宇航：这一个问题有点大，但是我尽可能跟大家交流，这个也没有研究这么深。但是我觉得讲一些大家能够共性的问题，比如说纯物流，那么纯物流的概念，如果从倒退 10 年前的概念来讲，纯物流它就是一个纯粹的服务的第三方，或者是纯粹的一个下游的领域。那么现在我们很多目前参与化工物流的企业，刚刚讲的合同物流的企业，一大部分企业可能都是在做纯物流的事情，就是我按照年度的招投标的计划，按照企业的需求，按照临时给我调配的任务和临时的采购的任务去执行物流的服务，简单讲指到哪打到哪。给多少费用谈妥了就开始操作。至于操作过程中的问题、操作过程的风险、操作过程中不可预见的预期，没有经过有效的去调度，应该说是我们以前物流的模式。那么现在我们讲现代物流就是融合刚刚提到的现代化、信息化、技术化的一些手段，能够有效的解决我们物流当中的一些问题，提升更好的服务。所以现代化物流的概念就是在逐渐转变物流服务的理念、模式、方式，把物流的服务像物流的上游延展，向物流的下游去延展，通过物流串起来我们整个生产制造的服务的能力，所以传统物流的概念来讲，就是片面化的服务，过于被动，也不能够有效的增加我们甲方、下游企业、终端产品用户的价值，或者说不能够增加我们运输产品的属性价值，只能够保障它的属性价值，所以这个是物流存在的一个尴尬的境地。

所以说，为什么我们货主方会通过第一时间想到减少我们物流的费用来提高它自身的运营成本，就是因为我们物流不能在某种程度上增加它产品的利润，或者增加了它运输产品的价值，所以造成这样的对物流领域的一个不重视的环节。那么对于商贸领域来讲，它是一个前端，没有贸易，没有生产就不会有物流的带动，但是商贸领域也是一样集中在了前端，对于下游市场的调度，比如说你成了一单的生意，采购了一批的设备和装备或者订单，但是你不能够有效了解市场的运力的分配情况，你可能就不能通过你提前预估的范围，通过你经过筛选之后得到性价比更优的服务，来增加你自身的贸易的利润度，甚至说对于你上游贸易企业的出货量、出货渠道、出货的集中度这方面提供有效的一个支撑，依然也就是说还是提供了片面化的服务，依然没有增加这个链条上的利益，这就是为什么我们要建立供应链体系，供应链体系节约成本是第一需求，也是它的作用，但是节约成本不是通过我们片面化的服务来提供的，而是链条上每个企业通过有效的协同，通过这种预判、预知、预想、预做以及高效的设备的运转能力，提高整个链条的的利润率，甚至通过链条的作用，能够把一个本来商业价值或者商品价值一分钱的产品变成一毛钱的商品，这是我们说供应链建立的概念。所以最后进入到物流和商贸一体化的企业来讲，虽然具备了能够调动物流、调配物流，甚至说能够通过市场方式预判物流的发展方向的趋势，比如说摩贝这一两年开始从化工电商平台，然后到现在物流的参与，以及对于一些产品的市场的预估，应该说发展的也是非常有特色的，必然也是一些企业发展的一个趋势，但是无论是商贸一体还是物流一体，还是各方面来讲，依然没有建立起刚刚讲的供应链的体系。

所以最后从企业来讲，我们企业发展定位是要定位在一定要聚焦到自己的要么是商贸，要么是物流，但是这种定位不是现在的单独地服务于个别或者不确定要素的定位，我个人理解应该为随着未来的发展，在刚刚提到的供应链的链条上，供应链的网格上一些关键的节点，就像围棋的关键点节点一样，你在这个节点上服务的是物流，但是你这个物流不是针对一条线的上下游两端，而是要一条针对节点上的四面八方，让网络越来越密集，通过这样密集的方式来增加一些以前漏掉的利润，漏掉的这些该得的或者能得到的价值，通过这样的方式，我觉得商贸一体还是物流一体，最终的方向都是向供应链发展，那么供应链当中的企业的定位是要定位在自己的服务能力，但是这种能力一定是要扶持性的，这是我个人的一点观点。

来源：中物联危化品物流分会危化品物流公众号

5.2.5 交通运输部关于全面加强危险化学品运输安全生产工作的意见

各省、自治区、直辖市、新疆生产建设兵团交通运输厅（局、委），部属各单位，部内各司局：

为认真贯彻落实中共中央办公厅、国务院办公厅《关于全面加强危险化学品安全生产工作的意见》要求，深刻吸取危险化学品领域重特大事故教训，举一反三，全面加强危险化学品运输安全生产工作，现提出以下意见：

一、总体要求

以习近平新时代中国特色社会主义思想为指导，全面贯彻党的十九大和十九届二中、三中、四中全会精神，坚持以人民为中心的发展思想，树牢安全发展理念，弘扬生命至上、安全第一的思想，坚守红线底线，以坚决遏制危险化学品运输安全生产事故为目标，强化危险化学品运输系统性、区域性安全生产风险防控，严格落实安全生产责任和管理制度，健全隐患排查和安全生产预防控制体系，加强源头治理、综合治理、精准治理，强化危险化学品运输全链条安全管理，夯实安全发展基础，全面提升安全发展水平，坚决遏制危险化学品运输安全生产重特大事故发生，推动交通运输安全生产形势持续稳定好转，为经济社会发展营造安全稳定环境。

二、强化安全生产风险管控

（一）加强风险防范和管控。健全风险管理制度和标准规范，形成体系完备、可操作可落地的长效机制。严格落实风险管控责任，对危险货物运输企业、港口危险化学品集中区域，组织实施精准化安全风险排查评估，实行精细化管控。对辨识出的风险实施分级管理，严格重大风险报备制度。重大风险“一企一策”“一项一案”，全程严格监测管控。

（二）加强隐患排查和治理。按照《危险化学品企业安全风险隐患排查治理导则》等有关制度规范，全面开展安全生产隐患排查，强化剧毒化学品、爆炸品、放射性物品等高危货物运输和重大危险源的安全隐患排查，重大隐患 “一事一办”“专人督办”，立行立改，确保安全。

（三）深刻汲取典型事故教训。认真吸取响水“3·21”等危险化学品典型事故教训，对照行业安全生产职责，梳理存在的薄弱环节和漏洞，查缺补漏，进一步完善制度体系，加强对重点领域、关键部位的盯防，强化各项管控措施落实。开展危险化学品安全生产事故隐患整改回头看，评估整改效果，确保各项整改取得预期成效。

（四）深化专项整治行动。结合全国安全生产专项整治三年行动计划，深化港口在役危险化学品储罐安全治理，深入开展常压液体危险货物罐车专项治理等行动。严厉打击危险货物道路水路运输非法违规行为，重点打击无证经营、超范围经营等行为。

（五）加强监测预警和应急准备。加强行业重大安全风险监测预警和应急准备，对危险化学品道路水路运输及港口储存、装卸作业的重大风险、重点场所、重点环节，制定监测和管控措施，实现风险因素动态监测，及时掌握风险状态、发布风险预警。针对重大风险和重大隐患，完善应急措施，落实应急物资、人员准备，确保各项应急准备措施到位。

三、强化全链条安全生产管理

（六）严格准入管理。严格危险货物道路水路运输及港口装卸、储存作业准入。加强危险货物运输车辆、船舶的准入管理，严格使用安全技术条件符合国家标准要求且与承运危险货物性质、重量相匹配的车辆、船舶、设备进行运输。严格落实新建、改建、扩建危险化学品港口建设项目“安全三同时”和安全条件审查制度。严格从业人员准入管理，危险化学品道路运输企业、水路运输企业的驾驶人员、船员、装卸管理人员、押运人员、申报人员、集装箱现场检查员应当依法取得从业资格。

（七）加强重点环节安全管控。严格落实《危险货物道路运输安全管理办法》，联合相关部门，依法依责强化托运、承运、装卸、车辆运行等危险货物道路运输全链条安全监管。配合国家市场监管总局制定公布常压液体危险货物罐式车辆罐体检验机构名录及检验业务规则。研究建立常压危险货物储罐强制检测制度。加强港口堆场、仓库、罐区等危险化学品配套存储场所行业职责范围内的安全管理。严格危险化学品船舶装卸、洗舱、过驳等作业环节的安全监管。指导高速公路经验管理单位在具备条件的高速公路服务区，做好危险货物运输车辆按照指定位置临时停放的引导工作。严格船闸枢纽、饮用水源地、自然保护区、桥区水域危险货物运输船舶通航管控，禁止船舶在划定的禁行区域内航行。

（八）强化事中事后安全监管。督促危险货物道路运输企业认真落实危险货物运输车辆动态监管制度，强化对车辆运行和驾驶员的监管。港口危险化学品作业场所做到监测监控全覆盖，加强危险化学品储罐监测，涉及重点监管的危险化学品和危险化学品重大危险源的储运设施自动化控制系统装备率、重大危险源在线监测监控率均达到100%。加强港口危险化学品作业场所安全管理，严格落实特种作业各项管理制度。积极推进危险化学品船舶进出港电子申报，严格船舶载运危险化学品申报管理、过闸安全管理，加强管理部门间信息通报，严格落实危险化学品装卸作业前船岸安全检查制度。加强企业日常监管，强化体系运行监督管理。配合生态环境等部门，共同推动危险货物电子运单和危险废物转移联单信息互联互通，形成危险废物全过程监管体系。

（九）强化应急处置和事故责任追究。统筹危险货物运输专业救援力量，鼓励行业协会和危险货物运输企业联盟建立网络互助救援体系，建立区域性应急救援队伍。强化长江干线危险化学品应急处置能力建设，重点推进建设区域性救助基地，南京基地突出危险化学品运输应急处置特点。加强应急救援装备配备，健全应急救援预案，推动将港口应急预案纳入城市应急预案体系，开展实训演练，提高区域协同救援能力。加强危险货物运输应急处置能力建设研究，编制危险货物运输事故应急指南，指导企业提高应急处置能力。严肃事故处理，按照“四不放过”原则，严格事故责任追究。

四、强化企业主体责任落实

（十）加强安全生产督查检查执法。深入开展督查检查，重点检查企业安全生产主体责任落实情况。主动协同危险化学品生产、经营行业主管部门，严格查处危险货物托运人违法将危险货物委托不具备危险货物运输资质的企业（车、船）承运的行为。严禁客运车辆、船舶非法夹带危险货物，严厉查处违法违规从事危险货物运输的企业（车、船）和从业人员，并依法依规严肃处理。督促危险货物运输企业制定事故应急救援预案，配备应急救援人员和必要的应急救援器材、设备，并定期组织演练。严格督促长江干线各危险化学品港口、码头建立由经营管理单位法定代表人负责的安全保卫制度，依法对拟进入三峡枢纽安全保卫区管制区域的船舶进行安全检查。

（十一）加大信用约束和奖惩力度。督促落实公路水路行业安全生产信用管理办法，严格安全生产信用信息填报和采集，鼓励行业协会参与，加强企业信用评价，开展重点从业人员信用监管，向社会公布评价结果。危险化学品道路水路运输、港口企业主要负责人（法定代表人）必须认真履责，并作出安全承诺；因未履行安全生产职责受刑事处罚或撤职处分的，依法对其实施职业禁入。对存在夹带、谎报、瞒报、匿报危险货物运输等严重危害人民群众生命财产安全的主观故意行为的单位及其主要责任人，依法依规纳入信用记录，加强失信惩戒，从严监管。深入开展危险化学品道路水路运输、港口企业安全生产标准化建设，对标准化等级较高的企业扩产扩能，在同等条件下分别给予优先考虑并减少检查频次。

（十二）督促落实安全生产投入和教育培训责任。督促企业严格落实安全生产主体责任，按规定提取使用安全生产费用，加强设施设备维护，保障运输工具和设施设备安全性能可靠。强化人员培训教育，扎实开展危险化学品运输从业人员安全技能提升计划，将危险货物运输、港口企业从业人员作为高危行业领域职业技能提升的重点群体，鼓励企业开展线上教育培训。开展危险货物运输驾驶员实际操作能力培训考试试点，提升从业人员专业能力。严格落实港口危险化学品企业相关从业人员考核和从业资格相关规定，港口危险化学品储存企业安全生产管理人员中的中级及以上注册安全工程师比例按国家规定要求达到15%并逐步提高。建立港口危险化学品从业人员职业技能竞赛常态化机制。

五、强化基础支撑保障

（十三）强化顶层设计。把安全生产贯穿交通运输规划布局全过程，编制交通运输安全应急“十四五”发展规划，突出危险化学品运输安全管理。积极主动参与属地危险化学品工业园区规划布局和建设过程，严格落实港口危险化学品集中区域安全容量总量控制要求，从源头上降低危险化学品运输安全风险，指导各地统筹制定危险化学品运输的政策，确保危险化学品运输通道畅通，研究推进与相关园区配套的危险化学品运输专用通道、服务区专用停车区及集中停车场、集中洗罐洗舱场地场所建设，推进主动安防、车路协同等安全性能高的新技术新产品研发应用，强化危险化学品运输基础保障能力。

（十四）健全法规制度。适时开展对《中华人民共和国港口法》《危险化学品安全管理条例》《危险货物道路运输安全管理办法》《道路危险货物运输管理规定》《港口危险货物安全管理规定》《船舶载运危险货物安全监督管理规定》等法律法规规章在行业实施情况的系统评估，强化制度执行。建立健全危险货物鉴定检测制度，研究推动设立危险货物鉴定检测中心，科学准确鉴定检测危险货物的危险特性，并针对鉴定出的每类危险货物提出相应的运输包装要求、安全运输要求和应急处置要求等。

（十五）严格标准规范。发挥我国在联合国危险货物运输及联合国全球化学品统一分类和标签制度专家委员会等国际组织中的作用，积极参与国际规则的制定，在国际组织中贡献中国力量。研究推动我国加入《危险货物国际道路运输公约》，加快国际规则在我国的适应性研究和引进转化，及时制修订相关管理标准，研究解决危险货物分类、包装要求、运输工具协调、统一运单等各种运输方式衔接的相关问题，有效协调各种运输方式间的政策与标准，提升危险货物多式联运管理水平。

（十六）加强科技与信息化研发和应用。强化危险货物运输安全研究支撑，加强危险货物运输安全研究团队建设，开展基础性、前瞻性研究。加快推进危险货物道路运输安全监管系统建设，实现危险货物道路运输电子运单信息联网共享。建成省级港口危险货物安全监管信息平台。加快危险货物运输安全基础数据共享应用，充分运用电子标签、二维码等信息化技术在托运、承运、运输、装卸等各环节进行全过程信息化管理和监控，实现危险货物来源可循、去向可溯、状态可控，做到企业、监管部门、执法部门及应急救援部门之间数据互通、业务协同。积极推动地理信息系统（GIS）、大数据、车路协同、智能风险监测预警等技术应用，提升行业系统性、区域性风险防范能力。鼓励危险货物车辆、船舶应用智能安防系统等先进技术及装备。加强港口危险货物装卸、储存安全保障相关技术及装备研发。推广危险货物运输货主（码头）高质量选船机制。

六、强化安全生产监管能力

（十七）完善监管体制机制。进一步调整完善危险化学品运输安全生产监督管理体制。按照“管行业必须管安全、管业务必须管安全、管生产经营必须管安全”原则，严格落实《危化品运输安全监管工作职责分工》要求，认真落实安全监管责任。完善交通运输主管部门安全生产委员会工作机制，安委会成员单位要及时研究解决危险化学品运输安全突出问题，加强对相关单位履职情况的监督检查和考核通报。调整优化运输结构，开展危险货物运输安全深度系统调研，调整优化现行安全监管方式，强化各运输方式的统一协调管理。结合实际制定修订并严格落实个运输方式危险货物禁运目录。

（十八）加强专业监管队伍建设。建立行业危险货物运输安全生产专家库，并发挥其在参与政策制定、监督检查和技术咨询中的作用。推动地方人民政府配齐配强危险货物运输安全监管和执法力量，建立健全地方专职监管执法体系，负有危险货物道路水路运输和港口危险化学品罐区监管职责的管理部门，要加强专业监管队伍建设，充实一线专业技术人员。通过交通运输安全监管监察系统分级建立重大风险和重大隐患数据库，推进“互联网＋监管”模式，强化规范监管、精准精细监管。建立健全危险货物运输执法及监管人员培训制度，入职培训不少于 3 个月，每年参加为期不少于 2 周的复训。其中，岗前专业知识培训不少于 40 课时，年度业务复训不少于 16 课时。

（十九）提升监管效能。严把危险货物运输监管执法人员人员进入关，进一步明确标准条件，严格考试考核，突出专业素质，择优录用。深化“放管服”改革，在对危险货物运输企业进行全覆盖监管基础上，实施分级分类动态严格监管，运用“双随机、一公开”进行重点抽查、突击检查。对检查的问题和隐患，加强信息共享和结果应用，对违法违规情节严重的，依法依规加大处罚力度，提高企业违法违规成本，提升行业危险化学品领域规范化水平。

国家铁路局、中国民用航空局、国家邮政局要按照《关于全面加强危险化学品安全生产工作的意见》要求，结合各自安全监管职责，采取有效措施，加强危险化学品运输安全生产工作。

各部门、各单位要加强组织领导，结合本单位实际，制定具体实施意见，明确责任和完成时限；要加强协调配合和督促检查，确保各项工作措施落地见效，并总结好的经验做法，固化形成长效机制。

交通运输部　2020 年 4 月 24 日

（此件公开发布）

来源：交通运输部

5.2.6 交通运输部印发《内外贸兼营散装液体危险货物运输船舶国际转国内航线疫情防控工作指南》的通知

各省、自治区、直辖市交通运输厅（局、委），各直属海事局，中国船东协会，中国交通通信信息中心：

为全面落实党中央、国务院“外防输入、内防反弹”的总体防控策略，做好内外贸兼营散装液体危险货物运输船舶在新冠肺炎疫情防控期间由国际航线转国内航线（仅限一个国内航次且船舶自离开境外最后一个港口不足 14 天）的有关工作，我部组织开发了内外贸兼营船舶健康宝微信小程序，编写了《内外贸兼营散装液体危险货物运输船舶国际转国内航线疫情防控工作指南》，现印发给你们，请结合实际做好疫情防控落实工作。使用内外贸兼营船舶健康宝期间发现技术问题的，请向中国交通通信信息中心反馈，其他方面问题请向有关行业管理部门或中国船东协会反馈。

联系人：

水运局，张同戌，010-65292657，传真：010-65292675

海事局，刘雷达，010-65292588，传真：010-65292875

中国船东协会，梅华，021-65977093，13611774369，传真：021-65975095

中国交通通信信息中心，刘婷，010-65299436，13810026518，传真：010-65293377

交通运输部 2020 年 5 月 9 日

（此件公开发布）

内外贸兼营船舶名单链接：https://jkb.myships.com/fj/nwmjyszyhmd.xlsx

文档附件：内外贸兼营散装液体危险货物运输船舶国际转国内航线疫情防控工作指南

内外贸兼营散装液体危险货物运输船舶国际转国内航线疫情防控工作指南

一、适用范围

本指南适用于《交通运输部外交部国家卫生健康委海关总署国家移民管理局中国民用航空局关于精准做好国际航行船舶船员疫情防控工作的通知》（交海明电 [2020]142 号）要求的内外贸兼营散装液体危险货物运输船舶（以下简称内外贸兼营船舶），在新冠肺炎疫情防控期间由国际航线转国内航线（仅限一个国内航次且船舶自离开境外最后个港口不足 14 天）的有关工作。

二、总体要求

（一）各有关交通运输主管部门、海事管理机构按照交海明电 [2020]142 号要求，对内外贸兼营船舶所有船员核酸检测结果为阴性的，积极协调八境地疫情联防联控机制不再要求船舶停泊隔离 14 天由海关办理转营手续后从事国内航线运输，并在当地疫情联防联控机制统一领导下做好内外贸兼营船舶疫情防控工作。

（二）航运企业是内外贸兼营船舶疫情防控的责任主体，航运企业、船长加强船员疫情防控管理在船舶国内航程中严格遵守自离开境外最后个港口 14 天内除伤病船员紧急救助外不在我国港口下船、不进行船员换班、非执行公务人员不上船的“三不”承诺。

三、信息填报、更新与使用

（一）内外贸兼营船舶健康宝使用

1. 内外贸兼营船舶健康宝微信小程序（可通过微信搜索一船舶健康宝”并添加以下简称船舶健康宝）对外免费提供内外贸兼营船舶相关信息填报、更新、查询等服务，主要包括“航运企业”“船长”船员”“健康码”“内外贸兼营船舶名单”（简称“船舶名单”）“监督管理“工作指南”等栏目。

2. 船舶健康宝于 2020 年 5 月 12 日上线试运行。为做好相关工作相关省级交通运输厅（局、委）组织辖区内拟从事该业务的航运企业提前报送本企业指定的联系人及其手机号（企业登录船舶健康宝的唯一身份识别），汇总后于 5 月 11 日前报部（水运局）。

3. 交通运输部政府网站和船舶健康宝对外公布内外贸兼营船舶名单，纳八名单的船舶方可通过船舶健康宝填报信息并在符合条件的情况下取得绿色“健康码”。

（二）基本信息填报

1. 航运企业基本信息填报。航运企业指定的联系人通过报备的手机号登录船舶健康宝，选择“航运企业”栏目填报企业基本信息，并填报经营的内外贸兼营船舶船长姓名及其手机号（船长登录船舶健康宝的唯一身份识别）。同时，上传由企业法定代表人签字的“内外贸兼营航运企业承诺书”（模板见附件 1，可在船舶健康宝“工作指南栏目中下载）。本轮内外贸兼营运输业务结束后、下一轮内外贸兼营运输业务开始前，如内外贸兼营船舶由国际航线转国内航线时的船长发生了变化，由航运企业指定的联系人登录船舶健康宝并对船长信息进行更新。

2. 船舶基本信息填报．船舶离开境外最后一个港口时，船长使用航运企业指定的联系人填报的手机号登录船舶健康宝选择“船长”栏目填报船舶基本信息、包括船舶的船员数量及姓名、离开境外最后一个港口的港口中文名称和北京时间、按顺序拟靠泊的国内港口及预计抵达时间等信息。同时上传由船长签字确认的内外贸兼营船舶船长承诺书”（模板见附件 2 可在船舶健康宝“工作指南”栏目中下载）。

3. 船员基本信息填报。船舶离开境外最后个港口时，船员通过本人微信登录船舶健康宝，选择“船员”栏目，视频拍照后填报本人基本信息，包括姓名、职务、身份证号、与微信关联的手机号等信息，以及选择是否存在发烧、咳嗽、乏力等症状。

所有船员填报完成且符合要求的自动生成绿色健康码”。“健康码”附带显示船舶名称、离开境外最后一个港口的港口名称和时间、拟靠泊的国内港口名称、在船船员姓名等信息。所有船员后续动态更新健康信息，直至船长通过船舶健康宝确认本轮内外贸兼营运输业务完成。

（三）船员健康信息动态更新

1. 船长要求。船长监督所有船员每日早晚两次测体温、记录检测结果。船长每日登录船舶健康宝选择“船长栏目进行每日健康打卡（登录并填报相关信息）填写所有在船船员是否存在发烧、咳嗽、乏力等情况如有，如实填写具体船员的相关情况。

2. 每日打卡。在船船员每日登录船舶健康宝，选择“船员”栏目进行每日健康打卡更新本人当日是否存在发烧、咳嗽、乏力等情况，航行途中无网络信号的除外。

所有船员健康状况正常的生成当日绿色“健康码”、否则“健康码”显示为红色。

（四）做好“健康码”使用

1. 抵达国内港口前船舶将内外贸兼营有关情况和当日绿色“健康码”提前通报拟靠泊港口的海事管理机构、国内港口经营人。港口经营人在危险货物作业申请时并将拟接靠内外贸兼营船舶相关情况报告当地交通运输主管部门。

2. 拟靠泊港口当地交通运输主管部门、海事管理机构、港口经营人对内外贸兼营船舶名单中拟靠泊本港的船舶，登录船舶健康宝查看船舶相关信息。

对已填报相关信息且绿色“健康码”与船舶提供的信息致的，港口经营人安排靠港作业，对未填报相关信息但船舶提供的最近14天船舶轨迹均在国内的，按国内航线船舶靠港管理，对显示红色“健康码”或未填报但船舶轨迹显示14天内靠泊过境外港口的，按当地联防联控机制要求处置并通过船舶健康宝“监督管理’栏目中的“异常信息项及时填报相关情况、上传加盖本单位公章的情况说明。

3. 地方交通运输主管部门、海事管理机构、港口经营人对出示绿色“健康码”的内外贸兼营船舶在港期间按国际航行船舶有关要求采取防控措施，并按“三不”要求加强船舶在港期间的船员监督管理。

4. 船舶完成国内航次后船长在船舶办妥出口岸手续离港时登录船舶健康宝，确认本轮内外贸兼营运输业务完成船舶健康宝不再跟踪记录相关信息。

四、相关单位工作要求

（一）港口经营人

1. 按地方疫情联防联控机制要求，加强符合交海明电[2020]142号要求的内外贸兼营船舶靠泊期间疫情防控工作不得允许船员及其他无关人员通过港口上下船。

2. 发现内外贸兼营船舶违反“三不”承诺或符合交海明电[2020] 142号要求但未通过船舶健康宝填报信息的及时通过当地交通运输主管部门报告当地疫情联防联控机制，按相关要求处置。同时，通过船舶健康宝监督管理“栏目中的异常信息”项填报相关信息、上传加盖本单位公章的情况说明。

（二）地方交通运输主管部门

1. 港口所在地交通运输主管部门按照地方疫情联防联控机制要求督促辖区内港口经营人做好内外贸兼营船舶在港期间的疫情防控措施落实、不得允许船员及其他无关人员通过港口上下船等工作，发现内外贸兼营船舶违反“三不”承诺或符合交海明电〔2020〕 142号要求但未通过船舶健康宝填报信息的，通过船舶健康宝“监督管理”栏目中的‘异常信息”项填报相关信息、上传加盖本单位公章的情况说明。

2. 航运企业所在地交通运输主管部门切实履行行业监督管理职责接到中国船东协会通报的相关企业和船舶违反“三不”承诺情况及有关要求的，一周之内完成调查，并将违反要求的企业纳入水路运输领域信用信息管理，同时，将相关情况和船舶“健康码”调整意见及时反馈中国船东协会。

（三）海事管理机构

加强对内外贸兼营船舶在办理进出港报告和进出口岸手续时填报的船员信息的比对，发现内外贸兼营船舶违反“三不”承诺的，及时将有关情况书面通报中国船东协会。

（四）中国船东协会

1. 维护管理内外贸兼营船舶名单。根据航运企业提出的拟进入或退出名单的船舶信息、拟调整的指定联系人及登录手机号信息，每月底前核实内外贸兼营船舶名单及相关信息，并将上述拟调整信息报部水运局。

2. 建立动态抽查机制每日对至少2艘使用“内外贸兼营船舶健康宝”的船舶船员进行视频抽查，结合船舶定位的位置进行比对并填报每日抽查结果情况。

3. 对海事管理机构通报、动态抽查中发现、船舶健康宝推送反映航运企业或船舶违反“三不”承诺的，以及符台交海明电[2020]142号要求但未通过船舶健康宝填报信息的及时通报航运企业所在地交通运输主管部门。

4. 根据航运企业所在地交通运输主管部门的反馈意见，对建议将船舶绿色“健康码”调整为红色的，将该企业及其所属船舶从内外贸兼营船舶名单中删除，相关情况及时报告交通运输部。

（五）中国交通通信信息中心

做好技术支撑，加强船舶健康宝维护管理。通过宝船网对内外贸兼营船舶名单中的船舶进行船舶轨迹动态跟踪，与船舶健康宝相关信息自动比对，发现问题的及时将有关信息推送中国船东协会。

五、其他有关要求

船员在船期间疫情防控、伤病船员紧急救助等工作，按照有关规定和要求执行，并在当地联防联控机制统领导下开展相关工作，做好应急处置。

附件 1

内外贸兼营航运企业承诺书

我公司（……请填写公司全称……）经营的内外贸兼营船舶在从事《交通运输部 外交部 国家卫生健康委 海关总署 国家移民管理局 中国民用航空局关于精准做好国际航行船舶船员疫情防控工作的通知》（交海明电 [2020]142 号）规定的内外贸兼营运输业务时，承诺做到：全体船员将认真落实有关规定要求，保证坚决做到自船舶离开境外最后一个港口 14 天内除伤病船员紧急救助外不在我国港口下船、不进行船员换班、非执行公务人员不上船的“三不”要求。

如有船员违反上述承诺，我公司自愿承担因失信带来的切责任、后果和损失。

法定代表人签字：

2020 年　　月　　日

附件 2

内外贸兼营船舶船长承诺书

我是 xxx 轮（IMO 编号 xxx）船长 xx，我船在新冠肺炎疫情期间从事国际转国内航线业务（仅一个国内航次），具体为 xxx（装货港）至 xxx（卸货港）的国内航线运输，我承诺：全体船员将认真落实有关规定要求，保证坚决做到自船舶离开境外最后个港口 14 天内除伤病船员紧急救助外不在我国港口下船、不进行船员换班、非执行公务人员不上船的“三不”要求。

本人及其他船员如违反上述承诺，我和相应人员自愿承担因失信带来的一切责任、后果和损失。

船长签字：

2020 年　　月　　日

5.2.7 应急管理部印发《危险化学品重大危险源企业专项检查督导工作方案》的通知

各省、自治区、直辖市应急管理厅（局）、消防救援总队，新疆生产建设兵团应急管理局，有关中央企业：

为认真贯彻落实习近平总书记关于安全生产的重要论述精神，深入推动落实中共中央办公厅、国务院办公厅《关于全面加强危险化学品安全生产工作的意见》和国务院安委会危险化学品安全专项整治、消防安全专项整治三年行动要求，精准防控危险化学品重大危险源企业当前面临的各类安全风险，确保安全稳定，决定在全国组织开展危险化学品重大危险源企业专项检查督导工作。现将《危险化学品重大危险源企业专项检查督导工作方案》印发你们，请结合实际认真抓好工作落实。

应急管理部办公厅

2020 年 5 月 8 日

危险化学品重大危险源企业专项检查督导工作方案

为深入推动落实中共中央办公厅、国务院办公厅《关于全面加强危险化学品安全生产工作的意见》和国务院安委会危险化学品安全专项整治、消防安全专项整治三年行动要求，精准防控危险化学品重大危险源企业当前面临的各类安全风险，应急管理部决定组织各地应急管理部门、消防救援机构联合开展危险化学品重大危险源企业专项检查督导（简称专项检查督导）工作。现制定方案如下：

一、总体要求

（一）时间安排。2020 年 5 月 10 日 -6 月 30 日。原则上 6 月 10 日前完成集中现场检查督导，6 月 30 日前主要问题全部完成督办整治。

（二）检查范围。大型石化基地、原油储备库和重点石化企业等列入危险化学品重大危险源名单的企业。检查重点部位是危险化学品储罐区和储存仓库。

（三）工作目标。通过此次专项检查督导，实现“两全面，一建立”，即：危险化学品重大危险源企业检查督导全面覆盖，检查督导发现的重大事故隐患全面挂牌督办整治，全国应急管理系统建立上下贯通、消地协同的危险化学品联合监管工作机制。

二、重点内容

（一）企业安全生产主体责任落实情况：企业隐患排查治理制度落实情况，危险化学品储罐区和储存仓库可燃气体及有毒气体报警系统、安全仪表连锁系统（SIS）、紧急停车系（ESD）、视频监控系统、液位上下限报警系统、容器超压报警系统、紧急切断装置、安全阀切断阀、泄压排放系统、万向管道充装系统、防爆电气设备、冷却降温设施等安全运行情况，企业按标准分区分类储存危险化学品、危险化学品罐区装卸安全管理等情况。

（二）企业消防安全主体责任落实情况：防火间距、防火堤、消防车通道、消防水源等是否符合要求，消防水泵房、泡沫泵房、消防水管网、稳高压管网、火灾自动报警系统，自动灭火系统，推车式灭火器、消火栓、消防水炮、消防竖管、泡沫灭火系统、固定消防喷淋等完好有效情况，企业专职消防队、工艺处置队建设以及应急联动演练、灭火药剂储备情况。

（三）三年行动整治内容：国务院安委会印发的《危险化学品安全专项整治三年行动实施方案》关于罐区等重大危险源要求的落实情况，《消防安全专项整治三年行动实施方案》关于石油化工企业消防安全能力建设项目的推进落实情况。

三、组织实施

（一）部级层面统筹推动。应急管理部危化监管司、消防救援局统筹推动全国危险化学品重大危险源企业专项检查督导工作， 组织召开动员会，集中开展视频业务培训，适时组织对专项检查督导工作和重大事故隐患整改情况进行督查核查。

（二）省级层面组织调度。各省（区、市）建立省级安委会领导下的应急管理厅（局）、消防救援总队联合办公制度，抽调骨干力量组成专项工作办公室，研究制定本地专项检查督导方案，全过程调度指挥检查督导服务和隐患整改。省级应急管理厅（局）重点做好工作方案制定、确定检查企业名单、选派危险化学品领域专家服务、指导检查调度等工作；省级消防救援总队重点做好消防监督力量调派、人员培训组织、消防领域专家选派等工作。省级专项工作办公室要建立督导制度，组织对各市专项检查督导工作开展情况和隐患治理情况按照一定比例进行抽查。

（三）市级层面具体实施。市级应急管理部门、消防救援机构比照省级建立市级工作协调机制，组建专项工作办公室，并根据当地实际情况，成立若干联合检查组，由应急管理部门危险化学品监管人员、消防监督力量和行业领域专家组成，分别由市级应急管理部门和消防救援支队相关负责人担任组长，深入危险化学品重大危险源企业开展实地检查。对检查发现的事故隐患问题，应急管理部门、消防救援机构按照职责依法督促整改，对检查发现的重大事故隐患及时汇总上报省级专项工作办公室。

四、工作措施

（一）集中会商。各省、市级专项工作办公室要分级组织本地大型石化基地、原油储备库和重点石化企业负责人开展集中会商， 通报专项检查督导部署要求和重点内容，督促落实各项安全管理、应急处置要求，切实防控重大安全风险。应急管理部与中央化工企业以及相关部门进行会商，通报当前严峻形势，精准预判风险， 完善防控措施。

（二）集中培训。应急管理部采取视频培训方式，安排危险化学品、消防领域专家，组织对省级、市级危险化学品监管力量、消防监管力量进行集中培训。省级专项工作办公室也要结合当地危险化学品重大危险源企业实际情况，组织对本地危险化学品监管力量、消防监督力量进行业务培训。

（三）集中检查。各市（地、州、盟）联合检查组以“检查＋服务”的方式集中开展实地检查工作，对查出的事故隐患和违法违规行为，建立工作清单，依法督促企业整改。市级专项工作办公室每日要汇总检查督导情况，省级专项工作办公室要及时收集各市检查督导情况，原则上每周上报应急管理部。对检查发现的重大事故隐患，及时上报应急管理部。应急管理部定期通报各地检查督导有关情况。检查中要充分发挥重大危险源监测预警系统作用，根据预警提示组织重点检查、精准执法，线上线下一体化联动。

（四）集中督办。省级对市级检查发现的事故隐患要及时跟进督办，闭环管理。6 月 20 日，应急管理部对仍未整改完成的重大事故隐患，以国务院安委会办公室名义向各省（区、市）集中交办， 明确整改要求和责任。各地对集中交办的重大事故隐患问题，提请省级、市级政府挂牌督办，限期督办整改。

（五）集中曝光。应急管理部适时协调中央主流媒体组织集中曝光。各地应急管理部门、消防救援机构联合开展集中曝光行动，协调地方主流媒体曝光一批重大事故隐患整改不力、进展缓慢的企业。

（六）集中演练。各地应急管理部门、消防救援机构集中组织开展化工事故处置联合演练以及典型化工事故处置复盘工作，不断磨合消防救援队伍与国家危险化学品应急救援队、企业工艺处置队、企业专职消防队联合救援机制、处置程序。省级要在石油储备库等构成一级重大危险源的危险化学品企业组织开展联合演练。市级要根据辖区实际至少开展一次联合演练。

五、工作要求

（一）提高政治站位。各级应急管理部门、消防救援机构要认真贯彻习近平总书记关于安全生产的重要论述精神，从增强“四个意识”、坚定“四个自信”、做到“两个维护”的政治高度，站在维护国家安全生产、社会稳定的高度，深刻认识当前危险化学品企业面临的严峻安全形势，充分认清抓好专项检查督导的重要意义，强化领导责任，抓好组织实施。

（二）注重协同联动。检查督导工作过程中要建立纵向三级贯通、上下联动，横向各司其职、通力协作的工作格局，真正形成工作合力，做到统一调度管理、联合检查执法，整体推进专项检查督导和危险化学品安全专项整治三年行动。

（三）创新工作方式。各级应急管理部门、消防救援机构要创新工作方式方法，最大限度发挥联合监管优势，建立完善协作检查督导、联合培训、信息资源共享、应急联动等长效工作机制。利用信息网络技术，提高检查督导的效率效果。

（四）强化激励约束。各级应急管理部门、消防救援机构对专项检查督导中的典型经验做法，要及时通报表扬，积极推广应用；对工作不负责任、不作为，相互推诿、措施不得力，工作进展迟缓、逾期没有完成任务的，要通报批评；对发生事故的，要坚决查清责任，依法依规问责处理。

专项检查督导的重点内容

一、企业是否建立生产安全事故隐患、消防安全隐患排查治理制度并严格落实。

二、危险化学品储罐是否存在超温、超压、超液位操作和随意变更储存介质等问题。

三、危险化学品储罐安全阀切断阀、泄压排放系统和冷却降温设施是否完好且正常投用。

四、危险化学品罐区温度、压力、液位、可燃及有毒气体报警和联锁系统是否投用，重要参数是否能够远传和连续记录。

五、内浮顶储罐运行中是否存在浮盘落底现象。

六、涉及可燃和有毒有害气体泄漏的场所是否按国家标准、行业标准设置检测报警装置，爆炸危险场所是否按国家标准、行业标准安装使用防爆电气设备。

七、构成一级、二级重大危险源的危险化学品罐区是否能实现紧急切断功能；涉及毒性气体、液化气体和剧毒液体的一级、二级重大危险源的危险化学品罐区是否配备独立的安全仪表系统。

八、全压力式液化烃储罐是否按国家标准、行业标准设置注水措施。

九、液化烃、液氨、液氯等易燃易爆、有毒有害液化气体的充装是否使用万向管道充装系统。

十、危险化学品罐区库房消防设施是否完好有效，值班操作人员是否会熟练使用；消防控制室、消防水泵房、泡沫泵房是否正常运行。

十一、是否存在未进行气体检测和办理作业许可证，在油气罐区动火或进入受限空间作业；是否使用未经培训合格人员和无相关资质承包商进入油气罐区作业；是否存在未经许可的机动车辆及外来人员进入罐区。

十二、一、二级重大危险源监测预警系统是否正常投用，视频监控系统是否24小时处于正常投用状态。

十三、是否按国家标准、行业标准分区分类储存危险化学品，是否存在超量、超品种储存危险化学品，相互禁配物质混放混存现象。

十四、应急处置预案是否实用有效，是否定期应急演练并总结改进。

十五、储罐防火间距、防火堤设置是否符合要求，消防车通道是否畅通，灭火药剂储备是否满足救援需要。

十六、企业专职消防队、工艺处置队是否组织实战训练和联合演练，建立完善应急处置联动机制。

来源：应急管理部消防救援局

5.2.8 上海市关于切实抓好近期危险化学品安全管理重点工作的通知

各区应急管理局：

近期，市应急局在组织疫情防控期间危险化学品企业指导帮扶中，发现以下违法违规行为：一些企业现场安全管理不到位、特殊作业审批不规范；个别企业私自搭建构（建）筑物，擅自出租、出借危险化学品仓库，危险化学品混存混放和超量存放，在危险化学品库区操作场地从事拆装箱和堆放集装箱等。特别是在危险化学品生产企业，还先后发生了因工艺设施、泄压设施设置不当引发的险肇事件和火灾事故。这些现象暴露出一些企业主体责任不落实、法制意识淡薄、管理缺失，个别地方和部门安全监管不到位等问题。为全面贯彻落实习近平总书记关于安全生产的重要指示精神和李克强总理批示精神，认真落实《中共中央办公厅国务院办公厅关于全面加强危险化学品安全生产工作的意见》以及国务院安委会《全国安全生产专项整治三年行动计划》，进一步加强本市危险化学品生产、经营、储存、使用等环节的安全管理，全面提高企业安全生产水平，结合应急管理部2020年危险化学品安全监管重点工作，现就有关工作要求通知如下。

一、全面推进两个《导则》实施落地

各区应急管理局要按照应急管理部要求，督促、指导辖区内所有危险化学品企业在6月底前，再次对照《危险化学品企业安全风险隐患排查治理导则》，深入开展隐患排查治理。要全面排查风险隐患、紧盯外部安全距离、违规堆放产品物料、超能力生产等问题，对发现的隐患加快整改进度，能整改的立即整改，一时难以整改的要制定整改计划并报应急管理部门。对涉及“两重点一重大”外部安全距离不符合《危险化学品生产装置和储存设施外部安全防护距离确定方法》（GB/T37243）的企业，各区应急管理部门要督促在今年年底前完成整改，达不到要求的要坚决取缔。上海化学工业区管理委员会、上海金山第二工业区管理委员会和上海杭州湾经济技术开发有限公司要对照《化工园区安全风险排查治理导则（试行）》，全面对标对表，查找薄弱环节，制定整改计划，结合开展每5年1次的安全风险评估工作，全面提升管理能级和安全管理水平。

二、着力提升危险化学品企业本质安全水平

市应急局已部署危险化学品企业一、二级重大危险源企业安全仪表系统评估验证工作和三、四级重大危险源深度排查工作，各区应急管理局要积极会同技术服务单位着重排查企业安全仪表配备、重大危险源监控方面的安全隐患。要指导督促危险化学品企业在今年年底前完成涉及爆炸危险性化学品的生产装置控制室、交接班室搬离装置区。对具有甲乙类火灾、爆炸性粉尘、中毒危险性厂房及仓库内的办公室、休息室、外操室、巡检室，要于8月底前拆除清理完毕。对具有甲乙类火灾危险性的生产装置控制室、交接班室确需布置在装置区的，应按照《石油化工控制室抗爆设计规范》(GB50779-2012)，在年底前完成抗爆整改。同时，各区应急管理局要督促精细化工企业对照《关于加强精细化工反应安全风险评估工作的指导意见》（安监总管三〔2017〕1号）要求，认真开展危险化学品企业高危精细化工工艺全流程风险评估，凡列入评估范围但未开展评估的精细化工生产装置，一律不得生产。

三、切实加强使用和储存环节的安全监管

各区应急管理局要结合市应急局前期布置的工贸企业使用危险化学品专项整治工作，组织对辖区内使用危险化学品从事生产的化工企业进行排查，摸清危险化学品品种、数量，企业安全管理状况，构成重大危险源等情况；督促企业开展《危险化学品企业安全风险隐患排查治理导则》对标检查，按照法规要求开展3年1次安全现状评价，重点治理企业合规性、外部安全距离、本质安全及自动化改造等内容，进一步提升企业危险化学品使用的本质安全，并督促企业登录市应急局危险化学品登录报送系统上报有关信息。

要加大对储存环节的安全监管。严格企业储存定置管理要求，重点查处违反《常用化学危险品贮存通则》（GB15603）的危险化学品混存混放，超量储存等违规行为；坚决取缔在危险化学品仓储企业场地内违规存放危险化学品、堆放集装箱以及从事拆装箱作业；鼓励企业采用信息化系统调配运输车辆进出库装卸和危险化学品的出入库管理。

四、加强危险废弃物和环保设施安全管理

督促危险化学品企业根据《常用危险化学品贮存通则》（GB15603）以及《危险废物贮存污染控制标准》（GB18597）等标准规范，认真排查危险废物储存管理情况，严格按照法规的要求，落实危险废物的储存和管理，严禁将危险废物与危险化学品原料和产品在同一仓间混存混放。要督促危险化学品企业在进行污染治理时，从设计、施工和运行各环节采取措施，保障环保设施的安全使用。危险化学品企业的环保设施必须经过具有化工相关资质的设计院设计和具有化工相关资质的施工单位安装后，方可投入使用。对未经正规设计的在役环保设施，必须进行设计复核并进行专门的安全论证，确保安全后继续使用。督促危险化学品企业将正常的生产运行过程中无组织 VOCs（挥发性有机物）的排放管理与事故状态下的 VOCs（挥发性有机物）排放区分开。对于有突然超压或发生分解爆炸危险物料的反应设备，要认真评估设置的安全阀、爆破片等事故状态下泄压设施以及后续导爆管、收集管、缓冲罐、收集罐、泄放物料处理装置等的合理性和有效性，防止因泄爆系统设置不合理导致事故状态下泄压不及时、物料串通，进而造成事故扩大等不良后果的出现。

五、加强检维修环节和特殊作业监管

危险化学品企业因特殊作业引发的事故比例居高不下。市应急局在开展企业指导服务中发现，部分企业动火作业票的审批和填写仍然不符合《化学品生产单位特殊作业安全规范》（GB30871）的要求。近期因疫情影响，企业生产负荷波动较大，开停车频率增加，在此期间安排检维修的情况增多。各区应急管理局要高度重视，督促危险化学品企业认真落实检维修环节的各项要求，做好制定方案、风险评估、承包商管理和培训等各项准备工作，对检维修过程中涉及的动火作业、受限空间作业等特殊作业，要严格落实标准规范要求，认真做好作业票的审批和填写。各区应急管理局要结合企业填报的安全风险研判与承诺公告，加大执法检查力度，重点查处检维修环节和特殊作业安全管理中的不规范行为，切实督促危险化学品企业有效降低特殊作业事故风险。

六、做好疫情防控常态化条件下特定时段安全生产工作

现阶段疫情防控已转入常态化。各区应急管理局要指导督促危险化学品企业严格落实疫情防控和安全生产各项措施，做到两手抓、两手硬、两手赢。因疫情影响，企业产销波动较大，应要求危险化学品企业妥善安排原料供应和产品销售，严禁企业超量储存，超产能、超负荷、超定员生产和随意变更产品等违规行为。

目前，市应急局正与市公安局、市交通委研究调整《夏季高温时段禁止道路运输危险化学品名录》。各区应急管理局要根据更新后的管控要求，督促危险化学品企业继续落实夏季高温期间危险化学品禁运各项措施。同时提前部署危险化学品企业防汛防台的相关工作方案和措施，督促企业尽快安排防雷设施检验检测，储备防汛防台物资，保证安全风险有效控制，实现安全度夏、安全度汛。

来源：上海市应急管理局 2020 年 5 月 12 日

5.2.9 上海强化危化品运输安全管控

眼下上海正在加强危险化学品生产、储存、运输、经营、使用、处置的全链条管理，全力“防风险、除隐患、降事故”。6 月 17 日，上海市应急管理局局长马坚泓表示，针对季节特点，上海进一步强化危险化学品运输安全管控，并持续推进“危险化学品管理一张图”系统建设。

据马坚泓介绍，上海第一时间对液化石油气相关企业发出安全提示。上海将严格落实企业主体责任、全面排查整治风险隐患，加强危险化学品生产、储存、运输、经营、使用、处置的全链条管理，全力“防风险、除隐患、降事故”。

对易燃易爆等危险化学品，持续强化运输安全管控。根据《上海市危险化学品安全管理办法》有关要求，继续严格落实危险化学品道路运输安全管理措施。在禁止运输时间方面，6 月 15 日 -10 月 15 日期间，在上午 10 点至下午 4 点，禁止进行易燃易爆、剧毒等危险化学品道路运输。在禁止装卸时间方面，6 月 15 日 -10 月 15 日期间，禁止在上午 8 点至下午 4 点，进行装卸作业。

上海还根据城市运行“一网统管”的总体部署，持续推进“危险化学品管理一张图”系统建设，以提升危险化学品智能化和精准化监管水平。

来源：中化新网讯

5.2.10 上海市 2021 年第一批危险化学品行业安全生产标准化达标企业通告

按照《国家安全监管总局关于印发企业安全生产标准化评审工作管理办法（试行）的通知》（安监总办〔2014〕49 号）和《国家安全监管总局办公厅关于危险化学品从业单位安全生产标准化评审工作有关事项的通知》（安监总厅管三〔2016〕111 号）的规定，上海市应急局核准下列 24 家单位为 2021 年第一批危险化学品行业安全生产标准化达标企业。现将达标企业名单通告如下。

一、二级达标企业（19 家）

1. 中国航空油料有限责任公司华东分公司
2. 立邦涂料（中国）有限公司
3. 林德气体（上海）有限公司
4. 马肯依玛士（上海）标识科技有限公司
5. 日陆物流（上海）有限公司
6. 上海阿科玛双氧水有限公司
7. 上海大宝化工制品有限公司
8. 上海稻畑精细化工有限公司
9. 上海孚宝港务有限公司
10. 上海花王化学有限公司
11. 上海花王有限公司
12. 上海浦航石油有限公司
13. 上海上药第一生化药业有限公司
14. 上海申星化工有限公司
15. 上海天汉环境资源有限公司
16. 上海新华联制药有限公司

17. 四国化研（上海）有限公司
18. 大金氟涂料（上海）有限公司
19. 中远关西涂料（上海）有限公司

二、三级达标企业（5 家）

20. 毕克助剂（上海）有限公司
21. 华东理工大学华昌聚合物有限公司
22. 卡博金艾美斯医药（上海）有限公司
23. 上海鸿鹄化工科技有限公司
24. 上海华谊天原化工物流有限公司

以上危险化学品行业安全生产标准化达标企业有效期自通告之日起 3 年。

特此通告。

来源：上海市应急管理局 2021 年 1 月 25 日

5.2.11 上海市 2020 年第二批危险化学品行业安全生产标准化达标企业

上海市应急管理局关于核准 2020 年
第二批危险化学品行业安全生产
标准化达标企业的通告

各区应急管理局：

按照《国家安全监管总局关于印发企业安全生产标准化评审工作管理办法（试行）的通知》（安监总办〔2014〕49 号）和《国家安全监管总局办公厅关于危险化学品从业单位安全生产标准化评审工作有关事项的通知》（安监总厅管三〔2016〕111 号）的规定，市应急局核准下列 11 家单位为 2020 年第 2 批危险化学品行业安全生产标准化达标企业。现将达标企业名单通告如下。

一、二级达标企业（8 家）

1. 巴斯夫护理化学品（上海）有限公司
2. 中远海运化工物流有限公司
3. 上海抚佳精细化工有限公司
4. 上海赫腾精细化工有限公司
5. 上海联乐化工科技有限公司
6. 上海罗巴鲁富锌涂料有限公司
7. 优月仓储（上海）有限公司
8. 湛新树脂（上海）有限公司

二、三级达标企业（3 家）

9. 上海赛科石油化工有限责任公司
10. 欧诺法化学（上海）有限公司
11. 上海金环石油萘开发有限公司

以上危险化学品行业安全生产标准化达标企业有效期自通告之日起 3 年。

特此通告。

来源：上海市应急管理局

5.2.12 2020 年中国化工物流安全环保与供应链发展论坛在上海成功召开

2020 年 8 月 6-7 日，由中国物流与采购联合会主办，中国物流与采购联合会危化品物流分会承办的 2020 中国中国化工物流安全环保与供应链发展论坛在上海成功召开。会议邀请到中国物流与采购联合会副会长蔡进，中国石化化工销售有限公司副总经理、分会执行会长李锁山，中国石化化工销售有限公司华中分公司副总经理邵勇青，中国石化化工销售有限公司华北公司副总经理荣钢，中化石化销售有限公司科学发展与创新战略部副总经理梁胜轲，中国石化炼油销售有限公司市场业务部副主任邓卫国以及来自中石化化工销售华东、华北、华中、华南和江苏分公司的物流相关负责人，巴斯夫，荣盛化学，红宝丽，霍尼韦尔，科慕化学，科思创，赢创化学，万华化学，巨化集团，新奥能源等重要嘉宾、行业专家、企业代表及媒体代表共计四百余人，同时线上直播平台累计在线参与观看六千余人。会议还收到中化辽宁有限公司、上海君正物流有限公司、上汽依维柯红岩商用车有限公司、希杰荣庆物流供应链有限公司、江苏新安物流有限公司、上海闵东国际供应链管理股份有限公司、天津市联华运输有限责任公司、威伯科（上海）管理有限公司的大力支持。

刘宇航 中物联危化品物流分会秘书长

刘宇航秘书长首先对与会代表的到来表示热烈地欢迎以及受疫情影响无法到会的线上直播代表们表示诚挚的感谢。他表示，受新冠疫情以及国际形势的影响行业经受了一定的打击和磨难，但是作为化工物流人依然坚守在一线，一句誓言，义无反顾；一种承诺，逆向而行；一种责任，生命攸关；一个身影，日夜风雨兼程。分会也在积极协调会员单位向疫情重区提供防疫物资、打通物流线以及疫情期间企行业情况统计、后疫情时期行业返工复产情况及难点统计、开展 16 期公益直播、四场专题活动等。因此，分会也将会在年底行业年会上评选“抗疫情—最美驾驶员”特殊荣誉。针对本次会议核心主题，他表示，安全是化工物流行业的立业之本，近来几起重大事故的发生都是血的教训，大家一定要坚守住安全底线，时刻不放松！

蔡 进 中国物流与采购联合会副会长
中国物流学会 副会长

蔡进副会长表示，新冠疫情的突发事件对整个全球的宏观环境、宏观格局，包括中国的环境和宏观格局受到极大冲击，尤其是从经济的角度来看全球的经济格局发生了很大变化，企、行业未来的发展决策应把握以下几大变局机遇和基本趋势：第一，把握疫情常态化的基本趋势；第二，把握当前中国经济恢复性增长的向好趋势性；第三，把握供应链和产业链的创新趋势。产业链和供应链创新的基本趋势，这个是我们国家转型升级的必由之路，也是我们在座的各个企业在未来的企业高质量发展过程中的重要抓手。随后他说到，疫情之下我们的供应链和产业链的发展变化有几个特点是要把握的：一是产业链和供应链的融合推进；二是供应链的创新过程中数字化发展；三是供应链的安全；四是未来经济发展中战略格局的发展和变化趋势；五是新格局变化中区域的布局战略思考；六是新冠疫情下的未来全球化重构趋势；七是从大安全观把握安全的基本走势。最后他表示，不管是企业的经营安全、产业安全、操作安全各方面都应该树立大安全观，应该用我们的科技应用能力水平的提高，尤其是数字化的水平提升去保证整个运营的安全。

李锁山 中国石化化工销售有限公司副总经理
中物联危化品物流分会执行会长

李锁山会长表示，经历新冠疫情影响，今天汇聚这么多的行业大咖、重要领导们实属不易，对与会的所有嘉宾以及对分会大力支持的企业表示衷心的感谢。他表示，2020 年注定是不平凡的一年，新冠疫情各个行业都产生了非常大的影响，目前来说中国的疫情取得了重大的进展，但是全球的形势还非常严峻。今年上半年一季度我们国家石油化工行业全局性的净亏损，随着中国的疫情控制二季度整体的形势有所回转。本次会议主题一个重在安全环保，一个重在供应链。安全环保方面，国家制定实施了多项政策措施，重治理、保安全、强预警、重装备全面做好全过程的安全防控。供应链安全管理方面，建议大家在未来探索供应链模式发展的时候关注以下几点：第一，要研究我们资源的重新配置，加入柔性化的应急要素，有效的重新分配我们周边的资源；第二，建议大家要注重协同合作，建立多方的合作共赢的关系，通过各自的优势和资源共同发展；第三，加快我们供应链数字化和智慧化的升级形成有效的预测，判断决策的体系，刚才蔡会长提到了我非常赞成；第四，建立高效低成本的应急安全保障体系，来增长把控风险的机制；最后他表示，希望通过全行业的共同努力，树立安全环保的精神，严把关、严标准，攻坚克难坚定信心为化工物流行业十四五发展打好坚实的基础。

刘宇航秘书长发布了“2019-2020 年度中国化工物流行业百强企业分析报告”。他表示：中物联危化品物流分会为充分了解 2019-2020 年度中国化工物流行业运营的整体情况，特开展行业调研、统计，基于对行业数据的的掌握，从企业规模、营收、安全管理水平、科技运用、自有运输设备和仓储能力、年运力运量、信息化水平等多个维度对化工物流行业的企业发展情况和发展潜力进行评估，评选出化工物流行业百强企业，并形成了报告。

2019-2020 年度行业百强营收总额为 545 亿元，较上个年度增长 2.9%，但相比于国内化工物流行业市场规模在 1.5 万亿左右，百强企业营收只占 3.7%，占比仍非常小，说明行业分散和企业分散的现状依然明显。道路运输百强企业年营业总额为 195 亿元，占道路市场规模的 5% 左右，百强企业共有自有车辆 21282 辆，较上一年度提升 7.3%，占全国危险货物车辆总数的 5.7%，年完成道路运输总量 1.2 亿吨，占全国危险货物运输总量的 10% 左右，虽然较上一年度总量有近 16% 的增长，但增速没有行业整体需求增速快；说明企业的经营扩张在推进，但是速度和规模化进程较慢；水运方式完成运输总量 0.5 亿吨，约占行业总运量的 16.45%，从分项指标和入围企业的统计指标来看，略有增长，但整体水平保持较为稳定。 仓储领域企业的整体营收情况和总存储量 较上一次统计均有所提升，百强入围企业储罐总容积约为 1500 万立方米。从整个百强企业特点分析，目前化工物流企业的增长趋势是好的，同时需要在规模化、区域聚集、资本化、科技化、平台化方面进行深层推进。

李树民 希杰荣庆物流供应链有限公司化工事业部总经理

李树民作为主论坛发言及互动环节主持人，带领大家围绕“预见变局 重构生态”会议主题展开会议内容。

梁胜轲 中化石化销售有限公司科学发展与创新战略部副总经理

中化石化销售有限公司科学发展与创新战略部副总经理梁胜轲首先跟大家讲解了石化企业供应链运行现状、石化企业供应链数字化的路径和难点以及能够给石化企业供应链带来的变化、与其他行业融合发展的趋势。随后从企业基本情况、实践思路、服务优势、各个板块内容、平台与资源、服务体系等多个方面跟大家分享了其企业在数字化与电子商务实践经验。

对话环节邀请到了希杰荣庆物流供应链有限公司化工事业部总经理李树民，密尔克卫化工供应链服务股份有限公司副总裁王涛，荣盛国际贸易有限公司执行副总监施新华，中国石化集团江苏石油勘探局有限公司运输物流中心总经理郭兆跃，中外运化工国际物流有限公司总经理助理张俊，上海中硕国际物流有限公司董事长孙杰，上海君正物流有限公司集装罐事业部副总经理乔伟，广东德力智慧物流股份有限公司董事长曾明生等八位重量嘉宾，共同围绕“聚焦市场——化工物流供应链优化之路”展开探讨，并跟大家分享了当下新发展格局，化工产业将面临的新局面与供应链发展趋势，包括企业核心竞争力与供应链发展的优势，以及如何提升企业自身精益化管理与打造过硬基石。

主持人：陆善平 中国石化化工销售有限公司华东分公司调研员

下午分论坛一，在主持人中国石化化工销售有限公司华东分公司调研员陆善平的带领下，围绕“前危后则·知行合一”主题展开精彩分享。中国石化化工销售有限公司华北分公司物流部部长陈相振从依法合规、主体责任、运行监控、延伸管理、客户至上、服务必备、特殊时期、合作共赢七方面内容跟大家分享了如何强化责任、合作共赢的物流管理与服务提升工作实践；长安大学汽车学院副教授、交通部危险货物道路运输专家沈小燕首先对我国主要政策变化进行了梳理，并从危险货物运单（电子运单）制度详细板块内容跟大家讲解了新政策对危险货物道路运输企业安全管理的影响及运单实施要求；上海化工研究院市场服务部经理于佳瑶跟从当下我国危险品运输相关法规现状跟大家分享了危险货物法规概览、国内危险品道路运输专题以及化学品储运技术支撑等内容；科慕化学亚太区安全顾问董嶒围绕危险货物道路运输事故预防与应急处置主题跟大家讲解了危险货物道路运输企业加强事故应急能力建设的重要性、必要性以及《危险货物道路运输规则》（JT/T617）中关于应急的相关要求；威伯科汽车控制系统亚太总部中国区挂车销售总监曹嘉杰向大家详细解答了通过技术应用开发来为我们危化品车辆提出解决方案以及技术安全、安全管理、运营管理、维护保养等内容。

对话环节邀请到了上海万创危险品物流有限公司执行董事黄嘉华、南京红宝丽集团股份公司物流总监颜庭玉、科思创聚合物（中国）有限公司 物流行业促进经理王琰、镇海石化物流有限责任公司董事长刘智勐等四位行业大咖共同围绕“前危后则·知行合一”主题，展开关于安全运输目前存在的一些管理以及行业目前碰到的运价、新技术深度应用、如何平衡成本与安全两难问题和提高危险品罐车安全、加强企业自律等方面探讨。

主持人：梁文立 东莞市百安石化仓储有限公司 商务及发展总监

分论坛二，在主持人东莞市百安石化仓储有限公司商务及发展总监梁文立的带领下围绕“聚焦化工仓储、水运　共建安全生态圈”展开探讨。赢创工业集团北亚区环境健康安全总监周纪标从目前我国主要相关法规、法规的多元、仓储资源紧缺、企业困惑等几个板块跟大家分享了危险品仓库管理之思考；江阴恒阳物流集团总经理顾文龙深入尾气处理系统、除尘脱硫装置、事故水收集系统、钢制浮盘、紧急切断阀和SIS系统、交换站和钢结构防火、消防电动阀和远程控制等方面详细介绍了危化品库区码头如何改造实务适应新规范；上海高创电脑技术工程有限公司副董事长高海向大家详细介绍了其公司如何实现危险化学品库区SIS、BPCS、GDS系统完善改造及提升，满足未来新的法规的要求，对安全更高的要求；上海君正船务有限公司总经理司良首先向大家介绍了君正船务，并从国内供需状况分析、2020年国内沿海液体化工品运输情况分析以及疫情影响下的液体化学品水运市场讲述了如何化危为机、稳中求进。

对话环节邀请到了东莞市百安石化仓储有限公司商务及发展总监梁文立赢创工业集团北亚区环境健康安全总监周纪标、中丝（大连）石化有限公司物流信息部总监王鹏、长岛常丰油轮运输有限公司副总经理宋正绪、福州江阴建滔化工码头有限公司总经理赵春波五位重要嘉宾，共同围绕“聚焦化工仓储、水运　共建安全生态圈”展开探讨，并针对面对不可避免的社会突发事件，仓储及水运企业如何面对，并建立较为完善的应急机制以及化工船运企业如何实现智能监管，共建“航运安全生态圈”进行深度解读。

会议同期举行了2019-2020年度中国化工物流行业百强企业授牌仪式。

5.2.13 上海化工区加快打造世界级绿色化工产业集群

为加快建设制造强国，加快发展先进制造业，瞄准国际标准提升水平，促进我国产业迈向全球价值链中高端，工业和信息化部启动世界级先进制造业集群培育工作。围绕“具有良好辨识度和经济影响力的先进制造业集群”要求，上海市经信委向工信部推荐了集成电路、高端装备、汽车、绿色化工、生物医药五大重点产业集群。其中，“绿色化工”将以上海化学工业区为核心的上海绿色化工产业集群，作为先进制造业集群的培育承载区。

如何对标世界一流化工园区，立足“一体化”开发建设发展的优势基础，加快打造世界级绿色化工产业集群，上海化工区将在第22届中国国际工业博览会上，全面展示园区成果及目标。

作为国内首个以石化产业为主的专业开发区，上海化学工业区学习借鉴世界级石化基地的发展历程，立足自身实际和特点，开创性地提出和实践“五个一体化”开发理念和管理模式，领先形成了“专业集成、投资集中、资源集约、效益集聚”的独特优势。同时，园区积极充分发挥引领作用，努力促进以化工主导产业为核心、以融合性辅助产业为补充的循环化产业在周边集聚，为上海化工产业协同发展作出贡献。

近年来，根据上海城市总体布局和产业发展规划，上海化工产业实施结构调整，逐步向上海化工区转移，全市化工高端制造、化工生产服务和化工科创也逐步向核心集聚。目前，已基本形成了以上海化工区为核心承载区，汇集专业供应商、相关学术机构、科研机构、人力资源、物流服务、金融服务等要素在内的，结构合理、层次多样、功能完善、经济循环的产业集群，具备展现以下五大优势：

优势之一：绿色发展成效显著

集群坚持走新型工业化道路，重视对土地、能源、原料的集约化利用，努力构建科技含量高、经济效益好、资源消耗低、环境污染少的生态型绿色集群。

上海化工区获评：国家第一批循环经济试点单位、国家新型工业化产业示范基地、国家生态工业示范园区、全国低碳工业园区试点单位、国家绿色园区示范等。

园区企业获评：科思创聚合物（中国）有限公司获2018年第三批“国家绿色工厂示范”称号；赢创工业集团车用材料获中国汽车工业节能与绿色发展评价中心颁发的“绿色标杆企业”称号；化工区中法水务公司、化工区升达废料处理公司入选国家首批“工业园区环境污染第三方治理典型案例”。

优势之二：产业链协作紧密

集群产业链结构完整、关联紧密，以石油化工产品链为导向，构建起上中下游产品项目循环链；集群秉承3R原则，开创了“资源—产品—再生资源—再生产品”的循环经济路径，形成生态工业链网络。上海石化、上海化工区以石化产品链上中游产品为主，金山区、奉贤区重点发展中下游产品，向深加工方向发展，并延伸到化工产品的终端消费领域。

优势之三：开放合作水平领先

集群已成功引入了德国巴斯夫、科思创、赢创、朗盛、汉高，美国亨斯迈、英威达、3M，西班牙石油，日本三菱瓦斯、三井化学等国际化工巨头，以及荷兰孚宝、法国苏伊士、法国液化空气、美国普莱克斯、德国林德气体等世界知名配套服务企业。

今年，“上海国际仲裁中心上海化工区服务中心”正式挂牌，将为园区企业解决跨国公司在国际法律危机防范与知识产权保障等方面的共性问题，进一步优化完善园区营商环境。

优势之四：关键要素集聚集约

立足主体化工产业链的各个链环，外延形成为其提供服务的辅助产业集群，包含陆路、海路、铁路、管道运输等综合物流交通网络，以及能源、金融、人才、科研等资源。集群打造上海国际化工生产性服务功能区，鼓励促进化工设备制造、研发设计、检验检测、产品包装、五金机电、法律服务、节能环保、生产性租赁等配套服务产业集聚发展，为保持化工生产运行连续性、促进化工技术进步、提升产业能级和提高生产效率提供保障支撑。

优势之五：责任关怀理念先进

集群倡导促进相关企业和机构，积极推动共同实践责任关怀。

建立六大工作平台，包括社区认知与应急响应、工艺安全、污染防治、储运安全、职业健康安全、产品安全监管等，举办大型专业研讨会、专业消防演习、技能锦标赛等多类型活动。坚持开展责任关怀活动，持续提升活动内涵，不断扩大覆盖范围，基本形成了园区（企业）与周边社区和谐发展、成果共享的格局。

通过企业资源共享方式，共同探索符合生产运营实际情况的责任关怀评估体系。积极开展化工科普工作，策划发布化工科普系列公益读物，引导大众客观科学认识化工。通过新闻媒体、互联网等模式，宣传集群工作成果，不断提升知晓度和美誉度。

展望未来，上海绿色化工产业集群将瞄准我国化工产业“力争在2025年成为工业基础和竞争优势的世界领导者”目标，围绕“加快构筑新时代上海发展的战略优势，加快提升城市能级和核心竞争力，更好服务全国改革发展大局，更好代表国家参与国际合作与竞争”要求，大力推进高端制造、品质制造和智能制造，致力促进布局更优化、产品高端化、资源节约化、生产清洁化、产业智慧化，努力为大飞机、电子、汽车、生物医药、新能源等产业发展夯实绿色化工原材料基础。

上海化工区将按照“最高标准、最严要求、最好水平”的要求，坚持“以亩产、效益、能耗、环境论英雄”的发展导向，加快打造世界级绿色化工产业集群的步伐，不断强化实体经济对本市发展的战略支撑，力争在世界化工产业链中有所作为。

来源：中化新网讯

5.2.14 上海：2023年年底前基本建成危化品精细精准安全管控体系

关于全面加强危险化学品安全生产工作的实施意见

为深入贯彻中共中央办公厅、国务院办公厅印发的《关于全面加强危险化学品安全生产工作的意见》，全面提升我市危险化学品安全生产工作水平，结合实际，提出如下实施意见。

一、明确总体目标

以防范化解系统性安全风险为重点，以提升危险化学品安全生产综合素质和能力为根本，建立健全安全风险分级管控和隐患排查治理双重预防机制，坚决遏制较大以上生产安全事故，努力减少一般事故。力争2023年年底前，全市基本建成“依法治理、责任落实、源头管控、风险防控、科技支撑、能力提升、应急救援、社会共治”的危险化学品精细精准安全管控体系。

二、强化依法治理

（一）完善法规和标准规范体系。按照法定程序，推进修改《上海市安全生产条例》、修订《上海市危险化学品安全管理办法》，完善安全生产行政处罚自由裁量标准、行刑衔接制度和社会公众对企业安全隐患举报奖励制度。对标国际先进标准，研究制定环氧乙烷等危险化学品地方安全标准和化工科创中心研发、小试、中试类及实验室安全等地方标准。

（二）规范执法检查和责任追究。完善执法检查标准，推广“双随机一公开”和执法视音频全过程记录制度，提高执法检查的规范性、专业性、精准性。强化属地监管责任，实现全市危险化学品企业分级分类动态监管全覆盖。各区、各有关部门要加大对危险化学品企业安全管理的指导、督查力度。对发生生产安全事故的危险化学品企业，严格按照“四不放过”和“依法依规、实事求是、注重实效”原则，组织开展事故调查处理，依法严肃追究事故责任。

三、强化责任落实

（三）强化党委、政府领导责任。各级党委和政府要坚持党政同责、一岗双责、齐抓共管、失职追责，统筹经济发展、城市规划与危险化学品安全生产工作。健全监管体制，在市安全生产委员会领导下，建立危险化学品安全监管协作机制，开展指导协调、监督检查、巡查考核，督促各区、各有关部门履职尽责。

（四）强化部门安全监管责任。按照“管行业必须管安全、管业务必须管安全、管生产经营必须管安全”原则，厘清安全监管职责，完善细化权力清单和责任清单，实施全主体、全品种、全链条安全监管。发现有危险化学品安全事项未明确监管部门的，应急管理部门要会同有关部门研究提出建议，按照程序报请同级党委和政府决定；在明确监管部门前，由应急管理部门对该事项履行安全综合监管职责，并承担兜底责任。

（五）强化企业安全生产主体责任。强化企业主要负责人（法定代表人）责任落实，规范安全生产规章制度和操作规程，健全安全管理机构，加强人员配备，保障安全资金投入，抓好安全教育培训，完善安全风险分级管控和隐患排查治理双重预防机制，加强重点场所、重点部位、重点设备及重点环节安全管理。严格落实安全风险研判与承诺公告制度，推广企业或企业主要负责人（法定代表人）记分制，试点企业主要负责人（法定代表人）述职述安制度。

四、强化源头管控

（六）严格市场安全准入。严格执行国家化工园区有关建设和认定标准，规范我市新建化工项目准入条件。建立健全化工产业发展规划编制协调沟通机制和危险化学品重大建设项目公众参与机制。建立涉及“两重点一重大”（重点监管的危险化工工艺、重点监管的危险化学品和危险化学品重大危险源）的危险化学品建设项目联合审批制度、安全风险联防联控机制。开展危险化学品安全生产行政审批“回头看”。完善并落实化学品鉴定评估与登记有关规定，科学准确开展鉴定评估，严格依法登记。

（七）深化产业规划布局调整。对危险化学品生产储存进行统筹规划、合理布局和严格控制，制定我市危险化学品生产储存布局规划。严格执行危险化学品生产领域淘汰落后安全技术工艺、设备目录，定期修订《上海市产业结构调整指导目录》，严禁淘汰、落后项目落地。对不符合我市产业规划和“新技术、新产业、新模式、新业态”要求，以及未达到环评和能评标准的化工、医药等企业，逐步予以替代、转移、淘汰。加强我市危险化学品生产储存、油气管道建设、国土空间、交通运输等规划之间的统筹衔接。

（八）深化“目录化”“清单式”管理。加强各区、各系统、各领域危险化学品使用安全管理。开展相关企业及医院、学校、科研机构等危险化学品使用摸底排查，强化使用单位登录报送。定期修订并严格执行《上海市禁止、限制和控制危险化学品目录》。

（九）加大对建设项目设计、施工等过程的管理力度。加强对从事化工和危险化学品建设项目安全评价、设计、施工、监理、验收等单位的资质管理，严格执行相关标准，落实安全质量责任。对因安全评价、设计、施工质量等问题导致生产安全事故的单位和个人，依法严肃追究责任。

五、强化风险防控

（十）深化安全风险隐患排查。指导督促化工园区、危险化学品企业全面开展安全风险隐患排查治理和外部安全防护距离对标检查，按照“一园一策”原则，落实消除、降低、管控安全风险的对策措施；按照“一企一策”原则，实施最严格的治理整顿。建立完善各行业领域危险化学品安全风险分布档案和危险化学品“一张图、一张表”。

（十一）加强重点部位安全管控。对化工园区及有关工业园区危险化学品生产实施总量控制，降低区域风险。规范汽车加氢站、轻烃燃料加注站的管理、运营，统一规划、有序建设，确保安全。实施涉恐涉爆涉毒危险化学品重大风险安全联防联控，健全监管制度，加强重点监管。

（十二）开展专项整治和综合治理。巩固综合治理成果，组织开展危险化学品安全专项整治三年行动。深入推进化工过程安全管理、精细化工反应安全风险评估、重大危险源深度检查、安全仪表系统验证、专家指导服务等工作。完善我市危险化学品、油气输送管道安全风险分级管控和隐患排查治理机制，建设完善信息化监控系统，进行高后果区安全评估，严格落实法定检验制度，提升安全管理水平。

（十三）提升安全生产标准化建设水平。按照“分级分类、属地监管”原则，严格执行有关管理指导意见，推进危险化学品生产、储存等企业安全生产标准化复审提升工作。将安全生产内审机制和承诺制度、安全风险分级管控和隐患排查治理机制、安全风险研判与承诺公告制度纳入安全生产标准化等级评审条件。

（十四）强化运输环节安全监管。加快涉及危险化学品的运输车辆专用通道、集中停车场、集中洗罐洗舱场地场所规划和建设。提高危险货物运输准入门槛，强化托运、承运、装卸、运行等公路、铁路、水路、航空运输全链条安全监管，严格管控省界公路道口、重要公路桥梁、隧道、饮用水源地等区域的危险货物运输车辆、船舶。加强港口、机场、铁路站场的堆场、仓库、集装箱拆装箱货站场等危险货物配套储存场所的建设和安全管理，规范口岸查验执法。推动建立长三角区域危险货物运输安全监管协作机制，加强联管联防联控。

（十五）强化危险废物监管。推进废弃危险化学品等危险废物处置设施规划布局建设，严格危险废物储存设施（包括环境污染治理设施）建设项目审批。加强信息共享和协作配合，重点打击整治违规堆存、随意倾倒、私自填埋危险废物等行为，督促企业开展重点环保设施、项目安全风险评估论证和隐患排查治理。全面开展危险废物排查，对属性不明的固体废物进行鉴别鉴定，严格执行危险废物转移电子联单制度，依托危险废物管理信息系统平台，建立覆盖危险废物产生、收集、储存、转移、运输、利用、处置等全过程的监管体系。

六、强化科技支撑

（十六）提升科技保障水平。以危险化学品全生命周期安全生产、防灾减灾、应急救援为核心，加强共性技术平台建设，推进关键设备和先进适用技术攻关，推动大数据、物联网、人工智能等技术与危险化学品安全生产领域深度融合。开展危险化学品生产工艺风险辨识与控制、道路运输智能监测与管控、化工园区安全环保一体化风险防控等技术及装备研发。

（十七）提升信息化监管水平。依托城市运行“一网统管”，重点推进跨部门、跨区域、跨层级信息联动，全面提升信息化、智能化、智慧化监管能力。综合运用视频监控、设备感知、电子标识等技术，对重大危险源等固有风险进行智能采集，对运输车辆等流动风险进行过程追踪。建设完善危险化学品风险监测预警系统，推广危险化学品电子标签、仓库定置管理等信息化技术。着力打造上下联动、横向协同的危险化学品监督、管控、处置流程。

（十八）提升企业本质安全水平。涉及“两重点一重大”的化工装置和危险化学品储存设施，应设计、安装符合相关技术标准的安全仪表系统。推进“机械化减人、自动化换人”设备设施改造。加快化工领域新材料应用和新技术研发，研究生产过程危险化学品在线减量技术路线和储存减量方案，开发低毒性、低反应活性化学品替代工艺路线，推进弱化反应条件技术改造。

七、强化能力建设

（十九）加强安全监管队伍建设。各区、各有关部门和单位要加强安全监管执法力量建设，到2022年年底，具有安全生产相关专业学历和实践经验的执法人员数量不低于在职人员的75%，安全监管执法人员入职培训不少于3个月，每年复训不少于2周。各区要结合街道乡镇管理体制调整工作，将安全监管执法职能纳入街道乡镇综合行政执法机构。进一步完善上海化学工业区安全监管体制机制，强化安全监管能力。定期开展业务能力培训，组织安全监管执法人员到国有大型化工企业和外资化工企业进行岗位实训，探索加强危险化学品领域国际合作交流。

（二十）加强从业人员能力建设。危险化学品企业主要负责人、分管安全生产负责人必须具有化工类专业大专及以上学历和一定实践经验，专职安全管理人员至少要具备中级及以上化工专业技术职称或化工安全类注册安全工程师资格，新招一线岗位从业人员必须具有化工职业教育背景或普通高中及以上学历。企业建立化工专业技术团队，涉及“两重点一重大”生产储存设施的岗位，要从具有化工等相关专业学历和一定技能的人员中招录。企业各级各类人员必须接受安全培训，经考核合格后方能上岗。

（二十一）加强职业安全技能提升。将化工、危险化学品企业从业人员作为高危行业领域职业技能提升行动的重点群体。加快具备实训条件的专业机构建设，推动高危企业与相关机构在培训、实训上的良性互动，落实同等支持政策。推动有关院校设置安全管理类专业，将化工过程安全管理、应急、消防等理论和实训课程纳入专业课程体系。

（二十二）加强安全知识宣传普及。发挥媒体舆论引导作用。结合“安全生产月”“11·9 消防月”等活动，组织开展安全生产法律法规和化工安全、应急管理等方面宣传教育培训。将常见危险化学品安全知识纳入中小学安全教育内容。着力提升全社会法治意识、安全意识和对危险化学品的科学认知水平。

八、强化应急救援

（二十三）加强应急能力建设。按照国家有关标准，建设危险化学品应急救援基地和应急救援队伍，推进化工园区、港口等应急救援一体化平台建设。推动建立长三角区域危险化学品应急管理协调联动机制，逐步实现区域化应急响应协同、资源共享、处置得当、救援高效。指导督促企业修订完善应急预案、强化应急物资储备、配备应急救援队伍、提高应急处置能力。

（二十四）优化应急处置流程。定期评估并修订完善处置危险化学品事故应急预案和各领域、各环节专项应急预案，厘清各有关部门应急处置工作职责。依托城市运行管理中心平台，构建“智能化响应、可视化指挥、闭环式处置”机制，持续优化危险化学品事故应急响应、现场处置、事故报告、应急救援流程。

九、强化社会共治

（二十五）加大失信约束力度。对存在以隐蔽、欺骗或阻碍等方式逃避、对抗安全生产监管和环境保护监管，违章指挥、违章作业、违规更改工艺流程，破坏监测监控设施，夹带、谎报、瞒报、匿报危险物品等严重危害人民群众生命财产安全的主观故意行为的单位及主要责任人，依法依规纳入信用记录，加强失信惩戒。

（二十六）加强第三方服务监管。持续加强安全生产专业服务机构和环境影响评价机构资质管理，对存在弄虚作假、重大疏漏情况及有不良记录的专业服务机构，依法严肃追究相关机构和个人的责任，并公开处罚情况。

（二十七）发挥市场机制推动作用。充分运用“执法 + 专家”模式，发挥社会力量作用，加快培育一批专业能力强、社会信誉好的技术服务企业和专家队伍。推广危险化学品安全生产责任保险，并与安全生产标准化、监管执法等联动，优化保险费率浮动机制。推动保险机构对承保企业开展安全风险评估试点，提升防灾减损服务水平。

（二十八）加大激励保障力度。对国家鼓励发展的危险化学品项目，在投资总额内进口的自用先进危险品检测检验设备，按照现行政策规定免征进口关税。落实安全生产专用设备投资抵免企业所得税优惠。落实财政专项资金和企业专项资金，鼓励社会公众和企业员工举报生产安全事故隐患。对安全生产标准化一、二级达标企业减少检查频次，在扩产扩能、进区入园等方面予以优先考虑，并按照有关规定下调工伤保险费率。

来源：中化新网讯

5.3 医药物流

5.3.1 《中国医药物流发展报告（2020）》重点解读

2019年医药工业发展现状

4

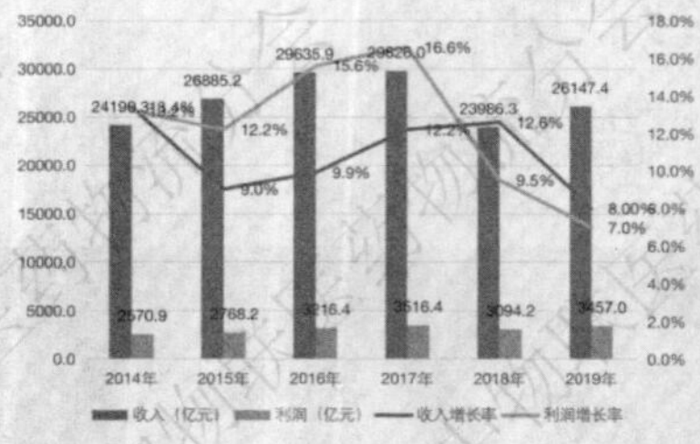

2014-2019年我国规模以上医药制造企业收入增长情况

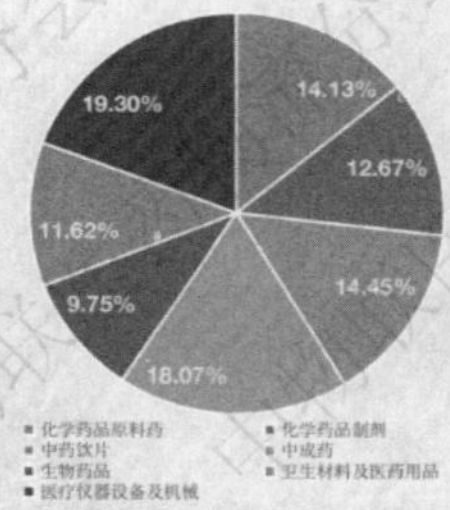

2019年医药制造企业类型

数据来源：国家统计局、工信部

药品进出口强势反弹

5

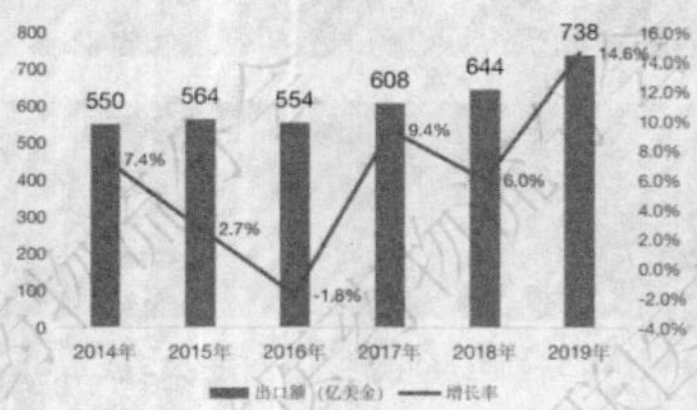

2014-2019年我国医药保健品出口增长情况

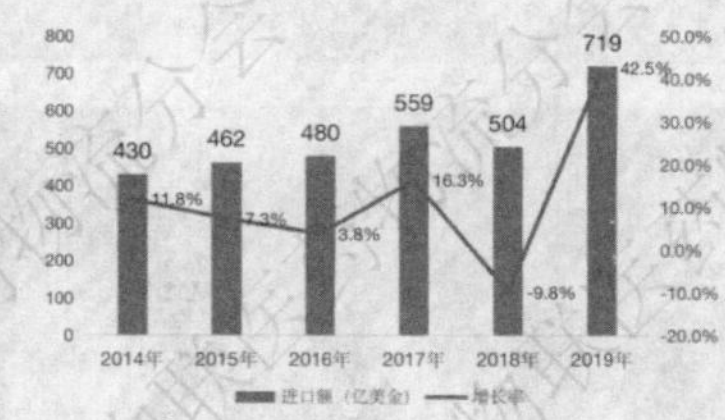

2014-2019年我国医药保健品进口增长情况

- 2019年，在全球经济增长乏力，经贸格局深度调整，各国政策不确定性因素增加等种种困难环境中，中国医药外贸强势反弹，进出口额均创历史新高。
- 2019年，我国医药保健品进出口总额1457亿美元，同比增长26.9%。其中，出口738亿美元，增长14.6%；进口719亿美元，增长42.5%；对外贸易顺差超过19亿美元，下降85.9%。

医药流通市场销售规模平稳增长

6

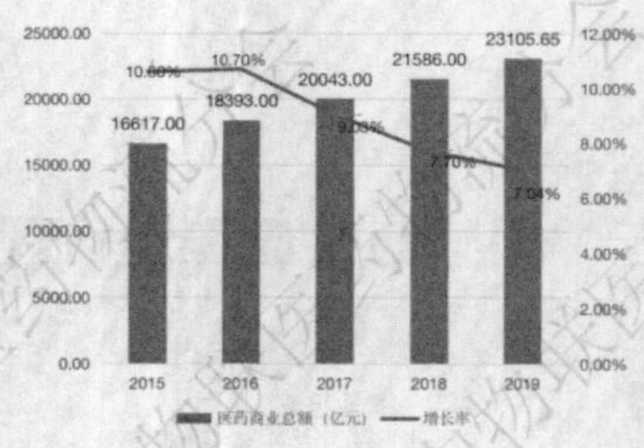

2015-2019年我国医药流通市场规模统计图

2019年终端市场情况

7

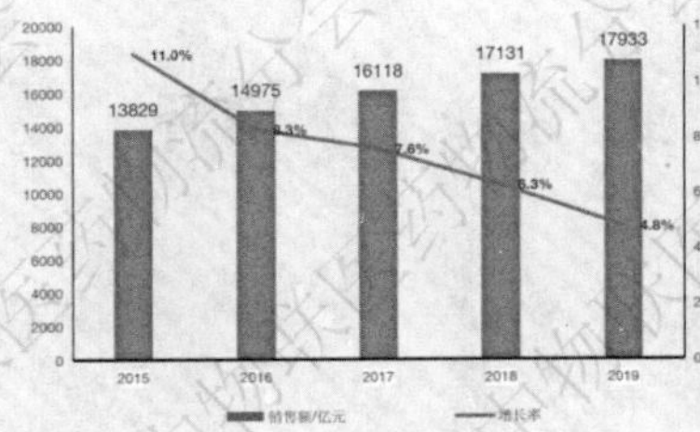

近5年三大药品终端销售额及增长率

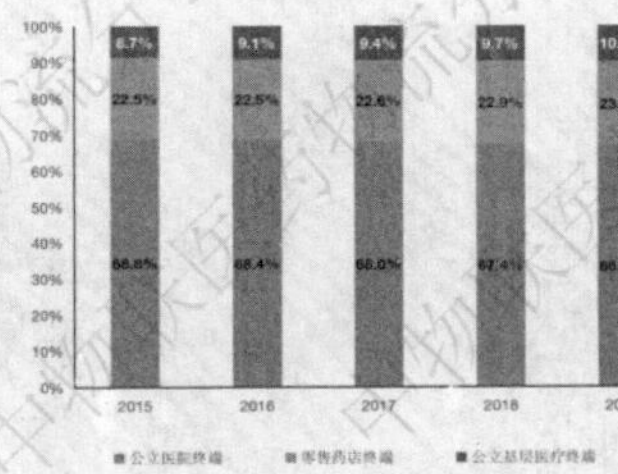

近5年三大药品终端销售占比

零售药店数量有所下降

8

近5年全国零售药店发展情况

年份	2015	2016	2017	2018	2019
药店总数/家	448,057	447,034	45,4000	48,9000	479,780
其中：连锁门店数/家	204,895	220,703	22,9000	25,5000	267,450
其中：单体门店数/家	243,162	226,331	22,5000	23,4000	212,330
连锁企业数/家	4,981	5,609	5,409	5,671	6,023
总数增幅/%	3.02	-0.23	1.56	7.71	-1.89
其中：连锁门店数增幅/%	19.52	7.72	3.76	11.35	4.88
其中：单体门店数增幅/%	-7.71	-6.92	-0.59	4.00	-9.26
连锁企业数增幅/%	25.37	12.61	-3.57	4.84	6.21

近五年零售终端药品销售额及增长率

年份	零售药店终端		其中：实体药店		其中：网上药店	
	销售额/亿元	增速/%	销售额/亿元	增速/%	销售额/亿元	增速/%
2015	3,111	10.0	3,097	9.7	32	52.4
2016	3,375	8.5	3,327	8.1	48	50.0
2017	3,647	8.0	3,577	7.5	70	45.0
2018	3,919	7.5	3,820	6.8	99	41.3
2019	4,196	7.1	4,057	6.2	138	40.0

医药产业发展格局

9

10

02 行业热点，深入剖析

- 疫苗
- 医药电商
- 中医药

11

疫苗生产流通增长缓慢，监管逐渐规范

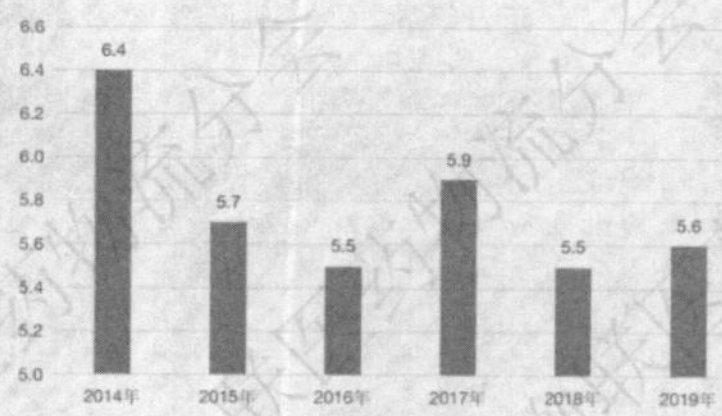

2014-2019年我国疫苗批签发数量变化

- ◆ 2019年国内疫苗市场的总体供应量达到5.6亿多瓶（支），其中一类疫苗占比为56.86%，二类疫苗占比为43.14%；
- ◆ 以2019年总体供应疫苗的出厂规模约为450.99亿元人民币，其中一类疫苗约为35.59亿元，占比为7.89%；二类疫苗415.4亿元，占比为92.11%。
- ◆ 进口产品因产品独特的优势定价远远高于国内产品。
- ◆ 2019年进口疫苗批签发量占比仅为7.22%，但是金额占比达到了39.86%。
- ◆ 2020年已有进口重组带状疱疹疫苗以及国产的宫颈癌疫苗、肺炎结合疫苗上市，二类疫苗仍将保持快速增长的态势。

12

《疫苗管理法》后疫苗流通的三大变化

疫苗采购主体的变化：
旧：国家免疫规划疫苗由各省分别组织招标采购，生产企业供应给省级疾病预防控制机构或指定的地市疾病预防控制机构。
新：国家免疫规划疫苗的招标和谈判由国家统一组织。各省在根据国家招标的结果完成采购工作，签署采购合同等。

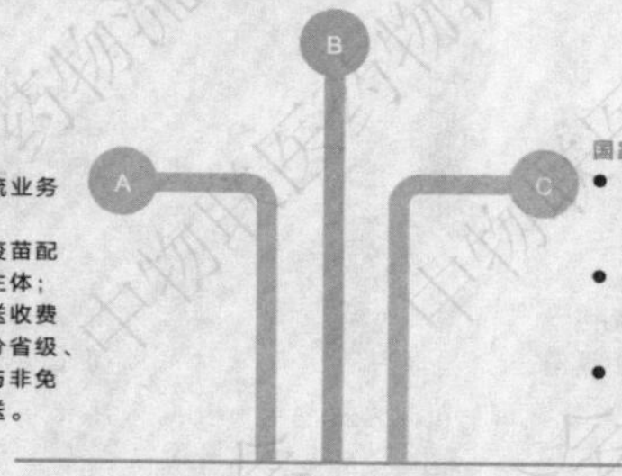

疫苗配送的变化：
- 为疫苗第三方物流业务提供法律依据；
- 确定非免疫规划疫苗配送配送费用承担主体；
- 由于疾控机构配送收费政策的明确，部分省级、市级疾控可能参与非免疫规划疫苗的配送。

国家实行疫苗全程电子追溯制度
- 按照国家相关要求，全国疫苗电子追溯协同平台（国家平台）于2020年3月底建设完成。
- 国家药监局要求2019年12月1日之后的追溯信息要上传到国家平台。
- 随着疾控系统和接种单位加快疫苗追踪追溯系统的建设，疫苗追溯的工作将很快完善。

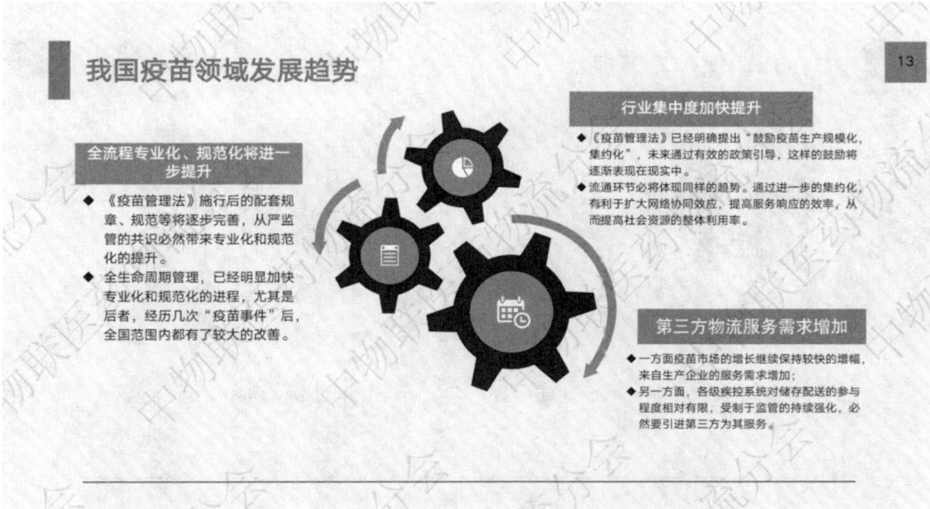
我国疫苗领域发展趋势
13
全流程专业化、规范化将进一步提升
◆《疫苗管理法》施行后的配套规章、规范等将逐步完善，从严监管的共识必然带来专业化和规范化的提升。
◆全生命周期管理，已经明显加快专业化和规范化的进程，尤其是后者，经历几次“疫苗事件”后，全国范围内都有了较大的改善。
行业集中度加快提升
◆《疫苗管理法》已经明确提出“鼓励疫苗生产规模化，集约化”，未来通过有效的政策引导，这样的鼓励将逐渐表现在现实中。
◆流通环节必将体现同样的趋势。通过进一步的集约化，有利于扩大网络协同效应，提高服务响应的效率，从而提高社会资源的整体利用率。
第三方物流服务需求增加
◆一方面疫苗市场的增长继续保持较快的增幅，来自生产企业的服务需求增加；
◆另一方面，各级疾控系统对储存配送的参与程度相对有限，受制于监管的持续强化，必然要引进第三方为其服务。

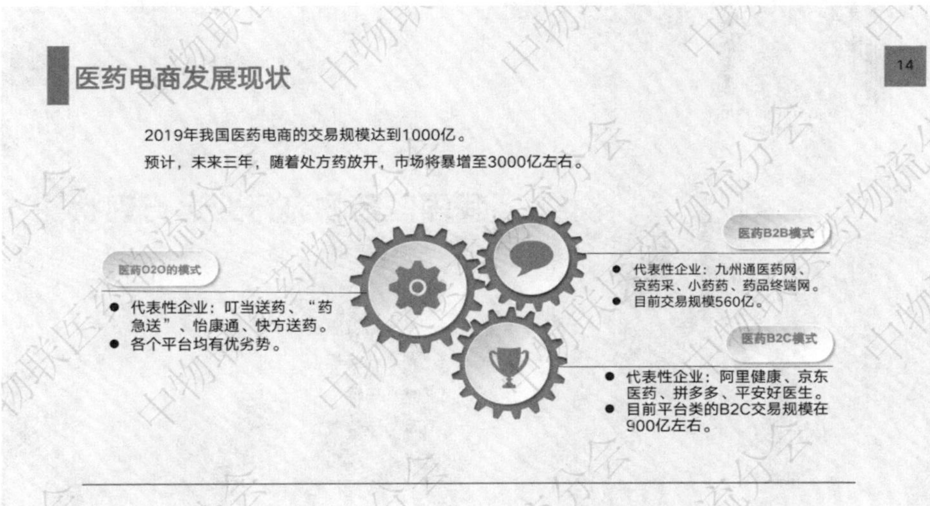
医药电商发展现状
14
2019年我国医药电商的交易规模达到1000亿。
预计，未来三年，随着处方药放开，市场将暴增至3000亿左右。
医药O2O的模式
● 代表性企业：叮当送药、“药急送”、怡康通、快方送药。
● 各个平台均有优劣势。
医药B2B模式
● 代表性企业：九州通医药网、京药采、小药药、药品终端网。
● 目前交易规模560亿。
医药B2C模式
● 代表性企业：阿里健康、京东医药、拼多多、平安好医生。
● 目前平台类的B2C交易规模在900亿左右。

医药电商O2O模式的存在的困境
15
商品丰富度问题
● 互联网人群广、散，对各种用药习惯都不尽相同。
● 作为一个医药O2O平台，很难要求门店必须达到很多SKU。
门店服务标准问题
● 药店服务标准也不统一。
● 对拣货时效、配送时效、服务态度、商品包装、商品效期进行严格的控制和监控。
人员管理问题
● 目前既懂电商，又懂医药的复合型人才少之又少。
● 对于药店来说，需要在基层业务中实践，打破多层监管机制，实现扁平化管理，充分调动店员积极性。
配送履约时效问题
● 目前，订单配送效率整体满足率在90%以上，由于时间短，要求高，订单履约率还达不到100%。
● 门店配送时缺乏最后1公里的流程建设。
● 实体药店配送需要采用自有配送和很三方配送混合配送两种模式。
医保支付问题

2019年中医药发展现状

16

2014-2019年我国规模以上中药饮片企业主营业务收入

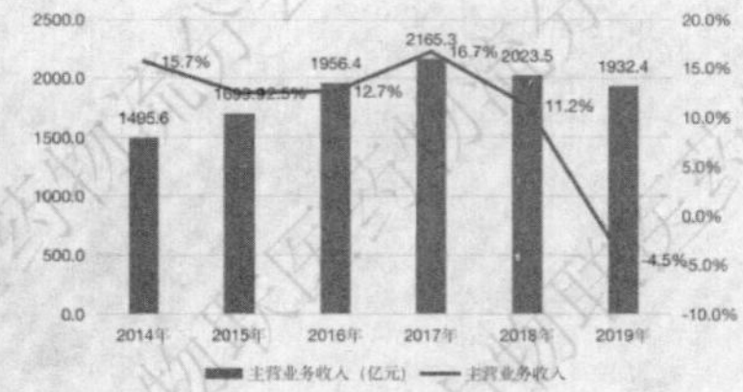

2014-2019年我国规模以上中药饮片企业主营业务收入

17

03 我国医药物流行业运行现状

物流“血脉”，未来可期

- 物流总费用
- 仓储规模
- 车辆
- 运输成本

我国医药物流总费用稳步增长

18

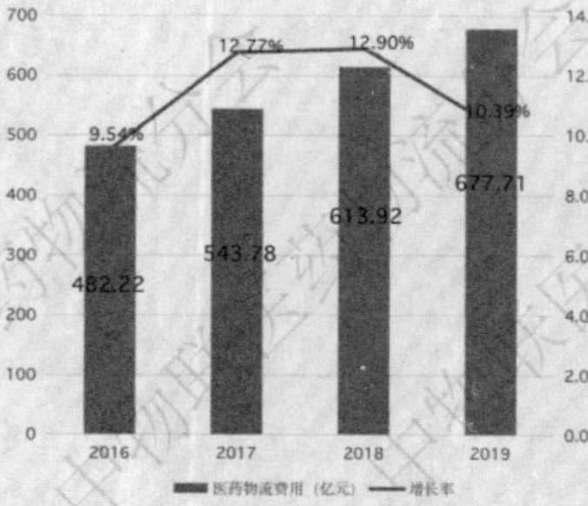

2016-2019年我国医药物流总费用

- 2019年我国医药物流总费用为677.71亿元，较2018年增长10.39%。
- 受宏观经济下行和医改政策等因素的影响，同比增速回落2.51个百分点。
- 整体上看，虽然增速略有放缓，但是我国医药物流费用规模呈稳步持续上升的趋势。

增长的原因主要：

◆医药行业市场规模的增加

◆医疗终端需求的大幅度增加

◆2019年医药电商获得了突破性的发展

◆物流成本的上升、订单碎片化、订单配送末端化，以及集中带量采购对医药物流行业提出更高的物流要求等也是推动医药物流总费用增加的重要原因。

医药物流仓储规模稳步增长

19

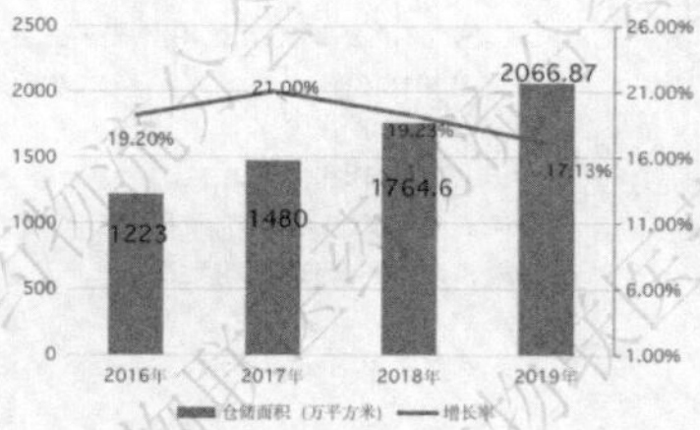

2016-2019年我国医药物流仓储面积

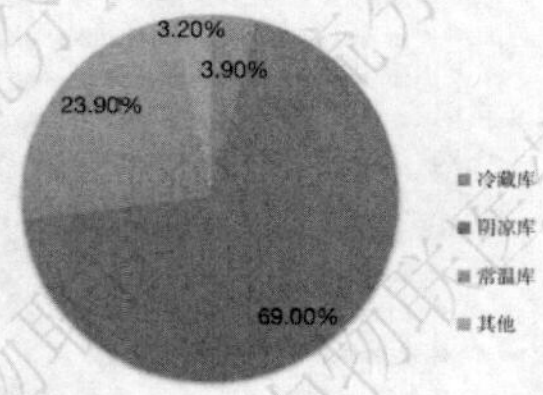

2019年我国医药物流仓储面积分类统计

医药物流运输自有车辆大幅度增加

20

2016-2019年我国医药物流运输自有车辆数量

年 份	2016年	2017年	2018年	2019年
自有车辆（辆）	21391	25028	29511	34477
增长率	--	17.00%	17.91%	16.83%

2016-2019年我国医药物流运输自有冷藏车数量

年 份	2016年	2017年	2018年	2019年
冷藏车（辆）	3112	3890	5060	8146
占自有车辆总数比例	14.55%	15.54%	17.14%	21.38%
增长率	--	25.00%	30.07%	60.98%

医药物流成本持续上升

21

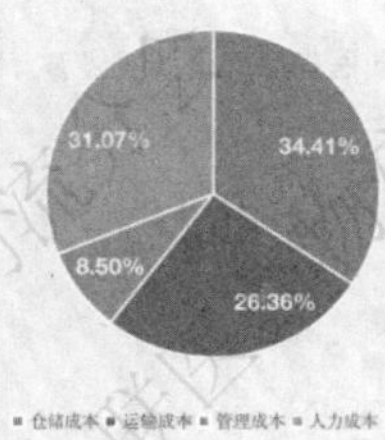

2019年医药商业企业物流车本占比图

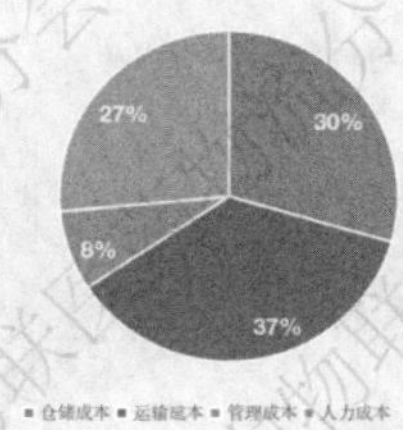

2019年医药物流企业物流成本占比图

据分会不完全统计，2019年医药物流成本整体上升18.66%，是2019年医药物流费用总规模增长率的两倍，说明物流行业将长期面临物流成本的巨大压力。

医药物流信息化覆盖率无明显变化

22

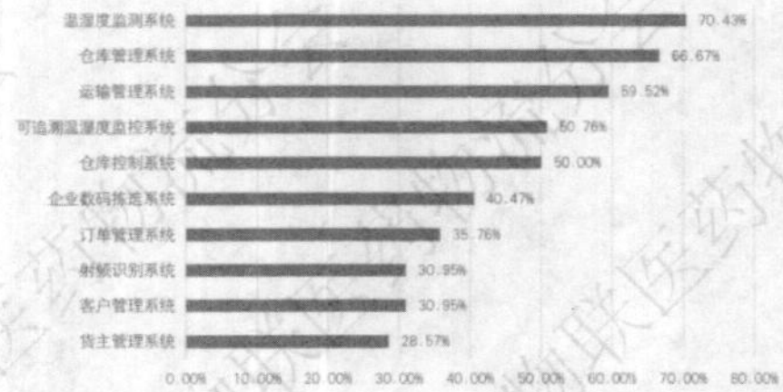

2018年我国医药物流企业信息化系统使用率

- ◆ 根据分会不完全调研，从信息化管理系统覆盖率来看，与2018年相比，2019年各类信息系统覆盖率与2018年无明显差别。
- ◆ 说明在2018年之前，医药流通企业基本已经根据业务和管理需求上线所需要的信息系统，行业企业已基本完成企业内部的信息化建设。
- ◆ 部分信息化建设较好的企业并不能代表行业整体的信息化发展水平，很多企业在信息化建设方面欠佳。

医药冷链市场现状

23

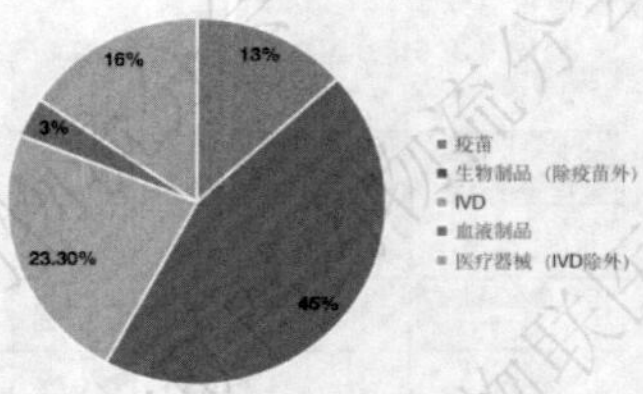

2018年医药冷链市场各细分领域占比

2018年医药冷链不同产品物流费用

细分领域	物流费率（%）	市场规模（亿元）	物流费用（亿元）
疫苗	3.50	350	12.25
生物制品	3.50	1171	40.99
IVD	5.50	604	33.22
血液制品	4.50	283.67	12.77
医疗器械（IVD除外）	4.50	418.4	18.83
合计	4.60	2827.07	130.14

据分会不完全统计，2018年医药冷链销售总额约为2827.07亿元，
2020年我国医药冷链时候市场规模有望突破3000亿元。

医药冷链发展趋势

24

宏观政策推动微观经济的变化

医药恒温市场发展潜力巨大

最严监管为具备实力的企业带来发展契机

专业的医药第三方冷链物流将会成为市场竞争的主体

药品第三方物流发展现状

25

不同基因的药品第三方物流企业对比表

企业基因	优 势	不 足	代表企业
医药商业企业成立的物流公司	●资质优势 ●渠道优势 ●经验优势 ●整合优势 ●管理优势	● 与大型物流企业或电商平台物流企业相比，物流数据把控，运输过程监控、数据收集反馈方面有一定差距； ● 承担企业自身经营药品的仓储和运输职能，因为经营压力小，容易出现决策保守，创新滞后，运营成本高，不具备竞争力等问题。	国药物流、华润医药、九州通物流
专业医药第三方物流	●政策红利 ●终端优势 ●专业优势	● 渠道较为局限，客户资源不足； ● 整体企业规模小，经营范围比较集中、运营风险大，资源获取能力低； ● 企业管理模式较为散乱，缺少集团化的管理模式。	盛世华人供应链、康展物流、城市映急
社会物流企业	●专业化优势 ●运输网络完善 ●成本优势	● 客户资源不足 ● 行业经验不够丰富 ● 缺少医药行业专业人才	顺丰、中国邮政、京东

药品第三方物流要求再度升级

26

2020年5月6日，上海市药品监督管理局发布《关于<上海市药品现代物流指导意见（征求意见稿）>公开征求意见的通知》，亮点如下：

1.规定具体的仓储规模

药品第三方物流企业仓储面积不少于15000平方米或容积不少于75000立方米。

2.规定具体的车辆数量

企业应当配备与药品配送规模相适应的密闭式自有运输车辆不少于8辆，开展冷链药品物流业务的，还应当配备自动调控和显示温度状况的自有冷藏车不少于3辆，车载冷藏、冷冻设备和冷藏车总容积不少于30立方米。

3.委托储运信息交换

药品第三方物流企业应当配置电子数据交换平台，支持物流作业数据与委托储存配送的进行信息交换，具备对委托方药品收货、验收、入库、出库、退回等指令的处理功能，实现药品委托储存全过程质量管理和控制，并具备全程货物查询、追溯功能，确保实现药品信息的有效追溯。

4.提交委托业务报告

开展药品第三方物流业务的药品经营企业应当每年向市药品监督管理局报送企业委托业务的经营质量情况报告。

药品第三方物流要求再度升级

27

1 药品第三方物流门槛提高

2 市场竞争更加激烈，初具规模的药品第三方物流企业优势将会迅速显现，现有规模较小的第三方物流企业未来发展将会面临较大的挑战，或者说可能会成为未来兼并重组的对象，药品第三方物流行业集中度将会逐步提高。

3 药品第三方物流信息化、自动化、智能化等设施设备推广应用节奏会加快。

4 国家药监局将会关注开展药品第三方物流业务的药品经营企业经营质量情况，未来国家是否会“插手”药品第三方物流行业的市场发展也未可知。

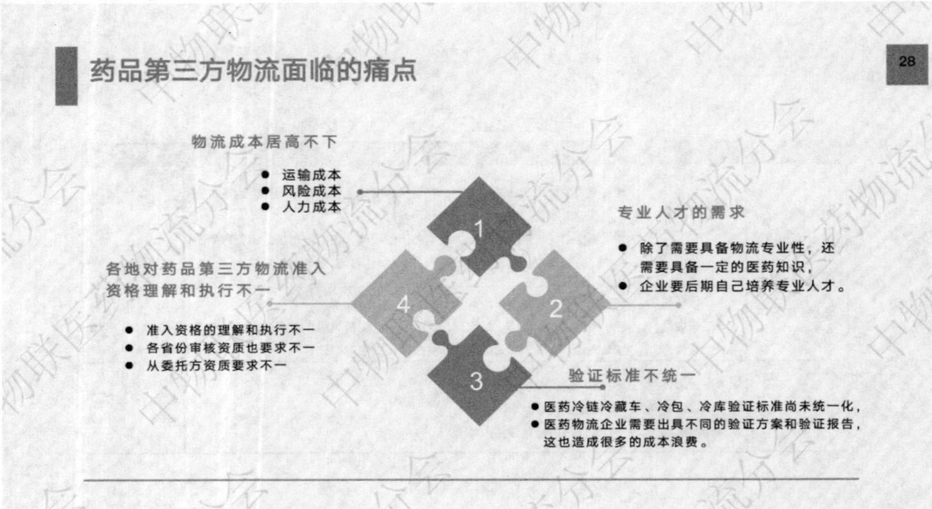
药品第三方物流面临的痛点
28
物流成本居高不下
运输成本
风险成本
人力成本
专业人才的需求
除了需要具备物流专业性，还需要具备一定的医药知识，
企业要后期自己培养专业人才。
各地对药品第三方物流准入资格理解和执行不一
准入资格的理解和执行不一
各省份审核资质也要求不一
从委托方资质要求不一
1
2
3
4
验证标准不统一
医药冷链冷藏车、冷包、冷库验证标准尚未统一化，
医药物流企业需要出具不同的验证方案和验证报告，这也造成很多的成本浪费。

医药物流面临的挑战
29
异地设仓、多仓协同落地难
绿色通道亟待建立
受进城时间限制存在
非医药运输车辆运输医药的现象
行业现状难以支撑一票制全面推行
药品追溯体系亟待出台具体落实措施
缺乏上下游的整体规划与协调

30
04
我国医药供应链发展趋势
直视疫情，鉴往思变
短板
趋势

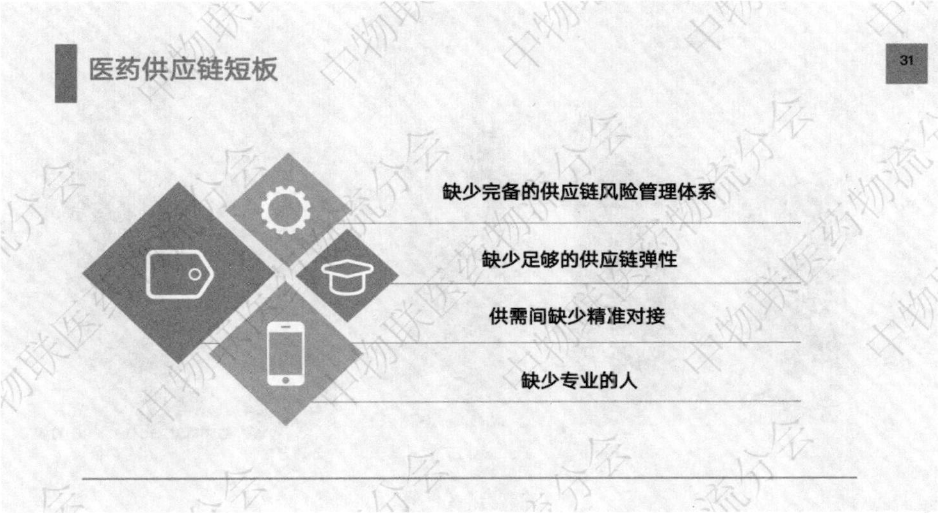

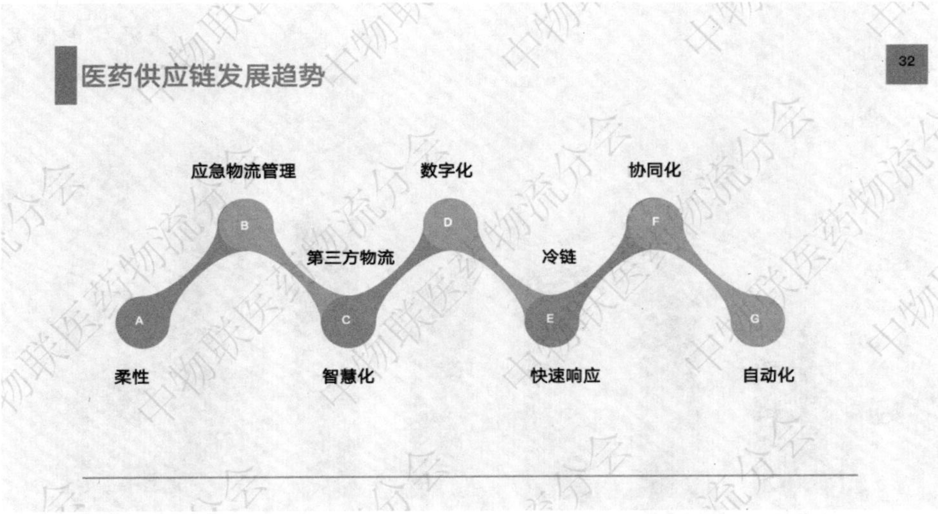

来源：中物联医药物流分会 秦玉鸣

5.3.2 2020 年我国医药物流行业整体发展相对可观 未来集中度将继续提高

进入 2019 年，我国医药物流行业整体发展相对可观，市场规模呈现增长态势。数据显示，2018 年全国医药物流费用总额 613.92 亿元，同比增长 12.90%，预计 2019 年医药物流费用总额将会达到 680 亿左右。2018 年我国药品销售总额将达 21524 亿元，同比增长 7.5%。

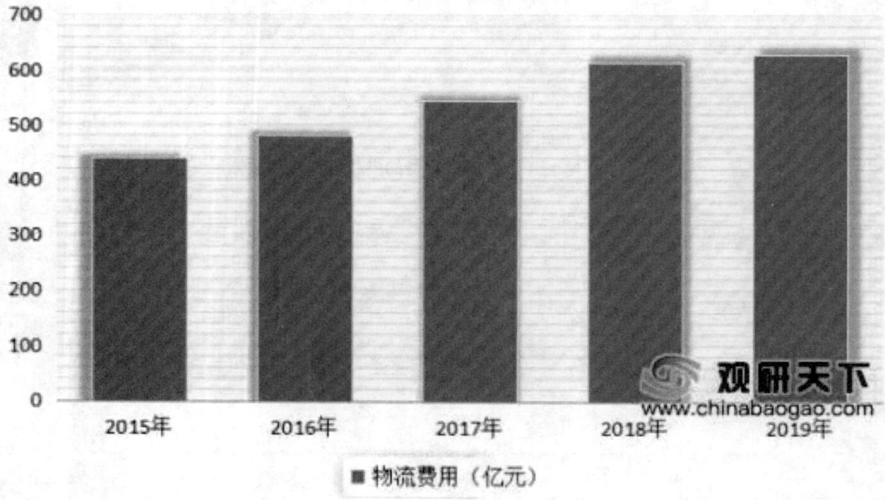

2015-2019 年我国医药物流费用走势

来源：中国医药工业协会

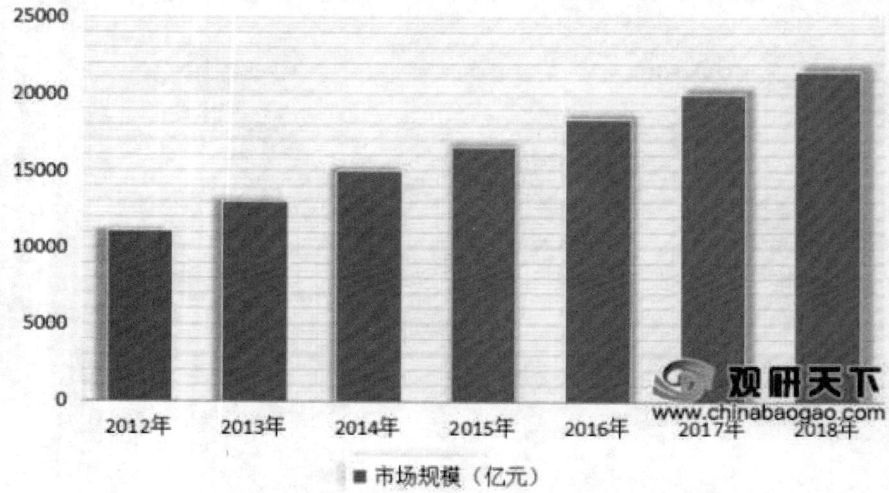

2012-2018 年我国医药流通市场其规模情况

来源：中国医药工业协会

经营方面，也表现良好。数据显示。截至 2019 年 11 月，我国医药制造业企业营业收入为 21596.5 亿元，同比增长 8.9%；销售费用为 4468.8 亿元，同比增长 10.5%。在流通领域行业集中度持续提高，以 2018 年的数据为例，国药、上药、华润、九州通 4 家全国龙头企业主营业务收入占同期全国医药市场总规模的 39.1%，较 2017 年增长将近 5 个百分点。

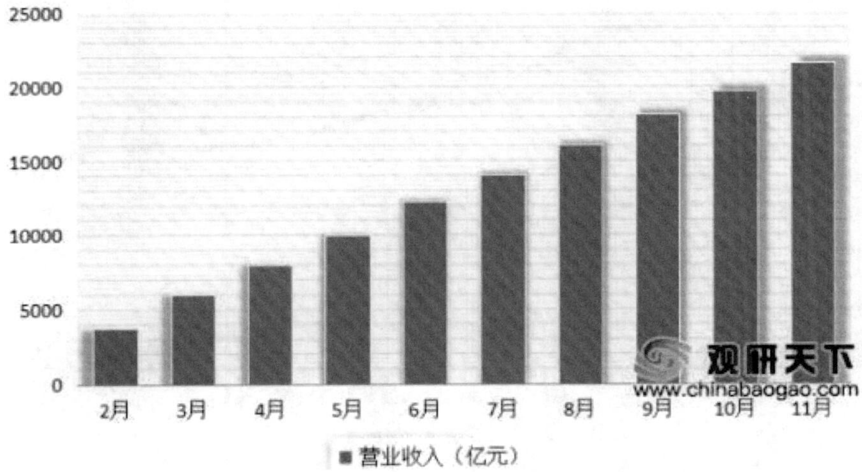

2018-2019 年 2-11 月中国医药制造业企业营业收入情况

来源：中国医药工业协会

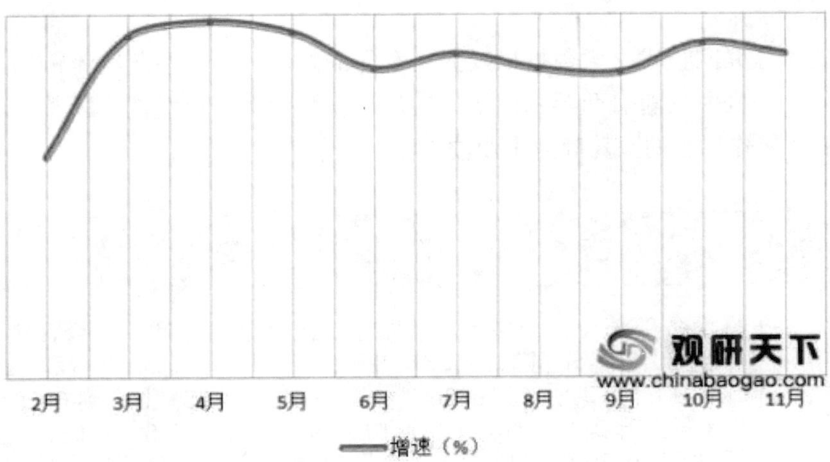

2019 年 2-11 月中国医药制造业企业营业收入增速情况

数据来源：中国医药工业协会

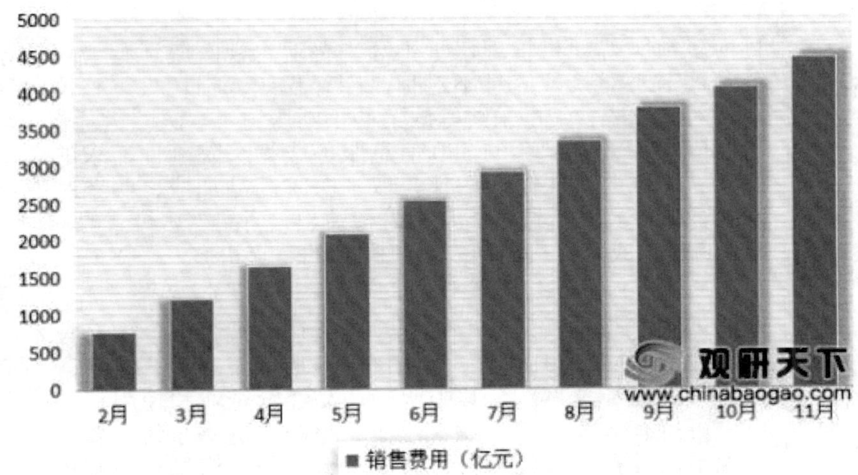

2018-2019 年 2-11 月中国医药制造业企业销售费用情况

数据来源：中国医药工业协会

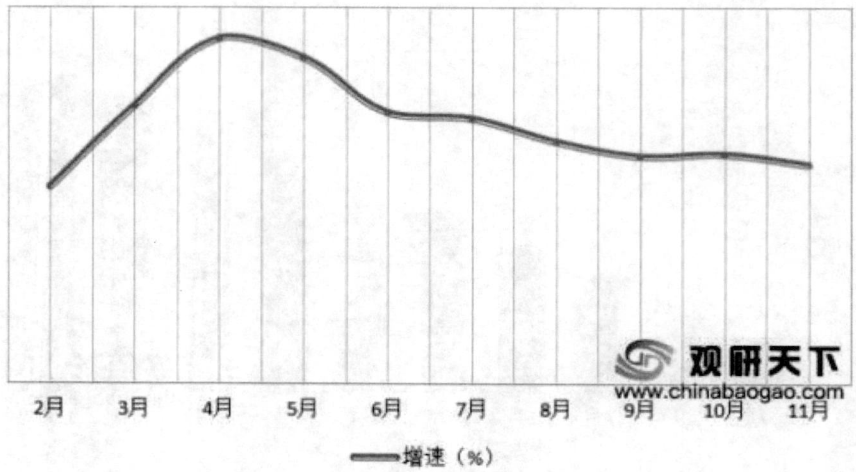

2019 年 2-11 月中国医药制造业企业销售费用增速情况

来源：中国医药工业协会

展望未来，随着互联网技术、大数据以及人工智能的发展，我国医药物流市场企业将在信息化方面的快速发展。与此同时，随着两票制的落地实施以及我国医药市场的不断整合与规范，大量效益低下、管理落后、运作原始的医药商业企业被淘汰。

医药物流行业将呈现以下发展趋势	
行业集中度将继续提高	据商务部统计数据显示，前四家全国性医药流通企业合计销售占比从 2013 年到 2017 年分别是 27.96%、29.17%、31.58%、32.01% 和 32.14%。国药占比由 14.31% 增加到 16.06%，华润占比由 5.45% 上升到 6.08%，上药占比由 5.45% 上升到 6.08%，九州通由 2.56% 上升至 3.68%；而百强商业流通企业已达到 70.7% 的销售占比。前四家商业流通企业销售占比不断提升，行业集中度提高显著。除此之外还有 30 家区域性医药流通企业拿走了 23.1% 市场蛋糕，剩下的不到四成市场份额则有中小药商前来分羹。“全国龙头+地方割据”的行业竞争格局已经形成，这是医药物流行业发展的必然趋势
企业模式不断创新，院内物流、DTP 药房将是各企业目光聚焦的关键	目前多数医院耗材管理水平不高，普遍忽视医院运营管理，导致医疗供应链各环节不对接、信息不对称，库存积压、损耗大，整体运营成本高。在取消药品加成、带量采购等政策的不断压迫下，医院运营将会越来越困难，急需降本增效，配套的 SPD 信息服务成为医院刚性需求的风口。同时医保控费、降低公立医院药占比，取消医院药品加成、两票制改革等多项政策的推行迫使药品流通逐步从医院口流出，药品零售模式崛起成为大势所趋，DTP 药房将成为零售药店发展过程中的重点机会
信息技术智慧化	医药供应链与互联网深度融合，企业边界被打破，信息技术倒逼产业链强化供应链协同。2018 年年末，国家药监局发布了《关于药品信息化追溯体系建设的指导意见》，其中明确药品经营企业和使用单位应当配合药品上市许可持有人和生产企业，建成完整药品追溯系统，履行各自追溯责任。实现多码并存、来处可查、去处可追、药品信息化追溯体系的建立，并结合无人车、无人仓等先进技术，打造建立标准化、规范化、技术化的智慧医药物流是未来发展的一大趋势

医药物流行业将呈现以下发展趋势	
医药物流管理精益化	医药物流市场保持快速发展态势，佐证了医药市场空间的巨大，也体现出医药作为朝阳产业的特点，而目前市场上医药物流鱼龙混杂，市场、品牌等都尚未整合完毕。医药物流领域主要是由政策主导和指引行业发展，随着各项政策的实施，医药流通环节压缩，毛利也逐步降低，各龙头企业也已陆续开展物流精益化管理，以期达到降本增效、提高自身竞争力的目的。打造精细化运营的医药物流配送体系，是各企业持续发展的必要工作
医药物流标准化	提升医药物流标准化，可以减少产业碎片化，通过设定适当的产品门槛，保持适当的竞争状态引导企业通过创新提高竞争力，促进行业发展，稳步提升。物流标准的不统一已成为制约医药物流向规范化、高效化并与国际接轨的一大障碍。为避免错误，提高运作效率，医药物流必须严格执行统一完善的技术标准、名称、质量体系。2019 年作为深化标准改革第三阶段的开局之年，将加大推动医药物流领域的标准制修订力度，从而带动相关产业转型升级
第三方物流服务能力将不断提高	随着我国医药流通体制改革的深入推进，以及专业化分工趋势加剧，第三方医药物流逐渐得到业内外的普遍重视，并呈现出良好的发展势头。两票制等新政又给予第三方物流成长更多机会，所以未来更多企业参与药品配送业务是必然趋势，然而我国第三方物流服务并不是十分完善，服务管理的能力有待提高。在激烈的竞争下，提高自身服务能力才能提高企业在竞争中保持优势
互联网 + 是医药流通行业发展方向	近年电子商务发展迅速，我国在政策上取消了医药电商 A、B、C 证，对网上药店予以放行，鼓励〞网订店取，网订店送〞的新型配送方式，各地试点电子处方和处方外流，虽然我国医药电商行业政策或有反复，但大方向是比较确定的：互联网 + 是医药流通行业发展的机会所在。日前，《药品网络销售监督管理办法（送审稿）》引发热议，送审稿一旦成行，医药电商将获得大规模投资，也将引来药品末端配送的飞速发展。未来的医药电子商务不仅应包括医药流通环节各企业间的网上交易，同时还应包括零售药、医药流通企业对消费者的网上零售，所以完善的物流配送系统是必不可少的

来源：中国报告网

5.3.3 疫情下化工物流行业运行情况及存在问题

整个化工物流行业运行情况

从整体情况来看这次疫情对于现代物流业的影响较为严重，起码短期来看是影响极大。

整个物流领域的需求放缓，企业员工返岗率低，相关物流设备设施利用率明显不足，因此也造成物流行业企业产能有所下降。

从公路运行情况来看，截至 3 月 1 日我们调研数据显示，目前重卡的车辆活跃数量已经近 200 万辆，整车运输恢复程度已接近 60%，零担运输方面省内运输的恢复率约为 52%，跨省运输的恢复率稍微低一些为 45% 左右，整体都在逐步恢复。

从几个特色物流领域的调研情况来看，园区领域，仓储类园区开工率为 40% 左右，依托于公路的运输服务型物流园区开工在 15%。

56 家示范物流园区中已有近 90% 的企业开工运行，化工物流企业板块，最新的数据显示，相对于其他领域化工物流领域复工复产推进的比较迅速，含春节期间未停工企业，企业复工比例也超过 80%，员工返岗率也较高达到了 60%。

在整体的复工复产过程中，一些国家现代化的平台、大型信息化、调度化的平台、物流园区、大中型企业，尤其一些龙头企业和节点城市的作用非常明显，对整个物流行业恢复发挥了巨大的效应。

化工领域的基本情况和面临的问题

一是化工行业保持了相对平稳的发展，2019 年全年实现营业收入 12.3 万亿元，同比增长 1.3%。但是受到去年经济发展波动和国际贸易摩擦的影响，产品产量增加但是效益有所下降，比如原油、天然气、合成树脂、合成纤维等原材料产品的产量和销售总量均有上涨，但是行业效益下降，利润总额同比下降 14.9%，其中炼油板块下降幅度最大 42.1%、化工板块下降 13.9%，所以整个化工行业的利润较之以前是一个非常大的下滑。

另一方面，化工领域上游的大中型国企央企和一些合资企业的复工复产率较高，尤其是央企下属的 2 万余户主要化工生产企业复工率已经超过 80%，但是实际来讲对于产业影响比较巨大的或者对于我们居民生活消费和工业生产影响比较大的是下游一些尤其是接近末端的中小型企业，这类企业劳动密集性比较高，也相对比较分散，而且货物的需求量、品类相对较多，所以从这个角度来说，下游的复工不是很理想，尤其是中小型企业的复工复产非常受影响。

据最新调查统计，36% 的石化企业面临产品运输的困难，16% 的石化企业面临生产原料供应不上的问题，17% 的石化企业面临人员返岗问题。

从本次疫情的影响来看，化工物流除了受到人员返岗难的用工影响、道路通行难的运力影响以及市场活跃度下降的货源和成品输出影响之外，化工物流企业还要面临几乎成倍于普通物流领域的运行压力。比较有代表性的包括：

一是从业人员复工困难。这个方面相对于普货，危险货物道路运输还要求有押运员，才能上路，因此如果押运员不能返岗，危化品道路运输则不能正常开展。

二是车辆道路运行受阻。随着国务院及相关部门各项政策的督导落地，以及社会各界对物流复工先行和作用体现的认知，目前道路运行情况较之上个月情况有所好转。

但是相对于普货而言，危险货物本身的路线就受到很多限制，尤其在去年危险货物管理办法发布之前，很多省市高速是禁止危险货物车辆通行或者限制时间不统一，这又是区别普货恢复运输的又一大压力。

三是与车辆运行服务配套的修理厂、加油站、服务区、装卸厂家、罐体清洗等等均处于停滞状态。这类企业本身的复工恢复情况相对较弱，企业在物流服务领域来说复工处于第三第四梯队，大部分企业还没有恢复运营，这方面也给物流行业带来一定的压力。

四是返程车利用几乎为零，车辆重载率低，效率低下。在这个特殊时期，实际上物流需求是有的，但是受到整个物流运输调度、路线、道路通行状况等多方面的影响，返程车利用率大幅降低。

五是改变路桥费收费方式。对于企业物流成本的核算以及物流成本的增加还没有进行有效的消化或是有效地管控，又因为这次疫情的管控增加了新的压力，可谓是雪上加霜。这一点上，分会也在积极协调配合交通运输部和公安部在做调整，针对危化品运输车辆专门出台相对应的高速公路通行收费管理办法，目前也正在推进中。

针对下游市场及整个疫情防护的需要，企业运营的压力会比较大，因为需求的不足，企业资金方面的压力、人员方面的压力，甚至是以往合同订单的压力，执行情况以及对合同违约执行情况等不定性因素增加。

目前反馈比较集中的就是疫情期间高速公路免收过路费的政策，这本来是一个重大利好，也有利于我们物流行业复工的恢复，但是目前在企业实际运营过程中，存在一些企业的过度利用以及一些不良的市场恶性竞争的调节下，把这种对于利好在一定范围内形成了一种不良导向，从而导致很多物流企业并没有在政策中获得有效的利益，从某种程度上形成了一种输血式越扶越贫越扶越倒的状况，未能实现政府层面为企业提供支持和创造红利的本意，因此在企业运行过程中的市场运行机制和市场环境都有待改善。

另外，据我们调研，疫情下行业内合同物流企业压力非常大，尤其在化工物流领域，因为化工物流领域本身来说相对要求是一个更加专业化的领域，化工物流企业从设备、人员、管理、调度，包括整个的生产计划、企业运营计划都是针对日常化工产品市场来做的，所以在这样的情况下要做一个临时的调整是非常困难的。

因此，根据调研反馈来看，我们发现合同物流这块企业反馈今年乃至明年企业的盈利能力下降甚至亏损的预计超过 30%，这对我们化工物流行业来讲是一个非常大的冲击，也希望这方面的信息大家能够有个充分的认识，因为化工物流的作用还是非常大的，尤其是道路运输企业占整个运输方式的 75% 以上，如果我们有 30% 的企业，年收入在 5000 万 -1.5 亿之间的主流企业有大的波动的话，那么对于整个化工物流行业的运力、化工生产供应链协调的匹配都将会有非常大的影响。

同时，在这样特殊的时期分会也提出倡议，在政策扶持下，上下游企业能够站在供应链的角度，本着共赢共享的原则来看待处理相互关系和合作，协助物流企业降低困难，不压低运价、不截留货款，不增加合同约定之外的特殊要求。分会也呼吁各行业企业都应该形成合力达成共识，不搞恶性竞争，不从短期的价格调整去影响双方的利益。 助力市场良性净化。

对供应链发展的思考

这次疫情就像一面镜子，让企业了解到目前已经建立和实施的供应链在规划与管理上的弱点，突出的几个问题，如：

一是，我们目前的供应链体系抗风险能力较弱，没有建立起面向市场机制的相对灵活的供应链体系。

二是在突发情况下实际的供应链处于失衡的状态，没有真正实现供应链应发挥的资源整合的作用。

三是由于物流、人员的不畅导致工业产业领域供应链处于休眠或者叫无效状态。如化工领域，上游一直按照工厂设计满负荷生产，而下游企业的复工复产没有跟进，物流保障又受阻，造成上游产品无法下达，而胀库，迫使上游原料生产减产能甚至停车停产。但是，实际当中春节后的正常运转或者现阶段全面推进复工复产又造成了巨大的上游原料的需求，而又传导给上游企业要增加产能，整个链条均处于一个响应迟钝的无效状态。

从这次各种影响来看，最需要我们反思的就是，通过这次突发事件我们应该让供应链通过数据科学分析发挥真正的把握大局的作用。

问答环节

提问 1：疫情对危运行业下游影响到底有多大？对物流企业实现年度目标会有多大影响？

刘宇航：从行业内企业普遍的感受来讲，今年我们下游运营的压力非常大，因为存在双重或三重的迭代的作用。

第一个方面就是 2019 年整个化工产业利润的下滑或者利润低于预期这种情况下，必然会在我们物流板块去争取一些所谓的利润的保障或者是回流。

第二个方面，目前企业自身的管理方面成本压力应该是越来越大，尤其是人员成本，应该说短期内来看是一个无法有效破解的难题，一方面是政策要求，一方面是企业运营的需求，所以说这个方面的压力是非常大的。

第三个方面，就像刚刚讲的企业整个对于运价的控制，包括企业和上游货主之间的沟通成本和效率，这个方面应该说压力也非常大。

从去年年底到目前这几个月情况来看，企业的利润肯定是下滑的，而且应该说百分之七八十的企业都是利润下滑的，能够保持基本平稳不变的企业可能占不到 30%，那么百分之六七十企业说是有亏损这种预期和状态的。

那么我们整个化工物流行业在这样的压力下，怎么去迅速的恢复？企业还是应该要加强管理、加强沟通，尤其是信息化的作用，因为很多信息资源对于行业的恢复或者行业的快速响应作用是非常明显的。

这样一来，在企业自己以往熟悉的领域内，无法去解决自己的业务需求或者业务服务之后，能够迅速的向外部区域或者向其他领域寻求一个补充，即使这种补充是临时性的或者没有很有大的效益，但是依然能够起到有效的一个补充作用。所以对于化工物流行业来讲，我建议大家要加强信息的互动，进行有效的沟通。

另外一方面就是人员、企业的管理，对于企业来讲非常重要，但是还需要通过具体的方式进行有效的调整。 另外一个方式就是刚才讲的 新技术智慧化、数字化的应用以及在一定程度上企业规模的保障。

提问 2：目前疫情影响下客户纷纷表示要降运费，企业如何应对，分会可否帮助企业呼吁一下？

刘宇航：这个问题是目前行业内比较关注的焦点问题，实在来讲从政策下发之初就预想到会有这样的一个情况。

第一方面，从政策之初分会就发出这样一个倡议，货主企业来遵守市场运营的规则，能够返利于或者起码要保证让利于我们物流运输的企业。

一方面我会建议政府部门成立相应的督导部门来监督和查处一些在这样特殊时期，对于我们物流领域进行欺诈、克扣、压榨的企业行为，要给出严肃的警告或者处置，让整个行业看到我们对于整个产业平衡需求的保护。

第二方面，建议我们物流企业自身还是要抱团，就是说我们要形成一种联盟或者一种有效的沟通机制，它不是垄断，是为了大家要能够形成一致的机制，就是我们在什么样的程度下是不能接受这样的事情的。

那么对于货主企业来讲，虽然也希望控制成本，但是如果所有的企业在一定程度上都达到了一致现象之后，那么对于他们来讲，这就是一个标准的一个参与方式，所以我觉得本身我们企业也要团结，形成有效的保障。

这就是为什么建议我们要在一个行业内的基数要增加，因为如果我们国内化工物流企业在数量上、管理上、规模上形成一个效应之后，那么小散户的影响就会非常小，相较之下大的化工企业也尽可能不会去找小散户企业参与这样的运营，所以我们企业的价格就会有得到有效的保证。

提问 3：在应急情况下，企业人员无法返岗，诸多措施都无法实现，如何应对？

刘宇航：物流行业在智慧化、自动化方面，从现在的情况或者未来 5-10 年来看，人员还是第一要素，所以人员不复工复产，就达不到生产要素的绩效要求，你效率短期内是很难提高的，所以对化工物流行业来讲短期是很难实现的。

对于化工物流企业来讲，我们内部通过有效的信息化的手段，简短的信息传导的周期，增加人员管理或者监管、人员管控的成本，这些方面还是能够有效的节约。

提问 4：目前押运员不能及时到位，影响到业务开展。可否建议疫情期间中短途运输暂时取消押运员制度？

刘宇航：我们一直在呼吁，包括 2015 年分会给交通部写过报告和请示，建议关于取消押运员的方式，部里也开展过研讨。

实际来讲交通部也是希望突破这样的一个方式，去年就已经开始推进电子运单这样方式，其实可以有效的监控和管理我们在运车辆的品类、货物、路线、载重等方面信息。

押运员在某种程度上讲，在这样的环境下作用并不明显，有时候只能起到一个倒班司机的作用。

所以在这样情况下，押运员的作用在某种程度上几乎没有发挥出来或者是没有按照预想效果发挥作用，我们也在建议协助相关部门在做这样的调研。

目前交通部是有这样的考虑，可能其他涉及的几个部门还有所顾虑。但是，在疫情影响下，我们已经在建议，能否在人员不足、返岗率不高情况下，尤其一些紧急物资调配的过程中，能否采用取消押运员或者这样临时的不配备押运员的方式去操作推进，当然政府部门还需要一个时间来科学考虑和衡量。

但是我们还是会去积极的推进，因为这个方面对于我们整个化工来讲，人员成本、车辆成本都会减少，而且效率在提高，甚至说在一些我们不愿意看到的一些重大的事故当中，能够减少人员的伤亡，也能减少我们整个企业在人员伤亡中的一些损失。

提问 5：上游客户要求快速分享高速免费的红利，下游运力成本的红利要层层释放，这个时间差是否存在？

刘宇航：这个问题可能就是说大家觉得上游的高速免费政策企业不仅没有获得，下游的成本控制又要增加。我现在遇到是有一些民营化工的货主企业是在要求分享高速路免费政策的利润。

还是那句话，从任何一家企业来讲，控制成本都是大家共同的需求，但是这个现象，第一我们肯定是要抵制的或者说这个是不道德的。第二这是企业的一种运营方式，是市场的一个行为，所以通过这样的方式，我们只能尽量呼吁，而且有必要建议国家建立起这样的督导督查机制，从国家层面来有效的干预部分的市场运营的情况。

提问 6：数字化化工供应链的核心竞争力是什么，企业应如何进行数字化转型工作，转型过程中可能遇到的困难是什么？

刘宇航：提到的数字化化工供应链的核心竞争力，不论是化工领域还是其他领域也好，其实数字化的本身就像刚刚我讲的个人的理解三个方面内容。

一个方面就是数字化本身来讲，它就是一个智能化自动化的前提，或者是供应链想要发挥作用的前提，因为供应链本身首先要打通的就是信息流，那么信息流就是我们把所有的这些反映情况，通过数字化的方式能够快速的传递有效的组织。

第二方面我们把数字化再扩大来讲，数字化是一个大数据的领域之一，也是我们对企业行为探索分析的数据化的领域之一。所以要实现我们数字化供应链前提的核心是我们对数据化对大数据的掌握，然后以及我们上下游链条企业数据化情况的掌握。通过这样的方式，我们就可以实现数字化供应链的核心竞争力。

第三方面，我们要有效的把企业运营能力、运营情况数据化的去和我们产业相结合。这一点巴斯夫跟我们分享过巴斯夫供应链的案例，感受比较深，小方面的对于一个化工企业而言，从物料进入门卫开始到终端产品最后一个末端产品输出，流程是什么样的？你能否有效的掌握或者分析、预判，如果能实现到这一点，那么我觉得你的供应链那就真的是建立起来了。

所以我觉得数字化供应链的核心一个是智能化的平台，一个是数据化的决策调控，一个是充分的资源协同共享，一个是自动化的操作和能力以及自动化的装备设备的应用，或者叫技术化设备的应用。

转型过程中遇到的主要困难，我觉得大方面，第一是刚刚讲的 企业是站在什么样的角度去建立供应链，是否能够实现站在全局全行业的角度去建立供应链体系，从末端产品的需求、末端产品的调度来反推我供应链发展的预期整个行业发展的预判，这是一个方面。第二供应链上下游的企业能否有效地进行高效整合和协调。对于我们化工物流企业来讲要建立供应链的体系，首先之一就是要建立起稳定的客户关系。第三要有预判供应链发展的能力。第四要做出有效的供应链服务的输出。第五是通过自身的努力，让你做的这些供应链输出的服务计划和保障能够有效地实施，真正地发挥作用，让你的货主企业，你的上游链条的企业看到你带动供应链的价值，我觉得是我们供应链转型中大家要考虑的问题。

提问 7：危让品车辆只能用 10 年，普车用 15 年，要求高配版本的危化品车 10 年满后能转普车后延长使用吗？

刘宇航：规定车辆使用年限这些大的政策方面，第一，我们觉得是一个系统化的工程，在某种程度讲，我们国内的车辆的设计之初的理念和状况依然没有像国际上一些车企是按照终身制设计的概念，所以我觉得这个方面第一我们本身设备的不足，当然是受政策影响。第二，要控成本，第三，就是我们目前国家还是从安全考虑。

包括我们刚刚讲的今年本来计划要执行的罐车治理管理办法，应该说也是迫于我们危化品安全运输安全要求的，所以应该说后期我们企业在这方面的成本压力会更大。

所以我现在只能给大家建议，如果企业需要在近期或者在未来一段时间采购新的装备设备，包括车辆来讲，应该短期内释放一些自己的预算，在采购方面多采用一些质量比较好，而且能够按照以往的企业的生存的情况来看，做的比较规范的企业的设备，这样在于未来你的不确定因素下的影响效率会小一些。

来源：危化品物流公众号

5.3.4 2020 年中国医药物流行业市场现状及发展趋势分析
未来信息化将是发展主要方向

政策频发推动行业发展，医药物流总额逐年增长

医改开展之前，国内医药流通行业乱象丛生，乱开票、乱过票、配送链不达标、溯源难等，造成医疗体系运行低效、资源浪费、患者健康遭受挑战等。经过国家重点出台的一系列整顿，包括出台“两票制”、营改增等举措，提升了整体市场秩序，剔除了冗余环节，淘汰了低效流通商，促进我国医药物流、医药流通向高质量、高标准、严规范的方向发展。

近年来国家层面出台医药物流方面主要政策

时间	政策名称	主要内容
2016 年 2 月	《国务院决定取消从事第三方药品物流业务批准等 7 项中央指定地方实施的食品药品行政审批事项》	允许第三方物流公司进入医药物流行业。通过业务流和商滚的有效分高。信息流引领物流和资金流，实现医药流通供应链的优化；第三方医药物流是现代服务业。通过提供专业化的医药物流服务，实现作业自动化、流程信息化、配送及时化、行业集中化。
2016 年 7 月	《药品经营质量管理规范》（GSP）	追溯制度、疫苗、三证合一等加强。随着冷链管理的逐步规范，一些没有资质的或者根本没有冷链硬件的中小医药商业将失去很大一块市场，如果生存只能靠经营非冷链要求的药品，将大大降低企业利润；新版 GSP 所提出的对仓储软硬件的要求，将导致大量租用仓库的医药商业直接失去经营资质；新版 GSP 对运输车辆和软件的管理，将会上一个新的台阶，规范了医药物流企业的标准。
2016 年 12 月	《全国药品流通行业发展规划纲要（2016-2020）》	到 2020 年，要培育形成一批网络覆盖全国、集约化和信息化程度较高的大型药品流通企业。同时，支持药品流通企业与医疗机构、医保部门、电子商务企业合作开展医药电商服务，向患者提供非处方药的“网订（药）店取”“网订（药）店送”等便捷服务，促进线上线下融合发展。这意味着医药电商将迎来发展新契机
2017 年 1 月	《在公立医疗机构药品采购中推行“两票制”的实施意见（试行）》	按照药品招标采购新规，投标主体将变换为药品生产企业，而医药流通企业的职能将由批发商转变为配送商，这将导致流通企业内部业务结构的转变，配送业务将成为医药流通企业新的盈利模式，主要收入为药品的配送费，配送费用包含在招标价格中，按比例返还给流通企业。流通企业转变为配送商后，配送环节也将大大减少，这有利于终端价格的下降。
2017 年 3 月	《关于进一步改革完善药品生产流通使用政策的若干意见》	“十三五”期间，有关部门将积极推动药品流通企业（集团）加快全国网络布局步伐，整合仓储和运输资源，推动多仓协同，支持企业跨区域配送，实现就近收货，就近发货，多点储备，分级接力配送，提高药品供应的准确性、及时性、安全性
2018 年 9 月	《互联网诊疗管理办法（试行）》《互联网医院管理办法（试行）》《远程医疗服务管理规范（试行）》	医疗机构开展互联网诊疗活动应当严格遵守《处方管理办法》等处方管理规定。医师掌握患者病历资料后，可以为部分常见病、慢性病患者在线开具处方。在线开具的处方必须有医师电子签名，经药师审核后，医疗机构、药品药营企业可委托符合条件的第三方机构配送

来源：前瞻产业研究院整理

随着“两票制”、税收改革、一致性评价等重大医药改革的逐步实施，国家对医药物流行业的规范性和规模也愈加重视，不断出台政策加大监管力度，推动行业规模发展；医药流通行业发展也对医药物流行业提出了更多的需求，医药物流行业处于持续增长阶段。根据中物联医药物流分会发布的《中国医药物流发展报告（2019）》显示，2018 年，我国医药物流总额达到 33517 亿元，较上年同比增长 11.13%，医药物流将至少保持 8% 以上的速度增长，预计到 2020 年，我国医药物流总额将会突破 4 万亿元。

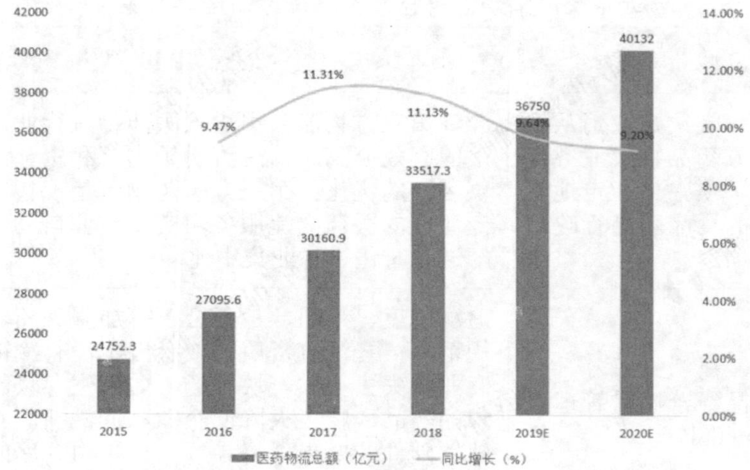

2015-2020 年中国医药物流总额及增长（单位：亿元，%）

来源：前瞻产业研究院整理

医药物流作为现代物流中的重要组成部分。承担着医药流通和周转的重要职责。根据中物联医药物流分会统计数据显示，在医药物流七大功能模块中，医药物流运输占据了医药物流总额的 56%，是医药物流行业中的主要环节；位居第二位的是仓储管理，比重约为 23%；其余部分占比均不超过 10%。

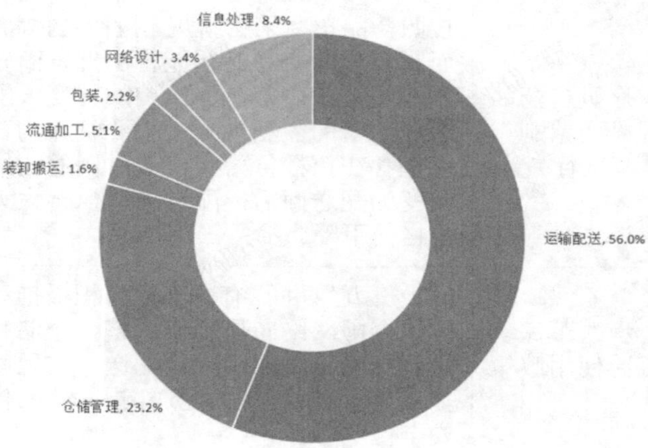

中国医药物流市场结构（单位：%）

来源：前瞻产业研究院整理

冷链医药物流发展空间巨大，医药物流信息化将进一步完善

目前，随着我国经济的发展，医疗保障水平的提高，对医药产品的物流要求也逐步提高，尤其是需要低温贮藏的医药冷藏品发展很快，带动了医药冷链物流的快速发展。数据显示，医药冷藏品的销售金额占我国医药流通企业的总销售额中的 3%-8%，虽然比重不大，但却有逐步上升的趋势。

目前我国医疗冷链物流还存在基础设施落后、专业技术落后、相关企业投入不足、规范标准缺失以及专业人才匮乏等问题，医疗冷链物流还处于发展初期，对标发达国家医药物流行业，重点药品基本实现 100% 冷链运输，下游行业对医药冷链运输提出需求越来越大，我国冷链医药物流发展空间巨大。

我国医药冷链物流发展对策

来源：前瞻产业研究院整理

新的医药环境对医药物流提出新的需求，其中医药物流信息化是未来医药物流发展的主要方向。医药供应链与互联网深度融合，企业边界被打破，信息技术倒逼产业链强化供应链协同。

信息技术的智慧化在医药物流上主要体现在两方面：智慧医药和智慧物流。线下医疗服务互联网化和以企业为主导，线上提供医疗服务。实现多码并存、来处可查、去处可追、药品信息化追溯体系的建立，结合无人车、无人仓等先进技术、打造建立标准化、规范化、技术化的智慧医药物流。

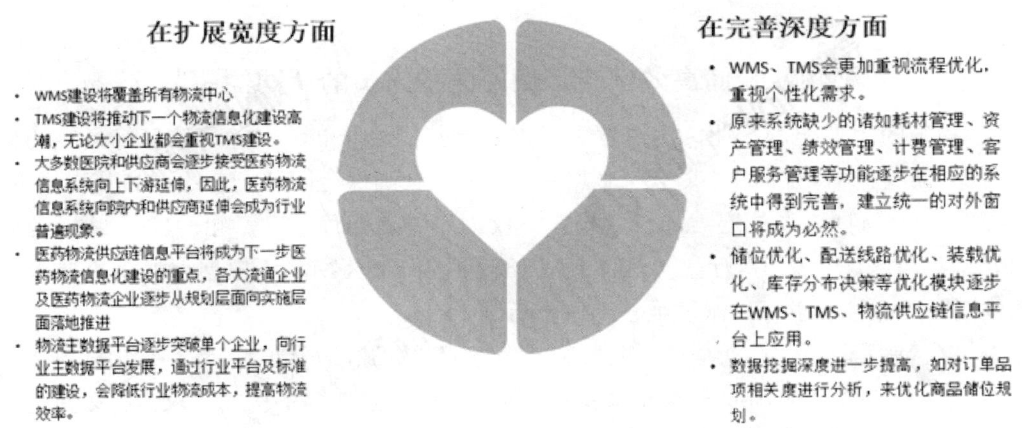

我国医药物流信息化发展趋势

来源：前瞻产业研究院整理

以上数据及分析均来自前瞻产业研究院《中国医药物流行业市场前瞻与投资战略规划分析报告》，同时前瞻产业研究院提供产业大数据、产业规划、产业申报、产业园区规划、产业招商引资、IPO募投可研等解决方案。

来源：前瞻产业研究院

5.3.5 上海医药："疫"往无前，上药人勇担抗疫之责

受新型冠状病毒肺炎疫情影响，今年的春节假期显得格外漫长。而有一批人，还没顾上团圆就已开赴"战场"，无畏无惧，无怨无悔。

早在疫情爆发之初，上海医药就全面进入了"战时状态"。集团在第一时间建立了应急领导机构，班子成员全体上阵，各负其责，下属各分子公司也成立了抗击疫情应急工作组，上下联动，形成了既有统筹协同、又能快速响应的工作机制。生产保供、物资采购、仓储物流、药店零售等各个环节的工作均紧紧围绕疫情防控开展，同时启动 24 小时值班制，确保在收到指令的那一刻即可启动防疫药品及物资的库存调配及物流运输，争分夺秒为生命保驾护航。

为始终保持"召之即来，来之能战"的工作状态，上海医药还在各重要环节均成立了党员志愿突击队。1 月 30 日，疫情抗击战役仍处于"关键时期"，一线岗位同事正面临持续作战体力耗竭、劳务人员返岗困难的重重考验，公司党委发起了"吹响疫情前线集结号，党员请出列"的倡议，号召党员支援前线。报名通知甫一发出，公司管理层、各部门负责人、支部书记和各岗位党员纷纷迅速响应。最终，仅上海市内就有 260 多名来自管理部门的党员及团员志愿者化身店员、司机、搬运工，支援一线零售药店、仓储、物流等各个岗位。与此同时，来自各个支部的党员、团员仍在源源不断地主动请缨，希望加入志愿者的队伍。

疫情面前共担当。在这个特殊的春节，无数上药人默默奔波在抗疫前线，没有太多的豪言壮语，只有为抗击疫情的全力以赴和使命担当。而就在这不平静的平静中，随时随地都在涌现令人动容的故事。

物流仓储高效运转，做好医护人员的"同盟军"

作为医疗物资的大型配送企业，疫情发生以来，上药物流仓储、运输、信息等条线的骨干应急人员始终坚守岗位，枕戈待旦，24 小时全天候响应，全力以赴确保全国防疫前线药品及物资及时送达。1 月 18 至 22 日，上药物流人员连续加班 5 昼夜，仅力度伸就出库 16532 箱；1 月 22 日当天，累计出库药品 25 万盒，入库上架 70 万盒，车队增加 183 架次。上药物流还根据上海市委要求，配送入库 2500 万只口罩，并按要求每日派发至各零售药店。

与此同时，上海医药紧急启动全球采购机制，多方调动资源，开启"买买买"模式。为保障紧缺物资的供给，上海医药第一时间向全球各地多家跨国合作伙伴发起物资援助请求，并委托位于美国及澳洲的境外子公司开展紧急采购，各项前方急需的医疗物资一件件、一箱箱从天南海北通过各种渠道运抵中国，并在上药人的专业护送下来到一线医护人员手中。1 月 25 日 -2 月 2 日，仅上药器械一家子公司，已累计采购各类防护口罩 117.9 万只、手套 143.9 万只、消毒液 1.2 万瓶、防护服 42.6 万件。

除夕之夜，正是阖家团圆的日子，上海市医疗援助队紧急出发驰援武汉，与医疗队同机抵达的还有约 5 吨重的急救医疗器械和药品。上海医药旗下的湖北各分子公司临时组成了运输队，10 余名员工匆匆离开了年夜饭桌，10 台车辆从不同方向冒雨驰赴天河国际机场。凌晨 4 时许，经过紧张忙碌的卸货、装货和盘点，420 件医疗物资顺利移交上海医疗队。现场负责协调本次运输的王河斌由衷说道，"忙碌劳累的我们在平凡的岗位上为危难时刻的武汉做了一点点事，出了一点点力，我们因此而开心自豪，祝福我们的武汉早日战胜病毒，回归正常生活"。

而在上海抗击疫情最前线的上海公共卫生临床中心，有一支来自上药器械的医院供应链保障团队日夜驻守，他们平均年龄不到 25 岁，大部分是 95 后，24 小时等待隔离病房里传来的紧急需求，

口罩、防护服、消毒酒精……前方缺什么，便第一时间补上。上海公共卫生临床中心的白衣天使们，亲切将这些年轻人称为特殊时期的“好管家”。

松江小伙狄迪是这支近10人团队的负责人。1月20日应急战役打响以来，他天天休息不到6小时，最后把沙发床从家里搬到医院，“夜里回家躺下来总觉得放心不下，都要神经衰弱了，不如不回去了。”狄迪说，家人虽有担心，但仍全力支持，他父亲亲自把沙发床送到了儿子坚守的一线。这位父亲还烧好团队所有人的年夜饭带到医院，让大家在工作岗位也有家的味道。

这些，只是奋战在各条战线上的无数上药人的缩影。据统计，1月21日-2月2日，仅上药器械一家子公司就为抗击疫情发运各类防护服12万件、各类口罩77万只、各类手套30万只，紧急配送546笔物资，对各保供重点单位确保一小时配送到达。许多员工主动放弃休息，哪里最忙就往哪里去。

零售药店全面无休，争当市民的“贴心人”

抗击新型冠状病毒疫情的“战场”不仅在医院，更在各个零售药店中。除夕夜，上海启动了重大突发公共卫生事件一级响应机制，上海医药旗下的最大零售医药连锁企业——华氏大药房各零售点均提前营业调配相关药品，在满足顾客需求的同时，承诺所有疫情相关药品物资绝不涨价。

在疫情面前，药房职工们也负重前行，全力扑在防疫第一线。而面对极个别顾客的出言不逊甚至过激行为，药房职工承受了许多委屈，但他们总是迅速整理好心情，继续忘我投入工作。华氏物流配送中心从1月20日起就启动“白不寝，夜不寐”的模式保障门店供给，让防疫物资能在第一时间配送到药房，24小时交替运作，华氏物流仓库彻夜灯火通明，送货的卡车一直忙碌着，有人因超负荷工作倒下了，其他同事立即顶上；物流司机不够了，私家车顶上；员工忙不过来了，家属志愿者顶上。

“妈妈，我们给您买了生日蛋糕，您什么时候回来啊？”

“宝宝真乖，妈妈今天又要加班了，你们别等我了，早点休息。”

1月30日是濮玉婷的生日，往年一家人其乐融融吹蜡烛吃蛋糕的画面，今年无法再现了。作为华氏大药房长宁一家分店的店长，这个春节，她把时间都留给了工作，“从小年夜起，就有顾客来买口罩、消毒用品和抗感冒的药品，我们也开始了连轴转。”

和濮玉婷一样，许多华氏大药房职工的这个春节令他们终身难忘。本该是淡季的药房，如今每天要接待来自全国各地的顾客，甚至直面疑似或病毒感染者。他们没有其他的专业防护用具，仅仅凭借一副口罩，依旧坚守在岗位上，提供专业的用药咨询服务，安抚担心物资供应的进店市民。

24小时不眠不休的门店里，店员们超负荷地坚持了一个星期：因为限额，大家分拆包装到凌晨，尽量节省第二天顾客的排队购买时间；因为顾客太多，为了维持秩序，店员们不停地好言安抚直至喉咙沙哑；因为假期人手短缺，已怀孕六个月的店员依然坚守在岗位前线，尽心尽力服务。

仅年初一当天，华氏大药房一次性口罩总供应达10万只，非一次性口罩3万多只，力度伸6万多盒，板蓝根、双黄连、酒精棉球、连花清瘟、蓝芩口服液等防疫药品物资累计输送10万多盒。自华氏大药房位于上海的258家门店网点全被选为口罩指定销售点后，所有门店每天提供的口罩更是达到了约70万只。1月20日-31日，各类口罩累计销售266.22万余只。这一连串数字的背后，是华氏人的夜以继日，马不停蹄。

加班加点忙生产，流水线上“急行军”

上海医药拥有阿奇霉素片、利巴韦林气雾剂、注射用硫酸多黏菌素B、胸腺法新等多个在产的抗病毒、抗菌及免疫调节药物，并拥有板蓝根颗粒、感冒退热颗粒、银翘片、安宫牛黄丸、苦甘颗粒、荆银合剂等多个经典中成药。疫情之下，这些药品市场需求量激增，为保证供应，旗下各家药品生产企业春节期间的加班加点已成为常态。

新春伊始，上药药材中药资源的员工就纷纷赶赴全国的各个药材产地采购板蓝根、金银花、柴胡、防风、黄芪等多种疫情所需的中药材物资，大家放弃假期，积极采购收储，以确保生产原料供应。上药雷允上药业的生产人员从春节前开始就一直奋战在岗位一线，抓紧生产板蓝根颗粒、感冒退热颗粒、荆银合剂等防控疫情的药品，为抗疫战场提供源源不断的“弹药”。1 月 24 日 -2 月 2 日，雷允上药业完成投料板蓝根颗粒 11 个批次约 30250 盒（约 110 万袋）、成品待验 5213 盒（约 18 万袋），感冒退热颗粒 9 个批次 40500 盒（约 24 万袋），以及荆银合剂 11 个批次、约 5 万瓶成品的加班生产任务，已连续供应曙光医院荆银合剂累计 35616 瓶。

1 月 21 日，完成了生产任务的上药信谊已处于休假模式，但新型冠状病毒疫情爆发，多个品种被列为储备物资或列入诊疗目录。为备战疫情，做好抗疫储备，上药信谊专门成立了防控疫情工作组，第一时间根据库存情况进行生产部署，逐一电话联系每位员工确认最快到岗时间。员工们也克服重重困难，以最快速度完成了各项复产准备，于 1 月 26 日正式恢复生产。截至 2 月 3 日，已累计生产利巴韦林气雾剂 10.8 万瓶，培菲康 15.4 万瓶。抗疫产线日日开工，全月无休，上药信谊用实际行动确保了药品的及时供给，维护人民群众的生命健康。

此外，为加快推进此次新型冠状肺炎病毒防疫药物的研发，上药研究院积极参与由疾控中心和多家研究机构联合开展的新冠病毒预防和治疗药物筛选项目，项目组的研究人员连日加班加点，筛选出有代表性的、不同结构类别的近 246 个化合物。同时，还在老药新用方面与多家研究所和临床医院开展合作，启动了临床研究。与全国科研战线上通宵达旦攻坚克难的研发人员一道，我们祈愿天道酬勤，能尽快找到特效药物，帮助前线的白衣天使武装成白衣战士。

战“疫”中呈现出的组织号召力、凝聚力和党团员工无私奉献、协同作战的精神，终将成为上海医药历史上的宝贵财富，推动每个上药人所热爱并为之奋斗的企业走得更远，走得更加坚实有力。

坚守多日，连日的阴雨停了，奋战在一线的上药人相信，好消息很快也将像阳光一样，洒遍神州大地。

来源：中国医药创新促进会

5.3.6 抗击疫情——上海医药在行动

2020 年 3 月 16 日，《上海市“2019 新冠病毒病”综合救治专家共识》（以下简称上海方案）在上海市疫情防控工作领导小组新闻发布会上被正式发布。上海方案在阻止轻中度病人向重症发展、提高重症和危重症病人救治成功率方面有多项突破，其中就包括：率先提出了使用安全性更好的硫酸羟氯喹治疗轻中度新冠病毒肺炎的诊疗建议、通过应用蛋白酶抑制剂（乌司他丁）等措施有效治疗了重症病人、通过使用荆银合剂等中医药治疗手段减少激素用量进而促进病人康复等。

上海方案是上海专家以国家指导方案为基础，结合临床经验和病人临床实际情况，在临床救治的同时，边摸索、边发现、边调整、边总结而形成的专家共识。经过理论和实践的验证，针对不同程度患有新冠肺炎的病人，硫酸羟氯喹、乌司他丁和荆银合剂三个产品显示出了突出的治疗效果。而这三个品种还有一个共同的特点——都产自上海医药集团股份有限公司（以下简称上海医药）。事实上，不仅仅是这三个品种，在抗击疫情的全过程中，上海医药不仅启动早，而且行动快、组织强，不仅为上海的医疗保障提供了有力支援，也为全国的疫情防控作出了突出贡献。

确保抗疫物资供应

作为2003年SARS药品供应保障的参与者，2020年1月20日，也就是确定新冠病毒存在“人传人”现象，在国家领导人做出重要指示的当天，上海医药下属企业上药控股有限公司（以下简称上药控股）就成立了应急领导小组，建立了公司的防疫体系和防治保供药品/物资供应快速反应机制，全面启动防疫防控工作。上药控股设立了24小时疫情防治药品/物资供应专线：8008204600，并向市卫健委、市药监局及各医疗单位公布，随时做好应对突发状况的准备。

因临近春节，很多外地员工都已准备离沪返家，但为了疫情防控的需要，公司紧急部署近400位外省员工留沪，保障春节期间物资配送。事实证明，这一重要决定为完成疫情初期最艰巨的医疗物资供应任务发挥了巨大作用，如果没有这支400人的物流保障队伍夜以继日的连续加班，疫情爆发时的医疗物资供应将面临更加艰难的困境。

这次疫情的爆发，非常大的一个特点就是针对新型冠状病毒没有特效药。有效防止传染和传播，以及保障相关物资的供应成为当务之急，医疗防护物资的保障供应成为整个抗疫阻击战能否打赢的一个关键因素。1月28日，上海市委、市政府决定征用上药控股的物流基地，作为全上海市医疗物资保障基地，但挑战巨大，主要体现在三个方面：

一是储备少。当时全上海医疗物资的储备，口罩只有35万个，但上海的医疗医务人员就有25万人，这些储备不足一天半的用量，可想而知物资的紧张程度有多么严重。

二是物流缺。疫情来得非常突然，上海市骨干的物流企业，都面临着同样的困境，农民工都回家过年了，用工短缺，临时难以召集，而且返工也需要隔离两周才可以再上岗。

三是物资紧。上海的轻工、纺织产业已基本转移至外地，上海全部的口罩厂只有4家。1月23日武汉封城以后，全国的医疗物资都很紧缺；而国内口罩产能最大的省份是湖北省。

作为中国的经济中心，上海一方面需要保障本地供应和安全，一方面也承担着巨大的援助任务，情况非常严峻。在这关键时刻，上药控股被确定为上海市抗击新冠肺炎医疗物资保障基地和上海市抗疫医疗物资采购平台，上药控股的应急反应能力、科学管理经验和大数据的运用发挥了重要作用。据不完全统计，上药控股向上海近1 200家医疗机构、上海支援湖北医疗队和援外国家，累计配送药品超800万盒，累计配送八大类医用防护物资8 000多万件（只），物流累计出车超1 500次。正如上海市委、市政府领导视察上海医药物流中心时所肯定的，上药控股的措施“启动早、抢先机、组织强，在特殊时期发挥了特殊的作用，对上海的抗疫保障工作做出了特殊贡献”。

与此同时，上海医药下属的另一家商业公司——上药科园也被确定为湖北省、武汉市两级疫情防控应急医疗物资采购储备企业，承担包括火神山、雷神山、方舱医院在内的应急保障任务。上药控股和上药科园携手奋战，全力驰援上海援助武汉医疗队，累计为医疗队转运各类医疗物资近10吨。

加快抗疫药品研发

在新冠肺炎疫情已构成大流行威胁的背景下，针对其治疗的特效药研发显得尤为迫切，但相关新药和疫苗的研发尚需时日，因而“老药新用”成了新冠肺炎药物开发的主要途径之一。上海医药研发团队积极和疾控中心协调联系，并与中国科学院上海药物所合作，送样246个（包括在研化合物和已上市药物）用于抗新型冠状病毒感染的活性筛选。

2月19日，在国家卫生健康委员会发布的《新型冠状病毒感染肺炎诊疗方案（试行第六版）》中新增抗病毒药物磷酸氯喹作为试用药物。

临床上，磷酸氯喹作为抗疟疾和自身免疫性疾病治疗药物，已有70多年的历史，其安全性在长期应用中已经得到了充分的研究和证实。因硫酸羟氯喹的结构和作用机制与磷酸氯喹相似，并且毒性更低、安全性更好，有专家推测硫酸羟氯喹可能会有较好的疗效。

资料显示，硫酸羟氯喹1955年在美国上市，是一种临床应用成熟的免疫抑制剂，同时还有抗炎、抗感染、抗病毒、抗凝等作用，且不良反应较少，也是系统性红斑狼疮患者的基础用药。目前，该药已在加拿大、法国、德国、澳大利亚、中国、日本等70多个国家获得批准，在美国和欧洲有多家企业的仿制药上市，但在国内仅有两家生产，分别为原研厂家赛诺菲和上海医药旗下的上海上药中西制药有限公司（以下簡称上药中西）。

上海医药的硫酸羟氯喹片（商品名：纷乐）国内市场占有率近80%，是公司的重点产品之一。自2003年SARS之后，公司研发部门就在文献中发现有研究表明硫酸羟氯喹可能有抗冠状病毒的作用，研发部门不仅持续关注着相关信息，而且也为后续研发工作做了一定准备。所以当这次疫情来临时，上海医药马上积极配合科研机构和临床专家发起了硫酸羟氯喹片抗新冠病毒的全国多中心临床研究工作。截至3月15日，该项临床研究已入组184例患者，参与医院达到21家，初步结果显示硫酸羟氯喹治疗有效且更安全，因此在上海方案中位列治疗性药物之首。可以预见的是，在全球范围内新冠肺炎疫情进一步蔓延的背景下，若临床试验进一步证实硫酸羟氯喹对于治疗新冠肺炎的有效性，该药物在全球范围内的市场需求将出现激增。

加大防疫药品生产

疫情就是命令，防控就是责任！

在疫情发生的第一时间，1月23日上海医药就专门成立了由集团领导及相关企业负责人组成的应急工作小组，统筹协调全集团的疫情防控工作，协调解决重大问题，要求将抗击疫情作为集团当前最重要的工作，以药企应有的强烈社会责任感和使命感，一心一意为人民服务，全力以赴做好相关工作。

同时，上海医药组织各下属公司梳理产品目录，要求凡是有可能对疫情防控有帮助的产品，各企业都要积极做好生产准备。上海医药所属生产企业对可供抗击疫情的临床用药品种汇总统计，并结合国家工信部防疫重点监控品种和新型肺炎诊疗方案，建立了涵盖抗病毒、抗菌、激素、解热镇痛、化痰、平喘、免疫调节、预防等方面的防疫药品目录。对列入国家工信部防疫药品目录的产品进行动态监测，提前做好各项预案，做到24小时随时可供货。

根据国家工信部要求，上药中西的磷酸氯喹被纳入中央医药储备，公司第一时间将库存的磷酸氯喹片 / 磷酸伯氨喹片组合包装25 380盒无偿发运至科技部，保障研究工作的顺利开展。在支持国家开展相关临床研究的同时，公司积极应对可能出现的治疗和市场需求，安排员工立即和上游原料生产和提供商对接联系。很快，首批可供生产12万盒药品的原料陆续送到公司。

2月3日，在接到上级要求尽快复产磷酸氯喹通知的第二天，上药中西在沪的80多名员工就全部到岗复工生产。车间实行24小时不间断生产，仅用3周时间就完成了280万片药品的生产任务，并将药品全部捐赠给工信部，用于后续国家抗疫医疗储备用药。

与此同时，根据市经信委统一部署，上海雷允上药业的板蓝根冲剂和荆银合剂两个品种被列入应急征用物资，公司全力配合做好原材料、人员调配及生产安排，确保疫情防控物资的市场供给。上药信谊、上药国风两家企业春节期间加班加点开展生产，保障双歧杆菌三联活菌（商品名：培菲康）、利巴韦林、苦甘颗粒等重点防疫药品的生产。

为了保证各企业安全顺利地复工复产，集团对各下属企业特别发布了《复工复产指导意见》，建立了标准化、规范化的操作流程，最大程度上减少员工被感染的风险。2月3日，上海医药专门成立了“物资保障小组”，由集团领导亲自牵头，帮助各企业协调配备口罩、消毒液、体温枪等必备物资，在督促企业复工复产的同时，统筹协调全集团的资源，为企业复工做好后勤保障。

截至目前，上海医药已累计捐赠湖北省及武汉市重点医院手术床、呼吸机等医疗设备，捐赠武汉及各地医疗机构磷酸氯喹片、六神丸、糜蛋白酶、多黏菌素等药品，捐赠口罩、防护服、消毒液等防疫物资等累计超过 2 000 万元。病毒无情人有情，在疫情面前，上海医药人用行动诠释了自己的初心使命，也让世人看到了国有医药企业的高度使命感和责任担当。

来源：《上海医药》2020 年 7 期 肇晖

5.3.7 透视上海医药商业版图：从分销、零售到创新业务

谈及上海医药，医药圈的人往往将其业务一分为二，一是医药工业，一是医药商业，其中在医药商业领域，上海医药常年保持第一梯队的龙头地位。根据 2019 年财报，上海医药商业板块实现营业收入 1630. 76 亿元，占总营收的比例超过 87%。

这一业务领域与每个人的健康息息相关。如果去医院尤其是上海的医院看病，常常能看到带有“上海医药”标识的物流车辆。一盒药，从生产车间到医院药房，再到用药患者的手中，作为全球第七、中国第二大医药流通企业，上海医药就是站在医疗机构背后的那个企业。

但倘若因此将医药商业归于“医药物流”这样的搬货郎，则未免太过于小觑这家世界 500 强的雄心壮志。作为《财富》杂志 2020 年世界 500 强排行榜中新进名单里唯一的一家中国医药企业，上海医药早早就开始思考在医药物流的基础上，将医药商业板块做大做强，推动企业实现创新转型。

医药商业不是搬货郎

医药商业是现代流通体系的重要组成部分，现代医药物流是实现医药商业的重要基础，这个基础有多重要，2020 年新冠疫情给了最好的例证。

1 月 20 日，官方确定新冠病毒存在“人传人”，上海医药当即决定 400 名物流人员留沪应急，通知所有上海公立医院热线电话，24 小时保障供应。

上海医药物流运输车

这种危难时的担当并不盲目，上海医药执行董事、副总裁李永忠告诉澎湃新闻（www.thepaper,cn），当时上海有关部门曾有想法把整个上海的所有物资保障都放在上药控股，也就是说，一是要向1000多个公立医疗机构保障供应，二是要向5000多家涉及民用物资的企业进行采购和配送，三是要对更多的社会捐赠物资统筹调度。

“我们客观评估后发现，如果混在一起，就超出了我们的能力负荷。”李永忠介绍，当时，上海医药实事求是向市政府建议，把医疗物资保障按三大类分开：一类是专门针对医院、针对前线医疗队的医用防护物资；二类是民用防护物资；第三类是社会捐赠物资，最终上海的医疗物资由上药控股负责采购、配送和分销，民用物资由百联负责，社会捐赠物资由绿地集团来协调。

医药物流承担举足轻重的作用，但并非上海医药商业板块的全部之义。正如上海医药董事长周军在采访中所言：“我们的分销业务和一般卖产品不一样，它更多的是一个服务业，不是简单的搬货角色。”

从服务内容来看，上海医药的商业板块主要包括三部分：一是医药品供应链服务，包括国际供应链服务（主要服务内容是物流、商流、资金流和信息流）；二是渠道相关服务，既包括传统的渠道服务，也包括交易、准入、营销等服务；三是创新性服务，既包括供应链延伸，如SPD、社区处方延伸、CTM及CRO等服务，也包括融合创新，如互联网医药科技、特药险等。

从商业构成上讲，上海医药的商业板块主要包括分销、零售以及创新业务。

放眼全国，上海医药是中国第二大药品流通企业，在北京、上海、广州以及浙江、江苏、山东等24个省市建立了药品区域分销中心，分销网络覆盖全国3万余家医疗机构，为医疗机构提供快捷的药品配送，优质的售后服务以及强大的药品供应链优化及院内物流解决方案。

通过医药零售连锁药房、医疗机构院边店、DTP药房等三类服务终端消费者，上海医药的零售规模也位居医药零售行业前列，在全国16个省市布局超过2000家优质品牌药房，拥有华氏、雷允上、国风、余天成、雷蒙等全国或地区性优质品牌。

这些药房虽处在医药商业的末梢，但作用巨大。华氏大药房总店店长濮玉婷告诉澎湃新闻记者，其所在的药房药品种类在2600种左右，而去年3月通过DTP业务，仅仅一个肿瘤单品，到当年年底就达到了2100万的销售额。

在今年年初的疫情期间，口罩非常紧缺，一度出现抢购的混乱，上海医药许多像濮玉婷这样的一线员工，每晚十点甚至凌晨收到成箱的口罩分拆成小包装，第二天一早便开始分发给居民，保证了特殊时期人们的需求。

除了传统的分销和零售，创新业务成为上海医药重要的增长来源，重点推进SPD、互联网新零售、医疗器械及大健康产品、创新性金融保险支付等领域的布局，实现产业链的优势互补。

并购、投入双加码

谈及医药商业的发展历程，李永忠介绍，1998年公司整体营收达到44亿元，员工数量2022人，是扎根上海的地方性商业龙头公司，但上药商业的发展雄心远远不囿于此，决心从服务一方到辐射全国。

在此过程中，必须提到的是2017年-2018年并购康德乐。

2017年11月15日，上海医药发布公告，其下属全资子公司与康德乐集团签署协议，拟以现金5.57亿美元（36.7亿人民币），收购康德乐马来西亚100%的股权。交易完成后，上海医药将持有康德乐马来西亚在中国的业务实体。

彼时的康德乐在中国市场的实力不容小觑，数据显示包括14个直销公司，17个分销运营中心，覆盖 322 座城市的分销网络，服务近 11000 家医疗机构，拥有 30 家 DTP 药房，直销业务规模超过 100 亿元，年销售规模 250 亿元，进口分销业务在其全部分销收入中占 80% 以上的份额，医疗器械分销也有近百亿元级的业务流量。

上海医药对康德乐中国的收购轰动产业圈。现在谈起这起收购，李永忠感慨颇多，他相信，这不论对行业，还是都上药，都是一件大事。行业整合的过程远未结束，整合仍然是未来一段时间产业演进的基调之一。

除了对外发起并购，上海医药自身也在不断加大投入。

早在 2005 年，上海医药启用国内首个现代医药物流中心，迈入医药供应链现代化新时代；2010 年开始，全国范围推进现代医药物流建设，将集约化的供应链管理理念推广全国，着手打造一体化的医药供应链体系；同时，加快全国业务管理体系建立及省平台建设的推进，使公司的管理结构得到优化，经营效率得到显著提升。

上海医药现代化物流中心

今年各行各业都受到新冠疫情的影响，但李永忠介绍，在今年新冠疫情期后，政府对集团的产业（尤其是上药控股）给了很多的支持，因此有了绥德路二期工程、宝山超级物流和临港公司等重大工程的建设。

其中，宝山物流中心有望实现五大目标功能，包括基于“互联网 + 物联网”的超级物流中心，上药集团超级工厂的物流运作支持中心，医药大健康服务线上和线下医疗的运营展示中心，上药控股全国信息数据云中心及国家、地方和军队三级医疗物资的战略储备基地。

目前，宝山超级物流中心项目已成立领导小组，与宝山工业园区签订了投资协议，并已完成项目建议书编撰，加快推进集团内立项审批。

与此同时，通过供应链整合提升运营效率的行动也一直在进行，通过整合仓储、物流资源，进一步提升作业效率，降低操作费用。

从华东市场到全国，再到世界 500 强，上海医药一步步实现了华丽转身。

数字化转型

当“互联网 +”成为热词，作为领头企业的上海医药也是互联网 + 医药的先行者。

早在 2015 年，上海医药成立上海医药大健康云商股份有限公司（以下简称“上药云健康”）。

该平台以电子处方为核心，围绕电子处方的获取、管理、支付、配送等构件医药生态圈闭环。目前，上海医药已成为国内创新药的首选渠道，电子处方可下沉至上海社区，并创建镁信，引领特药险行业。

2020 年的新冠疫情进一步加速了产业生态变革。

“科技、政策、疫情的交织将快速推进互联网医疗及处方药新零售的快速演进，”李永忠表示，“借助疫情契机，互联网科技企业进一步加快产业布局，建设生态，以提升市场渗透，而公立医院的互联网医院也全面开花，线上连锁药店也在大举推进处方药新零售战略，市场竞争日趋激烈。”

面对竞争，上海医药并不慌乱，而是瞄准机遇，加快转型。2018 年，上药控股就确定了向科技型健康服务企业转型的发展路径，“科技”的核心内涵就是数字化、生态化。

今年，上药控股更加坚信之前的认识，数字化将对整个医药流通行业带来革命性的重塑、全方位的赋能，必须以背水一战的战略决断，推进企业数字化转型。

云健康便是转型的重要载体。顺应医药新零售向“以互联网医疗和创新药全生命周期为核心”的生态体系转变的趋势，上药云健康进一步转向“互联网医药科技平台”，全面承接上海地区公立医院的互联网医院解决方案，推动产业生态进一步完善。

未来，上药控股将围聚焦数字健康、数字中国的概念框架，加快建设智慧供应链，以数字化服务贯通医保、医疗、个人以及整个医药产业链，推进线上线下融合的批零一体化，建设集成“物流 + 信息 + 药事 + 药政 + 药品 + 患者管理”服务的云药房，成为一个开放性的数字健康科技平台和国家级的现代医药流通平台。

科技对医药流通有特别的意义。

周军曾在采访中表示：医药是个特殊产品，特别是医院的用药，需要处方，涉及到人民的生命健康，不是买点蔬菜或者买个盒饭那么简单，而上海医药在其中的地位不可取代。

李永忠则认为，经营效率、服务能力是分销企业的内功和根本竞争力，而内功的修炼永无止境。以带量采购所带来的冲击为例，必须不断提升精益运营效率，寻求规模效益，方能在竞争中脱颖而出，而上药在诸多领域拥有扎实的内功基础。

与此同时，日新月异的科技创新也正在改变医药商业。苦练内功事关生存，而科技创新则有关发展，二者缺一不可。在医药行业，科技创新正在推动成本降低与效率提升，如数字化、大数据等。

李永忠透露，诸多创新技术如无人仓、大数据等已在上海医药的智慧供应链中得到广泛应用，提升供应链效能，推动分销商产业升级。而未来，上海医药也会不遗余力的推动云计算、云服务、人工智能等技术赋能业务、服务患者。

来源：澎湃新闻

5.3.8 专访上海医药董事长周军：进入 500 强对上药具有里程碑意义

2020 年 8 月 10 日，美国《财富》杂志发布“2020 年《财富》世界 500 强排行榜单”，共有 133 家中国公司上榜，在医药领域，全球共有 21 家医药企业上榜，其中，上海医药（601607. SH, 02607. HK）是国内仅有的两家中国药企之一，也是首次进入该榜单。

回顾 1995 年《财富》杂志第一次推出世界 500 强榜单，仅有 3 家中国企业上榜，面对进步与仍然存在的差距，中国企业有担忧，也有兴奋，“成为世界 500 强”某种程度上成为企业发展过程中的远大梦想。

如今的上海医药是2008年由上海实业旗下的上实医药和上海医药两个公司合并而成，从一家地方医药国企到如今的全球500强之一，上海医药仅仅用了12年。

上实集团总裁、上海医药董事长周军评价，上海医药进入世界500强是“一件里程碑性质的事情”。他向澎湃新闻（www.thepaper.cn）表示，医药健康行业是一个很大的领域，在世界500强中有许多该领域的公司，中国作为全世界第二大的医疗医药市场，理论上应该产生若干家世界500强的医药企业，相信会不断有中国企业，特别是医药健康领域的企业，成为世界500强。

进入500强不是终点，而是新的起点。目前，上海医药正在深入推进包括创新发展、集约化发展、国际化发展、融产结合发展在内的四大转型发展。

创新无疑是企业发展的重要动力，而研发投入是医药创新的重要基础。自从周军2016年起担任上海医药董事长，上海医药的研发投入屡创新高，2019年达到15.09亿元，同比增长27.22%，也是2015年的近2.5倍。

周军表示，近年来，中国医药企业在研发上的投入大大提升，但与国际一线公司比还相距甚远。上海医药每年加大研发投入，不只是绝对量，占销售的比例也会逐年加大，一个阶段性目标是占到工业销售的10%以上。

至于创新的形式，周军认为，或自主研发，或寻求内外合作，只要能够为中国的医药行业做出更大的贡献，不拘一格。

谈及疫情对医药行业的影响，周军表示，对于中国医药健康行业的影响极其深远，加快了中国大型医药医疗企业崛起，也使得行业涌现出大批的中小研发型企业，不过，“还没有到淘沙的阶段，现在更多的，我理解是一个生态大爆发的阶段，会涌现出无数的奇迹。”上实集团总裁、上海医药董事长周军。

以下是澎湃新闻对周军的专访实录，文字略有调整：

澎湃新闻：上海医药首次进入2020年《财富》世界500强榜单，听到这个消息时你第一反应是什么？

周军：当然是非常愉快的，但是并不惊讶。

进入世界500强这个目标，上海医药在比较公开的场合提出来是2017年3月，当时其实已经有比较确定性的计划，一方面上海医药在过去每年保持两位数增长，另一方面2017年完成了中国医药分销行业最大的并购，即对康德乐（中国）的并购。上药进入世界500强，只是时间早晚以及在500强中的排序问题。

当然，对于整个团队来讲，这是一件非常令人振奋的事情，因为上海医药的一个阶段性目标实现了，体现的是我们战略的稳定性、坚定性以及团队的执行力，这个是我们最开心的地方，是一件里程碑性质的事情。

澎湃新闻：你认为此次上海医药能够进入世界500强，主要依靠的是什么？

周军：世界500强主要是以销售收入来衡量，此次上海医药进入世界500强依靠的是营收规模的快速增长，这个很大程度上获益于上海医药以及大股东上海实业多年来融产结合、创新发展的基因。

一方面，通过不断收购行业内的优秀企业，并进行整合提升，持续扩大市场份额和规模。

另一方面，医药这个行业有其特殊性，对于产品、研发、科技的投入，都是长跑，不是简单通过一次大的并购就能解决。因此，除了收购兼并和战略合作，上海医药还在不断加大研发投入，提升研发能力和科技创新能力。

中国医药企业在10年前并不是太重视研发和创新，而随着国家政策的调整以及市场的变化，中国主要的头部医药企业都开始逐步加大研发投入。过去5年，上海医药的医药工业增长了100%，医药分销增长了74%，而研发投入则实现了近150%的增长，远超医药工业以及分销业务的增速。

同时，上海医药还有一句话叫“研发不够，投资来补”。研发需要两条腿走路，一方面自己要招兵买马，另一方面也要通过各种其他形式加快布局，比如上海医药刚刚和中科院在上海的分子细胞卓越中心签约，也和上海交通大学、复旦大学以及一些顶级医院都建立了战略合作；2019年，上海医药还与俄罗斯最大的生物医药公司BIOCAD共同设立了一家4亿美金的合资公司，共同开发抗肿瘤等领域的生物药产品。

500强其实是500大，主要的考虑参数是销售收入，上海医药进入500强之后的目标，还是希望变得更强，变成一家更有创新性，更有技术实力，更有市场竞争力的企业。

澎湃新闻：在上海医药成为世界500强的历程中，你觉得有哪些重要的历史转折点？

周军：严格来说，上海医药是2008年由上海实业旗下的上实医药和上海医药两家公司合并而成的，因为上海医药的名字更加久远，更有历史意义，因此我们选择了这个名字作为我们共同的品牌。

这两个来源为上海医药赋予了自己的特色。首先，上海医药历史悠久，有很多非常著名的民族品牌，特别是在新中国成立以后，我们的医药产品对人民群众的医疗健康事业做出过很大贡献。而上实医药是一家跨境企业，擅长投资，所以它更加创新，开玩笑的说法是比较“性感”。上实医药很早就在生物医药、医疗器械以及跨国并购方面有比较多的动作。

在差不多2010年前后，这两家企业的整合形成了一个统一平台，然后在境内、香港两地募了100多亿，这些资金极大推动了上海医药后续的迅速发展。

这些年，融产结合发展是我们的一大特色。上海医药一方面通过包括中信医药（上药科园）、康德乐（中国）等在内的大小几十次并购，使得我们的营业收入从10年前的200多亿发展到2019年的1866亿，我想很快会冲破2000亿。

另一方面，上海医药也非常重视研发创新，目前已经设立了十几个自建或是合作的研发平台，包括高端仿制药、创新生物药、基因治疗等多层次、分阶段的研发布局。未来，还会围绕我们的战略布局推出一些新的平台。

澎湃新闻：你觉得这一次咱们上海医药进入500强，对于其他的中国药企有怎样的启示呢？

周军：在2017年提出要进入500强的时候，我们讨论过它的逻辑。

生物医药和大健康行业是一个很大的领域，在世界500强里面有很多这一领域的公司。而中国是全球第二大的医疗医药市场，国家也非常重视人民的健康，在这一领域的投入也越来越多。按道理来讲，中国应该能产生若干家世界500强的医药企业。

到目前为止，进入500强的两家中国药企还是以分销营收作为主要支撑得以入榜的。我想将来，上海医药和其他的兄弟公司一样，可能会更多依托创新产品迈向全球领先。我相信，未来会不断有中国的医疗健康企业成为世界500强。

同样值得一提的是，今年我们也进入了以处方药营收为主要评价参数的全球制药50强，这也从另一个角度体现了上我们在行业中的地位。

澎湃新闻：你刚才提到创新对医药企业的意义，从你2016年到上药之后，我们看到研发投入有很直接的上升，那么接下来在研发投入，上海医药有怎样的一个计划？设定的研发比例的逻辑是什么？

周军：中国医药企业，特别是头部企业，这些年在研发方面的投入已大大提升，但和国际一线公司比还相距甚远。两年前，我拜访了一家位于欧洲的合作伙伴，问了一下他们一年的研发投入，大概在106亿欧元，这个数字可能超过了绝大部分中国医药企业一年的收入。

相对而言，中国的医药企业规模还是不够大，但反过来讲，这也是机会。因为中国这么大的市场一定会生长出几家领先企业，在这个过程中，我们就要非常进取。上海医药每年加大研发投入，不光是绝对量，占销售的比例也会逐年加大，通过不断的投入，使我们企业成为研发和创新驱动型的企业。

另外，创新也要通过其他多种形式，包括风险投资、战略合作、科技成果转化、 License-in 等，加快研发的转化，实现“弯道超车”。只要能够为我所用，特别是研发能力能够纳入到我们体系中的，那就不分内外，我们自己的团队也可以，其他团队加入也可以，甚至产权或合作都可以谈，只要能够推动产品技术提升和产品创新，为中国的医药行业做出更大的贡献，形式是不拘一格的。

至于研发比例，一个阶段性目标是占到工业销售的 10% 以上。这背后的逻辑，一方面是需要医药工业收入本身不断增长，另一方面是在不断投入研发之后，有很多新品出来，由此在市场中获得更强的竞争力，带来的企业效益也更高，从而进入良性循环。当新产品获得更高的收益，推动企业的现金流和盈利情况不断改善，再把相当一部分的现金流和盈利继续投入研发，这就是一个创新驱动型的企业。

澎湃新闻：上海实业和上海医药刚刚成立了一个生物医药产业基金，你能否详细介绍这个基金对于上海医药创新研发的意义？

周军：我们刚刚设立了总规模 500 亿的上海生物医药产业股权投资基金，这个基金历时一年多，已经完成第一期资金的筹集，核心团队也已经成型。第一期 100 亿，国内和国外同时在募集，已经超募了，这一块也是上海医药加大生物医药领域投资的一个方法。

在目前的环境下，还能这么迅速地募集到位，也代表了大家对上海医药、上海实业过往业绩以及团队的信任。现在最重要的事情是，我们第一批项目什么时候投下去，形成成果，需要有一批拿得出手的项目。

我想，这批项目必须是千挑万选的好项目，真正能对中国、对上海的医药行业有意义的项目，对上海医药将来的发展具有战略价值的项目，同时也是能给我们的 LP 带来好回报的项目。

澎湃新闻：药物创新有 me-too、me-better、first-in-class 等多种路径，你认为当下中国医药创新应该走哪条路？

周军：我刚才讲不拘一格，实际上，大概率讲一切的事物都有其内在规律，从低到高，从简单到复杂，所以从普通仿制药到高端仿制药，再到改良型创新和原创创新药，它的发展过程有一个自然规律。

药物创新是不是有可能在某些点上突破？一定有可能，但是它的基础是什么？地基要大。就是说整个研发投入、研发团队的建设、合作关系的积累都需要达到一定的水平，在很大的地基上面才有可能产生一个高峰。其实，这也是自然规律。

反过来讲，我们并不追求“马上”“一定”要从哪里冒出一个“金娃娃”。这当然是好事情，但更多的是要把这个基础打扎实。要真正成为国际领先、中国一线的医药创新企业，体制机制、人力资源、研发策略，还有投入，一样都不能少。

澎湃新闻：接下来几年，上海医药有哪些创新药物可能进入市场，对上海医药的营收产生正面影响？

周军：其实上海医药在研的药物管线产品非常多，目前已有 22 个创新药。哪个产品能真正成功，老实讲还要经过市场的验证，需要实践去检验，但我相信我们花了这么多的精力和财力，一定会有所收获，有所惊喜。

当然，我们也不仅仅把自主研发的管线作为我们唯一的机会。上海医药通过和国外先进企业以及国内优秀团队的合作，也获得了很多在研创新产品的共同开发机会，涵盖抗肿瘤药、心脑血管用药、罕见病等等治疗领域。

此外，我们有一些已在行业内做到领先的大品种正在做二次开发，将来在这些产品上再做一些深度研发和市场延伸也都是有机会的。比如在抗击新冠疫情期间，也有一些重要产品迎来"第二春"，将来可开发的潜质也比较大。

澎湃新闻：国内的企业都在讲创新，你如何看待创新药和仿制药在效益与风险上的平衡？

周军：仿制药，很多是基础药，也是保障国民健康的一支主力军。所以仿制药是我们的一个重要业务，也是我们的社会责任。最近，上海医药专门设立了罕见病事业部，也是为了国民健康，为了尽可能满足"未被满足的临床需求"。

中国医药行业有上海医药这样的国企存在，是有它的必然性和必要性的。比如这次疫情期间，有些基础物资保障的任务，包括还有一些先导性研发任务，我们都是全力以赴，完全是出于人民利益、国家利益的考虑去做的。

至于新药研发的经济性问题，首先新药研发的成功率不是很高的。而且坦率讲，中国医药企业，研发投入的数量级比起国际一流同行还是有很大差距的，在这个投入不是很大的情况下，去追求高精尖和全面广泛，其实是不科学且违背自然规律的，所以还是要有侧重点，把理想和现实结合起来。

做药物创新，首先要提升自己的实力，包括人财物等等方面。当你有足够大的工业制造能力，足够大的营销能力，足够大的现金流，也有足够强的资本市场投融资能力时，把这些资源汇聚起来，就可以吸引到优秀的研发人员和合作方，如果实力很弱小，动员别人也不容易。

澎湃新闻：除了医药工业，医药商业也是上药的重要组成部分，在商业方面，有怎样的发展策略？如何积极拥抱互联网？

周军：我一直不太愿意把它叫做医药商业，因为我们的分销业务和一般的配送不一样，它更多属于增值服务，而不是简单的搬货角色，这就是为什么很多互联网企业想进入医药商业的原因。但是我们的地位是不可替代的，因为医药是一种特殊商品，特别是医院的处方药，涉及到人民的生命健康，是人命关天的大事。

即便如此，我们也不是说就"坐等"，我们也要不断改变自己的形态，去适应市场需求。以欧美的经验来讲，中国医药分销行业的集中度还是远远不够的。也就是说，国内头部企业的市场份额比例还会进一步提升。

医药供应链有其特殊性，包括品规的管理、通关的及时性等，这些环节不是仅仅线上就能解决的事情。我们认为在中国医药分销领域，在可预见的未来，主流其实还是几家头部企业苦练内功，不断提升服务能力。这个和互联网有关系，但不是那么大。

当然，互联网是一个时代的特征，是我们必须拥抱的一件事情，所以我们在重点考虑互联网零售这一块。

有一点可以肯定的是，我们有庞大的商业分销和零售网络体系，即使在"互联网+"的商业模式里也是非常有价值的。由于医药领域的特殊壁垒，你很难想象一个纯互联网公司一开始就能够建立这些体系。线上线下如何结合，传统医药服务企业怎样提升、怎样与互联网企业合作，这些都是需要研究的问题。

澎湃新闻：纷乐（硫酸羟氯喹片）是上海医药的拳头产品，因为进入新冠诊疗方案而备受关注。上海医药有700多个常年在产品种，你是如何看待这么一老药新用的现象的？

周军：这个药在风湿免疫系统是一个非常成功的产品，新冠疫情期间，一些研究显示对新冠病毒引起的病症有治疗作用，所以海内外采购很多。

现在所有的医药企业都在围绕疫情开展一些工作。只要是有利于克服疫情、减轻患者病痛的研究方向，我们都有深度介入。不光是像纷乐这样的化药，还包括中药，其实有好多产品正在重新开发。中药是个宝库，中国几千年历史，瘟疫不知道发生过多少次了，虽然每次病原可能不一样，但原理机理都有相似的地方，所以我们在中药抗疫方面也会加大投入。

此外，我们在很多方面积极推动疫苗的研发，和其中几家已经签署了一些意向协议。 药物产品的落地都需要生产基地和分销系统，这些都是我们的长项。我们是中国领先的生物制品和疫苗的进出口企业，将来在疫苗的研发方面我们会投入，在疫苗的生产领域我们会合作，在疫苗的分销环节我们更会提供全方位的服务。

澎湃新闻：今年的新冠疫情，你觉得对医药行业到底产生了一个怎样的影响？上药对于这种影响有没有一个具有针对性的规划？

周军：这次疫情对于医药健康行业的影响是极其深远的。

一方面，大家感受到了骨干企业的重要性，比如全国性骨干供应链企业对于物资保障不可替代的作用。如果这个行业没有像上海医药这样全心全意为公众利益考虑的骨干企业，遇到大事急事可能就“叫不动”。所以我相信中国的医药行业，尤其是医药分销服务物流体系会越来越集中，这是大趋势。

第二，大家意识到了对一些细分领域的未满足需求，比如诊断行业、疫苗行业，此前大家都知道比较重要，但在疫情推动下，它的需求变得前所未有地迫切，应用场景空前广阔，在资本市场也非常火热。

总体而言，疫情实际上是对整个医药行业制造能力和技术能力的一次空前大考。大考的结果，就是要不断补短板，提升关键能力，与此同时国家也会更加重视对这个领域的投入，资本市场也会给予更多的响应。

我相信疫情会给整个大健康行业带来一次前所未有的机遇，效益会延续很多年。它将加快中国大型医药医疗企业的崛起，而且在此过程中，各个细分领域都有机会诞生巨型企业。

与此同时，因为大家对这个领域的关注及投入，也会涌现出大批的中小研发型企业，形成百家争鸣之势。这将对中国生物医药行业产生深远的历史影响。

澎湃新闻：是否可以说，这次疫情对中国医药企业来讲是一个大浪淘沙的过程？

周军：还没有到淘沙的阶段，现在更多的，我理解是一个生态大爆发的阶段，会涌现出无数的奇迹。

中国医药行业还远远没到瓶颈，还没有到市场容量不足的阶段。虽然过程中有得有失、有成有败，但我的看法是现在还是往上的过程。

澎湃新闻：上药也是一家体量很大的企业，站在上药的角度是怎么看待医药行业之间整合兼并的动作？

周军：中国医药行业的头部企业和世界先进同行的水平相比还比较弱小。我们历史上对于这个领域的投入是不够的，比起我们在其他某些领域的投入，可能差一两个数量级。因此我相信，中国生物医药行业投资的空间是巨大的，再加一个数量级也不嫌多。

这么大的市场需求和投资空间吸引了资本的重点关注，比如科创板，生物医药企业在其中倍受青睐；PE、VC 领域也有很多人把重点赛道放在生物医药行业。所以，真正的精彩还在后面，大幕刚刚拉开，整个行业很可能会像寒武纪生物大爆发一样，我们在未来 5-20 年会看到越来越多的精彩节目上演，包括创新技术的发展、产业之间的整合。

澎湃新闻：上药已经纳入了国企改革双百行动，还推出了一个股权激励计划，就想了解关于股权激励，上药未来还有一个怎样的计划？除了股权激励还有哪些改革计划？

周军：不断提升上海医药的市场化程度，这是我们坚定不移的战略。股权激励是一个形式，目前来讲还是比较成功、行之有效的方法。

讨论到体制机制，加薪、给期权只是一方面，真正要解决的其实是动力机制和约束机制的问题。有一句老话叫“奖勤罚懒”，一定要引导团队去做正确的事，让团队把正确的事做好。当团队正确地做好之后，我们要正确地激励他们，这才是一个体制机制真正有效的逻辑。

这次的激励方案只是一个方向性的东西，代表改革的方向。实际上，在生物医药领域，特别是在研发型生物医药企业之间，人才竞争是非常激烈的，如何选好人，用好人，激励好人，是一个系统工程。

来源：澎湃新闻 李潇潇

5.3.9 第三方医药物流强势“出圈”

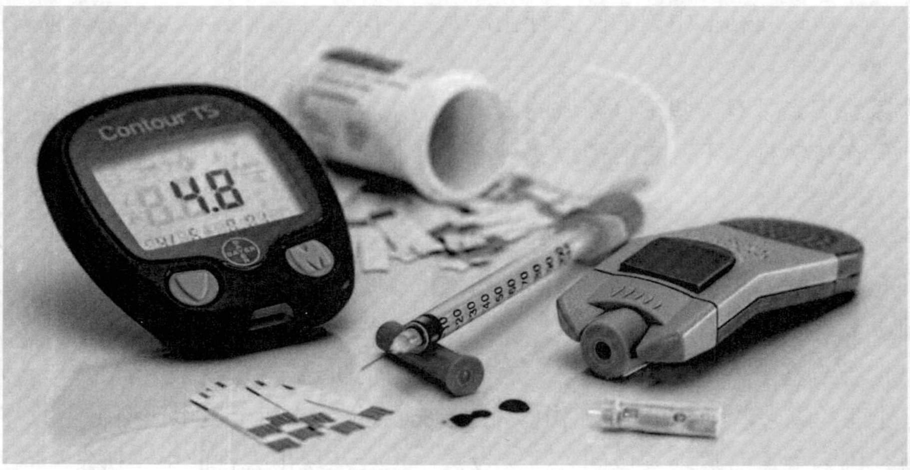

导语：由于此次新冠疫情的爆发，第三方医药物流再次华丽登场。无论是疫情期间，九州通协助武汉红十字会进行医药物流管理工作；还是近期国药集团与叮当快药打通药品供应链，推动处方外流，都是第三方医药物流强势“出圈”的最好证明。

自国务院取消从事第三方药品物流业务的行政审批，鼓励拥有完整质量体系的大型医药商业流通企业向供应链各方开放物流资源，以提高医药物流效率，这被认为是第三方企业进军医药行业的“信号弹”，同时也意味着只要符合药品输送要求规定的企业，均有可能加入第三方医药物流战队。由此可见，随着政策门槛的降低，医药物流的社会化程度将逐步提升。

这一趋势在 2020 年开年更为明显，受新冠疫情影响，交通限行、道路封锁等使医药企业流通成本倍增，而第三方医药物流需求顺势增长。2 月 2 日，菜鸟网络联合三通一达、百世、德邦，以及国内外第三方物流企业开通“绿色通道”，便是这一需求下的最好例证。而且借助第三方医药物流企业丰富的物流经验、专业的管理技术和团队利于提升药品的流通效率，并有助于药品企业专注自身发展，迭代升级，打造行业竞争壁垒。

不仅如此，据前瞻产业研究院研究，通过第三方物流介入，医药流通企业可节省几十万，甚至几百万的费用。以全国 1.3 万家医药流通企业计，每年可节省 200 亿元重复投入，医药物流行业整体盈利能力至少翻番。《中国医药物流发展报告（2019）》显示，2018 年，中国医药物流总额达到 33517 亿元，同比增长 11.13%，医药物流将至少保持 8% 以上的年速度增长，预计 2020 年，中国医药物流总额将突破 4 万亿元。

快递企业抢滩市场

其实，中国快递业在医药行业布局已久，中国邮政 2006 年便开始在宁夏试点配送药品，并取得 GSP 认证证书，随后几年相继在甘肃、内蒙古、安徽等地试点。在国家明确表示要引导邮政、快递企业加快发展冷链、医药等高附加值业务的背景下，顺丰、京东等企业陆续全方位踏入医药物流行业，预计医药物流领域将迎来更多“猎食者”。

医药物流网络布局

继中国邮政后，顺丰是最早涉水医药物流领域的快递企业，2014 年顺丰成立医药物流事业部，2016 年年初正式成立冷运事业部，将生鲜、医药资源分离。目前，顺丰医药冷链已形成丰富的产品体系和五大闭环物流供应链服务能力。从顺丰切入医药冷链的方向看，主要是通过在途运输的准确性和时效性、营业网点、物流跟踪等方面的既有优势，承接专业冷链物流与配送工作。

截至 2019 年年底，顺丰拥有 4 个 GSP 认证医药仓，总面积 3 万平方米，42 条医药运输干线，贯通中国核心城市。医药网络覆盖中国 219 个地级市，1547 个区县，通过 GSP 验证自有冷藏车 242 台，并配备完善的物流信息系统以及自主研发的 TCEMS 全程可视化监控平台，且已获得国家食品药品监督管理部门对开展药品第三方现代物流试点工作的批复等全部认证及经营许可。

但医药行业自身体制相对封闭，对第三方物流能力要求较高，顺丰医药运输资质虽已完备，若只停留在物流层面，顺丰医药无法全方位打通医药市场。为此，其提出了以医药工业、疫苗及生物制药企业为核心的整体解决方案，以解决医药冷链基础设施薄弱、不能全程联网、难以保证不断链等痛点。2018 年中旬，顺丰首次对外发布医药供应链“方案 +”和医院“方案 +”，意味着顺丰医药趋向于资源网络化、运作标准化、质量体系化、过程可视化方向发展，为医药健康行业提供专业的端到端供应链服务。

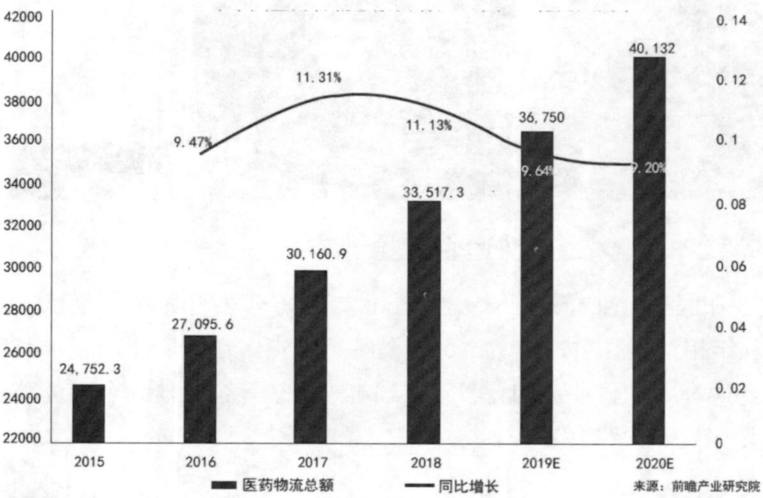

2015-2020 年中国医药物流总额及增长（单位：亿元人民币 %）

从器械深入到药品

京东物流进入医药流通领域的进程则是另外一条道路：通过试水医疗器械领域，逐步深入到医药流通领域。相对于药品的存储要求而言，器械的存储要求及入门门槛较低，而且国家对于医疗器械的存储允许多仓备案，利于京东物流在全国范围快速布局医疗器械业务，因此这个选择的目的不言而喻。

直至 2017 年 8 月，京东物流以《京东医药云仓战略合作协议》为切入点，提出医药物流供应链解决方案，通过“一盘货”模式对现有库存和成本管理进行升级，实现供应链协同和“一个品牌、一套库存、一条供应链”，大幅提升库存周转效率，降低物流成本，消除品牌商和经销商的物流痛点。

目前，京东物流医药业务已经覆盖全国 30 个省市自治区，拥有 30 条主干线、240 多条重要支线以及 2 万多条医药零担产品线，已经建成了 10 座符合 GSP 认证及拥有三方物流资质的现代化医药物流仓库，并在全国七大核心区域持续推进智能医药物流中心建设。同时，以仓配一体化的供应链管理和基础设施领域的先天优势，京东物流在三线以下城市、乡镇等零售终端的配送能力对传统医药物流难以深入偏远地区的劣势起到一定的镇痛作用。

除此之外，联邦快递、UPS、DHL 等国际物流巨头也纷纷抢滩中国第三方医药物流市场，随着国际巨头进入中国第三方医药物流领域，原有的医药配送企业将面临不小的生存压力，另一方面，这也将促进中国第三方医药物流朝着专业化方向发展。

传统药企的“攻防战”

近年来国家医改政策不断演变，在“4+7”采购、两票制、分级诊疗等政策影响下，医药资源向基层医疗组织延伸，药品流通渠道向扁平化、纵深化发展。对于医药物流配送企业的网络广度和深度，以及医药运输和储存过程中的品质与安全保障都提出了极大考验。目前，中国医药商业企业基本形成辐射全国、辐射部分省市和辐射单一省市三大梯度。其中，九州通、国药集团、上海医药的物流配送网络基本辐射中国大部分地区。

互联网 + 医 + 药 + 险

早在 2000 年，九州通就创办了 B2B 电商网站“九州通网”，随着互联网医疗及网售处方药服务模式的推进，九州通既可为互联网医疗平台提供药品供应链服务，也可为实体医院互联网化提供药品供应链服务。同时，九州通利用 ERP 系统全国联网和医药九州云仓物流系统的优势，以及在互联网医疗领域的积累、FBBC 药品供应链平台的实践，从传统医药流通企业向专业医药健康产业服务平台型企业转型。

2 月 28 日，国家医保局联合国家卫健委发布《关于推进新冠肺炎疫情防控期间开展“互联网 +”医保服务的指导意见》，就“互联网 +”医保服务提出多项举措，包括明确各地可将符合条件的“互联网 +”医疗服务费用纳入医保支付范围，鼓励定点医药机构提供“不见面”购药服务、同步完善医保经办服务、不断提升医保信息化水平、加强医保基金监管等。在此背景下，九州通致力打造一个具有行业竞争力的“互联网 + 医 + 药 + 险”的新模式。

截至 2019 年，九州通完成 31 个省级物流中心和 104 个地市级物流中心的布局工作，进一步完善全国性医药物流配送体系，延伸医药物流配送的服务区域范围。同时，其研发的九州云仓医药物流管理系统通过“大数据”科学核算，全面监控作业量高峰时段，测算物流作业饱和环节，实时掌握各公司作业状态及服务质量，高效、及时协调资源调度，达到实时监控、智能调配和全面可视化，实现 100% 的城市配送、订单 24 小时送达、医院紧急配送 1 小时送达等高效服务。

带量采购 优化配送

2019 年，国药集团共取得 22 个品种、37 个品规的“带量采购”配送权，以此为契机，其充分利用自身的平台优势，按照“1 家集采、5 家配送”原则，整体新引进两个厂家共 5 个产品，带量采购品种累计销售额居北京区域市场首位。截至 12 月底，国药集团整体医院直销同比增长 12.72%。

另外，其控股子公司国药物流则持续优化物流配送环节，加强冷链运输环节监管，启用新开发的订单波次管理功能，开展中邮 AGV 项目，提高零头货品仓储和拣选能力。另一控股子公司国药空港继续充分发挥自身特色和优势，多措并举确保进口药品检验时效性，做好保税仓储业务服务，全年进口货值同比增长 18.77%。

现代药品流通体系

上海医药拥有直接网络覆盖全国 24 个省市、集约化和信息化程度较高的现代药品流通体系，形成高效、敏捷、智慧的现代化供应链服务渠道，拥有广阔的客户网络。同时通过工商业一体化的共享与互惠模式，坚持创新药品流通方式，持续服务公立医疗机构改革，以领先的供应链管理、信息技术和物流技术，满足公众和医疗机构需求，不断提升服务效率与体验。

另一方面，上海医药在院内供应链延伸服务、第三方物流服务、药品直送服务、进口药品一站式服务、药库信息化管理和临床支持服务等创新业务模式方面处于中国领先水平。公司拥有中国领先的线上线下一体化药品零售业务，通过电子处方流转平台、“追溯云”服务平台以及线下覆盖全国 16 个省区市的 2000 多家品牌零售连锁药房，持续为客户提供高效、专业、安全的服务。

目前，中国第三方医药物流逐步进入上升阶段，系列的扶持政策亦预示着第三方医药物流广阔的市场前景。而一系列政策在重塑药品产业结构的同时，也加速了行业重组整合的步伐，正持续有力地推动行业走出规模偏小、分布偏散、品质偏低的局面，朝着规模化、集约化和现代化的发展方向纵深挺进。

来源：《现代物流》编辑部

5.3.10 服务为荣 “药”创未来 | 上药控股正式启动上海医药保障基地（绥德路二期）项目

金秋十月，一个收获的季节。10 月 15 日，上海医药保障基地（绥德路二期）项目启动仪式在上海医药物流中心有限公司绥德库区举行，这标志着上药控股有限公司在建设引领性医药物流保障工作中又迈向了一个新的起点。

上海市人民政府副秘书长尚玉英，上海市普陀区区委副书记、区长姜冬冬，上海市发展改革委员会党组副书记、上海市粮食和物资储备局局长殷欧，上海市国资委副主任叶劲松，上海市卫生健康委员会副主任胡鸿毅，上海市商务委员会二级巡视员赖晓宜，上海市申康医院发展中心副主任陈睦，上实集团总裁、上海医药集团董事长周军，上实集团副董事长、上海医药集团党委书记、副董事长葛大维，上实集团董事曾明，上海医药执行董事、总裁左敏，上海医药集团党委副书记、上海医药副总裁赵勇，上海医药执行董事、副总裁、上药控股总经理李永忠，上海医药集团纪委书记环建春，上海医药副总裁张耀华等领导和嘉宾莅临现场，共贺上海医药保障基地启动。会议由上药控股副总经理任刚主持。

服务为荣 “药”创未来

正式启动

与会嘉宾共同启动上海医药保障基地（绥德路二期）项目。

上海市发改委党组副书记、市粮食和物资储备局局长殷欧致辞表示，医药物流业作为支撑国民经济的战略性、基础性产业，产业地位稳步提升，行业发展取得重大成就。上药控股作为上海健康战略的重要组成部分，在推动上海医疗健康事业发展中发挥了重要的作用。目前，上海正在全力打

造全球公共卫生最安全城市，上药控股作为上海市医疗物资的储备保障基地将承担更为重要的责任。在此次抗击新冠疫情的战役中，上药控股充分体现了国企担当，在关键时候发挥了医药物资保障的主力军作用，除了保障本市的医疗物资供应，还代表上海支援武汉、支援湖北、支援国外，在抗疫一线为人民健康保驾护航，交出了一份优异的“上海答卷”。此次上海医药保障基地二期的提升改造，将对完善国家健康保障基础条件，决胜全面建成小康社会具有非常重要的积极意义。希望上药控股以此为契机，能实现业务规模和经济效益的双提升，为健康上海建设，提供更强、更有力的保障。

上海市普陀区区委副书记、区长姜冬冬代表区委、区政府对项目顺利启动表示祝贺。加强对接全市智慧物流设施布局，优化区域智慧物流末端设施，加快现代物流中心建设，提升医药保障基地服务能级，是市委市政府交办的一项重要任务，普陀区高度重视公共卫生体系建设和生命产业的发展。上海医药保障基地绥德路二期项目，对提升区域能级和大健康产业发展、深化健康普陀建设、推动普陀区桃浦国际健康产业园建设将产生重大影响。上药控股一直以来对普陀区经济发展作出了积极地贡献，这次上海医药保障基地绥德二期的启动，对普陀发展生命健康产业来说，增添了新的亮点，我们将积极支持项目建设，以人靠谱、事办妥的普陀“店小二”服务精神，为项目的顺利推进和企业更好地发展提供更好地支撑。我们相信，建成后的上海医药绥德路库区，会以更新的姿态、更强的实力融入健康上海、健康普陀的未来发展。

上实集团总裁、上海医药集团董事长周军表示，在过去的 9 个月中，市委市政府、各委办局领导高度重视，先后来到实地关心支持上海医药的物资保障工作。在整个抗疫过程中，上药控股及上药物流讲担当、有作为，不辱使命，得到了各级领导的充分肯定。上海医药今年进入了世界 500 强，工业制造也进入了全球制药企业 50 强。总规模 500 亿的上海生物医药产业基金、位于张江的生物医药产业基地、地处宝山的超级工厂和超级物流中心、布点临港自贸区新片区的跨境物流中心等一系列重要项目都在有序推进之中。周军指出，医药物流作为高科技含量的现代服务业，已成为大健康领域的重要基础性设施，具有商业和社会双重意义。上海医药作为一家全产业链的医药产业集团，在打造工业和商业核心竞争力的同时，为全上海主要医院提供专业供应链服务，也为全中国的药品和医疗器械供应商提供配送服务。未来，上药控股将加强对接全市智慧物流设施布局，优化区域智慧物流末端设施，积极探索“互联网 + 医疗”应用，加快现代物流中心建设，提升医药保障基地服务能级。

上海医药执行董事、副总裁、上药控股总经理李永忠代表上药控股对与会的领导和嘉宾致以热烈地欢迎。他表示，上药控股 15 年前就启动建设了中国第一个现代医药物流中心，开启了上药控股乃至中国医药流通产业的物流现代化历程。绥德路一期工程启用以来，承担了上海全市 800 多家公立医疗机构全年一半以上的药品配送工作，同时也承担了国家、军队和上海三级药品储备任务，全力保障人民群众的用药需求。在今年抗疫斗争中，上药控股见事早、行动快，主动打响医疗物资应急供应保障战，在疫情防控中作出了很大贡献，全面完成了市委市政府交给的保障任务。

现代医药物流是国家健康事业和卫生防疫的重要战略资源，面对疫情常态化，为落实市委市政府指示，把上海建设成为全球最安全的城市，更好地保障上海人民的健康，在各级领导的关心支持下，上药控股正式启动绥德路二期的升级改造工程，建设一个与上海全球最安全的城市定位相匹配，与市委市政府城市规划战略相契合的医药物资综合保障基地。为此，我们重任在肩，我们义不容辞。

建成后的上海医药保障基地（绥德路二期）项目，占地约 5.1 万平方米，规划总建筑面积 7.2 万平方米，通过配置一系列自动化、智能化物流设备，更快地提升运作效率。绥德路二期工程将以物资应急保障作为核心功能，满足上海作为超特大城市卫生应急物资储备的需求，真正贯彻落实上海市“对标国际一流水平，依托本市大型医药生产流通企业，打造集储备、物流、供应为一体的公共卫生物资综合保障基地”的要求。

2020 年是全面建成小康社会和“十三五”规划的收官之年，也是实现第一个百年奋斗目标，为“十四五”良好开局打下更好基础的关键之年。上药控股有限公司作为中国医药商业的头部企业，紧握数字化经济发展机遇，始终以开拓创新、奋发有为的精神，致力于成为具有国际影响力的品牌药服务商和供应商，为人民健康事业提供更好、更快、更安全的医药物流配送服务。

来源：搜狐网

5.3.11 上海医药商业新亮点

——集团股份有限公司 2020 第三季度报告

2020 年 10 月 30 日

2020 年，新冠疫情席卷全球，经济环境日趋严峻，医药行业亦面临前所未有的挑战。公司在积极投身抗疫活动的同时，更是依托丰富的品种及渠道资源，逆流而上，截至三季度公司经营业绩已基本恢复到正常水平。2020 年，上海医药更是首次荣登“2020 年《财富》世界 500 强”，成为榜单中仅有的两家中国药企之一。现就公司前三季度经营情况如下：

2020 年 1-9 月，公司实现营业收入 1403.23 亿元，同比基本持平；其中医药工业实现收入 173.7 亿元，同比下降 1.77%；医药商业实现收入 1229.53 亿元，同比增长 0.01%。

三季度，随着新冠疫情趋于稳定，公司总体业务逐步恢复。2020 年 7-9 月，公司实现营业收入 531.57 亿元，同比增长 10.65%，环比增长 13.79%；其中医药工业实现收入 56.95 亿元，同比下降 0.78%，环比下降 5.46%；医药商业实现收入 474.62 亿元，同比增长 12.20%，环比增长 16.64%。

前三季度经营工作亮点

医药商业

1-9 月，公司医药分销业务实现销售收入 1227.90 亿元，同比上升 0.49%，毛利率 7.00%；医药零售业务实现销售收入 59.66 亿元，同比上升 0.98%，毛利率 13.61%。7-9 月，公司医药分销业务实现销售收入 473.39 亿元，同比增长 12.73%；医药零售业务实现销售收入 21.98 亿元，同比增长 6.12%。疫情当下，互联网医疗、疫苗产业也迎来新的机遇。公司在全力以赴抗疫保供的基础上，积极保持现有商业业务的稳定发展，努力挖掘新常态下潜藏的新机遇。

报告期内，公司持续加快在进口准入、仓储物流等方面的发展。在进口药品方面，公司前三季度成功引入 12 个进口总代品种，其中三季度新引进的品种包括：一举拿下百济神州从安进公司战略引进的安加维（地舒单抗注射液）、凯洛斯（注射用卡非佐米）及倍利妥（注射用倍林妥莫双抗）三个重磅产品，预计均将于 2021 年在中国上市；辉瑞的舒坦明，作为唯一一个适用于年龄低至 3 个月的轻中度 AD 儿童患者的无类固醇局部处方药，预计将于明年年初在中国上市。

在进口疫苗方面，报告期内公司疫苗业务实现销售收入 39.72 亿元，同比增长 62.58%。公司代理的葛兰素史克（GSK）重磅品种重组带状疱疹疫苗（欣安立适）于 7 月 2 日正式开针，第三季度已实现销售约 5.5 亿元。

上海医药作为上海市唯一的专业医用应急物资储备平台，不断积极拓展疫苗物资及物流储备的各项综合实力。报告期内，公司与康希诺 (442.000, -19.00, -4.12%) 生物股份 (22.190, -0.83, -3.61%) 公司签订了战略合作协议，双方将发挥各自优势资源及渠道，在全国范围内开展疫苗产品存储、配送以及供应链服务合作，为疫苗产品的可及性提供重要保障；随后，双方于今年 9 月达成了委托生产合作意向并签署了委托生产《合作意向书》，为尽快落实双方委托生产合作，上海医药制造管理中心已开始筹划新冠疫苗生产场地的建设工作。

2020 年 10 月，上海医药保障基地“绥德路二期项目”启动仪式在上海医药物流中心有限公司绥德库区举行，这标志着公司在建设引领性医药物流保障工作中又迈向了一个新的起点。绥德路二期项目将以物资应急保障作为核心功能，满足上海作为超特大城市卫生应急物资储备的需求，建成后占地约 5.1 万平方米，规划总建筑面积 7.2 万平方米，通过配置一系列自动化、智能化物流设备，有效提升运作效率。

集团旗下“互联网 +”医药商业科技平台上药云健康在疫情之下，依托自身“互联网医院 + 药品供应链服务延伸项目”的优势，不断加速医院诊疗线上化。目前上药云健康已对接（包括正在对接中）65 家互联网医院，并与其中多家达成了独家配送委托关系。上药云健康 B 轮融资目前正在推进当中，拟引入优势产业资源及发展资金，加速整合行业相关新零售资产及升级医药商业科技平台，助推公司成为未来行业头部企业。

来源：“证券时报”

5.3.12 解读《新冠病毒疫苗货物道路运输技术指南》

2021 年 01 月 28 日

伴随着新冠病毒疫苗的逐步推广普及，为能够保障运输过程的顺畅，同时确保疫苗的安全，2021 年 1 月，由交通运输部公路科学研究院及中国物流与采购联合会等单位共同编写的《新冠病毒疫苗货物道路运输技术指南》（以下简称《指南》），由交通运输部、国家卫生健康委、海关总署、国家药品监督管理局联合印发，为新冠病毒疫苗货物道路运输提供技术了指导，保障新冠病毒疫苗货物的安全高效运输。

在此，中国物流与采购联合会副会长兼秘书长崔忠付对《指南》进行了专题解读，以便让各相关行业单位可以更深入的了解整体文件内容。

一、《指南》出台背景

日前，全球新冠肺炎确诊病例已突破 1 亿人，全球抗击新冠肺炎疫情的形式非常严峻。而我国在进入秋冬季节以来，部分地区确诊病例也出现反弹现象，疫情防控压力依然较大。

在此特殊背景下，及时且广泛开展新冠病毒疫苗接种工作，将是我们最终战胜疫情的关键一环。而如何将新冠病毒疫苗货物安全、高效的运送到各个需求点位，是目前摆在供给侧的重要议题。

因此，《指南》在技术层面对相关主体给予了全链条、全要素的指导，对于确保疫苗货物道路运输安全可靠，保障新冠病毒疫苗的有效供应，具有重要意义。

二、《指南》出台背景

1. 多标助力：综合参考多项专业规范文件及行业意见本《指南》在编制的过程中，依托于多项法律法规、部门规章，，同时结合多项标准，如 GB/T 28842、GB/T 34399、JT/T1234 等行业通用标准，确保各项工作规划的合理性和专业性。同时积极与行业内相关企业及专家学者进行探讨论证，进一步增强了《指南》的落地性和可操作性。

2. 全程监管：涵盖终端供给道路运输全过程

本《指南》对于新冠病毒疫苗终端供给运输全过程进行了细分拆解，并对过程中各项操作及主体提出了专业技术指导和明确要求，确保道路运输各环节能够达到温控及安全要求，对于新冠病毒疫苗道路运输提供全程保障。

3. 责任明确：构建上下游联动运行体系

本《指南》对各个环节的操作及运行主体进行了说明，整体责任划分明确。同时也规划出多项交接查验工作要求，进一步构建出上下游联动运行体系，规避了单一主体查验不利的风险，增强了运输环节安全性的保障。

4. 指标清晰：操作技术要求指标明确

在本《指南》具体操作要求中，对各类细节技术指引进行明确规定，比如提前进行车厢（箱）预冷操作、提前 1 小时与收货人员进行联系等具体细节要求。此类细节指引，给操作人员提供了更加明确的操作引导，也进一步保证新冠病毒疫苗运输的安全性。

5. 科学管控：宏观及微观指导相结合

本《指南》在进行技术要求设计时，对于宏观指导框架和微观操作细节均进行了说明。从框架角度，建立整体操作及查验体系，实现了总体方向的把控。同时通过微观细节性技术说明，让相关操作方可以明确知晓具体操作及要求。

6．标准定义：标准化技术要求指引实际操作

本《指南》对于各类操作进行了标准化的定义，明确给出了操作方式及内容，如所需提前准备的各类材料名录、所需记录的各类数据、各类环节的记录表单等。通过前期规划，避免在数据采集或材料存档等环节出现遗漏或操作不规范等问题。

7．全面指引：常规及应急场景全覆盖

本《指南》不仅仅对于正常运输各环节技术要求进行了明确的说明和整理，也对应急操作给出相应的操作指引，指导操作者在异常情况下的应急处置，进一步增强了新冠病毒疫苗道路运输环节的安全保障，也尽可能避免问题货物的继续流通。

8．信息采集：全过程综合信息记录

本《指南》在对全过程操作进行规范的同时，明确提出应当建立或接入能够满足药品追溯要求的信息系统，提出对各环节信息记录及存档的要求，确保各环节处于可控条件之下，对各环节数据要实现可反查和可追溯，便于实现问题的准确定位。

9．检查先行：操作前的预检查工作不遗漏

除正常操作外，《指南》中还对于每个环节前所需进行的预检查工作进行了明确，包括对于环境、设备、单据材料等检查要求。确保各项操作能够在正确的环境前提下规范进行，也为新冠病毒疫苗运输的安全性提供了更加有力的前提保障。

10．优先通行：保障疫苗高效运输

在本《指南》的正文说明中，明确交通运输管理部门应对新冠病毒疫苗货物运输优先予以通行，海关部门对持有新冠病毒疫苗货物出口运输调运单的予以优先查验并给予通关便利，对新冠疫苗的运输和通关效率提供了保障。

来源：中物联医药物流分会

5.3.13 交通运输部发布首批新冠疫苗货运重点联系企业公示

2021 年 01 月 28 日

为推动新冠病毒疫苗货物运输供需对接，日前，交通运输部组织有关行业协会和新冠病毒疫苗研发生产企业，遴选了 28 家道路运输企业，拟作为第一批新冠病毒疫苗货物道路运输重点联系企业，现予以公示。公示期限为 2021 年 1 月 26 日 -2 月 2 日。名单如下：

第一批新冠病毒疫苗货物道路运输重点联系企业名单

（排名不分先后）

1. 安徽都京云康医药有限公司
2. 北京德利得物流有限公司
3. 北京华欣物流有限公司
4. 北京京邦达贸易有限公司
5. 北京盛世华人供应链管理有限公司
6. 北京钥途冷运物流有限公司

7. 重庆医药集团和平物流有限公司
8. 广州医药股份有限公司
9. 国药集团新疆新特药业有限公司
10. 国药集团医药物流有限公司
11. 国药控股泉州有限公司
12. 国药控股扬州有限公司
13. 华东医药供应链管理（杭州）有限公司
14. 华润医药商业集团有限公司
15. 九州通医药集团物流有限公司
16. 瑞康医药（山东）有限公司
17. 山东大舜医药物流有限公司
18. 陕西天士力医药物流有限公司
19. 上海康展物流有限公司
20. 上海生生物流有限公司
21. 上海医药物流中心有限公司
22. 顺丰医药供应链有限公司
23. 天津大田运输服务有限公司
24. 天津予联达冷链包装技术有限公司
25. 希杰荣庆物流供应链有限公司
26. 浙江英特物流有限公司
27. 中集冷云（北京）供应链管理有限公司
28. 中外运冷链物流有限公司

来源：中物联医药物流分会

摘录整理：张瑞坤

第六篇 逆向物流

上海逆向物流概述

我国在2006年发布的国家标准GB/T 18354-2006《物流术语》中给出的定义是：物品从供应链下游向上游的运动所引发的物流活动。美国物流管理委员会给逆向物流的定义为：逆向物流是对原材料、加工库存品、产成品，从消费地起始地的相关信息的高效率、低成本的流动而进行规划、实施和控制的过程。以下将从逆向物流物品的不同类型，对上海市逆向物流现状进行概述。

1. 上海医疗废弃物

2014-2019年，上海市医疗废弃物产生量均排名全国第一，并且呈逐年上涨趋势。2019年，全市医疗废物无害化处置5.57万吨，医疗废物无害化处置率100%。全市医疗废物收运签约医疗卫生机构数量共3537家，并配备了103辆医疗废物转运车，40399只医疗废物周转箱。

2. 上海城市生活垃圾

2014-2019年，上海市生活垃圾产生量呈逐年上涨趋势。2019年，上海市城市生活垃圾产生量最大，共计1076.8万吨，全部进行了无害化处置或综合利用，其中可回收物146.65万吨。2019年，上海市生活垃圾分类收运体系基本形成，配置及涂装1461辆湿垃圾车、3079辆干垃圾车、87辆有害垃圾车以及237辆可回收物回收车；可回收物回收体系基本建成，建成可回收物回收服务点约1.5万个、中转站201个、集散场10个。

3. 上海一般工业固体废物

2019年，上海市一般工业固体废物产生量为1830.41万吨。其中综合回收利用量1670.69万吨（含综合利用往年贮存量1.09万吨），处置量159.36万吨，处置率8.71%，均比2018年有所上升。

4. 上海工业危险废物

2019年，上海市工业危险废物产生量为144.17万吨，处置量142.32万吨，贮存量1.85万吨，处置率98.72%。2015年上海市综合利用量25.77万吨（含利用往年贮存量0.04万吨），处置量为30.42万吨（含处置往年贮存量0.42万吨）。从2017年后起，上海市工业危险废物处置量及处置率均呈上涨趋势，回收处置能力逐渐变强。

2019年，上海市市内转移危险废物的企业有近1.19万家，市内委外转移量达53.52万吨（不含收集企业收集1.53万吨）、废包装容器85.24万只（不含收集企业收集0.16万只）；跨省市转移危险废物的企业有407家，合计跨省市转移危险废物量为30.34万吨、废包装容器72.31万只。

5. 上海电器电子废弃物

2019年，上海市共有5家企业获得了废弃电器电子产品处理资格许可，总核准年处理四机一脑能力为445.12万台/年。其中有4家企业获得了废弃电器电子产品处理基金补贴资格，共计接收四机一脑151.66万台（折合4.28万吨），拆解处理共计155.36万台（折合4.31万吨）。

6. 电商退货

据商务部《中国电子商务报告显示（2019）》，全国电子商务交易额达34.81万亿元，其中网上零售额 10.63 万亿元，同比增长 16.5%。据国家邮政局数据显示，2019 年全国快递服务企业业务量累计完成 635.2 亿件，同比增长 25.3%。与此同时，中国行业研究网数据显示，2019 年“双十一”电商退货率平均占到销售量的 25%，部分商家高达 40%。而 2020 年 11 月 1 日至 11 日 0 点 30 分，天猫双十一全球狂欢季实时成交额突破 3723 亿。仅 11 月 10 日至 11 月 17 日 7 天时间，全行业处理的邮件（快件）量达到 5.86 亿件，比去年同期增长近 70%。日最高处理量是平常日常处理量（3309 万件 / 天）的三倍。

逆向物流标准化工作组换届大会暨 2020 年会召开

2020 年 11 月 10 日，第二届全国物流标准化技术委员会逆向物流标准化工作组成立大会暨 2020 年工作年会通过腾讯会议成功召开。中国物流与采购联合会专家委员会主任戴定一、中国物流与采购联合会副秘书长，教育培训部主任郭肇明、上海市发改委，上海市粮食和物资储备局副局长殷飞、上海市物流协会秘书长陈震以及全体委员代表共计 33 人参加本次会议。会议由上海市物流协会逆向物流分会常务副会长郝皓教授主持。

上海市物流协会秘书长陈震、中国物流与采购联合会副秘书长，教育培训部主任郭肇明、上海市发改委，上海市粮食和物资储备局副局长殷飞博士分别为本次大会致辞，他们充分肯定了逆向物流标准化工作组在 2020 年的工作成果、工作组后续的标准化体系建设及未来重点工作计划。

工作组常务副组长郝皓教授就逆向物流标准化工作组 2020 年度工作情况、第一届工作组的整体工作进展和下一年度的工作计划作了总结报告。他提出，未来的逆向物流标准化工作应积极响应“十四五”规划与逆向物流绿色发展理念，为可持续发展与循环经济做出更多贡献，并指出在开展逆向物流标准化基础领域研究、落实企业逆向物流标准化工作等方面还有待进一步加强。

工作组秘书处宣读了第二届逆向物流标准化工作组成立的批复文件，工作组委员对第二届全国物标委逆向物流标准化工作组章程进行审议。之后，新一届工作组委员针对逆向物流标准化组的工作机制及后续工作方向建言献策：制定逆向物流标准化建设的“十四五”规划；产生更多与循环经济相关的标准；通过逆向物流标准来指导产业；针对快递领域的反向服务做一些研究工作，丰富快递产品；定期开展线上线下的交流活动；将逆向物流理念体现在产品设计中；B2C 模式下对包装物进行有效回收和循环利用；将逆向物流应用于生产制造；扩大逆向物流在高职院校教学中的普及率；编写中国逆向物流标准化工作白皮书等。

中国物流与采购联合会专家委员会主任，逆向物流标准化工作组组长戴定一对逆向物流标准化工作组上一届的工作成果、下一步的工作计划和积极参与国际标准化组织 ISO/TC297 的 4 项国际标准制定所取得的进展给予了高度肯定和赞扬，也提出了新一届工作组今后工作的新思路：积极推进逆向物流产业化发展，构建分工协作体系，把标准化作为产业化工具创造和实现更多价值；同时，在逆向物流标准推进过程中，要把各个领域带头人聚集起来，凝聚智慧，从而发挥出巨大作用。

2020 年是工作组不断寻求创新的一年。在全国物流标准化技术委员会的领导下，逆向物流标准化工作组紧跟标准化改革的步伐，把握逆向物流创新发展的时代契机，在重点标准布局、标准制修订、标准研究、标准化宣贯与培训工作、组织建设等方面，都取得了积极进展。未来一年，工作组各位委员将秉承“绿色、循环、可持续发展”的宗旨，充分发挥工作组内部的资源与优势，继续积极参与各项工作，为我国逆向物流标准化建设提供重要支撑。

逆向物流设计大赛

2020年10月24日"云丰杯"第四届全国绿色供应链与逆向物流设计大赛决赛在上海海洋大学进行。

本次大赛在中国物流与采购联合会绿色物流分会、中国物流与采购联合会冷链分会、中国运筹学会、全国物流标准化技术委员会逆向物流标准化工作组的指导下，由上海市学位委员会、上海市物流协会、上海市物流学会、上海市运筹学会、上海海洋大学、上海第二工业大学主办，上海海洋大学工程学院、上海第二工业大学经济与管理学院、上海第二工业大学研究生部、上海大学管理学院承办，云丰国际物流（上海）有限公司冠名赞助。本次大赛吸引了同济大学、吉林大学、哈尔滨工业大学、重庆大学、西安电子科技大学、福州大学、中山大学、云南大学、上海大学、江苏大学、集美大学、华东交通大学等65所高校、共计329支团队的积极参与。最终进入本次决赛角逐的共有40组代表队，其中10支研究生组、30支本科组。

40支参赛队伍进行了6个小时的精彩角逐，在专家评委老师严格的评选商议下，最终，来自全国各地的40支队伍分获最佳金象奖、一、二、三等奖、优胜奖、优秀创意奖。"云丰杯"第四届全国绿色供应链与逆向物流设计大赛最高奖项"金象奖"和一万元奖金被同济大学"闪电物流队"获得。当然由于疫情的特殊性，本次大赛的颁奖环节也同样采取"云"授予的方式，大家在线上共同感受了获奖的喜悦。

"云丰杯"全国绿色供应链与逆向物流设计大赛的举办旨在为积极构建政产学研协同推进机制与合力支持建设格局，为全国各地高校学生提供展示自我的平台，展示当代大学生学以致用的能力，推动绿色物流领域应用型、复合型、创新型和技能型人才的培养，促进绿色供应链和逆向物流更快更高质量的发展。同时也能促进相关学者、专家和参赛团队在绿色供应链与逆向物流研究方面的深度交流，为我国的绿色发展集聚智慧、凝聚力量。

同时也希望同学们能够通过此次比赛的参与，积累经验，将设计方案优化，与实践更好的贴切，最终能够真正运用到实践中去，为国家、为社会、为企业解决实际问题，最后带来经济、社会、生态的三重效益。

逆向物流论坛

1. 全国绿色物流与可持续发展研究生学术论坛成功举办

2020年10月25日，全国绿色物流与可持续发展研究生论坛在上海第二工业大学举办。在本次学术论坛上，来自上海市发改委、上海交通大学、上海大学、上海理工大学、上海海事大学、上海工程技术大学、云丰国际物流（上海）有限公司、京东物流、格力绿色再生资源公司、相关科研院校专家教授以及全国高校参赛研究生等2700余人参加线上线下的专家论坛和论文答辩活动。论坛由上海市物流协会逆向物流分会常务副会长郝皓教授主持。

在专家报告环节，上海交通大学朱庆华教授、上海大学管理学院院长镇璐教授、京东物流段艳健总监、格力绿色再生资源公司总经理陈龙分别做了精彩的主题报告。朱庆华教授以多源质量信息对再制造产品线上销售的影响为例，启发研究生以发现问题为导向，寻找科学解决方法并加以实证研究。镇璐教授则从当前绿色航运出发，运用混合整数非线性规划模型和三阶段启发式算法，研究如何减少航运过程中排放尾气中的硫含量。段艳健总监从“青流计划”出发，强调绿色可持续发展之路任重而道远，倡导可持续发展理念，寻求供应链上下游协同创新，共创绿色未来。陈龙总经理介绍了格力公司绿色产业链和全生命周期管理过程，阐述了企业在逆向物流回收体系建设方面所开展的具体工作和取得的成果。

下午，研究生论文答辩分两组同时进行，考虑到疫情影响，答辩环节采用“线上＋线下”的混合模式进行。各位参加答辩的研究生积极准备，与评委老师就论文有关问题进行探讨，评委老师们也围绕学生论文中存在的问题提出针对性的指导与修改意见等。上海理工大学管理学院院长赵来军教授、上海市粮食与物资储备局殷飞副局长和上海大学管理学院镇璐院长对研究生答辩做了归纳总结，指出研究生做研究应从实际问题出发，构建数学模型，瞄准行业前沿与关键领域，认真调查研究，能够真正做到把论文写在大地上。

本次学术论坛共收到来自上海大学、上海对外经贸大学、华东交通大学、上海海事大学、华北水利水电大学以及我校的众多学术论文。经过专家严格评审，最终评出特等奖 1 篇、一等奖 2 篇、二等奖 6 篇、三等奖 8 篇。最终，上海第二工业大学 2018 级环境工程专业研究生孙亦辰的论文脱颖而出，荣获学术论坛论文特等奖。通过本次论坛，不仅提高了参赛研究生的论文写作能力，而且开拓了他们的学术眼界，为绿色物流与可持续发展的研究注入了能量与活力。

2. 智慧物流标准化论坛举办

2020 年 10 月 22 日，上海市市场监管局会同全国物流标准化技术委员会第三方物流服务分技术委员会、全国物流标准化技术委员会逆向物流标准化工作组在上海第二工业大学举“智慧物流标准化论”。

论坛研讨了行业管理相关政策要求和标准化需求，提出了标准化在绿色物流、供应链管理、电子商务、商贸物流，以及现代服务业与先进制造业、快递业与制造业、物流业与制造业深度融合的发展方向，强调了标准的作用不仅在于制定还在于实施。

论坛详述了物流标准化、物流标准体系、智慧物流＋标准化等概况，提出坚持以高水平的团体标准作为市场竞争的引领，鼓励相关企业把企业标准做强做大。

论坛介绍了逆向物流标准化工作组参与国际标准化活动、提出中国方案的经验，认为降本增效的逆向物流、可持续发展是今后绿色物流标准研究制定的方向，要进一步发挥标准化在促进生产到哪里、回收就到哪里的绿色物流发展中的基础性作用。

与会代表还交流了针对行业发展存在的问题和市场需求，讨论研究了制定交叉带分拣机全过程闭环的团体标准的案例。代表们一致认为标准化是快递业、物流业创新发展的基础，制订、执行和不断完善标准的过程，就是不断提高质量、提高管理水平、提高经济效益的过程，也是使企业持续发展的过程。企业用标准化进行管理是逐步改变传统管理模式的起步点，是管理上的重大转变，是实现管理现代化的必经之路。

论坛在谋划本市物流标准化发展“十四五”规划、优化完善物流标准体系、强化物流标准实施应用、深入参与物流国际标准化工作等方面达成共识，同时一致认为，本次论坛为行业管理部门、行业协会、技术研究机构和行业龙头企业各方搭建了行业标准化工作体系和信息交流平台，对接了标准化需求和标准输出路径，有助于推进智慧物流标准化建设，提高物流标准化水平，以标准化支撑物流行业高质量发展。

物流行业活动

1. 又一项逆向物流国家标准获批立项

国家标准化管理委员会发布 [2020]53 号公告，下达国家标准立项计划，上海市物流协会逆向物流分会常务副会长郝皓教授主持申报的国家标准《逆向物流服务评价指标》（20204961-T-469）获批立项，项目周期两年。

该项国家标准经初审、专家组评审、会评答辩等层层严格审核，最终由国家标准化管理委员会批准立项，是继郝皓教授带队主持制定我国首个逆向物流国家标准 GB/T 34404-2017《非危液态化工产品逆向物流通用服务规范》之后，逆向物流团队不断深耕绿色循环和低碳供应链领域取得的新进展。

逆向物流是我国绿色低碳循环发展的重要组成部分，在保护环境、节约资源、推动社会可持续发展等方面具有重要意义。2017 年 1 月，国务院办公厅《生产者责任延伸制度推行方案》明确要求“建立逆向物流回收体系”。近年来，由上海市物流协会逆向物流分会常务副会长郝皓教授带队的逆向物流团队抓住热点，不断深耕，在国家社科基金项目申报、省部级课题研究、实践平台建设、逆向物流设计大赛组织、应用服务等领域均取得了不俗成绩，有力支撑了相关学科专业的建设和发展。

2. 逆向物流分会领导受聘担任《物流研究》编委

2020 年 11 月 27 日，在第十九次中国物流学会年会上，国家级学术期刊《物流研究》首发式顺利召开，并于 11 月 29 日举行了编委证书颁发仪式，上海市物流协会逆向物流分会常务副会长郝皓教授获颁证书并受聘担任《物流研究》第一届编委会委员。

《物流研究》是 2020 年 3 月 5 日经国家出版署批准的，由中国物流与采购联合会主管，中国物流学会、中国财富出版社有限公司共同主办的国家级学术期刊。编委会邀请中国工程院院士徐寿波、范维澄作为名誉主任委员，中国物流与采购联合会会长、中国物流学会会长何黎明作为主任委员。由中国物流与采购联合会副会长、中国物流学会执行副会长贺登才担任主编，中国财富出版社社长、中国物流学会兼职副会长王波担任执行主编。该期刊编委成员包括北京大学、天津大学、华中科技大学、中国科技大学、西安交通大学等 44 名著名教授和学者。

《物流研究》是国内第一家以物流理论研究为出版方向的期刊，主要关注物流理论与政策、物流产业与管理、供应链管理与采购、物流信息与技术、物流系统与规划、国际物流与运输、物流科教与流通等方面的学术论文和科学研究。出版团队提出了“推动中国物流高水平研究，助力中国物流高质量成长”的宗旨和“一流学术期刊的权威地位，一流科研成果的发表平台”的发展定位。

2020 年 9 月 9 日，习近平总书记在中央财经委员会第八次会议发表重要讲话强调，流通体系在国民经济中发挥着基础性作用，构建新发展格局，必须把建设现代流通体系作为一项重要战略任务来抓。要贯彻新发展理念，推动高质量发展，深化供给侧结构性改革，充分发挥市场在资源配置中的决定性作用，更好发挥政府作用，统筹推进现代流通体系硬件和软件建设，发展流通新技术新业态新模式，完善流通领域制度规范和标准，培育壮大具有国际竞争力的现代物流企业，为构建以国内大循环为主体、国内国际双循环相互促进的新发展格局提供有力支撑。习近平总书记的重要讲话，从理论和现实层面深刻分析了流通体系在国民经济中的地位和作用，为构建现代化水平的流通体系指明了方向。

2020 年 11 月 3 日，新华社受权发布《中共中央关于制定国民经济和社会发展第十四个五年规划和二〇三五年远景目标的建议》中四处提到“物流”：在加快发展现代服务业中提到“加快发展现代物流”、在统筹推进基础设施建设中提到“加快建设交通强国，完善综合运输大通道、综合交通枢纽和物流网络”、在促进国内国际双循环中提到“构建现代物流体系”、在实施乡村建设行动中提到“完善乡村物流等基础设施”。

此前，上海市物流协会逆向物流分会常务副会长郝皓教授已担任《中国物流通经济》（中文核心期刊）和《Modern Supply Chain Research and Applications》（国际期刊）的编委，并担任SCI国际期刊《Mathematical Problems in Engineering》的客座主编。此外，还担任SCI/SSCI国际期刊Journal of Cleaner Production（SCI一区，IF=7.246）、Sustainable Cities and Society（SCI二区，IF=5.268）、Data Technologies and Applications（SCI）、International Journal of Shipping and Transport Logistics（SSCI）等审稿人。

3. 逆向物流分会常务副会长郝皓教授课题获国家社科基金项目立项

2020年9月，全国哲学社会科学规划办公室分别公布了2020年度立项名单。上海市物流协会逆向物流分会常务副会长郝皓教授的课题“区块链背景下新能源汽车动力电池回收生态系统及治理研究”获国家社科基金项目立项。

4. 逆向物流分会郝皓教授团队科技项目荣获中物联科技进步奖二等奖

2020年9月10日，中国物流与采购联合会在四川遂宁召开”第十三届全国现代物流科技创新大会暨2020年度中国物流与采购联合会科学技术奖颁奖大会”。上海市物流协会逆向物流分会常务副会长郝皓教授团队的科技项目《非危液态化工产品物流突发事件处理（GB/T 34403-2017）国家标准研制》经层层评审，荣获中国物流与采购联合会科技进步奖二等奖。

郝皓教授带领的逆向物流团队起草和制定了非危液态化工产品物流突发事件处理（GB/T 34403-2017）国家标准，填补了国内该领域的标准空白，居于国内领先地位。

突发事件应急管理是当前我国物流标准化建设中亟需制定的服务标准之一，非危液态化工产品物流突发事件处理（GB/T 34403-2017）国家标准规定了非危液态化工产品物流突发事件处理要求，建立非危液态化工产品物流突发事件处理标准，促进非危液态化工产品物流突发事件处理的标准化，能很好地保障非危液态化工产品物流业务的顺利衔接、促进非危液态化工产品物流系统效率的提高。本标准促进了我国非危液态化工产品物流企业安全环保工作的评估指标及质量水平等研究工作，并达到该领域的国内领先水平。多家物流企业在遵循并实施本标准中的各项要求后，大大提升了应急能力和安全水平，使客户满意率得到了显著提升，加强了对非危液态化工产品物流突发事件处理的标准化管理，避免了许多环境安全隐患，针对安全突发事件做好了各项预警、防范和应对措施，强化了客户关系紧密度。

中国物流与采购联合会科学技术奖（国科奖社证字第0059号）始于2003年，是经国家科技部认定并在国家科学技术奖励工作办公室登记备案的社会力量设奖，每年的获奖项目将有机会被推荐参评国家科技奖。

逆向物流学术研究文摘

1. 中国汽车逆向物流发展及物流系统建设分析（下）

摘要：随着我国汽车保有量的持续增长，汽车产品的生命周期逐渐缩短，更新速度不断加快，与汽车产量增长相伴生的是因产品质量引起的退回、产品召回以及报废汽车的回收等问题日益严重，有效解决汽车逆向物流问题意义重大。《中国汽车逆向物流发展及物流系统建设分析（上）》主要阐释了汽车逆向物流的内涵和发展机遇；本文着重分析汽车逆向物流的发展模式、物流技术及相关创新，在此基础上对汽车逆向物流的发展提出了具体的对策和建议。

关键词：汽车逆向物流、模式、技术、解决对策

作者：郝皓 张继 孙亦辰 陶世鹏；来源：《物流技术与应用》

2. Improvedgrayneuralnetworkmodelforhealthcarewasterecyclingforecasting

Abstract:This paper addresses the problem of predicting multiple factors of health care waste recycling for promoting the construction of ecological civilization against the background of a comprehensive implementation of the "healthy China" strategy. In this paper, an improved gray neural network model is developed for recovery prediction. The one order single variable gray model and triple exponential smoothing are used for predicting the factors affecting recovery. A particle swarm optimization optimized back propagation (BP) neural network is trained by selecting higher-prediction results by precision comparison, and the trained BP neural network is used to predict the recovery of health care waste. Taking Shanghai as an example, this paper uses the actual data about Shanghai health care waste during 2013 - 2017, and the historical data of 11 factors affecting the recovery amount; these are used for empirical analysis. The results of this research show that the gray neural network performs better than other benchmark models and traditional predictive models. An accurate prediction of the amount of health care waste recovered can help decision-makers to implement recycling, and can serve as a reference for governmental departments, helping them to formulate relevant laws and regulations, develop a variety of tasks, and rationally allocate resources.

Keywords:Healthcarewaste; Recyclingforecasting; Graymodel; BPneuralnetwork

作者：郝皓 张继 张骞 姚莉 孙亦辰；来源：*Journal of Combinatoria lOptimization*

3. 循环经济下逆向物流系统要素分析

摘要：发展循环经济是转变增长方式、实现可持续发展的必然选择，与之紧密相关的逆向物流是发展循环经济的有效途径，所以健全逆向物流系统是首要之选。本文以循环经济角度，从网络规划、配送体系、仓储、信息化、成本效益、绩效管理和人才培养等七个要素，较全面地介绍了建立逆向物流系统的要素，以此推动循环经济的发展。

关键词：循环经济、逆向物流系统、要素分析

作者：张春明；来源：《商讯》

4. "宅经济"视角下我国逆向物流发展策略研究

摘要：本文阐述了逆向物流的定义和"宅经济"背景下我国逆向物流发展的原因；指出了我国退货逆向物流和回收逆向物流的发展现状和面临的问题；根据现状和问题，从完善退货逆向物流管理和提高回收逆向物流效率两个方面给出了针对性的建议。

关键词：逆向物流、退货、回收、"宅经济"

作者：乔文祯；来源：《中国储运》2020 年第 12 期

5. 管理信息系统对逆向物流模式的优化

摘要：伴随"发展循环经济、建设节约型社会"战略提出，逆向物流逐渐走向人们的视野，但逆向物流实施仍存在很多困难，如何解决逆向物流困难显得尤为重要。本文对逆向物流类型及发展现状进行了介绍，对传统模式下逆向物流存在的问题进行了分析描述。并提出利用逆向物流管理信

息系统对传统的逆向物流模式的优化方案，对信息系统的模块功能与数据流程进行介绍，并对优化后的经济效益进行了分析。

关键词：逆向物流、管理信息系统、逆向物流模式优化

作者：鄢圣辉 顾嘉源 蔡雨成 钟旭晖 王培；来源：《现代商业》2020 年第 27 期

6. 区块链技术在逆向物流信息系统中的应用

摘要：根据区块链技术特点建立逆向物流信息系统模型，用以解决逆向物流的高度不确定性、运作与实施的复杂性等问题，并以口罩为例进行分析，探究逆向物流信息系统对口罩的逆向物流的作用效果。通过建立口罩的逆向物流信息系统模型探讨了区块链技术与逆向物流管理相结合的有效性与实用性，为逆向物流研究提供一种思路。

关键词：区块链技术、逆向物流、口罩、物流管理

作者：胡奥运 邹安全 党镇宇 杨佳慧；来源：《物流技术》

7. “互联网 + 废旧资源回收与利用”的运作机制研究

摘要：伴随国民生活水平的提高，家电产品更新换代加快，淘汰量日渐增多，家电再利用问题日益严峻。互联网的发展，为有效整合政府、用户和回收企业三方力量，提高废旧家电回收利用率，提供了一种新的发展思路。通过将 GIS 和 GPS 定位等大数据信息技术运用于各回收环节，可以构建互联网回收用户、企业和政府三方联动的运作机制模型，细化针对不同主体的激励机制、回收优化机制、信息数据化机制和可循环利用机制，以发挥互联网对逆向物流的推动作用。

关键词：“互联网 +”；废旧家电回收；运作机制；“点线面联动回收”；

作者：刘艳 蔡万霖 周雪琴 李莹莹 彭欣怡；来源：《中国市场》

8. Information Sharing in Reverse Logistics Supply Chain of Demolition Waste: A Systematic Literature Review

Abstract:In recent years, reverse logistics supply chain (RLSC) has gained momentum as an environmentally friendly approach that could facilitate in greening the conventional construction supply chains. A perusal of literature shows that the research in the field of RLSC of demolition waste (DW) is in an evolving phase. The improper information sharing (IS) is a serious issue in RLSC of DW, which has not been reviewed extensively. Thus, the aim of this study is to discern the aspects of IS in RLSC of DW and to provide potential future research directions on the topic. To accomplish the aim, the objectives of this paper are two folds: (i) to explore the aspects of IS in RLSC of DW; and (ii) to identify the future research directions of IS in RLSC of DW. A total of 89 articles from five search engines published between 2000 and 2019 were subjected to descriptive and content analysis. The descriptive analysis revealed that most of the reviewed studies were case studies and originated from developed countries. The content analysis found that complex, fragmented, cross-functional and multi-disciplinary nature of the supply chain primarily leads to improper IS in RLSC of DW. A collaborative network is needed to improve IS, which is facilitated by government and Information, Communications and Technology (ICT) based initiatives. The study makes a significant contribution by building the foundation on IS in RLSC of DW through proposing a conceptual framework. The conceptual framework shows an outline for the organisations in RLSC of DW to formulate their information initiative strategy. This could be considered as the first step to improve IS in RLSC of DW. Besides, the study also acknowledges several paths of doing further research to contribute to the domain under study.

Keywords:Conceptualframework;Demolitionwaste(DW);Informationsharing(IS);Reverselogisticssupplychain(RLSC);Systematicliteraturereview(SLR)

作者：M.K.C.S. Wijewickrama; Nicholas Chileshe; RaufdeenRameezdeen; J. Jorge Ochoa;

来源：*Journal of Cleaner Production*

9. 包装物逆向物流研究综述

摘要：包装物作为可再生资源，其回收再利用能产生巨大的经济效益和环境效益。文章从包装物的回收模式、循环利用、逆向物流网络设计以及中外立法的对比等方面展开综述，发现我国包装物逆向物流存在的问题并提出相应的对策，最后对包装物逆向物流未来研究进行展望。

关键词：包装物、逆向物流、研究综述

作者：范志强 赵英姿；来源：《物流科技》

10. 推荐论文：逆向物流市场需求旺盛，蕴藏潜在商机

绿色供应链是环境保护供给侧结构性改革的重要抓手逆向物流作为绿色供应链的重要组成部分以资源回收和合理处理废旧物品为宗旨，基于成本效益原则，有效地计划、实施和控制从顾客消费端到原始产出点之间的整个动态链上原材料、库存、产品和相关信息的流通，能够实现社会资源的回收再利用，在保护环境、降低物料消耗成本、提高企业市场竞争力、促进再制造工业发展等方面具有显著的优点。

因此，推进以绿色供应链为背景的逆向物流发展成为当下的热点。

在新发展理念的指导下，物流行业绿色循环发展的需求越来越迫切。在绿色供应链背景下，加快推进逆向物流发展，建立完善的逆向物流体系，对提高社会资源二次利用率、保护生态环境、带动经济绿色可持续发展具有重要意义。

发展循环经济是当今世界经济发展的潮流，《中国制造 2025》也提出“发展循环经济，提高资源回收利用效率，构建绿色制造体系，走生态文明的发展道路”。传统的“取之即用，用之即弃”的线性经济发展模式，已经不适应高质量发展的要求。循环经济依托资源的循环利用，将“3R 原则”作为准则，能够实现经济效益和生态效益最大化。逆向物流是以促进产品返回供应链进行价值提取为核心，是物料循环流动的驱动力，能够有效推动循环经济的发展。

从环境效益方面看，近年来，“提取—生产—处置”流程的传统生产和消费模式，使得大量废弃物没有得到妥善处置。我国塑料废弃物产量每年 8000 多万吨，再生利用率仅为 20%。家电年均报废总量在 2000 万台以上。回收率却不足两成。在电商高速发展的今天，大量快递包装以及退货产品均未得到很好的处理，给社会造成了巨大的资源浪费和环境污染。回收利用这些废弃物，建立有效的逆向物流体系，将会产生巨大的环境效益。

编撰：郝皓

第七篇 城市配送与快递物流

7.1 连锁超市、卖场物流

近年来，随着我国经济的不断发展，人民群众生活水平和生活质量及消费理念不断提高，人们对于各类消费品及服务的质量也不断提高。随着我国城市化的发展，连锁超市及卖场也得到了迅速发展，然而，随着互联网的不断发展，电商经济的不断崛起，我国传统的连锁超市、卖场也受到了互联网线上市场及电商所带来的巨大的冲击，影响了传统经营模式，经营利益大幅压缩。鉴于此，分析我国连锁超市、卖场物流的发展情况，在互联网背景下探究连锁超市及卖场的发展情况，以及物流对此的影响和行业的发展也是十分必要的。连锁超市、卖场作为零售行业的重要组成部分，只有直面挑战，抓住机遇和应对挑战，创新发展，而其中的物流配送更应寻求最佳的物流配送模式，提升消费者的满意度，提升服务质量，从而为连锁超市、卖场提供更好更健康的可持续发展贡献力量。

7.1.1 对国内生鲜超市发展现状的观察和思考

生鲜超市目前是国内发展最为快速的零售业态，尤其是疫情过后，围绕生鲜超市，各地纷纷推出许多新的店铺模式，出现了许多新的尝试。

不仅仅是盒马系列，北京超市发（与知名老字号合作），京东广州的七鲜超市，以及正大集团推出的福来食集等，都在努力寻求新的突破点和增长可能性。

可喜可贺的同时，也有几点思考，整理出来与大家共同商榷探讨。

1. 生鲜超市有必要继续完善部门及品群备齐

找寻恰当的店铺规模，确立最佳收益模式

生鲜超市，有必要继续完善部门及品群备齐，找寻恰当的店铺规模，确立最佳的店铺收益性模式。生鲜超市，有必要回到自己的“事业原点”，强化线下实体店的基本功，在做好生鲜三品以及熟食，店内焙烤部门外，希望能加强准生鲜的日配品部门以及使消费者在店铺里完成“一步购齐”时必不可少的一般食品部门的部门备齐与品种备齐。

具体讲，比如强化日配品中的各种新概念腌渍菜类，豆制品，充实与完善传统副食品的品种备齐。除了传统中华系列腌渍菜，韩国泡菜系列外，比如对富含营养成分的各种日式腌渍菜，可一并作为一日三餐主菜中的副食配菜品，有必要在店铺中持续强化与充实。中国饮食历史悠久，各地均有独特的“在地副食品小菜等”，亦值得深入挖掘与提炼，甚至作为店家品牌商品，丰富在生鲜超市的品种备齐策略中。

另外，在考虑商品备齐度策略时，有必要根据自己的企业定位，细化自己的商品分类和品种备齐原则，尤其是当下，消费者除了要好吃，便利，省时之外，逐渐开始更加关注安全，营养，有机，健康（无谷蛋白等），乃至环保，良知消费品等。消费者的需求逐渐升级进化，因此更有必要在商品备齐度的筛选上加强掌控，真正使自家的店铺在商品备齐度上，做到“人无我有，人有我多（用途多）”。

生鲜超市的最大目的，是让消费者（社区居民）在一家店铺里，就能把“一日三餐居家饮食生活用品，一步购齐”，即实现“One Stop Shopping”。毋庸置疑，“生鲜三品“（鱼/肉/果蔬）以及熟食制作部门与店内烘焙部门，作为生鲜超市的主力部门断然是必不可少的，尤其在店铺集客引流、推出特色经营上，有着不可替代的作用。

但是这些主力部门在店铺的日常运营上的高食材损耗性（Loss 率），人工成本上的大量消耗（高人工成本率等），往往会是生鲜超市店铺经营上的很大疼点。反观生鲜以外的一般食品部门以及日配品部门，细分备齐度做的到位的话，不仅对消费者完成一步购齐做出贡献，而且分别会对提升店铺的营业额以及毛利额，起着至关重要的拉动作用。

生鲜超市唯有掌握好店铺在部门备齐与品种备齐上的整体综合平衡，即把握好“生鲜三品”以及“熟食部门+一般食品部门+日配品部门”的部门备齐度和商品备齐策略，同时认真定位好自己的“商品分类”，在落实商品 MD 商品备齐上的宽窄与纵深，掌控设计好生鲜超市的卖场规模，谋得先机与制高点，继而再掌控好自家店铺各商品品群的“Price Range”（价格带），“Price Point”（敏感价位点），灵活运用好“毛利组合技术”和卖场组合关联技术，与竞争对手既求势又错位竞争，不愁没有市场，不愁没有机会，更不愁没有钱可赚。

随着社会与国民经济的不断发展与进步，消费者生活节奏的变化，导致居家饮食生活亦不断进化和发展。生鲜超市除了继续提供各类居家饮食生活的各类食材素材外，逐渐延伸到各色半成品的提供与服务。即不仅要继续满足厨房需求外，还要考虑满足灶台最后一道工序的加工需求 RTC(Ready To Cook)，RTH(Ready To Hoot) 需求，来自餐桌的即食需求 RTE(Ready To Eat) 和 RTP(Ready To Prepare) 需求，同时亦不可忽视考虑满足冰箱的储备需求以及微波炉用品需求。更要根据不同的居家场景和动机需求，将视野聚焦个人乃至家庭成员的日常性需求，非日常性等需求，设计好自家商号业态的服务范围和备齐宽度与深度，即卖场规模。

美国、日本的生鲜超市多走的是郊外型路线，即农村包围城市之路。中国的城市化发展，便决定了国内生鲜超市的发展路线和推进节奏要有别于国外的发展路径，国内生鲜超市不仅躲不掉城市发展空间环境受其制约，更要设法在复杂的城市空间中寻求生存，站稳脚跟，继而稳步推进扩大事业基盘。

受国内城市基础物业等诸多条件限制，国内的城市商圈参差不齐，因此需要更加留意自己的店铺模式研究，夯实自己的最佳盈利规模。商家不仅要研究以服务备齐“全部门&全品种”的大型店（或旗舰店）外，商家亦有必要，研究开发出小规模卖场面积店铺，比如 300-500 平方米店铺。继而完成以大店带动小店，商圈相互叠加集中出店 (Dominant Strategy) 展店策略，提高在城市中（或某一地区）市场占有率与集中度。为后续的可持续发展，低成本运营，争取最佳盈利，在起步阶段就铺垫好盈利的基础。

2. 集中力量解决目前店铺运维上的痛点

落实标准化，使盈利模式可持续化

①把握好生鲜食品的“店内加工”与“店外加工”，即对面服务与开架销售（预包装）的平衡。

商品自选与自助服务，原本是超级市场遵循工业化经济运作基本原理原则所设计的店铺盈利模式与事业的出发点。

为了追求规模经济以及工业化运作，随着店铺的连锁化的展开，各种配套设施亦相继配套推进。其中便包括以生鲜食品为中心的“生鲜加工中心”以及“中央厨房”等，在生鲜食品供给上推出大量的预加工与预包装商品。工业化生产不仅提高整体效率，使生鲜超市的自选服务成为可能，提高消费者的购买效率。所以讲，生鲜食品的预包装化，以及熟食化，半成品化加工制作，原本是生鲜超市这一商业模式的基本出发点与原点。

国内的诸多生鲜超市，自起步阶段起，便多是在与根深蒂固的传统农贸市场的拼杀中突出重围的。国内的生鲜超市，受消费者长期以来所形成的购买习惯所左右，大多依旧热衷于“对面销售”或“店内加工”，此本无可菲薄。尤其是在满足消费者（顾客）的特殊需求或非日常性需求上，避免机会损失，可以起到不可替代的作用，随着社会的发展与进步，消费者习惯的变化与多样性，是否也要研究生鲜的“预包装化”以及与“店外加工”的相互匹配与尝试？用以满足不同购买习惯，提高店铺的经营效率，使店铺盈利模式更加可持续化（注：笔者认为青岛的“新快”店铺的精肉卖场值得研究和借鉴）。

②店铺的“堂食”部门与“生鲜 / 食品部门”的相互关联，做到“食材共享与互动”，努力实现消费者的“二次购买”。

将堂食与超市有机组合在一起，不可割裂。堂食部门所选用的各种食材与调味品以及其他辅助商品，尽量选用店铺内正在销售或所推出的商品，经过堂食后，增加消费者的体验度，增加对店铺整体的理解与满意度，提高店铺整体的品牌力，同时，完成或实现体验过后的二次购买，增加对店铺线下销售商品的粘度和信赖，增加APP渠道流量。遗憾的是，目前尚未引起更多的店家留意或注意。

③店铺的标准化。

店铺规模设定好后，需要落实好卖场布局与部门，品种备齐计划，同时对商品货架的陈列品番（包括 SKU）做出陈列面数与陈列排面数做出“货架（棚割）锁定”，继而设计规划好最低补货量，店铺门店订货与物流补供货的逻辑与时间周期，即锁定“定位管理”“与”定时管理“。同时，对店铺每天的运作流程，各部门岗位所使用的各类加工工具，促销陈列道具，以及作业规范基准（SOP）等，通过简单化，标准化，专业化，即 3S 主义（3S 主义是走规模化经济发展的充分必要条件，是实现 Business Model 盈利的必要且不可缺少的手段），做出统一的设计与安排，使店铺在整体运营上容易实现低成本化，继而提高店铺的运营效率，实现收益性。

生鲜超市的业态模式，要想做到盈利且持续发展，首先要静下心俩，尊重它的科学性，按照科学的基本原理，原则去思考，设计，然后再加以艺术上的丰富与发挥，画龙点睛。

3. 新零售任重道远，生鲜超市亦如此

国内生鲜超市的发展。可以讲是伴随着新零售的号角而逐渐发展壮大的。新零售所讴歌的“人”（消费者→顾客 = 回头客），“场”（店铺→ Take Out、App= 场的赋能化与相互叠加），“物”（商品→ Needs & Wants= 需求与欲求共生与相互转化），随着社会的发展与进步，其意义日益得到彰显。

新零售时代，更需要对线下店铺有精准的定位与完整的理解。并通过数据的大量沉淀与筛选，关联与转化，对生鲜超市的运维和发展，尤其是精准快速有效应对，赋予了更大的可能和空间。

但是，新零售的推进上，许多具体问题，仍需要继续跟进与破解。比如，用以支持最后一公里的快速配送，如何与干线，城际相互合理匹配？店铺与包括产地总仓与前置仓在内的各个物流节点的库存整合与订单匹配？自动化作业，低成本运营以及有效快速反应的相互融合以及整体设计与运维保障等，仍需要踏实的落地解决。包括生鲜超市目前的高损耗问题解决，后方综合保障基础设施的配套推进，乃至各种专业人才的培养和后续培养与跟进等等，都需要扎扎实实的做好工作。

大家对几年前曾风靡国内的大卫贝尔教授所著的 Location is Still Everything（苏健译“不可消失的门店：后电商时代的零售法则”）还记忆犹新吧？这里的 Location 不仅仅是物理上的店铺位置概念，而且更多的是你的店铺定位，即你的业态模式定位在消费者，乃至你的顾客（回头客）眼中（脑海中）的认知度与被理解认可度和共鸣度。作者呼吁电商时代更是如此。“位置 =Format 定位”（Location），便代表了一切。

新零售任重道远，生鲜超市亦更加任重道远。

来源：联商网

7.1.2 生鲜物流难点颇多，生鲜物流企业如何谋变破局？

《2020年中国生鲜农产品供应链研究报告》数据显示，2020年生鲜农产品的物流费用规模预计达12910亿元，并具有巨大的上涨空间。虽然生鲜农产品物流的市场规模极为庞大，但物流难点颇多，制约着生鲜物流企业的发展。

评判一个行业的物流难度指数，我们一般可以从物流六要素：流体、载体、流速、流程、流向、流量展开分析，就生鲜农产品的物流难点来看，主要包括以下方面。

（1）流体：生鲜农产品一般包括“水果、蔬菜、肉禽蛋、水产品、蛋糕、熟食凉菜”六大品类，品种丰富多样，SKU繁多；生鲜农产品的保质期一般偏短，其价格和新鲜度高度相关，稍有损耗极有可能全部报废，价值全失；生鲜农产品在搬运的过程中，稍有不当操作，也极容易受损或者消耗。

（2）载体：生鲜农产品一般要求低温储存，部分产品需要精准控制温度、湿度，对物流过程中的仓库、车辆、包材、辅材等设备设施（如：冷库、冷运车、冰袋）的专业性要求较高；生鲜农产品SKU繁杂，为防止串味或水果相互催熟变质，每种生鲜农产品需要分区管理，包材和辅材多样且总量大。

（3）流速：为配合用餐时间，客户一般对生鲜农产品的签收时间要求极为严格；另外由于客户看重生鲜农产品的新鲜价值，也就要求较高的整体物流操作时效；这些时效诉求并不会随着季节变化而改变，对物流时效的稳定性也有着严格要求。

（4）流程：生鲜产品越新鲜价格越高，物流环节中的“先进先出原则”要求更为严格；客户一般也要求实现对物流全过程的监控，以了解货品的新鲜度；而生鲜农产品的物流环节中往往伴随净菜、肉类分割、包装等加工流程，涉及不同的包材、辅材、包装方法，加工包装流程较为繁琐。

（5）流向：生鲜农产品物流客户（如：商超、菜市、政企食堂、食品加工厂、社区居民等）的送货地点分布较散，存在多级分销、多级仓储的情况，生鲜农产品的物流中转环节较多。

（6）流量：单个客户采购生鲜农产品的单个SKU总量较少，但采购的SKU种类较多；特别在配送环节中，单车装载的生鲜农产品SKU构成复杂，涉及多点卸货，配送过程复杂；并且，生鲜农产品 SKU 随季节变化大，需要物流企业及时调整操作流程，以适应季节性的包装加工流程变化。

生鲜农产品物流难点颇多，对于生鲜物流企业而言，具体落在仓储运配业务上，选择物流 SaaS 系统帮助其业务优化改进，或为破解行业难题的突破口。就以上海某生鲜农产品物流与供应链公司为例来说，其采用了物联云仓仓配一体 SaaS 系统——50OMS（订单管理系统）、50WMS（仓储管理系统）、50TSS（共同配送系统）、50TMS（运输管理系统），从仓储环节、运配环节、仓配协同环节成功应对了生鲜农产品物流中的种种难点、痛点，实现了物流作业的降本增效。

仓储作业层面：全流程 SOP 提升仓储运营效率，防止生鲜变质毁坏

上海某生鲜农产品物流与供应链公司，在上海青浦区、广东省东莞市、安徽省合肥市设立了 4 个高标冷库，仅上海青浦区就租用了超过了 1 万平方米的冷库，作为上海区域的配送中心。其运用 50OMS 整合管理线上、线下的多渠道订单，并运用 50WMS 管理生鲜农产品的仓储作业，特别是利用 50WMS 的“先进先出，效期管理，库内加工 SOP，智能包材、辅材推荐，智能库区库位推荐”等系统功能，提升了生鲜农产品的仓储运营效率。

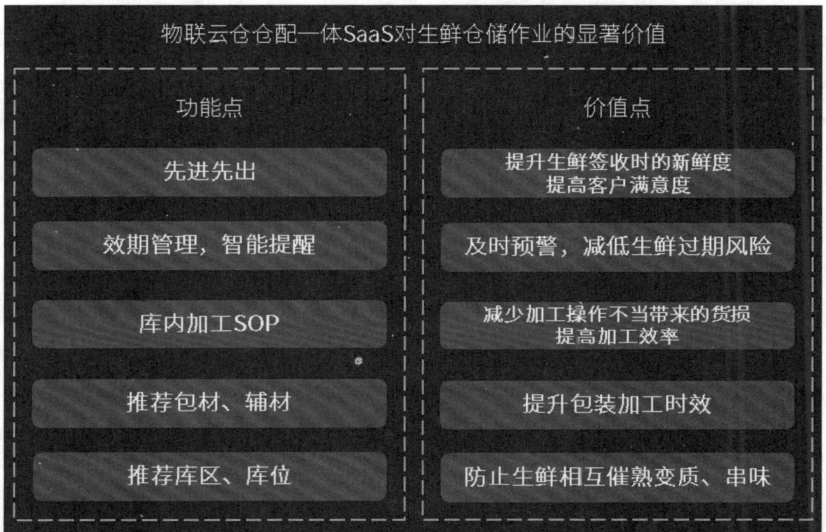

来源：作者根据物联云仓资料整理绘制

为了给其客户提供优质的物流服务，同时为防止生鲜农产品腐败变质，该公司通过 50WMS 系统的一物一码功能，精准管理货品，入库时系统自动推荐库区、库位，帮助生鲜农产品分区管理，防止相互催熟变质或串味；并且在入库扫码时将生鲜农产品的入库时间录入系统，50WMS 自动比对货品保质期，通过智能提醒功能，进一步帮助将先入库的货品优先发货。同时，该公司使用 50WMS 的库内加工 SOP 标准作业流程，严格规范了其库内运营动作，在提高加工效率的同时，也减少了因操作不当造成的货损发生。

为更好适应市场需求，该公司针对其客户的品牌特性，推出了 VIP 定制礼品方案，但由此增加了更多的较为繁琐的包装流程。该公司利用 50WMS 根据订单特性，智能推荐包装、辅材方案的功能，大幅提升了包装人员的工作人效。总体来看，该公司使用 50WMS，使得其库内作业的发货准时率高达 100%，发货准确率达 99.5%，并将库内耗损率降低至 3% 左右。

运配作业层面：提高运力利用效能，降低运力成本

该公司在上海生鲜仓配业务的日高峰发车量在 100 车左右，每车配送网点约为 20 个，总计服务客户网点超过 5000 个，其利用物联云仓的运配 SaaS 系统，通过 PC 端、手机端实现了车辆的智能调度、智选车型、智能排线配载，提高了运配效率。

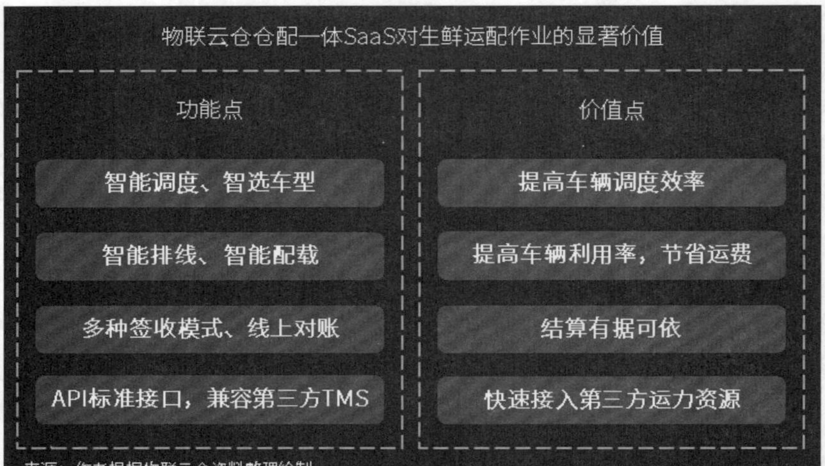

来源：作者根据物联云仓资料整理绘制

一方面，物联云仓运配 SaaS 系统根据该公司的订单详情、商品包装后的重量及方量，自动匹配适合的车型，并依据具体的运配地点进行智能排线，提高了该公司自有车辆的配载率，帮助其降低了运力成本；另一方面，物联云仓运配 SaaS 系统支持多种签收方式，实现结算账款有据可依，并支持系统智能对账，帮助该公司顺利回款。

该公司与物联云仓合作期间，正处在高速成长阶段，在业务量短时间激增之际，其利用物联云仓 50TSS（共同配送系统）的标准 API 接口，快速便捷地对接了主流的第三方快运 TMS（运输管理系统），紧急调用了外部合作伙伴的运力资源，解除了业务爆发期的燃眉之急。同时，该公司根据业务开展的实际状况，适时调整自营与外包第三方的运力资源的配比，实现了资源效能最优。

仓配协同层面：全流程质量管控，保障 KPI 达成

得益于物联云仓物流 SaaS 系统对仓储和运配环节的打通联动，物联云仓 SaaS 系统实现了物流全流程智能监管，并建立了“运输驱动仓储作业”的高效联动流程。这一仓配协同价值，在该公司应对大促活动中的功劳匪浅，帮助其处理可达 100 万 + 的物流数据流量，保障了大促活动的顺利稳定开展。

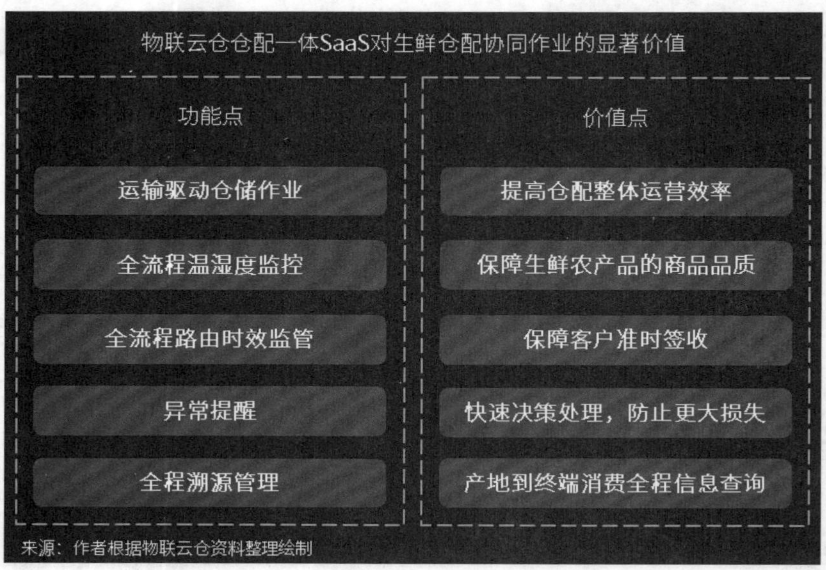

来源：作者根据物联云仓资料整理绘制

物联云仓物流 SaaS 系统通过物联网等智能监管技术，帮助该公司监控全程生鲜农产品物流的温湿度、路由、时效情况，并通过智能算法及规则策略，提醒物流中的异常情况，及时发现、决策和处理，避免生鲜耗损带来的损失，帮助了该公司在大促活动中有条不紊地展开物流活动。

同时，物联云仓通过系统间的信息数据互通互动，已实现“运输驱动仓储作业”的联动，以客户要求的生鲜农产品签收时间为基准，计算仓储和运配作业时间，协调物流各环节协同配合作业，最大可能地减少了大促活动中各物流环节的排队等候时间。50WMS 通过 50TSS、50TMS 智能选用的车型数据和车辆排线时间顺序，自动按照发货优先级安排仓库打单、拣货、包装、出库作业；从接收订单、到装车发运，整体出库耗时仅 1 小时左右；并且，司机在装车后，直接按照智能排线后的路线发车配送即可。该协作机制在实现仓配资源的高效利用、高效协同的同时，帮助了该公司降低了仓配的整体成本，并帮助其超额完成了客户 KPI。

生鲜农产品行业看重产品信息溯源，该功能可查询、保障食品的安全与品质，但如果缺少物流环节支持，实现效果不佳。该公司使用物联云仓仓配 SaaS 系统的一物一码、批次号管理功能，打通了仓储、运配各环节的全流程物流信息，帮助其客户实现从产地到消费者的全程可溯源管理。

从生鲜农产品的整体物流市场而言，根据国务院发布要求，2020 年全民人均生鲜消费量要达到 299 公斤，这个标准较 2010 年提升了 34%，给生鲜农产品物流市场提供了巨大的需求空间。

随着对生鲜农产品消费在超市、便利店、生鲜卖场、B2C 电商、020 平台的快速增长，生鲜农产品行业正在迸发出新的业态和新的商业模式，生鲜农产品物流企业由此拥有了更为广阔的发展可能性和发展空间，物流 SaaS 系统对生鲜物流企业的价值也将更为明显。可以预见的是，率先使用并不断优化升级物流系统的生鲜物流企业，将更有希望分得生鲜农产品行业发展的更大红利。

来源：中国物流与采购网

7.1.3 生鲜经营任重道远，超市应如何规避生鲜管理中的“硬伤”？

导读：

疫情防控常态化下，生鲜品类的消费正以我们想象不到的方式，快速渗透到日常生活的更多场景。实体超市的食品、家百本就面临渠道分流、业绩下滑局面，越来越多的超市企业将增长点锁定在刚需的生鲜上，做好生鲜就显得至关重要。今天我们为大家分享生鲜经营的要点，希望对大家有所帮助。

1. 生鲜经营存在的主要问题

品种求全、求鲜而损耗加大

生鲜超市里的蔬菜、水果和农贸市场相比都不会很新鲜，且价格比农贸市场要高。因为我国的果蔬产品多为小农生产，超市直接采购的成本很高，且很难对小农的生产进行监督，如从批发市场进货，产品质量也同样很难控制。

此外，生鲜产品属易腐产品，保存周期比较短，库存费用就相对要高，在进货途中损耗也比较大。蔬果挑选分级等初加工目前也只能以人工为主，要求却比农贸市场要高，且超市为吸引顾客，品种求全、求鲜，这些都导致了超市在经营生鲜产品这一块的整体毛利比较低。

经营定位问题

一些超市在经营生鲜产品上存在定位“误区”，档次定位非常模糊，过多地集中在中档水平，缺乏“优质高价”和“价廉物美”的超市。有的超市只是把生鲜产品引入视为招揽顾客的手段，没有作为新的利润增长点去有效经营，有的对消费观念、消费水平及细分市场等缺乏了解，盲目扩张，造成了经营困难。

如在超市发达的上海，在一个居民小区的周围，往往会有好几家超市，但这些超市无论是在经营的商品，还是服务、价格、开放的时间方面都极为相似，都没有各自的特色，难以满足消费者日益多样化、个性化、差异化的需求，并且受经营规模的限制，品种不全、经营范围有限，顾客想买的东西买不到。

管理方面问题

我国超市目前还缺乏先进的经营管理理念，营销手段陈旧、乏力。首先，很多超市还未形成以顾客为中心的经营理念，往往过多地注重了对利润的追求，而忽视了顾客的满意度。一些超市口头上虽然宣称“顾客是上帝”，实际上并没有把顾客真正放在心上，没有真正认识到“顾客付给我们工资”。比如一些超市对存包的顾客收取费用；有的超市对顾客反馈意见不重视，处理顾客投诉不及时，甚至怠慢、侮辱顾客。其次，我国超市普遍存在着营销手段陈旧、乏力的现象，大多数超市采用传统的手段如打折、让利、降价吸引消费者，没有形成自己的产品特色、服务特色。

商品供应体系不健全

我国超市生鲜供应链目前虽已基本形成，但问题也较多。从长远来看，生鲜超市若不解决供应链上存在的问题，将很难根本性取代农贸市场的地位。其特点是供应链太长，生鲜产品从生产地到货架，中间要经过许多环节，不仅大部分生鲜产品最终丧失了价格优势，产品的新鲜度也赶不上农贸市场，而且供应链管理效率低下，特别是大宗农产品物流与连锁超市生鲜区之间未能形成有效衔接，生鲜产品的冷链物流尚未形成，这些都导致了超市在经营生鲜上的高成本和低新鲜度。

2. 如何解决生鲜经营难题

做好进销存管理，降低损耗

要想控制好进销存环节，首先要做好超市进货管理。因为是兼营，所以水果等生鲜商品的种类不宜过多，应选择一些常规的品种，如苹果、梨等，要根据季节特征，及时做好商品的上柜工作。同时，单品种单次进货的数量不宜过多，要根据本地消费水平及平时的销售情况确定进货数量，避免造成商品的积压。其次要做好超市销售管理，因为很多小店都是社区店，老客户是消费的主力军，所以我们的服务一定要跟上。专区内商品的价格要合理，要制作统一的价格牌，使商品摆放得整齐有序，看上去赏心悦目。如果有条件的话，还可以为每种商品做一个简单的说明：名称、产地、适宜人群等。当顾客来选购的时候，我们要积极推荐相关商品。第三是要做好存货管理，因为单次的进货量不大，所以在存货管理方面没有什么特殊的要求。主要是注意经常整理商品，发现腐烂的、破损的要及时处理，同时，对一些保湿要求比较高的水果要经常喷洒干净的自来水保持新鲜度。

把好生鲜质量关

首先根据标准严抓商品质量。生鲜商品的运营涉及原材料供给、商品储存、生产加工（简单包装）和陈列销售等几个关键环节。我们超市在这些环节都制定了相关的超市管理标准，如原材料供应储存标准、卫生检疫标准、质量控制标准等。我们在日常工作中就按照标准对商品质量严格把关，达不到这些标准的商品，坚决不能上柜销售。

保证商品新鲜、卫生

生鲜商品运进超市后，为了保证商品的卫生和新鲜，超市管理者设了专用的保鲜库，还建立了报损、下柜和集中销毁制度，设立了三级严格的督察考评机制。超市内设有各大类食品的专职检验员，负责对商品进行监测，普通营业员也有发现、呈报变色、变质、变味食品的职责，层层把关。此外，本市工商、质监等部门也经常派人来抽查，确保商品质量符合要求。超市的生鲜商品本着低于、平于市价的原则销售，力求为消费者提供方便、快捷的服务，聚集人气。

讲究营销策略

采用有针对性的超市管理营销策略。与农贸市场相比，超市生鲜商品区里的蔬菜、水果、鲜肉和水产品等初级生鲜商品的价格优势并不明显，消费者来超市购买这些商品时，对购物环境和商品质量的要求又明显较高，我们在经营管理中就注意很好地运用超市管理的营销手段。我们经常采用以下两种营销策略：

价格管理策略

由于生鲜商品消费的需求弹性较小，属于消费频率高的需求品，因此，准确把握市场定位，实行优质中价或优质低价的定价策略不失为最明智的价格策略。我们超市管理将薄利多销定为生鲜商品区商品销售的基本原则。

促销管理策略

该策略往往会在一些传统节日，如端午节、中秋节时灵活使用。我们注意运用适当的营销组合策略进行促销，突出自身的优势，引导顾客消费。如抓住消费者偏爱消费绿色食品的心理，突出环保健康的主题；利用超市管理的品牌优势，打好质量信誉牌；发挥超市管理的营销策划优势，创新营销手段，提升超市生鲜商品的附加值等。

员工管理抓好三环节

商品上柜前的工作

我们要求员工认真查看交接班记录，及时处理上一个班遗留的问题，以便及时地清理商品、补货；对即将上柜或进仓（鱼类等活物）的商品严格验收；对一些需要二次加工的产品，如大块的肉、排骨等，进行绞剁，分成小块，便于销售，然后贴上标价签或促销签。最后，保证电子秤等设备能够正常使用。

营业过程中的工作

首先要求员工不定时地整理果蔬商品，给海鲜区供水供氧，及时补货，回收卖场的散货，对不良商品及时进行打折处理。其次，要求员工根据当天的销售情况及时、合理地订货，保证次日有充足的货源。最后，要求员工做好交接班工作，做好遗留问题记录。

打烊后的工作

要清理掉所有的工作垃圾，将加工间打扫干净，整理好仓库，关闭机器电源，放置好交接班本。

来源：中商智策

7.1.4 详解：超市快送与到家零售

通常，超市快送新开店 / 仓时客单价比较低，之后，客单价会逐步增高。因为用户多次在到家平台购物后逐步习惯，有了更多熟悉的商品，更可能把到家平台当成主要购物渠道。

大部分用户下单完想要的商品后，都会浏览看看其它品类和商品，会主动想还需要什么商品。肯德基自助点餐机客单价更高也是同样的道理。叮咚买菜每单平均购买件数 7 件，大于线下门店平均购买件数。

对于到家平台而言，会持续观察客单价增长情况，如果客单价增长异常，那么就需要做相应调整，可能是品类结构问题，宣传拉新问题等。

国内最早的到家零售是 20 年前

2000 年在北京成立的“E 国网”是笔者所知最早的到家零售企业，其推出的“E 国一小时”配送服务，能覆盖北京市区大半区域，当时，e 国真能做到订货后 1 小时到货，其经营的商品以快消品为主。

e 国网成立于 1919 年 4 月，是国内最早一批电子商务网站，此时还没有淘宝、京东等企业，当时最有知名度的电子商务网站是王峻涛创办的 8848。

到家零售发展阶段可以划分成以下三部分：

（1）启蒙时代：基于 PC 互联网的到家零售，主要在 2012 年之前，比如 e 国网，邻味网，淘常州等。

（2）混战时代：移动互联网兴起是 2012 年 -2016 年，020 大战，各种企业摸索超市快送解决方案，比如京东到家、多点、爱鲜蜂、在家点点等。

（3）突围时代：经过试错模式，出现了四大模式，即前置仓模式 - 每日优鲜、叮咚买菜；平台模式 - 京东到家、饿了么商超频道；新零售超市模式 - 盒马鲜生；传统超市模式 - 永辉生活、多点。

在某些城市，到家零售已经是主流零售业态

在某些城市，到家零售已经是主流零售业态：以上海为例，到家零售每天单量估计 90 万单，每天覆盖 90 万家庭或个人，每月覆盖 540 万家庭或个人，已经是主流零售业态。

（1）盒马鲜生上海 55 家门店，估计店均线上 6000 单，每天 33 万单；

（2）叮咚买菜上海 254 个仓，估计仓均线上 1000 单，每天 25 万单；

（3）还有每日优鲜、美团买菜、京东到家、多点、美团饿了么等。

与超市连锁店相比，到家零售网络效应更强，未来会强者更强，弱者很难进场直接竞争，到家零售领域是巨头的天下。

到家零售是便利店和大卖场之间的互补业态：到家零售比大卖场更便捷，比便利店商品更齐全，所以从需求来看，到家零售是大卖场和便利店的互补业态。

（1）大卖场的特点是商品丰富，价格实惠，但购物不方便不便捷；

（2）便利店的特点是购买很方便，但商品不丰富，价格不实惠；

（3）到家零售购物方便（30 分钟到家），商品也丰富（比便利店丰富），但价格不实惠。

总结以上，从供应链 SKU 端看，到家零售介于大卖场和便利店之间，更好满足某些购物场景需求。

来源：老张聊零售

7.1.5 传统门店的“生鲜壁垒”被攻破：线上能力成决胜关键

[罗戈导读] 传统实体零售企业目前面临的是销售、客流双下滑。这时，必须选择一个新轨道，开启新增长的效率革命。“如何让老顾客变成新顾客，老的商品变成新商品，少的商品变成多的商品。让有限的东西变成无限。”

“真的有两成顾客会到线上去。”生鲜传奇创始人王卫表示，而且这些顾客基本上只通过线上购买。

与王卫的判断相映衬的是，传统商超、生鲜店等业态的顾客正在被分流：

一部分流向了平台电商的零售业务；另一部分，被各种线上“买菜”的电商“截胡”；还有一部分，被具备线上能力的企业所“接收”。

尤其是疫情使消费者被动养成线上消费的习惯，这种习惯被一直保留。

就连曾被誉为实体门店护城河的——“生鲜品类”也已经被到家、前置仓、“今日订、明日取”等模式逐步蚕食。

作为社区生鲜赛道的头部企业，生鲜传奇也已经越来越注重线上业务。

8 月 29 日，在合肥十店同开并主推“今日下单、次日门店自提”预售模式的生鲜传奇小鲜店就是明证。

消费者通过传奇优选微信小程序在每天 22：00 前下单，次日 9：00 后就可以根据预约时段到相应下单的门店提货。

更关键的是百分百售后，出现质量问题可以线上联系客服或者直接与门店沟通售后处理。

生鲜传奇通过传奇优选微信小程序不但增加了销售，还积累了很多用户，并逐渐建立起了自己的私域流量。

使用微信小程序发展线上业务的不只是生鲜传奇，越来越多的零售企业正把微信小程序作为发展线上业务的重要手段。

山东爱客多就选择用微信小程序发展团购业务，其主导的小爱联盟的拼团业务也藉此迅速成为传统零售行业的一大亮点，“没有增加人和费用，但打开了很多空间。”爱客多总经理、小爱拼团创始人房淼说。

1. 从 2014 年开始，爱客多就一直做网上商城和到家业务。

“我们做了接近 7 年，以前是卖一单赔一单，几次叫停，始终没跑通，但自从去年开始做到店自提，这个痛点就解决了。”房淼称。

2019 年 4 月 8 日，爱客多通过微信小程序开始做社区团购——爱客优选（后更名“小爱优选”），消费者通过小爱优选微信小程序下单，次日来门店自提。

传统零售企业选择用微信小程序发展团购业务的原因，在微信小程序商超生鲜行业负责人滕雨玫分析看来，主要有三点：

一是零售企业的门店有品牌，消费者天然信赖，会更倾向于选择这些品牌；

二是微信有成熟的流量和生态圈，可以满足零售企业这一业务的需求；

三是微信小程序有成熟的解决方案，技术和财力上都不需要更大的投入。

“小爱优选”微信小程序上线第一个月，小爱拼团的销售额达到了六七百万；第二个月达到了 1000 多万，第三个月是 2000 多万。

不断增长的团购销售额，让房淼更加坚定了做社区团购的决心。

房淼认为，传统实体零售企业目前面临的是销售、客流双下滑。这时，必须选择一个新轨道，开启新增长的效率革命。“如何让老顾客变成新顾客，老的商品变成新商品，少的商品变成多的商品。让有限的东西变成无限。”

现在通过微信小程序拼团，爱客多把整个渠道打开了。

房淼判断，微信小程序未来会有一个大的爆发。会有越来越多的传统中小零售企企业上线微信小程序。

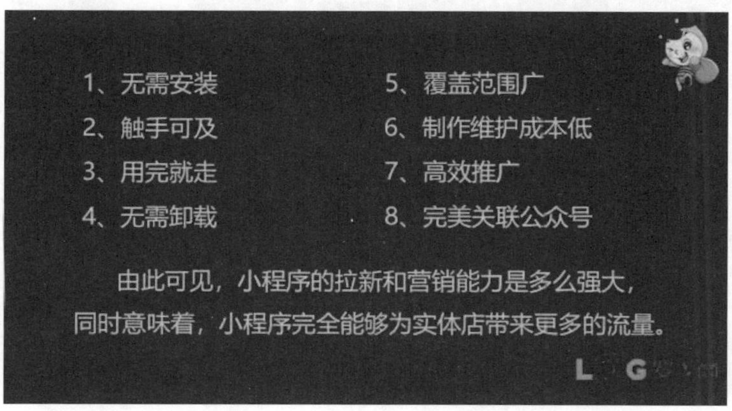

与开发 APP 相比，微信小程序具备天然的优势：

一是无需安装，触手可及，用完就走，更无需卸载；

二是覆盖范围广，有微信 12 亿月活用户的天然流量，并能完美关联微信公众号等工具；

三是制作和维护成本非常低，推广更为方便和高效。同时，腾讯也提供很多推广工具。

房淼表示，传统的零售企业一定要利用好现在的工具，找到业务的新增长方式，逐步建立起线上的私域流量体系，“要趁着现在获客成本比较低，用户忠诚度比较高，抓紧拉用户。”

2. 做社区团购的关键点，一是流量，二是供应链。

流量就是拉客，越多越好。“开 1000 平方米的实体店要用几个月，建群一天就能拉 1 万用户，这是我们这样传统零售企业以前根本不敢想的。”房淼称。

此外，通过社区团购可以倒逼反向供应链，让供应链更加优化。

在未做社区团购之前，爱客多的合作商户包括厂家和代理商总计 500 家，开展团购之后，现在的合作商已经达到了 2000 多家，局面全部打开了。

拼团业务让线下门店的收获的不仅是业绩上的增益，还有线上的流量。

“以前包括实体店的会员体系价值也不大，并未真正激活。从去年开始做社区团购后，微信群活跃用户就达到了 20 多万。”房淼说。

目前，小爱拼团的微信群用户已经超过了 30 多万，这是实实在在积累下来的私域用户。

现在，爱客多超市每天在线下有 7 万笔交易，小爱拼团的订单量稳定在每天 3 万单左右，高时达 6 万单。线下一天的销售额约 300 万元，线上销售额约 80 万元。

目前，爱客多有 87 家门店。在今年新开 500 平方米的社区店中，门头左边是爱客多，右边是社区团购品牌“小爱优选”。

在门店单独开辟和设计出提货点，同时也要考虑直播间的问题。

“在秒杀提货处，一定是最好的环境和灯光，让顾客感受到你对他的商品的爱护。”房淼表示，“选址的时候也不那么挑剔了，人流、车流少的时候，也会用微信群做一下业绩的测算。”

开展团购后，顾客和员工都慢慢发生了变化。进门先掏手机的顾客，一般不会进卖场，而是直接走到提货点出示提货码，把秒杀商品提走。这时，导购可以与顾客沟通，引导他进入卖场或推荐打折商品。

在爱客多，每个月都有数十位团长的奖金在 1 万元以上。更关键的是，很多团长把亲戚家人教会了当团长。

开展团购业务后，员工在与顾客交流时，特别留意顾客询问哪些商品，并会在微信给用户打上不同的商品标签，以便以后更精准的触达。

这样，拼团的线上业务和线下业务做到了有效互补，达到了增加业绩的目的。

像爱客多一样，借助微信小程序发展团购业务的还有位于北京的社区零售企业——首航超市。

3. 首航超市借助微信小程序开展了社区拼团，实现了线上业务 0 的突破。

今年 3 月 30 日开始首次开团的首航优选，采用的是微信小程序下单，自选最近的门店自提模式，目前平均每团的销售达到 38 万元，销售笔数 6000，客单价 63 元。

短短两个多月的运营，首航超市拼团业务微信群的人数达到了 8 万人。目前，首航超市拼团的微信群人数不断增加，逐步建立起了自己的私域流量池。

如果按照平均单次拼团销售 38 万元计算，首航超市一周四次拼团，年销售可达到 7200 多万元，首航超市有 45 家门店，年销售为 13 亿元，仅从营收上来说，保守估计提升了 6.5%。

拼团商品的销售，加上顾客到店提货的二次销售，对首航超市的销售增长贡献大概为 4%。

更为关键的是，顾客在小程序下单已经付款，企业就可以用这些现金去做直采。现金直采，价格更低，商品就更有竞争力。

在某种程度上而言，随着社区团购范围和金额的扩大，已经影响到上游的供应链。

2019 年 12 月，由爱客多等零售企业发起了“小爱联盟”，目前联盟企业已经达到 81 家。

他们统一时间售卖统一单品，售卖完之后再限定时间，到达不同城市的合作伙伴。所以商品供应必须找到具备配送能力的平台和厂家，要在规定的 24 小时或者 48 小时到达这 81 个城市，到达不了的就要将商品提前入库。在这背后其实是供应效率之变， 此前单一的企业往往做不到这一点。

实际上，拥有门店作为载体更易实现拼团业务，并以此作为营收增长点。

爱客多做过测算，一家实体店的成本在 16%-20%，而实体店做社区拼团的成本在 7% 以内。

更关键的是可以“渠道复用，鸟枪换炮。”房淼称。

拼团将消费者和社区店关联的更紧密，让消费者同时兼顾买方、卖方以及传播者等身份。

也有业内人士预测，随着拼团的发展，还是要回归到实体店，门店运营对于纯线上的社区拼团来说相当于能力重构。

依靠线下门店的影响力，以价格优势吸引消费者收取预付款，而在供应链端，粉丝群体成为议价的资本，如此形成良性循环，使得拼团模式可以将物流成本最低化，到店提，没损耗。

无论是首航超市，还是爱客多，都是敏感的零售企业，变化相对较快。对大多数区域零售企业而言，他们并不具备线上的能力。

一位零售行业从业 20 多年的老零售人表示，对一些商超、大卖场的实体店而言，其所覆盖的品类已经逐步被蚕食和替代：

杂百类节节败退，销售很低；清洁洗护类基本被线上替代；母婴也已被海外代购和专业母婴店分流；粮油品类毛利太低，零售企业也只是“搬运工”；就连被成为护城河的“生鲜”，也已被“美团卖菜”“叮咚买菜”“盒马 app”等到家电商和具备线上能力的企业所分流。

对传统线下店而言，生鲜已很难构成竞争壁垒，其原本覆盖的 3 公里范围，已被“30 分钟到家”和“一小时达”的电商所蚕食。

更关键的是，这些线下零售企业尚无大的感知，更不舍投入。在没有独特商品力的情况下，根本无力应对诸多竞争。

房淼认为，市场在变，行业在变，消费者及其消费行为也在不停的改变，企业不肯改变就会面临淘汰，就会失败。

“未来线上、线下零售商的界限越来越模糊，任何割裂的线上线下零售都会有先天不足，传统零售最急需的是要完成一场大的效率革命。”他说。

基于此，线上能力已经成为零售企业未来的必备“技能”，而微信小程序给了众多零售企业一个相对更为容易的起点。正如腾讯高级副总裁林景骅日前在腾讯智慧零售数字增长峰会上指出的，私域业态是线上线下一体化品牌的自主经营阵地，私域成为赢得零售新增量的核心。

来源：罗戈网 灵兽 作者：楚匆留香

7.1.6 联华江桥物流中心：全温带多业态共同配送典范 | 案例回顾

联华江桥物流中心不仅为亚洲地区单体跨度最大的杂货物流中心，而且是业内第一座服务于超市、卖场、便利店、社区型网点以及电商等多个业态的全温带共同配送中心，通过开放的信息系统、标准的作业流程、可视化的运作管理模式、先进高效的物流装备，实现了全方位的高质量物流服务，为联华超市的业务发展提供了强大支撑力。

联华超市股份有限公司（简称“联华超市”）是香港联交所上市公司，隶属上海国资委百联集团，年销售额300亿元，员工近5万人。联华超市于1991年起在上海开展业务，以直接经营、加盟经营和并购方式，已发展成为一家业态齐全、品牌众多、全国布局的零售连锁公司，除了大型综合超市、超级市场、便利店三大主要零售业态外，电子商务业务也在有序开展，实现了线上、线下齐扩张。截至2017年上半年，联华超市的门店总数达到3595家，遍布全国19个省和直辖市。

作为持续领先的中国零售巨头，联华超市的物流体系一直为业界标杆。2016年，联华江桥物流中心建成并投入使用，再一次引起业界广泛关注。据悉，江桥物流中心是目前亚洲地区单体跨度最大的杂货物流中心，业内第一座全温带、多业态共同配送中心，上海市现代服务业综合试点项目。

江桥物流中心鸟瞰图

为了更好地了解联华江桥物流中心的建设与运营情况，本刊记者采访了联华江桥物流中心筹建办公室主任张启强。他自联华超市成立起就进入公司，20多年来一直从事物流工作，曾负责筹建了当时国内便利业态最先进的联华快客物流配送中心、新曹杨物流中心以及江桥物流中心，对公司物流体系发展与完善的历程了如指掌，物流管理运营经验丰富。

联华物流

一、项目背景及概况

1. 建设背景

联华超市 81.6% 的门店处于华东区域，近年来发展迅速。在联华超市原有物流体系中，上海的两个常温配送中心、一个便利拆零物流中心以及一个生鲜加工配送中心，共同支持华东区业务发展。但鉴于四个物流中心布局分散，人员、设备、配送能力等各方面资源也相对分散且难以满足需要，联华超市于是决定新建一个大型物流中心，将原有四个物流中心的业务整合在一起，实现集中化运营及管理。

2011 年，江桥物流中心开始规划建设，2016 年正式投入运营。

2. 概况及功能

江桥物流中心位于上海市嘉定区，其东西长度约为 426 米，南北长度约为 137 米，是目前亚洲最大的单跨杂货物流中心。物流中心占地面积约为13.5万平方米，建筑面积近20万平方米，其中包括：一栋三层的配送中心，约 18 万平方米，分为常温库区 15 万平米与低温加工库区 3 万平米；两栋四层的办公楼 7000 平米及一些辅助用房。

24 台托盘升降机

45 条分拣滑道

便利拆零

两条冷链分拣流水线

江桥物流中心为除江浙区域外的长三角地区的世纪联华大卖场、快客便利、联华、华联标超、i百联电商等提供采购、集货、分拣、储存、理货、加工、配送、信息处理、资金结算等物流及相关配套服务，涉及门店2000余家。江桥物流中心作为目前国内为数不多的大型“全业态、全温带、全天候、全渠道”物流中心，处理的货品不仅涵盖食品、日杂、百货、家电等常温商品，还包括常温生鲜食品、需冷藏冷冻的低温食品，以及与百姓日常生活密切相关的各类快速消费品和耐用消费品，甚至邮包、信函等，充分满足了各业态发展需求。

常温库区40+2台前移式叉车

值得一提的是，规模巨大的江桥物流中心定位独特，功能强大：不仅是商品供应链与物流服务链的关键节点，还是商品贸易的集散中心和商品流通的转运中心及配载中心，成为联合超市商流、物流、信息流的综合服务平台，为其业务进一步发展奠定了坚实基础。而且，物流中心还实现了各业态共享商流资源，可协同采购议价，分享规模红利。

二、强大的信息系统

江桥物流中心建设围绕两大核心服务体系展开，一个是门店服务体系，一个是供应商服务体系。在门店服务体系中，需要保证门店订货便捷性、商品订货满足率、到货时间及时性、商品到货准确性、库存结算及时性、在途商品可视性。在供应商服务体系中，则需要保证供应商货品装卸方便、数据透明、在途商品可视、货源组织高效、结算清晰、设备共享。

为了实现上述目标，江桥物流中心对信息系统建设进行了严谨规划，分为智能社区系统和业务应用系统。两大系统的上线，使人员、商品、设备、资金以及数据实现了在移动中的智能化管理。

1. 智能社区系统

智能社区系统用于物流中心内部管理，包括人员管理、全场区监控管理、资产设施管理、内外部通讯管理以及食堂等方面。

2. 业务应用系统

业务应用系统是用于物流服务的管理系统，主要包括小型ERP模块 、WMS仓储模块、TMS车辆配送模块以及商品加工模块。功能强大、接口规范、灵活开放的信息系统实现了物流中心各个业务环节的信息贯通和共享。各模块的主要功能如下：

ERP 模块承接了卖场、便利店、标超、电商、药妆、第三方以及总部的业务指令，根据业务指令并结合物流中心内部运作，对商品加工模块、WMS 仓储模块、TMS 车辆配送模块做出指令。

WMS 仓储模块能够在进货扫描后自动分配库位，操作人员仅需按照信息指示将货品送至指定库位；在分拣过程中，系统自动生成的拣货标签上印有相关信息，指导拣选作业；还能够盘点各类商品库存状况。

TMS 车辆配送模块能够自动规划配送路径，提高车辆装载效率，使货品保质、准时、高效的完成配送。

商品加工模块驱动低温加工库区的生鲜加工作业。

三、先进的物流设备应用

1. 搬运设备

一个物流中心的运营系统中，装卸搬运设备的选用不仅关系到作业效率，也关系到作业人员的劳动强度，特别是联华江桥项目，总体面积广、单体跨度大，对于搬运设备的选择慎之又慎。抛开稳定可靠，高效耐用等特性之外，及时的响应时间，完善的售后服务等也是重要参考因素。经过层层的预筛选和公开招标评选，第三方招标专家会最终选择了在业内有良好口碑的林德叉车等一批优秀搬运设备，在一年多的使用过程中，这些设备完全融入了江桥物流中心的系统运作，有力保障了货物的安全、快速、高效的移动。

2. 自动化分拣系统

物流中心采用了高速滑块式分拣系统，截止物流中心投入使用之际，为国内同行业中速度最快、能力最强的分拣流水线，分拣效率高达 1.25 万箱 / 小时，实现了货物快速自动且零差错分拣。

3. DPS 电子标签拣选系统

针对拆零商品采用 DPS 系统，通过货架上的电子显示装置提示的应拣选货物及其数量，辅助拣货人员作业，不仅缩短目视寻找的时间，大幅提高拆零拣选效率，还减少差错率。

4. 自动升降设备

物流中心为三层楼库的设计，楼层之间的货品传送通过自动升降机提高了效率。

此外，特别值得介绍的是，江桥物流中心以“高效、节能、共享”为目标，在商品、资产、设备、人员管理等方面广泛应用了条码技术、无线射频技术，强化资产、设备、作业的跟踪管理；强制推广外箱码的规范使用，以规范物流运作管理、提高作业效率；使用标准托盘、标准周转箱、标准笼车等载运工具，实现载运工具的双向互换和社会化流转使用，提高作业效率；规范配送车辆车型，在自有车辆以及签约运输车辆上均配置装卸尾板，实现货物的快速装卸和交接。高度的标准化、规范化、可视化，保障了物流顺畅、高效。

四、顺畅的作业流程

本部分主要介绍常温库区物流作业流程。低温加工库区除了与常温库区相似的收货、存储、分拣、出库等作业环节外，还包括生鲜食品的加工处理，如蔬菜清洗、肉品切割等，此不再述。

1. 收货

物流中心南侧有 45 个进货道口，接收 2000 多家供应商货品。工作人员应用 RF 枪扫描完成收货作业，信息自动传递给 WMS。

2. 存储

常温库区二层、三层为存储区，一层除了分拣、发货区以外，还包括通过型货品暂存区。扫描完成收货作业的货品，WMS 自动按照货品规格、属性等特点分配指定货位。

针对通过型货品，作业人员驾驶叉车搬运至一层的通过型货品暂存区；对于存储型货品，则由叉车作业人员搬运至自动升降机，自动升降机自动提升至指定楼层，再由该楼层作业人员驾驶叉车搬运到指定货位，完成存储。

3. 分拣

分拣作业分为整件分拣和拆零分拣。

整件分拣是工作人员手持 WMS 自动生成的拣货标签，驾驶叉车到指定货位拿出指定数量的整件货品，搬运至自动升降机，并贴上相应的条码，然后在搬运到自动分拣系统的入货口，由自动分拣系统完成分拣。

拆零分拣区位于一楼。输送线贯穿拆零分拣区，当拣货标签与周转箱一起到达作业人员负责区域时，货架上的提示灯亮起，作业人员按照提示将指定数量、指定货品放入周转箱，周转箱自动传送到下一拣选区，直到完成所有拣选任务，打包并贴上相应条码，自动进入自动分拣系统。

4. 分拨

当整件商品或分拣之后的周转箱经过分拣系统的扫描设备时，自动扫描条码，按照信息自动到达对应的道口。

5. 出货

工人将货品装入笼车，与此同时，TMS 系统安排对应的物流运输车到达出货道口，作业人员驾驶叉车将笼车运送到车上，物流运输车按照既定路线进行配送。

需要指出的是，江桥物流中心道路环通、场地宽敞，装卸货码头、停车泊位富足，可以确保任何货运车辆的平均装、卸货时间不超过半小时，作业效率极高。

五、项目特点及效果

联华江桥物流中心酝酿时间长、资金投入大、规划起点高，广泛吸取了他人的经验教训，集合了各项物流标准和物流规范，采纳了先进的运作管理理念，选用了先进的物流运作技术和设备，确立了自己的优势地位。作为业内首创的全温带共同配送中心，该项目吞吐能力强、作业效率高：常温库日进库峰值为 25 万箱，日出库峰值为 25 万箱，极限库存容量 200 万箱，储存型商品品项数为 2 万 -2.5 万个，拆零品项数为 5000-8000，库存商品周转天数为 7 天，年配送金额超百亿元。低温加工库日配送量达 580 万元，冷库存储量 8 万箱，生鲜食品加工量 7600 万元，年配送金额超 20 亿元。

联华江桥物流中心运营一年里，以开放的信息系统、标准的作业流程、可视化的运作管理模式、可追溯的全程监控措施为保障，以联华集团遍布长三角地区数千家门店的商品配送需求为依托，面向社会、面向供应链上下游客户提供全方位的物流综合服务，戒为名副其实的能辐射长三角地区的城市共同配送枢纽，成为了规模宏大、功能齐全、技术先进的行业示范工程。

来源：《物流技术与应用》

7.1.7 揭秘：“供应链实干家”永辉超市秘密

一直以来，生鲜业务都是商超行业的一大难点，因为若是没有完善的供应链体系支撑，很难从生鲜业务中获利。品类繁杂、供应商小且散、难以统一管理、客单毛利低、损耗率高……生鲜业务痛点多多。

也正因如此，很多商超要么选择外包生鲜业务，要么只保留较小的生鲜经营区域用来引客。

生鲜损耗率 3%，永辉如何做到的？

被誉为“生鲜之王”永辉超市显然是一个“异类”。永辉超市不仅以生鲜业务起家，还借助生鲜业务从福建走向全国，成为中国超市前三强，而不断强化的供应链正是支撑永辉超市快速崛起的核心竞争力之一。

经过十几年的耕耘，永辉超市的供应链建设已经覆盖全国，并深度下沉直至六线城市。通过打通上游优质采购、配合强大的物流体系快速配送、冷链系统保鲜、门店到家，以及强大的智能中台，永辉超市打造了高效的供应链体系，不断建立并强化同行难以拷贝的竞争优势，堪称我国商超行业的“供应链实干家”。

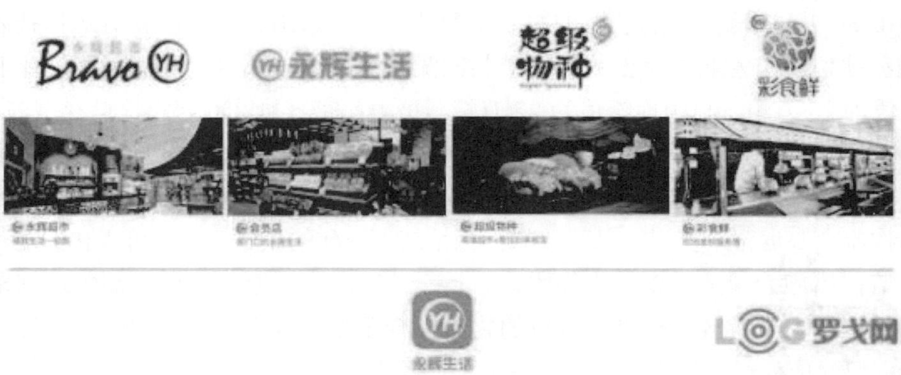

西南证券在研报中指出，生鲜行业的损耗率约为 20%-30%，而永辉超市生鲜损耗率仅为 3%-4%，可谓是见微知著。

2020 年是永辉超市高速成长的第 20 年，其中，供应链功不可没。那么，永辉超市在供应链建设方面做了什么？供应链又带给了永辉超市什么？

一、用“源头采购”锁住商品新鲜度

从产业规律可知，当门店数量、业务量增长到一定规模，商超企业要想继续保持高效的运营，实现海量商品在供需之间的高效、精准匹配，就必须进一步夯实供应链能力。对于以生鲜品类为主的永辉超市来说，更是如此。

相比同行，永辉超市生鲜供应链的特色在于源头采购。围绕“品质、品牌、源头”三大核心原则，搭建“源头直采＋区域直采＋自有品牌”的三重模式，建立全国性生鲜农产品统采和区域直采体系，减少传统模式冗长的流通环节。

众所周知，对于生鲜品类，消费者最在意的就是新鲜度。而借助源头采购模式，永辉超市能够更加清晰地了解源头商品特性，严格执行商品保鲜、储存条件、货架周期等重点环节，通过“生鲜产品专家”式管理，有效“锁住”商品的新鲜度。

据悉，永辉超市设立的千人供应链部门直采团队，从不同类别入手，深入到产品源头，通过与农户或农村合作社直接对接，准确掌握产品价格、质量。直采团队对全国各地的特产了如指掌，根据季节变化精准对应产区的转化，通过梳理每个产地的卖点、特色，从而更好地匹配终端消费者喜好。这也意味着，每个单品在每个永辉超市采购的心中都有一个路线图，真正做到“买要懂得卖，卖要懂得买”。

以荔枝为例，荔枝的季节性强、产品周期短、保鲜难度高，对供应链和产品管理的要求极高。每年的6-8月是“荔枝季”，而全国产地由南往北推进，从海南到广西、广东，再到福建，荔枝的品种繁多，市场上流通的多达20个品种，每个品种上市周期仅有一周到半个月的时间。

而不同的品种，价格差异也很大，如“妃子笑”刚上市时单价高达30元以上。在产品的保鲜上，根据果核大小、果肉厚度、颗粒厚度，采收方式、保鲜方式及温度控制都存在差异。

为此，永辉超市采购团队制定和严格执行每一项标准，以更优、更高效的供应链配置，确保全国的消费者以优良的性价比享用到当季新鲜的荔枝。

二、省下顾客每一分钱

从消费者角度看，除了新鲜商品外，最吸引他们进入超市的莫过于高性价比的产品。而商超企业要提供具有性价比优势的商品，获得成本优势是前提。借助供应链建设，永辉超市在上游采购、仓储物流等方面建立了成本和议价优势，从而能做到用良心价赢得消费者的心。

首当其冲的是采购端。永辉超市产地化采购的模式使其对商品源头的行情感知更敏锐，也减少了中间加价环节，保障了商品的持续供应。同时，通过多样的源头采购方式最大限度地减少了″产地—门店—消费者″的生鲜产业链的中间环节，降低了物流、仓储和损耗的成本，保持了生鲜产品色香味的同时，保证了商品的成本优势。

同时，永辉超市于2018年年底推出的自有品牌“永辉优选”，就是永辉联合上游优质供应商，通过订单生产，强化供应链能力，构筑差异化优势与竞争力的体现。

自有品牌田趣的五常大米是永辉超市较早一批的“订单农业”单品之一。2016年开始，永辉超市先后与黑龙江省北大荒米业集团、五常市乔府大院农业股份有限公司合作，在五常大米核心产区通过土地流转，建立起了超过15000亩的永辉超市“五常大米”种植基地。

通过订单农业和农产品品牌化的模式，既避免了中间环节加价、提升产品性价比，还能从源头把控食品安全。除了明星单品田趣“五常大米”，永辉超市还推出了板栗南瓜、金钻凤梨、富平柿饼等一系列“订单农业”单品。

除了源头直采、供应链自营和订单式农业之外，永辉超市还联合中百集团、红旗连锁、等战略合作伙伴进行联合采购，以获得大宗产地直采的优惠价。不仅如此，永辉超市还与特色农业绑定，基于原有的业务收购、合资、引入或参股了一系列上游公司，先后参股星原农牧、国联水产、闽威实业、湘村股份等公司，通过一体化布局，提升议价能力，进一步强化永辉超市在供应链采购端的优势。

在确保源头商品高性价比供应的同时，永辉超市通过“以销定采，采销协同”，进一步优化采购效率，降低损耗。具体操作上，平台采购和战区采购会相互配合，采购和运营会实时互动。平台主要负责长半径、远程化采购，如核心产区的核心单品，当季生产整年销售；而省战区采购主要进行短半径、属地化采购，如具有区域特色且不易保存的本地蔬菜等，以提高灵活性。

降低采购端的成本只是第一步。对于零售连锁企业来说，供应链管理的目的之一就是要以相对低的成本选择好产品，并以最快的速度送到目标消费者手中。

想在产业链的上下游形成优势，就必须在采购、仓储物流等多个环节打通以形成优势，形成一条可控的供应链体系，一套低成本、运转高效的物流系统格外重要。

三、自建物流 降本增效 保新鲜

对于仓储物流的投入，除了保证商品新鲜度外，另一个重要目的就是降本增效。做商品，除了要在源头把控之外，还要减少运输过程中的损耗。

相较于第三方物流，自建的仓储物流在成本控制、服务水平和服务的响应度上有较大的优势。通过不断完善的自建仓储物流体系，永辉超市在服务的复杂度、运输的灵活度、物流的响应速度等方面都有一定程度的提高。

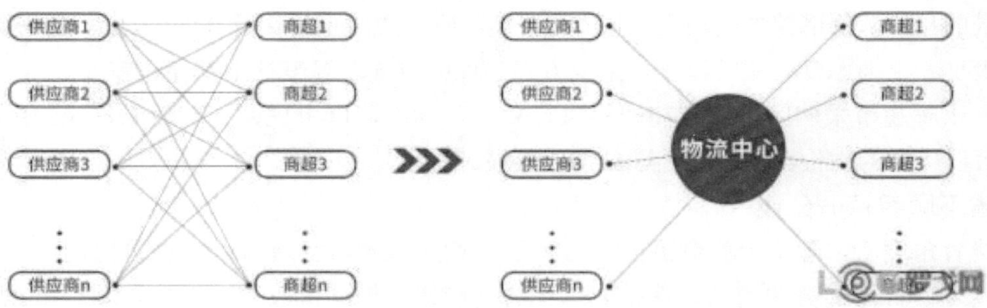

自建仓储物流的前期成本投入较高，建成之后抬高了行业竞争门槛，所带来的效益具有更大的持续性。而不论是采购成本，还是物流、仓储成本的进一步降低，最终都会传导给消费者，满足其对高品质、高性价比的产品和服务的需求。

据悉，永辉超市很早就开始搭建仓储物流系统，通过自建仓储物流运输配送，保证商品新鲜度，提高商品运输效率。特别是冷链系统的建设，有效提高了商品的保存期限，提高了生鲜等商品的运输半径。

根据永辉超市财报，截至 2019 年年底，永辉超市的物流中心配送范围已经覆盖全国 28 个省，在全国已拥有 19 个常温仓、11 个冷链仓，总运作面积 60 万平方米，总作业额达 522.4 亿元。

覆盖全国的物流中心，叠加密度不断增加的物流网，永辉超市打造了一条条商品流通的高速公路，保障了商品的运输效率和新鲜度，也显著降低物流费用和商品损耗率，提升了自身的竞争力。

四、供应链管理拥抱数字化、智能化

随着企业规模不断扩大、订单数量的增加，商品从采购端到销售端的流程越来越错综复杂，对公司运营能力的挑战越来越大。永辉超市官网显示，截至 2020 年 8 月，超市业务覆盖全国 29 个省份，553 个市（区、县），开业门店 943 家。

全国庞大的订单业务量意味着永辉超市需要借助数字化手段打破信息孤岛，实现供应链各环节计划、采购、交付到营销之间无缝连接，提高各环节的协同性，缩短供应链响应时间，确保服务质量和客户购物体验。

为了打造强大的智能中台，永辉超市持续发力，通过消费场景、大数据以及 AI 技术支持链接上下游，打通下单到采购、到仓储、到门店的各个环节，实现门店数据化与智能化，从而提高公司整体效率。

更为重要的是，智能中台的建设提升了公司线上服务能力，助力推进永辉超市线上线下融合发展，打造“手机里的永辉”。

线下线上的用户需求不同，到店顾客对价格较敏感，而到家顾客则更看重品质、购物体验，这对永辉超市从 APP 建设，到商品结构，再到标品设置，如商品规格、包装物、履约能力等提出了新的要求。在供应链方面，就是不断提升和优化线上商品的选品，提供更符合到家需求，同时品质更高的商品。

智能中台的建设显著加速了永辉超市到家业务发展。2020 年一季度永辉超市的到家业务同比去年增长 2.3 倍，占比 7.3%，同比提高 4.5%。永辉 618 购物盛典战报显示，借助永辉生活以及京东到家、美团、饿了么等平台。6 月 18 日当天，“到家”业务 GMV 增长超过去年同期 4 倍，俨然已经成为新的增长点。

对永辉超市来说，数字化转型是新课题，也是未来发展的新起点。借助智能中台，永辉超市将推动运营从过去以人为中心，到现在以市场为导向，再到未来的智能化运营。对消费者、对行业来说，也意味着新的期望和想象空间。

五、用供应链加固护城河

自 2010 年上市以来，永辉超市实现了 10 年快速发展，全国化布局全面铺开，每年新开门店均保持在 45 家以上，最多一年新开店 332 家。一般来说，企业在快速扩张的过程中往往会降低产品售价从而提升自身竞争力，导致毛利率会出现下滑，即使是国际零售巨头沃尔玛在其快速扩张的阶段也曾遇到类似的挑战。

但永辉超市在快速扩张的过程中，却做到了毛利率保持稳定增长、期间费用率处于行业低位、期末现金余额稳步增长，高速的扩张并没有降低企业的盈利能力。

华创证券研究认为，在永辉超市发展的初期，即使没有供应链也可以快速扩张，但是门店数量增长到一定规模时，对于供应链的需求日益增加，店面增长会明显放缓，永辉超市的门店数量在2014年后的新一轮高质量增长，是得益于其在供应链上的投入开始发挥效力。

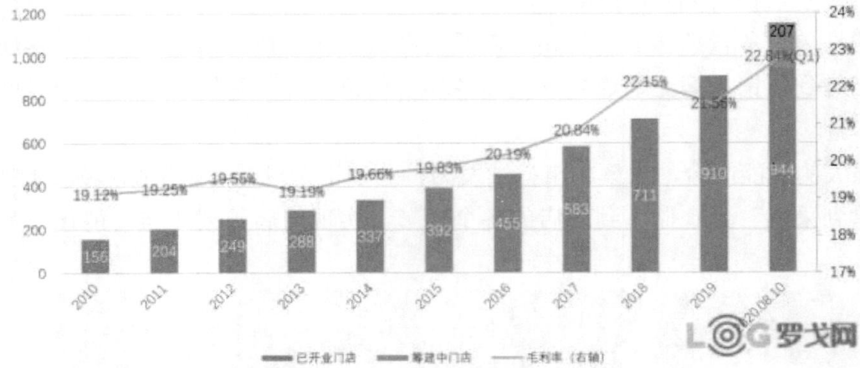

永辉超市

不断完善的供应链体系为永辉超市的规模扩张保驾护航，扩张带来规模效应优势有效降低企业成本、提高运营效率，进一步加固了永辉超市的“护城河”。

通过规模化采购提升对上游话语权，降低采购成本；规模扩大带来品牌效应和聚客效应提高，有利于获得地产商更多的租金折扣；更多的门店与订单可以摊薄仓储物流成本，规模化运输也可以提升运输效率。

在降低成本的同时，供应链建设也带动企业运营效率提升。从需求预测、流程管理、库存优化，到发挥各个环节的协同效应、风险预警，强大的供应链配合趋于成熟的智能中台系统，让永辉的经营效率进一步提升。根据2020年一季报数据，永辉超市的总资产周转率为0.56次，存货周转率为2.16次，和国际商超巨头沃尔玛的数据相当。

近年来，永辉超市还将直采源头进一步拓展到了国外，不断推进永辉超市国际供应链布局。通过合资、引入投资者、对外合作等方式，永辉陆续与牛奶国际、达曼国际、澳洲最大连锁超市Woolworths、百年企业美国嘉吉等公司达成合作，整合全球供应链资源。

2019年，永辉超市设立一二三三国际供应链管理有限公司，打造S2B全球消费品供应链服务平台，为需求方提供全球商品对接、联合采购、仓储物流、支付金融、链路营销、品控溯源和数据赋能等综合性供应链服务，不断强化国际供应链竞争力。

东兴证券认为，随着超市产品结构越来越复杂，消费需求结构转型，未来以消费者为核心的产品结构重塑，都将推动供应链再升级，商超的竞争越来越体现在供应链深度和效率竞争，不断完善和优化的供应链有望成为永辉在下一个10年的护城河。

“永辉模式”看起来并不复杂，但是在具体实践中往往却是“一看就会，一做就错”。这是因为供应链的建设和改进不是一朝一夕可以完成的，供应链建设花费资金大，显效时间长，不同环节如何相辅相成需要不断地磨合、慢慢地积累经验。

永辉超市在供应链上布局十几年，已经在供应链的迭代更新中投入了巨大的资金和心血，不断强化在供应链上的优势。除了明显的先发优势外，更为宝贵的是，永辉超市在不断优化供应链过程中所积累的经验、诀窍、人脉资源、品牌影响力、流程优化的细节等，都是竞争对手难以在短时间内模仿的。

来源：罗戈网 联商网

7.1.8 让零售企业大型物流中心配送更高效

通过“配”与“送”环节运营效率提升，促进零售企业整体物流的高效运营，进而使门店库存不断降低，商品周转不断加快，配送时效越来越高，这就是零售企业花巨资打造物流中心的目标所在。

零售行业的配送服务是指从供应商送货到零售企业物流中心，再从物流中心送货到门店这个阶段的物流服务。本文分析的零售物流中心的配送服务（这与我们通常认为的配送是指从物流中心出库开始的送货环节不太一样），主要包含了“配”和“送”两个环节，“配”是对货物进行收货、分拣和组配的服务，“送”是将货物送至门店或消费者手中的服务。

随着零售连锁实体门店越来越多，配送半径不断扩大，零售门店对配送的要求越来越高，大部分第三方物流供应商的配送能力已经无法满足零售企业的发展需求，门店到货满足率不高已经严重影响了门店销售额。

面对这一困境，已经有越来越多的大中型零售企业选择以自建物流中心的举措来寻求突破，并以此为基础来实现物流的高效运营，满足企业发展需求。对于这些大中型零售企业来说，自建物流中心的资产投入十分庞大，建好物流中心只是实现物流高效运营的第一步，高效率、高质量的完成物流运作，并控制好物流成本才是重要目标。因此，对于这些中大型零售企业来说，究竟该如何将高达 3 万以上的商品品项数全部纳入到物流管理，既保证门店的高到货满足率，到货及时性；又降低物流中心或门店的高库存、滞销库存，为门店销售提升提供有力的保障则成为了实现物流中心高效运营，促进企业更好发展的重要环节。

下面重点分享商品进入物流中心后到送货至门店这个链条上的“配”与“送”中的一些经验。

一、配送作业模式的设计与选择

针对容纳量为 3 万以上商品品项数的大中型物流中心，如何做到全部通过物流中心进行配送，配送模式的设计十分关键。不同的商品在物流中心有不同的配送作业模式，大体分为：越库作业与在库作业，其中商品 SKU 占比约为 8:2。

1. 越库作业

越库模式，即门店向供应商下单后，供应商将商品送到物流中心后，物流中心不留库存，将商品直接按照订单分播到门店集货区，并进行配送，一般是供应商当天将商品送到物流中心，晚上物流中心进行集货合板作业，最晚于次日配送到门店。

越库作业适用的商品主要是 B 类商品，及 A 类、C 类中单价低、商品重、易碎类商品。

越库作业的特点：商品品项数多，货量一般，采用的分拣模式为人工分播或用自动分拣机（易碎品、异形品采用电子分拣墙，单店单品货量大于 15 件的平移到门店集货区）。

越库作业的好处是：无需大面积的货架存储，运作现场所需面积少，坪效高，商品周转时间短，分拣效率高。

2. 在库作业

在库作业商品由采购部 / 物流部的订单组统一下单，供应商将商品送到物流中心后，存储在物流中心仓库里，物流中心根据门店的订单进行分拣。

在库作业主要适合销售量大、周转快，或门店补充类商品（销售量小，周转慢）的两类商品，具体分以下四种：

（1）促销品（约 300 品项，门店销量占比 35%-45%，是产生退货的主要来源）

特点：商品品项数很少，销量巨大，周转快；

存储方式：地堆。

配送方式：采购部门按照预估销售总量的 40% 将商品给各门店进行匹货，根据门店开档后的销售情况在进行补货。

好处：商品及时到店，门店到货满足率高，避免销售好的门店无商品可销，销售不好的门店存在大量的高库存，促销档期结束后产生的供应商退货不影响二次销售；

分拣模式：提前跟供应商沟通好，档期开档前 10 天到货，到货时物流中心边收边分，采用车倒车，货量足够大时可以让供应商直接送货到门店零售企业 支付供应商部分运输费用，剩余库存放入物流中心地堆区，开档后根据门店的需求随时下单，随时到货，促销档期结束后 3 天内退回供应商。

（2）AA 类商品（TOP100-300 品项，销售量占比最少 30% 以上）

特点：商品品项少，销量很大，库存周转快；

存储方式：地堆或驶入式货架；

好处：门店到货满足率高，物流到货及时（A 订 B 到，即当天订货，第二天到货）；

分拣模式：托盘上货量达到两层以上的，由人工平移分播到门店集货区。

（3）AB、AC 部分商品（单价低、商品重、易碎商品除外）

特点：商品品项少，销量大，库存周转快；

存储方式：横梁式货架；

好处：门店到货满足率高，物流到货及时（A 订 B 到）；

分拣模式：单店货量 <15 件（单店单品 < 两层），上分拣机，单店货量 >=15 件（单店单品≥两层），平移到门店集货区。

（4）C 类部分商品

特点：商品品项相对要多一点，货量小，适用于门店补充量商品，库存周转慢；

存储方式：琉璃式货架或阁楼式货架；

分拣模式：拆零分拣机 / 电子标签 / 分拣墙，提总 + 分播 / 摘果式。

3. 其他方式

典型的还有寄售模式，供应商商品存放在零售企业物流中心，根据供应商指令由零售企业实现收货、存储、分拣、配送等作业。

寄售作业模式特点是：商品品项少、货量大，运作 过程中残损商品少，杜绝隐性损失；

存储方式：根据商品特性进行存储，参照在库商品存储方式；

好处：库存充足，门店到货满足率高；

分拣模式：根据单品货量参照库存性商品运作模式。

二、提升装卸效率很关键

目前，大多数物流中心的商品在装车环节都需要装卸工一件一件搬上车，到门店后需要大量的门店促销员一件一件卸车，导致配送半径 50 公里的物流车每天最多运载两趟，即使在其它环节一切通畅的条件下（例如：物流车及时到店进行装卸），仍需要大量人力加班加点才能完成，这种装卸作业耗时、费力、成本高、商品破损率高、管理难度还大，严重影响着整体配送效率的提升。

面临这一现状，我推荐使用带板运输加门店整板清点的模式，这一模式下运输车队的交货效率与门店收货效率都将大幅提升，物流装卸货作业中的货损将大幅减少，并且可以建立门店收货信用机制，便于快速解决门店申偿等问题。

带板运输能够有效缩短供应商的交货及集货时间，降低商品搬运的人力成本，减少人为破损，并大幅提高各环节作业效率

这一模式的实施需要从以下几方面着手：

1. 载具 & 搬运设备使用

要想实现高效配送，就离不开托盘、周转箱、物流笼车等单元化载具的应用，其中主要包括运输载具，如包括托盘、物流笼车、西瓜笼、物流箱等；还包括门店陈列载具，到店直接进行陈列，提高陈列效率和减少损耗，如生鲜筐、物流笼。

叉车等自动化装卸搬运设备也必不可少；同时，还要注意依据标准载具选择合适车型，增加车辆满载率。

2. 增加合板作业

在物流中心装车前需要增加合板动作。首先要制定合板标准。一般组盘高度为 1.7-1.9 米；组盘方式，是用缠绕膜将每托盘货固定好，避免倾倒和货损；进行检核，保证系统与实货箱数核对正确。

在合板中值得注意的是，如果供应商的物流包装设计不考虑载具尺寸模数，则会出现亏损或者超板情况，影响库容量和车辆装载率，甚至会造成产品破损或者带板运输中的重复搬运。

包装设计如果不考虑模数，则会出现亏板或者超板情况，影响库容和车辆利用率，甚至会造成产品的破损或带板运输作业时重复搬运

3. 车辆加装尾板

车辆尾板主要解决的是门店无收货月台问题，便于物流中心与门店将带托盘的商品通过尾板装卸车；如果物流中心和门店都有月台，则车辆无需装尾板。

带板运输模式下，与散码运输的作业模式相比物流装车效率能提高 4 倍以上，门店卸车效率提高 4 倍以上，装卸人员每车至少节省 1 人。

散码运输效果与带板运输效果对比

4. 对车辆进行电子封签，并安装 GPS

发货员装完车后，与司机按板清点后将车辆用电子封签（电子锁）封好，出发前系统查询车门是否已签封，到门口由保安检查保证封签完好。

200 公里以内，路上不允许车辆停车，由 GPS 监控是否有异常停车，或异常过慢行车，电子铅封可以检核车辆是否被打开。

车辆到店后停在指定位置（必须有监控），由门店收货人员或防损员检验封签是否完好，门店人员通过手机打开电子锁，并在司机行程单上签字。

电子封签 +GPS 定位的使用：去除了物流中心与司机、司机与门店的交接环节，门店在清点商品的过程中有任何疑问，直接与物流客服部门沟通。

电子封签+GPS定位的使用，去除了物流中心与司机、司机与门店的交接环节，提高了物流效率

5. 门店不清点收货

司机将商品按板卸货到指定地点，摆放整齐；门店收货员按板清点后，在收货单据上签字；司机拿到签字后的单据离开门店；门店收货员在监控下清点商品，将异常情况（如原包装短少，残损等）在指定时间内（一般 24 小时内，根据企业情况而定）拍照上传；物流客服收到异常后根据异常核实后在规定时间（一般 48 小时内，特殊情况除外，根据企业情况而定）回复解决。

通过“配”与“送”的效率提升，来促进零售企业物流的高效运营，进而使门店库存不断降低，商品周转不断加快，配送时效越来越高，这就是零售企业花巨资打造物流中心的目标所在。

来源：《物流技术与应用》

7.1.9 从本质探析即时配送的发展空间

目前即时配送发展迅猛，但也直面着市场拓展难度大、利润空间窄、增长势头趋缓等问题。因此，有必要从时效性、体验性、后端供应链这三个方面，对即时配送的发展逻辑进行分析。

“即时配送”概念在2009年被提出，2015年左右逐渐被市场接受。其中一个很重要的原因，是直到O2O模式的兴起才带动了即时配送的蓬勃发展。随着生鲜电商、新型商超、新型便利店等零售新业态在市场上出现并攻城略地，即时配送成为其背后的重要支撑，进而得到极大发展。

然而，在即时配送如火如荼发展的当下，也面临着市场拓展难度大、利润空间窄、增长势头趋缓等忧虑。在这种情况下，如何更好地理解即时配送，并在此基础上有效拓展新的发展空间，成为每个从业者应该思考的问题。本文将从时效性、体验性、后端供应链这三个方面，对即时配送的发展逻辑进行分析。

一、时效性的要求，主要是基于商品内在属性的要求

“时效性”是即时配送最基本的要求，从本质来看，时效性在很大程度上取决于物品的品质要求。例如，外卖平台的餐饮类，生鲜电商平台的生鲜类，以及鲜花电商的鲜花类（目前这三大类，也是即时配送业务承运商品的主要门类），这些产品本身就具有时效性要求，所以自然需要通过即时配送的形式，将商品迅速送达消费者手中。

这里需要明确的是，时效性满足的基本前提是产品属性要求，而并非完全出于消费者本身对时效的要求。例如，快递员在炎炎夏日承接了一单配送水果的任务，但配送途中遇到堵车或者车辆故障，处理完后将水果送达消费者手中时，水果已不新鲜，甚至可能有些变质。因此，消费者和配送员在内心都认可水果等生鲜是有品质要求的，需要快速送达。

其实，只要是对品质有较高要求的商品，都需要被更加及时地送达该商品所归属的市场，也就是即时配送可拓展的市场，除生鲜、药品等等外，对于蛋糕类、奶茶类等细分领域，也可以去深挖其市场需求。

二、体验性要求，主要是基于消费者深层需求的满足

对于消费者“体验性”的要求，其中涉及的本质问题是，什么才是消费者需要的体验？即时配送发展的十几年的时间里，其服务品类除上述三大类外，还覆盖了商超产品、电商产品、便利店等业态的零食类产品，还有跑腿类业务。我们可将这些产品品类对应即时配送的服务类型分为：高时效性要求类，服务范围包括餐饮、生鲜、鲜花类；低时效性要求类，例如商超、便利店、电商网站上销售的常温产品类；个性化要求类，如跑腿业务。

在即时配送服务类型中，三种类型的服务都具有一定体验性要求，而个性化要求类是其中体验要求非常高，需即时配送予以满足的重点服务。因为这类业务中通常包含除配送产品本身以外的服务需求。例如，恋人之间给对方递送鲜花，对体验性的要求十分高，不但要满足时效性，也要保证服务态度，还要保证一些结算的流程、客服的程序满足等。

但这种体验服务市场却很难挖掘：一方面，消费者往往并不知自己的真正需求为何，即时配送能切入的点非常窄；另一方面，消费者体验好坏与否的标准很难量化，消费者基本都是依从于自己内心的冲动、感觉、认知等各种微妙的心理活动和情绪反应，即时配送对于这种情况的满足很难达到。

从以上两个方面而言，体验性的好坏，不一定仅仅局限在时效性、产品美感满足、干净整洁、味道之类的常规标准，还一定有深层次的要求。然而，目前即时配送大多还遵从于简单的体验方面。

因此，从体验性的角度而言，尚有巨大的发展空间。

三、后端的供应链支撑，是影响企业拓展利润空间的关键

即时配送最本质的特征，就是端到端的配送，撇掉了中间环节。这两个“端”，一是即时配送服务的前端，其主体一般是直接的终端消费者；二是服务的后端，其主体一般是平台企业/商户（简称B端）。B端的供应链运营是即时配送服务能力提升和市场拓展不可忽视的一环。B端运营涉及的场景很复杂，需要的物流服务包括干线、城配、零担等，而且衍生出很多细分模式，如前置仓、传站业务、中转仓、区域分拣等。

B端供应链支撑能力的强弱，直接决定着即时配送时效性和体验性的满足能力，影响到对前端客户的服务质量。因此，B端要尽可能做到供应链高效运作，但目前B端的供应链物流运作中还存在诸多问题。下面以对生鲜企业发展极为重要的冷链物流为例说明。

目前中国冷链市场上有将近13万辆冷链车辆进行公路运输，其公路承运总运量的大约九成以上，由社会运力实现。当调度还处于人为操作的模式，基本上每家物流公司的业务覆盖条线承载的业务量并不大，通过调度社会车辆承运相关业务，调度人员的调度能力会被局限在一个范围内，因为并没有智能调度系统可供调度人员使用。冷链物流行业目前处于极为混乱的状态，大部分冷链物流企业都是小微企业，九成以上的社会运力分散在不同的冷链企业，层层转包现象比较严重，企业的盈利空间本身很窄，智能调度系统的开发成本很高，很少有企业会主动开发。

在这种情况下，B端的供应链物流运作效率显然受制于很多因素，如：社会车辆难以管束，时效性降低；账期严重不对等（冷链物流公司一般采用的是垫款模式，大多是在司机卸货的时候付予司机运费，但是冷链物流公司和客户的款项结算最少也是一个月），进而导致司机卸货延迟、无款可垫、与司机沟通成本高等问题，极有可能造成B端在实际运营中面临货物短缺或者物流时效性要求不能满足等诸多问题。

当然，后端供应链的支撑问题，不仅仅局限在以上问题，B端的运营问题、技术问题、采用不同经营模式所对应的各种操作细节等问题，最终都会传导到即时配送前端的客户体验，进而对B端的运营造成影响。在这种情况下，即时配送发展也将受到很大限制。

整体而言，即时配送B端的供应链运营具有极大改善空间。在即时配送市场细分领域拓展难度较高的情况下，B端是否可以通过偏重后端供应链优化的方式，解决运营中存在的问题，进而增加新的利润增长点，这或许也是值得期待的一片市场蓝海。

四、结语

目前即时配送的主要模式，有众包模式、自建模式、并单配送、专人专送四种模式。众包模式是一种轻资产型的模式，但是采用社会运力的方式，管理难度极高，即使形成合同，闲散运力的管理成本也很高。自建模式虽然有一定优势，相对容易管理，但是取决于订单体量的大小，如果体量较小则自建模式的成本也将极高。并单模式对于智能系统的路线优化、程序算法的要求比较高，盈利可能覆盖不了成本，且也需要大体量的订单，才能维持一定的规模，不确定性很大。专人专送模式，其实相当于雇佣员工进行派送，较为适合订单量少的公司。在这种情况下，员工私接订单的情况也是常态，也有可能在订单量不足的情况下，员工闲置，成本也极为高昂。

众包模式，和物流行业采用社会运力的模式相似；自建模式，和物流行业的车队组织相似；并单模式，相当于零担物流的串线配送，或者说拼车配送；专人配送，相当于物流行业的合同物流——路线固定，但是利润空间较窄。

纵观当前即时配送的发展模式，利润空间比较窄，从产品属性的满足进而衍生出的时效性要求方面，几无可能，因为时效性物品的拓展范围已基本都被开发。从体验性方面，直接的体验，包含时效性的满足、产品质量或形态保存、整洁卫生等，也已经被拓展的差不多了。那么，从偏重于更为后端的供应链角度，整体思考即时配送的利润空间，或许是一个值得探索的方向。

来源：《物流技术与应用》

7.1.10 新零售时代的物流中心建设

零售物流配送中心是零售物流运作的枢纽。在全新的零售模式下（全渠道、多种销售模式结合等），零售物流中心的建设也需要与时俱进，创新发展。在本篇文章中，具有丰富零售物流中心建设经验的普罗格公司将结合该公司完成的具体案例，向读者介绍全新零售时代，物流中心建设的具体方案、发展趋势等。

在零售行业中，物流配送中心是集加工、理货、订单处理等多种职能于一体的物流结点，具有商品存储、订单处理、商品加工等综合能力，是零售物流运作的枢纽。在新零售时代，零售行业形成线上线下融合、全渠道销售发展的全新模式，由此也必然要求零售物流体系的建设要与时俱进，创新发展。如今的零售行业竞争激烈，尤其是零售物流中心，要面对更复杂的订单处理，更及时的响应需求，这都给零售物流中心的建设提出新的挑战。面对这些挑战，物流技术服务商必须给客户提供全新的设计建设方案以满足客户最新的需求。在这方面，普罗格对行业的变化有着深刻的感触，也已经积累了比较成熟的建设思路和方案。

一、商贸零售行业的发展变化

普罗格行业服务范围主要集中在大健康、商贸流通和精益制造这三大领域。对于商贸流通版块，特别是 2017 年新零售概念出来后，普罗格在商贸零售行业的业绩实现井喷式的增长，完成多个集团性大企业总包集成项目，典型案例涉及食品、美妆、日杂、商超、鞋服等多个细分行业的多家头部企业。

零售和商贸流通领域发生的变化，主要是随着人们的消费习惯变化而变化的，如前端场景、消费渠道的多元化和数字化，导致后端的运营、管理的要求越来越高。主要表现在以下三个方面：

1. 对物流中心作业效率质量要求越来越高。终端消费者千人千面使得订单越来越零散，怎么能快速准确的处理这些零散的订单，在极短的时间满足终端消费者，才能快速抓住客户消费心理、得到好的客户服务体验。这都需要物流中心具备更强大的作业能力，并能平稳的应对比均值大几倍的峰值处理能力，进而对物流中心建设的要求越来越高。

2. 对物流体系管理统一化要求越来越急迫。由于后端的运营体系需要支撑多个渠道、N 个场景，需要有统一的商品管理、订单管理、配送管理、库存管理、客户管理等。集约的管理带来的是整体库存的可视化。因为客户体验要求越来越高，如何在提高客户服务体验的同时也能降低物流运营成本，只有通过规模效益，资源共享方式来实现。这就要求物流中心进一步提升标准化管理，对平台化系统的需求越来越急迫。

3. 零售行业线上线下全渠道建设要求已呼之欲出，应急物流也已成为当下热门话题。当不确定的自然灾害出现时，切断交通、区域封锁的情况下，如何能快速突围，特别是一些非必选品零售企业如何保证经营不受影响，这就需要零售企业部署线上线下全渠道运营通道，通过线上消费、线下门店物流来保证。

二、全新零售物流配送中心建设项目亮点

以普罗格实施完成的某休闲食品物流中心建设为例。在普罗格接手这个项目时，这个项目已经有了一个建设方案，但是未能完全满足客户的需求。普罗格首先对客户需求进行方案的论证和分析：此项目业主是休闲食品零售企业，项目建设主要是服务门店业务。由于未来开店计划增长非常快，商品周转时间短，聚集在不远的未来几年吞吐量将较现在直接翻5倍，项目原有方案远远不能满足需求。在不耽搁工期和客户信任的情况下，普罗格集中专家力量，将方案重新进行规划和细化，重新进行流程设计、设备选型及与基建计划，方案修正在一个月内全部整理完成。

在整个方案设计中，普罗格是将成熟物流设备进行重新组合，实现机械效率最大化，主要体现在如下几点：

1. 楼层布局，按品种模组化设计：整个建筑分为5层，第1层为出入库区，2-5层均为独立布局，每个楼层均为全品类，随着业务增加，决定启用对应楼层，未被启用楼层可做其他用途，从而提高单位面积作业人效和降低单位面积作业成本。

2. 规划AA品重力式货架拣选区：AA品为出库频次高，单订单单品非整托出库品种，但单日出库量大，为减少对堆垛机资源占用，在2-5层设计AA品重力式货架区，由立库先将品种补货到此区，每个货位可存放3-4托的量。出库时，只要在这个库区有的品种非整托出库任务均分配到此区，这个设计是将立库作为储备库，负责整托进出、实现托盘的快速周转，楼层作为拣选区，实现多品种快速拣选，降低堆垛机机械能力对快速分拣制约的风险。

3. 规划出库分拣到店的模式，减少二次搬运：新方案的重新估算，出库流量可达到1万箱/小时，采用原有按路线粗分滑道的方式已不能满足需求，通过对传统设备进行改进，引入万向转子的方式，实现传统滑道分拣后再进行二次分拣，主线下设10条主干滑道，每条主干滑道再设置5个方向的支线，最后通过DPS方式分拣到笼车，一个笼车一个店，当笼车装满后，直接到装车暂存区，暂存区再到车，较传统模式比减少了从滑道到集货区、集货区到车的2次人工搬运，提高集货效率。

整个方案中最大的亮点，就是利用传统设备组合，实现高流量的的精细化作业，在整个进货、出货过程中不存在瓶颈，将单位面积里的坪效实现最大化。

针对不同业务需求设计不同物流方案

零售行业涵盖广泛，不同业务模式的零售企业其物流中心建设也有不同的侧重点。但是大道至简，道理相通，任何一个零售物流项目的开展都离不开如下四步：先做规划，再根据规划匹配适合的系统和设备，最后通过运营导入来保证规划的效果。一般零售企业按商品分类有服饰、快消品、图书等，要针对不同的行业究竟选择最适合的模式，例如以下几个情况。

1. 以服装销售为主的零售物流中心。服装自身的产品特点是季节性强、个性时尚规格多、产品迭代快及O2O趋势明显，其对物流系统的要求是既需要保证流量也需要保证存量。如服装潮牌电商企业，客单件品种在3-5行，每个客户的订单需要进行集中包装，考虑到委外加工及库存产品的出库的同步性，需要设计出库缓冲区，作为一个集单池，而集单池的设计可以通过输送线、穿梭车密集库方式进行缓存，从而保证同一客户订单的同步性，最大化让拣选、播种及打包环节有效周转。

2. 以快消品销售为主的零售物流中心。其产品分为直通型和存储型，对应业务特点存储型日杂休闲食品存储量大、订单形态复杂（分大卖场和便利店）、异型品多、拆零量大，对应物流策略对于单品量大的采用密集型托盘货架存储方式，如托盘高位货架、托盘立库、四向车库等；异型品则单独存储和处理，一般采用普通地堆的方式；拆零量大的品种一般采用自动原箱补货的方式，流利式货架存储，保证补货的便捷性及拣选的适用性。

普罗格美妆行业箱式立库密集存储应用场景

3. 图书行业的物流中心。图书一般分为教材辅材类和一般图书类，教材辅材季节性强，基本上属于直通型商品，到货后直接进行月台分拣，直通分拣方式一般有RF纸单分拣、门架式电子标签分拣及机器人货到人分拣方式；一般图书类，品类多、订货周期规律性强、拆零量大，属性特点非常明显，对应物流策略，需要设计大量零货存储位，拣选面积大，一般采用货到人的方式，如箱库货到人、AGV货到人的方式。

总而言之，需要对服务对象进行充分的调研，选择合适的规划，快速满足客户需求，提高客户体验感，从而抓住销售流量，在行业中屹立不倒。

四、零售物流中心建设心得

普罗格在物流中心建设中，一直坚持规划是基础、系统是核心、设备是手段和运营是关键的重要原则，在实施过程中一定要注意如下几点：

1. 规划是始终贯穿于整个项目过程。项目立项阶段，先做概念方案，确定对应的建筑要求；项目实施阶段，则需要对概念方案进行细化，进而提出对系统功能和设备选型的要求，产生对应的招标诉求；项目验收阶段，需根据规划目标去衡量现场运行的效果，并根据效果去进行对应的优化，从而确保设计的初衷。

2. 规划前一定要明确服务对象是谁。规划前一定要针对服务对象进行深入的调研，充分了解其现场，结合对未来业务需求，进行统一规划，确保方向的可行性。

3. 规划时一定要进行反复数据模型论证。规划不是一张图即可解决问题，一定要针对规划的各个功能区面积、动线、设备选型、使用数量，通过建模的方式，确保规划的可行性。

4. 规划需要具有柔性。规划方案作业模式及设备一定要具有变化的柔性，可以随着业务的发展进行分期建设，或者根据业务的发展调整对应设备的模式，减少因不确定性导入的资源投入的浪费。

不过规划效果也不是一蹴而就的，通过系统来规范规划流程，通过设备来提高规划的效率和质量，通过运营则是来固化规划的目标，普罗格认为运营是一个持续性的过程，落地的实际效果是在运营过程中不断的优化的一个过程，一般会从以下几点开展：

1. 建立标准执行体系。将规划的各环节的流程通过SOP、通过规范将各环节的操作和异常处理进行规划和固化，用规范来约束实际行为，减少因人治而带来的效果不同。

2. 建立可执行的考核体系。有了规范，如何让管理者、员工在规范的基础上，保证工作的方向的一致性，是需要建立可以量化、可以执行的考核体系，价值观相同的情况下，才能保证执行的效果。

3. 让复杂的流程简单化。流程的规范，并不是建立复杂工序的理由，少走路、少搬运、少思考是流程优化亘古不变的原则，只有减无价值的行走、搬运和思考，效率和质量才能有保障。

总而言之，任何事情的开展，一定是有因才有果，了解原因才能建立标准，去达到想要的结果。

五、未来挑战及趋势预测

随着人们的消费习惯的变化，互联网、云服务、大数据将一直是个热点，也是信息化时代发展的产物。随着应急物流的出现，零售物流在市场的地位上更进一步提升，线上线下物流一体化发展，实现小区经济，是中小型企业转型的方向。

近期的新冠肺炎疫情对零售行业冲击很大。零售行业正常运营是保证民生的重要因素。这样的事件使得零售企业必须要思考，如何保证零售行业的物流体系、服务体系能够在受到压力和冲击的情况下正常运行。特别是零售中细分的生鲜行业，如何实现“到店＋到家”一体化的服务模式，将成为未来零售物流中心的建设和运营的新挑战。

来源：《物流技术与应用》

7.1.11 从货的数字化转向全面数字化 --《实体零售全渠道及数字化发展报告（2020）》之超市部分

《实体零售全渠道及数字化发展报告》为中国百货商业协会连续第三年撰写，力求梳理零售全渠道和数字化发展的大致脉络、阐述目前全渠道的基本情况、探究实体零售全渠道的方向和路径。

报告主要分为为百货、超市、便利店、专业店等四个业态的全渠道及数字化方案，其中百货的情况已在前期发出，本期为超市的情况，便利店和专业店的情况。

一、超市行业全渠道及数字化的总体情况

当前超市行业的全渠道和数字化主要有以下特点：

1. 整体氛围笃行务实

回顾电商发展，超市行业追了两拨热点：一是初期自建平台，不愿借助外部资源，想以自己的力量开展全渠道业务，实现大会员、全流通，但并不成功；二是热点海外购，多家企业建立了海外购电商，但效果并不理想，随着政策等因素的变化，业务大多收缩。

目前行业氛围整体笃行务实，从企业实际需要和资源能力出发，不盲从跟风。

2.PC 电商进一步弱化

从全行业看，以往大家对 PC 电商和 APP 情有独钟，梦想建立自己的平台。但经过多年的发展，PC 电商网站存活不多，在前 10 家超市企业中，只有两家 PC 电商网站，即山姆会员店购物网站和中百商网。原有一些 PC 购物网站，有的关闭，有的成为移动端的入口

运营 APP 的，目前也仅是头部的 10 家左右企业。

3. 小程序和到家成为标配

小程序由于开发量小、用户使用方便等优势，得到了企业的青睐，大型超市企业几乎都利用了小程序功能，有的作为综合性的购物商城，有的是针对具体的个性化功能，如会员服务、购物卡管理、扫码购等。

到家服务功能在疫情期间得到快速推进，绝大部分超市企业开展了这一服务。有的到家服务通过自建，更多是与外部第三方合作，如美团、饿了吗、多点等。

4. 数字化外部合作重于自建

数字化建设需要高额的投入，包括人力、资金和技术。超市企业在数字化能力建设中，早期以自建为主，或者通过委托开发、购买系统等方式，但运营管理由自己操作，与合作方在运营上没有太多交集。但从投入产出效果看，大多不理想。

近两年，我们看到越来越多的超市企业开始与外部深入合作，系统建设、运维、营销等，越来越多地交织在一起。这些外部企业主要包括：阿里、腾讯、京东、多点等。

5. 从货的数字化转向全面数字化

超市业态的供应链建设和商品管理数字化开展较早，可视化供应链、单品管理、EDI 等理念和工具较早就在超市行业中普及应用。可以说，超市企业在一定程度上已经实现了商品的数字化。

但数字化需要全域打通，需要形成闭环，需要线上线下一体化，因此，超市数字化的重点逐渐转向人的数字化和线上线下融合。我们看到很多企业升级了会员管理能力，新上了数字化营销工具，强化了一体化中后台建设。

二、10 家主要超市企业的全渠道及数字化情况

序号	企业	线下店数	PC 电商	APP	下载量（万）
1	大润发	486	官网：www.rt-mart.com 飞牛网：www.feiniu.com （线上入口）	大润发优鲜	5054.77
2	华润万家	3234	官网：www.crv.com.cn	华润万家	1395.17
3	永辉超市	1440	官网：www.yonghui.com.cn	永辉生活	1.84 亿
				永辉超市	114.20
				永辉买菜	530.40
4	沃尔玛	442	官网：www.wal-martchina.com	沃尔玛	499.51
			山姆会员店： www.samsclub.cn	山姆会员店	1895.36
5	物美超市	1351	官网：www.wumart.com 官网：www.dmall.com 购物网站：i.dmall.com	多点	2.90 亿
6	步步高	779	官网：www.bbg.com.cn		
7	家乐福	233	官网：www.carrefour.com.cn	家乐福	119.10
8	中百集团	1341	官网：www.whzb.com 中百商网：www.zon100.com	中百钱包	2.97
9	利群集团	539	官网：www.liqungroup.com www.eliqun.com	利群商网	124.17
				利群采购平台	2.71
10	家家悦	790	官网：www.jiajiayue.com.cn	家家悦优鲜	4.02

中国百货商业协会统计

注：

①标注为官网的，没有电商功能；

② APP 下载量仅统计安卓下载，数据源于“酷传”，截至 2020 年 7 月底。

序	企业	公众号	小程序	到家服务
1	大润发	大润发、大润发优鲜、大润发 e 路发、大润发优鲜 RTFresh	大润发优鲜	大润发优鲜、淘鲜达、美团、饿了吗
2	华润万家	华润、华润万家超市、华润万家	华润万家拼购 华润万家超市	饿了吗、京东、美团
3	永辉超市	永辉超市、YH 永辉生活	YH 永辉生活、永辉超市、永辉社区 GO	京东到家
4	沃尔玛	沃尔玛、沃尔玛社区	沃尔玛、沃尔玛到家	京东、沃尔玛到家
		山姆会员店	山姆会员店 SamsClub	京东、山姆极速达、山姆官网、山姆全球购
5	物美超市	物美超市	物美礼品卡	多点
		多点 Dmall、多点、多点超市	多点、物美多点拼团、多点拼团	多点、饿了吗、多点网上超市、美团
6	步步高	步步高、步步高超市	步步高 Better 购	京东到家
7	家乐福	家乐福中国家乐福网上商城	家乐福 家乐福扫码购	京东到家、美团
8	中百集团	中百集团、i 中百	中百外卖管家	多点、中百外卖管家
9	利群集团	利群集团、利群网商	利群服务 利群电器等	利群网商
		利群采购平台		利群采购平台
10	家家悦	家家悦	家家悦 JJY 家家悦优鲜	美团

中国百货商业协会统计

1. 大润发

大润发是超市企业中，对于全渠道的认识最深刻、行动最坚决的企业。2013 年即投入巨资打造 PC 端的 B2C 电子商务网站飞牛网。尽管初期战略重视，舍得投入，但成效并不十分明显。

直到 2017 年，阿里和大润发母公司高鑫零售牵手，其全渠道和数字化业务发生了根据性的变化。首先，从战略上，从之前的低调务实转变为有雄心勃勃，在 2017 年和 2018 年提出数字化使命是“全面推进中国实体数字化发展”，到 2019 年提出“成为中国新零售的领导者”。其四个核心业务发展策略（多业态多渠道、数字化转型、重构大卖场、深化整合）中，第二位即是数字化转型。

在具体战术上，摒弃了原来PC电商的作法，升级为移动电商，2017年7月初，首个大润发优鲜APP在大润发杨浦店内推出。公司同时大力进行门店数字化改造，推广到家服务。高鑫零售认为，生鲜一小时达省去了冷链配送，简化了包装，充分利用门店仓，是目前生鲜电商的最佳解决方案。截至2019年底，高鑫零售旗下486家门店，已实现了生鲜一小时达业务。

年报显示，2019年高鑫零售O2O业务的总销售营收较去年增长近90%。B2C业务用户数破3300万，活跃用户数逾1000万。B2B业务现有用户已超过53万，活跃用户接近24万，客单价超过1000元，以2019年双11这一天为例，其订单总量较去年翻一番，且配送准点率超过99.5%。2019年，B2B业务营收较2018年同期增长约50%。

对于未来，高鑫零售表示，将不断探索新的销售模式，比如猫超共享库存、社区团购和中小型超市，实现“顾客在我们的零售生态圈里无缝切换”。同时，实体门店从以往的传统大卖场向店仓合一的模式转变。

2. 华润万家

华润万家的全渠道理念为“All in万家+互联网”，策略上采取自建渠道与外部联合相结合的方式。

外部联合方面，2018年4月，公司分别与腾讯和京东到家达成战略合作，共同打造线上线下一体化和数字化的服务能力。与腾讯的合作重点是打造新一代智慧零售标杆门店，对试点城市的华润万家“大卖场”门店进行全面科技赋能；结合华润集团的商场超市、生活小区、咖啡连锁等各个场景，以腾讯小程序、公众号等为载体，充分发挥腾讯社交流量与场景优势，完成这两方面的优势互补。

与京东合作方式是华润万家旗下各零售品牌陆续入驻京东到家。合作新闻稿中的表述为：双方全面合作，基于彼此间的优势互补、开放协作，通过京东到家流量赋能、履约赋能、商品赋能、门店赋能和用户赋能五大赋能模块和华润万家覆盖全国的实体零售门店和高质量的供应链，双方将共同打造线上线下一体化和数字化的服务能力，为中国更多消费者提供便捷的、高品质的商品服务。截止7月下旬，华润万家全国全业态已上线到家业务的门店超过2200家，2019年销售额同比增长6倍。

自建渠道主要是加速开发建设自有万家APP。2020年春节期间，华润万家线上总销售额与订单量同比增长约5倍，通过“华润万家APP”以及第三方线上渠道，向消费者提供丰富的民生商品。

在疫情的助推下，2020年上半年华润万家线上业务呈现出爆发式增长。今年春节期间，华润万家线上总销售额与订单量同比增长约5倍；五一期间，线上销售同比增长超过5倍；在718华润万家司庆活动中线上销售净额同比增长460%，创下了历史单日新高。

借助万家+互联网转型，公司基于门店打造生态圈共赢的服务平台，聚合上下游及产业生态资源，连接消费者和商品/服务，短期目标为“发展线上业务和万家APP，突破百亿规模”。

3. 永辉

与华润万家“All in万家+互联网”的数字化理念相对应，永辉的数字化工作围绕打造“手机里的永辉”开展。这是今年辉超市在向全员发布的内部信《致永辉家人的一封信》中透露的下一个十年规划策略，将“加快数字化转型，加大‘线上店’投入，推进线上线下全渠道融合发展，打造‘手机里的永辉’。”

根据永辉超市2019年年报及2020年一季报，截至2019年12月31日，永辉生活APP和小程序覆盖24个省，月活用户达506万。今年年初的疫情极大加速了永辉线上业务的拓展，2020年第一季度，永辉超市到家业务实现销售额20.9亿元，同比去年增长2.3倍，占比7.3%，同比提升4.5%。3月永辉生活APP占到家业务比重已提升至56.86%。6月18日当天，永辉超市线上单量突破100万，到家业务继续保持高增长。

从这些数据来看，永辉超市线上线下正在进行有效地融合，“到家”业务成为了今年增长重点。尤其是永辉生活到家加速了与永辉超市、永辉 Bravo 店的线下门店网络全面融合。

7 月 31 日，永辉超市发布公告回购永辉云创 20% 股份，持股 46.6% 成为第一大股东，对此，永辉超市方面表示，此举符合公司推进线上线下全渠道融合、到家 + 到店业务协同发展的战略方向。

根据公告，截至 5 月 31 日，线下方面云创拥有永辉生活店 177 家、超级物种 54 家和永辉到家仓 46 个；线上方面，永辉生活 app 会员总数达 3285 万人，较 2018 年同期增长 3.9 倍，日均客流较 2018 年同期增长 3.2 倍。2020 年上半年，公司到家业务实现翻倍增长，其中来自永辉生活的业务占比接近 60%。根据公司战略规划，2020 年计划实现线上百亿规模销售、新增千万级 APP 注册用户，收购云创将有利于公司整合线上线下资源，降低线上获客成本，加速发展到家业务。

4. 沃尔玛

沃尔玛早在 2016 年起便与京东、达达 - 京东到家、腾讯等展开战略合作，完成线上多个电商平台的搭建，包括山姆京东旗舰店、山姆全球购、沃尔玛京东旗舰店、沃尔玛全球购、沃尔玛京东到家、沃尔玛小程序等多个网上渠道上线，同时实现线上线下商品、服务、渠道的无缝链接。其中山姆会员商店会员增长迅速，从 2015 年的 139 万会员到 2019 年超 280 万会员，会员数翻倍。

根据沃尔玛中国披露的运营数据，2019 年，全渠道线上线下销售规模保持三位数增长；数字化顾客超过 5000 万（到今年 3 月底，沃尔玛小程序已拥有注册用户数超 6500 万）；“沃尔玛到家”020 业务平均月销售增长突破 60%；沃尔玛社区店客流和销售均为双位数增长；山姆卓越会籍在部分城市实现 20% 渗透率。

2020 年春节期间，沃尔玛全国整体 020“到家”业绩暴增，销售额同比去年增长超 4 倍。“沃尔玛到家”春节期间订单量同比增长高达 15 倍。沃尔玛中国于 2018 年 4 月和 2019 年 5 月先后在微信小程序“扫玛购”和“沃尔玛到家”，目前“扫玛购”成功上线全国 400 多家门店，“沃尔玛到家”覆盖到全国 370 多家门店。

为了让线上线下顾客都能享受到更好的购物体验，沃尔玛投入重金改造现有门店，预计到 2022 年全国会有一半沃尔玛大卖场完成全新升级。包括：全新的店内视觉元素，优化的分区和动线，加速铺设自助收银机，增设线下触屏与顾客互动。改造后的门店除了扩大“扫玛购”和自助收银区域外，还在门店首次上线了全套“腾讯优屏”智慧零售解决方案。

为提升顾客的全渠道购物体验，到 2020 年 7 月，沃尔玛在全国已开设 50 多家云仓。云仓开设在沃尔玛门店未能覆盖的区域，利用京东到家平台大数据，分析消费者需求得出热点商圈，帮助云仓选址。同时由沃尔玛门店直接向云仓进行供货补货和仓内管理，由达达 - 京东到家为云仓附近 3 公里的消费者提供 1 小时送达服务。

5. 物美

物美的数字化过程就是多点的发展过程。其创始人张文中表示：多点 Dmall5 年前创立，它的使命就是助力实体零售的数字化。

多点的模式是助力 B 端商家服务 C 端消费者，通过全面数字化重构人货场，聚焦场、连接人、协同货，解决商超全链条的痛点，提升零售企业的效率，改善消费者的体验。目前，多点 Dmall 已经合作超过 100 家连锁商超，助力 B 服务 C 的模式受到广泛验证。截至 2020 年 7 月，多点 APP 注册用户超过 1 亿，月活 1800 万，2019 年的 GMV 达到 260 亿。

具体来看，多点的业务模式分为 2B 端与 2C 两部分。针对 B 端商户，多点通过数字化赋能零售商的多个环节，提升零售商整体运营效率，其业务可概括为四个一体化：（1）会员一体化，打造多点会员体系，整合线上线下会员，实现积分优惠通用；（2）商品一体化，利用大数据指导商品结构优化，打造线上线下的共用库存实时同步、价格一致；（3）供应链一体化，实现规模化采购增加议价能力，并且提供差异化服务，吸引更有购买力的消费者；（4）底层系统一体化，提供操作系统 Dmall OS，实现模块化的按需配置，帮助商家实现数字化升级。所有改造以科技创新为发展动力，将互联网、大数据、人工智能等技术赋能给线下零售商，让门店网点、供应链资源充分得到复用，实现零售行业的升级和进步。

对于B端，多点提供三种层次的合作方式。第一种是全体系打通；第二种是保持商家原有的商品、会员等体系的独立，接入多点的系统；第三种是只帮商家做线上配送，不调用商家的任何数据。

在C端，订单数和GMV、MAU在近几年来快速增长，订单量从2016年的2065万单增加至2018年的2.2亿单，GMV从23.8亿增加至2019年的260亿。2019年底，多点会员数8500万，月活1700万。由于实现了会员的数字化，物美通过对会员地理位置分布的分析，重点对会员低覆盖率小区进行拉新，提高了拉拢新会员的效率；通过精准营销唤醒不活跃用户，增加了老会员的复购率；并且通过会员的体验数字化提升线上单量。

物美收购麦德龙后，也开始与多点落地实施，打通零售全链条数据。目前麦德龙中国的数字化会员占比已经达到66%，到家订单占比20%。

6. 步步高

截至今年8月19日，步步高数字化会员突破2200万，同比增长390%，整体O+O销售同比增长1082%，小程序到家销售占比增长329%，到家业务覆盖全部门店。

成绩取得的背后，是步步高多年来在数字化方面的艰辛探索。其过程大致可分为两个阶段，一是2018年之前以自建为主的阶段，包括云猴网和海外购的建设，投入较大，但成效不明显。

2018年年初，腾讯和京东携手投资步步高，合计持股11%，由此开创的步步高数字化的新阶段。步步高在其公告中强调了五个方面的合作：即（1）探索“智慧零售”“无界零售”新价值链，（2）线上流量赋能，（3）线下业态科技创新，（4）供应链赋能，（5）共建赋能方案。

2019年步步高超市上线小程序门店342家，扫码购门店224家，到家门店316家；社群覆盖门店342家，社群数量6998个，微信社群总人数119万人。数字化运营试点门店取得显著成绩，全年O+O到家销售3.05亿元。单店坪效提升2500元/月，全店毛利率提升超过50%。同时，步步高数字化会员人数突破1640万，2019年新增数字化会员1135万，数字化会员贡献销售占总销售62%。

公司2019年年报显示，2019年公司实现营业收入196.61亿元，同比增长6.87%；实现净利润1.73亿元，同比增长10.18%。步步高表示，公司业绩增长得益于其立足于中小城市的发展策略、密集式开店形成的网络布局优势、供应链整合优势、双业态跨区域经营的优势，以及积极推进数字化转型，加速线上线下融合。

线上正成为公司新的业绩增长来源，接下来步步高将继续深耕数字化会员、线上O+O到家、门店社群，以及小步优鲜业务。

7. 家乐福

家乐福在全渠道方面的探索同样是两个阶段：一是前期自我渠道建设，包括网站、家乐福商城APP、公号、多种功能的小程序等；二是苏宁入主之后。2019年6月22日，苏宁易购以现金48亿元收购家乐福中国80%股份。

苏宁借助其强大的数字化能力，从去年10月开始对家乐福展开数字化改造，主要从场景会员融合、供应链融合以及一小时场景生活圈打造三个方面进行。

在会员融合方面，通过打通苏宁易购会员和家乐福原有会员体系，家乐福会员可共享苏宁易购庞大的全产业会员的权益和资源，使得消费领域进一步扩容。同时苏宁易购线上平台以及线下门店和家乐福会员融合营销，互相导流，让消费者充分感受到全渠道全场景的购物体验。家乐福已将4000万会员与苏宁会员打通，并借助苏宁既有的“金矿系统”和“诸葛大师”对会员数据进行挖掘，对消费需求做出预测，以此为依据对商品经营及时作出调整和响应。

在生活圈打造方面，家乐福已全部上线到家业务。通过家乐福小程序、苏宁易购APP、苏宁小店APP及第三方平台入口，家乐福为周边3～10公里的消费者提供1小时达、同城半日配和一日三送等多种服务。2月份家乐福到家业务订单增长412%，其中九成以上订单包含生鲜果蔬。与此同时，家乐福不断升级到家服务覆盖范围，于2月中旬推出“同城配”，在“3公里范围1小时达”基础上增加“10公里范围半日达”。

除了到家服务能力大幅提升，家乐福的数字化、智慧化转型升级还体现在诸多方面。如“自主收银系统”，在门店通过“自主扫码”多渠道支付方式，推行无接触支付，平均每单付款可节约60%的时间，效率大大提升。

在被收购一年后，家乐福已经全面融入苏宁构建的“1小时场景生活圈”，实现了线上线下深度融合、到家到店兼具的智慧零售服务商。

8. 中百集团

中百的数字化与多点深度绑定。自2017年11月开始与多点Dmall战略合作，2018年中百的O2O业务规模突破了1.5亿元，这对于中百线上创新业务来说是一个比较大的突破。

进入2019年，中百与多点Dmall的合作更加深入。除了原有的多点O2O业务与智能购业务持续做增量基础之上，又做了很多创新项目，包括线上的团购业务、售卡业务、中百精选次日达业务等等。2019年多点O2O业务规模达到2.2个亿。

2019年报告期内，中百集团实现营业收入155.48亿元，同比增长2.23%。其中线上销售数据同比大增，自建销售平台交易额3157万元，通过第三方销售平台交易额3.1亿元，两者共计3.4亿元，占比约2.2%，相比2018年的2.2亿元，增幅54%。

在到家业务方面，公司有812家门店上线了到家业务，全年销售同比增长75%；自由购和自助购业务销售同比增长68.62%；线上会员也快速增长，多点到家、自助购、自由购新增会员同比增长57%，月活用户同比增长52%。智能收银业务得到进一步推广，自由购、自助购业务覆盖191家门店。

疫情期间，中百到家业务经受住了严峻考验，在保障消费者供应方面做出了重要贡献，同时也使消费者对到家服务更为接受。在3月27日18:00开启的多点Dmall五周年庆活动中，中百仓储的到家订单直线攀升，大促开始1小时订单达成率就高达455%。

2020年合作规划，中百将与括DmallOS、多点Max等深入对接。新的线上创新项目，比如线上社区团购、售卡、次日达等业务，及多点自有的创新业务，比如“一码到底”，也会陆续应用到中百仓储。

9. 利群股份

利群股份目前拥有O2O和B2B两个线上平台。O2O平台，即利群网商是面向个人消费者的平台，集合了公司所有线下门店和品牌代理公司的资源，公司旗下80余家大型商场、超市及家电的百万单品全部由实体商场搬到了线上，实现线上线下的有效融合，线上线下同质同价，共享会员和库存等资源，消费者可通过微信公众号、利群网商APP、PC端下单，物流配送方式以公司物流中心集中统一配送和门店配送为主，为顾客提供高效、便捷又省心的消费服务。

重视会员管理在疫情中发挥了作用，特别是CRM升级，加强了客户的直接触达，和微信、支付宝建立了比较深的合作关系。正是由于前期的积累，公司线上平台经受住了疫情期间几十倍甚至上百倍的订单增量。

B2B 平台，即利群采购平台是公司利用多年自营供应链的优势，快速切入 B2B 领域，打造的线上 B2B 综合服务平台，为便利店和专卖店商户商品进货，酒店、食堂和餐厅日常所需生鲜食品及相关物料采购，企事业单位的办公、福利及劳保用品采购等市场需求提供一站式采购服务。

利群网商和利群采购平台是公司重要战略规划，公司的全品类自营供应链模式也为公司未来线上业务的发展提供了有利保证。疫情期间，公司整体线上能力得到质的提升。

10. 家家悦

如同其商品经营一样，家家悦的全渠道和数字化一直较为稳健。引入 SAP 是其数字化最其数字化过程中重要的决策。

在家家悦 2019 年年报中明确提出：保障 SAP 系统项目一期上线成功，推进二期开发，通过流程信息化推动组织变革，提高业务流程的标准化和经营效率；加强新零售业务推广，推动 O2O 及社区团购业务在公司连锁网络布局区域内全覆盖，适度复制布局生活港新业态，强化线上线下联动和到店到家服务，打造企业自已的线上平台，丰富顾客的购物体验。

同时，公司结合全东道的发展，探索推出创新业态，即新零售业态家家悦生活港，初步打通线上与线下、到店与到家的全渠道模式，探索全渠道营销模式，进一步增强顾客体验，积累线上平台运营经验。

另外，公司还强调要强化与顾客的线上线下互动，增加抖音、直播等新媒体的宣传途径和宣传力度，提高顾客接收度、忠诚度，提升家家悦品牌形象、知名度和美誉度。

截至 2019 年年底，家家悦会员数量 746.68 万人，当年新增会员 143.19 万，会员数量比年初增长 23.73%，会员对门店销售的贡献率约 75%，会员客流量 1.87 亿人次，同比增长 11.46%，会员客单价增长 4.02%。庞大优质的会员群体为家家悦开展数字化奠定了扎实的基础。

（摘自中国百货商业协会《实体零售全渠道及数字化发展报告（2020）》，便利店、专业店等业态的全渠道及数字化方案）

来源：中国百货商业协会 CCAGM

7.2 邮政、快递物流

随着我国经济的不断发展，互联网购物，电子商务，跨境电商等的不断兴起，互联网技术和大数据及物流设施设备的不断提升，邮政、快递在我国的物流领域发展非常迅速。邮政快递业作为国家战略性基础设施和社会组织系统，与产业上下游、外部社会、经济环境、技术发展程度等关系日渐密切。随着电商行业的蓬勃发展，快递行业近几年也保持着增长的态势。“十三五”期间，邮政及快递业依然实现持续高速增长，在国民经济发展及人民群众日常生活中的重要地位日益凸显。现阶段，邮政、快递的市场化、网络化、规模化、品牌化程度不断提高，经营及业务能力水平持续提升。全国快递邮政服务营业网点不断提升，覆盖全国而行业智能化水平明显提升，服务质量也明显改善。

7.2.1 2020 年上海市邮政行业运行情况

1-12 月，全市邮政企业和快递服务企业业务收入（不包括邮政储蓄银行直接营业收入）累计完成 1503.4 亿元，同比增长 10.1%；业务总量累计完成 848.1 亿元，同比增长 10.1%。

1-12 月，邮政函件业务累计完成 3.1 亿件，同比下降 31.2%；包裹业务累计完成 221.0 万件，同比增长 4.3%；报纸业务累计完成 6.8 亿份，同比下降 5.6%；杂志业务累计完成 1851.5 万份，同比下降 4.5%；汇兑业务累计完成 129.4 万笔，同比下降 27.0%。

1-12 月，全市快递服务企业业务量累计完成 33.6 亿件，同比增长 7.3%；业务收入累计完成 1428.2 亿元，同比增长 10.8%。其中，同城业务收入累计完成 55.9 亿元，同比下降 22.2%；异地业务收入累计完成 199.6 亿元，同比下降 0.7%；国际及港澳台业务收入累计完成 123.9 亿元，同比增长 51.7%。

2020 年 1-12 月，快递与包裹服务品牌集中度指数 CR8 为 88.2，较 1-11 月降低 0.7。

2020 年 1-12 月上海市快递服务企业业务量和业务收入情况表

	快递业务量（万件）	同比增长（%）	快递业务收入（万元）	同比增长（%）
上海市	336330.7	7.3	14281909.1	10.8
浦东新区	36196.6	4.6	540259.8	1.0
黄浦区	3617.0	-23.0	63911.9	-6.5
虹口区	1802.1	6.0	18138.7	47.5
杨浦区	3587.1	15.8	28514.6	-18.1
长宁区	1911.2	-88.8	278914.3	-34.5
宝山区	18233.7	25.9	83256.3	-8.7

	快递业务量（万件）	同比增长（%）	快递业务收入（万元）	同比增长（%）
崇明区	593.0	-28.8	5732.4	-7.2
静安区	17572.1	30.7	334886.7	87.9
青浦区	118637.0	12.5	11216172.5	10.7
嘉定区	37476.5	50.5	434102.6	73.1
普陀区	5055.6	-13.4	36247.8	0.8
松江区	22437.6	1.4	156399.1	3.3
闵行区	40535.0	6.7	933709.1	15.5
徐汇区	4294.1	5.8	39067.1	23.4
金山区	7432.3	28.2	39024.6	2.0
奉贤区	16949.9	-1.3	73571.5	-16.5

来源：上海市邮政管理局

7.2.2 国家邮政局公布 2020 年邮政行业运行情况

2020 年，邮政行业业务收入（不包括邮政储蓄银行直接营业收入）累计完成 11037.8 亿元，同比增长 14.5%；业务总量累计完成 21053.2 亿元，同比增长 29.7%。

12 月，全行业业务收入完成 1109.3 亿元，同比增长 15.5%；业务总量完成 2300.3 亿元，同比增长 34.3%。

2020 年，邮政服务业务总量累计完成 2801.4 亿元，同比增长 11.8%；邮政寄递服务业务量累计完成 255.6 亿件，同比增长 3.3%；邮政寄递服务业务收入累计完成 406.2 亿元，同比下降 5.9%。

12 月，邮政服务业务总量完成 257.7 亿元，同比增长 4.5%；邮政寄递服务业务量完成 23 亿件，同比增长 0.5%；邮政寄递服务业务收入完成 34.2 亿元，同比下降 16.5%。

2020 年，邮政函件业务累计完成 14.2 亿件，同比下降 34.6%；包裹业务累计完成 2030.6 万件，同比下降 5.8%；报纸业务累计完成 165.6 亿份，同比下降 1.6%；杂志业务累计完成 7.2 亿份，同比下降 4.2%；汇兑业务累计完成 960.7 万笔，同比下降 41.4%。

2020 年，全国快递服务企业业务量累计完成 833.6 亿件，同比增长 31.2%；业务收入累计完成 8795.4 亿元，同比增长 17.3%。其中，同城业务量累计完成 121.7 亿件，同比增长 10.2%；异地业务量累计完成 693.6 亿件，同比增长 35.9%；国际/港澳台业务量累计完成 18.4 亿件，同比增长 27.7%。

12 月，全国快递服务企业业务量完成 92.5 亿件，同比增长 37.4%；业务收入完成 926.2 亿元，同比增长 20%。

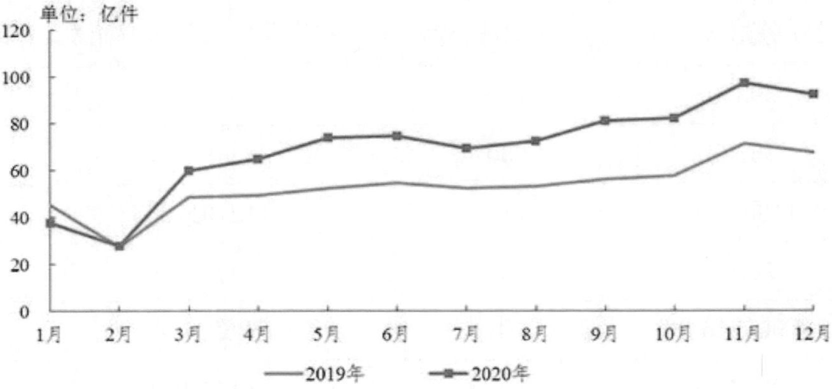

2019-2020 年快递业务量情况

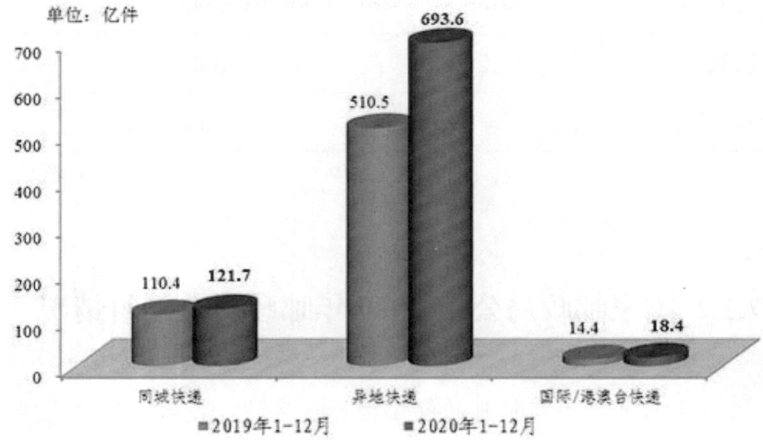

2019-2020 年分专业快递业务量比较

2020 年，同城、异地、国际 / 港澳台快递业务量分别占全部快递业务量的 14.6%、83.2% 和 2.2%；业务收入分别占全部快递收入的 8.7%、51.5% 和 12.2%。与去年同期相比，同城快递业务量的比重下降 2.8 个百分点，异地快递业务量的比重上升 2.8 个百分点，国际 / 港澳台业务量的比重基本持平。

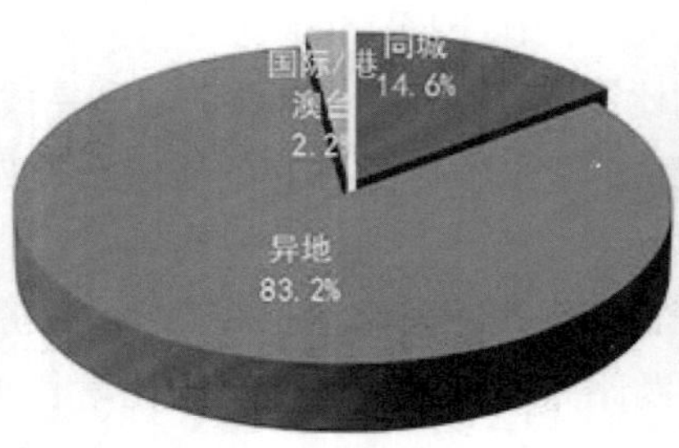

快递业务量结构图

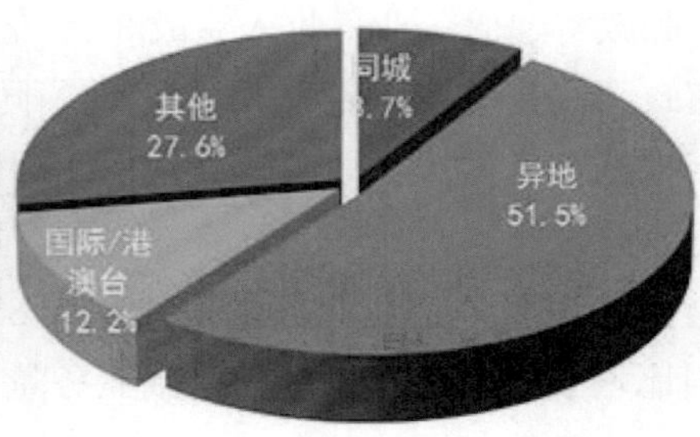

快递业务收入结构

2020 年，东、中、西部地区快递业务量比重分别为 79.4%、13.3% 和 7.3%，业务收入比重分别为 79.6%、11.9% 和 8.5%。与去年同期相比，东部地区快递业务量比重下降 0.3 个百分点，快递业务收入比重下降 0.6 个百分点；中部地区快递业务量比重上升 0.4 个百分点，快递业务收入比重上升 0.6 个百分点；西部地区快递业务量比重下降 0.1 个百分点，快递业务收入比重基本持平。

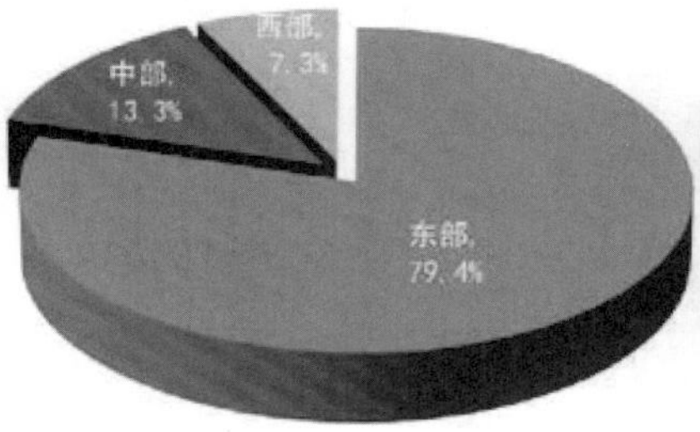

地区快递业务量结构

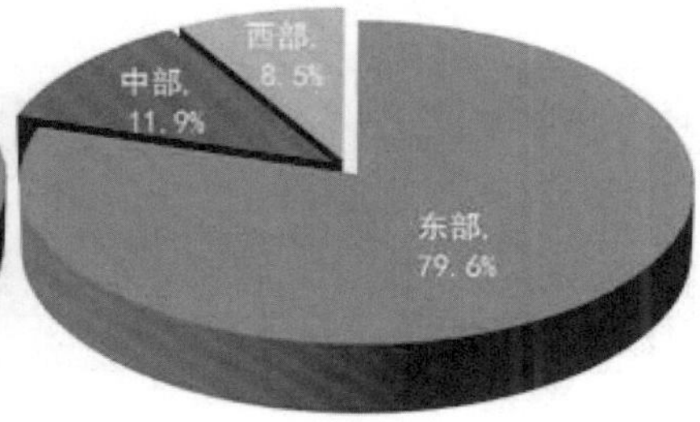

地区快递业务收入结构

2020 年，快递与包裹服务品牌集中度指数 CR8 为 82.2，较 1-11 月下降 0.2。

全国邮政行业发展情况表

指标名称	单位	12 月		比去年同期增长（%）	
		累计	当月	累计	当月
一、邮政行业业务收入	亿元	11037.8	1109.3	14.5	15.5
1 邮政寄递服务	亿元	406.2	34.2	-5.9	-16.5
2 快递业务	亿元	8795.4	926.2	17.3	20.0
二、邮政行业业务总量	亿元	21053.2	2300.3	29.7	34.3
1 邮政寄递服务	万件	2556050.4	230318.6	3.3	0.5
其中：函件	万件	141811.8	10941.6	-34.6	-33.4
包裹	万件	2030.6	202.2	-5.8	-8.4
订销报纸累计数	万份	1655950.4	144718.9	-1.6	-0.4
订销杂志累计数	万份	71528.9	5834.8	-4.2	-2.6
汇兑	万笔	960.7	85.5	-41.4	-32.4
2、快递业务	万件	8335789.4	925368.2	31.2	37.4
其中：同城	万件	1216518.8	113142.7	10.2	2.5
异地	万件	6935738.0	792961.4	35.9	44.7
国际／港澳台	万件	183532.6	19264.2	27.7	27.1

注：邮政行业业务收入中未包括邮政储蓄银行直接营业收入。

分省快递服务企业业务量和业务收入情况表

单位	快递业务量累计（万件）	同比增长（%）	快递收入累计（万元）	同比增长（%）
全国	8335789.4	31.2	87954342.4	17.3
北京	238221.3	4.2	3311861.9	-2.4
天津	92767.4	33.0	1156021.0	20.6
河北	370249.8	60.7	3349963.6	38.2
山西	53583.6	47.2	670926.3	35.8
内蒙古	19557.6	37.1	421324.3	27.9
辽宁	111978.0	40.8	1314083.2	26.5
吉林	44693.6	45.8	607349.2	25.7
黑龙江	45522.3	29.7	701295.4	16.4
上海	336330.7	7.3	14281909.1	10.8
江苏	697680.5	21.5	7089350.4	14.5
浙江	1794621.1	35.3	10706012.3	17.3
安徽	220228.2	42.5	1749872.7	26.5
福建	343189.8	31.0	3025580.4	16.8
江西	112004.3	44.1	1146634.8	36.0
山东	415174.2	43.7	3695896.9	28.2
河南	310004.9	46.9	2490462.5	32.0
湖北	178505.5	5.9	1786869.8	2.8
湖南	147131.6	42.7	1296865.0	28.5
广东	2208179.5	31.4	21824938.3	18.1
广西	77882.2	38.1	902427.6	20.9
海南	11012.2	35.2	239119.9	29.4
重庆	73105.4	32.1	830284.2	17.9
四川	215158.9	20.1	2231638.1	9.6
贵州	28157.0	14.5	522105.3	13.2
云南	62974.1	45.9	737532.4	28.0
西藏	1139.0	30.3	35309.0	22.1
陕西	91749.8	25.9	1033251.8	23.9
甘肃	13823.5	33.3	297864.3	31.6
青海	2359.5	24.4	76808.1	28.4
宁夏	7317.8	49.6	118260.1	24.7
新疆	11486.2	16.0	302524.9	7.8

快递业务量前50位城市情况表

排名	城市	快递业务量累计（万件）	排名	城市	快递业务量累计（万件）
1	金华（义乌）市	901084.6	26	保定市	85673.2
2	广州市	761578.1	27	无锡市	75750.0
3	深圳市	537243.1	28	南通市	74601.0
4	上海市	336330.7	29	重庆市	73105.4
5	杭州市	300081.0	30	绍兴市	67121.8
6	北京市	238221.3	31	西安市	67115.4
7	揭阳市	234698.1	32	济南市	65179.2
8	东莞市	211687.3	33	中山市	60996.2
9	苏州市	210197.9	34	青岛市	58711.4
10	泉州市	171757.7	35	厦门市	54343.3
11	成都市	143222.9	36	沈阳市	51536.5
12	汕头市	142129.2	37	南昌市	46641.5
13	温州市	135937.0	38	廊坊市	46427.7
14	宁波市	115163.4	39	福州市	45908.9
15	石家庄市	113498.2	40	宿迁市	44575.1
16	郑州市	110046.5	41	潮州市	44387.2
17	武汉市	109899.2	42	湖州市	43030.0
18	台州市	109371.9	43	南宁市	42835.8
19	嘉兴市	96147.5	44	昆明市	42073.1
20	佛山市	95458.2	45	徐州市	39839.9
21	南京市	95109.9	46	邢台市	39333.9
22	长沙市	93033.8	47	惠州市	38722.3
23	天津市	92767.4	48	商丘市	35960.9
24	临沂市	88870.7	49	潍坊市	34156.8
25	合肥市	88540.4	50	沧州市	32875.4

快递业务收入前50位城市情况表

排名	城市	快递业务量累计（万件）	排名	城市	快递业务量累计（万件）
1	上海市	14281909.1	26	长沙市	755787.1
2	广州市	6940744.2	27	合肥市	732712.2
3	深圳市	6572042.5	28	厦门市	675764.0
4	杭州市	3669945.7	29	济南市	667499.0

排名	城市	快递业务量累计（万件）	排名	城市	快递业务量累计（万件）
5	北京市	3311861.9	30	中山市	645544.4
6	金华（义乌）市	2835713.7	31	保定市	643196.7
7	东莞市	2501700.1	32	南通市	608875.6
8	苏州市	2344055.0	33	台州市	574853.1
9	成都市	1393621.6	34	南昌市	554964.6
10	揭阳市	1379514.6	35	廊坊市	552640.4
11	佛山市	1222686.6	36	沈阳市	549237.2
12	天津市	1156021.0	37	福州市	545864.5
13	泉州市	1145995.5	38	常州市	502275.6
14	宁波市	1115821.1	39	哈尔滨市	470939.0
15	武汉市	1101624.5	40	南宁市	468819.2
16	南京市	1072491.1	41	临沂市	449429.5
17	郑州市	1030662.8	42	惠州市	428496.7
18	石家庄市	876567.0	43	昆明市	423681.9
19	温州市	861083.1	44	绍兴市	373859.2
20	无锡市	832379.2	45	长春市	361666.7
21	重庆市	830284.2	46	大连市	339123.0
22	汕头市	829269.6	47	沧州市	324244.3
23	青岛市	789100.9	48	潍坊市	309451.6
24	嘉兴市	759474.0	49	徐州市	308205.4
25	西安市	757092.7	50	湖州市	305914.6

来源：中华人民共和国国家邮政局

7.2.3 2020 年上半年上海市邮政快递企业减税降费达 8.2 亿元

统计数据显示，2020 年上半年上海市邮政快递企业累计实现减税降费 8.2 亿元。其中，2020 年新出台支持疫情防控和经济社会发展的税费优惠政策新增减税降费 5.9 亿元；2019 年更大规模减税降费政策在 2020 年继续实施形成的减税降费 2.3 亿元。4 家在沪快递总部企业列入疫情防控地方重点保障企业名单，获得优惠贷款额度 15.6 亿元。

来源：根据上海市邮政管理局公众号摘编

7.2.4 新一轮邮政部市合作协议签订上海邮政快递业高质量发展进入快车道

近日，国家邮政局和上海市人民政府在沪签署了《关于加快推进上海邮政快递业高质量发展合作协议》。该协议的签订旨在通过更加紧密的部市合作，促进建成与上海城市地位相适应的技术先进、服务优质、安全高效、绿色节能、城乡一体的现代邮政快递服务体系，助力上海打响“四大品牌”、建设“五个中心”。

根据协议，部市双方将合力推进“快递出海”工程建设、深化青浦全国快递行业转型发展示范区建设、推动落实长三角一体化发展战略、持续完善邮政快递基础设施、拓展邮政快递业科技创新领域、持续推进绿色邮政快递建设、全面强化寄递安全管理、持续优化邮政快递业发展环境等重点领域工作。

协议规划，2025 年将基本建成上海邮政快递国际枢纽中心，助力上海国际航运中心和贸易中心建设；快递企业入围全国 500 强民营企业由 2 家增加到 4 家，助力打响上海服务品牌；基本建成全市四级快递基础设施体系，在全国率先实现快递服务普惠化；认定建设 3-5 个邮政业技术研发中心，助力上海科创中心建设；实现邮政快递业绿色和安全发展，助力上海打造高品质城市生活环境；提高邮政快递业政府监管能力，助力上海治理体系和治理能力建设。

国家邮政局和上海市人民政府曾于 2013 年签署了《关于加快推进上海快递总部经济建设与发展合作协议》，有力促进了上海快递总部经济的发展。本次签署的新一轮部市合作协议，由市交通委、市邮政局在相关部门支持下共同起草，协议将巩固扩大上一轮合作成果，进一步加强上海市与国家邮政局协同联动、工作互动，抓住新机遇，应对新挑战，共同推动邮政快递业高质量发展的新突破。

来源：上海市交通委员会 2020-07-24

7.2.5 上海邮政、快递物流企业和个人获全国邮政行业先进集体、劳动模范和先进工作者名单

1. 全国邮政行业先进集体名单

上海市黄浦邮政管理局

主要事迹：黄浦局成立于 2012 年，是上海市邮政管理局派出机构。黄浦局坚决贯彻习近平总书记关于邮政业重要指示批示精神和党中央国务院关于邮政业重大决策部署，坚持以党建为统领，建立了“传帮带”培养机制，共有 5 名公务员先后 7 次获评优秀党员、优秀公务员，并向上级单位输送了多名业务骨干。创新监管方式，2019 年 6 月出台《上海市快递业网格化监督管理实施办法》，在全市推行网格化社会监督管理模式。加强风险防范，2014 年组建上海市第一支邮政业应急分队。实现“双轮驱动”，2018 年联手黄浦区禁毒办成立了上海市第一支邮政寄递业青年禁毒志愿者队伍——“乐蜂”青年禁毒志愿者团队。先后获得上海市平安示范单位、上海市城乡建设和交通系统青年突击队称号。

中国邮政集团有限公司上海市青浦区徐泾邮政支局

主要事迹：徐泾邮政支局成立于 1998 年 1 月，服务面积达 38.16 平方公里，服务人口 17.4 万。徐泾支局坚持党建引领，提高政治站位，围绕“一机两翼”发展战略，着力稳发展、创收入。按照护航进博会的相关精神和要求，牢固树立“一盘棋”的思想，以精益求精的务实作风和人人有责的

担当精神，全力服务进博会。注重优秀年轻干部的培养和选拔，从学习氛围营造、员工能力提升等方面打造了一支素质高能力强的员工队伍。开展形式多样的社会公益活动，已连续两年开展“特别党费”捐赠倡议活动，2017 年通过微信平台发起了向贵州凯里山区贫困学生捐助学习、生活用品的倡议活动。先后获得上海市工人先锋号、上海市巾帼文明岗称号。

中国邮政集团有限公司上海市奉贤区分公司

主要事迹：奉贤区分公司成立时间于 2001 年 8 月，下辖 10 个支局、10 个营业部、18 个所。奉贤区分公司筑牢“普服为根、客户为本”的责任意识，认真履行邮政普遍服务职责，积极落实好平信条码化，确保开箱准点率 100%、投递到村入户。结合地方“贤文化”特色，积极打造“贤邮企业”，建设“贤邮文化”。作为奉贤区委“贤城先锋联盟”首批发起单位，与地方政府部门党建共建，编织服务地方的“党建服务网”。运用集团平台和贤邮农品平台助力农产品进城，得到政府肯定和果农欢迎。开展“远学张富清、其美多吉，近学习身边榜样”，培育了全国邮政系统先进个人、感动奉贤十大人物的投递员钟康利等多个先进个人。2018 年 4 月获得上海市五一劳动奖状，连续多年获得上海市文明单位称号。

顺丰速运集团（上海）速运有限公司

先进事迹：顺丰上海公司成立于 2002 年 3 月，营业网点遍及上海市 16 个行政区，迄今 17 年保持业务高速增长。公司具有规范的治理结构，形成了有效的职责分工和制衡机制。积极秉承以社会责任感为核心的精神内核，致力于遵纪守法、诚信经营、健康发展、社会慈善、环境责任等各个领域的建设。疫情期间，第一时间开通救援物资绿色通道，全力保障近 2000 万份新型冠状病毒检测试剂盒以最快速度到达武汉及全国各地疾控中心与医院。紧急响应上海市粮食和物资储备局的物资调配任务，完成 2700 余万只口罩配送任务。研发推行环保包装“丰 . BOX”，有效解决快递包装成本高、破损多、操作效率低、资源浪费等问题。积极推广新能源车。先后获得上海平安示范单位、上海市生产性服务业优秀示范企业、市文明单位等称号。

上海冲越快递有限公司

主要事迹：上海冲越快递有限公司成立于 2010 年 3 月，是一家集物流与快递于一体、综合实力位居松江前列的快递公司。2019 年“双 11”业务高峰期期间，公司一周内共派送快件 16 万票，签收率达到 99%，出错率为 0。公司十分注重员工培养，通过参加韵达分拨中心培训、优秀经验分享等一系列举措培养员工。运用科技助力，不断提升快件时效，优化客户体验，促进公司发展。坚持“绿色快递”发展理念，采用可循环包装和新能源车，日常办公中提倡节约环保，杜绝浪费，并通过捐款捐物、免费运输、无偿献血、组织“蓝丝带关爱”活动等方式积极履行社会责任。

上海圆能货物运输代理有限公司

主要事迹：上海圆能货物运输代理有限公司成立于 2015 年 6 月，主营包裹快递业务，服务涵盖仓储、配送及运输等方面，可为客户量身制定服务方案。在 2018 年、2019 年实现了快件揽派量 300% 的业务增涨，2019 年日均揽派量高达 2 万余票。2018 年，配合圆通总部试点在上海 12 个小区新建了 3 个妈妈驿站，并以优质的服务做到了全年 0 误差，0 投诉。日常管理上推行精细化管理，保证快递高峰期间包裹无滞留；人员管理上倡导“家”文化，提倡人性化管理，做到了全年离职率为零。能主动帮助突发状况的兄弟单位渡过难关。热心公益，联合当地居委会组织无职业无收入的外来务工人员家属，为他们提供简单的工作岗位以缓解其生存困难。捐助贫困儿童，帮助其重返课堂，为贫困小学免费运输物资。

2. 全国邮政行业劳动模范名单

施　平　中国邮政集团有限公司上海市邮区中心局驾驶员

主要事迹：施平从事长途邮运驾驶已超过 32 个年头。疫情期间，上海邮政开通发往武汉的各类防疫物资绿色通道，他第一时间响应，在大年初三提笔写下了请战书。2020 年 1 月 29 日 -4 月 19 日，他往返 30 个班次，驾驶甩挂车运送防疫物资前往武汉，途中基本不停不靠，安全地把防疫物资快速送达。他在工作中总结出的“三心”工作法荣获上海市职工先进操作法优秀成果，安全行驶里程已超过 165 万公里。他敢于担当，国庆 70 周年期间主动请缨带领团队圆满完成北京加车任务；甘于奉献，积极“传帮带教”，协助领导培训新人，乐于分享安全行车和节油降本经验。

杨 辉　中国邮政集团有限公司上海市普陀区分公司快递员

主要事迹：杨辉从事邮政工作 9 年，在平凡的岗位上，谦虚好学、谨慎精进、热心周到、认真负责、勤恳耐劳。有扎实的业务基础和丰富的投递经验。从事过报班投递员，信班投递员、备员、退信台、进口台等多个工作岗位，能根据业务量变化，合理调整每天作业流程，对每频次邮车进回邮件做到快速、准确接收，能用娴熟的业务技能和工作经验一一解答并及时处理投递人员在工作中出现的多种问题。他对待工作热心尽责，遇到旺季总是主动放弃休息，与员工一起奋战在最前线。有较强工作责任感和组织能力，他带领的投递班，妥投指标完成情况在分公司中名列前茅。自身的业务学习能力强，在各项业务竞赛、技能大赛中表现出色。

赖梅松　中通快递股份有限公司董事长兼首席执行官

主要事迹：赖梅松是中通快递创始人，自进入快递行业以来，带动了近 50 万人创业、就业实现了美好生活；帮助上千万客户成长，为客户削减成本，提升效益，创造价值；为社会解决问题，降低物流成本，实现“从工厂到用户、田头到餐桌”的全链路管理。他积极践行助农扶困、精准脱贫、绿色环保等社会责任，带领中通总部向贫困地区及贫困家庭累计捐款近 6000 万元。疫情期间，在中通迅速组织成立疫情应急小组，特别设立一亿元战疫基金，保障员工生命安全，为困难网点提供贴息、免息贷款等金融支持，集全网之力复工复产，保障民生需求。在他的带领下，中通自 2016 年起已成为全球业务量第一的快递企业，并连续 7 年获得上海市青浦区纳税百强荣誉，创造了显著的经济效益和社会效益。

赖雪军　上海韵达货运有限公司采购管理中心总经理

主要事迹：赖雪军 2007 年 3 月加入上海韵达货运有限公司，他从基层干起，不怕苦不怕累，刻苦钻研业务知识，一直奋战在急难险重的第一线。他带领团队艰苦研发，运用分拣自动化、信息化，降低了运营成本；2007 年负责设计并成功实施了韵达快递第一条快递分拣输送线项目，使韵达第一次告别了快递分拣、装卸纯手工操作的历史，破损率降低了 25.3%，操作效率提高了 21%；开创性地实施了双线并列、单线四层等交叉带分拣模式，成倍地提高单位面积立体空间的利用率。他通过具体项目传帮带，实现人才储备和梯队发展，为行业培养输送了大量专业技术人才。组织实施“绿色快递”行动计划，在北京、安徽、上海、浙江等 27 个地区网点设置了 5000 多个快递回收装置。

伍大兴　申通快递有限公司快递员

主要事迹：伍大兴 1992 年就开始从事快递物流行业，是申通快递上海莘庄分部基层一线职工的杰出代表。他 12 年如一日扎根繁华都市，用青春和汗水递送快件，用忠诚和奉献履职尽责，在平凡的岗位上作出了不平凡的业绩。他不怕困难，主动请缨，带领公司业务员承揽菜鸟裹裹的专项取件工作，经过一年多的持续奋战，莘庄申通裹裹业务蒸蒸日上，日常单量可达到 2000 单以上，最高峰达到了 7000 单，有效推动了莘庄申通的业务发展。他对待工作任劳任怨，全力满足客户要求，做好每一票快件的投递。他乐于助人，经常利用空闲时间，无偿帮助同事修理车辆，协助同事装车、大扫除、安全设备自查，并负责公司每年开展的“夏送清凉、冬送温暖”活动。

来源：上海市物流协会摘编

7.2.6 上海市两名快递人员获上海市抗击新冠肺炎疫情表彰

2020 年 9 月 29 日上午，上海市抗击新冠肺炎疫情表彰大会在世博中心隆重举行，1000 名先进个人、300 个先进集体和 100 名优秀共产党员、80 个先进基层党组织受到表彰。

其中，上海顺衡物流有限公司（顺丰）快递员王晓溪、圆通速递有限公司快递员郭浩强获得先进个人称号。市领导为受表彰的个人和集体代表颁奖。

来源：根据上海市邮政管理局公众号摘编

7.2.7 圆通快递金龙被评为快递高级工程师

2020 年，上海市邮政管理局组织推荐圆通速递一名高层次技术人才申报快递工程技术高级职称，目前已成功通过评审公示，这是上海首位快递高级工程师。

消息一出，一度冲上微博热搜。虽然不是网友们以为的“快递员也能当‘教授’”，因为这是“快递技术人才”，而非普通快递员，但是，这也是上海快递工程技术高级职称评审实现突破的“首位”，对拓展快递行业高层次技术人才职业发展通道、解决他们在上海的工作和生活需求，鼓励他们扎根上海、服务上海具有重要的引导和示范意义。

记者从圆通速递了解到，上海首位快递高级工程师名叫金龙，今年 43 岁，毕业于韩国忠北大学计算机科学专业，是一名博士。从 2007 年开始到 2016 年 6 月，金龙就职于韩国电子通信研究院的邮政物流技术研究部，陆续参与研发了“RFID 邮政滚架管理系统”“邮件分拣机分拣计划系统”“邮件分拣机视频编码输入系统”“新地址 - 邮编过滤系统”和“新型节能交叉带式包裹分拣机”等项目。

回国后，从 2016 年 9 月开始至今，金龙就职于圆通速递有限公司。在此期间，金龙主持或参与研发了“四合一 RFID 隧道机”设备以及“人脸识别无人取件闸机系统”“快递面单信息 OCR 识别平台”“OCR 文字识别平台”“身份证识别平台”“海外在线客服系统”“真假号码验证平台”“数据验证平台”等项目。

上述的这些新技术、新设备，妥妥的是“黑科技”。以“人脸识别无人取件闸机系统”为例，可通过人脸信息比对完成寄件、智能安检、人脸识别自助取件，电子签收和扫码签收等环节，建设智慧快递终端，完善末端公共共享智慧快递的建设，形成示范，后续在其他区域进行推广建设，将智慧创新模式应用与推广到快递行业，以打造成行业智慧快递实验基地标杆，缓解整个行业末端派送压力，降低派送成本，使快件收寄智能化、便捷化。这个项目已经在南京邮电大学的科创基地上线使用。

此次圆通速递高层次技术人才评审高级职称，是在上海市人力资源和社会保障局、建设交通工作党委和交通委的支持指导下，根据民营企业高层次技术人才职称评审“直通车”制度，由上海市邮政管理局和相关行业专家推荐上报、相关高评委专家评审通过的。

近年来，根据上海市委、市政府促进民营经济发展有关文件精神，上海市建立了职称评审“直通车”制度，对本市民营企业中业绩贡献突出的高层次人才，可比照同类人员，直接申报高级职称。“直通车”制度是促进民营经济发展、加强科技领军人才队伍建设、深化职称制度改革的重要抓手。此次“直通车”制度在以民营企业为主的快递行业成功应用，对拓展快递行业高层次技术人才职业发展通道、解决他们在上海的工作和生活需求，鼓励他们扎根上海、服务上海具有重要的引导和示范意义。

来源：《新民晚报》圆通自驾公众号作者：金志刚

喜讯：由上海快递行业协会推荐的5家快递企业荣登2020上海企业百强

8月18日，由上海市企业联合会、上海市企业家协会、上海市经济团体联合会和解放日报社联合主办的2020上海百强企业发布会在中国金融信息中心隆重召开。

会上发布了2020上海企业100强、上海制造业企业100强、上海服务业企业100强，2020上海民营企业100强、上海民营制造业企业100强、上海民营服务业企业100强和2020上海百强成长企业50强排行榜。圆通速递股份有限公司、德邦物流股份有限公司、上海苏宁易购销售有限公司、申通快递有限公司、中通快递有限公司等一起位列2020上海企业100强榜单。

2020上海企业百强榜不仅是企业实力的比拼，更是上海经济迈向高质量转型发展的晴雨表。2020上海企业百强榜以2019年度企业营业收入为入围标准。数据显示，今年百强企业的入围门槛由2019年的59.6亿元大幅提高至73.2亿元。

近年来，快递行业迅猛发展已成为上海经济社会发展中一支不可或缺的重要力量，百强企业更是其中的佼佼者。上海快递行业连续多年的经营发展业绩高速增长，正在进入全新阶段，强劲发展，生机勃勃。未来，上海快递行业将始终牢记“让社会更高效”的企业使命，借助产业发展的历史机遇，发挥民营经济的特有优势，坚守初心，坚定信心，加快应用科技赋能，加快产业转型升级，推动邮政快递业高质量发展。

来源：上海市快递行业协会

国庆中秋假期上海快递业务量有序增长行业运行平稳

得益于全国疫情防控取得重大战略成果，国庆中秋假期期间市民寄递需求旺盛，本市快递业务有序增长。根据安监系统数据显示，10月1-8日，上海邮政快递业共揽收快递包裹5835.1万件，同比增长27.58%；投递快递包裹5206.7万件，同比增长40.63%。

本市邮政快递业按照节前部署，提前准备，做实做细“两节”寄递服务和安全生产工作，长假期间行业运行平稳，未发生任何重特大事故，有效增强人民群众寄递需求的满足感、获得感和幸福感，进一步巩固了行业高质量安全发展态势。

来源：上海市邮政管理局

上海“双11”旺季期间已处理4.5亿件快件，同比增长45.2%

今年“双11”旺季提前至11月初开启，根据邮政业安全监管信息系统监测数据显示，11月1日-15日，全市邮政、快递企业共处理快件4.5亿件，同比增长45.2%，其中11月11日当天共处理4222万多快件，再创历史新高。此次旺季收件高峰为11月11日，当天收件量达到3193万件，是今年10月日均的3倍；派件高峰为11月14日，当天派件量达到1802万件，是今年10月日均的2倍。

当前，旺季高峰仍在进行，上海局要求各企业继续着力抓好快递业务旺季服务保障工作的关键环节，在做好疫情防控工作的同时，牢牢守住安全生产的底线，加强生产安全管理，做到规范作业、安全作业，严格落实收寄验视、实名收寄、过机安检等安全管理制度，确保行业安全平稳运行。

今年各快递企业不断利用科技和“互联网 +”手段提升服务质量，加大分拣设备的投入，利用“互联网 +”大数据平台对快件流量流向进行预测。上海局要求各企业要发挥科技创新在场地规划、系统建设、流量流向精准预测等方面的强大助力，不断增强数字化管理效能，优化操作流程，提升末端环节派送投递能力，有效处理好用户投申诉，努力做好质量“双 11”、服务“双 11”。同时积极推动“绿色邮政”，借助此次旺季保障工作，进一步引导消费者参与到快递绿色消费中，为消费者提供多样化的绿色产品选择，真正做到绿色“双 11”，确保“9893”绿色升级工程目标实现。

上海局强调今年“双 11”业务旺季战线长、强度大，各邮政、快递企业要加强对一线从业人员的关心关爱，合理安排工作负荷，优化利益分配机制、健全奖惩机制，增加正向激励。

来源：上海市邮政管理局

韵达总部项目开工仪式在沪举行

6 月 27 日，韵达总部项目开工仪式在沪举行。

青浦区人民政府余旭峰区长，上海市商务委刘敏副主任，上海市邮政管理局冯力虎局长，青浦区人民政府彭一浩副区长，青浦区相关委办局和青浦区华新镇领导受邀参加了开工仪式。韵达董事长兼总裁，副董事长兼高级副总裁，各分管副总裁和韵达总部、上海公司、上海分拨中心相关负责人及施工单位代表近 200 人参加了开工仪式。

韵达董事长兼总裁在开工仪式的致辞中，代表 20 多万韵达人感谢上海这片热土给予的发展机会与环境，感谢上海市商务委和上海市邮政管理局给予的指导，感谢青浦区各级领导的关心与帮助。感谢客户和消费者对韵达的信赖与支持，让韵达能够不断发展进步，感谢每一位韵达人的努力与辛劳，感谢每一个韵达网点的坚持与付出。感谢韵达全网的 20 多万快递小哥，他们像“小蜜蜂”一样，承载着韵达的使命与客户的信任，星夜兼程，风雨无阻，传递着温暖与爱心。他表示，21 年来，韵达坚决贯彻国家邮政局和上海市委市政府、上海市邮政管理局的决策部署，在青浦区委区政府等各级领导的关心和支持下，努力做好快递主业。韵达将借项目开工为契机，将韵达总部打造成韵达全球化的“人才”聚集、“科技”汇集的高地。

冯力虎局长在致辞中代表上海市邮政管理局，对项目的开工建设表示热烈地祝贺，并表示，韵达公司成立 21 年来，秉持“勤俭进取，以人为本”的发展理念，脚踏实地、埋头苦干，取得了令人瞩目的跨越式发展，2019 年递送包裹量超过 100 亿件，市场份额达到 15% 以上。尤其是今年新冠疫情期间，公司积极为全国各疫情地区的单位和医疗机构运输防疫物资，为城乡居民递送大量生活物资，为援鄂医护人员返程行李提供公益寄递服务，为抗疫一线捐款捐物近百万元，充分发挥了打通“大动脉”、畅通“微循环”的先行官作用，切实履行了应尽的社会责任。希望韵达公司积极把握好难得的历史机遇，继续发扬敢为人先、勇于创新的精神，以此次项目建设为新的起点，开展二次创业，围绕品牌化、集团化、国际化发展方向，开展资源要素整合，打造具有更强创新力、更高附加值的供应链体系，努力实现新的跨越。

余旭峰区长在致辞中肯定了韵达公司的快速发展以及为青浦经济社会发展做出的突出贡献。他表示，新冠肺炎疫情发生后，韵达公司开通物流运输特别通道，设立“疫情防控基金”并募集物资驰援湖北，充分展示出“风雨同舟、守望相助”的社会责任，展现出“受人尊敬、值得信赖、服务更好”的一流快递企业形象。他希望韵达再接再厉，为成长为全球化综合快递物流供应商而不懈努力。同时，青浦将坚定支持快递物流业健康发展，在华新镇打造国家商贸服务型物流枢纽，加快发展智慧物流，促进快递物流产业链、价值链向高端跃升，让行业龙头企业在这里成长为具有更强国际竞争力的全球化综合快递物流服务商。

10 点 18 分，随着礼炮声的响起，韵达董事长兼总裁，副董事长兼高级副总裁，运营副总裁，科技副总裁，战略副总裁，财务副总裁、货运副总裁和余旭峰区长，刘敏副主任，冯力虎局长，彭一浩副区长、中共华新镇陆青党委书记一起拿起铁锹，共同为项目的开工培土奠基。

韵达开工建设的韵达总部项目是一个融合生产、生活和生态三大版块，集信息、科技、智能等为一体，涵盖智慧办公、科技研发、智能分拣等功能的现代化智能化园区。该园区将建设集各类科技成果于一体的自动化转运中心，建设高品质的员工宿舍，建设环绕整个园区的科技长廊，打造高效、现代、更利于沟通和工作的办公区域，打造成韵达全球化的“人才”聚集、“科技”汇集的高地。

来源：上海市邮政管理局

申通国际上海分拨中心正式启动

11 月 4 日，申通国际新址在上海市青浦区落成，上海分拨中心也正式启动，这标志着申通快递在加快“快递出海”方面又迈出了关键一步。申通快递董事长表示，要加快推进全球战略布局，争取在三五年内推动申通国际上市。

在现场看到，申通国际新址交通便利，区位优越，占地面积 2 万平方米，拥有办公大楼、员工宿舍、食堂、快件分拨中心等主体建筑。区内功能划分合理，信息网络畅通，环境绿化优美，智能化应用管理，为员工提供了良好的工作和生活环境。

当日正式启用的申通国际上海分拨中心根据现有业务情况主要从事进出口货物的揽收、库内操作、及网内进出口件的操作，目前日处理件量 5 万票左右。同时，分拨中心还承担为跨境电商平台客户提供前置仓的服务。

申通快递董事长在现场表示，申通国际要继续沿着国际化的道路，坚持国际化视野、加快稳妥推进全球战略布局，培育高素质国际化团队，积极鼓励和引导海外分公司主动适应经济发展新常态，进军资本市场，借助资本市场用好国际化资源，进一步发展壮大、做大做强，争取在三五年内，推动申通国际上市。

申通国际董事长表示，申通国际上海中心正式启用，入驻属于自己的家园，这是申通国际发展历史上具有纪念意义的大事。新址启用承载了实现公司“十四五”战略规划从蓄势到跨越发展的任务，只有坚守初心，用心经营，并以开放包容、互利共赢的合作理念，才是走向申通国际新未来的开始。

申通国际董事长还透露，今年 1-8 月，申通国际出口业务突破 5000 万单，同比增长 150%。未来，申通国际将以更加积极开放的心态、更加奋发有为的状态，永葆创业精神，建立和谐高效的管理团队，与其他企业一起“抱团出海”，争当试点，甘当铺路石，助力中国快递企业尽快国际化，为“一带一路”繁荣发展作出积极贡献。

来源：上海市邮政管理

7.2.8 新一轮邮政部市合作协议签订上海邮政快递业高质量发展进入快车道

近日，国家邮政局和上海市人民政府在沪签署了《关于加快推进上海邮政快递业高质量发展合作协议》。该协议的签订旨在通过更加紧密的部市合作，促进建成与上海城市地位相适应的技术先进、服务优质、安全高效、绿色节能、城乡一体的现代邮政快递服务体系，助力上海打响“四大品牌”、建设“五个中心”。

根据协议，部市双方将合力推进“快递出海”工程建设、深化青浦全国快递行业转型发展示范区建设、推动落实长三角一体化发展战略、持续完善邮政快递基础设施、拓展邮政快递业科技创新领域、持续推进绿色邮政快递建设、全面强化寄递安全管理、持续优化邮政快递业发展环境等重点领域工作。

协议规划，2025 年将基本建成上海邮政快递国际枢纽中心，助力上海国际航运中心和贸易中心建设；快递企业入围全国 500 强民营企业由 2 家增加到 4 家，助力打响上海服务品牌；基本建成全市四级快递基础设施体系，在全国率先实现快递服务普惠化；认定建设 3-5 个邮政业技术研发中心，助力上海科创中心建设；实现邮政快递业绿色和安全发展，助力上海打造高品质城市生活环境；提高邮政快递业政府监管能力，助力上海治理体系和治理能力建设。

国家邮政局和上海市人民政府曾于 2013 年签署了《关于加快推进上海快递总部经济建设与发展合作协议》，有力促进了上海快递总部经济的发展。本次签署的新一轮部市合作协议，由市交通委、市邮政局在相关部门支持下共同起草，协议将巩固扩大上一轮合作成果，进一步加强上海市与国家邮政局协同联动、工作互动，抓住新机遇，应对新挑战，共同推动邮政快递业高质量发展的新突破。

来源：上海市交通委员会

7.2.9 上海邮政快递业做强非接触式经济助力发展新兴消费

上海在全国首个提出支持发展在线新经济政策之后，近日市政府办公厅印发《关于提振消费信心强力释放消费需求的若干措施》，提出大力发展新兴消费，深化线上线下融合，推广社区快递自提点和智能提货柜，上海邮政快递业发展再获政策扶持。

此次上海市政府的促消费方案提出于 5 月启动“五五购物节”，将贯穿整个第二季度，推出线上线下系列联动活动，鼓励线上平台开展“安心消费计划”，做强非接触式经济，通过线上引流带动实体消费，促进消费回补和潜力释放。

作为发展在线经济、提供线下配送服务的重要支撑，上海智能末端投递设施的规划建设、运营发展走在全国前列。在全国首个发布《快递末端综合服务站通用规范》地方标准，目前上海已建设了 3 万组智能快件箱，箱递率达 25%，超过全国平均 10 个百分点。疫情期间又在 1600 多个社区安装了共享货架，为降低疫病传播风险、寄递防疫物资和人民群众基本生活物资发挥了不可替代的作用。一季度，行业支撑全市商品类网络购物交易额逆势增长 19.1%，已成为促进新兴消费加快发展、支撑经济高质量增长的新动能。

市邮政管理局表示，近期上海密集出台一系列促进消费、发展在线新经济的利好政策，上海邮政快递业将化危为机、抓住先机，乘势而上、顺势而为，积极发挥行业在经济社会“大动脉”“微循环”

里的“先行官”作用，加快发展动能转换，延伸产业链条，全力支撑打响上海“四大品牌”，加快建设国际消费城市，畅通产业、市场、经济社会“三个循环”，为推动全市经济社会发展、服务“六稳”“六保”贡献行业力量。

来源：上海市快递行业协会

7.2.10 上海市发布《快递包装基本要求》地方标准解读

该标准具有以下四个方面特点：一是作为行业绿色发展地方管理标准，既采纳了国家的相关标准，又结合了上海局“9893”绿色升级工程和《上海市快递包装物垃圾分类指引》的要求。二是标准与《中华人民共和国电子商务法》、《中华人民共和国固体废物污染环境防治法》等法律法规有效衔接。三是标准实现了从电子商务经营者、供应商到邮政企业、快递企业再到消费者的全链条管理。四是标准不仅适用于快递企业，也同样适用于邮政企业。

来源：上海市邮政管理局

7.2.11 上海市政府发展新兴消费提出推广快递智能提货柜深化线下线上融合发展

近日，上海市政府办公厅印发《关于提振消费信心强力释放消费需求的若干措施》，提出大力发展新兴消费，深化线上线下融合，推广社区快递自提点和智能提货柜，市邮政快递业发展再获政策扶持。

此次市政府的促消费方案提出于5月启动“五五购物节”，将贯穿整个第二季度，推出线上线下系列联动活动，鼓励线上平台开展“安心消费计划”，做强非接触式经济，通过线上引流带动实体消费，促进消费回补和潜力释放。

在全国首个发布《快递末端综合服务站通用规范》地方标准后，目前上海已建设了3万组智能快件箱，箱递率达25%，超过全国平均10个百分点。疫情期间又在1600多个社区安装了共享货架，为降低疫病传播风险、寄递防疫物资和人民群众基本生活物资发挥了不可替代的作用。一季度，行业支撑全市商品类网络购物交易额逆势增长19.1%，已成为促进新兴消费加快发展、支撑经济高质量增长的新动能。

上海市邮政管理局表示，近期全市密集出台一系列促进消费、发展在线新经济的利好政策，市邮政快递行业将化危为机、抓住先机，乘势而上、顺势而为，积极发挥行业在经济社会“大动脉”“微循环”里的“先行官”作用，加快发展动能转换，延伸产业链条，全力支撑打响上海“四大品牌”，加快建设国际消费城市，畅通产业、市场、经济社会“三循环”，为推动全市经济社会发展、服务“六稳”“六保”贡献行业力量。

来源：上海市快递行业协会

7.2.12 上海邮政快递业又获利好：智慧物流和智能末端配送设施纳入上海市新型基础设施建设

日前，上海市出台《上海市推进新型基础设施建设行动方案（2020—2022 年）》，上海邮政快递业又获利好。智能末端配送设施和智慧物流基础设施作为智能化终端基础设施（“新终端”）被纳入上海市新型基础设施建设。

新冠疫情发生后，上海局一方面主动向市政府、市人大反映疫情期间投递难问题，提出工作建议，千方百计协调本市各部门顺利解决了邮件、快件最后一公里投递问题；另一方面上海局努力化危为机，积极协调有关部门，倡导借助智能化末端投递设施，采用“无接触投递”方式，在做好疫情防控工作的同时，将生活必需品、防疫物资以及满足人们追求美好生活的物品送到了老百姓身边。《上海市推进新型基础设施建设行动方案（2020—2022 年）》提出要拓展智能末端配送设施的投放范围；要推动快件仓储中心、分拨中心、转运中心、配送站等基础设施布局建设，开展仓储、分拣、配送、装卸等一体化集配设施智能化升级；实施国家物流枢纽建设工程，推动青浦区加快建设智能化的商贸服务型国家物流枢纽，基本形成长三角快递物流枢纽和基础支撑。

上海局将充分运用好相关政策措施，抓住难得的发展机遇，努力释放行业发展的新活力，服务上海经济社会发展。

来源：上海市快递行业协会

7.2.13 上海快递业跨境电商 B2B 出口试点 9710 首单顺利通关

9 月 1 日零点，由韵达国际申报的“跨境电商 B2B 直接出口”（监管代码“9710”）货物在上海浦东机场顺利通关，成为上海快递业跨境电商 B2B 直接出口的第一单。

日前，海关总署正式发布跨境电商 B2B 出口试点公告，增列“9710”“9810”监管方式，9 月 1 日是上海浦东机场新监管方式开通测试的第一天。韵达国际作为 9710 指定试发单位，在上海跨境电子商务公共服务平台及上海浦东海关的大力支持下，首批试发货物于 9 月 1 日 0 点 01 分发起申报，短短五分钟，系统完成海关入库、审核及放行通关。

“9710”，即境内企业通过跨境电商平台与境外企业达成交易后，通过跨境物流将货物直接出口至境外企业，简称“跨境电商 B2B 直接出口”；“9810”，即境内企业先将货物通过跨境物流出口至海外仓，通过跨境电商平台实现交易后从海外仓送达境外购买者，简称“跨境电商出口海外仓”。这两种监管模式的开通，跨境 B2B 出口企业可以大大简化申报程序，降低成本，提升效率。

上海局将持续推动寄递企业借助新监管方式政策，有效推进“快递出海”工程，促进跨境电子商务新业态发展。

来源：上海市邮政管理局

7.2.14 快递包装绿色治理被纳入上海市加强塑料污染治理实施方案

近日，上海市发展改革委员会、上海市生态环境局等十部门联合印发《上海市关于进一步加强塑料污染治理的实施方案》（以下简称《方案》），将快递包装绿色治理纳入其中。

《方案》立足上海实际情况，按照“禁限一批、替代一批、规范一批”的总体思路，对不同塑料制品提出相应管理要求和政策措施，着重强调源头减量、循环使用、再生利用和环保处置。

《方案》指出，在全市各邮政快递网点推行绿色包装应用，到2020年年底实现本市邮政业“9893”绿色工程。禁限塑方面，《方案》将时间节点进一步提前，明确到2021年底，全市各邮政快递网点先行禁止使用不可降解的塑料包装袋、一次性塑料编织袋等。到2023年年底，全市各邮政快递网点禁止使用不可降解塑料胶带。《方案》还提出了提升替代塑料包装材料应用比例，推进可降解包装材料应用，鼓励寄递企业在本市同城快递试点使用可循环、可折叠包装产品和物流配送器具，在本市重点区域投放快递塑料包装回收设施，建立健全快递企业绿色管理和评价标准等具体措施。

上海局表示，将认真贯彻国家局和市委、市政府部署要求，建立健全行业塑料包装源头采购、流通使用、回收处置等环节的管理措施，持续推动全市邮政快递业包装绿色治理，有力有序有效治理行业塑料污染，为建设美丽上海积极贡献行业力量。

来源：上海市邮政管理局

7.2.15 《关于促进上海市快递业发展的实施意见》政策解读

近年来，我国快递业发展迅速。2015年的《政府工作报告》要求“发展物流快递，把以互联网为载体、线上线下互动的新兴消费搞得红红火火”。为贯彻落实《政府工作报告》部署，2015年10月，交通运输部、发展改革委、国家邮政局会同有关方面起草了《关于促进快递业发展的若干意见》（以下简称《意见》），通过了国务院第108次常务会审定，并于10月23日正式印发（国发〔2015〕61号）。

《意见》是邮政体制改革以来国务院出台的第一部全面指导快递业发展的纲领性文件，是快递业发展进程中的重要里程碑。《意见》确定了促进快递业发展五方面措施，并且要求各地区结合本地区实际情况研究出台有针对性的支持措施并认真抓好落实。

作为全国经济最发达的城市之一，上海快递业发展迅速，并且在全国处于领先地位。2015年全年寄件量超17亿件，在全国城市中排名第二；快递业务收入全年超455亿元，在全国城市中位居第一。但是，面对2400多万人口的快递服务需求，上海快递业也面临着发展方式粗放、基础设施落地难、末端配送体系不健全、高端人才难以留住等挑战。《上海市人民政府关于促进本市快递业发展的实施意见》（以下简称《实施意见》）是对国务院《意见》的响应，也是对上海市供给侧结构性改革要求的落实，更是上海快递业自身发展的需要。

一、总体思路

在贯彻落实国务院《意见》的基础上，以供给侧改革为导向，结合上海作为快递业总部聚集城市，快递经济建设卓有成效，行业发展迅速，整体处于全国领先水平的发展现状，研究制定本市关于促进快递业发展的实施意见。

二、本市快递业特点

（一）发展现状

上海作为快递业总部聚集的城市之一，2016 年，全市快递业务量累计完成 26.0 亿件，业务收入累计完成 709.5 亿元，年增速均超过 50%，处于全国领先水平，形成了“民营在西、国有在中、外资在东”的发展格局。青浦区“全国快递行业转型发展示范区”建设正积极推进。快递企业组建专业的电子商务服务团队，不断延伸个性化、差异化的产业和增值服务，电商与快递企业融合逐步加深。

（二）趋势分析

随着我国经济发展进入新常态，“扩内需、稳增长、促转型”的要求下，快递业走向与金融、电商、网络零售等行业的联动发展，向服务链更长、附加值更高的综合物流运营商转变。在快递总部经济部市合作制度和全球资源配置市场的优势下，企业总部功能将持续提升。快递行业的竞争将不断加剧，快递企业间兼并或重组现象持续进行，本市快递行业将由“做大”向“做优”转变。随着本市“智慧城市”建设的进行，各种信息化、智能化技术将在快递业中大规模应用，快递服务水平将进一步提升，形成具备全国性网络的快递企业集团，并对快递业“总部经济”发展提出更高要求。

三、本市邮政快递业相关政策解读

（一）国家局与市政府加快推进上海快递总部经济的协议

国家邮政局和上海市人民政府发布的《关于加快推进上海快递总部经济建设与发展合作协议》明确要发展具有中国特色的上海快递服务，并从法律政策、发展规划、国际航运中心建设、总部经济、发展方式、能力建设、行业监管、人才队伍和综合交通九个方面提出重点任务，推动上海成为全国快递的发展高地以及亚太地区的快递门户，引领全国快递服务发展。

（二）本市涉及快递业主要政策

一是《关于促进本市快递业健康发展的若干意见》明确要建立健全促进快递业健康发展的管理协调机制，进一步完善促进快递业健康发展的配套政策措施，全面构建便捷高效、竞争有序、技术先进、服务优先的快递业服务体系。

二是在本市促进邮政业发展联席会议和电子商务发展联席会议中纳入市邮政管理局。

三是《关于促进本市生活性服务业重点行业规模提升发展的实施意见》将快递业作为四个重点行业之一，从加快标准化建设、加强新技术应用、开展职业培训和学历教育、优化网点布局、加强事中事后监管五个方面推动快递业发展。

四是《关于促进本市跨境电子商务发展的若干意见》明确支持快递企业提供跨境电商物流服务。

五是《上海“四新”经济重点领域发展导向（2015 版）》明确快递业信息化和快件末端投递智能化系统作为商贸流通与电子商务板块的内容。

四、《实施意见》内容概述

（一）关于发展目标

与《上海市邮政业发展“十三五”规划》（以下简称《规划》）确定的到 2020 年目标保持一致，但突出了国际化业务和高端化业务的发展构想。

（二）关于主要任务

一是培育壮大快递企业，支持优势快递企业有更大发展，稳固上海在全国快递总部经济地位。该条与《意见》重点任务之“培育壮大快递企业”对应，通过培育一批大而强的企业主体，实现快递业的跨越式发展。

二是推进“互联网 +”快递，打造“互联网 +”产业融合新模式和“大众创业、万众创新”的发展环境。该条与《意见》重点任务之“推进‘互联网 +’快递”对应，互联网与各领域的融合发展，已成为不可阻挡的时代潮流，通过坚持“互联网 + 快递”的发展方向，打通线上线下，变革服务模式，拓展协同空间，提升先进技术应用和快递业设施装备的研发应用。推进快件绿色包装工作。对于畅通生产流通消费，促进创业创新，提升经济运行效率具有重大战略意义。

三是完善快递服务网络，完善末端服务能力，加强末端资源的对接，鼓励企业建立国际快件处理中心。该条与《意见》重点任务之“构建完善服务网络”对应，目前本市快递服务网络还存在关键设施难以落实等问题，只有针对问题补短板，试点错时配送。才能更充分地发挥快递业在产业间、城乡间、区域间的纽带作用，从而进一步优化经济结构、扩大内需、促进就业、提高新型城镇化质量。

四是衔接综合交通体系，实施快递“上车、上船、上飞机”工程。该条与《意见》重点任务之“衔接综合交通体系”对应，力争解决快递与其他运输方式衔接不紧密的问题，从而实现综合交通运输体系和大交通平台的资源优势，发挥协同效应。

五是推动产业协同发展，实现快递电商协同发展，开放普惠邮政设施公共资源，与制造业、金融业融合发展。快递电商协同发展与《意见》重点任务之“推进‘互联网 +’快递”中“引导快递企业与电子商务企业深度合作”呼应。开放普惠邮政设施公共资源与重点任务之“构建完善服务网络”中“提高邮政基础设施利用效率”呼应。“与制造业、金融业融合发展”参考《规划》提出的十项重大工程之“产业融合工程”。

六是加强快递安全监管，成立邮政业安全中心，落实安全管理措施。该条与《意见》重点任务之“加强行业安全监管”对应。行业安全永远是摆在第一位的，该项任务从加强制度建设，加强从业人员的配送行为的规范化管理，健全监管手段等方面，明确了重点工程和有力措施。

（三）关于保障措施

从贯彻落实《意见》角度，结合上海重点任务，以及快递业发展中存在问题，提出七方面保障措施。一是加强多部门联动，推动任务落实。二是推进简政放权，用以释放发展活力。三是规范快递市场秩序，用以优化市场环境。四是加强规划建设衔接，用以支持设施建设。五是加强财税金融支持，用以减轻企业负担。六是提供便利通行条件，用以解决快递车辆通行难题。七是加大人才队伍建设，用以提升人才素质。

来源：上海市邮政管理局

7.2.16 快递业迎来重大“利好”！邮政、快递通行一视同仁！

国务院总理李克强 3 月 3 日主持召开国务院常务会议，部署完善“六稳”工作协调机制，有效应对疫情影响促进经济社会平稳运行；确定支持交通运输、快递等物流业纾解困难加快恢复发展的措施；决定加大对地方财政支持，提高保基本民生保工资保运转能力。

会议指出，按照党中央、国务院部署，统筹推进疫情防控和经济社会发展，必须更有针对性加大稳就业、稳金融、稳外贸、稳外资、稳投资、稳预期工作力度，更有效应对疫情对经济运行的影响。要充分发挥宏观政策、外贸外资、金融稳定协调机制作用，及时出台有力有效的应对措施，增强内生动力，努力保持全年经济运行在合理区间。会议指出，推动交通运输、快递等物流业加快复工复产，既能为疫情防控提供有力支撑，又能畅通经济循环，满足民生需要。为此，一要分区分级精准有序引导相关企业复工，取消不合理复工审批。协调保障口罩等防疫物资。各地要对邮政和各种所有制快递企业给予一视同仁的通行便利，打破乡村、社区“最后一公里”投递障碍。二要加大减税降费力度。在一定期限内继续实施大宗商品仓储用地城镇土地使用税减半征收政策。3 月 1 日 -6 月 30 日，免收进出口货物港口建设费，将货物港务费、港口设施保安费等政府定价收费标准降低 20%。6 月底前，减半收取铁路保价、集装箱延期使用、货车滞留等费用。降低部分政府管理的机场服务收费。三要鼓励保险公司适当减免疫情期间停运的营运车辆、船舶、飞机保险费用。鼓励各地采取阶段性减免"份子钱"等措施，帮助出租汽车司机渡过难关。尽快出台收费公路免费通行的后续支持保障政策。会议指出，支持基层政府保基本民生、保工资、保运转，是保障群众切身利益的基本要求，也是推动政府履职和各项政策实施的基础条件。会议确定，一是 3 月 1 日 -6 月底，在已核定的各省份当年留用比例基础上统一提高 5 个百分点，新增留用约 1100 亿元资金，全部留给县级使用。二是加快下达转移支付资金，指导各地优先用于疫情防控和"三保"支出按时足额支付。三是进一步压减一般性支出，除疫情防控需要外，严控新的增支政策。

来源：上海市快递行业协会

7.2.17 《邮政业寄递安全监督管理办法》解读

日前，交通运输部以 2020 年第 1 号令发布了《邮政业寄递安全监督管理办法》（以下简称《办法》），自 2020 年 2 月 15 日起施行。为便于有关单位更好地理解《办法》内容，切实做好贯彻实施工作，现解读如下：

一、修订背景

邮政业寄递安全事关国家安全、公共安全以及群众信息与财产安全。近年来，邮政业面临的安全风险明显增加，有不法分子利用寄递渠道传递违禁品，发生过企业泄露用户信息的事件，不合格包装材料的使用可能损害人体健康，形成了新的安全隐患。2016 年 1 月 1 日，《中华人民共和国反恐怖主义法》施行，从不同的角度对邮政业寄递安全作出新的制度安排。2018 年 5 月，《快递暂行条例》生效实施，引入了新的安全理念，对快递业安全予以系统规范。2019 年 1 月，《中华人民共和国电子商务法》施行，从生态安全的角度对快递物流运营者提出了环境保护要求。2011 年 1 月 4 日交通运输部发布的《邮政行业安全监督管理办法》已不能适应当前邮政业寄递安全面临的新形势、新任务，有必要依据上位法和中央部署，围绕国家总体安全观，进行全面修订，为邮政业持续健康发展提供更有力的规章制度保障。

二、修订思路

在国家总体安全观之下定位邮政业寄递安全监督管理，理顺《办法》与邮政业其它立法的关系，聚焦寄递安全，剥离《办法》中与寄递安全关联性不强的条款，引入科学治理手段，完善有关法律责任。

三、修订内容

《办法》取消了原有的"分章"结构，体例更为简洁，条文数量从 57 条精简至 43 条。主要修改内容是，将名称由《邮政行业安全监督管理办法》修改为《邮政业寄递安全监督管理办法》，完善收寄验视制度、安全检查制度、视频监控制度、协议用户管理制度、寄递信息安全管理制度，增加邮件快件寄递过程中有关生态安全的事项，细化寄递安全统一管理制度、安全教育培训制度、寄递安全监督检查制度和邮政业应急管理制度，明确委托实施邮政行政处罚的相关事项，优化行政处罚措施。

来源：上海市邮政管理局

7.2.18 年内业务量达 800 亿件 快递业复苏折射消费增长

北京商报讯（记者赵述评何倩刘瀚琳）12 月 21 日，中国快递业再次突破历史纪录。据国家邮政局中国快递大数据平台实时监测，一件从湖北黄冈寄往湖南长沙的快递包裹成为 2020 年第 800 亿件快件。从数据来看，自 9 月 10 日我国今年快递业务量达到 500 亿件开始，每月均登上一个百亿级台阶。国家邮政局表示，再创新纪录，证明着快递市场繁荣活跃、发展质效不断提升，同时折射出中国经济复苏的良好势头和强大的消费能力。

2020 年是特殊的一年，我国邮政快递业呈现出低开高走的走势。受新冠肺炎疫情影响，全国快递业务量在 1 月低位运行后于 2 月转为正增长。进入二季度，快递业务增速明显加快，重回 30% 以上。继 5 月全国快递业务量创 2018 年新高后，9 月中上旬至今，我国快递业务量从 500 亿件逐月实现百亿级增长。

国家邮政局相关负责人表示，邮政快递业能够克服疫情影响，迎难而上重回高位增长区间，得益于行业的率先复工复产，我国消费市场加快线上线下融合发展和 400 万快递小哥的辛苦付出。“作为线上消费最主要的交付渠道，电子商务的发展成为快递业务量增长的主要来源；同时，三四线城市及农村市场增量较快，在消费者享受到经济网购服务的同时，也令快递市场获得了新的规模扩张。”

截至目前，我国快递业务总量和快递业务增速连续五年居世界第一。数据显示，“十三五”期间，邮政行业的业务收入规模从 2015 年的 4039 亿元增长到如今的 1.1 万亿元，五年净增 7000 亿元，每年的增长速度达到了 22%。快递年业务量从 2015 年的 207 亿件增长到今年的 700 亿件以上，年均增速超过 30%。

值得一提的是，“十三五”期间，邮政快递业已构建起覆盖城乡、惠及全民的网络体系，建制村全部实现直接通邮，快递网点基本实现乡镇全覆盖，在经济社会发展中的作用不断增强，基础性战略性先导性作用日益凸显。

具体而言，在疫情环境下，覆盖全国的快递网络正不断延伸着广度与深度。横向来看，“快递下乡进村”被提升至战略高度，成为畅通城乡经济循环的重大工程。物流基建走向阡陌交通，一方面能拉动城乡供给对接，为乡村增添收入来源，另一方面则是挖掘农村地区的消费潜力。

数据显示，通过快递下乡、建制村通邮、快递进村等工程建设，100% 的乡镇已建有邮政局所、100% 的建制村实现了直接通邮、98% 的乡镇有了快递网点，乡镇快递网点覆盖率比“十三五”之初提升了 28 个百分点。基建设施的完善拉动着消费需求。截至 11 月底，快递服务支撑工业品下乡和农产品进城超过 1.7 万亿元。

而从纵向来看，为了深化企业在规模和效率上的竞争力，快递企业在今年大量落地、升级仓储、转运中心、末端配送等各环节智能设备：交叉带自动分拣线正以秒为计高速运行，上千条滑轨能将包裹按三段码精准划分派送区域，供件机械手正以每小时 1600 件的分拣效率抓取各类型包裹……基于 5G 等技术的设备研发，正为物流企业在仓储分拣、末端配送等环节提供更具效率、成本更低的智能化解决途径。因此，能承受全国每月约 100 亿件的规模增幅，分布在物流各环节的智能设备功不可没。

与此同时，在疫情考验下，快递企业将触手深入产业，为客户提供定制的物流解决方案来提升企业的竞争壁垒。例如中通与长春一汽富晟集团有限公司合作，前者将服务链延伸至仓储、包装、配送运输等环节；中国铁塔与顺丰战略合作推动能源服务、产业链物流；德邦与国铁物资有限公司合作国铁商城、物流运输等等。

快递专家赵小敏对媒体表示，预计在未来三五年，民营快递将在两头挤压之下进行行业洗牌，有能力的民营企业会 IPO，依靠资金量补服务短板，而更多的民营快递将被迫重组。单个民营企业会遭遇重大挫折，但从整个行业来看，随着行业集中度提高，未来服务质量、网店覆盖率、服务价格各方面都将更有优势。

作为承载消费循环的“羽翼”，物流业的发展在 2020 年备受瞩目，打造产业协同、智慧高效、安全绿色的寄递物流供应链体系成为必行之举。中国物流学会特约研究员陈燕燕在接受北京商报记者采访时就曾指出，物流是经济的“晴雨表”，更是经济发展的“助动器”。可以预见，围绕畅通国内国际双循环，以国家物流枢纽为中心的国内大循环基础设施建设，将成为“十四五”发展重点，新物流大通道将加速成型。与之相应的“一带一路”大通道建设也将持续加速，并在质量和效率上大幅提升。随着政策红利持续释放，物流行业将迎来新的变革机遇。

来源：《北京商报》

7.3 电商物流

近年来，随着我国经济的不断发展，计算机和网络技术的快速普及，电子商务迅速崛起。而伴随着电商的快速发展带来了巨大的物流运输和配送需求，电商物流也得到了迅速的发展。在企业进行多远发展，经营模式不断创新，现在，电商物流也已成为现代物流业的重要组成部分，成为推动国民经济发展的新动力。而伴随着全球经济一体化，跨境电商业务则为电子商务在我国的进一步发展提供了更大的市场。电商物流只有不断提升，通过自身模式的不断改善，进一步提升服务质量和创新模式，才能更好的为行业服务，促进跨境、跨界电子商务的多元化发展。

7.3.1 上海市电子商务发展“十三五”规划印发解读

《规划》提出全面完善快递服务体系，提升电子商务交易保障能力。一是全力打造上海世界级航空快递枢纽，构建电子商务国际航运和现代物流枢纽，在上海大都市圈范围内优化机场设施布局规划和机场集疏运网络布局规划，实现运输环节与快递生产业务环节之间的无缝衔接，提高运输效率；二是重点部署快递末端综合服务规划布局，鼓励整合社会存量资源，推动快递末端综合服务点规划建设，将快递代收场地、快件箱等快递公益性基础设施纳入公共服务基础建设，逐步实现城市末端配送集约化、平台化，引导连锁商业机构、社区服务组织参与建设快递末端综合服务点；三是全面推动电子物流标准化工程，推动城市配送公共基础设施及物流设备设施标准化建设，促进城市末端快递服务标准化，鼓励电商企业和快递企业对接系统建设，统一信息交换和数据接口标准；四是促进快递业纳入民生领域共享发展，鼓励电子商务企业整合社区生活服务资源，推进“互联网+”快递等服务消费新业态发展，优化社区实体网点，打造多层次、多形式的便民服务点，打造涵盖快递等综合服务的“一刻钟”便民服务圈；五是支持快递业与跨境电子商务融合发展，推动邮路、快件等寄递物品通道纳入跨境电商监管系统与管理制度。

来源：上海市邮政管理局

7.3.2 2020年跨境电商物流行业研究报告

疫情加速跨境电商渗透，跨境电商物流有望上演国内快递10年前的成长红利政策持续保驾护航跨境电商，疫情驱动行业加速渗透。

消费升级拉动进口跨境电商，中国产品走向海外推动出口跨境电商，中国跨境电商在外贸中的渗透率持续提升。电商渠道正在持续替代传统的多层级分销渠道，进出口贸易也在经历电商持续渗透的过程。由于跨境电商相对传统外贸具备信息、价格等优势，同时消费升级推动国内消费者持续通过跨境电商对海外高端知名品牌商品的购买以及高性价比的中国产品借助跨境电商逐步走向全球，国内跨境电商在外贸中的渗透率提升至 2019 年的 33%，其中 B2C 跨境电商渗透率提升速度更快。

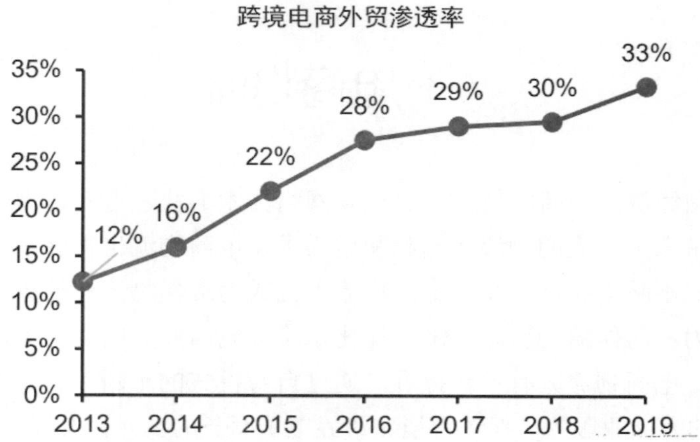

2013-2019 年国内跨境电商外贸渗透率持续提升

2013-2019 年国内进口跨境电商市场规模增长情况

国家陆续出台多条政策，为跨境电商健康发展保驾护航。面对日益增长的跨境电商市场，近几年国家频繁出台多项政策、规定，支持进出口跨境电商发展。例如 2012 年 8 月政府首次批准郑州、杭州、重庆、上海、宁波 5 个跨境电商试点城市，到 2015 年 6 月政府首次批准杭州作为首个跨境电子商务综合试验区，再到 2020 年 6 月政府首次批准北京、天津等 10 个城市纳入跨境电子商务企业对企业出口监管试点范围。到目前为止，中国已经形成了 15 个跨境电商试点城市、59 个跨境电商综合试验区、87 个跨境电商零售进口试点城市和 22 个跨境电商企业对企业出口监管试点城市。

除了跨境电商政策试点地域的持续扩大，同时政府也在推进跨境电商监管内容的扩大。截止目前，海关总署已经增列了 1210（跨境电商保税仓进口零售）、9610（跨境电商 B2C 出口）、9710（跨境电商 B2B 出口）、9810（跨境电商 B2B 出口海外仓）等适用于跨境电商进出口监控代码，规范跨境电商进出口行为、同时给予清关的便利性，助力行业健康发展。

新冠疫情加速全球电商渗透率提升，中国产品性价比高且供应链稳定，未来出口跨境电商有望持续受益增长。新冠疫情不仅加速了全球各国电商消费渗透，同时也对全球供应链产生了明显冲击，由于中国防控疫情成效显著，生产活动提早恢复从而保证供应链稳定。因此这一波疫情加速全球电商渗透率提升下，拥有稳定供应链的中国受益明显。考虑到中国产品廉价优势以及海外电商消费习惯的形成具有一定粘性，同时其他国家电商渗透率存在较大提升空间（明显落后中国），预计未来中国跨境出口电商景气度将持续维持高位。

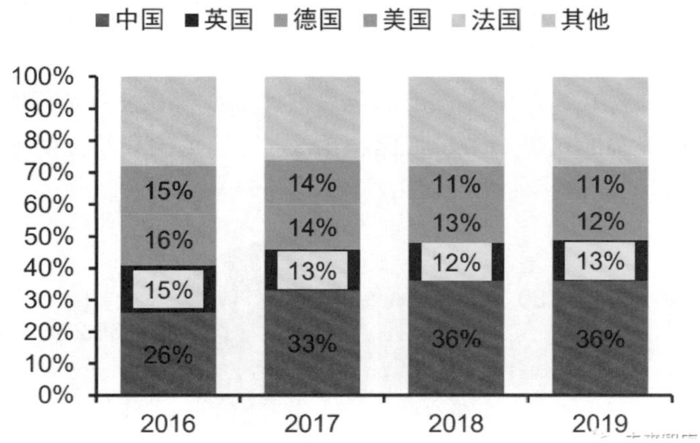

2016-2019 年购买过中国商品的跨境电商用户占比提升

商流物流相辅相成，万亿跨境电商催生千亿跨境物流市场

跨境电商兴起将带动相关产业链上行。跨境电商的快速发展将带来相关产业链的发展机遇：（1）跨境电商平台，例如阿里速卖通、京东国际、天猫国际等；（2）跨境电商品牌，例如 SHEIN、执御、有棵树等；（3）跨境电商物流、商流物流相辅相成，跨境电商的正常运营离不开配套的物流设施及服务；（4）跨境支付；（5）其他服务，例如 IT、营销等。

相比国内快递物流，跨境电商物流流程复杂大大提升，跨境物流也是跨境电商发展的痛点之一。相比国内快递物流，跨境电商物流的复杂性在于：（1）操作及分拨环节多，包裹遗失和破损概率高；（2）涉及清关环节，清关繁琐，对税务业务、外语沟通能力要求高；（3）整个操作链条涉及多个环节外包给物流商，无法做到完全自主可控；（4）流程环节数量较多，信息化难度；（5）距离长、中转环节多，时效慢（跨境电商物流平均时效在 13 天左右）；（6）跨境电商正向物流复杂度高，逆向物流难度更高，跨境电商退货处理繁琐、困难，较差的退货体验导致目前跨境电商退货率较低。因此物流是目前跨境电商发展的重要痛点第一。

跨境电商的快速发展也驱动跨境电商物流市场持续增长。以国家邮政局披露的国际及港澳台快递件量为例（国际快递仅是跨境电商物流模式中的一种），2011-2019 年国际及地区件量从 1.1 亿件增至 14.4 亿件，期间 CAGR 为 35%。

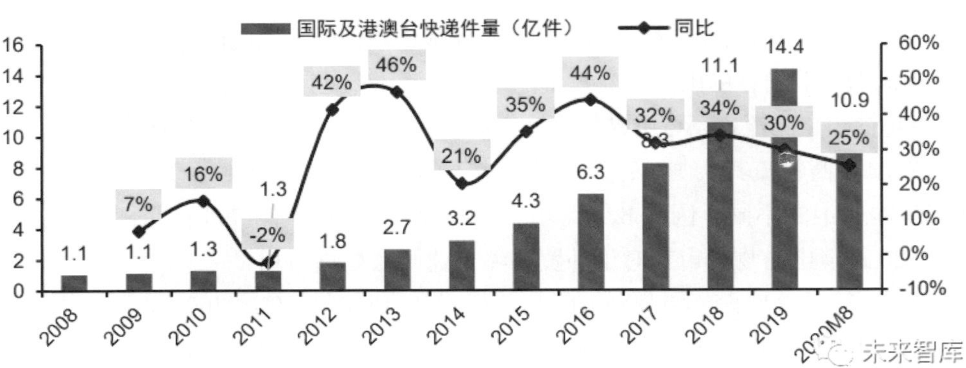

2008-2020M8 中国国际及港台快递件量增长情况

中国跨境出口电商发展领先全球，使得中国跨境电商物流行业市场规模也要明显高于其他国家。由于中国制造的产品性价比在全球极具竞争力，并且中国产品的生产制造供应链稳定性要好于其他国家（疫情期间稳定性的优势更加明显），因此中国出口跨境电商的发展要领先其他国家，也使得中国跨境电商出口物流需求也在全球占主导位置。2019 年 8 月 -2020 年 7 月全球总的跨境电商包裹中（跨境电商物流中的一种模式），中国发出的包裹占比 60%，遥遥领先其他所有国家。同时在中国发出的包裹中，中国发往美国的包裹最多，占比超 1/3，发往英国和法国的包裹占比分别排名第二和第三。

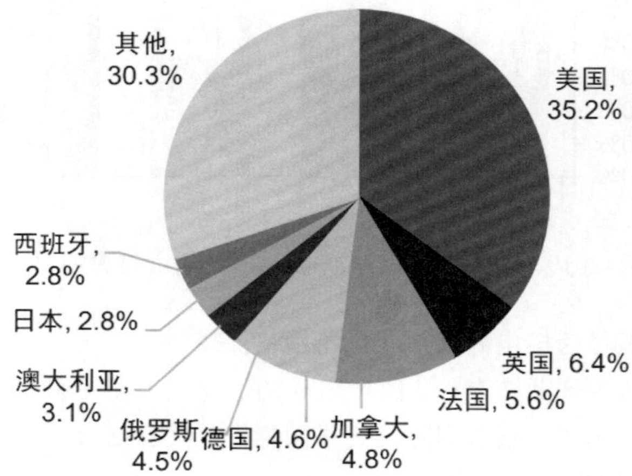

2019.8-2020.7 中国出口包裹目的国占比情况

正确测算出国内企业可获取的跨境电商物流市场规模为 2000 亿元。相较国内快递，由于跨境电商物流地理距离远，因此物流费率高，而相比传统外贸物流，由于跨境电商物流存在需求碎片化、运输高频次，同时全链路物流环节更多，因此物流费费率也要高。目前跨境电商物流费用在整个跨境电商成本中占到了 20-30%，比重较高，跨境电商快速发展之下，跨境电商物流行业也将欣欣向荣。根据艾瑞咨询数据，2019 年中国跨境电商市场规模同增 17% 至 10.5 万亿元，按照 20% 的跨境电商物流费率计算，则中国跨境电商物流市场高达 2 万亿元，但是这其中相当部分并不是国内物流企业的目标市场：

（1）相当一部分进口物流市场由国外物流企业占据。进口物流的客户在国外，国内物流企业难以直接对接国外跨境电商客户，因此大部分进口跨境电商物流都是由国外物流服务商提供，我们假设最终 50% 进口跨境电商物流市场由国内企业分享。

（2）并非所有的出口物流环节都由国内物流企业提供。由于跨境电商进口物流链接不同国家，对于目的国的尾程派送一般由目的国物流商负责配送，这个环节是国内物流企业无法获取的，因此我们假设 3/4 的跨境电商出口物流市场可由国内物流企业经营（也适用进口跨境电商物流市场空间测算）。

（3）B2B 跨境电商物流其实与传统外贸物流差异性并不是很明显，而 B2C 跨境电商物流与传统外贸物流则有着本质上的不同。因此 B2B 跨境电商物流市场并非增量市场，而仅仅是存量市场中的结构变动，而 B2C 跨境电商物流市场对于外贸物流企业则是增量市场。

综上，我们计算的 B2C 跨境电商物流市场规模为 17300×20%=3460 亿元，进一步测算国内物流企业的目标市场为 B2C 进口跨境物流市场 17300×62%×3/4×20%+C2C 出口跨境物流市场 17300×38%×20%×3/4×50%=2100 亿元。我们粗略估算国内跨境电商物流市场规模约为 2000 亿元（B2C）。

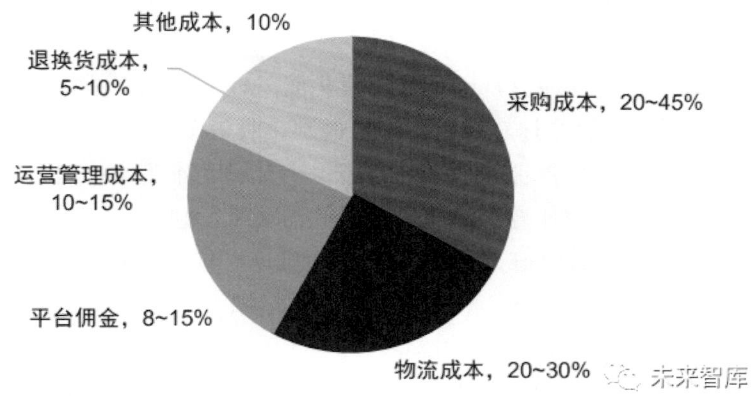

跨境电商总成本占比结构情况

中国制造走向海外、疫情加速海外电商渗透，国内跨境电商物流市场迎来发展拐点。我们判断国内跨境电商物流市场未来将迎来加速发展拐点的理由主要有两点：（1）中国制造加速走向全球下，国内物流企业有望迎来国产替代（外资企业倾向使用国外物流企业）；（2）疫情加速海外消费线上化，考虑到线上消费习惯的养成粘性以及中国制造的极致性价比，国内出口跨境电商物流企业将持续享受行业成长红利。

跨境电商物流需求的多样性、流程的复杂性之下，多种跨境电商物流模式同时存在。

由于跨境电商物流链条较长、环节繁多、成本占比高、时效存在不确定性，因此电商卖家对于跨境电商物流产生了多样化的需求，同时也派生了多种跨境电商物流模式：

（1）邮政小包

邮政小包又称为航空小包，是各国邮局依托全球邮政现有网络开展的一项业务（区别于商业快递），此前主要用于寄递私人物品，近几年跨境电商兴起后，价格优势明显的邮政小包迅速成为跨境电商卖家的首选物流配送模式。据国家邮政局统计（2016 年），中国邮政小包在 2 公斤以下跨境轻小件寄递的市场占有率高达 61%。邮政小包具有如下特征：

①廉价：物流性价比高，适用低价值量跨境电商商品配送。

②派送范围广：邮政小包是依赖各国的邮政网络完成最终配送，由于各国的邮政网络在本国内都是覆盖范围最全的物流网络，因此邮政小包基本是派送范围无死角。

③适用较轻、体积较小的商品配送：邮政小包一般要求寄递商品重量限制在 2KG 以内，由于跨

境电商商品轻抛货多，因此对商品体积也要要求（例如外包装长宽高之和小于 90 厘米，且长边小于 60 厘米等）。

④时效慢：由于邮政小包价格便宜，因此处理优先级低，同时出于成本考虑，邮政小包很多跨境干线运输并非直飞，而是可能会中途转运再飞往目的国，时效慢也是合乎常理的。

邮政小包可以按照运输商品是否带电，划分为带电小包和可不带电小包，同时又可以按照是否能跟踪包裹配送轨迹信息，划分为挂号小包（可追踪）与平邮小包（不可追踪）。邮政小包渠道目前市场上常见有中国邮政小包、香港邮政小包、新加坡邮政小包、瑞典邮政小包、马来西亚邮政、德国邮政小包等。

（2）商业快递

商业快递一般指的就是 DHL、UPS、FedEx（包含 TNT）三家国际快递公司提供的国际快递服务。三家国际快递巨头利用自身建设的全球网络，强大的 IT 信息系统，自主可控强度、直飞比率、优先处理级别高的物流模式为客户提供时效快、包裹妥投率高、包裹网完整性好的极致物流服务。因此商业快递收费昂贵，一般适用对时效要求苛刻、货值高、重量段 20 公斤左右的商品配送。

（3）国际专线

物流服务商有些时候可以集中大批量到某一特定国家或地区的货物，这些货量带来的规模效应可以支撑其在两国之间开设专门的物流航班。专线小包其实就是介于国际快递和邮政小包之间的细分市场，其价格要比邮政小包贵但比国际快递便宜，但是时效却要明显快于邮政小包但稍慢于国际快递。专线小包其实就是将优质的航空干线资源与商业清关或者邮政清关进行整合，为客户提供个性化的服务。专线服务最大的劣势在于服务范围比较有限，也只有来往某地区或某国的货量足够多，这种物流模式才经济可行。

目前行业较多的国际专线主要包括美国专线、欧洲专线、澳洲专线、俄罗斯专线等，也有不少物流公司推出了中东专线、南美专线、南非专线等。

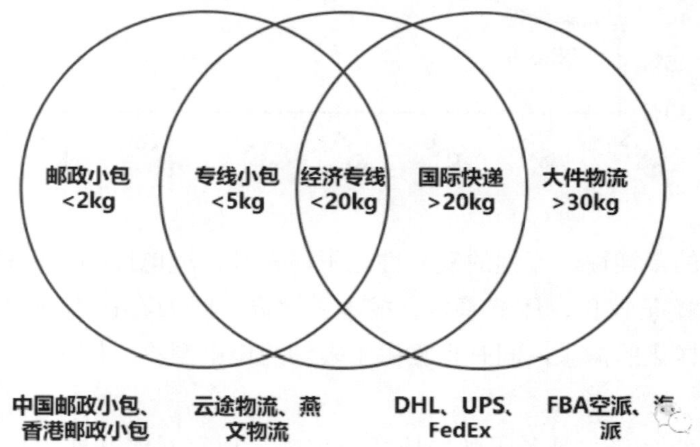

跨境电商物流细分市场及部分玩家

（4）海外仓（FBA）

以上三种跨境电商物流均属于直邮模式，第四种模式是海外仓模式，电商商家提前将商品运输至目的国内的仓库中，待目的国消费者线上下单，货物则直接从仓库中出货分拣送至消费者手中。海外仓最典型的例子就是 FBA（Fulfillment by Amazon），主要包括头程运输、仓储管理和本地配送三个部分。

FBA 头程是指将商品从商家运到亚马逊指定仓库这段物流环节，主要包括了空派（空运到机场，目的港货代代理帮忙清关和派送）、海派（除了干线运输是海运外，其他和空派相同）、国际快递（UPS、DHL 等公司提供航空运输和到港入仓服务）以及第三方仓调拨（电商卖家提前备货至非亚马逊的第三方海外仓，然后通过第三方仓的货物调拨进入亚马逊仓完成头程入仓）。FBA 本地配送则一般由亚马逊自己的快递团队或者 UPS、USPS 以及 FedEx 完成配送。

海外仓模式的优势主要有：①用户购物物流时效快，因为用户感知的只有尾程配送时效；②相比直邮模式，退换货方便；③相比直邮模式的干线航空运输，海外仓头程物流成本低（一般通过海运运输，海运物流成本低）。

而海外仓的劣势在于：①仅适用销量好的标准 SKU；②库存风险及资金周转压力大，由于 FBA 是需要提前备货，而 FBA 头程绝大部分采取海运，海运头程时效长达 15-30 天，因此相比直邮模式，采取海外仓模式的跨境电商卖家资金周转期要长 0.5-1 个月，时间线拉长也加大了库存滞销风险；③相比直邮小包，海外仓税务风险相对会高一些（海外仓发货模式的企业基本上都是在境外实名登记注册的公司主体）；④增加了仓储管理费用及操作成本。

（5）中欧班列

中欧班列早期开通的是渝新欧线路，后续不断发展，截至 2020 年 2 月底，已经开通了近 30 条班线。中欧班列也从最开始主要承接大宗货物运输到现在跨境电商运输货物占比快速提升。中欧班列的价格和时效是介于空运和海运之间，其在外贸旺季的时候，可作为对市场运力的有效补充。随着中国对“一带一路”的大力推广，同时“一带一路”沿线基础设施的不断完善以及中欧跨境电商市场的快速发展，中欧班列将持续保证良好增长趋势。

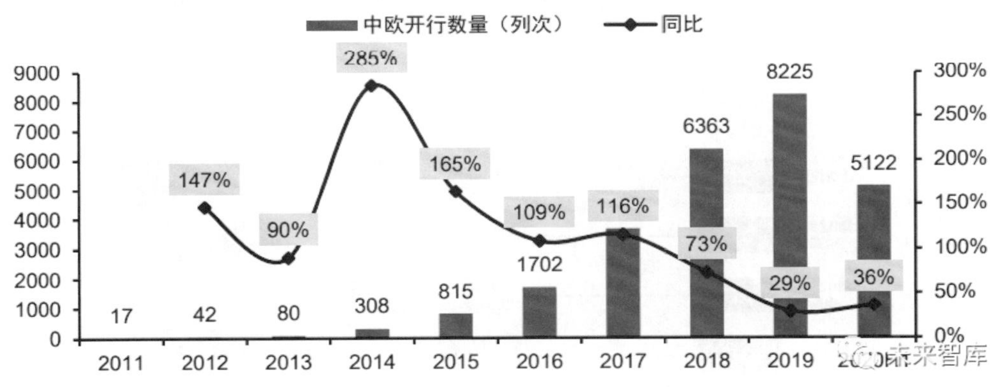

2011-2020H1 中欧班列开行数量增长情况

B2C 跨境电商物流或重塑外贸物流行业生态

B2C 跨境电商物流订单具有碎片化、高频次的特点，对物流商提出更高要求

跨境电商中 B2C 占比稳步提升，B2C 跨境电商物流市场迎来快速发展期。跨境电商从最初的商品网上信息展示，到跨境电商 B2B 大宗交易，到之后的跨境电商小额 B2B 交易，再到现在跨境电商 B2C 市场占比稳步提升。B2C 跨境电商的快速发展也将推动 B2C 跨境电商物流市场的不断壮大，以 B2C 跨境电商物流中的邮政小包为例，2016/2017 年中国邮政国际经济类小包件量分别同增 42% 和 24%，增长趋势良好。

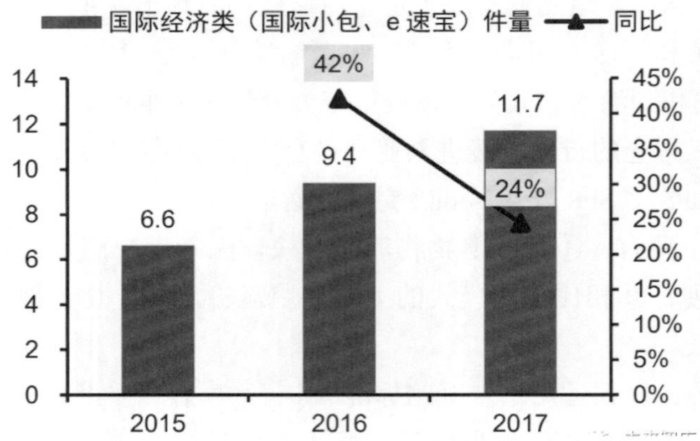

2015-2017 年邮政国际经济小包件量增长情况（亿件）

与传统外贸物流以及 B2B 跨境电商物流不同，B2C 跨境电商物流呈现明显的订单碎片化、小批量、高批次的特点。传统外贸物流主要以定期大额 B2B 海运为主，频次可能就 1 个月 1 次，每次运输数量不等的海运集装箱，物流操作流程简单。而到了 B2B 跨境电商物流，虽然采购频次有所增加，同时单次采购额有所减少，而且物流链条覆盖范围有所延长，但是总体上讲，B2B 跨境电商物流的模式与传统外贸大同小异，大都采取传统的海运模式。

而对于 B2C 跨境电商物流，（1）其物流过程覆盖国内 - 揽收、跨国端 - 干线、进出口 - 关务、海外段 - 海外仓配等环节，流程环节更多；（2）其物流配送需求直链 C 端消费者，因此相比传统外贸以及 B2B 跨境电商，B2C 跨境电商物流碎片化、小批量、高批次，物流服务难度大大提升；（3）由于电商卖家数量众多且分布各地，这对物流企业的销售网络团队及前端揽货响应能力都提出了较高要求。

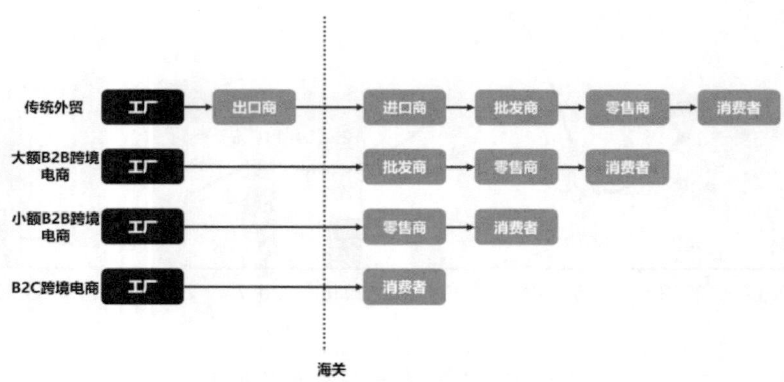

B2C 跨境电商流通环节少

虽然前几年国内跨境电商市场一直保持较好增长，但是跨境电商物流市场整体波澜不惊，主要是过去很长时间跨境电商是以 B2B 为主，其与传统外贸物流并无实质差异，不过是传统贸易物流商业务结构发生变化，即传统外贸占比下降而 B2B 跨境电商物流占比提升。但是随着 B2C 跨境电商物流市场的快速发展，传统贸易物流的操作模式无法适应订单碎片化、服务链条长、时效要求提升、服务定制化、抛货为主的 B2C 跨境电商物流，外贸物流行业格局有望迎来洗牌。

B2C 跨境电商物流以邮政小包为主，专线和海外仓同样发展很快

与传统外贸物流模式有显著区别的 B2C 跨境电商出口物流的发展，也持续催生了不同的物流解

决方案。2008 年以来为满足多样化的跨境电商物流需求，跨境电商物流产品持续不断完善及丰富。

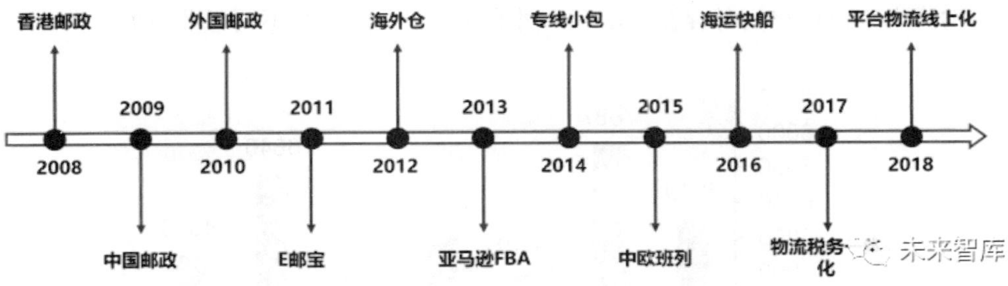

2008 年以来国内跨境电商物流产品体系不断完善

B2C 跨境电商物流目前以邮政小包、专线小包以及 FBA 海外仓三种模式为主，其中邮政小包占比最高。B2C 跨境电商物流整体可以划分为直邮和 FBA 海外仓，其中邮政小包凭借性价比高、清关税务风险极低、派送服范围广等优点在直邮渠道中占比约 60-70%。此外，在本国执行仓配模式的亚马逊大力推广 FBA 跨境物流模式，使得海外仓也构成了 B2C 跨境电商物流的重要渠道之一。

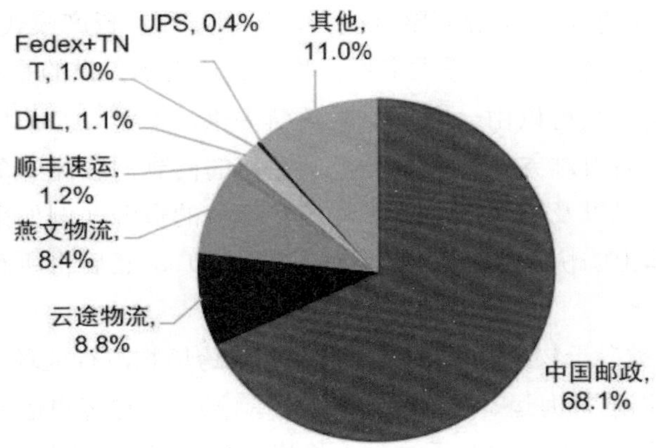

2019.8-2020.7 中国出口包裹各渠道件量份额占比情况

万国邮联未来 5 年提费，一定程度上利好专线小包发展。万国邮联原有的终端费结算模式下，发展中国家可以享受寄往发达国家较低的目的国终端收费（反过来，发展中国家可以向发达国家收取较高的终端费），而随着发达国家人力成本持续攀升，发达国家的万国邮联终端收费业务盈利能力越来越弱，甚至出现亏损。因此万国邮联经过协商，计划未来五年逐步提高邮政国际小包价格：2021-2025 年，各国执行带有过渡安排的受限制的自定义终端费体系，每件 158 克国际小包上限费率年度涨幅分别为 15%、15%、16%、16%、17%，下限费率年度涨幅为 5%。2020-2025 年万国邮联收费预计将累计提升约 170%，这将削弱邮政小包的性价比，有望驱动部分邮政小包转向专线小包渠道。

直邮及海外仓未来模式之争目前存在不确定性，我们判断大概率将同时存在，并无谁占主导之说。在亚马逊 FBA 大力推广下，海外仓这几年发展较快。海外仓的优势上文也说过，极致的物流购物体验，但是海外仓模式资产较重，前期布局肯定是持续亏损（相比之下专线小包一开始就是盈利的），并且一般适用比较畅销的 SKU。此外海外仓发货模式的企业基本上都是在境外实名登记注册的公司主体，较容易出现税务风险，而直邮一般可以做到合理避税。

所以跨境电商物流的直邮和仓配（海外仓）并无绝对优劣之分，电商平台政策以及关务税务政策会影响着商家在直邮和仓配模式中的选择。正如国内点对点快递和仓配模式的发展现状，我们认为跨境电商物流未来市场将同时存在直邮和海外仓配模式，两者在不同行业发展阶段进行协同互补。

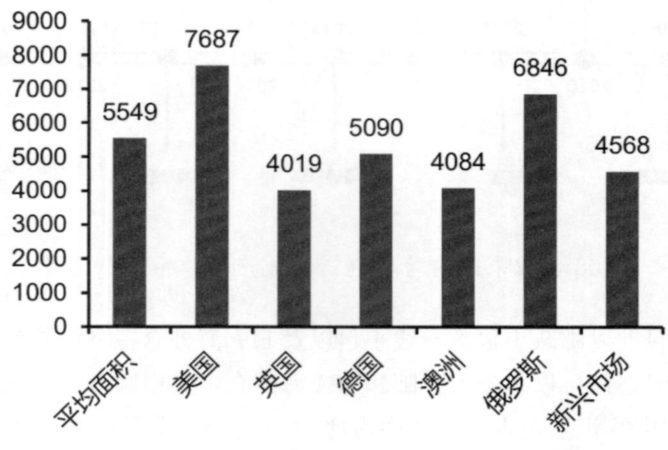

中国海外仓平均面积情况（平方米）

跨境电商物流企业核心竞争力在于资源整合能力，轻资产和重资产模式各有利弊。

B2C 跨境电商物流环节多、链条长、需求多样，物流企业大都提供的是集成各环节物流服务的综合跨境物流方案。国内快递完全可以由一家物流服务商提供，但是 B2C 跨境电商物流链条长且环节繁多的特点，导致一家物流商很难完全凭借自己提供完整的门到门物流服务。因此跨境电商物流就需要物流企业去根据自身情况以及客户需求去协调各个环节的资源（例如采购干线航空腹仓、购买清关公司服务、与目的国本土的快递及邮政公司展开合作等），然后将所有资源进行集成，为客户提供综合跨境物流服务。

B2C 跨境物流行业的关键在于物流资源整合能力。由于跨境物流行业环节多，而且每个环节又有多种选择（例如干线运输可以选择海运、空运、甚至铁路运输），同时客户运输的商品不同（带电产品、化妆品、抛货等）、运输目的国不同，对于时效、价格要求也不同。因此好的跨境电商物流企业应该能够从各个环节中选取对应的物流资源，然后系统组合在一起，在满足客户定制化需求下，同时保持较低的物流成本。以燕文物流专线小包为例，燕文物流根据寄达目的国、商品重量、商品品类、物流时效及计费模式等为客户设置了多类专线小包产品，充分满足客户多种场景需求。

跨境物流企业可以按照资产轻重划分为轻资产和重资产模式。轻资产模式就是跨境电商物流企业几乎所有的物流环节都非自己提供服务，而是采购第三方物流服务，轻资产模式的跨境电商物流企业起到的就是资源协调及整合作用。轻资产的模式好处在于业务拓展速度快，模式可持续复制，网络可以快速铺开，而劣势在于议价权弱，尤其是资源较为稀缺的物流环节，弱议价权导致较低的盈利能力，而且对整个环节的控制力度较弱，可能会造成服务不稳定。

重资产模式就是部分物流环节由自己提供物流服务，其他环节则与轻资产模式一样采购第三方物流服务。一般来说，重资产模式的跨境物流企业会选择资源较为稀缺的环节自己去经营，例如干线运输环节自己购置飞机进行运输，海外仓储环节自己建设仓库完成仓储服务等。重资产模式的好处在于跨境物流核心关键环节及资源被自己掌控，对电商卖家有较强的话语权，同时保证关键物流环节运营的稳定性，提高时效及用户体验。而重资产模式的劣势在于资产过重，前期需要持续较大规模资金投入，短期亏损不可避免，同时重资产模式涉及产能建设，导致业务拓展及网络铺设明显慢于轻资产模式。

行业正处成长红利期，表现为大赛道、小公司，但已有部分公司脱颖而出

B2C 跨境电商物流行业可类比 10 年前国内快递行业，看好该赛道跑出比肩通达的龙头公司

B2C 跨境物流行业景气度及竞争格局类似 10 年的国内快递行业。考虑到跨境电商在进出口外贸中将保持持续渗透（目前渗透率近 1/3），而 B2C 在跨境电商中的占比目前 20%，对应其在整体进出口占比仅为 6.5%，目前渗透率近似于 2012 年前后的国内电商渗透率，未来提升空间较大。跨境电商物流行业目前竞争格局分散，B2B 跨境电商物流市场仍以传统货代分散市场为主，而对于 B2C 跨境电商物流市场，除了中国邮政一家独大外，已经逐步涌现出部分营收体量 10 亿元规模的跨境电商企业，竞争格局虽散，但是具备潜质的跨境电商物流公司能够保持收入增速快于行业增速。

传统外贸物流市场集中度低，但是我们认为 B2C 跨境电商加速发展有望加快跨境物流行业份额集中。传统外贸物流市场（以货代为主）主要涉及大宗、工业端物流，规模效应弱，大企业各自专注不同的企业客户群体，行业信息化水平低、透明度低，物流服务简单且趋同，行业格局分散。我们认为正如国内电商发展推动快递物流行业壮大且集中度快速提升，B2C 跨境电商的快速发展也将驱动国内跨境物流行业份额的加速提升。

相比传统外贸物流，B2C 跨境物流市场具有如下特征：（1）明显的规模效应，体积规范、大小相近的快递包裹、标准化及自动化的分拣操作流程使得 B2C 跨境电商物流（尤其是直邮模式）具备明显的规模效应（虽然规模效应弱于国内快递行业）；（2）B2C 跨境电商物流很多时候客户是要求全链路打包服务、服务需求多样化且要求企业快速响应，行业门槛明显提升，传统只提供单一物流环节的企业将加速被淘汰出局；（3）传统外贸物流的客户，一般主要以大中型客户为主，数量少且分布集中，绑定几个大客户就行，而跨境电商卖家体量小、数量多、分布广泛，前端揽货、铺设全国销售网络难度大幅提升。因此结合上面三点特征，我们认为传统外贸物流行业在 B2C 跨境电商物流渗透下，行业整合速度将明显快于以前，在短时间内更容易跑出龙头企业。

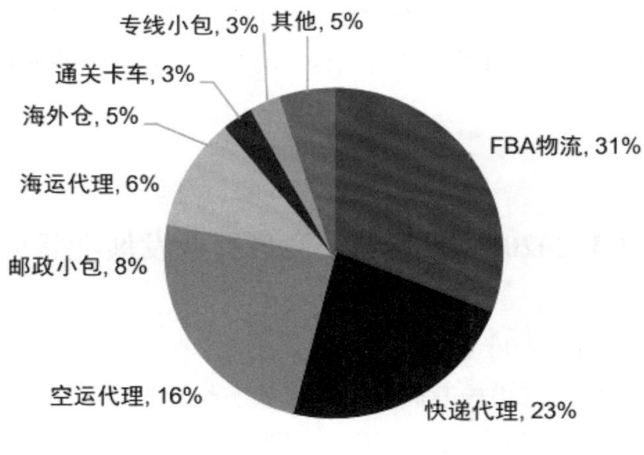

跨境物流行业企业数量占比情况

大部分跨境物流企业都处于同一起跑线，均有可能跻身中国国际物流企业第一梯队。我们认为跨境电商物流行业目前并无绝对实力强劲的公司，大家几乎都处于同一起跑线，部分企业顶多领先 1 个身位。即使对于服务领跑行业、国内综合物流巨头的顺丰，其在国际业务上的布局也处于起步介绍，而且国际业务的服务时效并不占优。我们相信未来 B2C 跨境电商物流市场大概率会诞生一批在国际物流市场有竞争力的企业。

下面我们将介绍目前跨境电商物流中几个重要参与者（略）：

- 菜鸟网络：布局仓储、整合资源，打造全球跨境物流智能骨干网
- 华贸物流：收购大安国际切入跨境邮政小包产业链，拟引入鼎晖加速跨境电商物流转型
- 中国外运：跨境电商物流成第三支柱，疫情推动业务量价齐升
- 顺丰控股：疫情加速公司国际空网布局，跨境电商物流业务扬帆起航
- 纵腾集团：海外仓 + 专线双管齐下，目前体量位列第三方跨境电商物流企业第一梯队
- 递四方：综合跨境物流，菜鸟控股护航
- 燕文物流：专注专线小包，领跑细分市场
- 其他玩家：通达初步布局，部分公司专注不同细分环节

投资建议：重视跨境电商物流发展红利，首推华贸物流、顺丰控股

B2C 跨境电商行业持续高景气，B2C 跨境电商物流行业可类比 10 年前的国内快递行业。随着物流、支付、信息系统等跨境基础设施的不断完善，跨境电商的便利性及高性价比凸显、购物体验不断提升，B2C 跨境电商行业近几年保持了每年 40+ 增速，而这次疫情更是加速了海外买家线上消费的快速渗透。物流目前是跨境电商行业重要掣肘之一，物流成本占跨境电商 20-30%，跨境电商的快速发展驱动跨境电商物流市场规模不断扩大。我们认为目前跨境电商物流市场景气度可类比 10+ 年前的国内快递行业，短中期行业将持续享受高速成长红利。

跨境电商物流行业分散，短中期行业成长红利 + 国产替代推动企业高速增长，中长期行业走向集中，国内大概率将诞生几家具备全球竞争实力的跨境电商物流企业。目前跨境电商物流行业竞争格局分散，短中期看，行业高速发展叠加国产替代（出口物流从国外物流企业转向国内物流企业），行业内的玩家都将享受到较快的业绩增长。中长期维度看，B2C 跨境电商物流行业规模效应明显强于传统外贸物流，行业将走向前者恒强的逻辑，国内有望诞生一批具备国际竞争力的跨境电商物流企业。

投资建议：目前跨境电商物流行业可类比 10 年 + 前的快递行业，行业正处高速成长红利期，预计跨境物流企业将迎来较高的投资回报率阶段。首推收购大安国际深度绑定邮政小包、加速布局跨境电商物流、国内空运货代前二、业绩 8 年稳健增长的华贸物流，上半年国际物流业务翻倍、加快国际航线布局的顺丰控股，同时建议关注估值较低、跨境电商物流业务初具规模的中国外运。

来源：未来智库

7.3.3 2020 年中国电子商务行业发展现状分析

1. 中国网购用户规模增速下滑

根据 CNNIC 发布的第 44 次《中国互联网络发展状况统计报告》中公布的数据显示，截至 2019 年 6 月，我国网购用户规模达 6.39 亿人，渗透率达 74.8%，估计 2019 年我国网购用户规模达到 6.49 亿人，同比增长 6.39%，网络零售交易规模达到了 10.63 万亿元，同比增长 18.1%，较 2018 年增长率下降 7.4 个百分点，占 2019 年社会消费零售总额的 25.8%。

2014-2019 年中国网购用户规模、网络零售交易规模增长率统计情况

来源：前瞻产业研究院整理

2. 2019 年中国电子商务市场交易规模将近 37 万亿元

2011-2019 年，我国电子商务交易额持续增长，2019 年中国电子商务交易规模达 36.8 万亿元，同比增长 13.1%。

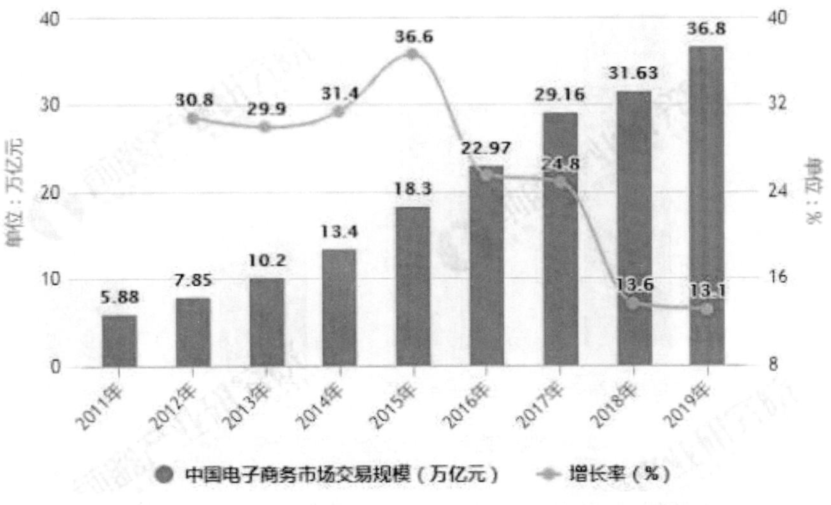

2011-2019 年中国电子商务市场交易规模统计及增长情况

来源：前瞻产业研究院整理

注：2016 年交易规模增速为 25.5%。

3. B2B 电商交易规模占比超 66%

从 2019 年我国电子商务行业主要细分市场结构来看，B2B 行业的交易规模依然占据着巨大部分的份额，其次是零售电商行业。2019 年，B2B 行业市场规模占比为 66.74%；零售电商行业市场规模占比为 28.88%。

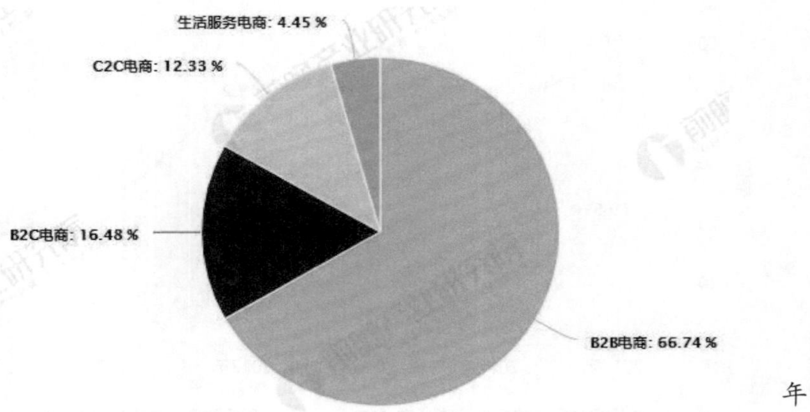

2019 年

中国电子商务行业主要细节市场结构分析情况

来源：前瞻产业研究院整理

4. 2019 年中国零售电商上市公司数量最多

截至 2019 年 12 月 31 日，我国电子商务已上市的企业共 66 家。其中，零售电商 28 家、生活服务电商 21 家、产业电商 10 家、跨境电商 7 家。

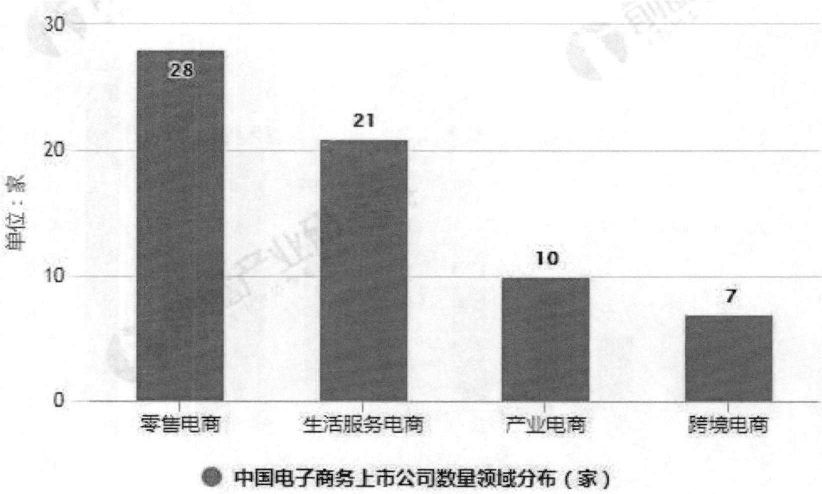

2019 年中国电子商务上市公司数量领域分布情况

来源：前瞻产业研究院整理

5. 北京地区上市电商数量占比近 1/3

电子商务上市公司的区域分布上，北京 22 家占比 33.33%，上海 12 家占比 18.18%，杭州 9 家占比 13.64%。北上杭上市电商数量超六成，地域资源优势突出，是电商公司的主要发源地，带领电商行业发展。

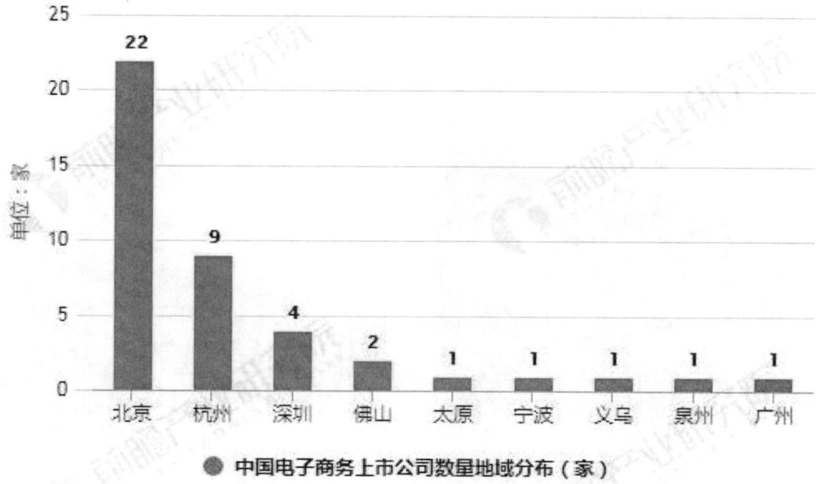

2019 年中国电子商务上市公司数量地域分布情况

来源：前瞻产业研究院

保证品质保障供应
郑明市配盒马项目介绍

上海郑明现代物流有限公司是 5A 级物流企业、国内首批五星级冷链物流企业。公司网络覆盖全国 90% 的重要城市，已成立子公司 20 余家，分公司 30 余家。在全国范围内拥有温控仓储基地达 86 个，约 130 万平方米。是一家以冷链物流、汽配物流为核心，并兼顾化工物流、电商物流、商贸物流、金融物流等共同发展的专业供应链解决方案提供商。

2020 年年初，新冠疫情突袭，面对广大人民群众强烈的生活物资需求，郑明物流主动承担起社会责任，许许多多的郑明员工放弃了春节假期，放弃与家人的团聚，奋战在冷链物流的最前线。上海、北京、天津、广州、成都、南宁等全国各地的郑明冷库均正常运营，用实际行动践行着对品质生活的保证，全力以赴的守护着广大市民的生活物资供应。

郑明市配盒马项目在春节期间物流资源紧缺的情况下，24 小时不间断的调派车辆和司机，并制定专业的运输方案，鼎力支持客户业务，在上海宝山、嘉定、普陀等业务网点，投入 40 余量冷藏车参与保供运输，全力配送，保证品质，保障供应。

盒马项目在春节、618、818、双十一、双十二等活动大促期间的运力需求至少是平时的两倍，最高峰值为每天单仓配送 40 辆车。郑明物流为了备战每次持续一周的大促活动，高度重视并积极投入，为客户提供现场管理、车辆调配、门店协调等专业服务。

自疫情初期，郑明物流就为员工配备充足的了口罩、手套、消毒液、洗手液、测温枪等防护用品，不但助力了盒马生鲜产品供应充足，也保障了蔬果、乳品、生鲜肉品等的品质和安全。项目平均每天配送车辆近 70 车次，载重量约 130 余吨，里程达 2500 公里。

在 2020 全年的城市配送服务中，郑明物流的高质高效和使命必达的表现获得了客户盒马鲜生的肯定和好评，并授予郑明物流“最佳保障承运商”和“双十一最佳承运商”的荣誉称号。感谢广大客户的信任与支持，未来，郑明将继续以“郑明冷链 -- 只为品质生活”的使命，为客户提供高效、优质的服务。

来源：上海郑明现代物流有限公司

7.3.4 2020 年中国生鲜电商发展情况行业稳步增长资本投资更加理性

生鲜电商是指用电子商务的手段在互联网上直接销售生鲜类产品，如新鲜水果、蔬菜、生鲜肉类等。生鲜电商随着电子商务的发展大趋势而发展。随着“宅”经济的兴起和普及，我国生鲜电商行业迎来较好发展机遇。2020 年新冠疫情爆发，为生鲜电商行业带来了新一轮发展热潮。

我国生鲜电商行业迎来重生调整期

我国生鲜电商从 2005 年开始发展以来，经历了两波热潮。2005 年易果生鲜成立，开启生鲜电商第一波热潮。此后，菜管家、沱沱工社、顺丰优选纷纷上线，随着生鲜电商不断发展，供给逐渐超过市场真实需求。2012 年开始，生鲜电商停止扩张。进入 2013 年，伴随着一系列扩张和并购，我国生鲜电商行业逐渐从小而美向大而全转变。2016 年，行业退潮期席卷而来，行业出现裁员、倒闭、资金链断裂的现象。

但是，2019 年末的一场疫情突然全国性爆发，作为每日必需的生鲜品类突然迎来了线上市场的大爆发，需求量的激增使得原本处于崩溃边缘的生鲜电商迎来了“重生”。

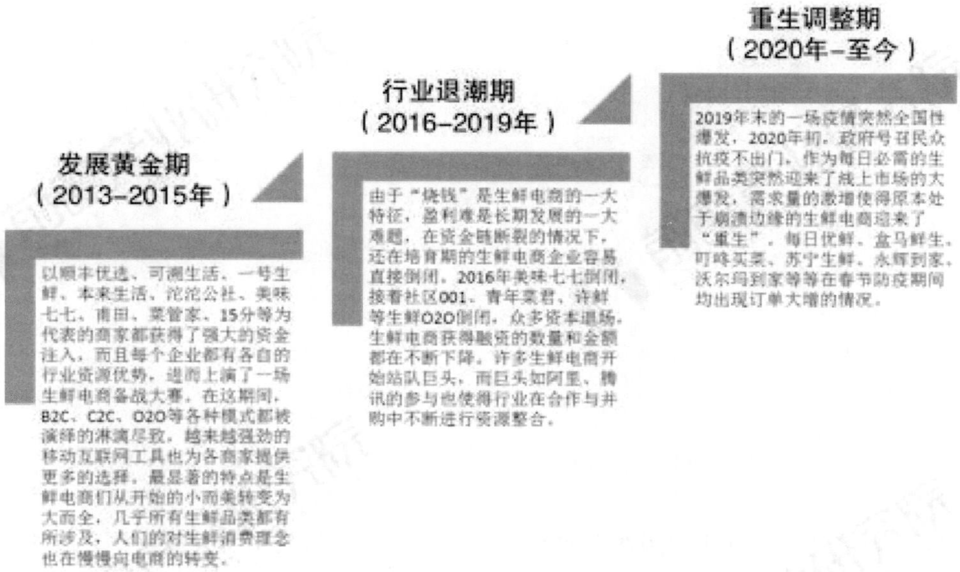

中国生鲜电商第三阶段（2013 年 - 至今）历程

来源：前瞻产业研究院整理

活跃用户规模稳步增长

在经历了多年用户习惯培养和厂商运营区域的扩张，生鲜电商活跃用户近年实现稳步增长，根据易观公布的数据显示，全网活跃用户渗透率由 2017 年的 2.0% 提升到了 4.2%。2019 年全年季度同期增速平均增速超过 20%，在新冠疫情影响下，生鲜电商迎来流量红利期，2020 年一季度活跃用户相较同期更是增加了 65.7%，活跃用户人数达 4746.1 万人，生鲜电商已经成为移动购物领域最具增长潜力的垂直行业，未来仍有较大提升空间。

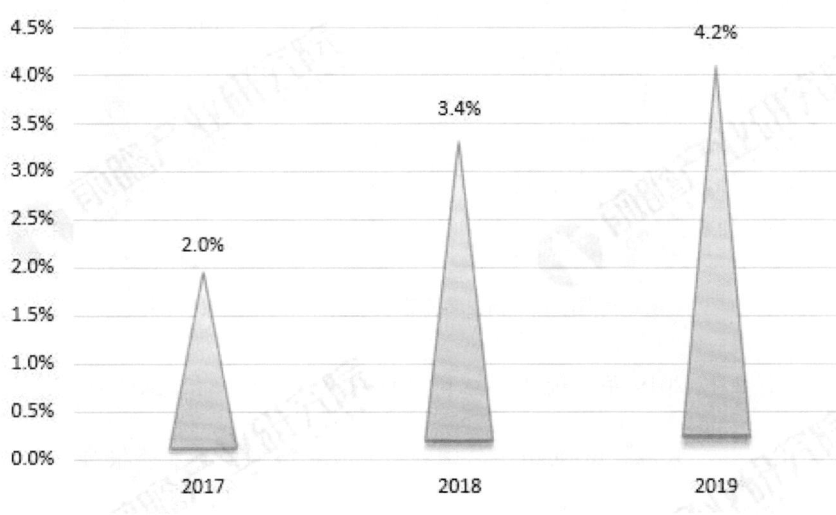

2017-2019 年中国生鲜电商全网活跃渗透率变化情况（单位：%）

来源：Analysys 前瞻产业研究院整理

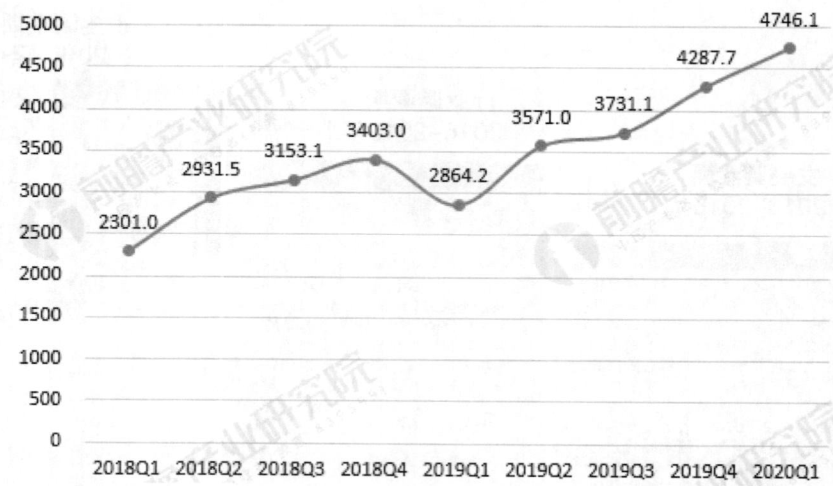

2018-2020 年 Q1 中国生鲜电商行业活跃用户规模变化情况（单位：万人）

来源：Analysys 前瞻产业研究院整理

市场规模持续扩张

我国生鲜电商自出现以来，行业发展速度迅猛，在新零售的推动下，行业规模持续扩张，根据《2019 年中国农产品电商发展报告》公布的数据显示，2019 年，我国生鲜电商市场交易规模为 3506. 08 亿元，线上渗透率为 7. 04%，远低于 2020 年 Q1 我国实物商品线上渗透率 23. 6%，总体看来我国生鲜电商线上渗透率仍有较大提升空间。

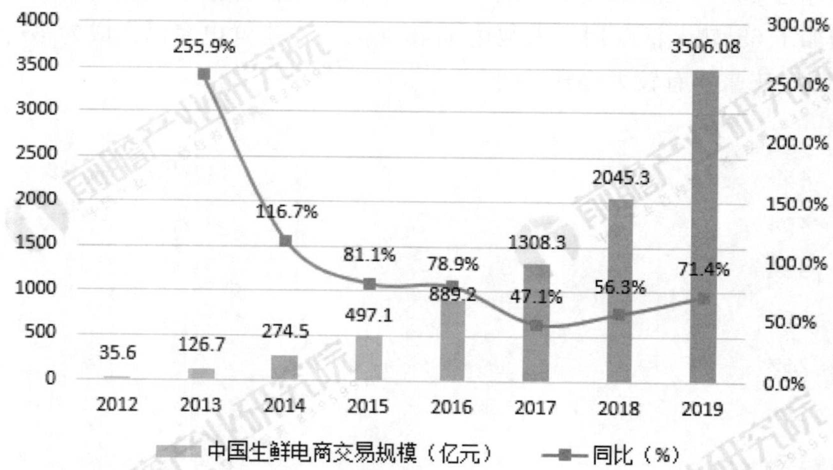

2012-2019 年中国生鲜电商市场规模（单位：亿元，%）

来源：iResearch《2019 年中国农产口电商发展报告》前瞻产业研究院整理

主流电商平台规模占比超 7 成

根据易观发布的《2020 年生鲜电商市场年度分析》报告显示，生鲜市场中主流电商平台销售额占比 74. 8%，生鲜 020 平台销售额占比 25. 2%。

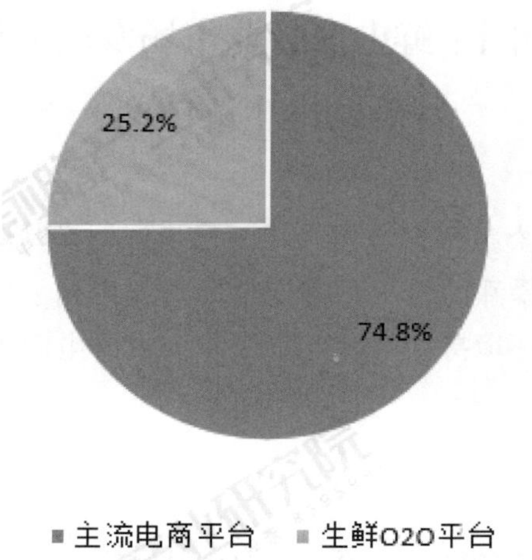

2019 年中国生鲜电商规模结构（单位：%）

来源：Analysys 前瞻产业研究院整理

行业投融资趋于理性

尽管 2020 年我国生鲜电商行业迎来了新的发展阶段，但基于行业这些年的发展情况，资本对于我国生鲜电商行业的投资更加趋于理性，根据 IT 桔子公布的数据显示，2018 年以来，我国生鲜电商投融资金融和数量持续下降，截至 2020 年 10 月 26 日，我国生鲜电商行业共发生 21 起投融资事件，投融资总额为 79.41 亿元。

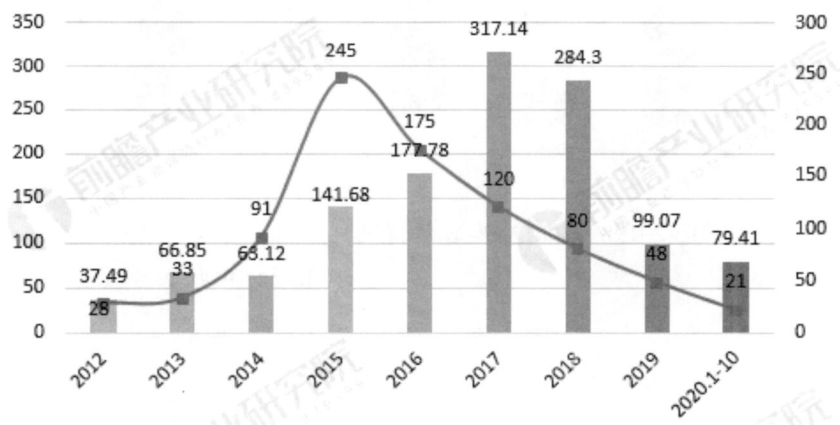

2012-2020 年中国生鲜电商投融资情况（单位：亿元，起）

来源：IT 桔子 前瞻产业研究院整理

以上数据及分析均来自前瞻产业研究院《中国生鲜电商行业解决方案与投资策略规划报告》。

来源：前瞻产业研究院

7.3.5 2020 年中国生鲜电商行业市场发展趋势分析：两大基础助推生鲜电商

2019 年年底新型冠状病毒肺炎疫情得爆发，让每日优鲜、盒马鲜生、叮咚买菜、苏宁生鲜、永辉到家、沃尔玛到家等出现订单暴涨的情况，这让市场再次看到了生鲜电商的潜力。随着我国冷链基础设施建设的加快，以及电商环境持续向好，未来我国生鲜电商市场规模将持续扩大，而产品也将往高端化和细分化方向发展。

两大基础助推生鲜电商发展

(1) 冷链基础设施建设加快

在中央政治局会议提出实施城乡冷链物流基础设施补短板工程的要求后，我国冷链基础设施建设加快推进。数据显示，2015-2019 年，我国冷库总量呈逐年递增趋势。2019 年，全国冷库总量约 6053 万吨，新增库容 815 万吨。与此同时，我国食品冷链物流能力也在不断地提升，2019 年我国实现食品冷链物流总额 6.1 万亿元，同比增长 27.08%。冷库及冷链物流的加快发展将为生鲜电商提供重要的支撑。

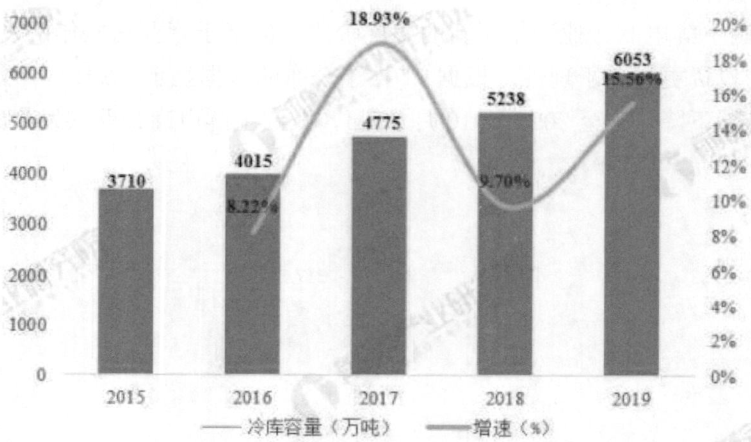

2015-2019 年中国冷库容量情况（单位：万吨，%）

来源：中物联冷链委 前瞻产业研究院整理

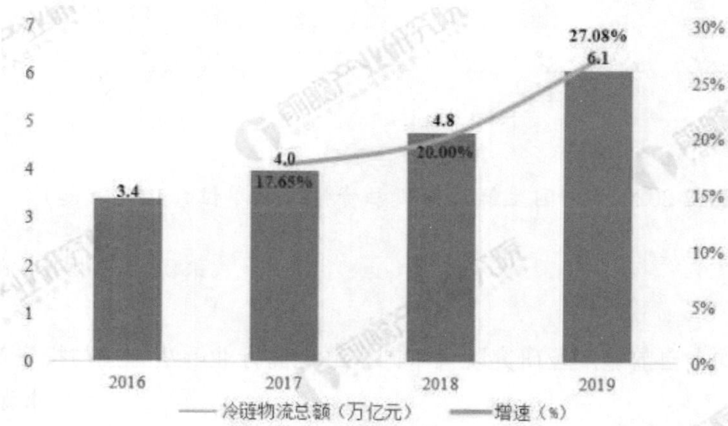

2016-2019 年中国食品冷链物流总额情况（单位：亿元，%）

来源：国家统计局 前瞻产业研究院整理

(2) 电商环境持续向好

近年来，随着网民数量的增加及互联网的普及，我国网络购物用户规模不断更加，其渗透率不断上升。截至 2020 年 3 月，我国网络购物用户规模达 7.10 亿，较 2018 年底增长约 1 亿，网购渗透率从 2012 年的 60% 渗透到 2020 年的 78.6%。持续向好的电商环境将为生鲜电商提供了一个良好的交易平台。

2015-2020 年中国网购用户规模及网购渗透率增长情况（单位：亿人，%）

来源：CNNIC 前瞻产业研究院整理

(3) 市场规模有望突破万亿元

随着全国冷链基础设施的不断完善，生鲜的产品质量将会得到有效的保证，人们对生鲜电商模式的采购渠道认同感也将会不断提高。与此同时，互联网的普及以及网购渗透率的提高，方便快捷的生鲜电商将会成为众多消费者的首选。未来我国生鲜电商市场规模将会持续增长，2025 年有望达到 1.27 万亿元。

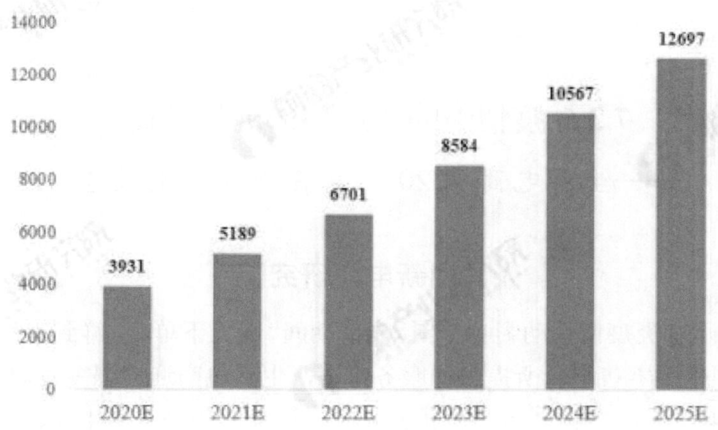

2020-2025 年我国生鲜电商市场规模预测（单位：亿元）

来源：前瞻产业研究院整理

产品将往高端化与细分化方向发展

目前，生鲜电商用户主要以中高端消费人群为主，2019 年占比达到 45%；其次是高消费人群，占比约为 29%。这类人群的购买力强，对生活品质要求也高，乐意选择品质更好、更安全的生鲜食材。

因此，未来生鲜电商要想获得更大的市场份额，产品将会往高端化方向发展。天猫天猫旗下生鲜平台喵鲜生已经在打造进口生鲜产品，如在“螃蟹季”推出各地新鲜的螃蟹；而京东生鲜一大特点也是以高端生鲜为主。与此同时，对于吃这件大事，一向是众口难调，那么，在这个将要突破万亿规模的市场必将会呈现出多元化的格局，产品的细分化也将成为生鲜电商的一大趋势。

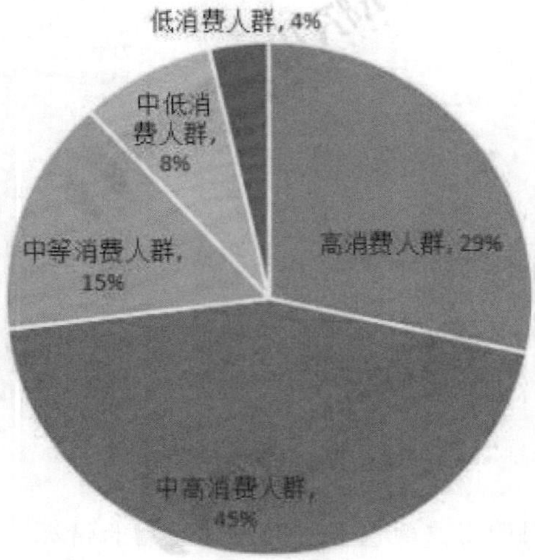

生鲜电商用户消费能力属性（单位：%）

来源：前瞻产业研究院整理

以上数据来源于前瞻产业研究院《中国生鲜电商行业解决方案与投资策略规划报告》，同时前瞻产业研究院提供产业大数据、产业规划、产业申报、产业园区规划、产业招商引资等解决方案。

来源：前瞻产业研究院

7.3.6 疫情中的“危”“机”考验

——生鲜电商2020年发展趋势研究报告

人民网新电商研究院

2020开年以来，新冠肺炎疫情牵动影响全国，疫情期间“线上下单、生鲜到家”的安全性和便利性，让广大消费者充分感知生鲜零售平台所提供的服务价值，生鲜电商迎来强劲发展。从2005年易果网上线，生鲜品类首次触网至今，生鲜电商已发展了15年。这期间历经野蛮生长、行业洗牌、巨头入场，从早期区域垂直生鲜平台到现今前置仓和社区拼团领跑，生鲜电商已获千亿资金支持，各种创新商业模式加速更迭。2014-2018年间，中国生鲜电商交易增速可观，吸引了众多综合电商平台和垂直电商平台涉及生鲜业务，但生鲜标准难统一、易损耗、毛利低、供应链长，消费者线上购买习惯一直未养成，大量中小型生鲜电商倒闭、被并购，行业起伏震荡加速洗牌，用户和资金更加向头部集中，每日优鲜、易果生鲜、本来生活等垂直生鲜电商在巨额融资的帮助下快速深耕，建立起了上下游供应链和配送服务。2016年的“倒闭潮”，使得资本对行业的投资开始减缓，平台大额优惠补贴不再，众多生鲜电商不得不开源节流，设法吸引更多用户，开辟更多消费场景，开始从线上向线下延展，阿里自建生鲜渠道及并购投资控股，进入全国扩张，2016年旗下盒马鲜生全面启动运营；腾讯系则主要通过与京东、美团、永辉合作参与生鲜电商布局。（阿里、腾讯生鲜电商布局一览图片来源Mob研究院）2019年，行业竞争进一步加剧，十几家生鲜电商企业由于融资能力不足等原因退出市场，行业渗透率与发展规模并不相匹。据艾媒咨询数据，2018年生鲜电商MAU为262.2万，渗透率为3.4%，相比于综合电商3.7亿MAU 和70.3%的渗透率，生鲜电商渗透率则不足5%。值得注意的是生鲜电商的市场规模年年攀升，相关数据显示，2015年，生鲜电商市场规模突破500亿元，2018年市场交易规模达2103.2亿元，2020年我国生鲜电商行业市场交易总额预计有望突破3000亿元。生鲜电商从互联网新生代的闯入、进击，到大公司参与角逐，各路模式孵化，再到近期突如其来的新冠疫情对行业的拉动，可见生鲜电商行业市场高频刚需、发展空间巨大，异军突起中面临“危”“机”考验。

一、疫情下生鲜电商的突击大考

1. 触网“到家”订单激增，主动探索适配新模式新冠病毒疫情影响下，农贸市场暂停服务，消费者居家隔离防控病毒，超市和网购的“到家”服务成为消费者首选，生鲜平台及商超线上销售激增，“送货到家”业务获得前所未有的关注和井喷式增长，平台及企业积极储备物资，线下商超实体通过运营APP、开通自营微信小程序、与多方积极合作等方式快速拓展线上入口，触网“到家”业务。第三方平台服务商主要有京东到家、多点、淘鲜达、有赞等，为实体商超开放更多的线上购买入口。京东到家提供的消费数据显示，自抗击疫情至今（1月27日-2月13日）：京东到家平台总体销售额同比增长450%，粮油副食同比增长540%、肉品同比增长1080%、休闲食品增长420%、蔬菜增长800%、水果增长350%，超市商品销售额同比去年春节增长600%，医药产品增长430%。与此同时，生鲜电商春节期间订单也同比大幅增长。据苏宁易购集团副总裁顾伟介绍，苏宁菜场的“到店模式”在疫情期间迅速突显，全国销售增长达650%，社区用户生鲜购买需求上涨明显。环比12月同期，大份量大白菜、土豆等菜品旺销，重现冬储性消费趋势。在南京，菜场业务最高单店增长10倍。2月1日，南京冷链仓运输加工菜品近3万件，热销前十商品全为绿叶蔬菜。在上海，1月23日-2月3日的苏宁菜场订单量增长8倍。近10天，生鲜销售明显增多，精选青虾仁作为上新生鲜，累计订单量已达3000件。每日优鲜除夕至正月初四，平台实收交易额较去年同期增长321%，春节7天总销量突破4000万件，目前每日优鲜的蔬菜供应量，已经增长到每天1000吨，在之前则是每天500吨，鸡蛋日均达100万枚；叮咚买菜春节期间每日订单量同比上月增长超过300%，今年春节7天市民下单量将突破400万单。春节期间，美团买菜在北京地区的日订单量达到了节前单量的2-3倍；多点Dmall到店到家全渠道单量同比2019年同期增长89%，整体销售额达到42亿元，同比增长132%。另据拼多多提供数据显示，自1月以来，拼多多平台的食品生鲜需求持续旺盛。以苹果、脐橙、草莓、樱桃、猕猴桃为代表的水果订单量较去年同期涨幅超过120%，米面粮油、肉禽蛋类和新鲜蔬菜的订单量，则均较去年同期上涨超140%。同时，线下实体商超结合线上入口开放业绩突出，家乐福全国各地民生商品，特别是肉菜蛋奶均提高3-6倍的日订量；全国连锁超市大润发，门店蔬菜正常日采购量为40吨左右，为保障疫情时期的供应，日采购量已达100吨以上，门店商品采购量已达去年同期4-5倍。永辉超市等根据平日供应量的2-5倍进行物资储备。步步高在大年初六就正式上线“小步到家”服务，首批覆盖湖南长沙西区27个社区，上线一小时，就突破了1000单。另外，第三方TOB电商平台也有不俗的增长业绩，有赞的生鲜果蔬类目商家在1-2月期间的交易额持续保持上涨趋势，相比去年同期同比上涨65.9%。（2020年1月25日-2月13日期间，有赞生鲜果蔬类目交易额趋势）随着抗击疫情的全面深入，多家生鲜平台都在第一时间推出“无接触配送”服务，严格把控配送第一关，为抗击疫情拓展渠道、贡献力量。苏宁菜场、京东生鲜、盒马鲜生、每日优鲜、食行生鲜、本来生活、永辉生活、多点Dmall、达达集团等生鲜电商及配送平台纷纷采取措施，应对线上订单配送和货源压力保障。阿里、苏宁“无接触式配送”服务在全国上线；每日优鲜在所覆盖城市设立“无接触配送存放点”，为社区免费安装货架；京东无接触快递服务包括自提柜、便民服务点、无人车配送、指定地点存放、物业代收、保安室代收、社区配送Mini站等，此类送货上门将物品放于指定地点的方式，避免接触，减少了病毒传染的可能性。

2. 渠道变革“免费”获客，从需求侧催生新产业链如今，因新冠病毒疫情产生的现实需求，改变着人们的消费习惯，加速生鲜渠道变革，有望成为推动生鲜电商发展的重要动力。拼多多、京东7FRESH、有赞等相关负责人对人民网新电商研究院表示，疫情期间生鲜电商的民生保障和支撑作用，会让更多消费者习惯和信赖这种零售模式，以往很大一部分消费者买菜首选超市，并没有在线买菜的习惯，也没有用过线上购物平台；疫情爆发后，很多人不仅同时注册了四五家平台，还付费成为月度会员。尤其是很多老年人也开始转变观念，让儿女帮忙在网上下单，送菜到小区门口。此类用户带动的平台日活，一向被视为衡量生鲜电商用户粘性的重要指标。越来越多的“宅家”消费者，选择在线上进行一站式购齐生鲜蔬果等生活必需品，平台均感受到“短期内免费催生大批新用户”的福利，极大地推动了生鲜电商的发展和成长。Mob研究院数据显示：“2月初盒马鲜生日新增用户规模近5万，叮咚到家日新增达到4万+，全民买菜习惯将进一步向线上转移，且消费者的习惯也进一步沉淀，这对众平台而言是一个很重要的转折点。”北京工商大学经济学院院长倪国华教授认为：“新冠病毒疫情会带来消费者偏好的一次变革，会分化出一批更注重健康的高支付意愿群体，他们愿意支付更高的价格，为更安全的供应链买单，获得更放心的食品，而且这种消费者偏好一旦形成将会持续下去。高支付意愿的消费者对更安全可控及可溯源的生鲜产品的需求，会催生出新的产业链，能抓住机会的商家，就能实现跨越式发展。最终会形成什么样的供应链模式，还需要市场不断的磨合和震荡。”

3. 驰援武汉战“疫”保供，奋力搭建供需两端坚实桥梁疫情当前，线上生鲜对人民群众的生活提供保障，大多数电商、物流没有趁机涨价，还纷纷出台相关举措协助防疫战疫工作。疫情初期，生鲜电商平台商品一度被抢购，出现了订单暴增、配送负载、商品缺货等问题，各平台积极推出应对举措，例如成立应急响应小组并升级前置仓消毒和测温措施、针对上涨的商品供应需求加紧备货、加大补货量保供应等，全方位稳住市民的“菜篮子”。2月2日，达达集团宣布正式启动“到家新鲜菜场”项目，重点保障每日7-10点京东到家平台生鲜类商品供应充分、价格稳定、配送及时。京东到家积极沟通具备商品供应优势的商家，补充门店拣货人员调配，加强新鲜蔬菜及生鲜商品的上线售卖，从增加商家供应、丰富蔬菜品类、优化拣货流程、加强运力保障等环节，确保各类新鲜蔬果、肉禽蛋奶、方便食品的线上货源充足，目前已有沃尔玛、永辉、步步高、永旺、绿地优选、七鲜超市、世纪联华、卜蜂莲花等近40家连锁商超，以及钱大妈、生鲜传奇等16家社区生鲜连锁及菜市场，作为首批商家加入该项目。盒马、京东7FRESH、苏宁、永辉等在春节期间实施“不打烊，不涨价”的服务政策。苏宁集团的苏宁小店、家乐福，发挥在场景和供应链上的优势，线上互联网以及门店020在渠道上的优势，在疫情期间成为助力抗疫保供的重要支点，发挥了一线支援保供的重要力量。总结其经验，一是聚焦家乐福的线上线下销售。通过家乐福和快消联动发展，在特殊时期，发挥家乐福供应链及末端市场影响力，保障民生产品的供给和配送。二是聚焦苏宁易购的自营优势、服务消费者。充分利用自营供应链、自营物流的优势，在货源保障以及物流时效上最大程度服务消费者，为更广大消费者提供正品、专业、更有时效性的产品服务。三是聚焦店面互联网的发展和离店销售方式的创新。积极突破传统门店经营的思路，充分调动线下产业的主观能动性，因时制宜，让消费者在家也可感受双线零售场景的服务优势。四是，聚焦特殊时期的服务质量，发挥苏宁的服务优势。进一步加强对终端人员的防护措施，凸显服务质量。苏宁小店作为消费者最后一公里的重要支点，是服务中最重要的一环，苏宁把小店对社区的服务保障落到实处，足于社区，发挥菜篮子作用的同时，突出苏宁小店“鲜省近全”的服务优势，全方位保障社区居民的全场景服务。在这场对抗疫情的“战斗”中，各电商平台勇挑重担、积极参与，充分发挥各自在货源、渠道、物流、仓配等方面的优势，以各种形式给予各地关注、捐赠以及驰援。阿里、腾讯、京东等电商企业在第一时间纷纷设立医疗物资供给专项基金、提供大量口罩、防护服、消毒液等医疗救援物资。在针对疫情和受疫情影响严重地区多方联动，设立抗疫基金，支援湖北地区开启“点对点捐赠”的物资救援项目。在抗疫助农保供应方面，平台为供需两端的农产品生产制造人和城镇消费居民建起有效对接桥梁，帮助农民在特殊时期减少损失，解决农产品滞销难题，努力满足城镇消费购买农产品和食品的需求，减轻了外出购物带来的防疫压力，同时致力于保障生鲜产业链的顺利有效运行，助推经济复苏。阿里巴巴于2020年2月6日全面启动“爱心助农”计划，搭建“爱心助农”平台，旗下淘宝、天猫、盒马、饿了么、菜鸟、聚划算、数字农业事业部等涉农业务，合力打通线上线下农产品销售的全域网络，在助力滞销农产品触网“突围”的同时，加速农产品的数字化、产业化发展。京东于2月10日发布“告全国农人书”，开通“全国生鲜产品绿色通道”，全面倾斜物流、运营、供应链、推广等核心优势资源，助力滞销生鲜农货实现顺利上行，让更多消费者及时快速享用到更多优质生鲜产品。拼多多将抗击疫情行动作为公司阶段性核心战略，并宣布启动“三保行动”，要求平台业务线人员不遗余力确保“价格稳定、质量可靠、供应有序”，解决农产品滞销困境，为打赢疫情防控战贡献应有之力。针对消费者需求拼多多上线抗疫情专用频道，超过6亿元专项资金补贴口罩、体温计等产品。针对受疫情影响的商家推出10亿商家补贴，助力商品供给，开辟“抗疫农货”专区，专项采购百亿贫困地区农产品，覆盖400个农产区230多个贫困县，平台开设的“抗疫开拼，爱心助农”直播，帮助贫困地区和部分农产区解决特殊时期的农产品滞销问题，并在“抗疫助农专区”新增“农产品滞销信息反馈入口”，向全社会征集滞销农产品信息，提供3亿元农资补贴基金，推动农资下乡“保春耕”，开启“农货产销对接”活动。

二、聚焦痛点，是机遇也是挑战

1. 疫情带来的打击和变革新冠病毒疫情发生后，餐饮、娱乐、服饰等非刚需品类的消费需求有所下滑，米面粮油、肉禽果蔬等基本民生保障类消费大比例攀升。受疫情影响，许多原本偏爱线下购物的人群，开始尝试配送上门服务，民生商品即时送货上门成为“刚需”。预计疫情过后，线下实体、线上生鲜，会有明显回落分化，需要投入持续有效运营将已经获得的客户转化为线上黏性、高频用户。疫情在短期内放大了线上平台的爆发式需求，但长期看来，因为对上游生产带来一定影响，对于电商平台的发展同样产生影响。从宏观看来，互联网嫁接于农业、制造业、交通运输业、金融业等多个载体，电商的发展离不开各行各业的支持，电商的发展是和线下和其他行业互促互进的。拼多多在疫情期间推出了包括10亿商家补贴、物流补贴、抗疫农货专区等多个密集的专项行动，希望能够携手平台商家共渡难关。苏宁集团在应对这次疫情的冲击中反应速度较之以往更快，应对机制灵活，应对手段丰富，达到整体社会资源协同，全方位赋能合作伙伴，帮助平台商家减压纾困。面对挑战，需要政府和平台多方协作，充分释放使用多重优惠政策，减压扶持线上线下商户；发挥科技布局优势，推出多重智能工具支持政策；安排紧急专项资金，开辟绿色通道服务更多企业和受众。这次疫情也是一次对公司组织能力、文化和凝聚力、协同突破创新力及各环节、各流程实力的考验，企业平台面对突发问题时的适应调整力、趋势判断力、价值观念导向会因为各种原因拉开差距，在困难中能形成向心力、凝聚力，合力向前真正创造好产品、好服务的平台和企业，会获得更快恢复和更好发展。

2. 员工的安全问题和“人才共享”计划此次疫情中“无接触配送”受到肯定和瞩目，目前平台及企业对员工的保障及福利措施普遍及时到位。苏宁集团在线下门店第一时间完成大范围严格消毒工作，为员工配备口罩和清洁卫生用品，严格执行清洁消毒和检查，对全国所有营业部每日在岗人员进行排查；京东物流为保障奋战在一线的员工安全，为其全国所有配送站，配备了充足的口罩、手套、消毒液、洗手液、防护镜、防护服、感冒药、体温枪等防护物资，保障一线小哥的送货安全，对仓储、站点、车辆等消毒处理，制定了特殊福利政策关爱一线员工，包括为所有出勤的一线同事除正常的薪资和调休外，发放出勤特殊补贴、免费工作餐，并购买针对新型冠状病毒的相关保险全面保障员工安心上班。该环节我们看到了企业对员工对一线的关怀和责任感，各企业间可以进一步相互借鉴，在物品的种类及发放，无人车机器人等高科技使用、无接触站点建设等方面促使“无接触配送”、一线人员保障更加优化。此外，复产复工引人关注，人员和资金是复工的核心问题。日前，工业和信息化部出台 20 条政策措施支持中小企业复工复产渡过难关，问题的解决需要拉动更多社会资源，除政府层面外，大企业要勇于担当，积极向社会与行业输出各自优势资源与能力。阿里、苏宁等企业面向工作受到短暂影响的人群，发布了相关“人才共享”计划，解决短期人员需求和缓解就业压力问题。据盒马介绍，2 月 5 日 1000 多名上海西贝员工去盒马“临时上班”，还有来自云海肴、望湘园、蜀大侠、奈雪、探鱼等三十多家餐饮企业员工到盒马鲜生“上班”，盒马以临时外借的形式与这些企业达成人员用工合作，不仅缓解了餐饮行业受疫情影响出现的人员闲置和成本问题，而且解决了生鲜、商超生活消费行业因特殊时期需求增长而导致的人力不足问题。苏宁物流也及时发布“人才共享”计划，面向工作受到短期影响的人群，提供各类仓内分拣、包装，社区骑手、快递配送等工作岗位。此举释放了大量工作机会，为待业人群、歇业企业、社会整体就业、生鲜人手短缺带来积极影响。在企业内部苏宁也采用了共享策略，启动了“跨界共享员工”，在特定时期内通过不同部门、不同体系间员工的短期调配和支援，实现效率与效益双提升。从苏宁各产业调派至家乐福的员工支援队伍已达到上千名，重点支援各门店到家业务的拣配服务。措施的实施，一方面，能够保障用户体验，另一方面，可以实现苏宁生态圈内资源效益最大化。电商平台与餐饮企业之间短期借工，实施人才共享，解决短期人员就业、调配，盘活资源，值得提倡肯定，抱团取暖既可以解决阶段性爆单问题，也可实现一定程度的资源整合，促使行业融合发展。

3. 货源、交通影响下的物流运营保障以往，春节本应是农产品的销售旺季，相比于往年今年不少产区的农产品生产和销量受到影响。从整个供应链层面，产地人手需求，运输和物流障碍，考验着生鲜行业特殊时期供应链的基本功和商品团队高效协作能力。排除万难去保证农货上行、商品供应是所有平台的共识。然而供需两端的不平衡，导致疫情初期很多平台生鲜蔬果品类不全，旺盛的需求超过了整个行业的供给量，暂时的断货、售罄脱销、无法配送、延迟或者取消送达一时间纷纷出现，有消费者每天晚上提前囤货，定好闹钟、掐好时间，提早下单抢货，进一步刺激了囤货抢购的行为。平台及企业产业链整合运营及中后台协同建设管理问题暴露出来。生鲜电商对此也积极应对，例如有赞所服务的商家，在疫情期间也面临着因为物流问题导致的货源供应困难，对此有赞分销平台、有赞精选、有赞客已在组织适销对路的商品货源，并在 2020 年 2 月免除口罩等疫情防控特定商品的平台服务费，积极联系物流企业协助确保电商物流正常进行。在运营保障方面，平台首先要做好基础的运力获取和员工的安全福利保障，有足够好的防护措施，纾解大家的焦虑情绪；其次，大规模运力和特殊时期物流产业链的组织协同，需从供应链到仓配，全链条进行行业数字化深度投入。

4. “危”中窥“机”，痛点孕育商机生鲜电商原本就存在产业链长，供应链仓储履约成本高，行业渗透率低，解决信息流、物流、资金流问题中间环节多、效率低，门店精细化运营配置难等痛点，这些一直是制约生鲜电商快速发展的顽疾。新冠病毒疫情影响下，生鲜电商在准时送达、货品保证、前后端协同供给、安全措施保障等方面压力加大，也暴露出前后端协同的困难和不足，这些都会倒逼生鲜电商进行全领域完善和提高。危中有机，恰是考验，在接受调研的企业中，很多都坦言受到疫情的不利影响，但绝大多数企业都在重新审视自己的商业模式并做出积极调整。企业对社会最大的履责贡献，就是在任何艰难条件下都能适时调整、良好经营、有所突破，从困局中找到新的思路和切口，从“危”中窥“机”，这是优秀企业平台和创业者该有的格局、洞察和部署。痛点孕育商机，生鲜电商需不断优化创新运营和商业模式，积极构建全产业链配置，进行全渠道资源深耕，线上和线下的相互融合能够更好地推动零售行业致远发展。

三、趋势研判、未来布局

1. 可选和必选消费差异大，生鲜渠道加速变革。疫情过后，全民抢菜潮必将退却，用户的生鲜采购总量和频次大幅下降，可选消费明显回落。高需求生鲜电商平台，经历此番订单激增后，用户在体验各种线上买菜服务的过程中不断成熟，辨别出能提供最全品类、最高性价比、最便利的一两个产品和渠道，形成自己的品牌鉴别能力和忠诚度，从而加速行业洗牌，使得资源和用户趋向更加优质的头部集中。渠道产业变革方面，如果疫情持续时间长，可能会推动工业品上行。倪国华教授指出：“我国制造业总体处于国际产业链中游，上游的技术密集型产业正在成为发达国家吸引回流的对象，而下游的劳动密集型产业正在向劳动力成本更低的发展中国家转移。如果疫情持续时间长，影响到中国对国际产业链的供给，很可能会造成产业链两端加速撤离的状态。这可能会导致劳动力回流农村，实现制造业外部产能的内部消化，以及中西部城镇、村镇地区的再工业化，这将会重构中国的制造业版图，并推动村镇工业品上行，电商企业在此类重构中将会发挥更大作用。”

2. 线上、到家消费需求促使商超服务进一步规范，催生新的产业链和模式。用户通过线上采购生鲜的行为习惯的留存，将倒逼线下商超便利店进一步线上化，考验企业全品类供应链能力，竞争和淘汰也会因此加剧，与此同时用户会更加成熟和高要求，高支付意愿的消费者愿意为质量有保障的供应链买单。“社区支持农业直送”“现摘现售及时到家”等新模式和服务，会从需求侧催生新的产业链，加速零售企业的“全渠道”发展速度，传统零售企业将更加注重线上渠道的开拓，全渠道聚合业务平台及全渠道履约方案可为零售企业带来助力，消费者偏好的变动会带动电商领域的新发展，品牌化认知度聚集提高，为企业提供新的发展机会。

3. 考验运营能力，倒逼服务提升在我国，生鲜源头供给侧，不容易标准化、工业化是生鲜行业与其他零售行业最大的不同之处，生鲜的本质是零售，遵循零售全链条供应链效率来应对最广泛用户场景需求的发展逻辑，平台积极有效的物资储备、人员保障、全链路拓展打通、更多的线上入口及场景等模式创新，是为发展之道。目前我们看到，很多垂直生鲜电商例如每日优鲜等，已开始全品类布局。此外疫情期间，方便类食品品类迎来一波新增长，需要食品产业链的完善与提效、食品加工业能力的提升，来支持该品类的迭代升级，调集各路供应链的供给食材，加工、封装，以及冻干冷链全流程工艺的广泛应用覆盖，也将是未来发展的入口之一。与此同时，健康意识深入人心，会拉动健康食材的需求增长，推动短期保鲜、冰冻冷鲜、长期优鲜等品类的全链路发展。值得一提的是：此次餐饮企业的线上能力或有望普遍提升，比如西贝的多渠道经营能力、直达消费者的能力已有所触动、突破，既能卖成品，又有半成品，依托后台的供应链卖加工生鲜菜肉和预制品，通过自有流量及终端直达消费者，正在从另一层面加速生鲜电商行业的竞争和布局。日趋集中的生鲜电商平台，想要持续赢得用户、不断发展壮大，不可避免地需要大规模扩充品类、拓展渠道、升级全产业链路及供应能力，变成一个能满足家庭日常生活消费全场景的全品类高品质服务平台，而不只局限于生鲜。这种供应链拓展匹配及应用实施的能力对于任何一类零售平台都是很大的挑战。

4. 科技结合场景，支撑核心竞争力打造生鲜行业的产业链普遍较长，降低成本是行业盈利的重点所在。目前中国生鲜电商行业已形成垂直类平台、综合类平台、O2O类平台、社区类平台及创新类平台等发展模式。根据商品定位、配送方式、消费场景的区别，我们将生鲜电商划分为到店及社区模式、到家模式及传统模式、到家 + 到店一体化模式。目前来看，前置仓模式和到店 + 到家模式领跑市场，发展形势最好；社区模式主要在二三线城市扩展，未来有一席之地；而传统电商模式在生鲜领域已逐渐落伍。无论是到家模式还是仓店一体模式，本质上都是为满足生鲜购买的便利性及性价比需求，盈利的关键在于解决主营销售毛利率偏低损耗率偏高的生鲜品类与租金、物流、人员成本攀升的矛盾。因此拥有生鲜商品运营管理能力和智能化中后台技术的企业有望获得更高的盈利水平。同时，线上与线下结合的创新模式也将进一步扩展，社区拼团模式将成为新的切入点，例如京东在疫情期间其全国门店快速推出“小七拼”服务等。未来平台及商家应聚焦在运营管理能力和智能化中后台技术打造，进一步提升供应链升级建设，促进渠道成本降低；开拓有效的盈利创新模式，依托科技手段拓展匹配新模式新场景，大力发展智慧零售模式，用数字化推动企业转型升级，实现在零售业的多线布局。

5. 一线人员及新农人，应给予关注肯定快递员、配送员工作虽平凡，但经此一“疫”，更加体现出一线人员的价值，社会和平台应给予更多关怀。短期来说企业应投资为一线工作人员购买装备，提供安全的工作环境和提高工资待遇。长远来看，制造业岗位回流到中西部农村，尤其是有一定技能的劳动力，他们会带动催生产业重组，平台可以打造一些特殊的供应链流程体系，为回流农村的劳动力重新提供生存和发展机会。全方位提升企业服务及更多可利用和拓展的场景，这些对平台和企业来说也是重要的发展契机。在此我们呼吁平台努力拓宽思路，通过持续创新的模式和技术应用，引领中国零售体系的变革，不断降低社会资源的损耗，为用户创造价值的同时，有效推动农业和制造业向好发展。

6. 经济及宏观战略层面助力行业持久发展在众多行业受到疫情影响的情况下，线上生鲜获得发展机遇，此次疫情考验着生鲜电商的前端时效性，也暴露出后端协同的痛点问题，目前生鲜电商行业仍面临产品非标化、品控难、产品损耗率高、触达渗透成本高，在面对重大社会问题时，应对能力也需全面加强。在政府和投融资机构助力引导行业发展方面，如何更好帮助扶持，使企业走得更稳更长久，很多平台也发出了他们的呼声：希望各行各业能够将力量集结起来，平台端已经看到消费者需求的变化，并且越来越关注农户、生产端遇到的问题和困难，希望宏观战略层面给予政策、大数据、技术、金融等方面的支持，帮助农产品上行和渠道下沉。我们也希望平台自身可以开放这些资源和能力，和政府、相关机构多方一起推动生鲜零售行业全渠道发展。例如，在生鲜发展方面，多注重国内农产品产业化、标准化、品牌化的高品质发展，做到有效供给、精准匹配、高品质满足。国内生鲜市场潜力巨大，该领域也是帮助农货上行，解决供需对称的重要手段。在农业农村部及有关部门的指导下，平台要更多参与到大规模、涉及全国各主要农产区的新冷链物流建设工作中。未来，随着大众逐渐接受线上购买生鲜的观念，生鲜电商市场规模将进一步扩大，生鲜产品的仓储管理也需要引进新的技术和模式，进一步完善。我们相信，人民对美好生活的向往将激发出巨大的内需潜力，中国的消费升级正在给全世界带来机遇。当前，中国仍然是世界最大的消费市场之一，巨大的市场意味着巨大的机遇。消费升级、分层以及下沉市场等一系列的消费新趋势正不断涌现，随着农村市场的崛起、中等收入人群规模的不断扩大，以及受到不同年龄、不同地域、不同文化群体的消费差异影响，消费分级现象将愈加明显，消费网状化特征也会逐渐成为常态，这将进一步推动服务业态的升级以及新渠道的涌现。这次新冠病毒疫情对我国一季度的经济活动会造成一定影响，但在疫情得到控制之后，经济必将快速回归稳增长轨道，前期推迟的消费和投资会有所释放，中国的经济会出现补偿性恢复。疫情对中国经济的影响只是暂时的、阶段性的，不会改变中国经济长期向好、高质量增长的基本面。在此期间催生的一批新模式、新业态、新经济，会进一步加速线上线下融合服务形式，生鲜电商行业将迎来新的发展。

来源：人民网新电商研究院任尚平 李弘毅 尹峥 李明亮

7.3.7 2019年中国电商物流行业发展现状及未来发展趋势分析

一、概述

电子商务物流是一整套的电子物流解决方案，就是俗话说的ERP系统，电子上的物流显示及相关操作，物流还是需要机器和人搬运的。电子商务物流还要从传统物流做起。目前国内外的各种物流配送虽然大都跨越了简单送货上门的阶段，但在层次上仍是传统意义上的物流配送，因此在经营中存在着传统物流配送无法克服的种种弊端和问题，尚不具备或基本不具备信息化、现代化、社会化的新型物流配送的特征。

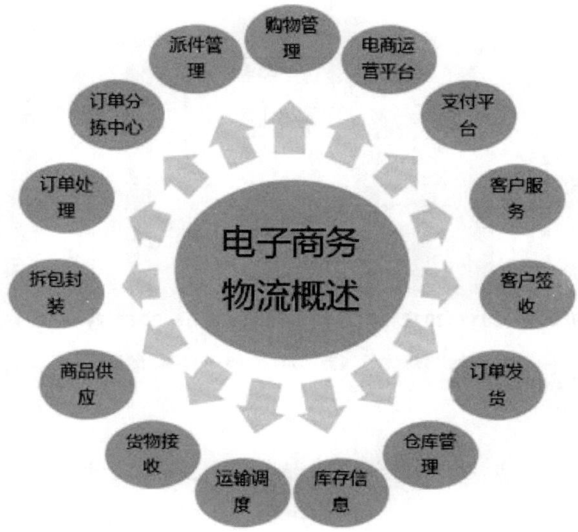

电子商务物流概述图

智研咨询发布的《2020-2026年中国电商物流行业市场现状调研及投资策略探讨报告》数据显示：电商物流的主要模式有自营物流、物流联盟、第三方物流、第四方物流和物流一体化。

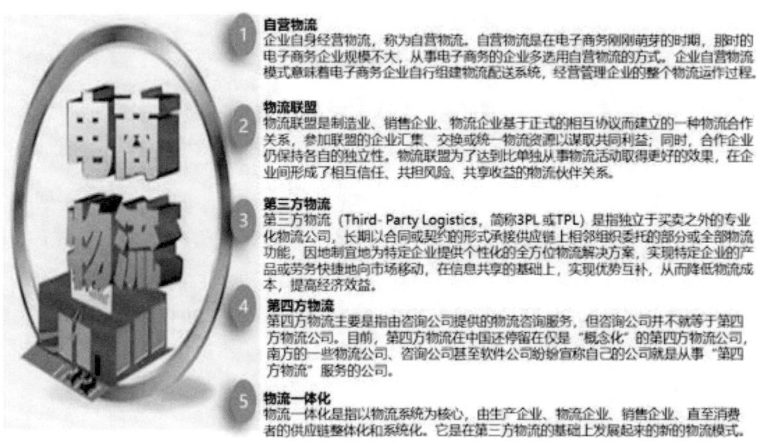

电商物流模式

来源：智研咨询整理

二、发展现状

随着我国电子商务的发展尤其是网络购物的爆发式增长大大促进了电子商务物流服务业尤其是快递服务业的发展，使其成为社会商品流通的重要渠道。据统计，与淘宝网合作密切的圆通、申通等快递企业，其六成以上的业务量都来自网络购物。

1. 快递物流业迅速发展为电子商务物流服务业提供了重要保障

近 10 年来中国社会物流总额持续增长，2018 年中国社会物流总额为 283.1 万亿元，同比增长 11.99%；2019 年中国社会物流总额 298 万亿元，同比增长 5.26%。物流业作为生产性服务业的重要组成部分，在国民经济中的地位日益凸显，对经济和社会发展的作用进一步增强。

2009-2019 年中国社会物流总额统计

来源：中国物流与采购联合会、智研咨询整理

近 10 年来中国快递业务量飞速增长，2018 年中国快递业务量为 507.1 亿件，同比增长 26.60%；2019 年中国快递业务量为 635.2 亿件，同比增长 25.27%，预计未来将继续保持增长。

2009-2019 年中国快递业务量统计

来源：国家邮政局、智研咨询整理

近 10 年来随着中国快递业务量的增长，快递业务收入也随之快速增长，2018 年中国快递业务收

入为 6038.4 亿元，同比增长 21.81%；2019 年中国快递业务收入为 7497.8 亿元，同比增长 24.17%。

2009-2019 年中国快递业务收入统计

来源：国家邮政局、智研咨询整理

2. 网络购物快递市场呈现爆发式发展

近 10 年来中国电子商务交易规模持续增长，稳居全球网络零售市场首位，2018 年中国电子商务交易规模为 32.55 万亿元，同比增长 13.57%；2019 年中国电子商务交易规模为 34.81 万亿元，同比增长 6.94%。

2009-2019 年中国电子商务交易规模统计

来源：中国电子商务研究中心、智研咨询整理

近 10 年来中国网络购物用户规模快速增长，2019 年上半年中国网络购物用户规模为 63882 万人，较 2018 年年底增长了 2871 万人；2020 年 3 月中国网络购物用户规模为 71027 万人，较 2019 年上半年增长了 7145 万人。随着我国电子商务的迅速发展和网上购物的人数逐渐增多，快递市场呈现出爆发式的发展。

2009-2020 年 3 月中国网络购物用户规模统计

来源：中国互联网络信息中心、智研咨询整理

3. 电商物流行业规模快速增长

中国电商物流行业营收规模快速增长，2018 年中国电商物流行业营收规模为 6038.4 亿元，同比增长 21.81%；2019 年中国电商物流行业营收规模为 7000 亿元，同比增长 15.92%。

2009-2019 年中国电商物流行业营收规模统计

来源：智研咨询整理

中国电商物流市场快速发展，所需各类人才的数量也相应增加，2018 年中国电商物流行业从业人数为 507.1 万人，较 2017 年增加了 106.5 万人；2019 年中国电商物流行业从业人数为 600.0 万人，较 2018 年增加了 92.9 万人。

2009-2019 年中国电商物流行业从业人员规模统计

资料来源：智研咨询整理

2017-2019 年中国电商物流行业融资事件数量逐年减少，2018 年中国电商物流行业共融资 84 次，较 2017 年减少了 59 次；2019 年中国电商物流行业共融资 66 次，较 2018 年减少了 18.0 次。

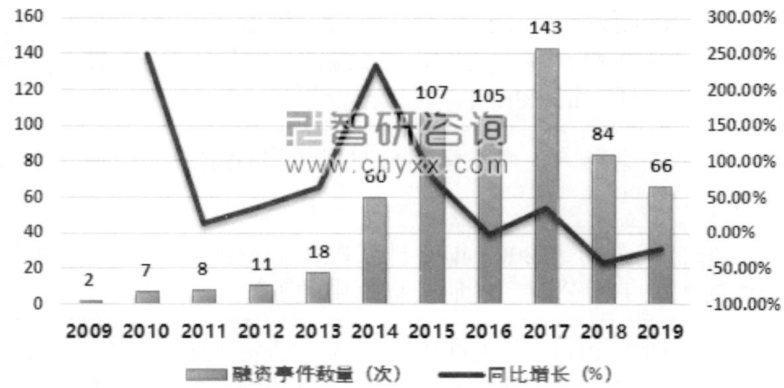

2009-2019 年中国电商物流行业融资事件数量统计

来源：智研咨询整理

2014-2018 年中国电商物流行业融资金额逐年增，2018 年中国电商物流行业融资金额为 661.03 亿元，同比增长 83.06%，2019 年较 2018 年有所回落，2019 年中国电商物流行业融资金额为 568.66 亿元，同比减少 13.97%。

2009-2019 年中国电商物流行业融资金额统计

来源：智研咨询整理

三、电商物流主要平台

2019 年电商物流主要平台有韵达快递、顺丰速运、百世快递、中通快递、百通物流、点我达等。

电商物流主要平台简介

主要平台	简介
韵达快递	韵达快递，是集快递、物流、电子商务配送和仓储服务为一体的全国网络型品牌快递企业，创立于 1999 年 8 月，总部位于中国上海，服务范围覆盖国内 31 个省（区、市）及港澳台地区

主要平台	简介
顺丰速运	顺丰是国内的快递物流综合服务商，经过多年发展，已初步建立为客户提供一体化综合物流解决方案的能力，不仅提供配送端的物流服务，还延伸至价值链前端的产、供、销、配等环节，从消费者需求出发，以数据为牵引，利用大数据分析和云计算技术，为客户提供仓储管理、销售预测、大数据分析、金融管理等一揽子解决方案
百世快递	“百世快递”是一家在国内率先运用信息化手段探索快递行业转型升级之路的大型民营快递公司
中通快递	中通快递股份有限公司于 2002 年 5 月 8 日在上海成立，是一家集快递、物流及其他业务于一体的大型集团公司，注册商标“中通 ®”“zto®”
百通物流	百通物流有限公司于 2017 年 04 月 06 日成立。法定代表人夏松之，公司经营范围包括：普通货物运输；货物运输代理、仓储、中转及装卸；集装箱道路运输等
点我达	点我达成立于 2015 年 6 月，系即时物流模式的开创者。点我达致力于末端即时物流服务，以众包共享模式，为用户提供直接从门到门的极速、准时、可信赖的物品送达服务。满足 2B 和 2C 的各类用户在移动互联网和 O2O 本地生活消费升级进程中，对于物流配送“极速、准时”送达的诉求

来源：公司官网、智研咨询整理

2020 年 9 月韵达速递活跃用户数为 12.2 万人，较 2020 年 1 月减少了 9.6 万人；顺丰速运活跃用户数为 91 万人，较 2020 年 1 月增加了 11 万人；中通快递活跃用户数为 31.4 万人，较 2020 年 1 月增加了 16.1 万人；点我达活跃用户数为 3.3 万人，较 2020 年 1 月减少了 0.5 万人。

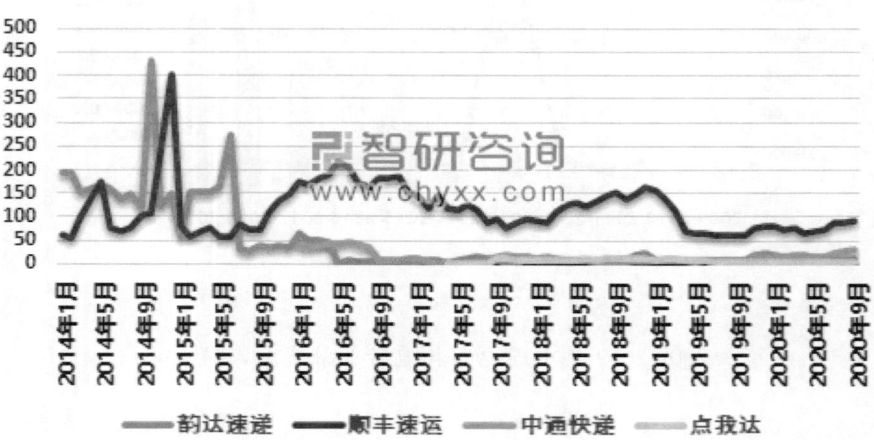

2014-2020 年 9 月电商物流主要平台活跃用户数统计（万人）

资料来源：智研咨询整理。

四、未来发展趋势

电商物流未来将朝着移动化、数据化、平台化、全球化、农村化、跨业态聚集、个人化、应用化方向发展。

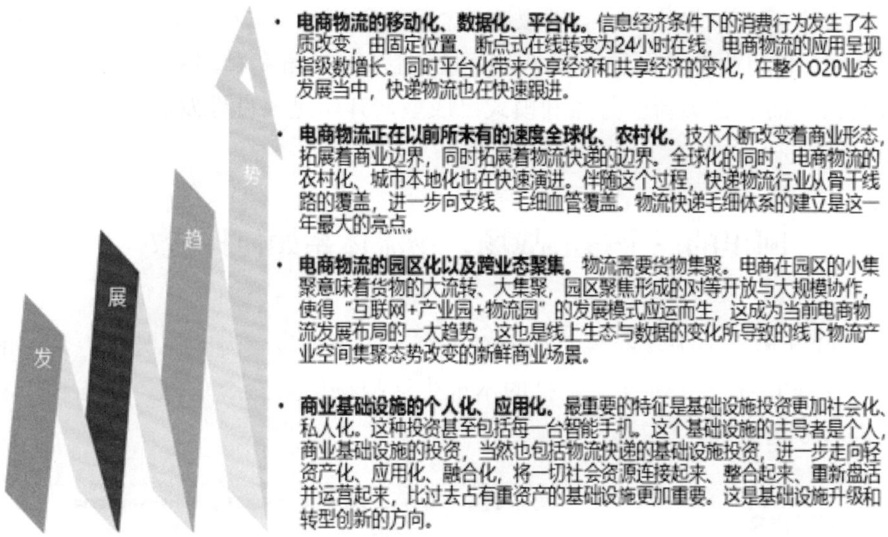

电商物流未来发展趋势

来源：中国产业信息网，智研咨询整理

7.3.8 阿里巴巴的物流版图

导读

自张勇 2015 年 7 月接手阿里巴巴 CEO，马云 2016 年 10 月在云栖大会上首提“新零售”后，阿里巴巴（以下简称“阿里”）的新零售业务开始进入全面建设阶段。

2016 年开始，首先是盒马鲜生（以下简称“盒马”）首店在上海开业，其后阿里在新零售领域收购了一系列公司，如三江、银泰、高鑫零售（以下简称“高鑫”）等，到 2018 年 95 亿全资收购饿了么，今年 4 月将天猫超市事业群升级为同城零售事业群，10 月阿里投入 280 亿港元（约 36 亿美元）获得高鑫零售的控股权，阿里的新零售业务已经取得很大进展。

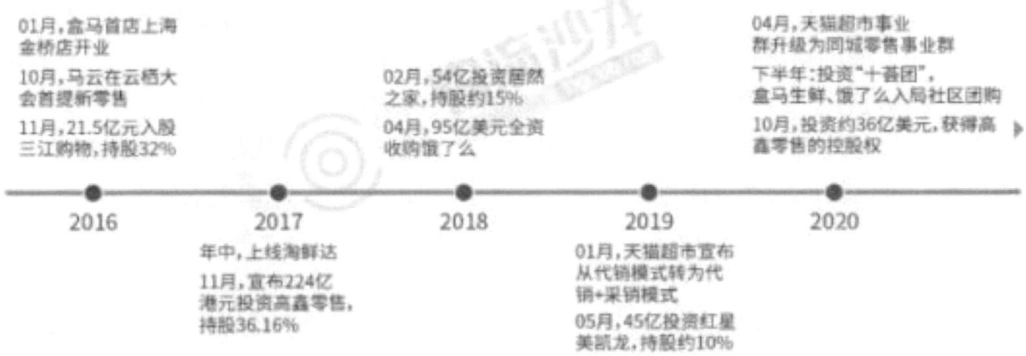

阿里巴巴的新零售布局

制图：罗戈网

目前，阿里在流量（淘宝、支付宝）、供应链（盒马、零售通、高鑫）、物流（蜂鸟即配、菜鸟网络）等基础设施以及生鲜、商超业态全面领先竞争对手。而且从品类角度看，生鲜、快消品、家居均已覆盖，不仅业态全，规模大，而且各类新业务盈利模式已成型，开始进入良性发展阶段。

阿里的三个核心战场，物流体系如何打造？

对阿里来说，2020 年需要坐阵的核心战场有三个：一个是以“淘宝 + 天猫”为首的电商战场，另一个是以“饿了么 + 口碑 + 支付宝”主打的本地生活战场，第三个是以“天猫超市 + 淘鲜达 + 盒马鲜生”为首的同城零售战场。

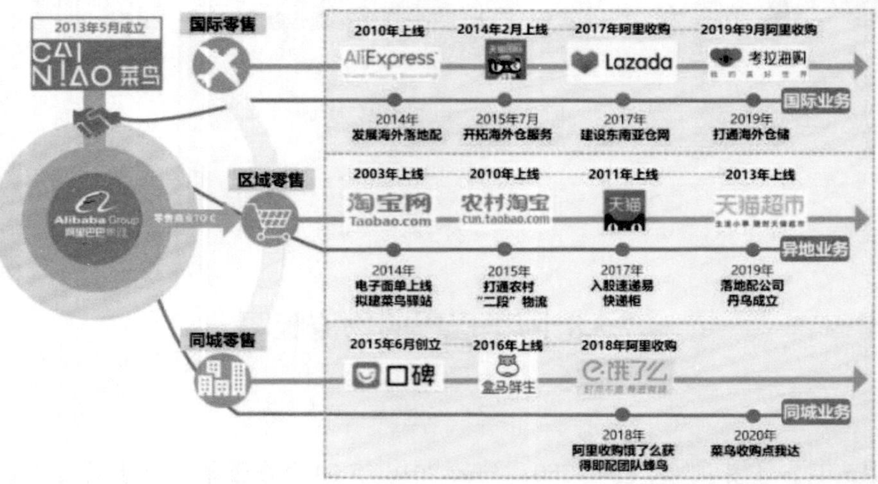

来源：方正证券

1. 电商战场——快递 + 仓配网

以“淘宝 + 天猫”为首的电商战场，阿里在物流领域需要打造的是一张能实现“全球一张网”的快递 / 快运 + 仓配网。

阿里 2013 年成立菜鸟网络（以下简称“菜鸟”），随后持续在快递、干线运输、仓配、末端等的基础设施进行布局，目标是要实现“全球一张网”，“成为全球的基础设施”，与阿里的电商生态互补。为进一步推进新零售战略，加快建设全球领先的物流网络，阿里及菜鸟其他现有股东在 2019 年 11 月对菜鸟进行了 233 亿人民币（约合 33 亿美元）的增资。

菜鸟也把这一目标明确为“一横两纵”战略。所谓的“一横”，就是加大技术投入，做行业数字化升级的引擎。这也是进入“科技 + 新零售 + 全球化”的新物流赛道的关键驱动力。

而“两纵”，一是打通线上和线下、B 端和 C 端供应链，打造基于新零售的供应链解决方案。通过快递、干线运输、仓配、末端等的基础设施以及在城市、农村建立立体化的仓储，帮助商家库存精准下沉，提前分货，最后末端配送到消费者身边。另一个就是全球化布局，包括全球运输网络、全球供应链网络和全球末端网络三大体系。

总体来看，菜鸟已打造了包括数字化包裹网络、全球物流网络以及智能供应链履约网络三张物流网络。截至 2020 年 9 月 30 日，菜鸟物流服务收入主要来自其国内及国际一站式物流服务与供应链解决方案，抵销内部交易的影响后合计为 86.26 亿元，相较 2019 年同期的 47.59 亿元增长 73%。

	截至9月30日止三個月					
	2019		2020			
	人民幣	%佔收入比例	人民幣	美元	%佔收入比例	%同比變動
	（以百萬計，百分比除外）					
核心商業：						
中國零售商業						
－客戶管理[1]	57,576	49%	69,338	10,212	45%	20%
－其他[2]	18,210	15%	26,132	3,849	17%	44%
	75,786	64%	95,470	14,061	62%	26%
中國批發商業	3,283	3%	3,637	536	2%	11%
跨境及全球零售商業	6,007	5%	7,789	1,147	5%	30%
跨境及全球批發商業	2,434	2%	3,510	517	2%	44%
菜鳥物流服務	4,759	4%	8,226	1,212	5%	73%
本地生活服務	6,835	6%	8,839	1,302	6%	29%
其他	2,116	1%	3,451	508	2%	63%
核心商業合計	101,220	85%	130,922	19,283	84%	29%
雲計算	9,291	8%	14,899	2,194	10%	60%
數字媒體及娛樂[3]	7,442	6%	8,066	1,188	5%	8%
創新業務及其他[3]	1,064	1%	1,172	173	1%	10%
總計	119,017	100%	155,059	22 838	100%	30%

来源：阿里巴巴公告

今年9月，阿里分别以66亿元和32.95亿元对圆通与申通进行了增持，阿里巴巴完成增持后，阿里系（含菜鸟供应链股份）持股圆通比例将提升至22.5%，阿里累计间接持有申通股份则提升至25%。

至此，阿里系（包括菜鸟）已相继投资中通、百世、圆通、申通、韵达五家快递物流企业。

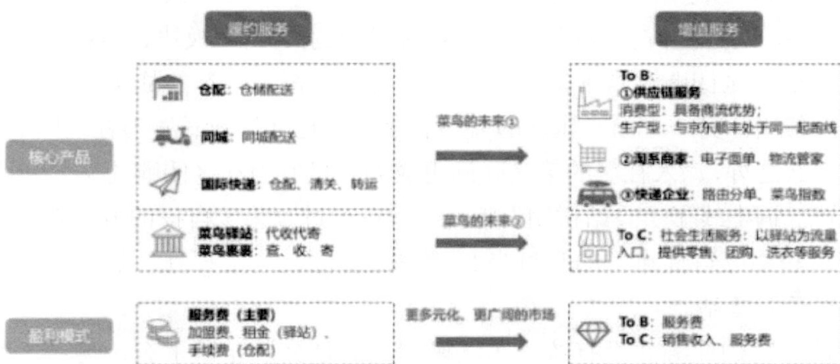

来源：方正证券

菜鸟除了在快递行业持续布局外，目前布局已覆盖国内外，涵盖快递、大件物流、跨境物流、干线运输、智能仓储、落地配等多个领域，其中就包括新加坡邮政、日日顺、递四方、心怡、快仓、万象等多家知名企业。

同时，菜鸟还布局了数量众多的菜鸟驿站。菜鸟驿站经过多年来的大规模铺建，已经成为“最后一公里”领域不可忽视的基建设施。

此外，全球物流网络也被菜鸟认为是最具战略价值的布局的核心之一。近年，菜鸟开始大量布局海外仓，自建e-WTP物流枢纽，依托海外仓在全链路（清关、末端揽收/配送、国际/区域干线运输）提供的服务，带动了收入规模的加速提升。

2. 本地生活战场—— 蜂鸟即配

以“饿了么+口碑+支付宝”的本地生活战场则是依托已宣布独立的即时物流品牌“蜂鸟即配”，全面升级后的蜂鸟即配也被认为是作为阿里本地生活的核心竞争力的升级。目前，蜂鸟已在餐饮、商超、生鲜、美护等领域建立高标准的配送方案，定制化服务超过15种业态。预计未来3年将在全国建设 2 万个全数字化即配站。

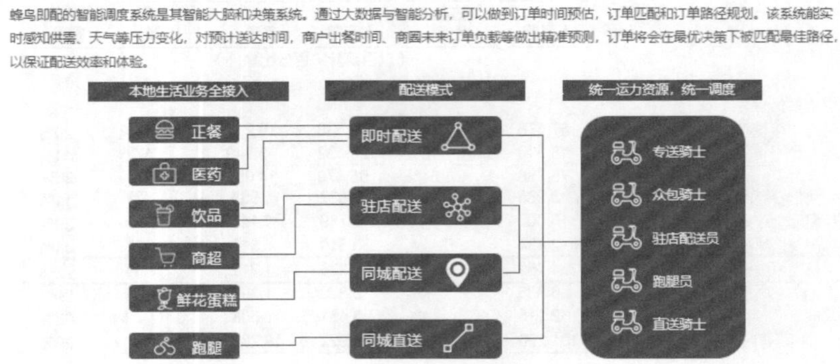

蜂鸟即配智能调度系统，创新运力网络模式

来源：蜂鸟即配

在电商巨头开始对存量用户进行争夺的大背景下，蜂鸟即配作为数字化新零售的基础设施，其发展背后与阿里的战略密不可分。对阿里而言，随着新零售发展以及消费升级，即时配送网络最大的意义，不仅在于对生鲜、餐饮、快消品消费实现线上化，更有可能基于其高频的特点，驱动电商平台整体用户活跃度的进一步提升。

3. 同城零售战场—— 蜂鸟即配 + 菜鸟直送

被阿里称为第三大核心战场的同城零售主要指同城小时、半日、次日到家业务，包括盒马、天猫超市、淘鲜达等业务，对应生鲜、快消品等品类。后期饿了么商超板块、零售通也相继参与在内。

而最近热火朝天的社区团购，对阿里来说也是一场“不得不打”的战争。一方面通过继续投资加注社区零售品牌十荟团，另一方面，旗下的盒马和饿了么也开始正式发力社区团购。

除了盒马及饿了么之外，深入社区的菜鸟驿站也成为阿里发力社区团购的又一利器。2019 年年初，阿里在淘宝客户端曾低调上线了“驿站拼团”版块，旨在通过预售 + 自提的方式完成用户购买流程。可以看出，当时菜鸟驿站“自提点”的身份当时就初露端倪。今年 6 月，菜鸟正式官宣将把菜鸟驿站升级为数字社区生活服务站。

目前，阿里在社区团购业务并没有统一团队操作，而是分散在饿了么、菜鸟、盒马等业务中，以及投资了十荟团。由于社区团购业务比较依赖团长、供应链、网点，阿里在这几块优势也比较明显，不仅拥有超 3 万 + 个菜鸟驿站网点以及 150 万个零售通合作小店做自提站，而且本身盒马、高鑫和零售通的供应链体系也非常成熟。

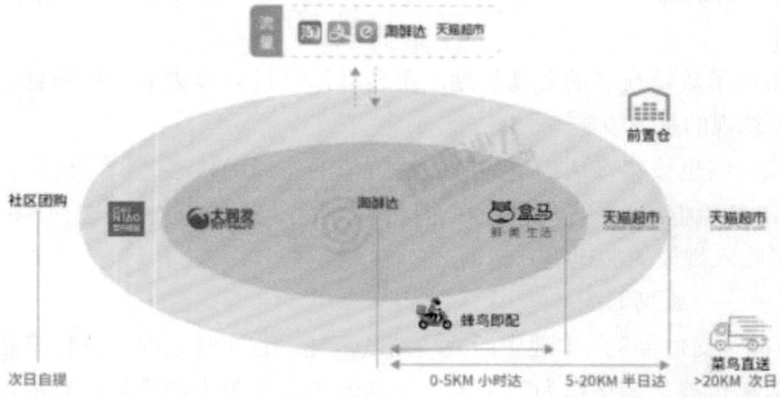

制图：罗戈网

在供应链端，阿里同城零售主要有生鲜和快消品两个供应链。生鲜品类低毛利高损耗，主要由盒马从上游供应链开始改造。而快消品供应链则分散在高鑫、零售通、天猫超市等各个业务链。

盒马布局新农业的“产供销”，打通了种植，加工，研发，物流，配送，零售的全新消费生鲜消费链路。比如，盒马于 2016 年 1 月在上海开设第一家店以来，目前自营盒马门店已达 222 家（截至 2020 年 9 月 30 日），已成为目前生鲜新业态（前置仓、店仓一体）规模最大、盈利能力较强的公司。

在采购方面，盒马拥有 555 个直采地，并与多个市、县签订盒马村 / 盒马市（根据订单为盒马种植农产品的村庄）协议，共同用数字化手段生产农产品，截至 2020 年 8 月盒马在全国 18 个省拥有 117 个盒马村。仓储物流方面，截至 2020 年 6 月，盒马已建成 3 产地冷链仓，41 个销地常温和冷链仓、6 个销地活鲜暂养仓、16 个销地加工中心，基本建成覆盖全国的低成本生鲜冷链物流配送网络。

而高鑫零售立足中国商超大卖场前三甲，拥有 20 年的供应链基础和零售的操刀经验，且在 B2B、O2O、生鲜电商等新零售业务皆有涉及；零售通作为中国最大的快消品 B2B 平台，有着成熟的快消品分销体系，这些都能为阿里的同城零售业务提供供应链支持。

高鑫的供应链体系对阿里有着不小的意义。高鑫作为阿里同城零售的供给核心，在生鲜品类上，高鑫供应链可以为盒马提供 B2B 到店的供给，在一定程度上补足了盒马在供应链上的不足。而在日用百货等超市品类的供应链体系上，高鑫与天猫超市共享库存，有助于天猫超市乃至阿里整个线上线下体系超市业务的发展。

配送效率是同城零售获取用户的关键。蜂鸟即配与菜鸟直送构成阿里同城零售（小时达 + 半 / 次日达）物流网络，分为城市内即时配送以及城市周边的落地配。可以为盒马、饿了么、淘鲜达、大润发、天猫超市等提供“小时达”服务，以及天猫超市“次日达”、菜鸟驿站“次日提”服务等。

蜂鸟即配作为饿了么旗下独立的即时配送品牌，已构建了全国第二大即时配送体系。目前拥有 300 万骑手，日均配送订单 450 万单，覆盖超 2000 市县。蜂鸟作为即时配送的基础设施，不仅可以为“饿了么 + 口碑”本地生活提供配送服务，也为阿里其他同城零售业务如高鑫零售、天猫小时达、阿里健康提供提供配送服务。

菜鸟直送即原丹鸟物流，是由原上海万象、南京晟邦、成都东骏快捷、浙江芝麻开门和陕西黄马甲等五家落地配公司整合而成的落地配品牌，主要服务天猫超市。目前覆盖 350+ 城市，全国站点 3000+，配送运力池 400 万 +。

据爆料称，“菜鸟直送”是容纳整合了丹鸟、点我达、蓝豚等菜鸟旗下原有品牌之后全新推出的统一品牌名。目的就是配合今年 4 月天猫超市事业群升级为同城零售事业群的商流动作，为阿里 2020 年三大核心战场之一的“同城零售”打好物流辅助战，在功能上（仓到店、店到门、即时配）实现了同城网络的覆盖。

据了解，基于“蜂鸟即配 + 菜鸟直送”，目前阿里正在酝酿筹备一个针对同城零售事业群的城配团队。

以天猫超市为例，目前天猫超市正在构建 20 公里生活圈，即“5 公里小时达，20 公里半日达，全城次日达”。其中小时达和半日达通过与合作商建立“近端履约中心”实现，例如天猫超市与高鑫零售已开始了“共享库存”的合作，目前高鑫零售全部 484 家门店全部可作为一小时达“近端履约中心”，180 家店可提供半日达服务。次日达即传统网上超市，通过将品牌代销商品或采销商品放入城市落地仓，实现次日达。

此外，根据规划，高鑫还将重点与菜鸟驿站合作，利用自身的供应链优势解决最后一里路的配送和流量问题。同时，通过菜鸟驿站遍及全国 3 万多个驿站实现业务承载，将新零售深入扎根。

不过，如今阿里在同城零售上面临着如美团、京东等的竞争。对阿里来说，同城零售是志在必得的市场，也是目前竞争极其激烈的市场。零售端正在通过高鑫、饿了么、盒马、零售通等进行布局，而在物流端，“蜂鸟即配 + 菜鸟直送”未来会有哪些合作和升级？是否会有更大的战略举措？咱们拭目以待！

来源：物流沙龙

7.3.9 中铁快运上海分公司“双 11”电商黄金周运输完美收官“铁路 + 电商”助推物流加速“跑起来”

截至 11 月 20 日，中铁快运上海分公司“双 11”电商黄金周运输收官。在 20 天运输期限内，长三角铁路发送电商货品超过 450 万件，达到 464 万件，同比增长 280%；发送重量达 23842.8 吨，同比增长 312.7%，电商货品运输量增长迅猛。“铁路 + 电商”模式助推物流加速“跑起来”，服务国民经济循环更有力，流通环节更顺畅。

据统计，11 月 1-11 月 20 日，长三角铁路高铁快运发送电商货品 182.04 万件、同比增长 280%，发送重量 2550.5 吨、同比增长 132.8%；普速旅客列车行李车发送电商货品 21.97 万件、同比增长 118.4%，发送重量 2832.3 吨、同比增长 91%。

中国铁路货运产品中等级最高、速度最快的是特快班列，其中长三角原有京沪、沪深 2 对 4 列。今年 10 月 18 日起，杭广特快班列在中国电商之乡杭州和改革开放前沿城市广州间每日对开，使长三角区域内特快班列达到 3 对 6 列。电商黄金周期间，长三角特快班列累计发送电商货品 261.93 万件，发送重量 18460 吨，发送件数和重量同比大幅增长。

每天早上 8 时 25 分，杭州至广州 X115 次特快班列准时从杭州萧山货场启程，整列运输额定载重近 300 吨，以最高 160 公里时速飞驰，当天晚上 22 时 12 分即可抵达 1500 公里外的广州棠溪货场，在浙粤两地间架起了电商货品铁路批量运输的快速通道。据统计，在电商黄金周 20 天时间内，杭广特快班列发送电商货品近 170 万件，占长三角全部特快班列发送件数的 65.9%。

期间，中铁快运上海分公司深入对接海尔、大华、雅戈尔、双汇等制造加工企业，积极开展家电、医药、服装、食品等货品直营运输，减少中间流通环节，进一步降低生产企业物流成本。同时加强与中国邮政集团有限公司的合作，首次在上海虹桥、杭州东和宁波三大站开行 9 条到哈尔滨、兰州、贵阳、重庆等地的高铁邮路，通过高铁通道批量运输邮件包裹实现零的突破。

来源：快运上海融媒体 中铁快运上海分公司

7.3.10 南航货运与菜鸟首次开展合作

4 月 18 日，南航货运 CZ453 航班承运的 2 吨菜鸟物流电商快件由上海浦东飞往阿姆斯特丹机场，这是南航货运物流公司与菜鸟物流首次开展电商快件合作。据统计，今年南航货运与菜鸟物流预计有 240 吨左右电商快件合作，同时浦东至阿姆斯特丹航线是双方合作的初步探索，后续可能进一步拓展双方在浦东至法兰克福、芝加哥、洛杉矶等航线电商快件合作。

1. 电商快件外部市场利好响应需求谋合作

近年来随着移动互联网发展、智能手机普及以及消费升级催生“海淘热”现象等，促使跨境电商货物呈现指数级发展态势。同时新冠性肺炎全球性蔓延，导致菜鸟物流对长短期内运力恢复不确定性担忧，加之对南航阿姆斯特丹优质货机航线资源的信赖，双方便达成一致合作意向。持续走高舱位需求与航线网络优势形成电商快件合作的外源性契机。

据了解，2020 年 3 月，南航货运物流公司接到菜鸟物流航线业务合作意向需求后，迅速成立菜鸟物流电商快件项目组，一方面精准对接客户需求，另一方面主动调研市场形成市场头部分析报告，旨在寻求双方在货源合作、航线网络布局以及专业化物流解决方案等方面合作机遇点。

2. 发挥属地货源优势营销服务与配套措施双轨并行

据悉，出口阿姆斯特丹方向的货物主要以跨境小包裹为主，涉及货物品类多且复杂，但以服装、电子产品、日常用品等为主。同时杭州作为中国首个跨境电商综合试验区，经过多年业务摸索与经营沉淀，具有极强电商包裹吸附与集散能力，比如义乌、昆山、杭州等加工贸易汇聚区的货源，目前疫情困境下菜鸟物流急需多样化的物流运输替代方案。

南航阿姆斯特丹货机航线保持每周六班航线密度，并且通过丰富二程卡车网络使得货物运输遍及欧洲大部分地区。货运物流公司提前与客户紧密沟通，在货型选择、舱位预留、航班编排等方面进行营销政策投放，并且全方位进行营销业务链闭环培训与指导。针对区域运输环节，打通区域壁垒，建立 24 小时无缝衔接预警与沟通机制，采取云在线形式解决运输中堵点问题。一方面，杭州营业部与菜鸟物流共享实时卡车班期时刻，通过新媒体等途径第一时间通知货物出运与到达信息；另一方面，上海营业部迅速响应，及时派专人跟踪保障，给予优先组板、收运、出库、装机等全流程保障服务。

3. 以区域联动为契机探索跨境电商深入合作

南航货运物流公司与菜鸟物流首次开展跨境电商合作，将是南航货运区域联动一种有益尝试，也是对国内企业跨境电商货物出运解决方案一种有效探索。浦东机场作为人流与货流集散枢纽，运力资源丰富，而杭州作为跨境电商货物汇聚先行示范区，电商资源充足，因而上海与杭州区域联动将有机调动两者资源禀赋，达到货物运输最大公约数效果。

据了解，货运物流公司未来将携手菜鸟物流在营销策略对接、电商市场资源收集、前端卡车服务衔接、属地 9610 报关通关、二程海外仓打通等层面开展全面深入合作。

目前，南航货运物流公司应对航空货运新变化，积极探索跨境电商新业态发展，旨在打造以传统普货为基本盘，以高端快件等为增量盘，构建符合时代趋势产品体系。从 2020 年 3 月以来，陆续与电商快件巨头等展开全面合作，截至 4 月 15 日，货运物流公司华东区域营销中心累计承运电商快件达 370 吨。

来源：中国民航网

7.3.11 我国新设 46 个跨境电商综合试验区

——跨境电商加速打造外贸新格局

由于近期新冠肺炎疫情在全球蔓延，我国传统外贸受到了严重冲击。但与此同时，跨境电商却释放出了巨大发展潜力，显示出其对外贸创新发展的引领作用。近日，国务院决定新设 46 个跨境电商综合试验区，加上已经批准的 59 个，全国将拥有 105 个跨境电商综合试验区，已经覆盖了 30 个省区市，从而形成陆海内外联动、东西双向互济的发展格局。

受新冠肺炎疫情影响，今年以来我国外贸面临多年未有之严峻挑战。但与此同时，跨境电商释放出了巨大发展潜力。1-2 月，我国跨境电商零售进出口额 174 亿元，同比增长 36.7%。

“传统外贸受到疫情严重冲击，需要进一步发挥跨境电商独特优势，开展在线营销，实现在线交易，保订单、保市场、保份额，以新业态新模式助力外贸攻坚克难。”商务部部长助理任鸿斌表示。多位专家在接受经济日报记者采访时表示，跨境电商快速发展，充分显示了其对外贸创新发展的引领作用。

1. 线上优势突出

跨境电商是互联网时代发展最为迅速的贸易方式，能够突破时空限制，减少中间环节，解决供需双方信息不对称问题，为更多国家、企业、群体提供发展新机遇，这也体现了贸易的包容性发展。随着疫情在全球蔓延，传统线下渠道受阻，线上采购需求却不断增长，跨境电商优势得以发挥。

“疫情期间，跨境电商成为我国外贸发展的重要渠道，充分显示了跨境电商作为新业态对外贸创新发展的引领作用。”商务部研究院电子商务研究所所长张莉表示。

对防疫物资等海内外消费者急需产品来说，跨境电商平台提供了快速便捷购买渠道，实现了高效快速的全球供需匹配。“疫情发生之初，面对国内防疫物资严重不足，无论国内跨境电商企业，还是外资跨境电商企业，纷纷在跨境电子商务公共服务平台积极响应，有力协助跨境电商市场主体及线下园区，全力保障口岸防疫物资通过跨境电商进境，满足了社会需求。”上海社会科学院世界经济研究所主任沈玉良表示。

张莉认为，跨境电商企业近年来形成的集采渠道优势在进出口物资采购、端到端配送等方面得到了有力发挥，开创了防疫物资“全球集采——定点直送”模式。在一定程度上，跨境电商提升了我国外贸的全球供应链集采能力。

“跨境电商是企业开拓国际市场新模式，在疫情期间发挥了不可替代的积极作用。”北京师范大学经济与工商管理学院教授、国家进口研究中心主任魏浩表示，随着疫情在全球蔓延，国际市场需求明显萎缩，我国企业原有出口订单短期内被大量取消。在这种情况下，我国部分企业出口开始从线下转向线上，纷纷从事跨境电商出口，一方面通过跨境电商平台积极寻找新的企业客户；另一方面直接开展零售业务，有效开辟了新业务、新市场。

“跨境电商物流和海外仓成为了‘稳外贸’重要支撑。”张莉说，此次疫情对物流配送形成了直接挑战，我国跨境电商物流企业通过包机、海外仓存储发货等多种方式，保证了跨境电商货品及时送达。

2. 综合试验区扩围

疫情发展并未影响我国跨境电商综合试验区再次扩围。4 月 7 日，国务院决定新设 46 个跨境电商综合试验区，加上已经批准的 59 个，全国将拥有 105 个跨境电商综合试验区，已经覆盖了 30 个省区市，形成了陆海内外联动、东西双向互济的发展格局。

张莉表示，此次扩围一方面是支持各地的积极申报愿望，提升各地对跨境电商发展积极性；另一方面表明国家对跨境电商这一外贸新业态的充分肯定和大力支持。这也进一步说明，此前的跨境电商试验取得了积极效果，可以更大范围复制推广和更宽领域开展创新。

数据显示，2019 年我国跨境电商零售进出口额达 1862.1 亿元，是 2015 年的 5 倍，年均增速为 49.5%。跨境电商综合试验区在外贸发展中的作用日益凸显。

同时，“跨境电商综合试验区是我国外贸企业转型升级主要平台，对于外贸企业转型升级具有重要意义。”沈玉良表示。

跨境电商综合试验区已成为创新创业新高地。各综试区设立“创客小镇”“众创空间”等各类孵化基地、平台共 37 个，2019 年新增跨境电商企业超 6000 家。截至目前，跨境电商综合试验区企业品牌已经超过 3000 个，综试区企业已建设海外仓超过 1200 个。

魏浩表示，通过跨境电商的区域扩大效应和企业数量增加效应，弥补了疫情给传统贸易模式造成的不利冲击，成为推动我国对外贸易增长的新动能，有利于我国外贸稳定发展。

“建立跨境电商综合试验区的目的，在于鼓励更多地方推动跨境电商创新发展。”张莉认为，从这个角度看，跨境电商综合试验区谈不上建多了，反而是多多益善。增设跨境电商综合试验区，就是要通过加强各综试区的体系建设、平台建设、特色建设，支持跨境电商综试区企业汇集境内境外流通要素，引导企业重新配置、整合、提升渠道资源，根据跨境电子商务发展规律和市场需求，从供应链、价值链和资源链上构建跨境电子商务综合服务体系，形成各综试区规范发展、创新发展的局面，带动中国跨境电商持续创新，走向高质量发展，从而为全球经济持续、健康发展注入新动能。

3. 打通发展瓶颈

近年来，我国跨境电商规模快速扩大，成为贸易增长突出亮点。跨境电商发展推动了传统外贸企业“触网上线”，同时也促使国内电商平台开始通过投资并购、自建平台等方式拓展海外市场。

“经过多年发展，我国跨境电商的营商环境不断完善，便利化、自由化、规范化发展格局已经形成。”张莉同时表示，视频、直播等新业态使跨境电商的创新发展效应持续扩大。尤其是跨境电商服务体系不断完善，带动了中国的物流、支付等数字化基础设施走向世界，带动了中国规则和标准的输出以及中国服务国际化发展。

沈玉良表示，伴随跨境电商发展，我国形成了较领先的跨境电子商务平台，这些平台在国际电子商务平台中启动比较早，规模比较大。同时，跨境电子商务公共平台也促进我国形成跨境电商生态圈。

但同时也应看到，在跨境电商发展过程中仍然存在一些问题。“跨境电商物流渠道不够便捷通畅、各国对跨境电商监管政策存在不确定性、中小企业抗风险能力缺乏、各地落实跨境电商支持政策水平仍有待加强等问题，也制约了跨境电商发展。”张莉表示。

沈玉良表示，目前来看，在跨境电商进口方面，直邮模式受影响较大，但对保税备货模式影响较小。从跨境电商出口看，受海外疫情影响，物流配送受阻，有可能造成短期物流滞后、长期范围内全球备货难。未来我国跨境电商需要积极搭建全球供应链，保持弹性供货。

下一步，我国将鼓励企业完善海外仓配套服务，推进海外仓建设。同时，支持国内跨境电商平台“走出去”；支持各类外贸企业和生产企业与国际性电商平台合作，实现共同发展。同时，完善跨境电商产业链和生态圈，支持各跨境电商综合试验区汇聚制造生产、电商平台、仓储物流、金融风控等各类企业，发展物流、支付、快递等服务行业，带动本地周边和产业链上下游企业“触网上线”，为跨境电商发展营造良好环境。

来源：《经济日报》

第八篇 物流装备、标准、技术和信息化

8.1 物流装备技术

8.1.1 综述（物流设施与设备）

以顺丰优选为例分析电商时代的生鲜冷链物流发展

电子商务的发展，在对现代物流经营模式产生巨大影响的同时也提出了更高要求，如何在短时间内将生鲜产品完好的配送到顾客手中，是行业发展面临的主要问题；其中冷链物流是电商时代生鲜产品运输的重要环节和基本保障，但是在实践的过程中存在诸多的问题需要改进，如业务模式不完善、配送成本高、效率低、服务滞后等等。本文以“顺丰优选”为例，主要探讨了电商背景下生鲜冷链物流发展面临的问题和解决思路。

一、生鲜电商行业发展现状及主要经营模式

1. 生鲜电商行业发展现状

生鲜电商发展前景良好，之前发布的《2016 中国生鲜消费趋势报告》中曾预测，到 2020 年，生鲜电商行业经济规模将达 6000 亿元。但是，市场火热的背后却也暗藏危机，许多电商平台面临着倒闭、裁员等危机。商品保质期短、冷链物流成本高、技术薄弱、行业标准不规范、监管不到位、信息不健全等诸多问题，使得生鲜电商物流发展道路并不顺畅。

2. 国内生鲜电商行业的主要经营模式

第一种模式是传统的商超，如沃尔玛、家乐福等，随着电子商务发展，这些传统超市也开发了线上平台，通过线上接受订单，线下超市配送，其主体仍然是线下超市。他们是现在国内生鲜产品的主营销售渠道。

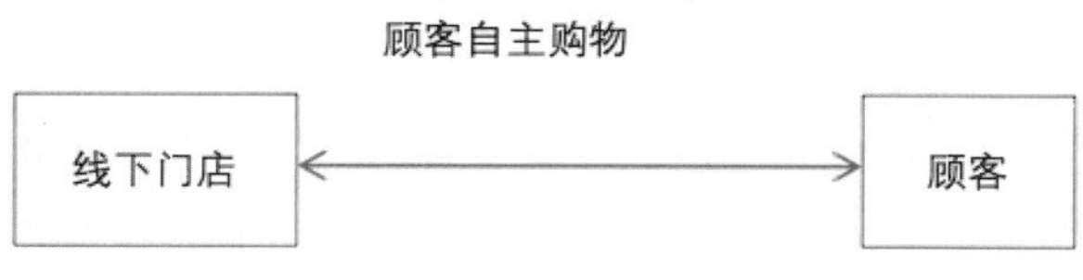

图2 厂家进入电商平台经营模式

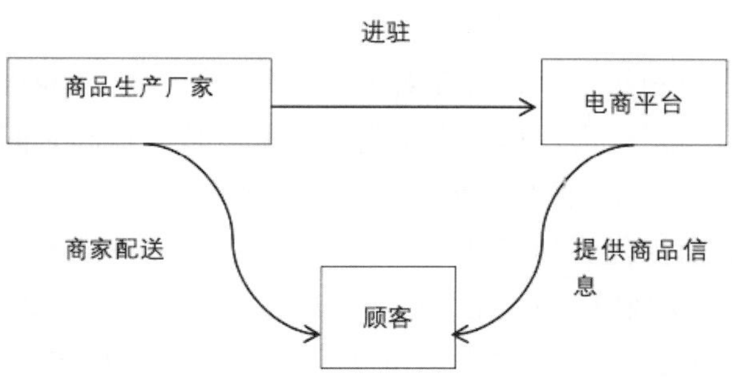

传统商超经营模式示意图

第二种模式是电商平台面向商品生产厂家开放，让这些厂家进驻到平台中，平台主要盈利收入来自于生鲜产品厂家的入驻费。这些平台经营生鲜产品的主要目的是开拓市场、赢得消费者，这种经营模式虽然无法在短期内取得巨大盈利，但是其规模效益是其他平台无法比拟的。以天猫“喵鲜生”、京东商城生鲜频道、亚马逊等为代表。

第三种模式是以中粮我买网、优菜网、优果网等为代表的垂直型电商平台。这些电商平台消费者基础较薄弱，由于在规模经济效益上无法取胜，所以他们更加关注顾客的需求，使消费者获得最佳消费体验，以期能够打开消费市场、赢得消费者的青睐。其物流运输方式通常会选择第三方物流，然而由于第三方物流自身的发展局限，也制约着这些电商平台的发展。

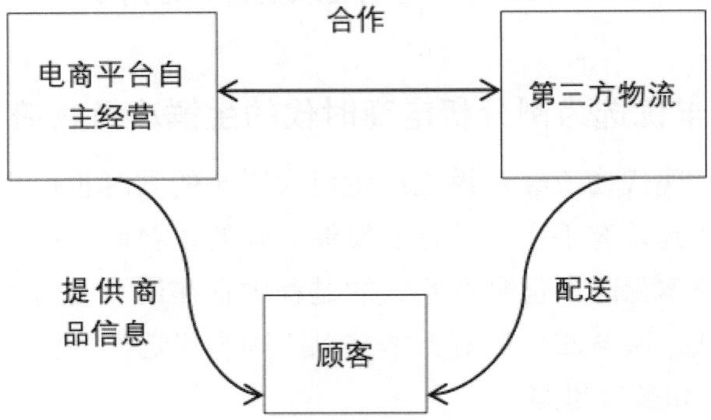

电商平台与第三方物流合作经营模式

第四种模式是以顺丰优选为代表，顺丰优选除了线上平台外，在线下还设立了与线上平台相呼应的顺丰嘿店，作为物流企业的转型和跨界，其在物流配送上处于绝对优势。局限在于作为跨界经营，企业在很多方面缺乏专业度和经验。

二、顺丰优选冷链物流的运营现状及存在问题

1. 顺丰优选运营现状

顺丰优选隶属于顺丰速运集团，商品的品类范围主要涉及“食”，致力拓展中高端市场路线。顺丰优选通过整合其现有资源，完善仓储配送体系，满足基本冷链物流配送需求，从而为客户提供最优质的服务。除了传统的配送体系，其线下门店“嘿客”可暂代贮藏功能，解决了货物落地无法配送的问题。

顺丰优选的主要运输设备是飞机和汽车，长途运输由飞机来完成，落地后则由配备了冷链系统的汽车来完成。负责运输的汽车配有完善的冷链系统，包括常温、冷藏和冷冻三种不同温度下的保鲜功能。但其也有自身局限，顺丰优选主要经营生鲜食品，它们作为非标品对冷链物流的完善性和物流设备的完备程度，都具有严格要求。同时，由于冷链物流技术和成本的限制，配送范围主要限定在一线城市和少数二线城市，而无法拓展至大部分地区。

线上电商平台与线下门店相结合，直接面对消费者，这不仅将供应链中采购、经销、分销、零售等多重环节合为一体，减少了这个过程中产生的不必要差价，提高时间和经济效益，同时赢得了消费者的信赖和良好口碑，也将顺丰的配送效率发挥到了最优。

以顺丰速运快速物流的前提优势为基础，形成了顺丰优选完善的产业链物流体系，其实就相当于自建物流；与其他质量水平和规模大小层次不齐的第三方物流相比，可以利用自身专业的运输团队，完备的运输工具以及庞大的交通网络，整合物流资源，设计出最佳运输方案，包括便捷的运输路线、合理的货物装载量以及标准的产品包装。

网络平台“顺丰优选”与线下“嘿客”及物流运输资源的融合，搭建信息共享平台与互通互联体系，通过信息配置最优化提高物流效率。客户可以在电商平台上及时获取商品的最新信息，及时反映问题，通过沟通协商解决，使供应链上游能够第一时间掌握顾客需求，为消费者提供最优质的服务。每件直采产品的包装上都贴有二维码，通过扫描二维码可以获得产品从生产源头到配送至消费者手中的每个环节信息。

广泛的冷链覆盖范围有较为完善的硬件配置。农产品冷链物流是指农产品从供应地向接收地的流动过程中，将冷冻/冷藏运输、储存、装卸、搬运、包装、流通加工、配送、信息处理等功能有机结合，并保持农产品始终处于维持其品质所必需的适宜温度环境下，最大程度地保证产品品质和质量安全、减少产品损耗，从而满足用户要求，是提高性价比的极具商业价值的专业物流服务。顺丰优选除了其原有的航空配送外还拥有冷藏车、冷库以及冷藏冷冻箱等相对完善的硬件配置，对不同品类的产品进行单独储存，从而降低了产品损耗，保证产品质量。冷链覆盖范围不断扩大，部分城市实现全程冷链，满足了商品储存对温度的要求，并且运用“RFID冷链温度管理系统”及“GPS+温度监控冷链管理系统”，对温度实时监控，保证运输质量。

2. 顺丰优选的问题研究

（1）生鲜产品对供应链整合要求极高

顺丰优选的主营业务之一是生鲜产品，而这些商品非传统意义上的标准化商品，它们对供应链上的源头生产、产品包装、质量检疫把控、运输配送都有着极高要求，企业在承担商品质量风险的同时被迫加大了成本。

（2）硬件设施不够完善

仓储设备等硬件设施不够完善，冷链覆盖范围受限。顺丰优选虽然在主要一线城市建立了冷库以及其他冷链运输设备，而且由于生鲜商品的特殊性可能某一区域内就需要建设更多的冷库仓储设备，但是巨大的财力、物力、人力等成本问题对企业来说是巨大的挑战，也使得辐射范围无法下沉至更多的二三线城市，限制了企业的市场开拓范围和影响力。

（3）顺丰冷链设施建设未形成规模性效应

虽然顺丰现在拥有的冷运干线已经覆盖了主要一、二线城市，但是要想大力发展生鲜业，就现在所建的冷链系统来说是远远不够的，其发展潜力巨大，但也注定是一条“烧钱”道路。这对企业资金投入提出了巨大挑战。

（4）“逆向物流”造成的损失

“逆向物流”所造成的巨大损失，也是冷链物流行业中高额成本的一项。当商品配送到客户手中，客户在签收前发现商品有损坏退回，如果长期存在这样的现象，那么包括前期生产配送过程中的成本，以及后期商品退回成本和商品本身损耗成本之和，会造成巨大的亏损。

（5）竞争对手强大而自身缺乏专业性和实践经验

顺丰集团本身是一家快递物流公司，这为顺丰优选的物流体系提供了强大依托，但其领导团队除了原有的快递行业人士外，其他的则是由传统商超行业人士转型而来，在电商生鲜产品营销、供应链整合、资源分配、团队合作等方面都相对缺乏经验。竞争对手天猫超市、京东等都是靠电商发家，对于电子商务营销，以及整体的供应链运营都比较有经验和优势。在物流体系上，京东是自建物流，并与万家便利店合作能够更好地把控物流配送，天猫主要是选择第三方物流，而逐渐发展起来的菜鸟物流其能力也不容小觑。顺丰在消费者心中形象通常属于快递行业领域，而且顺丰优选定位在中高端市场会局限其品牌认可度。

因此，如何打开市场，提高品牌认知度，是顺丰优选亟待解决的问题。

（6）“最后一公里”的配送问题

“最后一公里”配送是物流配送者借助一定的交通工具，完成消费者通过互联网交易而产生的产品转移，将产品从顾客所在城市的配送中心送到消费者手中的过程。

顺丰优选面临的主要问题是，生鲜食品对时效性要求高，因为当商品配送至目的地后需要尽快送到消费者手中，完成全部配送。但是由于配送地点并不集中，使得配送形式主要是多批次、小批量，在最后配送途中可能会因为道路交通问题出现延迟，其结果就是生鲜产品的损耗率大增。再有，存在收货人收货时间与配送时间相冲突的情况，无法在最佳时效内配送货物，也会导致商品的腐坏等。由于上述问题的出现，就需要在“最后一公里”配送过程中利用恒温储存设备来确保商品的品质，这必然增加了运输成本。另外，由于“最后一公里”配送处于配送环节的末端，那么对配送过程的控制就变弱了，相关的配送人员、配送时间、配送路线都无法准确地完成信息跟踪反馈，因此产品品质也无法保证。

在“最后一公里”配送中，还存在冷链不冷的问题。产品在配送过程中并没有获得专业的冷链物流设施进行配送，我们经常可以看到泡沫箱加冰块的简陋保温设备。这就使生鲜产品在配送过程所必需的低温环境无法得到保障。

三、针对顺丰优选的建议措施

1. 供应链一体化集成化

整合供应链，将区域内分散的生产集中在一起，实现规模性经济，从而解决了供应链上游各环节分散的问题，降低了物流成本。同时，生产基地选址以及仓库选址也需要考虑多重因素，除了基本的生产条件外还要考虑交通条件，避免由于交通设施和运输路程带来高额运输成本。

加强供应链信息化管理，采用 RFID 技术进行实时物流跟踪，确保生鲜物品的温度保障。把控好每一环节，做到有据可查。减少供应链上不必要的中间环节，大力发展“直采”模式，供应链上下游企业要做到信息公开透明。产品的包装技术以及制冷技术等都需要投入资金加以改善，只有这些技术条件得到改善，冷链物流覆盖范围才有可能深化扩散，这是基本的技术支持。

2. 建立以社区为中心的综合型农产品电商平台

以社区为中心的综合型农产品电商平台，社区内部各自需求统一为社区所需的商品在电商平台上团体订购，它是以社区为单位进行配送的，每个社区周边的农场每周会统计社区的订单进行配送，不仅方便，价格也很便宜，相比于超市低了 25%。这种模式的统一一次性配送相较于多次分批不定时配送，降低了配送成本。同时农场与社区直接建立关系，能够更好地调节供需平衡，了解消费者需求，而企业也降低了仓储成本。

3. 与互联网结合采用 B2C ＋ O2O 模式

B2C 模式是消费者在线上平台下单后，商品由供应商直接配送到消费者手中；O2O 模式是消费者在商店中通过虚拟橱窗下单后，到指定超市去提货。线上电商平台与线下超市合作的 O2O 模式有很大的优势，首先前期基础设施建设成本可以得到降低，消费者只要到附近的并且是电商平台指定的超市提货即可，也保证了商品的新鲜度，这在未来将成为一种发展趋势。

4. 创新性运用“有机＋社区宅配”模式

这是指公司引荐农民和消费者成为股东，公司与农户签订协议收购他们的农产品，协议中会规定对产品品质的要求，只有符合条件的产品才会被收购，然后由公司进行配送，这就将消费者与生产者紧密相连。这在一定程度上改变了传统的营销模式，有利于培育消费者的信任度。

5. 加强“逆向物流”的管理

前文提到过“逆向物流”要想减少其带来的经济损失，除了在生产源头确保商品质量，在商品流通配送过程中也需要采取必要措施。货物的包装必须符合一定的标准，材料、规格、尺寸等都要符合相关标准，防止货物在运输途中遇到损坏、散落、丢失等风险，让商品在运输途中得到保护，从而降低商品的损耗。然后，当商品到达消费者手中出现腐坏或是丢失等现象时，企业要确保退货政策的顺利实施，保障消费者的权益，提高顾客满意度，避免顾客流失，只要这样才能够弥补商品腐坏带来的不良影响和严重后果。

需要提高物流服务质量，尤其是终端环节的质量，因为这一环节的工作与消费者直接接触，消费者会形成最直观的感受。因此，需要对配送人员进行岗前培训，提高从业人员职业素养，确保在这一环节的派送工作中能够出色的完成工作。

6. “最后一公里”配送优化

配送方式上可以采用配送员从货物所在站点提取货物后进行全城配送，或是配送员从货物供应商处提取货物配送给顾客。

企业可以在区域内设立下属的自提点。顾客可选择到这些直营便利店内自提货物。这就可以为生鲜产品所需恒温的环境提供相应的冷链物流设施，保证产品的新鲜度。而且消费者可以根据自己时间安排去提取货物，而不需要与配送员之间商讨时间等。直营便利店还可以为顾客提供商品的实物展示，顾客可以在店内比较货物后直接下单。同时，直营便利店可以为顾客提供完善快捷的售后服务，避免了在线上平台提交售后申请协商解决的时间差。

另外，企业还可以选择与社区店铺合作，利用社区已有店铺资源，提供相关冷藏设备进驻到这些店铺中，所得利润与店主分成或用来作为店主提供服务的补贴。

7. 完善行业法规标准

在大环境方面，我们还需要完善法律法规，政府部门、行业协会等应该尽快出台关于生鲜食品的标准，同时加强对生鲜电商平台的管理，出台统一的行业行为规范，稳定市场秩序。作为企业也应该凭借自己的力量去推动行业标准的完善。

四、结论

本文以顺丰优选为例探讨了生鲜电商行业目前现状以及存在问题，并给出了相应解决措施。虽然目前生鲜电商和冷链物流发展遇到瓶颈，但是基于我国巨大的市场潜力，我们依然相信未来随着冷链物流技术的提高，行业标准的建立，生鲜电商业会有突破式发展。而生鲜电商业的大发展，不单是电商行业的突破，对于我国整体服务业经济水平也将有带动作用。

来源：《物流技术与应用》作者：张嘉昕

跨境电商主动化“危”为“机”

全球新冠肺炎疫情持续，多国在出入境、物流、海关监管等方面监管趋严，跨境电商行业迎来大考。同时，当人们“宅”在家里，消费需求进一步释放，进口消费走向更加常态化。数据显示，今年前两个月，广东跨境电商进出口额同比增长 33.4%。今年 2 月，天猫国际、京东国际、考拉海购等进口跨境电商平台订单大增。

中央和地方政府出台了一系列帮扶政策，降低企业负担、促进复工复产。海关加快清关、检验速度，商务部出台支持外贸新业态新模式发展等举措，对促进跨境电商长远发展提供支撑。疫情之下，跨境电商能否化疫情之“危”为发展之“机”？

1. 跨境销售逆势增长

日本的纸尿裤、美国的婴儿辅食、德国的电动牙刷……这些天，在湖南长沙黄花综合保税区的一个仓库里，长沙跨无止境电子商务有限公司工人消毒后，戴着口罩分拣来自世界各地的货物。经过分装打包、贴快递面单等程序，这些货物被送上运输车，最终到达“海淘”消费者手中。仓库内，每天都有专人用消毒液给仓库物资进行消毒杀菌。

全球新冠肺炎疫情暴发，人们的跨境线上消费需求释放，各大电商平台和外贸企业进口订单大增。1-2 月，广东外贸进出口下滑，但跨境电商等新型贸易业态呈现增长态势，继续保持全国首位。海南前两月的跨境电商业务增长达 5.5 倍。今年 2 月，天猫国际进口商品消费额同比增长超 52%。进口新消费需求激增，比如 3 月 5-8 日的“3・8 女神节”，天猫国际上进口家用脱毛仪的成交同比增长 850%；涂抹式面膜、美白牙贴、男士护肤用品都大受欢迎。

网经社门户网站电子商务研究中心网络零售部主任莫岱青表示，防疫期间，消费者消费需求进一步释放，进口消费更加常态化，消费者与平台间的黏性会增强。可以说，跨境电商迎来了新机会。

2. 政策扶持企业自救

进出口货物能够快速到达消费者手里，受益于政策扶持帮助。

商务部印发《关于应对新冠肺炎疫情做好稳外贸稳外资促消费工作的通知》，提出支持企业有序复工复产、支持外贸新业态新模式发展等 22 条措施。海关总署从减免滞报金和滞纳金等四个方面推出新措施，进一步降低通关成本，比如在湖南长沙，当地海关推出网上作业、网上办事、“7×24 小时”通关服务，尽可能为进出口企业提供便利。在上海，当地政府出台包括支持企业开拓国际市场等 11 条政策措施，跨境电商平台的作用得到极大凸显。

跨境电商平台和企业也在积极自救。在浙江杭州，随着国际航线减少，商业包机常态化运营成为杭州至欧洲地区跨境电商出口的特色项目。很多外贸企业提前预判，备足了物资。

跨境平台 eBay（电子港湾公司）全球副总裁、国际跨境贸易事业部中国区总经理郑长青表示，中国各级政府部门采取了针对性帮扶企业的措施，像减免房租、下调贷款利率、延期还本付息、部分返还企业缴纳的社会保险费、完善税收减免政策等措施，降低了企业负担，保障了企业融资需求，对于受疫情影响的企业无疑是雪中送炭。对跨境电商来说，海关加快清关速度，各地跨境电商综合试验区提供海外仓信息服务，帮助企业利用海外仓扩大出口以及支持市场采购贸易与跨境电商融合发展等，更夯实了跨境电商长远发展的基础。

3. 大力培育自主品牌

疫情对跨境电商造成的负面影响也不小，如商品库存、仓储、供应链及现金流等问题。

供应链断裂是首要问题。有媒体调查显示，库存不够、供应跟不上已经成为疫情之下各电商卖家最担心的问题之一。不过，随着中国很多工厂复工复产，供应短缺的状况正在好转。

物流受阻是又一困难。据统计，全球越来越多的国家宣布进入紧急状态，其中部分为“战时状态”。由此引发的物流受阻将影响跨境电商物流的时效性，可能引发买家退货、退款现象发生。此外，出入境受限还会对跨境电商的新品开发造成影响，尤其是对于季节和物流敏感度较高的品类。

业内人士表示，当下，对一些来料加工型企业来说，供应链完全恢复需要一定时间。从消费角度看，除了特定产品如生活必需品、防疫物资等刚需产品，其它产品订单会出现不同程度下降。

总体看，疫情对跨境电商是机遇与挑战并存。对中小型电商平台来说，主动出击、化“危”为“机”显得十分重要。

网经社门户网站电子商务研究中心特约研究员、上海正策律师事务所律师董毅智认为，跨境电商应在内销和外销上进行合理搭配，降低风险；对产业链及供应链进行备份，确保能够进行应急反应；

在渠道上进一步打通。“这次疫情对消费端、供应链等都带来了深入改变。尤其伴随着 5G 的到来，跨境电商在技术、营销手段、供应上都要转变思路。”

“跨境电商应该更加自信，拿出更多精力，培育自主品牌。”董毅智认为，防疫期间，中国各级政府、公众表现出的凝聚力、战斗力也启示我们，对于消费者诟病的一些跨境电商长期存在的质量问题、物流问题、服务问题等，都可以通过进一步强化政府监管、技术创新、社会监督来解决。“只有打造出一个更好的电商环境，我们才能创造更多的自主知名品牌。”

来源：中国经济网

8.1.2 2020 年物流装备行业发展前景分析

随着中国经济结构转型，中国制造向高质量和智能化方向发展，为物流装备行业提供巨大的市场空间。劳动力成本上升，物流行业基层人员用工荒，继续推动物流业机器换人，物流机器化、自动化和智能化发展将继续获得快速发展。

物流费用降本增效目标明确物流装备风口再起

2019 年，中国社会物流总费用 14.6 万亿元，同比增长 7.3%，占全年 GDP 的比重为 14.7%。其中，运输费用 7.7 万亿元，同比增长 7.2%，保管费用 5.0 万亿元，增长 7.4%，管理费用 1.9 万亿元，增长 7.0%。

2020 年 1-6 月，社会物流总费用 6.5 万亿元，同比下降 4.0%，占上半年 GDP 的比重为 14.2%。分环节来看，运输、保管和管理环节物流成本降幅均呈收窄态势，分别比一季度收窄 10、6.5 和 4.6 个百分点。显示物流活跃度、效率与疫情期间相比有较大程度改善。

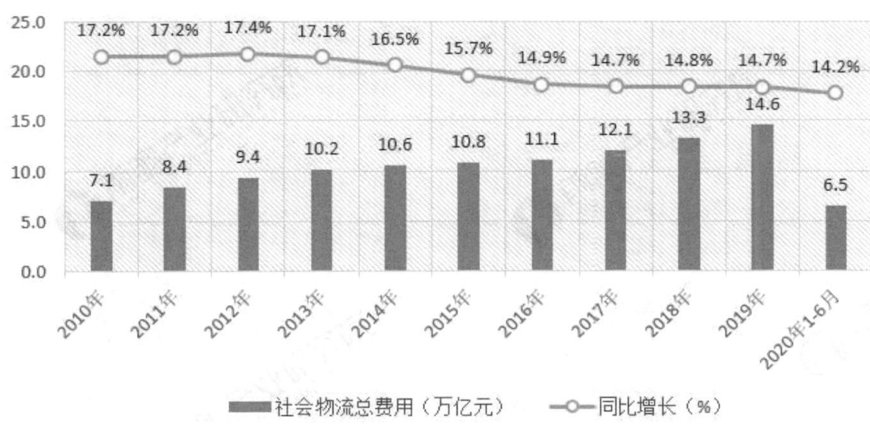

2010-2020 年 H1 中国社会物流总费用及 GDP 比重（单位：万亿元，%）

来源：中物联国家统计局前瞻产业研究院整理

国家统计局数据显示，自 2018 年到 2020 年上半年，我国的物流总费用 /GDP 值分别为 14.8%，14.7%，14.2%，而美国日本等发达国家该比值稳定在 8%-9%。这反映出目前我国经济运行中的物流成本依然较高但有相当的优化空间。《国家物流枢纽布局和建设规划》提出，到 2025 年，要“推动全社会物流总费用与 GDP 比率下降至 12% 左右”。

序号	目标内容
1	到2020年，通过优化整合、功能提升，布局建设30个左右辐射带动能力较强、现代化运作水平较高、互联衔接紧密的国家物流枢纽，促进区域内和跨区域物流活动组织化、规模化运行，培育形成一批资源整合能力强、运营模式先进的枢纽运营企业，初步建立符合我国国情的枢纽建设运行模式，形成国家物流枢纽网络基本框架。
2	到2025年，布局建设150个左右国家物流枢纽，枢纽间的分工协作和对接机制更加完善，社会物流运行效率大幅提高，基本形成以国家物流枢纽为核心的现代化物流运行体系，同时随着国家产业结构和空间布局的进一步优化，以及物流降本增效综合措施的持续发力，推动全社会物流总费用与GDP的比率下降至12%左右。
3	到2035年，基本形成与现代化经济体系相适应的国家物流枢纽网络，实现与综合交通运输体系顺畅衔接、协同发展，物流规模化、组织化、网络化、智能化水平全面提升，铁路、水运等干线通道能力充分释放，运输结构更加合理。全社会物流总费用与GDP的比率继续显著下降，物流运行效率和效益达到国际先进水平。

《国家物流枢纽布局和建设规划》解析

来源：前瞻产业研究院整理

经济转型升级阶段，仅依靠降低成本与扩大销售难以保持利润，物流逐渐成为了“第三利润源“。通过使用机器视觉识别、物联网新技术等现代科技武装的智能物流装备可降低物流边际成本，提高国民经济运行效率和质量，在我国经济转型升级阶段具有重大意义。智能物流装备行业受到了国家相关部门的高度重视，国家相关部门出台了一系列政策促进行业快速发展。

时间	法律法规	颁布机构	相关内容
2011.8	《关于促进物流业健康发展政策措施的意见》	国务院	加快先进物流设备的研制，提高物流装备的现代化水平
2015.5	《中国制造2025》	国务院	要求“加快智能物流管理等技术和装备在生产过程中的应用”、“推广采用先进智能化生产和物流系统”
2017.1	《新一代人工智能发展规划》	国务院	明确提出要加强智能化装卸搬运、分拣包装、加工配送等智能物流装备研发和推广应用。
2018.2	《“互联网+”高效物流实施意见》	发改委	进一步推进先进信息技术在仓储、运输、配送等环节的应用，促进基于互联网的物流新装备、新模式、新技术出现和发展，从而大幅提高物流效率。
2018.12	《国家物流枢纽布局和建设规划》	发改委、交通部	到2025 年，布局建设150个左右国家物流枢纽，推动全社会物流总费用与GDP比率下降至12%左右。
2019.12	《关于推动物流高质量发展促进形成强大国内市场的意见》	发改委	加大重大智能物流技术研发力度，加强物流核心装备设施研发攻关，推动关键技术装备产业化。 开展物流智能装备首台（套）示范应用，推动物流装备向高端化、智能化、自主化、安全化方向发展。
2020.6	《关于进一步降低物流成本实施意见的通知》	国务院	从推进物流基础设施网络建设、培育骨干物流企业、提高现代供应链发展水平、加快发展智慧物流、积极发展绿色物流等方面综合施策，补短板、强弱项，将物流降成本工作向纵深推进。

截至2020年9月智能物流装备政策汇总

来源：前瞻产业研究院整理

物流设备行业整体增长20%以上

当前物流企业对智慧物流的需求主要包括物流数据、物流云、物流设备三大领域。2019年我国智能化物流装备市场规模约1440亿元，年度增长率约24.1%。

2014-2019 年中国智能物流装备行业规模变化（单位：亿元，%）

来源：前瞻产业研究院整理

近年来，电商、医药、服装、汽车、家电、新能源、食品、家居建材、烟草、军事等众多行业领域对物流装备需求旺盛，其特点各有不同。电商快递全面进军智慧物流；服装行业，商业模式变革倒逼服装企业加速推进全渠道物流系统变革；汽车企业积极探索智能制造，供应链上下游物流升级；家电行业加速进行工厂智能物流系统建设；家居卖场、家具制造企业加快向定制化、电商化发展，推动了物流自动化、信息化、智能化升级等。

其中，电商快递是目前最大的物流技术装备市场需求热点，需求增长在 30% 以上；医药、服装、冷链、新能源、新制造等行业也是重要的市场需求热点，市场需求在 20% 以上；家居、快运等行业是未来最具潜力的市场需求热点。

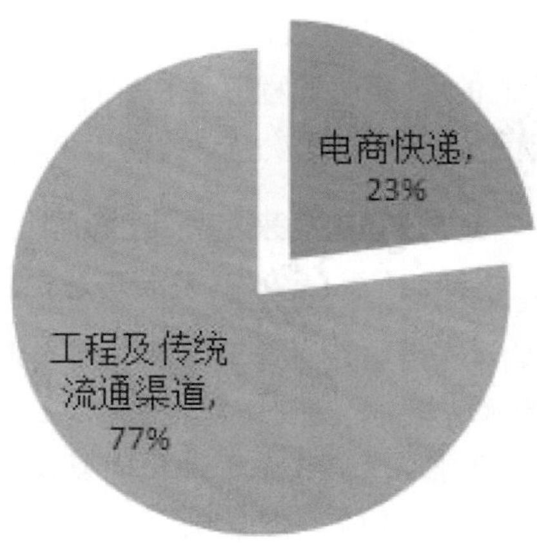

中国智能物流装备下游需求结构（单位：%）

来源：前瞻产业研究院整理

在增长速度方面，2018 年中国物流技术与装备行业增长高于国民经济发展速度，整体增长 20% 左右，其中普通的叉车、货架、托盘等综合增长速度有所回落，预计 10% 以下；但输送分拣设备、自动化立体库、AGV 等各类物流机器人、智能穿梭车、标准化托盘、立体库货架等先进的物流技术装备继续保持高速增长，预计综合增长速度在 25% 左右。

来源：前瞻产业研究院

新冠疫情下的物流装备业特别报道

新冠疫情肆虐，对各行各业都造成一定的影响，物流装备行业也不例外。企业除了需要应对疫情带来的困难和损失，及时恢复生产和运营，更需要制定长期的规划和策略来尽力减少疫情带来的负面影响，同时思考疫情之后行业和企业将面临哪些发展机遇。对此，《物流技术与应用》杂志将陆续推出特别报道“新冠疫情影响下的物流装备业”，介绍物流装备企业的应对之策，或请企业管理者分享关于此次疫情影响的深入思考，以为行业发展带来一定的启示。

打造透明供应链对企业来说尤为重要

面对疫情，迅速响应疫情爆发初期，瑞仕格中国与所有公司一样，正处于春节假期期间。面对突如其来的疫情，我们秉承一贯以来对员工健康与工作安全的重视，第一时间成立了疫情防控小组，迅速做出系列响应措施：积极与公司员工取得联系，建立个人健康与安全反馈机制，及时掌握各员工的健康状况及面临的困难等信息；年前 / 过年期间及时采购了相关防疫用品；组织应急小组，分析公司内部及外部面临与可能面临的各类困境，并研究应对举措；发布了疫情防控指引文件，为员工在返程、开工、日常消毒、日常防护、个人居家、办公、就餐等多方面全方位地进行正确指引，对出差及外访等情况也做出了明确要求。

积极复工复产，确保客户服务

依照国家及当地政策要求，我们积极地准备复工复产，进行防疫的同时尽可能地保证公司高效运转，其中包括：全体员工每天使用企业APP及微信打卡，持续跟踪每位员工健康状态；根据岗位职责，办公室员工暂时居家远程办公，依靠线上通讯，高效高质地保证客户服务及工作进度；对于客户项目现场，对现场人员进行实时健康状态跟踪，同时配合客户做好测温、消杀等防疫工作，确保现场工作安全有序进行，保障项目进度；瑞仕格上海及顺德园区工厂，经专家组审核，确保防疫工作到位，均已复工复产。值得一提的是，我们的 24 小时远程服务和远程培训在这次疫情期间发挥了重要作用，得到了客户的高度认可，尤其是远程培训十分受欢迎。

新冠疫情带来的深远影响

一是对物流技术与装备行业发展影响。

新冠疫情对各行各业来说都是一次考验，生产节奏和生产周期被打乱，人为干预条件严重受限（人工无法到达现场参与生产或者解决相关问题）。在我们看来，自动化将会更加得到市场的认可，物流技术与装备市场需求会进一步提升，物流系统柔性化的要求也会愈加凸显。因此，如何将自动化与柔性化更好地平衡是物流装备行业企业应该重点考虑的方向。

同时，我们也注意到，物流系统的柔性化需要有强大的“大脑”来指挥硬件设备实现灵活运转，软件在整个物流系统中的重要性进一步凸显，相信未来有更多的行业企业会在软件方面下更多功夫。

二是打造透明供应链对企业来说尤为重要。

疫情期间，公司第一时间成立了风险管控小组，并对于特殊时期的风险进行了分析，结果发现我们面临的最大风险并非来源于公司内部，而是外部供应链。我们作为一家物流系统集成商，部分子系统或设备来自供应商伙伴。疫情期间，我国不同省份的应急响应级别不同，我们各供应商伙伴的运作状态也各不相同，对我们来说，想要迅速掌握各供应商的产品供应状态，使整个供应链及时响应就显得尤为困难，掌握信息的时间成本增大。这让我们意识到，与上下游企业之间建立透明供应链尤为重要。目前，我们与供应商就打造透明供应链的相关工作已经进行了沟通，大家都有意愿参与进来。加上，目前市场上打造透明供应链所需的相关技术已经十分成熟，我认为，未来物流装备企业自身的供应链将会更透明。

来源：搜狐网

新冠肺炎疫情对仓储业影响调查报告

据中国物流信息中心重点仓储企业调查，目前仓储行业复工复产情况较好，未停工及已复工的企业超过七成，达到76.2%，并且仓储利用率较好，同比下降不大；未复工企业比例为23.8%，未复工主要原因是地方政府未批准复工、员工无法按时返岗、接单量显著下降等。

仍未复工的企业主要分布在湖北、河南等疫情相对严重的地区，其他地区的仓储企业在做好疫情防控工作的同时，正在积极有序复工复产，全力以赴确保生产经营稳定运行。

由于延期复工、业务中断、运力不足，疫情对仓储企业的经营有明显影响。近一半的企业预计一季度利润同比降幅将超过30%；近六成企业表示一季度库存量将会下降、库存周转次数同比将有明显降低。此外，由于面临缺乏资金、成本上升等困难，企业对未来发展预期谨慎。

一、调查企业基本情况

本次调查时间为从2020年2月18日至20日，共收到总样本量为57份，其中有效问卷42份。全国主要区域均有样本企业，其中北京市1家，天津市5家，上海市4家，广东省1家，江苏省2家，山东省3家，河北省7家，河南省3家，湖北省1家，湖南省1家，辽宁省5家，山西省2家，陕西省3家，四川省3家，甘肃省1家。样本调查得到了中储发展股份有限公司、甘肃省交通运输协会、现代物流报社、赣州市物流协会等单位协助支持。

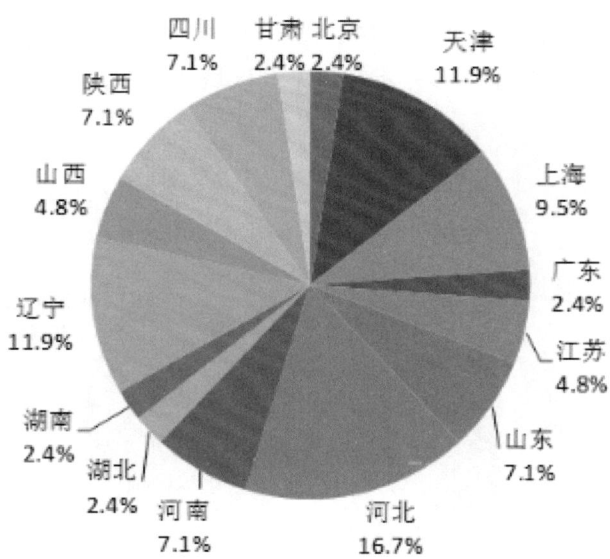

调查样本区域分布

二、企业复工情况

1. 复工总体情况

在调查的企业中，7家春节期间未停工停产，占比为16.7%；25家已于2月19日前复工，占比为 59.5%；10 家目前仍未复工，占比为 23.8%。整体来看，目前仓储行业复工率已经达到七成以上，企业在做好疫情防控工作的同时，积极落实各项措施，有序复工复产，全力以赴确保生产经营稳定运行。

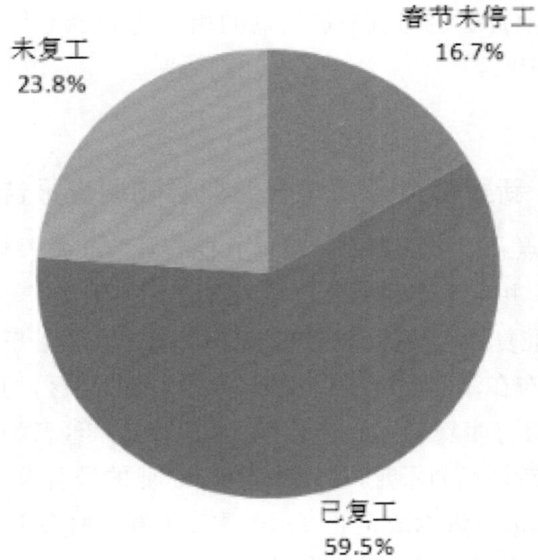

调查企业复工情况

分省市来看，复工情况地域差别明显。已复工或春节未停工的企业主要分布在北京、天津、上海、江苏、山东、河北、四川、广东、山西等省市，这些地区疫情相对较轻，同时经济相对较发达；仍未复工的企业主要分布在湖北、河南、陕西等省份，其中湖北和河南疫情较为严重。

2. 已复工企业员工返工率情况

从已复工企业员工返工率来看，34.4% 的企业达到 90% 以上，主要分布在山东、广东等省份；9.4% 的企业达到 70%-90%；25.0% 的企业达到 50%-70%；15.6% 的企业达到 30%-50%；15.6% 的企业在 30% 以下。总的来看，目前复工企业员工返工率参差不齐，不同区域如上海、天津、河北、四川等地企业员工返工率差异较大。

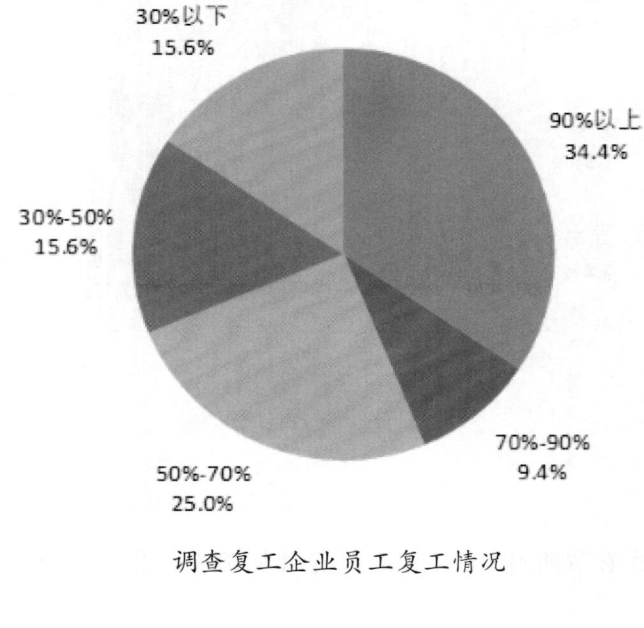

调查复工企业员工复工情况

3. 已复工企业仓库利用率情况

已复工企业仓库利用率水平下降不大，总体情况较好，九成以上企业达到去年同期水平的 50% 以上。

其中，34.4% 的已复工企业反映与去年同期相比变化不大；34.4% 的已复工企业反映达到去年同期水平的 70%-90%；21.9% 的已复工企业反映达到去年同期水平的 50%-70%，3.1% 的已复工企业反映达到去年同期水平的 30%-50%，6.3% 的已复工企业反映在去年同期水平 30% 以下。

仓库利用率情况较好的省市主要有广东、天津、河北、上海、山东、山西、四川，其中广东省的企业反映目前由于下游企业需求停滞，出库量明显少于进库量，库存水平上升，个别仓库处于爆仓状态。

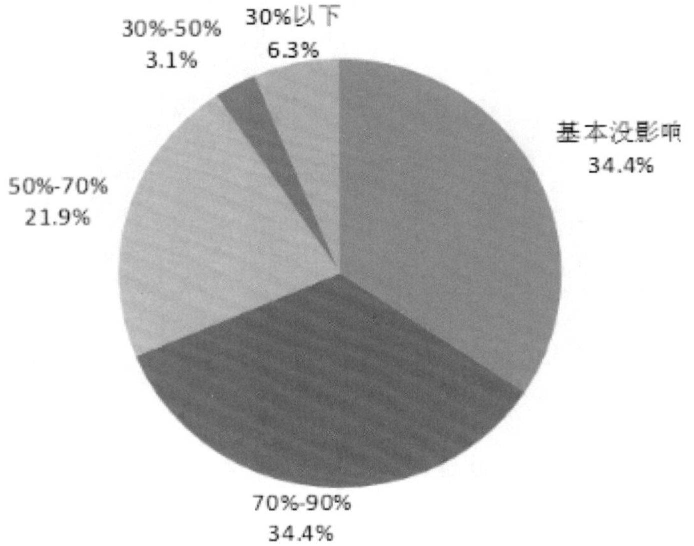

已复工企业仓库利用率情况

4. 企业延时开工或者不能正常开工的主要原因

一是地方政府没有批准复工，占比最高，达到 30.6%；二是疫情扩散员工无法按时返岗，占比为 25.0%；三是市场需求不足，接单量显著下降，占比为 15.3%。

此外，反映运输能力跟不上和买不到防疫物资的企业也较多，占比分别为 11.1% 和 6.9%。

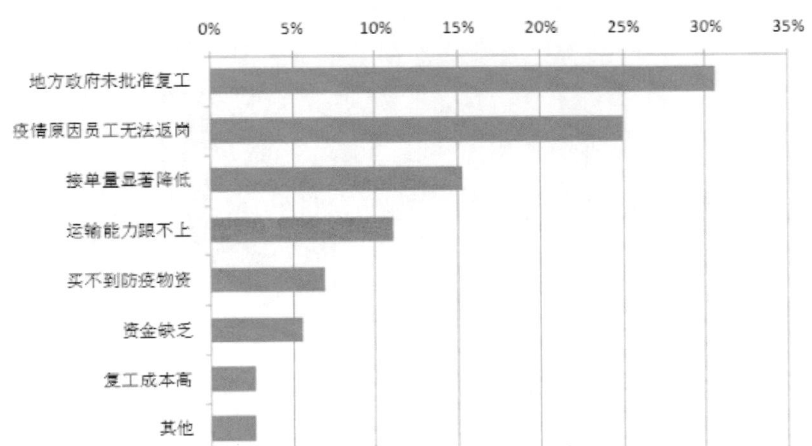

企业未复工原因

三、企业经营受疫情影响情况

1. 疫情对企业营业收入及利润的影响

从调查情况来看，由于延期复工、业务中断，疫情对仓储企业的经营有明显影响。对于一季度营业收入，与去年同期相比，约一半的企业预计将超过30%。

具体来看，21.4%的企业预计下降50%以上，28.6%的企业预计下降30%-50%，40.5%的企业预计下降10%-30%，只有9.5%的企业预计降幅在10%以内。

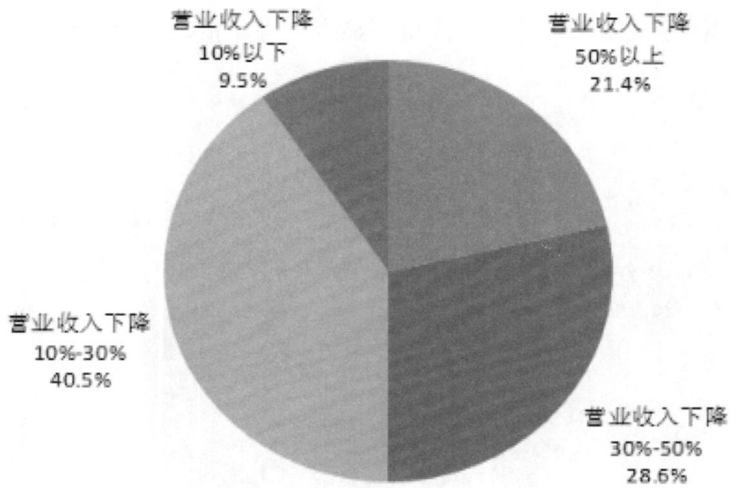

疫情对企业一季度营收影响

对于一季度利润情况，与去年同期相比，有将近一半的企业预计降幅将超过30%。具体来看，19.0%的企业预计下降50%以上，26.2%的企业预计下降30%-50%，45.2%的企业预计下降10%-30%，只有9.5%的企业预计降幅在10%以内。

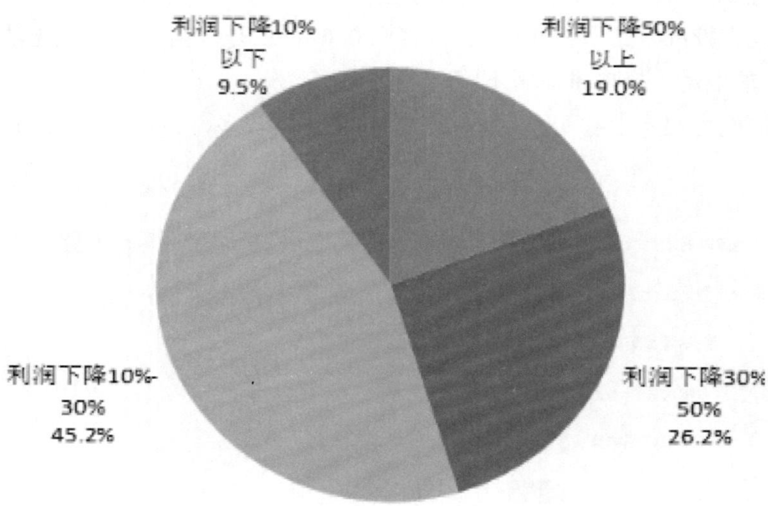

疫情对企业一季度利润影响

企业预计一季度营收及利润将会有较大幅度下降的主要原因是目前市场需求不足，接单量显著下降。从一季度接单量来看，与去年同期相比，超过五成的企业预计降幅超过 30%。具体来看，20.0% 的企业预计下降 50% 以上，35.5% 的企业预计下降 30%-50%，32.5% 的企业预计下降 10%-30%，只有 12.5% 的企业预计降幅在 10% 以内。

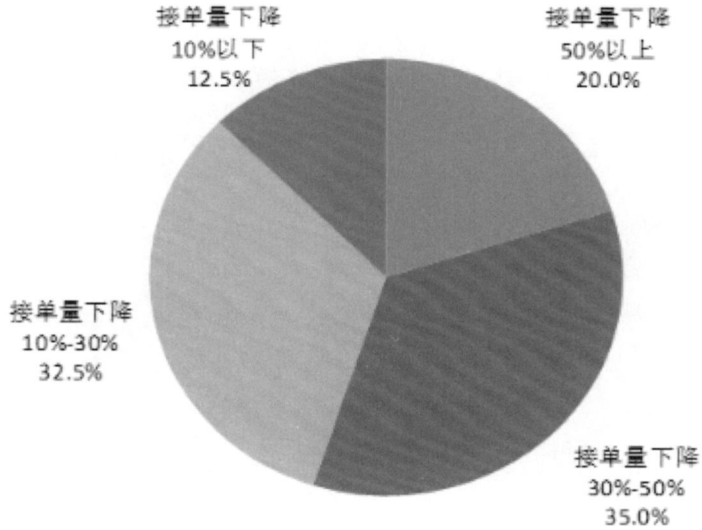

企业营收和利润下降的原因

2. 疫情对企业库存量及周转效率的影响

（1）多数企业预计库存量将会下降

受疫情影响，仓储企业的下游客户需求基本停滞，而上游工厂生产并未完全停滞。因此，62.0% 的企业反映目前进库量大于出库量，库存普遍处于增加状态。

但对于整个一季度库存水平的预测，只有 41.0% 的企业认为库存量较去年同期有所上升，而 59.0% 的企业预计库存量将会下降。多数企业预计库存量将会下降，说明随着未来下游企业陆续复工复产，市场需求将会有所好转。

预计库存量上升的企业中，25.0% 的企业预计升幅在 10% 以内，43.8% 的企业预计升幅在 10%-30% 之间，18.8% 的企业预计升幅在 30%-50% 之间，12.5% 的企业预计升幅在 50% 以上。

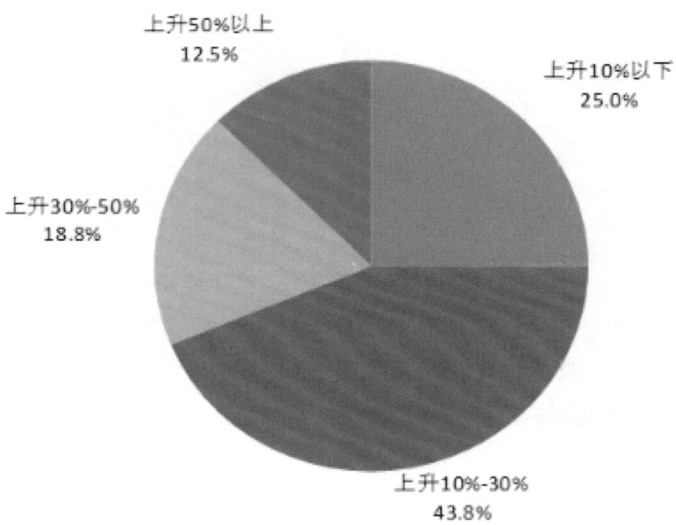

疫情对企业一季度库存影响（上升）

预计库存量下降的企业中，21.7% 的企业预计降幅在 10% 以内，34.8% 的企业预计降幅在 10%-30% 之间，39.1% 的企业预计降幅在 30%-50% 之间，4.3% 的企业预计降幅在 50% 以上。

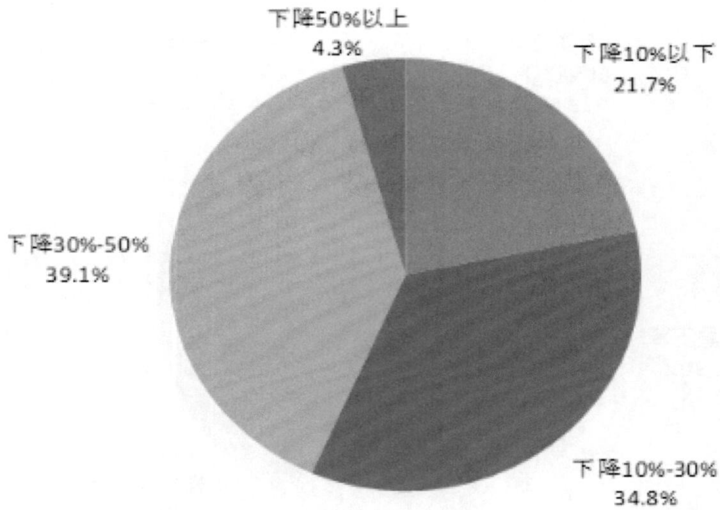

疫情对企业一季度库存影响（下降）

（2）库存周转效率下降明显

在疫情影响下，受接单量下降、员工返工率不足、运输能力跟不上等因素影响，仓储企业的库存周转次数较去年同期有明显减少。59.5% 的企业预计一季度库存周转次数同比降幅将超过 30%。

具体来看，21.4% 的企业预计一季度的库存周转次数同比下降 50% 以上，38.1% 的企业预计下降 30%-50%，26.2% 的企业预计下降 10%-30%，只有 14.3% 的企业预计一季度降幅在 10% 以内。

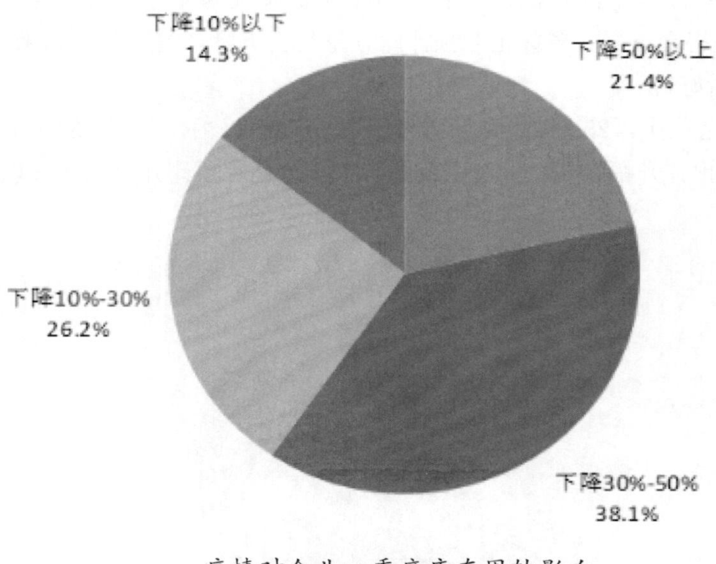

疫情对企业一季度库存周转影响

四、企业面临的主要困难及相关建议

1. 企业对未来发展保持谨慎

从调查来看，对于 2020 年仓储行业总体运行形势判断，40.5% 的企业表示谨慎乐观，50.0% 的企业表示难以判断，9.5% 的企业表示比较悲观。

同时，从前述可以看出，在对企业的营业状况调查中，无一家企业预计一季度营业收入及利润将会增长。说明企业对未来发展均保持较为谨慎态度。

2. 企业面临的主要困难

一是企业流动资金匮乏。对于疫情期间企业账上现金余额维持时间，高达 47.6% 的企业表示只在 3 个月以内。二是企业运营成本增加。疫情期间，员工工资、社保、租金等都正常支出，而收入明显下降，导致成本压力上升。复工后，企业运输防治疫情相关物资损耗及相关费用也有所增加。三是人员短缺。目前仍有不少地区受疫情影响，员工无法返岗。仓储企业有相当大一部分员工不是本地户籍，回程之路手续繁杂，要历经封路、封村、劝返、拒入、户籍、住所、隔离时间等问题。此外，消毒酒精、口罩等防疫物资严重缺乏，难以保证生产经营需要和复工人员安全，也导致员工不能按时返岗。四是运输能力跟不上。虽然有的仓储企业仍有新订单和下游需求，但由于进出库运输能力不足，导致周转效率大幅下滑。除了疫情必需的物资，全国各地设置了各路关卡，入库商品进不来，出库商品出不去。加之车辆通行证难以办理，物流系统节点阻滞，周边省市通行规定不一，造成有货不能送达。

3. 相关政策建议

针对企业目前面临的困难，我们提出以下几点政策建议。

一是进一步扩大税收和金融优惠政策。面对当前困难，40.5% 的企业表示已经收到地方政府在税收优惠、经营补贴、租金减免等方面的政策扶持。希望政府的帮助与支持政策可以尽快落地实施，同时希望进一步降低门槛，扩大税收减免范围，切实降低疫情对企业经营影响。建议鼓励金融机构对受疫情影响较大的企业特别是中小型企业提供普惠金融业务，延期还贷、财政贴息。二是简化手续支持员工尽快返岗。对于来自湖北等重点疫区以外的务工人员，除进行必要的健康检测外，取消提供健康证明和隔离的要求。可由仓储企业出具召回函，当地县市发放通行证，两地政府联手保证优先放行。做好返程人员的运输组织工作，对于返程后经各地卫健部门认定无需隔离的人员允许直接上岗。条件允许的情况下，可通过在线办理、线上审核、一站式办理等更加方便和先进的方式，进一步简化员工回程手续。三是采取更强有力措施确保物流畅通。建议除湖北省外，疫情较轻的省份尽快全面取消路控和货物通行证管理，做好高速公路车辆免费通行服务工作，保障重要物流节点网络的畅通，加快货物恢复高效流通，促进仓储企业库存流转，有利于提高企业的库存周转效率。

来源：中国物流信息中心

8.1.3 飞机盒是什么？外形酷似飞机而得名！

说起飞机盒相信很多消费者都感觉到很陌生，但是如果看到其真实面目，大家又会觉得很熟悉。飞机盒在我们日常快递使用较多。本文我们就一起来了解一下飞机盒是什么？

随着互联网的日益发展，门槛较低，开网店的个体户、小商家也随之水涨船高，而发货流程当中如何避免货物磨损是必须要考虑到的问题，所以越来越多的商家会选择成本相对低廉，性价比较高的飞机盒作为发货打包盒首选。另因其可以印刷店名地址等信息，可以提高客户对品牌的认知度，增加客户粘性。飞机盒，因其展开外形酷似飞机而得名，属于纸箱的一种分支，是快递打包、发货首选，采用瓦楞纸制作。

飞机盒一般由瓦楞纸做成。 一般有三层和五层之分：

三层分为 a 型 b 型和 e 型，材质厚度分别是 4 毫米、3 毫米、1.5 毫米。做飞机盒 b 型和 e 型的居多，a 型的厚度 4 毫米，折叠的时候前面插口不方便插进去，一般装淘宝服装，小饰品，四件套居多。

五层分为 ab 瓦，be 瓦，ae 瓦但是适合做飞机盒的只有 be 瓦，厚度 3-4 毫米，一般用在，装液晶显示屏等等对抗压性要求比较高的产品快递上。

因飞机盒性价比较高，很多厂家都可以接受专版定做，可以印刷自身 logo、地址、电话等信息，但在定做时一定要注意以下几点：

①选取合适自己的材质（现绝大多数采用 3 层）

②因飞机盒属于非精密印刷产品，所以在印刷过程中不能使用复杂图案，在设计 logo 的时候一定要注意颜色不能太多太复杂

③飞机盒属于重货，体积也不小，所以运费方面一定要考虑。

来源：物联云仓

8.1.4 我国 1–11 月新能源汽车销量增速由负转正

近日，中国汽车工业协会（以下简称“中汽协”）公布 11 月汽车产销数据。数据显示，2020 年 11 月，我国汽车市场产销继续保持较高速度增长，其中新能源汽车市场表现突出，11 月销量同比增长超过 1 倍，累计销量同比增速由负转正。

11 月，我国汽车产销分别完成 284.7 万辆和 277.0 万辆，环比分别增长 11.5% 和 7.6%，同比分别增长 9.6% 和 12.6%；截至 11 月，汽车产销已连续 8 个月呈现增长，其中销量已连续 7 个月增速保持在 10% 以上。1-11 月，汽车累计产销 2237.2 万辆和 2247.0 万辆，同比降幅分别为 3.0% 和 2.9%，较 1-10 月分别收窄 1.6 和 1.8 个百分点。

中国汽车工业协会副秘书长陈士华表示，11 月国家扩大内需战略以及各项促进消费政策持续发力，国内统筹推进疫情防控和经济社会发展工作取得了明显成效，工业生产稳中有升、需求基本回暖、就业形势持续改善，物价平稳、市场预期向好，国民经济运行延续稳定恢复态势。在此背景下，汽车产销继续呈现同比较快增长态势，行业形势呈现稳中有进的发展态势。

乘用车方面，11 月产销分别完成 232.9 万辆和 229.7 万辆，环比分别增长 11.8% 和 8.9%，同比分别增长 7.5% 和 11.6%。从细分车型来看，销量中 4 类车型全部呈现同比增长；产量中除 MPV 车型外，其他 3 类车型均呈现同比增长。

1-11 月，乘用车产销分别完成 1765.1 万辆和 1779.3 万辆，同比分别下降 8.1% 和 7.6%，降幅较 1-10 月继续收窄 2 和 2.3 个百分点。从细分车型来看，SUV 和交叉型乘用车好于总体水平，SUV 累计销量降幅已收窄至 1% 以内。其中轿车产销同比分别下降 11.8% 和 11.3%；SUV 产销同比分别下降 1.2% 和 0.9%；MPV 产销同比分别下降 28.6% 和 26.3%；交叉型乘用车产销同比分别下降 3.4% 和 3%。

11 月，中国品牌乘用车销量继续保持同环比双增的态势，当月共销售 95 万辆，环比微增 1.26%，同比增长 17.7%，占乘用车销售总量的 414%，较上月提升 0.2 个百分点，比上年同期提升 2.1 个百分点。陈士华表示，中国品牌在今年疫情发生之后的几个月压力非常大，尤其尾部中国品牌乘用车企业面临着生存压力，同时有些企业在重整；近几个月，中国品牌乘用车恢复速度较快，10 月和 11 月都超过了同期水平，但就全年情况来看，仍然面临非常大的压力。

1-11 月，中国品牌乘用车共销售 670.3 万辆，同比下降 10.7%，市场占有率为 37.7%，比上年同

期下降 1.3 个百分点。分车型来看，自主品牌轿车、SUV 和 MPV 市场占有率分别为 19.6%、48.6% 和 67.5%，其中轿车市场占有率实现增长；SUV 和 MPV 依然下降，但降幅比 1-9 月均出现收窄。

值得一提的是，1-11 月，重点企业集团市场集中度继续小幅下降。数据显示，1-11 月，汽车销量排名前 10 位的企业集团销量合计为 2012.1 万辆，同比下降 3.3%，占汽车销售总量的 89.5%，低于上年同期 0.4 个百分点。

11 月，新能源汽车产销分别完成 19.8 万辆和 20 万辆，同比分别增长 75.1% 和 104.9%，其单月产销第 5 次刷新了当月历史记录。其中纯电动汽车产销分别完成 16.4 万辆和 16.7 万辆，同比分别增长 66.2% 和 100.5%；插电式混合动力汽车产销均完成 3.3 万辆，同比分别增长 136.4% 和 128.9%；燃料电池汽车产销分别完成 288 辆和 290 辆，同比分别增长 7.2 倍和 28 倍。

1-11 月，新能源汽车生产完成 111.9 万辆，同比下降 0.1%，降幅比 1-10 月大幅收窄 9.1 个百分点；销售完成 110.9 万辆，同比增长 3.9%，增速较 1-10 月已实现由负转正。其中，纯电动汽车生产完成 89.0 万辆，同比下降 3.1%，销售完成 89.4 万辆，同比增长 4.4%；插电式混合动力汽车产销分别完成 22.8 万辆和 21.4 万辆，同比分别增长 13.8% 和 1.8%；燃料电池汽车产销分别完成 935 辆和 948 辆，同比分别下降 34.4% 和 29.1%。

来源：人民网

8.1.5 中国（芜湖）托盘指数 2020 年运行报告

一、总结情况

1. 木托盘价格稳中略跌，免熏蒸托盘表现突出

2020 年，木托盘价格指数稳中略跌，其指数最终于 12 月收报于 99.79 点，较年初的 100.07 点下滑 0.28 个百分点，下跌幅度并不明显。相比 2019 年，2020 年木托盘价格指数走势更为平稳，但始终弱于 2019 年同期水平。

从木托盘细分品类来看，实木托盘价格指数 2020 年稳中有跌，从开年的 97.83 点跌至 12 月的 97.46 点，累计下跌 0.37 个百分点。免熏蒸托盘价格指数 2020 年稳中有涨，从开年的 109.01 点涨至 12 月的 109.14 点，累计小涨 0.13 个百分点。2020 年全年，免熏蒸托盘价格指数始终高于实木托盘价格指数，其表现相对突出。

2. 金属托盘价格震荡运行，塑料托盘价格前景向好

2020 年，金属托盘价格波动较为频繁。上半年，在新冠疫情和原材料价格走跌的双重影响下，金属托盘价格指数跌态明显。下半年初期，金属托盘价格指数出现上涨迹象，但后续缺乏动力。从同比来看，2020 年金属托盘价格指数走势与去年截然相反，且在上半年尤为显著，其变化的主要原因还是在于突如其来的新冠肺炎疫情影响。

2020 年塑料托盘价格总体保持上涨态势。第一季度，受原油价格暴跌的影响，塑料价格明显下滑，从而导致塑料托盘价格指数下跌。二季度开始，塑料托盘价格指数持续上扬，并一直延续至年底。塑料托盘价格行情整体向好，并有继续上涨趋势。

3. 行业景气度趋势向好，企业保持较高信心预期

2020 年托盘行业景气度趋势向好，12 月景气指数收报于 123.57 点，较年初上涨 32.24 个百分点。1-2 月，新冠肺炎疫情突如其来，各行各业停工停产，物流受阻，托盘行业景气度明显走低。3 月，

疫情防控有序进行，物流运输有序恢复，同时各类利好政策出台，商户信心得到提振，托盘行业景气度大幅回暖。到了11-12月，双十一、双旦大促相继到来，物流量迅速增加，托盘需求量同步走高，推动托盘行业景气指数来到全年最高值。

从景气指数分类指标指数来看，2020年托盘企业的生产规模大幅提升，销售额达到高点，企业经营状况在疫情之后有明显好转；反映企业信心状况的指标指数走势向好，就算是疫情期间，企业依旧保持较高的信心预期，这说明企业商户对托盘行业的未来发展持积极、乐观的态度。

4. 产业贡献度跌后回升，托盘产业未来可期

2020年上半年，在疫情的影响下，企业延迟复工，物流停运，托盘产业贡献度大幅下跌。下半年，疫情得到有效控制，物流基本恢复正常，产业贡献度明显回暖，收报于208.74点，环比上涨13.12%，但同比仍下跌13.86%。在疫情的大范围影响下，2020年托盘产业贡献度不及2019年水平。

疫情虽未使企业的信心度明显下跌，但其对托盘企业的财务经济造成较大的负面影响，更是打破了企业产能利用率持续上涨的趋势。2020年托盘企业的产业规模有所减小，企业产能利用率仍有较大提升空间，企业更要在后疫情时代把握机会。

（二）发展建议

1. 注重技术革新，提高产能利用率

根据前文分析可知，2020年托盘企业的产能利用率指数依旧没能达到之前的理想状态，疫情的到来更是迫使其由涨转跌。由此可见，托盘企业产能利用率仍有提升空间，而提高产能利用率不仅需要继续提高生产计划执行力，还应在生产技术革新方面加大投入。

托盘企业可与高等院校以及科研机构合作，在现有的生产技术的基础上进行再创新，尽量避免在生产过程中造成不必要的浪费。此外，企业也应注重提高设备利用率和设备自动化。一方面，制订一套科学有效的现场设备管理标准，给设备创造良好的作业环境。根据生产进度不断进行调配，适时组织设备的上场和下场，减少设备闲置，提高设备利用率，实现生产要素的有机结合，提高整体效益。另一方面，企业也可通过生产设备更新换代，推进生产自动化，进而降低生产成本，缩短生产周期，推动产能利用率不断提高。

2. 推广标准托盘，实现循环共用

目前，国内快消品行业的物流渠道现代化程度不断加深，货物从生产商不再经过多级分销商，而是直接到零售商的比例在增大，渠道现代化的比例能够客观体现标准化托盘租赁的有效需求。渠道现代化比例越大，对标准化托盘租赁的需求量就会越大。推广托盘标准化作为托盘产业的发展必然趋势，不仅能够促进物流提质增效，对托盘企业提高产能利用率也有重要作用。

托盘企业需从供给端减少一次性托盘和非标准托盘的生产和供应，在销售过程中向托盘买家推广规格统一、质量合格的标准托盘。托盘企业还可对非标准托盘进行回收，翻新加工制成标准托盘，以租赁、转售以及交换等形式促进托盘供应链流转，实现循环共用，加快淘汰非标准托盘。

来源：中物联托盘专业委员会

木托盘，是以天然木材为原料制造的托盘。是现在使用最广的托盘。木托盘是现在使用最广的，因为其价格便宜、结实。但是由于木托盘的质量直接决定了其使用的寿命，所以行业对于木托盘验收有一系列的标准。

木托盘验收标准有哪些？防“坑”必备！

一、外观验收标准

1. 托盘选材为多层木质胶合薰蒸材质；

2. 托盘平铺板表面平整，无影响使用的裂纹和变形，所有材质不应有腐烂、虫蛀等缺陷；

3. 所有木料的加工要方正，无斜边；

4. 托盘用的铁钉要牢固垂直钉入支撑木内，托盘结构牢固；

5. 托盘四角垫板连接处不少于 4 根铁钉，内侧垫板连接处不少于 3 根铁订；

6. 托盘不得出现少钉、歪钉、斜钉，钉尖、钉头不得外露。

二、尺寸验收标准

1. 普通托盘平面尺寸：900×900 毫米、960×960 毫米、1100×1100 毫米、1140×1140 毫米、1200×1200 毫米、1300×1300 毫米，公差 ±3 毫米；

2. 托盘的支撑木截面尺寸：90×90 毫米，公差 ±2 毫米；720×720 托盘的支撑木截面尺寸：50×90，公差 ±2 毫米；

3. 托盘平铺板厚度 15 毫米，公差 ±1 毫米，加厚平铺板厚度 20 毫米，公差 ±1 毫米；

4. 特殊规格托盘尺寸：720×720 毫米，公差为：-20—0 毫米，托盘下的支撑木内侧间距 >570 毫米；

5. 托盘底部的垫木条厚度 >10 毫米；

6. 固定用铁钉子的长度 >6 厘米。

三、检验流程

1. 托盘进厂由质检部负责抽样检验，按照每车每种各随即抽取 10 只托盘来进行外观和尺寸的验收，当抽检合格率合格率 >95%，由仓库接收；合格率≤ 85% 时则视为该批托盘不合格，仓库不予接收；

2. 当检验 85< 合格率 <95%，经总经理批准可以作让步接收处理，但托盘结算价格应予下浮；

3. 在使用过程中使用部门及使用人员如发现有不符合质量标准的托盘，应予以剔除，按照实际数量退回仓库，由采购部退给供应商。

来源：物联云仓

8.2 物流标准

在 2000 年发布的 GB/T 1.1-2000 中将标准定义为："为在一定的范围内获得最佳秩序，对活动或共结果规定共同的和重复使用的规则、导则或特性文件。该文件经协商一致制定并经一个公认机构的批准。（标准应以科学、技术和经验的综合成果为基础，以促进最佳社会效益为目的。"

根据 WTO 的有关规定和国际惯例，标准是自愿性的，而法规或合同是强制性的，标准的内容只有通过法规或合同的引用才能强制执行。

《中华人民共和国标准化法》将我国标准分为国家标准、行业标准、地方标准、企业标准四级。

我国标准按照标准化对象，通常把标准分为技术标准、管理标准和工作标准三大类。

中国国家标准按标准性质，可以分为为强制性标准和推荐性标准两类性质的标准。

8.2.1 2020 年物流国家标准发布一览

2020 年 11 月 19 日，国家市场监督管理总局、国家标准化管理委员会印发了 2020 年第 26 号公告，批准发布了 586 项推荐性国家标准和 2 项国家标准修改单。由全国物流标准化技术委员会提出并归口的两项标准，分别为：《电子商务第三方仓储服务管理规范》（GB/T 39439-2020）和《汽车整车物流多式联运设施设备配置要求》（GB/T 39448-2020）。

一、《电子商务第三方仓储服务管理规范》（GB/T 39439-2020）

该标准规定了电子商务第三方仓储服务提供商的基本条件、服务管理要求及其评价指标，标准适用于电子商务活动中第三方仓储服务管理。

二、《汽车整车物流多式联运设施设备配置要求》（GB/T 39448-2020）

标准规定了汽车整车物流多式联运设施设备配置的总体要求、设施配置要求、设备配置要求、信息系统配置要求，适用于作为商品乘用车多式联运过程中所使用的设施设备的规划、选用、配置，不适用于汽车整车集装箱多式联运方式。

两项标准将于 2021 年 6 月 1 日正式实施。

2020 年 12 月 14 日，国家市场监督管理总局、国家标准化管理委员会印发了中华人民共和国国家标准 2020 年第 28 号公告，批准发布了《立体仓库货架系统设计规范》等 323 项推荐性国家标准和 4 项国家标准修改单。其中包括由全国物流标准化技术委员会提出并归口的两项物流国家标准。

一、《物流设施设备的选用参数要求》（GB/T 39660-2020）

该标准规定了通用物流设施设备选用参数的总体要求，以及道路、铁路装卸线、堆场、库房、货架、起重机、叉车、运输车辆与装卸站台等参数要求。标准通过对物流设施设备的选用参数提出要求，可提升物流设施建设与物流设备选用的科学性，为港口码头、铁路货运场站、物流园区等物流节点的规划设计及物流企业物流设备选用提供参考，对于推动物流设施、设备之间的协调衔接，提高物流作业与运作的效率，提升物流资源利用水平，从而降低社会物流总成本具有重要意义。

二、《电子商务冷链物流配送服务管理规范》（GB/T 39664-2020）

该标准通过对电子商务冷链物流配送提供方在基本要求、管理要求、作业流程及要求和内审及改进等方面做出规定，将解决目前冷链物流在设施设备使用、配送过程温度监控以及产品质量追溯等方面存在的问题，提高电子商务领域冷链物流配送服务的服务能力和服务水平，对推动电子商务冷链物流的发展，保障电子商务持续健康发展具有积极意义。

两项标准将于 2021 年 7 月 1 日正式实施。

来源：中国物流与采购联合会

8.2.2 2020 年执行的物流标准

一、基础类标准

（一）术语

序号	标准编号	标准名称	发布日期	实施日期	制定范围
1	GB/T17858.3-2020	包装袋术语和类型第 3 部分：编织袋	2020-06-02	2020-06-02	

二、公共类标准

（一）综合类标准

序号	标准编号	标准名称	发布日期	实施日期	制定范围
1	GB/T45001-2020	职业健康安全管理体系要求及使用指南	2020-03-06	2020-03-06	本标准规定了职业健康安全（OH&S）管理体系的要求，并给出了其使用指南，以使组织能够通过；防止与工作相关的伤害和健康损害以及主动改进其职业健康安全绩效来提供安全和健康的工作场所

（二）物流设施设备标准

序号	标准编号	标准名称	发布日期	实施日期	制定范围
1	GB/T37922-2019	托盘单元化物流系统通用技术条件	2020-08-30	2020-03-01	本标准规定了托盘单元化物流系统中常用的托盘集装单元、托盘、单元货物包装容器、装卸及搬运设备、仓储货架、集装箱及运输车辆的要求。本标准适用于刘永托盘平面尺寸为 1200 毫米 X1000 毫米的托盘单元化物流系统。其他托盘单元化物流系统可参考使用

序号	标准编号	标准名称	发布日期	实施日期	制定范围
2	GB/T38115-2019	托盘共用系统信息化管理要求	2020-10-18	2020-05-01	本标准规定了托盘共用系统信息化管理的基本要求、平台管理要求和信息管理要求。本标准适用于托盘共用系统的信息化管理
3	GB/T38622-2020	集装箱2.45GHz频段货运标签通用技术规范	2020-04-28	2020-11-01	本标准规定了基于GB/T 28925-2012的2.45GHz集装箱货运标签（以下简称标签）的技术要求、实验方法、质量评定程序以及标志、包装、运输和贮存。本标准适用于2.45GHz集装箱货运标签的设计、生产和使用
4	JT/T1284-2020	低平板半挂车技术规范	2020-02-28	2020-04-01	本标准规定了低平板半挂车的通用技术要求、低平板增强型半挂车特殊要求、试验方法、检测规则，以及标识、随车文件和储存等。本标准适用于低平板半挂车的设计、生产、检验和使用
5	QC/T699-2019	车用起重尾板	2019-08-27	2020-01-01	本标准规定了车用起重尾板的术语和定义、型式及命名规则、基本参数、技术要求、试验方法、检验规则、标志、说明书、包装、运输、贮存。本标准适用于下列车用起重尾板安装在轮式车辆上，用于装、卸货物尾板；临时或永久

（三）物流技术、作业与管理标准

序号	标准编号	标准名称	发布日期	实施日期	制定范围
1	JT/T1286-2020	空陆联运集装货物转运操作规范	2020-02-28	2020-04-01	本标准规定了空陆联运集装货物转运的一般要求、道路运输承运人基本条件、航空集装器与货车的匹配、货车装载管理、航空转陆路操作、陆路转航空操作、信息提供和应急处置等要求。本标准适用于集装货物的空陆联运

序号	标准编号	标准名称	发布日期	实施日期	制定范围
2	SN/T5127-2019	集装箱封闭查验设备使用方法	2019-09-03	2020-03-01	本标准规定了集装箱固定式和便携式封闭查验设备的使用方法。本标准适用于进出境集装箱使用封闭查验设备进行的查验

（四）物流信息标准

序号	标准编号	标准名称	发布日期	实施日期	制定范围
1	GB/T38606-2020	物联网标识体系数据内容标识符	2020-03-01	2020-10-01	本标准规定了物联网标识体系中数据内容标识符及其对应数据编码的内容和模式。本标准适用于物联网应用中对象本身及其属性数据内容的标识
2	GB/T38660-2020	物联网标识体系 Ecode 标识系统安全机制	2020-03-01	2020-10-01	本标准规定了物联网标识体系中 Ecode 标识系统的一般要求编码数据安全、鉴别与授权、访问控制、交互安全、安全评估和管理要求。本标准适用于物联网标识体系中 Ecode 标识系统建设和应用中的信息安全保障
3	GB/T38662-2020	物联网标识体系 Ecode 标识应用指南	2020-03-01	2020-10-01	本标准给出了物联网标识体系 Ecode 标识需要考虑的因素、应用架构、编码结构、数据载体与存储、标识应用、管理机制、安全机制的指南。本标准适用于物联网标识体系中 Ecode 标识应用体系的建立涉及的各方
4	GB/T38663-2020	物联网标识体系 Ecode 标识体系中间件规范	2020-03-01	2020-10-01	本标准规定了 Ecode 标识体系中间件的系统架构、功能要求和性能指标项要求。本标准适用于 Ecode 标识体系中间件的开发和应用
5	GB/T38920-2020	危险废物储运单元编码要求	2020-06-02	2020-12-01	本标准规定了危险废物储运单元的编码原则、编码规则、载体要求。本标准适用于非罐车装和非散装危险废物管理流程中，产废单位、贮存单位、运输单位、处置单位、监管单位等对危险废物管理的信息处理、实时监控和追踪溯源

序号	标准编号	标准名称	发布日期	实施日期	制定范围
6	GB/T38624.1-2020	物联网网关第1部分：面向感知设备接入的网关技术要求	2020-04-28	2020-11-01	GB/T 38624 的本部分规定了面向感知设备接入的物联网网关功能要求和通用数据配置要求。本部分适用于面向感知设备接入物联网网关的设计、开发和测试
7	GB/T38637.1-2020	物联网感知控制设备接入第1部分：总体要求	2020-04-28	2020-11-01	GB/T 38637 的本部分规定了物联网系统中感知控制设备接入的接入要求、应用层接入协议和协议适配。本部分适用于物联网感知控制设备的规划和研发

三、专业类标准

（一）农副产品、食品冷链物流标准

序号	标准编号	标准名称	发布日期	实施日期	制定范围
1	GB/T38375-2019	食品低温配送中心规划设计指南	2019-12-31	2020-07-01	本标准给出了食品低温配送中心规划设计的总体原则、并就规划设计、主体建筑、核心功能区、道路及动线、作业设备选用、信息化管理等提出了设计和规划参考的标准和方法。本标准适用于食品低温配送中心的新建、改建或扩建
2	GB/T24616-2019	冷藏、冷冻食品物流包装、标志、运输和储存	2019-08-30	2020-03-01	本标准规定了冷藏、冷冻食品在物流过程中的包装、标志、运输、储存和追溯要求。本标准适用于冷藏、冷冻食品的物流作业于管
3	JT/T 1288-2020	冷藏集装箱多式联运技术要求	2020-02-28	2020-04-01	本标准规定了冷藏集装箱多式联运的设施设备要求、联运作业要求、联运信息要求。本标准适用于冷藏集装箱的多式联运
4	WB/T 1103-2020	食品冷链末端配送作业规范	2020-05-11	2020-06-01	本标准规定了食品冷链末端配送的基本要求和作业要求。本标准适用于对食品冷链末端配送的作业于管理

（二）汽车物流标准

序号	标准编号	标准名称	发布日期	实施日期	制定范围
1	JT/T 1287-2020	乘用车集装箱运输技术要求	2020-02-28	2020-04-01	本标准规定了乘用车集装箱运输的装/卸载场地、人员及着装运输设备、装载、运输过程、卸载等技术要求。本标准适用于采用 ISO 通用集装箱、乘用车运输专用集装箱、集装箱与乘用车运输架组合的乘用车多式联运
2	WB/T1101-2020	汽车成套零部件出口包装和集装箱装箱作业规范	2020-05-11	2020-06-01	本标准规定了汽车 KD 件包装及集装箱装载过程中的作业流程与要求。本标准适用于汽车 KD 件包装及集装箱装箱、封箱作业过程，其它类如汽车零散备件包装可参照执行
3	WB/T1102-2020	汽车售后服务备件仓储作业规范	2020-05-11	2020-06-01	本标准规定了汽车售后服务备件在仓储作业中的入库、包装、存储、出库、装卸搬运、信息系统以及安全管理要求。本标准适用于汽车售后服务备件仓储服务过程的管理与控制

（三）医药物流标准

序号	标准编号	标准名称	发布日期	实施日期	制定范围
1	WB/T1104-2020	道路运输医药产品冷藏车功能配置要求	2020-05-11	2020-06-01	本标准规定了医药产品冷藏车的分类、功能配置要求。本标准适用于道路运输医药产品冷藏车的功能配置

（四）粮油物流标准

序号	标准编号	标准名称	发布日期	实施日期	制定范围
1	GB/Z37925-2019	粮食集装化包装仓储作业技术要求	2020-08-03	2020-03-01	本标准规定了托盘单元化物流系统中常用的托盘集装单元、托盘、单元货物包装容器、装卸及搬运设备、仓储货架、集装箱及运输车辆的要求。本标准适用于流通托盘平面尺寸为 1200 毫米 X1000 毫米的托盘单元化物流系统。其他托盘单元化物流系统可参考使用

序号	标准编号	标准名称	发布日期	实施日期	制定范围
2	GB/T38354-2019	农村电子商务服务站（点）服务与管理规范	2019-12-31	2020-12-31	本标准规定了农村电子商务服务站（点）的建设要求、服务内容、服务流程、服务要求及管理要求。本标准适用于农村电子商务服务站（点）的建设、服务与管理
3	GB/T38726-2020	快件航空运输信息交换规范	2020-03-21	2020-10-01	本标准规定了快递服务组织与航空运输企业之间快件运输信息交换需求、信息交换业务流程、通信接口、报文规范、信息交换安全控制及数据交换频次等要求。本标准适用于快递服务组织与航空运输企业之间为完成国内快件航空运输而开展的信息交换。对于具有自有航空的快递服务组织，可视企业自身情况参照执行
4	GB/T38727-2020	全生物降解服物流快递运输与投递用包装塑料膜、袋	2020-03-21	2020-07-01	本标准规定了用于物流快递运输、投递用的全生物讲解包装膜、袋产品的要求、试验方法、检验规则以及标志、包装、运输、储存。本标准适用于以全生物降解树脂为主要原料生产的用于物流快递运输包装、投递包装的薄膜、袋
5	GB/T39083-2020	快递服务支付信息交换规范	2020-06-21	2020-10-01	本标准规定了快递服务组织与商业银行、支付机构、银行卡清算机构（以下统称支付服务机构）之间的支付信息交换需求、信息交换业务流程、通信接口、报文规范、安全技术要求等内容。本标准适用于快递服务组织与支付服务机构之间为完成运费收缴、代收货款等资金收付业务开展的信息交换

序号	标准编号	标准名称	发布日期	实施日期	制定范围
6	GB/T39084-2020	绿色产品评价快递封装用品	2020-06-21	2020-10-01	本文件规定了快递封装用品绿色产品评价中的产品类型、评价要求和评价方法。本文件适用于以纸、塑料、纤维以及多种材料组合生产的快递封套、包装箱、电子运单、填充物、包装袋、胶带、集装袋、悬空紧固包装物等，以及可重复使用型快递封装用品的绿色产品评价。本文件同时适用于邮政封装用品的绿色产品评价

（五）进出口物流标准

序号	标准编号	标准名称	发布日期	实施日期	制定范围
1	GB/T28831-2012	国际货运单证缮制规范	2012-11-05	2020-12-01	本标准规定了与国际货运业务相关的单证缮制和审核规范。本标准适用于与国际货运业务相关的跟单证信用证项下的单证缮制、审核和签发，亦可作为合同（在非信用证付款条件下）项下的单证缮制、审核和签发的依据，企业及相关机构也可以此进行单证管理
2	GB/T38567-2020	港口物流作业数据交换通用技术规范	2020-03-31	2020-10-01	本标准规定了港口物流作业电子数据交换电子数据交换电子报文基本类型、数据交换传输要求、数据交换规则、数据交换流程等内容。本标准使用于港口物流相关单位之间的电子数据交换，如港口企业、航运企业、外轮理货企业、船舶代理企业、货运代理企业、陆上运输企业、场站企业、多式联运企业和口岸监管单位等
3	GB/T38703-2020	汽车货运代理服务质量要求	2020-03-31	2020-10-01	本标准规定了国际货运代理道路运输基本要求、内部控制、服务供应商评估与选择、单证风险控制、业务流程控制等服务质量要求。本标准适用于国际货运代理及其星官的企业，亦可作为行业管理的参考

序号	标准编号	标准名称	发布日期	实施日期	制定范围
4	GB/T38708-2020	国际贸易货物交付与货款交付的风险控制与防范	2020-03-31	2020-10-01	本标准规定了国际贸易与运输中有关货物交付主要风险控制与防范的要求。本标准适用于国际贸易与物流及其相关的企业，亦可作为行业管理的参考
5	GB/T38709-2020	国际货运代理铁路联运作业规范	2020-03-31	2020-10-01	本标准规定了国际货运代理铁路联运中的一般要求、铁路运输安排集装箱管理、确定运价、接受客户托运作业、国际联运计划申请提箱和装箱作业、报关作业、铁路运单缮制与流转、货车发运、运输单证签发、过境作业及过程跟踪、抵达前通知、目的地转关／清关与货物交付等作业规范的要求。本标准适用于国际货运代理及其相关企业，亦可作为企业管理的参考

（六）化工和危险货物物流标准

序号	标准编号	标准名称	发布日期	实施日期	制定范围
1	HJ 298-2019	危险废物鉴别技术规范	2019-11-12	2020-01-01	本标准规定了固体废物的危险特性鉴别中样品的采集和检测，以及检测结果判断等过程的技术要求。本标准适用于生产、生活和其他活动中产生的固体废物的危险特性鉴别，包括环境事件涉及的固体废物的危险特性鉴别。本标准适用于液态废物的鉴别。本标准不适用于放射性废物鉴别
2	JT/T845-2020	危险货物港口作业安全评价导则	2020-04-28	2020-07-01	本标准规定了危险货物港口作业安全评价的程序、内容、报告编制和报告格式等要求。本标准适用于危险货物港口作业的安全评价

序号	标准编号	标准名称	发布日期	实施日期	制定范围
3	JT/T1285-2020	危险货物道路运输营运车辆安全技术条件	2020-02-28	2020-04-01	本标准规定了危险货物道路运输营运车辆的分类以及基本要求、一般要求、特殊要求等安全技术要求和试验方法。本标准适用于从事危险货物道路运输的N类车辆、0类半挂车、半挂牵引车于半挂车组成的半挂汽车列车等营运车辆，非营运车辆可参照使用。本标准不适用于用途为爆炸品现场制造的移动式爆炸品制造单元

（七）其他物流标准

序号	标准编号	标准名称	发布日期	实施日期	制定范围
1	GB/T33598.2-2020	车用动力电池回收利用再生利用第2部分：材料回收要求	2020-03-31	2020-10-01	
2	GB/T38698.1-2020	车用动力电池回收利用管理规范第1部分：包装运输	2020-03-31	2020-10-01	
3	JT/T 1295-2019	道路大型物件运输规范	2019-12-24	2020-03-01	本标准规定了道路大型物件运输承运人的基本要求、运输前准备、运输过程控制，以及交付验收。本标准适用于道路大型物件承运人承运车货总高度从地面算起超过4.5米，或总宽度超过3.75米，或总长度超过28米，或总质量超过100吨的道路大型物件的运输活动，其他道路大型物件运输活动可参照使用
4	JT/T 1296-2019	道路大型物件运输企业等级	2019-12-24	2020-03-01	本标准规定了道路大型物件运输企业的等级划分和等级条件。本标准适用于从事营业性道路大型物件运输企业基于市场需求的自评，行业管理部门对道路大型物件运输企业分级指导，以及相关社团对道路大型物件运输企业的评定

序号	标准编号	标准名称	发布日期	实施日期	制定范围
5	WB/T 1105-2020	废旧动力蓄电池金属物流箱技术要求	2020-05-01	2020-06-01	本标准规定了废旧动力蓄电池物流箱的术语和定义、要求、试验方法、检测规则、标志、运输和贮存。本标准适用于盛装废旧锂电子动力蓄电池和废旧金属氢化物／镍动力蓄电池的金属物流箱（以下简称物流箱）。储能电池等其他类型蓄电池的包装运输可参照执行，本标准不适用于盛装铅酸蓄电池的物流箱

四、标准化工作指导性标准

序号	标准编号	标准名称	发布日期	实施日期	制定范围
1	GB/T1.1-2020	标准化工作导则第1部分：标准化文件的结构和起草规则	2020-03-01	2020-10-01	本文件确立了标准化文件的结构及其起草的总体原则和要求，并规定了文件名称、层次、要素的编写和表述规则以及文件的编排格式
2	GB/T15565-2020	图形符号术语	2020-03-01	2020-10-01	本标准界定了图形符号、标志公共信息导向系统、安全信息识别系统以及导向系统的设计及设置等方面的术语及其定义，确立了图形符号领域的概念体系（概念体系图参见附录A）。本标准适用于图形符号和导向系统等相关领域
3	GB/T16901.2020	图形符号表示规则第4部分：对象相关性测试方法	2020-03-01	2020-10-01	GB/T 16900 的本部分规定了用于测试图形符号的对象相关性的方法。这些图形符号旨在向熟悉图形符号含义（对象）的使用者传达信息。对象有可能时专用对象。所以公众很难在没有接受认知训练的情况下熟悉这些对象。本部分适用于测试图形符号的对象相关性

8.2.3 2020年3月–2021年2月《物流标准化动态》目录

2020年3月《物流标准化动态》

【标准化工作动态】

01 国家标准等管理办法列入市场监管总局2020年立法计划

01 市场监管总局启动应对突发公共安全事件标准体系研究

02 国家标准化管理委员会2020年全国标准化工作要点发布

【物流标准动态】

02 2020年物流标准立项专家评审视频会议召开

03《冷链物流分类与基本要求》国家标准征求意见

03《药品冷链物流运作管理规范》国家标准公益培训成功举办

04 两项物流团体标准发布

【相关标准动态】

04 两项快递绿色包装国家标准发布

05《职业健康安全管理体系要求及使用指南》国家标准发布

【国际标准化动态】

05ISO发布了旨在改善全球食品链中社会责任的国际标准

06ISO信息安全管理体系审核指南标准发布

2020年4月《物流标准化动态》

【标准化工作动态】

01《关于进一步加强行业标准管理的指导意见》发布

02《标准化工作导则第1部分：标准化文件的结构和起草规则》2020版发布

02《中国标准创新贡献奖管理办法》修订

03 “标准云课”公益讲座开讲

【物流标准动态】

03《物流术语》国家标准研讨会在京召开

04《物流设施设备的选用参数要求》国家标准预审会议召开

04《体外诊断试剂温控物流服务规范》行业标准通过审查

05 多项物流行业标准通过函审

06 数字化仓库两项行业标准研讨会召开

06 2020年第二季度团体标准工作会议在京召开

【相关标准动态】

07《硬质直方体运输包装尺寸系列》国家标准征求意见

07《应急物资物流单元标签设计指南》等国家标准拟制定

【相关新闻】

08《关于推进“上云用数赋智”行动培育新经济发展实施方案》

2020年5月《物流标准化动态》

【标准化工作动态】

01 市场监管总局（标准委）发布一批重要国家标准

【物流标准动态】

02 首个冷链物流国际标准发布

02《药品冷链物流运作规范》国家标准向社会征求意见
025 项推荐性物流行业标准发布
04《预应力混凝土管桩物流服务规范》行业标准审查会召开
04 两项数字化仓库行业标准研讨会召开
05《医药物流从业人员能力要求》团体标准向社会征求意见
05 团体标准宣贯及评估工作新闻发布会召开
【相关标准动态】
06 三项电动汽车强制性国家标准正式发布
07《港口件杂货物装卸作业安全技术要求》强制性国家标准征求意见
07《绿色港口等级评价指南》行业标准发布
【相关新闻】
08 轻型汽车国六排放标准即将实施

2020 年 6 月《物流标准化动态》

【标准化工作动态】
01 市场监管总局（标准委）发布一批重要国家标准
01“标准云课”平台进一步做好国家标准宣贯工作
【物流标准动态】
02《联运通用平托盘木质平托盘》国家标准向社会征求意见
02《钢结构货架使用安全与评估规范》国家标准征求意见
02 2020 年二季度第二次团体标准工作会议在京召开
【相关标准动态】
03《绿色产品评价 快递封装用品》推荐性国家标准批准发布
04《国有企业采购管理规范》团体标准在京发布
05《区块链防伪追溯数据格式通用要求》团体标准正式发布
【相关新闻】
05 推动设立外地进京蔬菜水果运输中转调运站
06 交通运输部开展农村物流服务品牌活动

2020 年 7 月《物流标准化动态》

【标准化工作动态】
01 应对突发公共安全事件国际标准研究课题专家组会议在京召开
02 《医学检验生物样本冷链物流运作规范》等 3 项拟立项国家标准项目公开征求意见
【物流标准动态】
02 《物流术语》国家标准向社会征求意见
02 中物联在物流行业宣传贯彻《绿色物流指标构成与核算方法》国家标准
03 《模压平托盘 植物纤维类》等四项行业标准向社会征求意见
04 两项数字化仓库行业标准第二次研讨会召开
05 《食品追溯区块链技术应用要求》团体标准发布
05 《供应链服务企业分类与评估指标》团体标准宣贯在昆明举行
06 中物联标准部召开中物联团体标准实施情况交流会
【相关新闻】

07 商务部等 5 部门印发《关于继续推进城乡高效配送专项行动有关工作的通知》

07 财政部下发快递包装政府采购需求标准

08 《整船载运液化天然气可移动罐柜安全运输要求（试行）》正式印发

08 公安部交管局部署危化品运输整治行动

2020 年 8 月《物流标准化动态》

【标准化工作动态】

01 市场监督总局等八部门联合印发《关于加强快递绿色包装标准化工作的指导意见》

【物流标准动态】

01《第三方物流服务质量及测评》国家标准向社会征求意见

02《通用仓库等级》等两项国家标准向社会征求意见

02《联运通用滑板托盘尺寸及性能要求》等两项国家标准预审会议在京召开

03 国家标准《物流追溯信息管理要求》预审会召开

04《药品冷链物流运作规范》国家标准研讨会召开

04《医学检验生物样本冷链物流运作规范》行业标准研讨会召开

【相关新闻】

05 国务院安委办派出专项检查组赴重点省份重点港口开展硝酸铵等爆炸性重点管控化学品专项检查

05 交通运输部：做好冷链运输疫情防控严格运输装备消毒

06 安徽省开展物流仓储等重点场所消防安全专项整治

2020 年 9 月《物流标准化动态》

【标准化工作动态】

01 国家标准委征集《国家标准化体系建设发展规划（2016—2020 年）》实施情况

01 国家标准委征集 2020 年度国家级服务业标准化试点项目

【物流标准动态】

02《冷链物流分类与基本要求》等两项国家标准研讨会成功召开

03 医学检验生物样本冷链物流国家标准研讨会召开

03 数字化仓库两项行业标准向社会征求意见

04 基于 RFID 技术仓储管理通用规范行业标准向社会征求意见

【相关标准动态】

04 我国一项物联网安全测试技术将成国际标准

05 交通运输部：《滚装甩挂运输操作规程》等标准征求意见

【相关新闻】

05 国务院办公厅印发《关于以新业态新模式引领新型消费加快发展的意见》

06 国家发展改革委等 14 部门联合印发《推动物流业制造业深度融合创新发展实施方案》

07 交通运输部发布《关于进一步做好网络平台道路货物运输信息化监测工作的通知》

08 民航局：促进航空货运设施发展，需“三管齐下”

09 北京市快递业新能源车推广应用获政策支持

2020 年 10 月《物流标准化动态》

【标准化工作动态】

01 市场监管总局（标准委）发布一批重要国家标准

02 国家标准委将全面总结《国家标准化体系建设发展规划（2016-2020 年）》实施情况
【物流标准动态】
02《物流术语》国家标准征求意见研讨会召开
03《仓储绩效指标体系》国家标准向社会公开征求意见
03《废旧动力蓄电池回收服务规范》行业标准向社会征求意见
04 标准先行，守护药品、冷链食品安全
04 全国物标委仓储技术与管理分技术委员会 2020 年会召开
05 全国物标委冷链物流分技术委员会 2020 年度工作会议召开
06 中国物流与采购联合会六项团体标准废止
06 2020 版《物流标准目录手册》完成
【相关标准动态】
07 食品冷链物流第一项强制性国家标准发布
【相关新闻】
07 两部委联合发布 2020 年国家物流枢纽建设名单
08 国家邮政局督导冷链寄递渠道疫情防控

2020 年 11 月《物流标准化动态》

【标准化工作动态】
01 市场监管总局：开展质量基础设施“一站式”服务
02 2021 年国家标准制修订工作向社会征求意见
02 市场监管总局发布《全国专业标准化技术委员会管理办法》（2020 修订版）
02 国家标准技术审评专家咨询委员会成立大会在京召开
【物流标准动态】
03 两项物流推荐性国家标准正式发布
04 全国物标委逆向物流标准化工作组换届大会暨 2020 年会召开
05《网络货运平台实际承运人信用评价指标》团体标准向社会公开征求意见
【相关标准动态】
05 关于征求《快递包装重金属与特定物质限量》拟立项强制性国家标准项目意见的通知
06《道路运输条例（修订草案征求意见稿）》公开征求意见
【相关新闻】
06 北京邮政打造苹果快递包裹“标准箱”业务开启助农新模式

2020 年 12 月《物流标准化动态》

【标准化工作动态】
01《国家标准管理办法（征求意见稿）》向社会公开征求意见
【物流标准动态】
01 两项物流推荐性国家标准批准发布
02《物流术语》国家标准审查会在京召开
02 国家标准《医学检验生物样本冷链物流运作规范》向社会公开征求意见
03 国家标准化管理委员会印发《2020 年第四批推荐性国家标准计划》
03 全国物流标准化技术委员会 2020 年年度工作会议在京召开
04 首次冷链物流强制性国家标准座谈会成功召开

05《药品冷链物流运作规范》国标培训圆满结束

【相关标准动态】

01《道路运输易腐食品与生物制品冷藏车安全要求及试验方法》强制性国家标准公开征求意见

【相关新闻】

01 交通运输部深化轻型货车“放管服”改革

02 交通运输部推进危化品道路运输安全整治

来源：中国物流与采购联合会

8.2.4 综合信息

四项团体标准发布

2020 年 3 月 2 日，中国物流与采购联合会发布团体标准 2020 年第 1 号公告，批准发布《城市配送电动汽车采购规范》（T/CFLP 0025-2020）和《散装液体化学品罐式车辆装卸安全作业规范》（T/CFLP 0026-2020）两项团体标准，标准于 2020 年 4 月 1 日正式实施。

2020 年 5 月 25 日，中国物流与采购联合会批准发布《国有企业采购管理规范》（T/CFLP 0027-2020）团体标准，标准于 2020 年 6 月 15 日正式实施。

2020 年 7 月 28 日，中国物流与采购联合会批准发布《食品追溯区块链技术应用要求》（T/CFLP 0028-2020）团体标准，标准于 2020 年 8 月 20 日正式实施。

五项行业标准发布

2020 年 5 月 11 日，国家发展和改革委员会发布 2020 年第 3 号公告，批准发布 5 箱推荐性物流行业标准。

五项推荐行物流行业标准编号、名称及起始实施日期

序号	标准编号	标准名称	被代替标准号	采标情况	实施日期	备注
1	WB/T 1101-2020	汽车成套零部件出口包装和集装箱装箱作业规范			2020-6-1	
2	WB/T 1102-2020	汽车售后服务备件仓储作业规范			2020-6-1	
3	WB/T 1103-2020	食品冷链末端配送作业规范			2020-6-1	
4	WB/T 1104-2020	道路运输医药产品冷藏车功能配置要求			2020-6-1	
5	WB/T 1105-2020	废旧动力蓄电池金属物流箱技术要求			2020-6-1	

中国物流与采购联合会六项团体标准废止

2020 年 10 月 13 日，中国物流与采购联合会决定废止《货运车辆管理人员能力要求》（T/CFLP 0002-2017）、《货运主动安全防控仪器与系统技术要求》（T/CFLP 0003-2017）、《电能计量器具塑料周转箱尺寸及技术要求》（T/CFLP 0006-2017）、《电能计量器具瓦楞纸箱尺寸及技术要求》（T/CFLP 0007-2017）、《电能计量器具储运包装服务质量要求》（T/CFLP 0008-2017）、《商品钢筋

加工配送中心运行管理规范》（T/CFLP 0019-2019）六项团体标准。现予以公告。

上海市标准化工作

上海市工商联国际物流商会智库由全国快递物流界一流专家、学者、金融、制造业工程技术以及著名快递物流企业高级管理者组成行业顶尖平台。“青浦圆桌会议”创立于2018年是上海市工商联国际物流商会智库“技术与装备咨询中心”经常性的活动形式，研究快递物流行业共同关注的技术与装备发展问题。“青浦圆桌会议”三大平台任务：交流、标准、服务。每季度召开一次会议，截至2020年12月底，已成功举办6次青浦圆桌会议，在行业内引起强烈反响。

“青浦圆桌会议”发展至今已有成员单位（排名不分先后）：顺丰、京东、苏宁、菜鸟、中通、德邦、申通、圆通、韵达、极兔、昆船、中邮科技、德马科技、海康机器人、大华、中科微至、金峰、中航电测仪器、金峰馥、成都百德邮政、浩创科技、联领科技等大中型企业200余家，涵盖物流行业、制造行业头部企业。

2019年年初“青浦圆桌会议”开始启动团体标准起草准备工作，截至2020年12月31日已在国家市场监督管理总局的“全国团体标准信息平台”登记公开发布和实施12个团体标准，涵盖智能分拣设备、冷链、穿戴式设备，旨在以高标准支撑和引导行业发展和技术进步，充分发挥标准化对物流转型升级的技术引领作用。所有团体标准免费下载使用。

已发布团体标准（截至2020年12月31日）：

1）《自动分拣设备采购合同范本》T/GJSH 000001—2020

2）《交叉带式分拣机检测验收》T/GJSH 000003—2020

3）《交叉带式分拣机市场需求范本》T/GJSH 000004—2020

4）《自动分拣设备采购合同范本（中英文对照版）》
T/GJSH 000005—2020

5）《交叉带分拣机》T/GJSH 000006—2020

6）《食品冷链包裹城市运输与配送服务规范》T/GJSH 000007—2020

7）《快递冷链多温控城市配送车辆（车厢）》T/GJSH 000008—2020

8）《交叉带式分拣机检测验收（中英文对照版）》
T/GJSH 000009—2020

9）《交叉带式分拣机市场需求范本（中英文对照版）》
T/GJSH 000010—2020

10）《交叉带式分拣机安装施工规范》T/GJSH 000011—2020

11）《穿戴式条码识读设备通用规范－指环类》T/GJSH 000012—2020

12）《穿戴式移动数据终端通用规范－手腕式》T/GJSH 000013—2020

来源：上海市工商联国际物流商会

8.2.5 《物流术语》国家标准审查会在北京召开

2020年12月3日，由全国物流标准化技术委员会在北京组织召开了《物流术语》国家标准审查会。《物流术语》是由全国物流标准化技术委员会提出，全国物流标准化技术委员会和全国物流信息管理标准化技术委员会双归口。

《物流术语》发布于2001年，2006年第一次修订，本次为第二次修订。标准界定了物流活动中的物流基础术语、物流作业服务术语、物流技术与设施设备术语、物流信息术语、物流管理术语、国际物流术语及其定义，适用于物流及物流相关领域的术语应用。

来自于政府部门、行业组织、科研院所、大专院校和企业的全国物标委33位委员参加了审查会议，审查组专家听取了标准起草组对标准的编制过程和内容介绍后，对标准文本进行了逐条审查，认为标准结构合理、内容科学，具有普遍的适用性和较强的可操作性，标准的起草符合GB/T 1.1-2020的相关规定，此次标准的修订将进一步规范物流领域的术语使用，对物流业创新、高质量发展具有重要意义，审查组专家一致同意通过对该标准的审查。下一步起草组将尽快完成报批稿报批。

来源：中国物流与采购联合会

8.2.6 2020年3月正式实施的物流国家标准

《冷藏、冷冻食品物流包装、标志、运输和储存》（GB/T 24616-2019）和《托盘单元化物流系统通用技术条件》（GB/T 37922-2019）两项国家标准，已于2019年8月30日正式发布，将于2020年3月1日正式实施。

《冷藏、冷冻食品物流包装、标志、运输和储存》（GB/T 24616-2019）

该标准为修订标准，标准代替了原《冷藏食品物流包装、标志、运输和储存》（GB/T24616-2009）和《冷冻食品物流包装、标志、运输和储存》（GB/T 24617-2009）两项国家标准。新修订发布的国家标准以GB/T 24616-2009为主，整合了GB/T 24617-2009中对冷冻食品的要求，与GB/T 24616-2009相比，除编辑性修改外主要技术变化包括：（1）增加了术语"冷冻食品"和"物流包装"术语，修改了原"冷藏食品"和"冷冻食品"的定义；（2）在包装方面修改了"包装方案"如包装材料与包装尺寸的相关要求，增加了包装方式、包装作业环境和作业器具等要求；（3）在运输方面，补充或增加了如温控能力、实时监控设备要求等专用设备的要求，在运输作业方面增加了作业清洁、作业区温度控制、作业装载原则、混装、装装码放、在途控制，以及记录的具体要求；（4）在储存方面，修改了对冷库的管理要求，对入库、在库维护、出库等提出了补充要求；（5）新增了全流程的信息追溯管理及要求。标准的制定对于进一步规范冷链物流服务；提升物流企业服务水平，促进物流业的转型升级具有积极意义。

《托盘单元化物流系统通用技术条件》（GB/T 37922-2019）

该标准规定了托盘单元化物流系统中常用的托盘集装单元、托盘、单元货物包装容器、装卸及搬运设备、仓储货架、集装箱及运输车辆的要求。标准选取了GB/T 2934中首推的托盘平面尺寸为1200毫米×1000毫米托盘为一个集装单元的物流系统通用技术要求，其他托盘单元化物流系统可参考使用。标准的制定旨在实现以托盘为集装单元的物流系统，在其堆码、包装、装载、搬运、及仓储过程能够参照统一的规范进行，将托盘、运输包装器具、装卸及搬运设备、仓储设备及设施、运输车辆与装备等有机的结合在一起，以单元化、模块化、标准化的形式完成物流的高效运转，从而达到提高物流运作效率、降低物流成本、增强物流服务能力和管理水平。

来源：中国物流与采购联合会

8.2.7 2020年7月正式实施的物流国家标准解读

《食品低温配送中心规划设计指南》（GB/T 38375-2019）已于2019年12月31日正式发布，此项国家标准将于2020年7月1日实施。

《食品低温配送中心规划设计指南》（GB/T 38375-2019）

一、背景情况

随着我国经济的快速发展与人民生活水平的提高，食品卫生、质量及安全，得到党和国家的高度重视，习近平总书记在党的十九大报告中着重提出“实施食品安全战略，让人民吃得放心”冷链物流对于保证食品的卫生、质量及安全，发挥着重要作用，国家高度重视冷链物流的发展，并相继出台相关政策予以支持。

配送是冷链物流重要组成，其作业效率与质量，直接影响食品冷链“最后一公里”的卫生、质量及安全。随着经济的发展和人民生活水平的提高，特别是电子商务等新零售的发展，配送日益向碎片化、海量化、多样化、个性化、即时化发展，以储存为主的传统冷库难以满足食品配送的需求。同时，一些新建的配送中心，也存在规划布局、设计、设施建设与设备选用、监控设施配套等不足，影响配送作业的效率与质量。所以亟需制定相关国家标准来引导冷库企业通过设施改造，向低温配送中心转型升级，进而指导新建低温配送中心的规划与建设。本项国家标准2017年经国家标准化管理委员会批准立项，是列入国家质检总局《支撑物流和电子商务发展的30项重要标准研究》质检科研公益专项课题的重要标准，经过10余家起草单位的共同努力制定完成。

二、目的和意义

此项国家标准基于现代冷链物流运营的需要，给出了食品低温配送中心规划设计的总体原则，就规划设计、主体建筑、核心功能区、道路及动线、作业设备选用、信息化管理等提出了设计与参考的标准和方法。该标准对于提高我国食品低温配送中心新建、改建或扩建水平与质量，促进作业效率和服务质量提升、推动冷链物流规范化、标准化运营，提升食品冷链“最后一公里”的卫生、质量及安全，满足与提升人民日益增长的美好生活需要，具有重要意义。

三、主要内容

本标准给出了食品低温配送中心规划设计的基本要求，并就规划设计、主体建筑、核心功能区、道路及动线、作业设备选用、信息化管理等提出了设计参数与参考方法。标准适用于食品低温配送中心的新建、改建或扩建。

标准的核心内容包括了以下几个方面：

（1）标准对食品低温配送中心从功能定位、全程冷链、洁净等级、技术与材料的选择、安全环保、绿色节能、主体建筑及制冷系统等方面给出了规划和设计的总体要求。

（2）在总体规划方面，给出了气候条件、地势状况、交通条件、消防要求等因素下的规划设计要求和参照标准。

（3）标准对食品低温配送中心主体建筑－冷库要求进行了规定，给出了建设、设计的参数及参照标准。对配套设施如站台等给出了设计考虑的因素与相应参数。

（4）标准根据作业流程和作业要求，对食品低温配送中心的收发货区、储存区、流通加工区、分拣区、待发暂存区、装卸作业区、检测区等功能区，提出了规划和设计要求。

（5）标准对食品低温配送中心从物流作业效率、人员安全、作业安全等方面提出了设计与优化要求，对各类作业动线及道路、物流动线、人流动线提出了规划和设计参数。

（6）标准对食品低温配送中心各类储存设备、物流容器、分拣设备、搬运设备、流通加工设备、检测设备等作业设备、设施的选用条件提出了要求。

来源：中国物流与采购联合会

8.2.8 全国物流标准化技术委员会2020年年度工作会议在北京召开

2020年12月3日，全国物流标准化技术委员会（以下简称全国物标委）2020年年度工作会议在北京召开。国家市场监督管理总局标准技术司服务业标准处处长柳成洋，全国物流标准化技术委员会主任委员、国家发改委经济运行局局长李云卿，全国物流标准化技术委员会常务副主任、中国物流与采购联合会副会长兼秘书长崔忠付出席会议。来自国家发改委、交通运输部、国家邮政总局、相关协会、科研院所、大专院校、企业的委员，以及全国物标委六个分标委、四个标准化工作组的负责人参加了会议。

国家市场监督管理总局标准技术司服务业标准处柳成洋处长对全国物标委一年来的工作给予了充分肯定，表扬了标委会在今年的疫情中，在标准需求调研、标准助力企业复工复产中所做的工作，在标准应用推广中取得的经验和成效。在谈到2021年物流标准化工作时，提出标委会要在“十四五”中更好的发挥标准的基础支撑作用，要面对生产端、面对消费端更多的研究国内大循环下物流的新发展、新趋势，和国际循环下物流安全稳定等，要加强国际标准化工作。对全国物标委的建设与管理方面提出了四点要求：一是要做好“十四五”物流标准化技术支撑，二是要继续严把标准的质量关，三是要高度重视标委会的考核管理，加强TC的自我建设，四是要建立复合性的人才专家队伍。

来源：中国物流与采购联合会

8.3 物流常规技术

8.3.1 中国物流仓储与配送技术发展概述

我国的物流技术与装备，总体来说，在过去40年间取得了重大进步，特别是近年来随着资本和人才的涌入，使得发展速度更加迅猛。物流仓储技术重点在储存和拣选环节取得了显著进步。以无人仓技术为集中代表的储存技术、拣选技术、库内搬运技术等实现了从引进、消化到创新的发展之路。

我国物流与仓储技术经过40年发展，取得了很大成就。尤其是最近10年以来，呈现出前所未有的发展态势。物流仓储与配送装备行业从一个非常小的行业，发展到今天产品品类齐全，技术全面，参与者众多，可与欧、美、日企业分庭抗礼，并且占有一定优势的局面。然而，与世界主要供应商相比，我们更应该看到自身的不足。这些不足主要从四个方面得到体现。

其一是基础研究。目前应用于物流装备的关键基础件，如电机减速机、PLC、激光器、扫描器等，基本以进口为主。国产设备取代进口还遥遥无期。这不禁使人想起了“芯片”技术的关键作用。

其二是产品创新能力。目前还没有一项物流重大创新是属于中国人发明的。这是一个很尴尬的记录。需要我们一代又一代的人持续努力，才有可能改变。创新是未来发展的根本出路，我们不仅缺乏创新的成果，更加缺乏创新精神和创新环境。虽然政府一方面在鼓励创新，但配套政策常常是南辕北辙，不得要领。比如“首台套”的认定及推广政策，市场准入和保护政策，以及重大创新的风险补偿政策等。此外，高校教育体制的改革也直接关乎创新精神的培养，但这更是遥不可及的事情。

其三是产品质量和多样性还有较大差距。国产设备在性能上虽然有长足的进步，但依然有很大提升空间。尤其在交叉带分拣机，多层穿梭车，Miniload等关键设备上，我们的差距还很明显。在系统能力和软件能力方面的差距也是明显的。

其四是企业规模和企业的核心竞争力方面。与世界上大的系统集成商相比，中国企业规模普遍较小。虽然我们在中低端市场占有明显优势，但在国际市场，尤其是高端市场的竞争力明显不如国外。中国产品走出去也还有很长的路要走。

除此之外，我们的方法论、市场环境也有待改进。急功近利，低价竞争，不注重基础研究，对培养市场是什么有大害的，希望引起有关部门注意。我们虽然制定了很多标准，但对于标准的执行仍然不力，而且标准缺乏系统性、科学性和严肃性。

▶ 技术发展趋势

物流技术发展到今天，已经进入到高度自动化和高度信息化阶段，正在向智能化目标快速迈进。

技术方面，具体可表现为网络化，自动化和无人化，快速、高效、定制化和单元化趋势明显。

网络化方面，各种信息技术的快速应用，信息的互联互通，物联网技术和云计算技术应用等，从根本上改变了物流运行的现状。数据的共享，过程的透明性，决策的快捷，使物流更加高效的同时，也提升了产品的质量，进而提升服务水平。

自动化方面，一方面是自动化系统，如自动化立体库、自动分拣系统、自动拣选系统的应用越来越普及。另一方面，新型自动化技术，如货到人拣选、自动拣选、自动码垛与拆垛、AGV应用等技术的升级越来越快，自动化的成本越来越低。随着人力资源的日趋紧张，选择自动化已经成为未来的必然趋势。

无人化方面，很多公司在做尝试。其与自动化有着密不可分的联系。高度自动化从根本上就是通过无人化和少人化来实现的。如自动码垛、自动储存、自动输送、自动配送等。特别是无人机配送将会成为未来的发展的重要方向，尽管现在看来还有争议。

密集存储将是未来的重点，尤其在冷链的应用将会成为标配。单元化物流的优越性将逐步得到认识。

以Miniload为代表的以“件”存储和作业的方式，是解决定制化的有力武器，将会是未来发展的趋势。尽管Miniload的诞生已经至少有30年历史，但其春天则刚刚到来。尤其是面对B2C的业务，“件”存储显得非常必要。

信息化方面：计算机技术的发展进入了一个新的时代，大数据、云计算、区块链技术会进一步改变物流的基本模式，并对新零售业务产生重要影响，移动互联网和物联网技术对物流的影响将比过去任何技术对物流的影响都要大得多，尤其是随着5G时代的到来，物流系统的远程诊断和远程控制将进入一个新时代。而随着计算机技术的深入，人工智能必将对物流技术产生革命性的影响，从目前来看，人工智能首先会在一些点线展开应用，最终会全面展开。以机器人和人工智能为代表的未来技术，将彻底改变物流技术的走向。

市场方面：电子商务的发展还远远没有达到极限。2018年已经超过了500亿个包裹，未来达到1000亿个甚至更多的可能性是大概率事件。冷链在市场接受方面，一直没有取得重要突破，随着用工难问题的持续发酵，以及农产品保质的要求，冷链将会有一个广阔的市场前景。工业4.0升级如火如荼，生产与物流本来就是一体的，工业4.0目标的实现本身就是一个巨大的机会。此外，医药、食品、烟草、服装、军队的应用都是长盛不衰的领域，都将值得期待。

▶ 立体库技术

立体库技术（这里指广义的立体库，非仅仅包括AS/RS系统）呈现几大变化：其一是大型AS/RS立体库应用越来越多；其二是密集存储技术应用越来越多；其三是MINILOAD技术应用越来越多。呈现出丰富多彩的发展态势。

据不完全统计，2017-2018我国每年新建AS/RS立体库超过800座，堆垛机超过3500台。这是一个非常大的突破。重点行业集中在医药、电商、工业制造等领域。堆垛机超过20台的特大型的AS/RS系统屡见不鲜。

在立体库应用中，各种形式的密集存储系统越来越多，尤其在快消品生产、冷链物流等领域，密集存储越来越发挥出巨大的优势。目前常见的密集存储技术包括双深度AS/RS系统，穿梭板系统（穿梭板＋子母车），托盘4向穿梭车系统等。

在立体库技术应用中，Miniload技术受到了前所未有的重视，而且大型Miniload系统也开始尝试使用。这主要是由于电子商务订单的拣选越来越趋于少量化的现状所决定的。

▶ “货到人”拣选技术

主要用于拆零拣选的“货到人”（Goods to Man）拣选技术一经推出，由于其大幅的效率提升，很快便得到市场的广泛认可，成为过去数年中最热的应用技术之一。尤其是KIVA拣选技术，自2011年亚马逊仓库大规模应用以来，在中国引起极大反响。在电商领域，KIVA的应用已经非常普及，以KIVA机器人为主要产品的公司出现井喷式发展，成为我国物流仓储技术发展的一道靓丽风景。除此之外，多层穿梭车技术，4向穿梭车技术，旋转货架技术也得到快速发展，并很快在市场中得到应用。

一般情况下，“货到人”拣选，相对于传统的“人到货”拣选，其拣选速度可以提升3-5倍，有些甚至可以提升5-8倍，这是一种革命性的突破。除此之外，拣选的准确性也将大大提升。现在唯一需要解决的是货到人系统的成本问题。

KIVA 机器人拣选系统之所以备受推崇，一方面与它的柔性、快速部署、可搬迁等内在的优势分不开；另一方面更是由于资本的介入，精心包装，良好的观感效果等商业手段分不开。随着 KIVA 机器人的价格的不断走低，实施成本进一步降低，KIVA 机器人很有可能在未来得到更大范围的应用。

▶ AGV 技术

AGV 技术的诞生可以追溯到 20 世纪 60 年代，直到 2010 年，其应用还受到价格和技术的限制。然而，AGV 在过去几年却受到热烈追捧，市场销售规模在 2018 年已经超过 40 亿元，除了 KIVA 机器人的原因外，可能是 AGV 的灵活性被进一步得到认可。AGV 本体主要采用传统叉车企业的产品，随着自动驾驶技术的推出，无人叉车技术已无障碍。世界上各大叉车企业，如丰田、林德、永恒力等，都纷纷开始研究自己的无人叉车产品，成为一个特别的现象。

另一方面，是 AGV 的应用领域大大扩展，除 KIVA 等应用于“货到人”拣选之外，AGV 在收货、存储、拣选、发货等环节都有大量应用。这也是 AGV 技术得以大量推广的客观原因之一。

我国的 AGV 研究时间并不短，最早在 80 年代即已经成功研究出基于电磁导引的叉车，但真正得到应用的产品，却仍然在 90 年代后期才得以实现。

AGV 的技术主要在于导航系统及路径规划运算。目前广泛采用的导航系统包括条码导航，二维码导航，激光导航和 SLAM 自然导航。尤其是 SLAM 导航，将对未来 AGV 的应用产生重要影响，但目前主要存在成本居高不下的问题。

▶ 无人仓技术

物流仓储的无人化和智能化是最近几年讨论和研究的热点之一。在无人化方面的技术，包括自动码垛 / 拆垛技术、自动存储技术、自动拣选技术、自动分拣技术、自动包装技术，以及自动集货和装车技术等。每一环节均有代表性的技术产生。如自动码垛和拆垛机器人已经被广泛应用在收发货环节以及生产环节；各种形式的自动化储存技术应用已经非常成熟；得益于 3D 识别技术的应用，自动拣选机器人的研究和应用也取得了关键性突破，在此之前，自动拣选已经通过 A 字架等形式得以实现；自动包装已经从生产领域发展到物流，成为物流系统的自然延申；作为一种成熟技术，自动分拣在分拣能力和分拣形式上也取得了突破；各种形式的 AGV 应用于集货已经成熟，快速装车系统也有成熟的产品等。

随着仓库技术的越来越先进复杂，以及用人成本的进一步提升，仓储的无人化和少人化正成为行业的共识。可以预见，无人仓技术的大规模应用将很快成为现实。

8.3.2 物流配送技术的发展概况

过去 10 年中，电商的快速发展，催生了物流配送技术的快速发展。2018 年，全国的配送包裹超过 500 亿个，平均每天接近 1.4 亿个，在“双 11”这一天，甚至超过 10 亿个。这是前所未有的高度。在这一背景下，物流配送的问题变得突出起来。

▶ 自动分拣技术

面对每天堆积如山的包裹，快递企业既兴奋也发愁，在最开始的几年，甚至有快要崩溃的迹象。但随着企业对高速分拣系统的认识加深，过去那种依靠人来分拣的时代一去不复返了。行业也迈入了新的时代。高速分拣设备是过去两年来发展最快的产品之一，每年有多达数百套各种形式的分拣系统被应用于各个行业。当然，最大的行业是快递。分拣系统仍然以传统技术，如交叉带分拣技术为主。

特别值得一提的是“小黄车KIVA分拣系统”，这是由几个大学生研发出来的基于KIVA的分拣系统，其基本原理是利用KIVA机器人，完成“多对多”的分拣任务。这无疑是一项重大的应用创新，突破了所有传统分拣系统的固有模式，突破了空间（如分拣道口布局）的限制，突破了分拣能力的限制。KIVA分拣系统一经推出，就惊艳整个行业。目前看来，尽管还有一些技术问题和软件问题需要解决，但这一分拣技术所带来的革命性的突破，必将载入史册。

除此之外，有一种模组分拣机也是值得一提的。模组分拣系统快速简洁，配置简单，明显比交叉带等分拣系统灵活，其应用应该具有非常好的前景。

作为包裹分拣，有一项技术非常关键，就是条码识别率。最近几年推出的照相技术和RFID技术从一定程度上解决了识别率的问题，这是一种突破。

▶ 配送柜技术

海量的包裹配送带来了一个难解的技术难题，就是通常所说的“最后一公里”问题。“配送柜”的基本思想并不难，也没有什么新意。然而，促成这件事的工程师们，却解决了一个个技术难题，如收货问题、存储问题、短信提醒问题、安全问题、温度保持问题等。现在，遍布全国城乡的配送柜担负起了主要的“最后一公里”重任，的确是配送技术的重大突破。未来，投放更多的配送柜应该成为一种可能。

▶ 无人配送技术

无人配送包括无人机配送和机器人配送等技术，目前都仍然处于实验阶段。

无人机应用于物流配送，是一项大胆的创新。但这一思想却仍然来源于亚马逊公司。有人怀疑无人机的能力和作用，但显然是错误的。无人机配送不仅在短期内就有特殊的作用，如地震救灾现场就是一个很好的场景，而且在未来可能会成为一种常态，只要将配送成本降下来就可以了。

配送机器人概念由京东和阿里等企业提出，这也是基于自动驾驶的一种技术应用。就如同自动驾驶还存在很多技术难题一样，无人配送机器人也是如此。但我们依然可以期待，在未来，首先会在特定的场所完成自动配送的工作。如处于隔离区的货物配送问题，采用机器人配送就比较容易实现。

▶ “即时配送”技术

随着“美团”等企业的兴起，诞生了一个新的名词，叫做“即时配送”。“即时配送”要求订单从下达到完成配送在1个小时甚至更短的时间内完成，没有仓储，只有配送，这是一项非常难的工作。显然，“即时配送”对于配送距离有严格要求，与同城配送相比，距离更短。

“即时配送”订单到今天已经达到令人惊讶的数量级，“即时配送”需要由一个强大的派单系统来完成，但配送本身却没有什么新创意，主要采用人海战术和配送柜方式，这是未来要解决的问题。

也许，未来的技术会出现很多独立的技术的组合应用。比如自动配送、配送柜等技术应用于及时配送就是一种可以期望的技术应用。

再看物流系统与软件技术的发展。

除了装备技术的发展外，物流仓储与配送技术的另一关键技术在于软件系统。从未来发展看，软件系统的能力将会越来越强大，其作用越来越重要。

人类进入20世纪下半段，才发现软件的巨大作用。从一定程度上讲，正是由于有了计算机软件，人类几千年来的技术积累才真正插上了腾飞的翅膀，从日常的生产和生活、学习，到远程办公，到汽车的自动驾驶，从高速列车，到航天飞机，到宇宙探索，软件起到了无可替代的巨大作用。现代物流仓储与配送技术也是如此，计算机与网络技术的应用是物流技术发展史上最重要的事件。随着系统越来越复杂，自动化程度越来越高，软件系统扮演的作用越来越重要。

计算机技术发展到今天，对物流技术的影响与日俱增。软件系统从开始的独立 WMS 系统，发展到与 ERP 系统的集成化，再到供应链管理一体化。大数据和云计算概念导入物流系统，云服务平台（云存储、云计算、云数据库、云安全等）成为软件发展的新的方向，各种 AI 技术的导入，使得智能物流更加接近于实用。

自 2016 年以来，世界顶尖物流装备企业，如 SSI SCHEFER 公司，已经运用 AI 技术，把目光锁定在物流系统的监控与预警方面，建立本公司的覆盖全球的预警系统，对于提升系统的可靠性将有非常高的作用。其基本方式是在公司总部建立一个监控中心，通过网络链接所有正在运营的物流系统，通过检测、记录现场信息，应用人工智能技术，从而做出预警判断，并将结果第一时间主动告知现场，避免现场出现事故以后再做补救和处理。

来源：伍强智能科技，作者尹军琪

8.3.3 蔡进在 2020 年全球物流技术大会上的讲话

中国物流与采购联合会副会长蔡进

尊敬的各位来宾，非常高兴参加今天的大会，我代表何黎明会长，代表中国物流与采购联合会，向到会的每一位嘉宾表示欢迎和感谢！物流装备技术发展离不开物流的大环境。借此机会，我对疫情常态化下我国物流发展的基本格局和趋势谈几点认识：

第一，我国物流发展基本恢复到去年同期水平。上半年物流社会总额达到 123 万亿元，增长速度仅比去年同期回落 0.5 个百分点。也就是说中国整个物流的规模已经基本恢复到常态发展的水平。从物流供给来看，物流的供给能力已经能够支撑整个国民经济恢复到常态化发展水平。物流在抗击疫情过程中做出了重大贡献，在推动经济恢复增长过程中率先走在前面，也为物流装备与技术的发展提供了巨大的市场空间。

第二，物流的组织方式正在向供应链组织方式转型升级。物流企业通过向上游生产端，向下游消费端逐渐延伸，形成由物流组织方式向供应链组织方式的转型升级。最大的一个变化就是由模块化管理，进入到流程化管理。过去模块化管理，运输是运输，仓储是仓储，分拣是分拣，管理效率低，彼此之间的衔接不够流畅，协同性很差。在抗击疫情过程中，物流组织方式从模块化管理进入到流程化管理，协同性明显增强。这对物流装备技术产业在集成化和标准协同方面提出了新的要求。物流装备技术企业应该适应和把握转型升级的基本趋势。

第三，物流格局和结构在疫情中发生了明显变化，尤其是在运输物流方面。疫情对海上的运输影响比较大，对陆路的运输影响相对较小。而且陆路的运输发展很快，中欧班列今年上半年开了 5122 列，比去年同期增长 36%，不仅没有减少，而且有大幅度的增长。7 月的中欧班列比去年同期增长 68%，比上半年的增长速度还要高。这引起了两个变化：一是物流运输结构在变，更多的向以陆路物流为主的方向去倾斜；二是物流的流向发生变化，过去中国物流因为要面向海洋，基本上是由西向东的流向。在疫情中，物流的流向开始由东向西逆转，整个物流的空间布局都发生了大的变化。所以物流装备技术的市场布局以及未来市场发展空间，需要在物流的结构性变化中把握。

第四，供应链的服务化趋势进一步深入。由于物流的组织方式正在向供应链组织方式转型升级。在转型升级过程中，现代物流业和先进制造业融合越来越紧密，在生产制造和物流融合过程中，形成了服务空间，我们叫服务链。物流服务能力在进一步提升，一方面是由于物流和生产制造领域的融合，使得很多物流需要的已经不仅是产品，而是服务，像托盘的租赁服务在今年发展速度越来越快。汽车租赁服务发展也非常快；另一方面，在融合过程中，整个物流的服务能力也在提升，在转型升级过程中，形成了供应链的服务能力，由过去提供的仅仅是物流的解决方案，甚至仅仅只是运输或仓储的解决方案，现在转变为全流程的解决方案，这个就叫做供应链服务。很多物流企业和生产企业的物流部门、供应链部门都转型升级为供应链的服务商。中国物流与采购联合会正在开展供应链服务企业 A 级评估，推动供应链服务商、供应链服务企业规范化发展。物流装备与技术企业更需要朝着服务化方向发展，这是大趋势。

第五，物流平台运营向数字化、智能化方向发展的趋势进一步显现。先进技术和现代物流组织方式融合过程中形成的能力就是创造价值的能力。目前，物流领域数字化进程形成了三个层次。

一是数字积累阶段，或者叫数字 1.0 阶段。就是已经知道自己需要什么样的数字，而且也有足够能力把需要的数字积累起来。

二是数字资源阶段。就是利用数字去实现业务运营，让数字真正成为自己的资源。

三是形成数字资产阶段。数字本身就是效益和价值。

在数字化发展过程中，对物流装备技术也提出了新的要求。首先物流装备技术要适应数字化的发展需求，其次就是在数字化场景下的无人操作越来越多，无人机、无人车、无人仓、无人岗，现在都有了，而且发展很快。所以要求物流装备与技术企业也要朝着数字化、智慧化方向发展。

第六，单元化物流装备满足增长迅速的柔性化的物流需求。我去年 9 月去了一趟新疆，学习调研西部陆港做中欧班列的物资集配企业，他们介绍，中欧班列在集配的时候，原来是一个车皮一个车皮集配，浪费很大。去年不是以车皮为单位做集配了，开始以集装箱为单位进行集配。现在要探索做物流单元化的集配，就是以托盘或包装物为单位做集配。这反映了物流市场上的柔性化需求越来越多。需要更加精细化的管理，在未来柔性化需求发展过程中，单元化的物流装备市场需求空间很大，这也是机遇。

第七，物流的绿色化发展。在疫情中，大家对物流绿色化、可持续发展的认识更加深刻，绿色化不仅仅是节能，更重要的是环保。保障物流效率、稳定性、安全性，才能够保证绿色物流安全可持续发展。

总之，当前物流的发展除了规模逐渐恢复到常态化以外，物流转型升级的趋势也越来越显现，变化越来越深刻，值得我们这次会议探讨，物流装备与技术未来的发展趋势如何把握，值得我们这次会议认真讨论，认真思索。

预祝在座各位通过这次会议能够有所收获，满载而归。谢谢各位！

来源：中物联物流装备专业委员会

8.3.4 多层穿梭车换层技术分析

本文对两种作业模式的穿梭车系统进行了对比，分析了跨层作业模式所面临的问题，提出了提高穿梭车换层可靠性的有效措施。

随着电子商务的蓬勃发展，规模化定制引导着物流发展趋势。现代物流中心的规模变得越来越大，所处理的品规也越来越多，小订单比例越来越高，拣选和配送速度越来越快。

与“人到货”拣选模式相比，穿梭车密集仓储系统的作业效率及拣选正确率更高

与传统的“人到货”拣选模式相比，穿梭车密集仓储系统的作业效率及拣选正确率大大提高，同时节约了大量人力成本和土地成本。

目前，件箱密集仓储系统中采用的穿梭车，主要有普通穿梭车、自动换层穿梭车、子母穿梭车、四向穿梭车等。子母穿梭车、四向穿梭车可在水平方向换道，适用于存在多条巷道的场合；普通穿梭车＋换层提升机组合，穿梭车可实现在竖直方向换层。两种方式均可提高穿梭车的设备利用率，系统柔性。

自动换层穿梭车沿货架立柱自动爬升方式，对货架的制造、安装精度要求较高。本文仅讨论提升机自动换层模式。

一、单层作业和跨层作业模式

根据是否可跨层作业，穿梭车系统可分为单层作业和跨层作业两种模式。

1. 单层作业模式

单层作业模式通常由出、入库提升机、存储货架、多层穿梭车组成。

在单层作业模式下，一条巷道内，每层货架配置一台穿梭车。

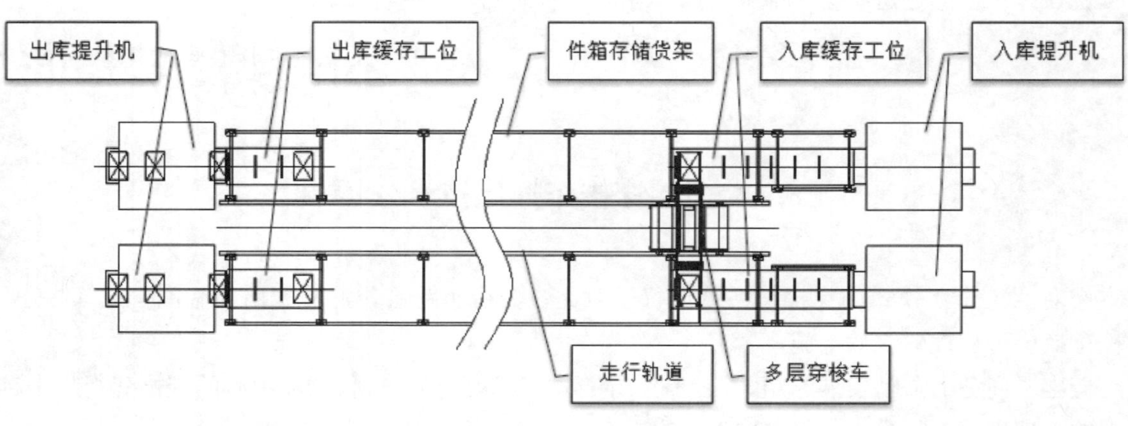

单层作业模式穿梭车系统平面布局图

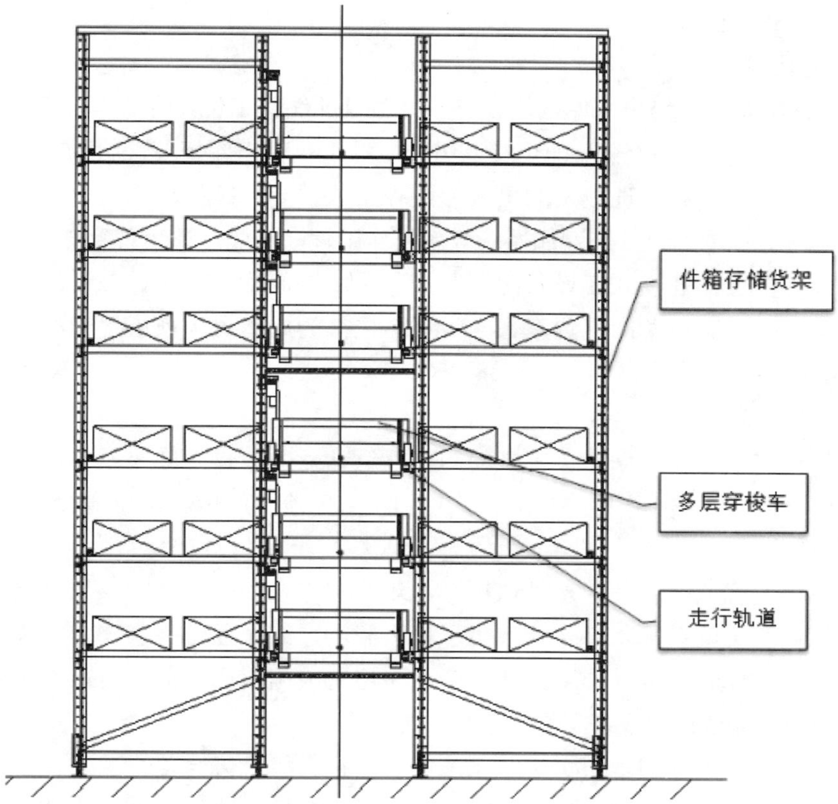

单层作业模式穿梭车系统立面图

2. 跨层作业模式

跨层作业模式下，一条巷道内，n 层货架只需配置 m 台穿梭车（m<n）。同时，在单层作业模式穿梭车系统的基础上，跨层作业模式多配置了一台穿梭车换层提升机。

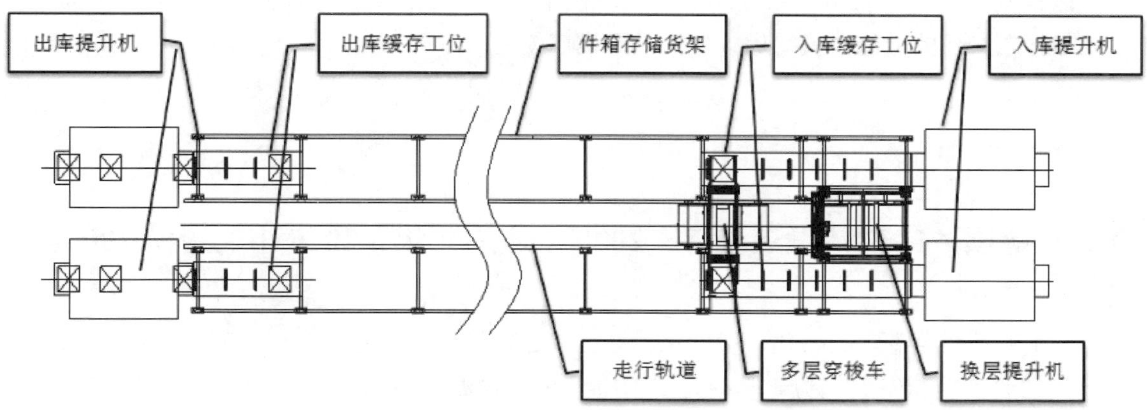

跨层作业模式穿梭车系统平面布局图

3. 两种作业模式对比

单条巷道，n 层货架。单层作业模式配置 n 台穿梭车；跨层作业模式配置 m（m<n）台穿梭车，1 台穿梭车换层提升机。当穿梭车系统出入库流量很大时，即便采用单层作业模式，穿梭车闲置率也很低，这种情况只适宜采用单层作业模式。两种模式的对比分析，只针对存在一定的穿梭车闲置，

适宜采用跨层作业模式的情况。

（1）经济性对比

通常情况下，密集仓储系统出入库端均设有一定数量的缓存工位，用于出入库物料的排序暂存。穿梭车连续完成某层的出入库任务后，即可转入另一层继续执行出库任务，从而减少穿梭车空闲时间，提高设备利用率。对于设置有合理数量的出入库缓存工位的多层穿梭车系统，当穿梭车数量 m 满足总出入库流量时，增加穿梭车数量来增加系统效率的作用逐渐转弱，即出现穿梭车闲置。

单层作业模式与多层作业模式在设备配置及控制系统方面均有差别，二者的经济性，取决于系统采用单层作业模式时，穿梭车的闲置率。当闲置穿梭车的成本大于换层提升机的成本时，采用跨层作业模式更为经济。

（2）扩展性对比

“一轨多车”模式下，需考虑穿梭车之间的相互避让，效率提高效果不佳，且控制复杂，所以单层作业模式几乎没有扩展性；而跨层作业模式可随出入库流量的增加，而增加穿梭车数量。

（3）系统柔性对比

当某巷道穿梭车出现故障或其他意外情况时，对单层作业模式来讲，该层该巷道的所有货物都不能进行出入库作业，这就对出入库作业产生了极大影响，给企业带来了一定损失；而对跨层作业模式，某一小车出现故障时，可以调度其他小车至该层完成出入库作业，可以有效地将某一小车出现故障所带来的影响降至最低，保证了系统整体性能。

采用提升机对穿梭车进行的多层穿梭车系统，换层提升机升降台停位后，与穿梭车走行轨道一般都有一定的高度错位和转角错位，从而导致穿梭车过渡时出现不同程度的卡滞、跳台现象；对于采用滑触线供电模式的穿梭车，还存在集电臂在轨道对接处过渡不畅的情况。换层技术的关键在于尽量减少高度错位和转角错位，使得穿梭车能平稳过渡，延长设备使用寿命。

错位通常是由多个因素综合导致的。可以通过提高制造、安装精度，增加升降台刚度，合理选用提升机的支撑结构，增加轨道对接辅助装置，穿梭车集电臂可脱离设计，升降台二次停位等方式减少错位误差。其中，提高制造安装精度、合理选用提升机支撑结构往往受经济性、制造水平、场地限制等因素制约；增加轨道对接辅助装置，穿梭车集电臂可脱离设计，升降台二次停位成为成本增加不大却行之有效的措施，值得进一步探究及推广使用。

来源：昆明昆船物流信息产业有限公司胡建法 李成友 徐超 周伶俐 王浩旭

8.3.5 解读 AI+ 物流发展趋势：2020 是应用元年，2025 市场规模 100 亿

第四次工业革命席卷，数字化、智能化改造已成必然趋势，物流行业也处于浪潮之中。2020 年，疫情进一步加速了这一发展趋势。旷视是目前唯一进入物流领域的世界级 AI 公司，从 2017 年起，率先开展 AI+ 物流领域的前沿探索和应用实践。旷视副总裁、物流业务事业部规划和战略发展中心负责人王银学，20 多年来专注于物流行业，曾在多家世界 500 强公司从事物流工作，负责过众多大型现代化物流中心项目，是中国现代化物流中心规划的专家。为此，站在 2021 年的起点，王银学分享了他对于智慧物流发展趋势、AI+ 物流的发展前景和实践成果的洞察。以下是相应的核心观点：

AI+ 物流大有可为

相关数据显示，社会物流总额的增速低于 GDP（无论产品销售几次，社会物流总额只计算 1 次），

表明物流中技术、智力的占比在提高。

1. 我们已经进入智慧物流时代

智慧物流的发展主要得益于：⑴技术要素支撑：物联网、机器人、人工智能（AI）、大数据等技术不断成熟；⑵市场要素倒逼：企业面临产能过剩、需求个性化、产品快速更新等市场发展；⑶社会要素加速：劳动力成本上升、疫情影响下少人化趋势、资源和环境等；⑷国家政策助推：智慧物流、智能制造、机器人等相关政策频繁推出。

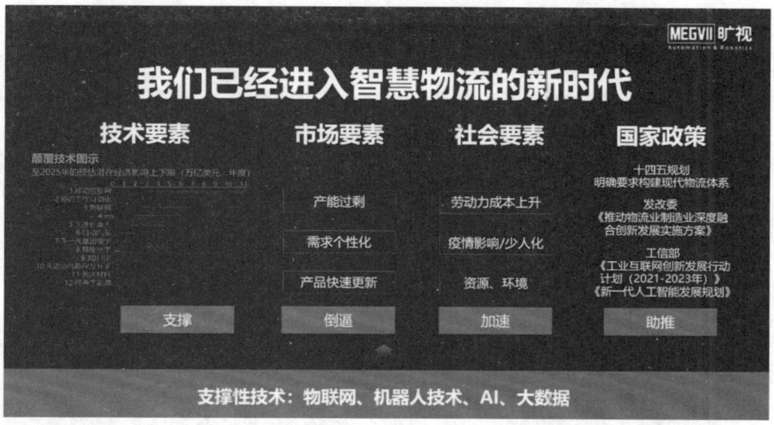

2. 智慧物流市场前景可期

一方面，中国智慧物流市场持续高速增长，近10年来平均增速高于20%（数据来源：网经社《2019年度中国物流科技行业数据报告》）；另一方面，物流数智化再升级空间巨大，目前我国整体物流自动化平均水平在20%左右，对比发达国家的80%尚有巨大可开发空间（数据来源：华创证券：《物流自动化行业专题研究报告》）。

3. 物流系统需要更加智能化

当前，智慧物流正处于大发展阶段。从千平米到千万平米，物流场景的规模越来越庞大；海量SKU、海量订单与即时消费、即时配送等维度叠加，导致物流履约系统更加复杂；场景内智能设备、子系统越来越多，常规的调度系统已经无法驾驭复杂的情况。在这样的趋势之下，传统的技术已经无法应对现有挑战，系统需要足够的算法和算力支持。AI 正在成为智慧物流发展的新引擎，未来，AI+ 物流大有可为。

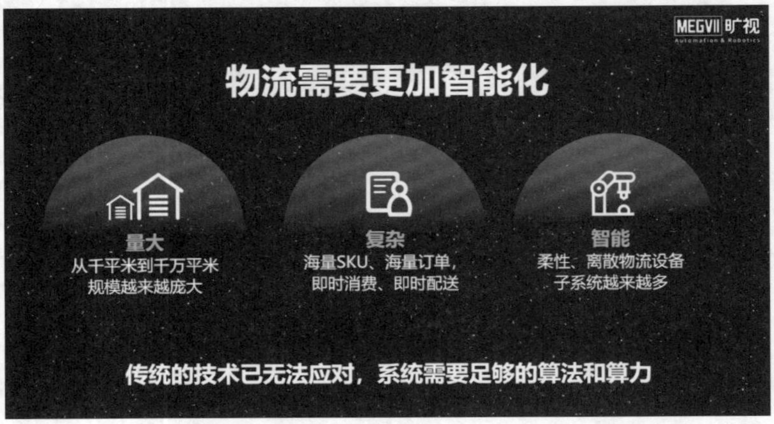

4. 2020 年是 AI+ 物流的应用元年

从 20 世纪 40 年代现代物流兴起，到 1979 年“物流”一词引入中国，再到 2015 年“互联网 + 物流”迎风而上，物流行业在市场、技术等因素的叠加作用之下不断演进。当前，互联网 + 基础设施不断完善，AI+ 物流具备了一定的数据基础。随着数字化渗透率持续提升，人工智能将成为物流的“新基建”，正在不断深入行业应用。此外，疫情影响下，无人化、少人化发展趋势加速。因此，2020 年成为“AI+ 物流”的应用元年。

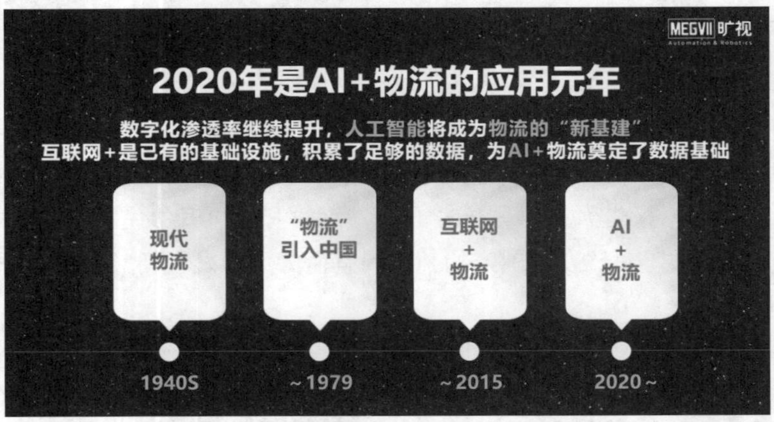

5. 2025 年 AI+ 物流市场规模将达 100 亿

人工智能技术不断应用于物流领域，在仓储、运输等环节降低物流企业的人力成本，提供人员及设备的工作效率。2019 年人工智能 + 物流的市场规模已达 15.9 亿元，预计到 2025 年市场规模将接近 100 亿（来源：艾瑞咨询《2020 年中国 AI+ 物流发展研究报告》）。

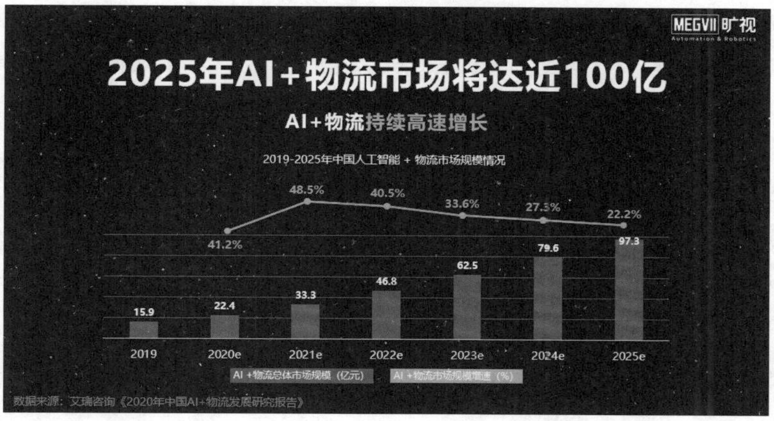

8.3.6 中国电信股份有限公司上海分公司仓储物流智慧化管理变革

中国电信股份有限公司上海分公司（简称“中国电信上海公司”）拥有中国电信集团内最大的城市电信网络，为超过 2200 万用户提供包括固定电话、移动通信、宽带互联网接入、卫星通信、信息化应用等在内的全业务综合信息服务。近年来，中国电信上海公司把握数字经济发展趋势，努力践行集团“云改数转”战略，充分发挥四网协同优势，积极参与上海“智慧城市”建设，助力推动上海城市信息化发展进程，供应链数字化转型作为全面数字化转型的有机组成部分，为整个企业提供了发展新动能。

上海通贸国际供应链管理有限公司（以下简称“上海通贸”）是中国电信集团和中国通信服务股份有限公司旗下从事供应链管理服务的专业公司，立足中国通信服务“信息化领域供应链服务专家”的定位，以价值创造为中心，聚焦客户需求，为之提供综合物流服务、进出口贸易、代理分销、通信产品开发、第三方专业检测、系统集成、通信运营支撑等综合性供应链管理服务。2020 新年伊始，上海通贸根据中国电信上海公司对供应链建设提出加快推进仓储节约化、标准化和信息化建设的步伐，满足物流服务快速响应、防控保管风险等要求，把握数字化供应链发展趋势，决定对现有 IT 运营系统进行现状剖析，探寻客户服务痛点，进行系统优化升级，从而进一步提升服务水平和管理能力。

一、现状分析

上海通贸的仓储物流系统功能涵盖了“订单处理”“仓储管理”“运输管理”“门户管理”及“与电信 MSS 的接口”，拥有智能策略辅助的功能，如“上架策略”“拣货策略”“拣货动线”等，不断优化业务流程并固化在系统中，考虑到系统的可靠性、安全性及可扩展性，系统进行了云改，整体迁移到公司私有云中。

随着公司管理要求的提升及新技术的发展，仓储物流的信息化发展存在较大的提升空间，主要表现在：精确化程度有待提升、系统性需要进一步加强；查询静态化，无动态交互；配送调度存在盲点，未实现统筹调配等问题。通过对上海通贸的仓储物流系统的剖析发现，系统运营目前主要以业务驱动为主，在仓储管理精细化、高效化以及物流可视化管理等方面亟待升级，拟探索 IT 系统优化升级新路径，拓展新亮点，提升用户服务感知，从而提升行业运营先进性。

二、市场调研

组织上海电信、华为以及上海通贸三方的研讨交流会，从供应链需求预测、供应链快速响应以及海外仓的管理等方面学习和了解华为公司的先进方案；走访考察中通服旗下优秀仓库，进行充分的交流，探讨各地电信物资仓管和配送方式的共同点和差异性，对于条码使用的颗粒度、流程运作的工作量等进行评估；听取一线用户的运营需求，邀请上海电信各建设单位参加物流可视化的需求调研会议，就目前物流配送中碰到的问题进行充分讨论，准确提出具体建议和落实要求，希望通过系统升级，在用户端能实现物流配送的可视化，以提高物流运作全程可控性。

根据前期的市场调研，上海通贸将从三个方面着手系统的升级优化，推进提升整体物流管理效益：①实现仓储实物类物资二维码的扫描管理；②强化物流配送APP可视化功能；③建设可视化管理平台。

三、解决方案

项目整体指导思想：仓储物流信息化建设从原先的单一“业务驱动”模式转变为“用户驱动”“业务驱动”及“技术驱动”三位一体的模式

方案内容

业务驱动：仓库物资条码管理－加强仓库精细化管理

通过系统软硬件迭代，加强对仓库物资条码管理的能力。实现一个条码（二维码），两种贴法（可贴托盘、可贴箱），三码绑定（托盘号，箱号，储位号），四个维度（分物料编号，托盘号，箱号，入库批次四个维度查询），精准定位每一箱物资管理方式，重新定义出入库操作，通过扫二维码快速进行上架，下架操作，通过二维码追溯物资在仓库的整个生命周期，一码到底进行管理，可清晰了解实物位置、数量等相关信息，可大大提高工作效率。

用户驱动：可视化App开发—提升用户体验

App可实现订单状态的全程可视化查询，通过查询，客户可以实时了解订单的当前处理状态、异常情况。通过使用GPS定位技术，客户可在地图上查看物资配送车辆的动态位置，实时了解车辆配送动态。同时还可以限制在配送地址的一定范围内才可以进行签收，增加了签收的安全性。客户通过更多的报表查询，可了解整个仓库动态以及分析数据供应商交货情况，及时把握运作动向。通过即时消息功能，客户可以随时与配送司机、调度中心保持紧密的联系，关注配送动态，了解异常情况。

技术驱动：可视化管理平台建设－提高集约化管理水平

利用3D建模、大屏展示技术，建设仓储物流集中管理平台。结合配送车辆集中调度系统、APP、GPS，使车辆、运输在途、配送点、仓库等地理信息业务数据统一集成，并且通过在途配送车辆的实时监控，实现对物资在途运输和在库管理进行实时跟踪与监控，科学、高效、节能的实现调度和管理。通过3D、大屏系统和调控指挥中心的建设，逐步实现资源统一调控、运输过程统一监控、信息共享，从而构筑运转高效的仓储物流调控体系。整个管理平台涵盖“作业管理”“配送监控”“园区安全“数据分析”四大能力。

四、项目成果及后续展望

2020年12月底，上海通贸已完成项目方案中全部物流仓储系统升级优化建设，实现了以下应用价值：

⑴物资二维码的使用精准定位到每一件物资快速、可靠地进行上架、下架及出库校对操作，实现物资在仓配一体化管理过程中全流程的控制与追溯，实现由系统驱动人，减少人工判断环节，降低人工差错率；

⑵可视化APP实现扫描配送单接收任务、订单查询、短信验证签收确认、显示签收预览图并可下载、配送车辆的动态位置查询（APP支持与百度地图的集成）等功能，在保障物资全程可追踪的基础上进一步增加客户的体验，提升服务价值；

⑶监控调度可视化平台建立了资源统一调控、运输过程统一监控和供应链信息共享机制，集成

数据实现车辆实时监控，物资全程可视，远程动态展示仓库使用、人员作业、出入库流量、安全库存预警等信息，实时掌握仓库运作情况。

⑷项目成果完全满足中国电信集团对2星仓库升级为3星仓库的要求，同时也将成为中国电信物流服务商中首家使用仓储二维码管理的运营单位；后期项目的可持续性开展将为运营商提供更高质量的服务，助力实现整体数字化转型战略发展。

后期展望：在传统的机制上不断学习先进的仓储物流管理理念，在标签管理、电子看板、通过感应层实现仓库容积密度数据分析等方面进行探索，同时有效利用现有的数据，挖掘数据价值，利用物联网、大数据与云计算以及人工智能等信息化手段，提升运营效能，为进一步实现互联互通、协同共享、智能决策的智慧化物流园区运营，打造生态供应链管理系统，从而高质量地服务客户。

来源：上海通贸国际供应链管理有限公司　中国电信股份有限公司上海分公司

8.4 物流信息化

8.4.1 2020（首届）中国数字经济与社会发展论坛在北京召开

2020 年 8 月 21 日下午，由商务部投资促进事务局、中国战略新兴产业杂志社、中国人民大学中国企业创新研究发展中心联合指导，数字经济创新联合实验室主办的“2020（首届）中国数字经济与社会发展论坛”在北京湖南大厦成功召开。

此次活动以“数字创新、智慧驱动、远见未来”为核心理念，聚焦数字产业化、产业数字化，共同探讨数字经济发展与创新机遇。商务部投资促进事务局李勇副局长出席并致辞，国内省市商务部门、园区负责人以及亚马逊、滴滴、Vivo、便利蜂、百胜等在数字化领域的头部企业近 200 人出席了论坛。

一、数字，经济社会发展的新动能

李勇副局长在致辞中指出，数字经济发展已成为驱动商业模式创新和发展的核心力量，为加快数字贸易发展及数字技术应用，商务部在商品市场及服务贸易领域作出了多项举措，将加快形成以国内大循环为主、国内国际双循环相互促进的新发展格局。商务部投资促进事务局联合《中国战略新兴产业》杂志社、中国人民大学中国企业创新发展研究中心，积极搭建“数字经济创新联合实验室”工作平台（以下简称“实验室”），聚焦数字经济产业研究与规划、企业数字化转型与技术应用，助力建设数字中国。

工业和信息化部原副部长杨学山认为，数字已经成为经济社会发展的新动能，是经济活动必要的、基础的要素。数字化转型是走向数字经济的基本实践，既能够支撑传统行业的转型升级，也能助推能源全局战略的优化，更能促进新生事物的创新发展。但数字需要创业者、技术，包括信息网络、软件、第三方服务等在内的基础及团队等因素的综合作用；同时，数字本身也需要具备高质量的特征，能够满足事务的运转和技术能力要求，支持其后续发展和有效管理。

国务院原国有重点大型企业监事会主席季晓南在会上指出，数字经济是拉动经济增长、助推经济高质量发展的重要驱动力，也对社会事业发展带来深刻变化，但数字经济与社会事业发展不均衡的问题应引起高度重视，发达地区与不发达地区差距明显、城乡数字鸿沟仍然突出、不同收入群体享受数字化红利程度不同、中小企业转型困难、个人隐私保护等问题，都需要在理论和实践中进一步解决。

二、数字经济创新联合实验室正式启航

会上，李勇副局长与《中国战略新兴产业》杂志社朱永旗总编辑、中国人民大学中国企业创新发展研究中心姚建明主任共同启动数字经济创新联合实验室工作。实验室以“新零售、人工智能、5G、区块链、大数据、物联网、电子商务、数字创意、金融科技、供应链金融、智慧供应链、智慧物流、数字电影新工业体系、智慧城市”为重点研究方向，聚焦数字经济政策、产业、技术和应用研究，整合智库、行业机构、科研院校、龙头企业、媒体等优质资源，旨在实现数字经济“产－学－研－金－服－用－政－企－媒”深度融合，推动建设数字经济产业“生态圈”。

实验室主任王磊介绍，未来实验室的工作计划包含五大方面：一是数智传播计划，即举办数字经济年度盛会，定期发布数字经济行业发展报告并出版刊物；二是数智鱼肚计划，组建专项产业投资机构，孵化数字经济“鱼肚”企业，培育数字经济及数字化转型上市企业；三是数智育才计划，搭建数字经济国家级智库，筹建数字经济商学院，举办数字化转型与企业管理创新培训；四是数智国际计划，与国际数字经济科研中心、头部企业建立常态化工作机制；五是数智城市转型计划，与地方政府共建地区数字经济产业研究院，组织数字化转型伙伴地方行，协助地方政府规划、投建、运营数字经济产业园区，设立数字经济产业投资基金、并购基金，推进区域性产业发展金融中心建设。

此外，首部数字经济规划指导用书、“十四五”数字经济转型指南系列《数字经济规划指南》也同期发布。正大集团农牧食品企业中国区副董事长薛增一，正元地理信息集团股份有限公司总经理、党委副书记杨占东等企业家在会上分享了企业数字化之路的探索和实践。

来源：商务部网站

8.4.2 2020（第十二届）中国物流与供应链信息化大会三宗“最”

砥砺奋进十二载，而今扬帆启新程。2020 年 11 月 4-6 日，一年一度的中国物流与供应链信息化大会即将在浙江温州开幕，在业界期待之中迎来 12 岁芳华。

“十二”是中国生肖纪年的轮回之数，是大会成长中的重要节点，在今年疫情全球蔓延、贸易战剑拔弩张、″不确定″成为常态、物流行业转型升级的背景之下，第十二届中国物流与供应链信息化大会尤为业界瞩目。

本届大会初衷为何？有哪些亮点和深远意义？

看点一：立意深远，最权威

本届大会由中国物流与采购联合会、中国交通通信信息中心、温州市人民政府联合主办，由国家交通运输物流公共信息平台、中国物流与采购联合会网络事业部、中国物流与采购联合会物流信息服务平台分会承办，温州市交通运输局、温州市交通运输集团有限公司协办，阵容强大，立意深远，解读权威。全力保障供应链安全，加快形成以国内大循环为主体、国内国际双循环相互促进的新发展格局已成为国家战略，而数字化、信息化与智能化无疑成为护航供应链安全、畅通“双循环”的“高速公路”。第十二届中国物流与供应链信息化大会致力于加快推进物流与供应链信息化发展，创新应用物联网、大数据、区块链等新技术，为行业抢占“新基建、双循环”格局下的发展机遇创造有利条件，促进现代物流与现代制造高度融合、高质量发展。会议将以“数字生产力，领跑物流供应链新格局”为主题，为物流与供应链产业相关方搭建交流合作平台，共同探讨行业发展变革、分享产业时代变化，引导企业升级。大会设有“国际物流供应链峰会”，分析新经济格局下国际及我国物流供应链发展趋势、痛点及破局之道，分享制造企业、国际物流企业与信息平台间互联案例，探讨国际物流供应链大数据的应用及趋势，呈现铁、公、水、航、邮、多式联运等不同模式的国际物流专业服务升级……自 2019 年中共中央、国务院印发《交通强国建设纲要》以来，“交通强国”建设如火如荼。按照要求，到 2020 年完成决胜全面建成小康社会交通建设任务和“十三五”现代综合交通运输体系发展规划各项任务，为交通强国建设奠定坚实基础；从 2021 年到本世纪中叶，分两个阶段推进交通强国建设……本届大会期间将举办“第二届交通强国智慧物流高端论坛暨国际物流供应链峰会”，交通部领导和相关专家将出席会议并对《交通强国建设纲要》及国际物流供应链安全政策做出权威解读，还涉及交通强国试点城市建设与现代物流融合发展、交通强国（纲要）“优化运输结构”对物流行业的影响等备受关注的内容。契合保障供应链安全及“交通强国”建设两大国家战略，云集交通部领导及协会、行业专家，精英学者，本届大会堪称过往 12 年中国物流与供应链信息化大会中最权威的盛会。

看点二：代表趋势，最前沿

网络货运新业态代表物流业转型升级的方向，是最“年轻”又永恒的话题，是大会的重点内容之一。网络货运从今年元旦正式实施以来已接近一年，大会专设“后疫情时代网络货运平台企业的发展创新之路”专题，邀请交通部领导解读一年以来的申报和第一批 A 级网络货运企业运营情况，还将请专家分享网络货运平台 2.0 时代给企业带来的挑战和机遇，人工智能、物联网、区块链技术如何重塑网络货运生态体系等话题；特设“网络货运实战训练营”，对网络货运起步阶段及有意加入网络货运的企业开展接地气的实战培训；在〞网络货运平台如何构建核心竞争力〞专题中，有对两个重要团体标准——《网络货运平台实际承运人信用评价指标》和《网络货运平台运单验证要素及管理要求》修订稿的解读，有平台如何运用大数据构建信用能力、如何构建自己的物流生态体系以及供应链金融如何赋能网络货运平台的实际指导。

大会以〞信息化〞、智慧化为核心，智慧物流是其中必不可少的一环。〞新基建时代下的智能物流技术新趋势〞专题从技术如何赋能物流行业、物流供应链大数据价值体现、区块链技术、物联网技术应用场景等多角度呈现前沿技术盛宴，技术介绍与实践交流相结合，探讨物流企业降本增效的技术手段，以期共同推进国家智慧物流发展。

看点三：面向市场，最丰富

会议权威性、实用性高低结合，既有高层声音，又有企业现身说法；既有主场论坛战略性、全面性解读，又设分论坛就细分领域深入探讨。在内容上，以智慧化为核心广泛辐射，包括 22 项主要内容，以 14 个专题分类输出，除了以上各项重点，还分门别类对物流企业及平台后服务体系建设、产业互联网与网络货运平台融合创新结合、数据创新应用、智能仓储与智慧城配、数字时代人才培养等方面分设专题，深入剖析。针对后服务体系建设，网络货运平台具有巨大潜力。〞开票〞只是其最低门槛，建立在整合资源之上的后服务市场才是核心价值和新赢利点所在，包括加油、ETC、维修、配件、司机人文关怀等。此外，网络货运平台不只是做物流，还可以延伸到产业链上游，比如到制造企业，与制造企业的 ERP 系统对接，不仅可以促进制造企业流程透明化、消除链条各节点的〞猫腻〞，还可减少中间环节，大大降低成本，大会分论坛将就此深入探讨，为网络货运深入发展保驾护航。三宗〞最〞并不能概括本届中国物流与供应链信息化大会的全部。作为大会的承办方之一，中国物流与采购联合会网络事业部〞磨剑〞12 年以来，积累了大量有代表性的物流企业及信息化和服务方面的优质客户。会议面向物流及供应链企业总经理（CEO）、首席信息官（CIO）、首席技术官（CTO）和首席运营官（COO）等；制造业、电商和商贸企业的物流、信息化、采购等负责人；为物流产业链提供服务的企业高管；关注物流与供应链行业发展的专业投资机构负责人；行业协会、院校、咨询、培训机构及研究机构的专家，政府物流、供应链及信息化主管部门有关负责人等，预计千人参会共襄盛举。

来源：《现代物流报》

8.4.3 综合信息

一、打造一站式数字产业园网络货运走出“快货运”模式

网络货运是互联网＋物流的产物，它以信息化及数字化为载体，集中解决了企业运营过程信息化程度低、税务合规难、资源整合度弱等痛点。并在各地相关政策激励下，迅速蹿红成物流行业最“火热”的领域。

虽然网络货运发展正值风口，但是网络货运作为新兴产业，有着极强的互联网及大数据属性，对技术研发及监管水平要求较高。因此去年各地都在摸索中前行，拿到网络货运牌照的企业数量总体偏少，企业及政府在落地推广中还是遇到了一定阻力和挑战，具体表现在：

首先，传统物流行业自行转型网络货运门槛较高，ICP、三级等保、合规系统、线上服务能力认定等资质需要企业投入大量的研发时间及财力，实力较弱的企业几乎无法实现网络货运转型的可能。

其次，网络货运申报流程长审批手续多，涉及交通、工商、税务、通信、人社、银行等多部门多机构，跨部门协同操作企业很难一站式打通。

最后，大数据监管能力尚不完备，政府需要不断完善信息化检测工作，特别是要着重解决网络货运企业出现的资质异常、入网异常、轨迹异常、资金支付异常、超范围经营、超限超载运输等问题

针对上述挑战，快货运分别与铜仁市、山西省、珠海市、内蒙古四地政府联合打造快货运网络货运数字产业园。由快货运提供标准、合规的网络货运系统，降低了企业系统部署的技术难度。同时，与当地政府联合打造政府监管平台，用先进的区块链技术实现网络货运系统数据的全面上链，加强物流数据的加密，为政府监管部门提供了稳定可靠的数据管理、数据查询与信息监测服务。通过一站式全链条服务，帮助企业打通注册申报、运营指导、产业扶持等全流程操作，助力物流行业向数字化转型，打造物流新消费、物流大数据、物流金融的共赢新生态。

截至今年 1 月，已有 400 多家企业入驻快货运网络货运数字产业园，注册数量和速度领跑全国，已然成为全国网络货运产业发展聚集区、创业创新首选地及政策创新先行区，形成了独居特色的网络货运发展“快货运模式”。

“快货运模式”推进了网络货运发展速度，核心推进动力在于打造了网络货运数字产业园，通过技术、运营、政策优势，吸引了全国物流企业在产业园落地生根。

二、技术赋能，打造一站式申报服务

网络货运的特点是高度信息化，所有的商流、信息流、资金量均实现线上化操作，传统企业想获得“网络货运”牌照，必须要有一套涵盖信息发布、线上交易、全程监控、金融支付、咨询投诉、在线评价、查询统计、数据调取等功能的运营系统，并且需要和省交通、税务平台实现互联互通。同时申请网络货运必要的 ICP 证、三级等保等资质，对中小物流企业来说是个不小的压力，企业转型面临财力和技术考验。

为减轻企业入驻压力，快货运依托区块链、大数据、云计算等先进技术，专业打造具有多用户终端、多业务模式、云服务器、在线结算等特点“快货运网络货运系统”，为中小物流企业提供平价高质的网络货运系统。同时标准化的运营系统方便与政府监管系统对接，提高企业注册效率，而政府借助标准化的系统可以方便对企业进行监督，为后期税务、统计、财政等部门提供管理依据。

不仅在系统搭建领域，针对网路货运申报所有流程节点，快货运与各地政府打造一站式行政服

务申报体系，网络货运专有绿色通道等服务。为入驻企业提供从公司注册、平台搭建、系统对接、银企直连、ICP 证、三级等保、牌照申请、税务规划、平台运营、奖励申报等所有服务。入驻企业只需提供公司的基本信息即可，最快 30 天即可拿到牌照，并且通过率几乎达到了 100%！

通过“快货运”提供的技术支持及专业运营，帮助企业以极少的成本打通了产业园注册申报难题，同时，针对政府信息化监管需求，打造具有自主知识产权的网络货运政府监管运营智慧大脑——快货运智慧物流政府监管平台。为政府监管部门提供数据管理、数据查询与信息监测服务，为数字产业园入驻企业的健康、有序发展提供支撑。

三、团队协作，打造一站式运营服务

企业入驻产业园以后，需要面临一个经营思路的转变，部分物流企业依靠线下手段进行物流操作，而转型网络货运后，经营过程中的合同、订单、运单、付款等方式均要在线上完成。即使企业拥有线上物流操作系统，如何尽快与网络货运系统打通，实现业务全流程上线，成为考验快货运运营服务的关键。

为帮助企业尽快熟悉网络货运系统操作，快货运安排专属客服进行一对一系统培训。同时为保障系统稳定、可靠运行，安排专人进行24小时运营维护，针对系统故障迅速响应并安排专人进行排除。而对于系统对接，快货运提供标准化 API 系统接口，专业技术人员全程对接指导，以最快的速度帮助企业实现全流程线上化操作。

为帮助网络货运企业做大做强，由快货运组建的客户成功团队，基于丰富的专业知识，针对企业业务特点、发展模式进行专业规划，帮助企业谋划未来发展路径，激活企业发展活力。

而产业园当地政府也是非常重视企业发展，通过定期举办线上线下见面会，就企业代表常见的“发票增版增量、撮合如何开票、如何申报”等涉税问题进行解答。为近距离的扶持企业发展，以快货运铜仁产业园为例，铜仁市税务局把网络货运项目作为“一号工程”来抓，新提出“一书三用”概念，制作了集网络货运政策文件、热点问答和新闻资讯为一体的线上书刊——网络货运“一点通”。同时，选派了 1 名业务骨干入驻铜仁市网络货运线上数字产业园驻点现场办公，一对一对接辅导，手把手教企业准备涉税资料、面对面讲解涉税政策等。

四、政策加持，打造一站式扶持服务

如何更好的吸引客户落地，帮助园区内企业做大做强？快货运网络货运数字产业园从政策切入，根据各地出台的扶持方案，企业入驻以后可以享受多级财政奖励、子女入学保障、同等医疗待遇等优惠政策，持续 5 年的稳定政策，让企业轻松转型，轻装上阵。

相比政策颁布，企业更关心的是扶持奖励申请与兑现，各地政府依托快货运网络货运系统，对企业订单信息、物流轨迹、资金流向进行对比判断。符合政策奖励条件的企业，政府会主动把扶持奖励资金拨付到公司账户，政府信誉在园区企业心中不断提升，优质口碑传播更加速了企业落地运营的步伐。

为帮助企业拓展更多增值收益，快货运打造的网络货运企业服务平台，通过与物流生态链企业合作，逐步培育货车后市场、保险、供应链金融、车辆监控、ETC、油品、保险、维修等配套服务，过为入驻产业园的网络货运企业及产业链服务企业提供一站式综合园区服务，持续推动网络货运产业规模化、生态化、集群化发展。

快货运从无到有，从产业园构想到四大产业园落地，快货运走的每一步都在推动网络货运发展而努力。未来，快货运将持续技术赋能，做行业精英，用价值创造助力更多企业实现网路货运转型，推动中国物流朝着智慧化、数字化转型迈进。

来源：中物联物流信息服务平台分会

8.4.4 信息化为口岸管理带来的变化

近日，装载27.8万吨进口原油的“梅卡”轮，靠泊在青岛前湾港。经青岛海关所属黄岛海关关员登轮查检符合要求快速放行后，油轮立即开始卸货、转运工作。据悉，这批进口原油，企业申请了“两段准入”通关模式的附条件提离。在海关监管下，进口原油在口岸经海关检查无异常情况并实施取样后，企业可先行将货物提离口岸，待检测合格后销售使用。这样可以减少大型油轮在港停留时间，提高码头作业周转效率。

黄岛海关自2020年12月1日正式试行“两段准入”信息化监管，12月22日全面推广应用至辖区所有业务现场，企业可自主选择申请。“两段准入”改革后，进口原油通关更加便捷，口岸营商环境也更为优化。

当下，通关无纸化建设不断完善，口岸信息智能化水平不断提升，口岸服务更加精准化和集约化，国际贸易“单一窗口”功能不断增加，将为口岸营造良好的通关环境，通关环节将趋于便利高效，通关模式将趋于改革创新，社会服务能力将不断加强，企业将拥有更好的营商环境，企业办理业务将更加便捷，区域口岸合作将更加密切，国际贸易环境将不断优化。

一、管理信息化，提升通关效率

2019年至今，海关总署及各地海关部门相继出台各项举措及相关文件，如实施进口货物“两步申报”通关模式改革、推进经认证的经营者（Authorized Economic Operator，AEO）高级认证企业注册、全面采用电子代理报关委托书、无纸化通关、海关行政审批网上流程办理等。

各地口岸信息系统利用区块链、物联网、互联网、云计算、可视化等信息化技术手段，提高智能化水平，如自动识别并采集集装箱号、车牌照号等信息并与海关监管指令进行对碰、散货的卡口智能判定并自动验放集改散业务、海关通过视频通话模式远程验核等。

口岸管理服务与海关、外汇、检验检疫、保税等监管系统紧密结合，实现数据整合与信息交互，如中国电子口岸的海关与外汇备忘录联网系统实现海关与外汇局间数据交换，福建自贸试验区的“关检‘一站式’查验平台+监管互认”使厦门海关、福州海关与原厦门检验检疫局、福建检验检疫局开展信息互换、监管互认、执法互助合作，黄埔海关的“互联网+保税”平台将涉及保税监管的135项海关服务事项纳入平台在线办理。

口岸管理的标准化，可以为企业和政府减少人力物力及时间成本，提升口岸通关效率；口岸管理智能化水平提高，可以提升通关效率，在全球疫情下也可以减少新冠的传播；口岸管理的集约化可以显著提高监管能力，提高口岸与各监管系统间的数据互通。

二、国际贸易“单一窗口”，营造便捷营商环境

国际贸易“单一窗口”是联合国倡导的一项国际贸易便利措施。2015年9月，中国签署世界贸易组织（WTO）的“贸易便利化协议”。2019年1月1日，《建立国际贸易单一窗口指南》实施。该指南指出，对于贸易商和主管当局双方，单一窗口在相当程度上简化和满足贸易相关监管规定所需信息的过程，提高官方监管的效率和效益，降低政府和贸易商双方的成本。

近年来，海关总署不断推进口岸信息化智能化建设，积极推进国际贸易“单一窗口”建设，目前“单一窗口”已实现国家层面25个部门的系统对接和信息共享，建成上线16大类基本服务功能，提供600多项服务事项，累计注册用户320多万家，日申报业务量达9000多万票，是企业面对口岸管理部门的主要接入服务平台。

自中国国际贸易“单一窗口”标准版实现全覆盖以来，2020 年，全国各地区以标准版为基础，持续推进“单一窗口”的发展建设。北京“单一窗口”系列区块链应用服务上线，该服务将海关、商务、税务、园区、货站等单位数据上链，并构建全流程跟踪“溯源链”。厦门“单一窗口”金融区块链平台“海运费境内外汇划转支付场景”投入运营，将税务局发票系统、厦门国际贸易“单一窗口”、相关银行、部分船代、货代、付款企业链接起来，实现政府信息、银行服务和产业链的融合。广东“单一窗口”上线“加易贷”融资平台，助力省商务厅动态掌握加工贸易企业融资相关信息。四川“单一窗口”与建设银行总行业务系统对接，实现了预约开户、在线签约以及转账、汇款、汇率、融资、账户查询等金融业务功能。

“单一窗口”的众多功能，简化了企业通关流程，为企业营造更加便捷的营商环境。随着全球贸易的竞争日益激烈化，各国将更加重视通关的便利程度。近年来，世界各个国家（地区）普遍采用“单一窗口”来实现贸易通关的便利化。未来，“单一窗口”不但将结合区块链技术，推动数据上链，也将推出更多金融服务，更好地为政府监管、企业办事提供便利。

三、区域口岸合作，增强竞争力

区域口岸合作是当前国际复杂多变的贸易环境下，中国实施高水平对外开放的战略需要，更是后疫情时代，中国提高产业链供应链稳定性和竞争力，构建国内国际双循环的重要手段。

2019 年 8 月，《西部陆海新通道总体规划》发布，由中国西部省份与新加坡合作打造的陆海贸易新通道，以重庆为运营中心，以广西、贵州、甘肃等西部省份为关键节点，利用铁路、海运、公路等运输方式，向南经广西北部湾通达世界各地，运行时间比经东部地区出海大幅缩短。截至 2020 年 10 月，中国海关与欧盟、日本、韩国等 15 个经济体签署了 AEO 互认安排，AEO 高级认证企业的货物在互认国家和地区通关可以享受便利化待遇。

基于现代化信息技术在口岸管理领域的广泛应用，联通口岸通关信息交流，推动口岸贸易便利及安全合作，营造良好的贸易合作环境，是进一步提高各国、各地区通关便利化和贸易便利化程度的重要任务。

未来，国家口岸办将加强口岸国际合作工作，提高口岸通关效率；内地与港澳口岸交流合作不断深化，积极支持粤港澳大湾区建设；中国将继续围绕国家政治经济外交大局和“一带一路”建设，加强口岸领域对外合作交流，更好地促进跨境互联互通和贸易便利化。

来源：《中国水运报》

8.4.5 网络安全

网络安全审查办法

为了确保关键信息基础设施供应链安全，维护国家安全，国家互联网信息办公室、发展改革委、工信部等 12 部门 27 日联合发布《网络安全审查办法》（简称《办法》）。《办法》于 2020 年 6 月 1 日起实施。

根据《办法》，网络安全审查重点评估采购网络产品和服务可能带来的国家安全风险，包括产品和服务使用后带来的关键信息基础设施被非法控制、遭受干扰或破坏，以及重要数据被窃取、泄露、毁损的风险；产品和服务的安全性、开放性、透明性、来源的多样性，供应渠道的可靠性以及因为政治、外交、贸易等因素导致供应中断的风险；以及其他可能危害关键信息基础设施安全和国家安全的因素等。

“关键信息基础设施运营者采购网络产品和服务，影响或可能影响国家安全的，应当按照办法进行网络安全审查。”国家网信办有关负责人介绍说，电信、广播电视、能源、金融、公路水路运输、铁路、民航、邮政、水利、应急管理、卫生健康、社会保障、国防科技工业等行业领域的重要网络和信息系统运营者在采购网络产品和服务时，应当按照办法要求考虑申报网络安全审查。

来源：《经济参考报》

网络安全趋势

2021年即将来临，展望新的一年，作为国内专注于保密与非密领域的分级保护、等级保护、业务连续性安全和大数据安全产品解决方案与相关技术研究开发的领军企业，国联易安对2021年网络安全方面的十大趋势做了专业预测，以飨业界读者。

一、OT安全的关注逐渐被提高

OT是指工业控制系统的组件设备，是监视或触发物理设备变化的硬件和软件。OT的许多早期实现都是机械的或者甚至是气动的，具有基本的控制和信息捕获。OT安全是正操作技术安全，具有监测保护、测量保护，远程控制保护、系统识别保护、感知保护作用。

随着工业控制系统的数字化提升，OT的安全事件一旦发生，企业的损失就相当大。具体事件包括：外部攻击者采取规避安全措施，恶意破坏系统正常运行的事件；内部员工采取规避安全措施，恶意破坏系统正常运行；内部员工意外造成破坏系统正常运行的事件。

网络安全专家认为，一直以来，IT安全都是重中之重，但是未来对OT安全的关注将不亚于IT安全。尤其是对于一些关键基础设施，如电力系统、运输系统和飞行控制，更是经常需要实时的威胁监测与响应和安全防护。

二、CNP支付欺诈成为最大的挑战之一

2021年，可以预见网购仍然受到青睐，促销欺诈逐渐减少，取而代之的是CNP支付欺诈。CNP支付是指消费者只需要提交信用卡号、卡有效期限、CVC2/CVV2安全码（卡背面三位识别码）等有效信息，不用刷卡、无需当面交易、即可完成付款的过程。因此，CNP交易又被称为非面对面交易或者信用卡无卡支付交易。预计到2023年，CNP支付诈骗增长率将达到14%，零售商损失将达1300亿美元。

另外2021年，全渠道购物攻击也将增加，商家现在会在越来越多的设备上预防欺诈，犯罪分子比以往任何时候都更容易跨渠道窃取凭据。

CNP支付欺诈削减了电商的利润，而且也会造成客户不良体验。由于CNP交易不需要当面刷卡交易，只要获得卡信息就可以支付，一旦被他人得到了卡信息，就存在被他人盗用支付的风险。一些大的电子商务商户，采用API方式（程序直接后台对接而不是页面跳转）与支付机构对接，可能导致数据安全出现风险。

网络安全专家认为，网络欺诈已经成为一种行当。尤其是金融行业盗卡、钓鱼、薅羊毛、电信诈骗等欺诈行为屡见不鲜。欺诈风险是国内金融行业面临的最大挑战之一，金融反欺诈已被金融机构和监管部门视为重要议题，网络安全加固亦成为重中之重。

三、基于供应链网络的传递攻击将大行其道

目前，越来越多的组织将其供应链转移到云上，这势必增加潜在的漏洞风险，所以组织必须通过威胁监测平台全面了解其供应链网络安全。

2021年供应链的传递攻击将会增加，保护和管理供应链对于组织运营至关重要。最早的心脏出

血漏洞、2014 年的 Target 数据泄露、2017 年的 Equifax 数据泄露都直接或间接与供应链攻击相关。此类攻击，首先是攻击者进行摸查，攻击者摸查到正常安装的过程后，往往会搞清楚 APP 提供商和其合作商之间信息交互的弱点，然后利用这个弱点发起传递攻击。这也说明，软件供应链的开发、交付、使用环节都存在受攻击的风险，最终也会影响到软件产品和整个应用场景的安全。

软件供应链攻尤其恐怖，攻击者通常会避开传统网络防御系统，对软件及其交付流程发起持续攻击，而且一次攻击，容易破坏多个系统。尤其受损软件的企业可能被勒索软件非法劫持，丢失重要的信息并带来商誉麻烦。

网络安全专家认为，组织的连接性日益紧密，连接性带来商业价值的同时，也相继带来安全隐患。网络犯罪分子会通过访问那些保护不佳的网络，锁定被攻击者目标。因为其通常无法预知潜在威胁，也缺少足够的资源来实施网络安全加固、管理。所以网络攻击者会在系统潜伏多年后攻击薄弱点，从而达成传递攻击。

四、创新的云安全平台被给予厚望

信息系统是数量级的，需要逐步迁移，云安全平台被给予厚望。但是在网络安全方面，每个厂商仍然采用堆砌安全产品的模式，客户选择购买云安全平台，表面上很高大上，但往往由于没有创新，最终无法实现安全防护。真正通过网络提供云框架结构的 IaaS、PaaS 及 SaaS 的专业搭建开放式创新云计算平台的平台工具，实现安全防护，尤其难能可贵。

云计算本身的安全取决于传统信息安全技术。云安全技术包括云基础设施安全、数据安全、认证和访问管理安全以及审计合规性等。面对云安全，如何构建和管理“安全云”环境是最重要的。管理云计算中复杂的虚拟化环境，实现多类型安全设备的日志管理和事件分析，部署虚拟化环境下的安全策略，完成安全策略自动分发、动态调整等都是对创新云安全平台的需求。

网络安全专家认为，传统信息安全技术需要适应云计算虚拟化、资源共享等特点，采取技术创新。云计算用户无法准确了解数据位置，因此云计算提供商需要确认用户信任度是考虑的重点。什么时候云安全平台可以从被动转向真正的主动防御，就是一个成熟的云安全平台。

五、人工智能带来的网络安全开始显露

人工智能将重塑网络安全未来的图景。人工智能理论和技术日益成熟，应用领域也不断扩大，人工智能带来的科技产品，将会是人类智慧的“结晶”。

然而 DNA 数据库以 8 美元的低价被抛售，560 万名联邦雇员的指纹被泄露等事件，让我们不得不感觉头皮发麻、后背发凉，因为我们不能预测未来会发生什么。毕竟机器学习软件可以下载，视频教程搜索就可以找到。通过对潜在受害者的内容信息进行自动编辑，攻击者可以很快对企业或个人造成严重破坏。

史蒂文斯理工学院的研究人员在 2017 年分析了 4300 万用户档案后，使用人工智能成功地猜出了 27% 的用户 LinkedIn 密码。在网络防护防者看来中，工具可以帮助警示最终用户他们的密码设置，在攻击者手中，就是一种网络安全威胁工具，后患无穷。

网络安全专家认为，与任何技术一样，人工智能可用于防御或者攻击。研究资料现实，黑客将能够使用 DeepLocker 等恶意软件根据他们的性别和种族，用特定深度学习算法来定位特定用户或群体。网络安全在技术提升、人才储备等方面要进一步加快，从而实现为智能时代保驾护航。

六、网络安全是新基建的基石

新基建是 2020 年的热词。加快推进新基建，不仅可以拉动经济增长，而且是经济转型的基础。2020 年，伴随着一系列新基建政策，各行各业数字化转型的步伐提速。但与此同时，新基建也为网络安全带来了全新的挑战。

在新基建背景之下，针对关键基础设施的网络攻击必然会增加。新基建是数字化基建的基础设施，进一步加大了网络安全威胁的覆盖面，让安全防御难度增加；尤其是吸引了高级网络安全威胁的注意力，将大数据中心、5G 网络等新基建作为重点目标。

从安全角度来看，推进新基建意味着网络安全变得更加纷繁复杂，网络安全的防护范围也变得更加宽泛，网络安全漏洞可能存在于多个地方，攻击可以由任何一个地方发起，安全威胁随时都可能影响到新基建关键基础业务的正常运行。

网络安全专家认为，新基建使用了 5G、AI 等技术，并利用大数据能等技术优化了整体流程。因此，一旦发生网络攻击，将会从数字空间延伸到物理空间，造成严重的后果。未来基于新基建下的智慧城市虽然体验到网络带来的便利性，但同时也要承受网络安全带来的严峻挑战。

七、零信任成为数字安全时代的主流架构

零信任既不是技术也不是产品，而是一种安全理念。零信任安全即不信任网络中的任何人、设备、系统，不信任传统网络边界保护。零信任不再区分传统定义上的内网、外网、公网、私网，统一要求“先认证，再授权”。

零信任最早由市场研究机构 Forrester 在 2010 年左右提出，后来 Gartner 和 Forrester 由对零信任概念、应用场景、迁移方式进行了完善和补充。我们都清楚地认识到，传统的基于边界的网络安全是“先连接，后信任”。也就是在网络边界，需要验证用户身份，确定其是否值得信任。如果被认定为是可信任的，就能进入网络，访问通行无阻了，反之会被拦截在外。由此可见，零信任将逐渐成为数字安全时代的主流架构，产品也将逐渐走向推广期。

网络安全专家认为，毋庸置疑，零信任将成为数字安全时代的主流架构。在组织内部，重构以身份为中心的信任体系和动态访问控制体系，建立组织全新的身份边界，逐渐成为网络安全的大趋势。零信任的关键在于控制对数据的访问，而很明显，这与数据资产的位置以及访问发起者的位置无关。

来源：中国物流与采购网

摘录整理：李佳 吴洁

第九篇 物流金融与保险

9.1 供应链金融

9.1.1 综述

一、物流金融

物流金融是指以物流企业融入和融出资金的经济关系总和，一般可分为间接融资和直接融资两大类经济关系，实践中则变现为间接融资运作系统和直接融资运作系统，运作系统由参与主体、产品、制度构成。间接融资一般可分为物流银行贷款、供应链金融和物流融资租赁三种形式，直接融资一般可分为商业信用、股权和债权三种形式。

随着我国信用经济和数字经济不断深化，我国物流业发展跨入了全面提升的重要历史阶段，中央对金融供给侧结构性改革和解决企业贷款尤其是中小企业贷款难贵慢问题的政策，无疑是物流业快速发展的金融抓手，这是当前乃至整个“十四五”期间物流金融的大背景。大背景下，物流金融的间接与直接金融的渠道结构基本稳定，但创新将成为物流金驰的主旋律。为此，在介绍间接和直接融资中做适当的创新引导。

（一）物流间接融资

1. 传统的银行贷款产品

（1）本质特征。体现贷款银行与借款企业之间两点型借贷关系（即特定经济关系）。相对于结构型贷款关系。

（2）贷款种类划分。理论上划分如下：按用途，可分为流动资产贷款（一般可细分出周转贷款、循环贷款和专项贷款）、技改贷款、网点贷款、固定资产贷款、企业发展贷款、过桥贷款（多用于重组）；按期限，可分为短（1 年及以内）、中（1 年≦ 5 年）长期贷款（5 年以上）；按担保与否，可分为信用贷款、抵押贷款、质押贷款、第三方保证贷款；按贷款银行家数，可分为单一银行贷款和银团贷款或异地联合协作贷款。

按着《贷款通则》的规定，我国商业银行发放的贷款形式主要有：委托贷款、信用贷款、抵押贷款和票据贴现等四种形式。

（注 1：数据信用是商业银行中小企业贷款主流风控指标，数据内容几乎涵盖与企业经营状况直接相关的存量和流量信息，如企业的 3 年财务年报、3 个月财务报表、报表 6 个月对公账单、6 个月税单和社保单、场地租赁合同及 3 个月水电账单、收入和利润、产值和库存、设备和保险、还款保证等信息。企业全息信用信息包括市场、公共和数据三方面，需要市场、公共和数据三个信用信息供给源构成的供给系统予以支撑。在市场、数据供给源缺失和贷款风险管理弱化第三方信用评级条件下，信用信息不对称是企业贷款尤其是中小企业贷款难贵慢的系统性问题。）

（3）现行银行贷款品种列表

同时，各商业银行面向市场积极进行金融创新推出了许多适应中小企业需要的贷款品种，体现了各自的营销策略和和客户特色。现行的主流银行贷款品种汇集列表如下，供参考。

银行贷款品种汇集列表

序号	贷款品种名称	说明
1	委托贷款	是指由政府部门、企事业单位及个人等委托人提供资金，由受托人（贷款银行）根据委托人确定的贷款对象、用途、金额、期限、利率等代为发放、监督使用并协助收回的贷款。贷款银行只收取手续费，不承担贷款风险
2	信用贷款	是指以借款人的信誉发放的贷款。并以借款人信用程度（AA- 及以上综合信用等级）作为还款保证的
3	担保贷款	是保证贷款、抵押贷款、质押贷款的统称。权利质押是指：以银行票据、债券、存款单、仓单、提单，依法可以转让的股份、股票，依法可以转让的知识产权，依法可以质押的其他权利（如应收账款——次级贷款）
4	票据贴现（类质押贷款）	是指借款人将未到期银行承兑汇票或商业承兑汇票转让给银行，取得扣除贴现利息后的贷款资金。
5	综合授信（类循环贷款）	企业信用程度好、申请贷款较频繁，银行可授予其一定时期内一定金额的信贷额度，企业在有效期与额度范围内可以循环使用
6	信用担保贷款	由中小企业担保机构予以担保的企业贷款。机构属于公共服务性、非盈利性组织，一般由当地政府财政拨款。如中小企业服务中心、各区财政管辖的、市科委管辖的该类机构
7	买方贷款	银行按照企业间的购销合同，对其产品的购买方提供贷款支持
8	异地联合协作贷款	牵头银行同异地协作企业的开户银行结合，分头提供贷款。主要针对产品销售、生产协作产品等企业补充流动资金
9	项目开发贷款	即高科技中小企业向银行申请的科技成果转化项目开发贷款
10	自然人担保贷款	由自然人提供财产担保并承担代偿责任 3 年期内中小企业贷款。自然人担保可采取抵押、权利质押、抵押加保证三种方式
11	无形资产担保贷款	以依法可转让的商标权、专利权、着作权等无形资产作为抵押物发放的企业贷款
12	保全仓库业务（担保贷款衍生品）	是以企业所拥有的较为通用的流动资产为抵押物而发放的贷款
13	自助贷款（担保贷款衍生品）	通过评估中小企业在银行的质押和抵押物、银行给予中小企业一定授信额度，在约定期限内中小企业根据授信额度可以反复进行贷还款业务

2. 新型的银行贷款产品

（1）本质特征。贷款银行、信信息供给源机构或（和）信用保障机构按各自功能作用组成结构型供给侧与借款企业形成的结构型借贷关系。相对于两点式贷款关系。

（2）贷款种类。本篇将其定义在保理、信用验证贷款和供应链金融范围。

（3）保理业务。

保理（Factoring，全称保付代理，又称托收保付，）指卖方将其现在或将来的基于其与买方订立的货物销售／服务合同所产生的应收账款转让给保理商（提供保理服务的金融机构），由保理商向其提供资金融通、买方资信评估、销售账户管理、信用风险担保、账款催收等一系列服务的综合金融服务方式。

保理业务是一项集贸易融资、商业资信调查、应收账款管理及信用风险承担于一体的综合性金融服务。对金融供给侧结构性改革具有借鉴作用，甚至将其视为供应链金融的新模式。

1）国际保理业务发展脉络

保理（Factoring，全称保付代理，又称托收保付）指卖方将其现在或将来的基于其与买方订立的货物销售／服务合同所产生的应收账款转让给保理商（提供保理服务的金融机构），由保理商向其提供资金融通、买方资信评估、销售账户管理、信用风险担保、账款催收等一系列服务的综合金融服务方式。

国际上保理历史悠长，已有一百多年历史。英国 1911 年出版的《牛津简明词典》对保理业务就有定义，1995 年出版的《保理法律与实务》对保理又作定义。美国 1985 年道恩斯・古特曼所著《金融和投资辞典》对保理也有定义，同时美国还有一个被普遍接受且较为严格的保理定义，全球保理业务发展影响深远。

保理的国际定义有两个。一是国际统一司法协会1988年5月28日订立、1995年5月1日生效的《国际保理公约》第一条中对保理合同做出的定义，二是国际保理商联合会（简称 FCI）在其 2013 年 7 月修订的最新版《国际保理通则》中规定。目前普遍引用后者，即“保理合同是指一方当事人（供应商）与另一方当事人（保理商）之间所订立的合同，根据该合同：（1）供应商可以或将要向保理商转让由供应商与其客户（债务人）订立的货物销售合同所产生的应收账款，但主要供债务人个人、家人或家庭使用的货物销售所产生的应收账款除外。（2）保理商应履行至少两项下述职能：为供应商融通资金，包括贷款和预付款；管理与应收账款有关的账户（销售分户账）；代收应收账款；对债务人的拖欠提供坏账担保。”

我国保理业务发展历程

1991 年 4 月底，应 FCI 邀请，中国对外经济贸易部计算中心（现商务部国际贸易经济合作研究院）和中国银行组织联合考察组，赴荷兰、德国和英国考察国际保理业务。经考察组集体研究决定，正式向 FCI 发函确认将 Factoring 一词的中文译名确定为“保理”，从此中文“保理”一词被全球广泛使用。

在 2014 年由中国银行业监督管理委员会（简称银监会）公布的《商业银行保理业务管理暂行办法》中称保理业务是以债权人转让其应收账款为前提，集应收账款催收、管理、坏账担保及融资于一体的综合性金融服务。债权人将其应收账款转让给商业银行，由商业银行向其提供下列服务中至少一项的，即为保理业务：（1）应收账款催收：商业银行根据应收账款账期，主动或应债权人要求，采取电话、函件、上门等方式或运用法律手段等对债务人进行催收。（2）应收账款管理：商业银行根据债权人的要求，定期或不定期向其提供关于应收账款的回收情况、逾期账款情况、对账单等财务和统计报表，协助其进行应收账款管理。（3）坏账担保：商业银行与债权人签订保理协议后，为债务人核定信用额度，并在核准额度内，对债权人无商业纠纷的应收账款，提供约定的付款担保。（4）保理融资：以应收账款合法、有效转让为前提的银行融资服务。

2021 年 1 月 1 日，《中华人民共和国民法典》正式生效，其中的第七百六十一条对保理合同作出了定义："保理合同是应收账款债权人将现有的或者将有的应收账款转让给保理人，保理人提供资金融通、应收账款管理或者催收、应收账款债务人付款担保等服务的合同。"

2）保理业务分类

保理业务分为国际保理和国内保理。国内保理是根据国际保理发展而来，与国际保理不同的是，国内保理的保理商、保理申请人、商务合同买方均为国内机构，业务内容主要包括应收账款买断和应收账款收购及代理。

国际保理又叫国际付款保理或保付代理。它是指保理商通过收购债权而向出口商提供信用保险或坏账担保、应收账款的代收或管理、贸易融资中至少两种业务的综合性金融服务业务，其核心内容是通过收购债权方式提供出口融资。

3）保理业务常识

第一，国际保理业务的运作有单保理和双保理两种方式怎么选择。仅涉及进出口商一方保理商的叫做单保理方式；涉及双方保理商的则叫做双保理方式。双保理能更好了解进口商信用，但费用较高，且有些国家没有保理商。

第二，保理合同中应明确应收账款是买断式还是赎回式，买断式的保理费比赎回式的高，需要权衡。

第三，与保理业务银行或保理商签约前，一要了解其是否加入FCI协会后要使用的"EDI factoring. com"系统，这涉及进口商或买方信用信息调查质量；二要了解开展保理业务的金融机构的保理业务处理系统的成熟程度，与一般信贷

系统不同，这个系统保护风险控制，额度控制，应收账款信息处理等操作。

第四，买方要有较好的信誉或信用，这样进口保理商才能够为其核定一定的信用额度，否则是不可能被接受的。在续做保理业务之前，这些申请、信用评估、核定信用额度等大量的工作是要在正式签订出口合同就要做的。

第五，出口保理商为进口商核准了信用额度后，才能够正式签定外贸合同或装运货物。保理业务进行过程中，出口商要注意进口商的信用额度的使用状况（余额状况），以及其信用状况的变化。随时保持与出口保理商的有效沟通，切忌突破核定使用的信用额度。如果需要融资，需要事先了解利息比率。

第六，在采用保理服务时应该注意的另一个重要问题，就是了解保理的费用水平。据所知，这是保理业务未被广泛采用的一个主要原因，

（4）信用验证贷款

1）信用验证贷款简介。该贷款产品名称为信用验证贷款（Credit Verified Lending 缩写 CVL.）。产品是基于行业信用信息共享平台（以下简称："平台"）开发的结构型贷款产品，按照"信用 + 金融"结构原理和金融工程技术开发的新型贷款产品。

2）产品功能目标：产品基于市场信用信息（综合信用 + 数据信用）供给源，通过综合信用和数字信用复合验证，全面揭示企业的信用状况，实现贷款企业信用信息对称，从根本上解决中小企业贷款难贵慢问题。

3）产品功能机理

产品创新遵循金融工程原理，按照"贷款产品 + 信用信息 +X"结构型贷款产品模式，在"银行与企业"两点式借贷关系中嵌入"市场信用信息供给源"主体，使贷款的供给侧由"贷款方"单一型模式变成"贷款方 + 市场信用信息供给源主体"的结构型模式，即"供给侧结构型"贷款。

结构型贷款将两点式贷款的"公共信用 + 金融信用 + 企业源信息 + 资信评级"低能级信息对称

模式转换成“社会公共信用 + 金融信用 + 市场信用（综合信用 + 数据信用）+ 行业公共信用”高能级信息对称模式，银行与市场信用信息供给源主体之间的“购买服务”关系相应转换成“产品利益相关关系”，超出了传统贷款产品的经济关系范围。

4）产品的衍生性

产品以信用贷款为原点，但不局限于信用贷款，根据需要贷款的中小企业的实际情况进行分层创新，以达到普惠效应。产品分层创新的前提是遵循“贷款产品 + 信用信息 +X”结构型贷款产品模式，其中的“X”指分层标志，如保险、抵押、质押、又如订单、供应链金融等各类企业贷款都可以指代“X”来分层衍生，以更好地满足企业对贷款品种选择。

5）申请 CVL 的门槛

目前，正与泰瑞、浦发、光大等银行实施产品推广和分层计划，欢迎企业实用该贷款产品。企业在提出申请 CVL，需在上海市物流协会行业信用信息共享平台建立信用档案，该档案反映了档案主体综合信用信息，档案永续保存，仅供档案主体自查和贷款信用验证使用。具体操作请上上海市物流协会官网，点击行业管理对话框咨询。届时，建档企业需设置信用专员岗，参加高技能人才培养基地企业信用管理培训，检定合格办法专业技能培训合格证。

（5）供应链金融

1）供应链金融的本质意义

供应链的意义：头部企业主导，贯穿物流、信息流、资金流和商流，构成涵盖供应商、制造商、分销商、零售商、消费者网链产业结构模式。

供应链金融的意义：从信用经济学角度，它与信用产业链相伴而行，必然衍生出结构型贷款的分层新产品，即供应链金融。从实践角度，贷款机构基于结构型贷款，以真实贸易为背景，以供应链核心客户为依托，设置“供应链系统”覆盖和链接全链企业，封闭运行，按照自偿式贸易融资规则，采取应收账款质押和第三方物权监管增信措施，为供应链上下游企业提供融资服务。

2）供应链金融的经济和政策意义。供应链金融是解决中小企业融资难问题和有效管控贷款风险的有效途径，具有普惠意义。供应链金融动态显化企业及其上下游的债项信用，并对企业及其上下游进行债项验证，并将其设定为产品创新分层的标志。金融供给侧结构性改革是中央加快金融改革和提高金融供给质量的重大政策。供应链金融与金融供给侧结构性改革政策耦合的潜在功能，应当充分发挥其供给侧功能。

3）供应链金融信用验证更加深化。供应链金融遵循综合信用和数据信用复合信用验证模式，从需求侧分析，销售暴露企业资金缺口，企业将其拥有的未来现金流资产剥离出来进行融资，形成企业结构性融资需求，实操中，综合信用验证实操一致，两者债项验证的差异在于前者将债项验证延伸至企业的上下游。

4）供应链金融的业务模式

A. 供应链金融产品细分

“贷款产品 + 信用信息 +X”结构型贷款产品模式中，已经将供应链金融列入供给侧结构型贷款产品分层创新的序列之中。这里具体定义如下：设供应链金融为 X 一级分层，二级分层为应收账款、预付款、库存，以下还有三级分层，详见下表：

供应链金融三级分层表

供应链金融（一级）					
二级分层					
A. 应收账款		B. 预付款资		C. 库存	
序号	三级分层	序号	三级分层	序号	三级分层
a	票据	a	先票 / 款后货	a	静态抵押
b	保理	b	担保提货	b	动态抵押
c	出口应收	c	进口信用证项下未来货权质押授信	c	仓单质押
d	出口信用		国内信用证	d	
e	保理池注		保贴函商业承兑汇票	e	
f	票据池注				

注：保理池、票据池，是指供应链上各企业的财务资产的集合。需实践探索。

B. 供应链金融服务模式细分。生产运营领域供应链金融服务模式：流程化、定向化和整合化金融服务模式。贸易流通领域供应链金融服务模式：物流导向性、市场导向型、一体化供应链金融服务模式。

5）企业构建供应链金融系统须知。第一，我国供应链金融尚处于探索和试点阶段。第二，上海市物流协会已经开发出“供应链金融系统”（模块型），可以根据需要自由组合，还可以提供系统安装工程服务。第三，构建供应链金融系统，拟以课题方式与上海市物流协会合作，基本流程：签订合作协议、前期调查研究、确定解决方案、实施供应链系统建设、试运行和整改完善、确定系统版本、成果验收、知识产权申报。

3. 企业间接融资中的信用信息对称

（1）实现信用信息对称的基础设施

市场信用信息由企业综合信用信息（即信用预期评价结果）和企业数据信用构成，其供给源的载体是行业信用信息共享平台，国务院《社会信用体系建设规划纲要（014-2020 年）》明确行业信用信息共享平台和建立企业信用档案的要求，这是信用信息对称的基础设施。目前为止，全国仅上海市物流协会实现了这个目标，并将在上海物流金融领域发挥引领和示范作用。

（2）完善物流企业信用身份

上海市物流协会行业信用信息共享平台面向物流企业，为企业市场信用信息档案，做到应建尽建。企业已然建有社会公共信用和金融交易信用两类信用档案，缺失市场信用信息档案，无法确立自身完整的信用身份，给经营活动尤其是融资活动带来不便，应尽快在上海市物流协会行业信用信息共享平台建立市场信用信息档案，完善自己的信用身份。

（3）关于数据信用

数据信用是商业银行中小企业贷款主流风控指标，数据内容几乎涵盖与企业经营状况直接相关的存量和流量信息，如企业的 3 年财务年报、3 个月财务报表、报表 6 个月对公账单、6 个月税单和社保单、场地租赁合同及 3 个月水电账单、收入和利润、产值和库存、设备和保险、还款保证等信息。

（二）物流直接金融

1. 直接金融基本概念

直接融资是间接融资的对称，指资金供求双方（不包括银行）直接交易的资金融通方式。即在一定时期内，资金盈余单位通过直接与资金需求单位协议，或在金融市场上购买资金需求单位所发行的有价证券，将货币资金提供给需求单位使用。商业信用、企业发行股票和债券，以及企业之间、个人之间的直接借贷，均属于直接融资。

2. 规范和监管

国家对直接金融制定有系统的法规对之进行规范和监管，以保证直接金融的交易合规合法，起到保护交易双方合法权益、维护市场秩序和管控金融风险的作用。物流企业开展直接金融活动，应先充分了解国家的相关法规和政策，以及操作规范和流程，在法规框架内运作。

3. 相对与间接金融的特点

直接融资是资金直供方式，与间接金融相比，投融资双方都有较多的选择自由，选择以合法为前提。而且，投资者可以选择收益率，筹资方可以控制成本。鉴于筹资人资信程度各异，债权人信用风险程度不同，所以直接金融的信用风险与信用信息供给系统的完善程度和效率成正比，查证筹资方信用身份显得尤为重要。部分直接金融资金具有不可逆性。

4. 直接融资的种类和工具

（1）证券市场融资

A. 债务融资。证券市场债务融资的主要工具是债券，企业是债券发行的主体。债券是企业为筹集所需资金而发行的借款凭证，有公开和定向两种募集方式，期限以中长期居多。企业债券的发行涉及信用评估、律所、资产评估、承销、审计等中介机构，同时要受相关法规的制约和监管。企业债的成功发行和顺利兑付，需要有企业的信誉、信用、实力和良好的运营管理予以支撑，稍有不慎就会酿成发行和兑付风险。所以企业债券的风险相对较大，其规模、成本和期限受信用等级影响较大。在我国，发行企业债要经政府主管部门批准，按规定程序操作，接受政府部门全程监管。

B. 股权融资的工具为股权凭证（俗称股票）。股权融资的主体为股份有限公司，股权融资的方式有多种选择，企业应根据实际情况予以选择，如公募和私募、IPO 和挂牌交易，同是 IPO 还有选板问题（如主板、创业板、高新板等不同层级）。股权融资涉及信用评估、律所、资产评估、承销、审计等中介机构，按规定公告股权融资，同时要受相关法规的制约和监管。

股权融资需要注意的几个问题。股权融资对普通股和优先股的定位或配比至关重要。普通股是最普遍和最要的股权类型，享有对公司经营的参与权、盈余分配权和资产分配权、优先认股权等等，谓全权股，其收益在发行时不限定，而是按公司经营业绩来确定。优先股是指股东拥有优先于普通股股东进行分红和资产清偿的权利，其股息一般是事先固定的，但对公司没有经营参与权和投票权。股份有限公司股权融资时，优先股往往成为股权融资的首选。公开上市的股份有限公司股权融资往往会引发控制权旁落等意外。

C. 权益融资，即非股份有限公司企业，如有限责任公司、有限合伙公司、合伙企业等，出资人是权益融资主体，以出让部分权益获取企业所需资金。权益融资涉及信用评估、律所、资产评估、承销、审计等中介机构，按规定公告股权融资，同时要受相关法规的制约和监管。

（2）商业信用

A. 商业信用的定义。指企业与企业之间互相提供（即销方的预收或应收，购方的预付和应付），且以商品、劳务交易直接联系的资金融通形式。主要表现为两类：一类是提供商品的商业信用，如企业间的商品赊销、分期付款等，这类信用主要是通过提供商品实现资金融通；另一类是提供货币的商业信用，如在商品交易基础上发生的预付定金、预付货款等，这类信用主要是提供与商品交易有关的货币，以实现资金融通。

B. 商业信用的工具。商业票据是商业信用工具，我国的《票据法》将之定义在商业汇票。它是在信用买卖时证明债权债务关系的书面凭证。商业票据由债权人发给债务人，命令他在一定时期内向指定的收款人或持票人支付一定款项的支付命令书。商业票据必须经过付款人承兑才能生效。承兑是指汇票的付款人在汇票上签名，用以表示到期付款的意愿的行为。凡是由企业承兑的称为商业汇票，由银行承兑的称为银行承兑汇票。

C. 贴现。贴现是银行办理放款业务的一种方式。当商业票据的持有人需要现金时，可将未到期的票据卖给银行，银行则按市场贴现率扣除自贴现日至票据到期日的利息后，将票面余额支付给持票人。这时，商业信用转化成了银行贷款（类质押）。银行只接受付款人信用合格的商业汇票的贴现，所以持票人应把握好商业汇票承兑企业的信誉和信用状况。

（3）直接金融其他方式。常见的是银行票据，即支票、汇票和本票。

来源：上海市物流协会原创

对商务部等八部门《关于进一步做好供应链创新与应用试点工作的通知》的解读及供应链金融的几点看法

——在 4 月 18 日中物联周末供应链在线论坛上的发言节选

中国物流与采购联合会副会长 蔡进

商务部肖荣臣处长对商务部等八部门《关于进一步做好供应链创新与应用试点工作的通知》做了一个全面系统的解读。可以说是对当前新的形势、新的环境下，提出了对供应链创新与应用试点工作新的要求，新的部署。工行冯总的分享也非常精彩，系统地介绍了工商银行供应链金融创新好的做法和好的案例，内容很丰富。

肖处长对《通知》的解读，我认为需要把握以下几个方面：

一、要全面把握《通知》出台的宏观背景，把握当前面临的新形势、新环境、新任务、新要求

一方面要通过这次疫情的突发和蔓延，进一步充分认识供应链创新发展的迫切性。

新冠疫情暴发和蔓延以后，无论是我国还是其他一些国家，都比较明显地出现了供应链和产业链失衡、断链、阻滞、休眠的情况。无论是应对疫情，保障民，以及推动复工复产，第一时间要解决的就是供应链、产业链的恢复与稳定。我们要积极应对，也要冷静客观。要善于在积极应对疫情过程中总结经验，找不足，挖痛点，吸收国内外在疫情中供应链创新与应用的一些好的方法，真正通过这次疫情防控，提升我们供应链创新水平和产业链基础能力。现在各个国家防控的措施都有所不同，大家评价的标准也不太一样。但从防控的效果来看，就会发现，凡是供应链基础能力强的国家，或是产业链基础能力强的国家，它的防控效果就好，经济社会的稳定性就好。从企业微观层面来看也是如此。刚才肖处长详细地介绍了疫情期间，一些试点企业在供应链创新与应用过程中发挥作用的非常好的例子。这也充分说明凡是供应链能力强的企业，在抗疫的过程中，就能更好地发挥出作用，供应链的韧性就显现出来了，企业受疫情影响相对就小。比如中百集团在长达 70 多天的时间里，保障了 900 多万人口的武汉市一半的民生供应。没有强大的供应链基础能力，就不可能做到。九州通医药集团如果没有一定的基础能力，一定的供应链弹性和韧性，在疫情突发时，也不可能做到第一时间快速响应，保障武汉市医疗物资和百姓就医用药的需求。

不管从宏观层面，还是微观层面，我们都要充分认识供应链创新发展的迫切性。政府部门、中间组织、企业一定要通过疫情冷静分析大的环境和形势，以及疫情下我们的供应链、产业链的优势在哪里？劣势在哪里？应如何发力推进我国供应链创新发展。

把握宏观形势的另一方面就是要深刻领会面对当前疫情，经济社会发展变化所提出的新任务、新要求。4 月 17 日，中共中央政治局召开会议，提出要统筹推进疫情防控和经济社会发展工作，在疫情防控常态化前提下，坚持稳中求进工作总基调，保居民就业、保基本民生、保市场主体、保粮食能源安全、保产业链供应链稳定、保基层运转。需要我们深刻领会。一是当前的形势比以往更加严峻，所以不仅要“稳”而且要“保”。这样严峻的形势恐怕不是短期就能转变的，要有长期应对的思想准备。所以是要“保”。这也是面对当前经济社会发展的变化所提出的新任务，新要求。二是更加突出供应链、产业链的稳定在国民经济中的地位与作用，也是对供应链创新发展提出了新要求。经济社会的发展不仅要求供应链发挥基础性作用，而是要在基础性作用中，更加突出其关键性，保障性作用。就是要把供应链创新、产业链稳定转化为政策措施，积极推进经济社会稳定有序。可以说保居民就业、保基本民生、保市场主体、保粮食能源安全、保基层运转，都离不开供应链、产业链的稳定。有了供应链、产业链的稳定，就有了市场主体的稳定；有了市场主体的稳定，就有就业的稳定；有了就业稳定，就有了民生保障；有了供应链、产业链的稳定，也就为粮食能源安全、基层运转提供了保障。从这个角度来讲，在新形势下经济社会的发展过程中，供应链的稳定至关重要，是关键性的，保障性的。

二、全面领会和贯彻商务部等八部门《通知》文件精神

第一个方面，要抓得实。做供应链的创新不是虚的，一定是要根据当前新的要求、新的环境，有针对性地落实供应链创新与应用试点的各项工作。

肖处长在解读中提到，《通知》明确要求要在三个方面抓实：一是推动供应链协同复工复产。要通过供应链的稳定来促进复工复产，实现经济社会的正常运转。二是要促进稳定全球供应链。全球供应链越是面临着挑战，我们越要着力稳定它，保证供应链的开放和安全。三是要助力决战决胜脱贫攻坚。今年的经济目标因为疫情可能有一些调整，但供应链一定要助力完成扶贫攻坚的任务。

第二个方面，要抓得准。要把握供应链创新发展的基本方向。不是盲目的去做供应链创新与应用工作。《通知》明确要求：

一是要抓组织模式的创新。供应链创新最核心的就是在部门之间、企业之间、地区之间要形成供应链的协同机制、组织机制。在上次国家电网分享的在线论坛中，我们发现他们基本形成了从集团公司到各个板块、各个层面的供应链组织机制，所以他们的供应链创新在企业经营中起到了很好的成效。供应链的核心就是组织机制，我们一定要抓得准。

二是要抓协同能力的提升。供应链组织机制创新的根本就是形成协同能力。协同能力是三维的：微观层面是供应链上下游企业之间的协同，中观层面是在供应链的组织过程中部门之间的协同，宏观层面是在供应链的组织过程中跨区域的协同，甚至全球性的协同。协同能力的提升，是检验组织方式创新的一个非常核心的标准。

三是要抓技术创新，升级发展。推进供应链协同能力提升的一个最重要的抓手就是技术创新。供应链创新不仅是从无到有，而是要从有到好，从低到高，要通过技术创新的手段实现供应链的数字化、智能化。

第三个方面，要抓得具体。供应链创新与应用工作要细化，要具体，要可操作。刚才肖处长详细解读了《通知》中具体提出的进一步推进供应链创新与应用工作的5个社会着力点，即在新的形势下，试点工作要在原有试点任务基础上，重点加强供应链安全建设、加快推进供应链数字化和智能化发展、促进稳定全球供应链、助力决战决胜脱贫攻坚、充分利用供应链金融服务实体企业等五个方面工作。我们一方面要通过供应链的创新促进经济的发展，另一方面要在促进经济社会发展的过程中提升供应链自身的水平。

第四个方面，要抓好落实。做好供应链创新与应用工作要有抓手，让各项工作目标都能够实现。《通知》提出试点城市和试点企业要进一步完善工作思路和具体实施方案，对照工作方案和台账，认真检查完成情况，对标对表，抓紧落实。各级政府部门要加强业务协同指导，加快复制推广经验。我理解现在试点工作实际上是供应链的推广。在这个过程，一些不是试点的企业供应链也得到了提升，发展得越来越好。

至于工商银行冯总的介绍，刚才三位专家的评价非常全面，非常到位。我在此只谈谈我个人对供应链金融的一点认识。

我认为一定要基于实体产业和金融产业相结合来推进供应链金融的创新与发展。首先供应链金融是一个整体，不可分割，而不是供应链与金融，也不是供应链加金融。我理解供应链金融，实际是在供应链的运营过程中，基于金融的需求，或者基于金融的供给自主形成的协同机制。金融是供应链不可分割的要素环节，而不是外部提供的“服务”。供应链上哪个环节缺资金了，就将金融的环节纳入到供应链的体系中，整个供应链协同起来提供金融供给，让整个供应链能够稳定、能够畅通。

另一方面，从银行等金融机构的角度来讲，其定位一定要定好。金融机构在做供应链金融的时候一定是置身于供应链之中，而不是处在供应链之外。金融机构实际上就是供应链上的一个信用枢纽，把握信用，在供应链中提供供应链的金融协同机制。

此外，供应链金融的最关键是要形成信用机制，是一种信用担保。不是简单的抵押物担保，也不是企业之间信用的绑架，而在信用机制上做供应链金融。

最后，供应链金融要通过数据化的创新，最终形成金融数据化。谁有数据，谁就具备了金融的功能。通过数据，将分散的、碎片化的信用整合起来，就形成了金融数据化过程，就会形成数字货币，从而使目前的数据资源转化为数据资本。供应链金融提供的形态将不再是货币，而是一组数据。在这个过程中，可能会产生一些全新的金融机构从事供应链金融。当然在供应链金融的发展过程中，传统金融机构也需要转型，一些新兴的以数据化为基础的金融机构比传统机构更有能力提供供应链金融服务。

来源：中物联采购与供应链专委会

9.1.2 综合信息

“智慧供应链与金融”系列评论之二十九

面对新冠肺炎疫情，如何通过供应链弹性管理应对风险？

中国人民大学商学院　宋华

新冠肺炎使得2020年春节全国都在抗击疫情的氛围中渡过，随着封城、隔离、返工延迟等各种防疫措施的推进，社会各界产生了对企业生存发展的担忧和焦虑，这种忧虑主要是对企业能否开工、生存的担忧，特别是中小企业如何能面对疫情渡过难关，稳定经营的忧虑，也正是因为如此，近些天中央各部门以及各地政府纷纷出台了复工、复产，加大对企业金融、创新支持的政策措施。这些政策支持固然非常重要，然而，更需要看到的是，在今天网络化、全球化分工的产业格局下，供应链中断的风险对经济产生负面影响，特别是一旦供应链中断延续，会对中国产业在全球供应链中的地位造成不可逆转的打击，因而，无论是政府还是企业迫切地需要从供应链弹性管理的视角，应对此次疫情产生的风险，确保企业的竞争力以及中国产业供应链在全球中的地位。

一、新冠肺炎疫情对产业供应链宏观和微观层面的影响

从疫情对中国产业供应链的影响看，一方面，由于中国的产业深深地融入到了全球产业网络中，此次疫情对中国产业供应链的持续竞争力形成挑战。目前中国在全球GDP的比重占18%，而第二及第三产业占比为93%，其中第三产业超过50%。根据联合国贸发会议2019年的投资报告，2018年中国大陆的外国直接投资的流入量为1390亿美元，流出量为1300亿美元，均排在世界第二。而在全球供应链体系中，中国的制造业一直是重要的生产基地，也是全球供应链的重要环节，2019年我国商品出口31.54万亿元，其中一般贸易进出口18.61万亿元，增长5.6%，占我国外贸总值的59%。而这次新冠肺炎疫情使企业面临的人力短缺、成本增加、现金流吃紧和供应链不确定性增高等问题，会对企业的出口以及供应链地位产生较大影响。根据中银国际的预测，由于世界卫生组织宣布新冠肺炎疫情构成“国际关注的突发公共卫生事件”、工厂大面积停产、公共假期延长以及交通运输业调整等原因，疫情对中国出口的影响约为300亿美元。另一方面，近年来中国供应链面临的压力在疫情之下会更加凸显，这主要表现为由于中美贸易摩擦以及中国劳动力成本的上升，使得很多跨国公司已经在推进中的生产及供应基地外迁，可能由于此次疫情的爆发而加速。当前国际上讨论受疫情影响最大的制造领域包括汽车、机械、通讯等行业，这些产业正是我国在全球产业供应链中的优势行业，一旦不能尽快恢复和发展，必然会受到极大的影响。诸如金融时报报道，美国和欧洲的汽车制造商因为中国零部件的短缺，数周之内将面临供应链中断的威胁，而在这种状况下，中国产业企业面临着被调整的威胁。因此，跨国企业广泛实施供应链风险分散举措，将在中长期内对我国的产业供应链以及进出口造成结构性影响。

其次，从疫情对企业供应链的影响看，表现就更为直接。这种挑战主要会反映在五个方面：

一是对企业原材料供应的影响。这种负面影响可能是因为物流的原因导致的短缺或中断，特别是原材料或零部件产自于新冠肺炎高发区域，甚至途径高发区域，都会对供应产生挑战。在2020年1月29日DHL公司Resilience360的特别报告中指出，武汉长江沿岸的严重货运中断，港口的物资积压，以及卡车运输、铁路运输服务的严重中断，加之美国、新加坡、韩国、泰国、法国、澳大利亚、马来西亚、日本、加拿大、越南等国因为疫情中断武汉甚至中国往来的航空运输，都对供应链运营和物资供应产生了巨大影响，尤其是汽车、技术和化工行业。根据Resilience360调查，武汉及其周边最主要的产业供应包括汽车（占其经济总量的48.39%）、技术和工程（25%和8.06%）、化工（8.06%）等。

二是对采购管理的影响。供应链是一个网络体系，采购基地往往分布在全国乃至全球。但是因为防范疫情的程度以及不同地区疫情的差异，会使得企业采购管理面临着巨大的不确定和调整风险，从而使得企业齐套率会大大降低，而这种挑战就会直接影响到供应链运营是否能正常启动，如同最近有些企业反映的那样，哪怕是1%的原材料短缺，都会产生无法真正实施恢复生产的问题。

三是对供应链生产复工的影响。目前为了防御新冠肺炎，很多地方实施了延迟复工、隔离等措施，特别是疫情高发区域实行了封城措施，这些对于控制疫情非常重要，但是也对供应链运营恢复产生了挑战。从全国各省份劳务输出的情况看，根据目前可查的数据，主要的劳务输出省份包括安徽（2017年外出务工人员1100万）、河南（2017年2100万）、四川（2017年1851.1万元）、湖南（2017

年1200万）、湖北（2017年1036万）、广西（2017年790万），这些地区有些省份疫情威胁较大，实施了较为严格的人员流动措施。而劳务输出的主要目的地为长三角、珠三角和京津冀地区，这些地区劳动力需求量巨大，2018年在京津冀地区就业的农民工为2188万人，长三角地区就业的农民工为5452万人，珠三角地区就业的农民工为4536万人，因此，这种巨大的劳动力供求矛盾在疫情状况下会变得非常突出。

四是对供应链物流的影响。物流是保障抗疫情以及经济社会运转的重要基础，目前大多数物流服务都在服务于抗疫，加之复工以及控制流动的影响，这对企业供应链运营的正常开展也形成了压力。已建立的物流节点和网络都可能受到能力和可得性的挑战，而且短时期之内寻找到可替代的物流设施或路线也较为困难。此外，新冠肺炎疫情也会对物流业产生挑战，由于供应链生产的作用，很多物流公司也面临着业务量下降的威胁，诸如这几日马士基，MSC地中海航运，Hapag-Lloyd和CMA-CGM等大型航运公司表示，他们已减少了从中国大陆和香港到印度、加拿大、美国和西非航线上的船只数量。

五是对供应链市场的影响。新冠肺炎的爆发对企业市场会产生不同的影响，有些行业可能因此出现爆发性需求，如医疗产品、电子商务等，但是也有的行业会面临需求波动，甚至急剧下降的威胁，特别是出口导向型企业，订单下降的威胁巨大。2019年中国出口总值31.54万亿，主要出口产品类别是机电产品（包括电器、电子产品、机械设备），占比达58.4%，其次是服装、纺织品等七大类劳动密集型产品，占比近20%。此外，从出口的类别看，民营企业出口占比首次超过50%，一般贸易出口占比提高至58%，这些产品以及出口主体较易受到疫情的冲击。

二、政府面对疫情如何加强产业供应链弹性管理

从上述状况中可以看出，新冠肺炎疫情的爆发对供应链无论是宏观层面，还是微观层面，都产生了巨大的风险和挑战，因此，在这种状况下，加强供应链弹性管理成为了目前政府和企业同时需要着力的领域。弹性是一个多维度和多学科的概念，其根源于心理学和生态系统，然后适应供应链管理领域，一般认为弹性是组织的一种应对中断风险时的动态能力，以及抵御风险的能力。而供应链弹性管理是供应链的稳健性和可恢复性的综合体现，这其中包含了两个因素：一是抵御能力，在发生重大灾害和中断时，供应链系统能够完全规避风险或者以最小的损失平稳渡过，最小化中断的破坏；二是恢复能力，当供应链发生中断时，能够快速反应并找到有效恢复路径回到稳定状态的能力。

基于上述框架和思想，迫切需要政府层面和企业层面采取系统化的措施来建立供应链弹性框架和体系，以抵御新冠肺炎所导致的供应链风险。具体来讲，在政府管理层面，需要关注如下几个方面：

一是建立综合、协同性的产业供应链风险管理和沟通机制。目前中央各部门和各地政府均在制定一些政策措施，帮助企业复工复产，这是非常重要的举措。但是还要从全局性、系统性的角度，来协同政策措施，防止措施实施的不一致对产业供应链的影响。产业供应链的稳定运行不仅涉及到某些方面和环节，也涉及到产业运营的各个方面，特别是对于融入全球供应链的企业而言，其涉及到的问题不仅仅是复工、税收、资金等方面，物流、关、检、汇、税、金等等都对其顺利运行产生作用，因此，需要政府各部门之间协同制定政策措施。同样产业供应链的运营不仅是局限在某地、某省，往往涉及到全国各地、甚至全球，这就需要跨省、跨区域之间的协同和资源互通，一方面，有效地控制疫情，另一方面，采用一些柔性的手段，促进产业供应链恢复运行。特别是在目前状态下，如何从供应链活动经历的各个方面、各个环节给予供应链参与者支持，变得尤为重要。

二是尽快建立基于事件的产业供应链预警体系。基于事件的供应链预警体系的建立是保持供应链弹性的关键要素，基于事件的供应链预警在国际供应链管理中也被称为Event-BasedSupplyChainEarlyWarningSystem，简称EWS。它是指通过一些手段和举措尽早识别并告知重要的事态发展，并且根据预警信息，可以在足够的时间内启动适当的措施，以最大程度地减少意外事件的影响。具体来讲，EWS 的建立需要关注几点：第一，必须考虑一些经济标准来定义相关的监视区域，否则没有标准将无法真正识别预警的对象。在当前状态下，要及时把握产业供应链的风险或不确定性，就需要建立重点监测的行业和区域，尤其是易受疫情影响的行业和地区。基于中国在全球产业供应链运行的地位和特点，特别是对于出口影响较大的产业，如机电、汽车、机械、纺织等行业需要尽快建立监测预警机制，此外，对于产业集群的地区，如长三角、珠三角等很多产业集聚的地区也需要重点关注。第二，建立及时有效的提供和获得数据信息的技术手段。预警体系的建立需要有行之有效的数据信息收集、传递和获取的手段，任何数据信息反馈的滞后都会增大供应链风险，因此，建设零延迟的信息数据平台和系统非常关键。这可以借助于社会力量（如一些科技公司、大数据公司的技术能力）以及各管理部门的协同打造企业和行业的信息数据实时监测体系；第三建立当前信息数据的分析模式，分析判断中需要考虑特定的指标、趋势、模式和经验，以识别关键事件。不同的行业在疫情影响下反映出来的问题不尽一致，有的行业可能影响较小、有的行业影响较大；有些行业的影响是短期的，有的可能是长远的；同样有些企业承受供应链风险的能力较大（如大企业、国有企业），有的可能较为脆弱（如中小微、民营企业），因此，在预警分析的过程中，应当考虑这些不同行业、企业的状况，遴选出关键指标和事件，从而为后续的政策措施出台提供坚实的决策依据，而不能想当然、无差别化出台扶持措施。最后是预警信息的反馈与分享机制建立。预警的模式在于帮助产业避免因为供应链中断而导致风险，因此，需要将监测的数据和信息及时反馈给供应链参与者，以及其他利益相关方，便于及时采取相应的措施，抵御可能的风险。诸如，目前全球产业以及主要跨国公司的供应链调整动向等等对于我国企业柔性应对风险至关重要。

三是保障企业供应链运营的资源体系。供应链弹性的确立还需要在企业供应链运营的资源供给上给予制度上的保障。这种资源的保障主要反映在人（劳动力）、财（金融服务）、物（物流）上。疫情之后很多企业，特别是产业集群地区会遇到劳动力短缺挑战，因此，应该如何调配劳动力，采用柔性化的人员流动管理政策，这是目前需要通盘考虑的问题。具体讲，站在政府层面，一方面，需要根据疫情在不同地区的状况，采取差别化的疫情防范措施，柔性制定返岗复工政策，尽快将产业供应链的风险降至最低；另一方面，需要采取积极的劳动力政策，帮助企业解决劳动力问题，如广东省为了因应疫情对劳动力需求的挑战，制定了就业人员信息台账和岗位需求清单，试图加强省内东西北地区劳动力开发利用。这些都是较好的经验，需要在全国统一规划和实施。产业供应链弹性的建立，资金支持是很重要的方面，2019 年大多数中国民营中小企业都遇到了资金短缺的问题，根据 coface2019 年的调查，2018 年，62% 的中国中小企业遭遇过买家逾期付款的情况，40% 称其逾期付款金额在 2018 年有所增长，这比 2017 年的 29% 要增加不少。更令人担忧的是，遭遇超长期逾期付款（超过 180 天）金额在年营业额中的占比超过 2% 的受访企业比例从 2017 年的 47% 增至 2018 年的 55%。而在疫情的影响下，这种状况预测会更为显著，因此，如何从供应链金融的视角帮助企业恢复供应链运营，这是政府在推动产业供应链弹性建设的重要一环。诸如日本在 2011 年 311 地震海啸后，就出台了很多政策：（1）允许受灾债务人的旧贷款通过庭外和解的方式予以豁免，避免相关违约对其征信资质的损害；（2）适用范围包括由于地震已确定难以还款的主体以及由于地震灾害导致在未来很可能将难以偿还贷款的主体；（3）明确由于受地震灾害影响，相应贷款将难以偿还，因此大多数担保人的代偿义务得到豁免等。目前在中国，除了政府采取一系列的金融扶持政策、帮助企业脱困外，一个很重要的政策举措便是推动确权和及时支付，这些政策举措在现在比任何时候都要紧迫，尤其是应收账款确权，这是因为以往在无确权的状况下，银行等金融机构完全凭借核心企业的信用以及额度，加之核心企业与上下游中小企业的交易往来来评断风险，从而做出借贷决策，这样做的结果是银行的尽调成本上升，最终在控制风险的条件下，必然拉高借贷利率，最终承担压力的主体仍然是中小企业。而核心企业进行交易确权，不仅降低了金融机构的尽调成本，调低对中小企业借贷的利率，而且也有利于核心企业自身供应链竞争力提升。这几天招商银行与腾讯合作，在后者进行确权的条件下，对腾讯供应商予以资金上的支持，借贷利率从原来年化 5% 下调至 4%，这便是很好地努力和实践。资源保障体系的第三个方面便是物流，虽然在抗击新冠肺炎疫情的状况下，应急物流是重中之重，但是支撑生产运营，特别是全球供应链运营的物流体系仍然是我们需要保障的焦点，否则没有良好的物流支撑，企业供应链的运营也难以为继。

四是充分推动产业平台以及产业集群带动产业供应链的参与者、特别是中小企业，建立供应链弹性体系。这些年，中国产业供应链一个很重要的变化就是产业平台的兴起，部分机械、家电、钢铁、煤炭等行业企业构建供应链平台，协同上下游伙伴企业，聚集各类生产要素，促进资源高效配置和供需精准匹配，推进供应链全流程数字化、网络化、智能化，成为近几年中国供应链创新和新经济发展的亮点。以上海为例，2017 年拥有重点平台近 140 余家，年交易额近 2 万亿元。2018 年商务部等 8 部门推动了全国供应链创新与应用试点企业的活动，这些企业在相应的领域均有一定的影响力，因此，充分依托这些平台以及产业集群，更好地服务供应链网络中的企业，这既是平台和地方产业集群的责任，也是政府落实供应链弹性建设的抓手。

三、企业面对疫情如何加强供应链弹性管理

作为供应链运营的主体，供应链弹性对于企业而言是其核心竞争力的重要表现。很多企业尽管认识到供应链风险对企业运营的威胁，但是并不能及时知晓这些风险的产生，而传统的风险管理手段，并不能刻画和衡量供应链的复杂性，因此，需要系统的方法来建设供应链弹性，以应对因为疫情而导致的运营风险。具体讲，主要是：

第一，建立企业层面的基于事件的供应链预警体系。企业层面的 EWS 与产业供应链 EWS 不同，它更多地关注于预知具体的供应链运营而产生的不确定，并且根据这些变化，及时调整供应链运营。这类预警体系需要关注的领域主要涵盖了两个维度，一是供应链运营的业务维度，也就是交易流、物流、资金流和信息流。交易流主要是及时评判和预估疫情可能对供应市场以及需求端的影响变化。物流则是要关注因为运输、仓储等因素可能对企业运营产生的阻碍，如前所述，在目前新冠肺炎疫情的影响下，很多物流中断、枢纽点货物积压，因此，需要考量能否有备选物流体系来缓解这种状况。资金流则是关注供应链现金流的状况，并且根据现金流及时调整采购以及销售的支付结算政策，或者争取与核心企业或者平台企业协商，改善目前的资金困境，以加速现金流。信息流则是实时、透明掌握供应链运营各方面的数据和信息，提升柔性经营能力。第二个供应链预警体系建设的关注维度是供应链的级数，即供应链的预警不仅要关注企业的直接上下游，而且更需要关注多层级供应商或客户，即 2 级到 n 级供应商或客户，之所以如此，是因为在供应链运营中，很多风险的产生未必是因为企业的直接供应或者下游客户经营产生问题，而是多级供应链的风险传导到了企业，这在目前抗疫的状况下，发生的可能性较大。

第二，根据供应链预警信息和状况，合理规划供应链运营方式。供应链规划（supplychainplanning，简称 SCP）指的是企业根据内外部环境要素重新调整和安排供应链运营模式，根据 2019 年 Gartner 对全球供应链经理的调查，供应链规划是企业供应链管理最为重要的能力之一。企业供应链模式的建立与调整，一定要考虑到上下游的不确定性和风险，采用综合性的措施和手段，以应对疫情对企业供应链运营的负面影响。具体讲，企业供应链运营模式的重塑可以根据两个维度来决策：一是市场端的风险，在疫情影响下这主要包括市场订单的波动、销售渠道的中断、分销物流的中断等等因素；二是供应端的风险，包括供应链中断的可能性、供应物流的阻碍、供应商复工以及经营状况等因素。一种状况是市场端和供应端风险均较小时，企业供应链的运营仍然与以前经营一样，要加强效率管理，尽可能提高生产率，降低成本。当市场风险较大、供应风险较低时，这时供应链运营主要关注于快速响应和敏捷性，一方面尽可能寻求可替代的销售渠道或物流，满足市场的需求，稳定市场，另一方面，需要与客户积极沟通，合理调整销售分销计划。此外企业需要与法务、人事合作，以了解无法为客户提供产品而造成的财务影响，并为受影响地区的员工提供指导。当供应风险较高、市场风险较低时，此时的供应链管理的重心在于供应风险管理，主要的策略在于尽可能在本地或者可及的区域寻求多源供应，并且一些关键原料和物资多建缓冲以备不时之需，降低供应风险导致供应链运营中断。当然，当两端的风险均高时，不仅需要同时考虑两方面的风险管理和调整，而且尽可能准备和寻求资金，以保证有充足的流动性渡过疫情所带来的经营困难期。

第三，运用数字化能力建设企业供应链弹性体系。在经营环境不确定性增强的状况下，企业的数字化能力被认为是供应链弹性形成的重要手段，在近些年的理论研究中，很多学者都提出数字化技术有利于企业形成动态能力，以因应供应链风险。面对疫情的影响，数字化能力一方面，能够帮助企业强化信息处理能力，快速应对市场；另一方面，能够通过端对端供应链全程可视、可追溯，确立智能生产等新的供应链运营模式，这种状况有些学者称之为数字供应链孪生。具体讲，面对疫情，企业数字化供应链的建立需要考虑自身数字化的能力以及面临的供应链风险。当自身数字化能力相对较弱，而供应链风险较高时，这时企业需要运用第三方系统实现数字化经营，例如，当企业面临较大的供应风险，而自身较难短期内建设电子采购系统时，可以运用第三方电子采购系统来完成采购供应活动。同样，当企业数字化能力较强，而供应链风险较低时，可以利用自身的能力强化供应链管理，提升供应链运营全过程的数字化。而供应链风险较大、自身又具有数字化能力时，这时需要企业去搭建数字化平台，整合供应链网络中的参与者，通过更好的利益相关者数字协同，提升供应链网络效能。这也就是前面提到了，对于产业平台型的企业或者核心企业可以更好地运用自身强大的数字化能力，帮助产业中小企业抗疫，稳定供应链运营，提升效率。

来源：中物联采购委

中物联举办供应链试点最新通知文件解读暨工行供应链金融分享活动（节选）

4 月 18 日，主题为“供应链最新通知文件解读暨工行供应链金融服务实体经济分享”的中物联周末供应链在线论坛举行。论坛由中物联采购与供应链管理专委会组织，邀请了商务部市场建设司供应链发展处处长肖荣臣介绍《商务部等 8 部门关于进一步做好供应链创新与应用试点工作的通知》（商建函〔2020〕111 号）相关情况，中国工商银行总行公司金融业务部高级信贷经理冯元介绍工商银行供应链金融产品与服务体系，以及对供应链金融发展的展望。中国物流与采购联合会副会长蔡进参加在线论坛并作总结讲话。中物联采购与供应链管理专委会主任胡大剑主持论坛。中国人民大学商学院教授宋华、上海大学教授储雪俭、深圳创捷供应链有限公司总裁文健君进行专家点评。商务部等有关部委代表、地方供应链主管部门代表、供应链试点单位代表，以及院校和研究机构专家等近千人通过在线会议系统及直播平台参加了论坛。

肖荣臣介绍，自去年 11 月厦门全国试点工作推进会以来，商务部会同相关部门完成了试点中期评估，积极总结、宣传、推广试点典型经验做法，深入研究疫情对供应链的影响。

肖荣臣提出了对当前全球供应链形势的分析和对未来我国供应链发展趋势的判断。他认为尽管疫情下全球供应链中断潜在风险增大，全球供应链、价值链面临重构，但我国在全球供应链中的枢纽地位不会发生改变。中国仍然是外商投资兴业的热土，我国在全球产业链供应链的综合优势不会减弱，只会增强。

习近平总书记强调要确保全球供应链开放、稳定、安全。此次疫情也暴露了我国供应链安全性和协同性方面存在的一些短板弱项。新形势下，商务部在对试点工作阶段性总结的基础上，联合相关部门印发《商务部等八部门关于进一步做好供应链创新与应用试点工作的通知》，进一步充实了试点工作内容，要求各地加强供应链安全建设、加快推进供应链数字化和智能化发展、促进稳定全球供应链、助力决战决胜脱贫攻坚，以及充分利用供应链金融服务实体企业等 5 项任务。肖荣臣指出各试点单位要按照《通知》要求，抓紧完善试点工作方案，制定整改落实措施，加快推进试点工作进度，进一步优化政策环境，及时总结复制推广先进经验模式。

冯元介绍，针对当前疫情下企业面临的困难，工商银行认真贯彻党中央国务院的要求，全力做好产业链、金融、复工、复产的支持工作。从供应链全链条出发，精准施策、快速响应，打通经济血脉，最大限度通过金融服务，缩短因疫情造成的影响，确保企业在供应的各个环节合理匹配、协同运行，保障供应链稳定安全、顺利运行。

冯元认为，从当前发展供应链金融所面临的环境来看，不管是政府的引导、企业的意愿、还是政策的支持和技术的储备，都预示着供应链金融迎来了新的风口。自 2016 年开始，工商银行累计发展供应链超过 3600 余条，为 1.5 万户中小企业排忧解难，发放融资超过 1 万亿元。工商银行在供应链金融服务体系中，发挥专业优势、资金优势、数据优势、牌照优势，从产业链切入，找准上下游企业的融资诉求，构建业务场景，通过数字化手段，不断创新产品，改善服务，实现高效、低成本的供应链金融服务。

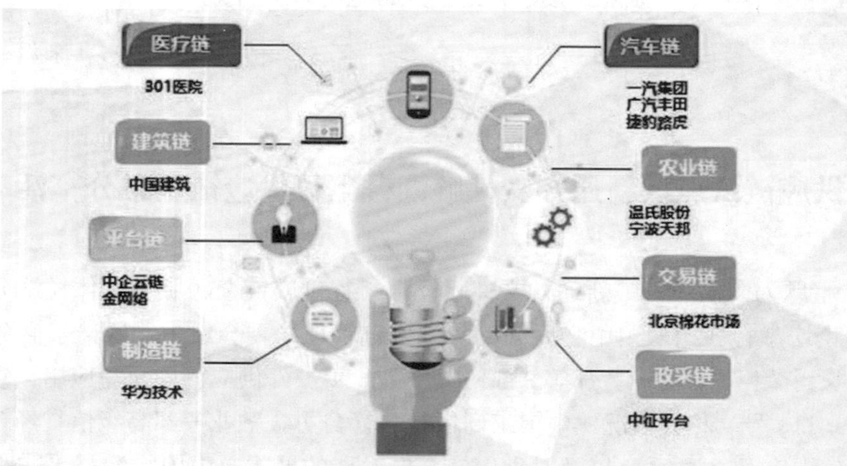

冯元从医疗产业链、汽车产业链、建筑行业、先进制造业、交易链融资、农业产业链、平台供应链、政采贷业务等八个方面分别介绍了工商银行在不同产业的服务模式和典型案例，突显了工商银行着力服务实体经济和中小微企业的发展理念。未来，工商银行产业链的主要服务方面由公共设施、交通运输、能源版块组成的主动力板块，和先进制造业、幸福产业、物联互联组成的新引擎板块，通过科技赋能，搭建与政府机构、企业系统、供应链平台、大数据公司合作共赢的生态圈。

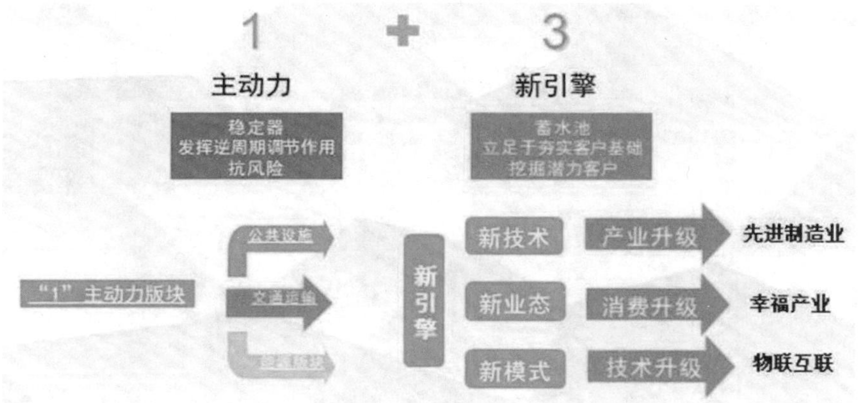

宋华、储雪俭、文健君三位专家都高度肯定工行在推动供应链金融服务实体经济过程中的创新作法，认为工行能深刻把握产业结构以及产业运营的基础，深刻理解产业链各个主体的价值诉求，深度整合金融科技和科技金融。专家对于未来供应链金融发展中需要关注的一些问题，也提出了各自看法。

蔡进在总结讲话中提出，要全面把握《通知》出台的宏观背景。把握当前面临的新形势、新环境、新任务、新要求。一方面，要通过这次疫情的突发和蔓延，进一步充分认识供应链创新发展的迫切性。另一方面，要深刻领会面对当前疫情，经济社会发展变化所提出的新任务、新要求。要全面领会和贯彻商务部等8部门《通知》文件精神，要抓得实、抓得准、抓得具体、抓好落实。蔡进指出一定要基于实体产业和金融产业相结合来推进供应链金融的创新与发展，要将金融的环节纳入到供应链的体系中，让整个供应链协同起来提供金融供给。蔡进认为，供应链金融的最关键是要形成信用机制，通过数据化的创新，最终形成金融数据化。

来源：中物联采购委

新新冠疫情后供应链金融服务趋势调研报告及政策需求建议

中物联物流与供应链金融分会

2020年3月17日

新型冠状病毒疫情爆发后，中国物流与采购联合会物流与供应链金融峰会分别从金融机构视角、供应链金融服务方视角、和独立的专业人士视角进行了在线调研，总共回收1561份有效问卷。调研对象包括从事供应链管理服务、从事金融科技服务、担保、商业银行、保理、产业互联网平台、制造、流通、物流活动的企业，服务客户所有权性质覆盖了国有企业、外资、合资企业和民营企业，客户规模覆盖了大中小微企业。

一、金融机构预估疫情后供应链金融服务变化趋势

1. 服务客户所处行业预期发生结构性变化。总体上本次疫情对金融机构融资对象影响较大，贸易批发零售业、房地产建筑业、能源矿产环保业的融资量预期会下降，医疗保险卫生类服务业，政府公共事业非营利机构的融资预期增加。

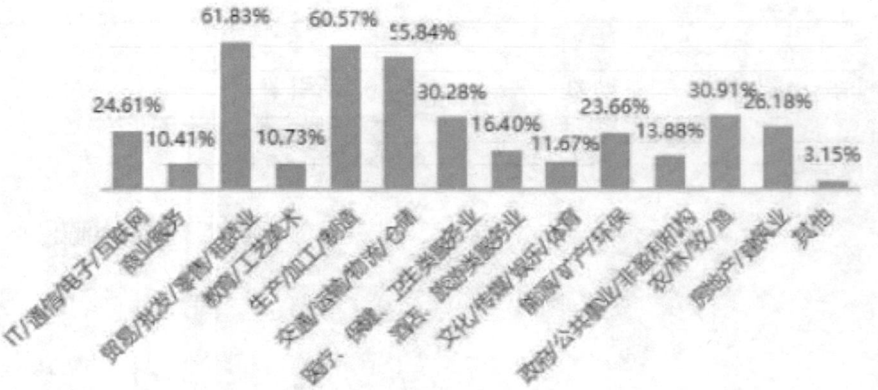

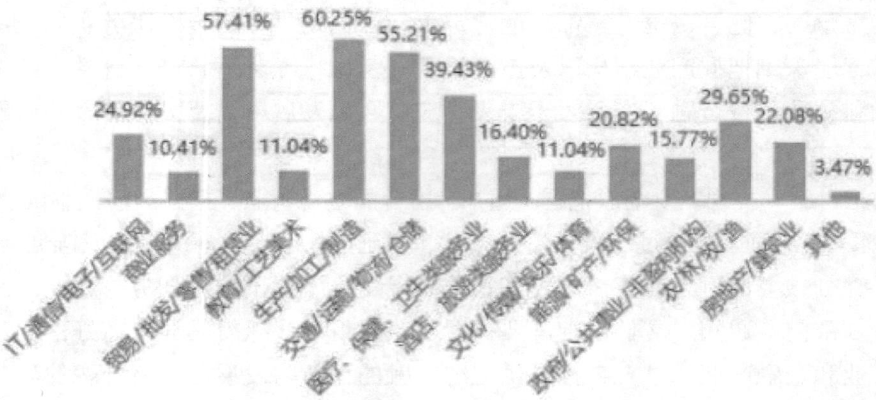

疫情前金融机构服务的客户企业所处行业

2. 为中小企业提供融资规模持谨慎开放预期。40.1% 的金融机构预期为中小企业客户提供融资的资金规模预期将会全面扩大或大部分扩大、少部分收缩融资；36.3% 认为规模保持不变；23.6% 认为将会大部分收缩融资规模小范围扩大或全面收缩融资规模。

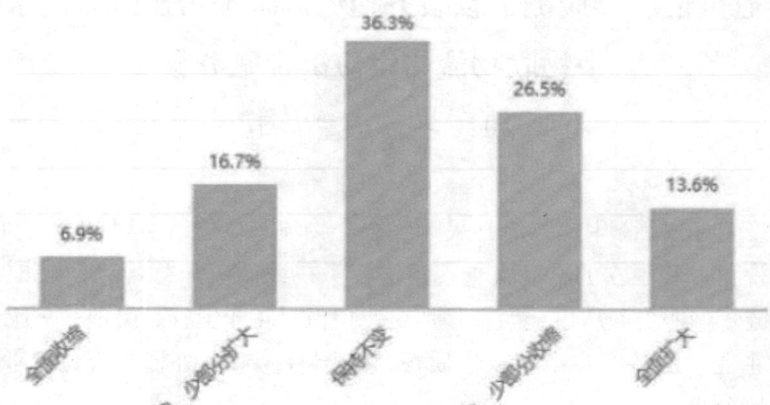

疫情期复工后金融机构为中小企业客户提供的融资规模预期

3. 金融机构大部分预估下调中小企业融资利率或保持不变。37.6% 参与调研的金融机构预期复工后为中小企业客户提供融资的利率将会全面下调或大部分下调少部分上浮；52.4% 利率保持不变；

10.1% 将会大部分上浮小范围下调融资利率或全面上调。

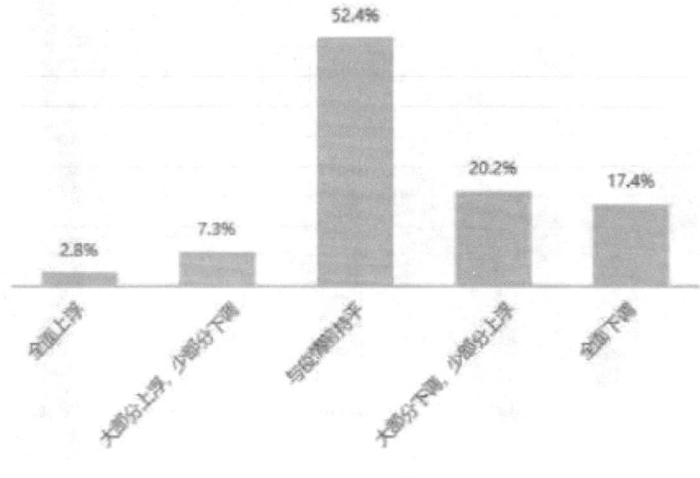

疫情期复工后金融机构为中小企业客户提供的融资利率预期

4. 半数以上金融机构预估中小企业融资违约率约全面上升或大部分上升小范围下降。50.8% 参加调研的金融机构认为疫情后中小企业融资违约率会全面上升或大部分上升小范围下降，有 39.4% 认为违约率会持平有认为全面下降或大部分下降。

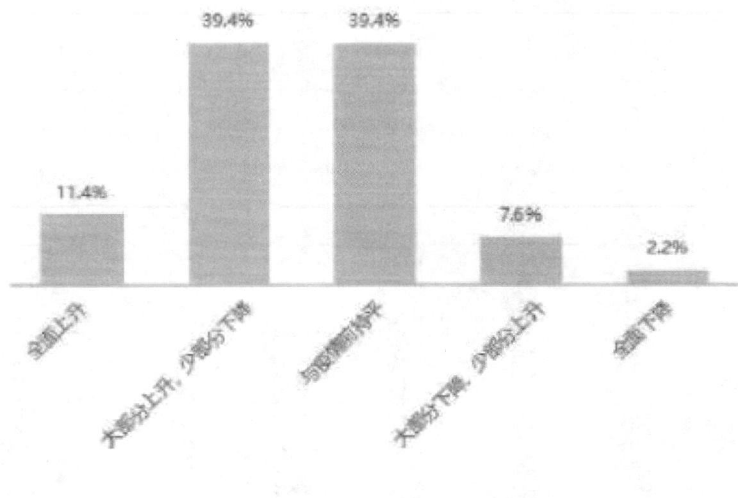

疫情后金融机构预期中小企业违约率情况

二、供应链金融其他参与主体对疫情后变化的预估和研判

1. 60% 的受访企业认为 2020 年业务营收将下降，其中近 50% 受访企业认为将下降 10% 以上。认为下降 10%-20% 的占受访企业的 23.62%，认为下降 20%-50% 的占受访企业的 21.26%，3.15% 的受访企业认为会下降 50% 以上，仅有 13.39% 的受访企业认为下降会在 10% 以内。认为无法预估的达到了 38.56%。

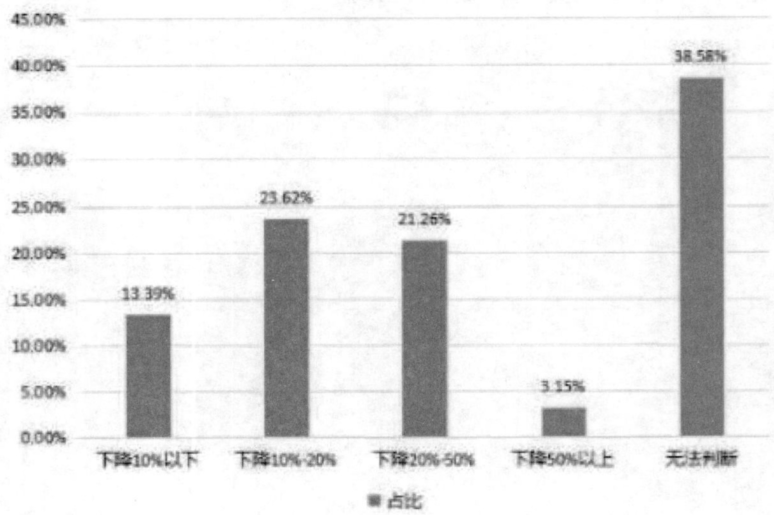

被调研企业预计 2020 年营业收入受到的影响

2. 60% 左右的受访企业认为市场需求和资金问题是企业面临的最大压力。调查表明，对于目前面临的最大困难和压力，企业的选择主要集中在了市场需求和资金需求，分别占比 63. 78% 和 55. 12%，但同时有 3071% 的受访企业担忧物流服务受阻，30. 71% 的受访企业认为面临客户流失的压力。

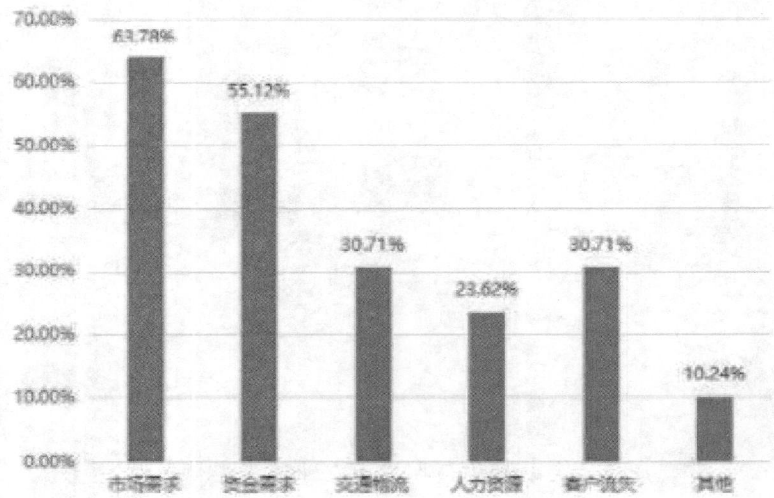

被调研企业面临的最大压力和困难

3. 有 35. 58% 的受访企业认为现有资金可维持 3 个月以内。认为可维持 2 个月以内的占 19. 69%，3 个月的占 14. 17%；但同时有 52. 76% 的受访企业选择可维持 6 个月以上。

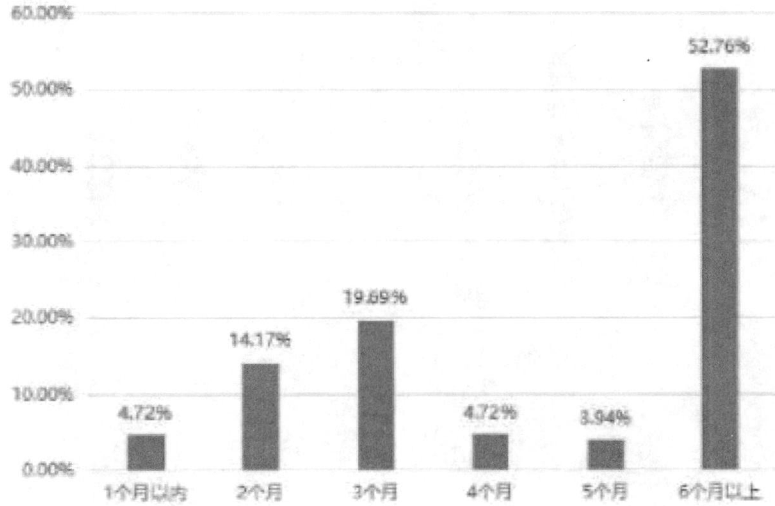

被调研企业账上现金可维持的时间

4. 有 56% 的受访企业选择银行贷款应对现金流紧张。受访企业中，55. 91% 的企业选择向银行贷款，48. 03% 的企业选择了向原有股东借款，选择引入新股东的企业达到 21. 26%，但同时选择减员降薪或延迟支付货款的也达到了 14. 96% 和 12. 60%。

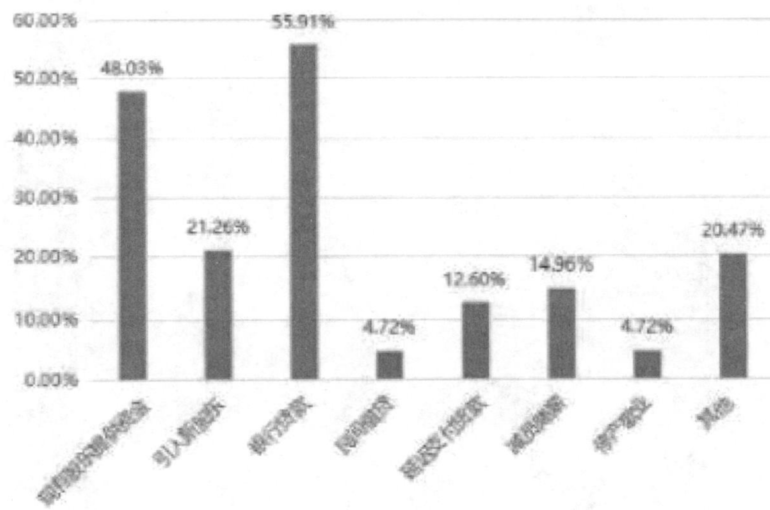

被调研企业如何应对现金流短缺

5. 81. 10% 的企业选择开拓新市场增加业务收入。在未来经营措施方面，81. 1% 的受访企业准备开拓新市场，66. 14% 的企业将积累谋求政策和资金方面的支持，超半数受访企业将强化人力资源管理和资金筹划，但在技术投入和品牌推广方面受访企业选择较少。

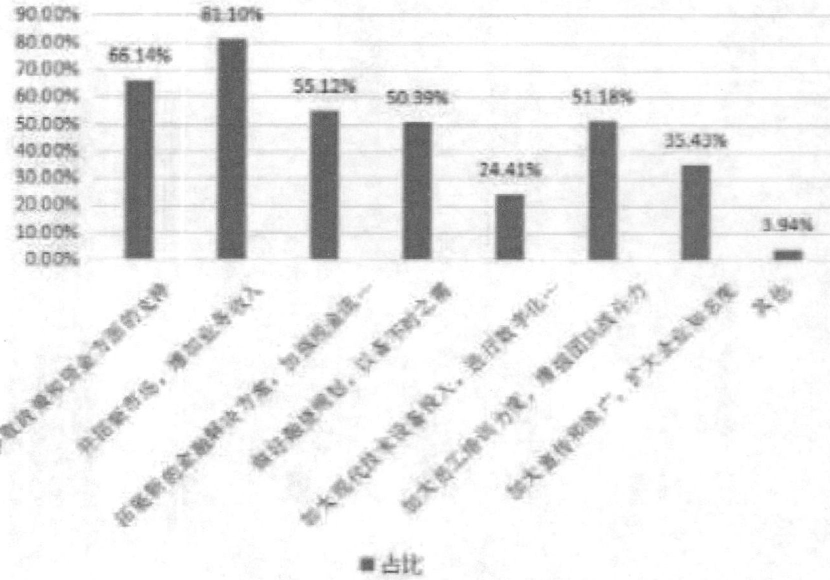

被调研企业经营方向如何调整

三、专家对疫情后供应链金融发展的预期判断

我们采访了中物联金融委 138 名智库专家和特约研究员，收集各种建议 431 条，其中金融科技方面占 21%、产品创新方面占 8%、核心企业方面 8%、国家政策（不含金融政策）占 23%、金融政策方面占 40%。

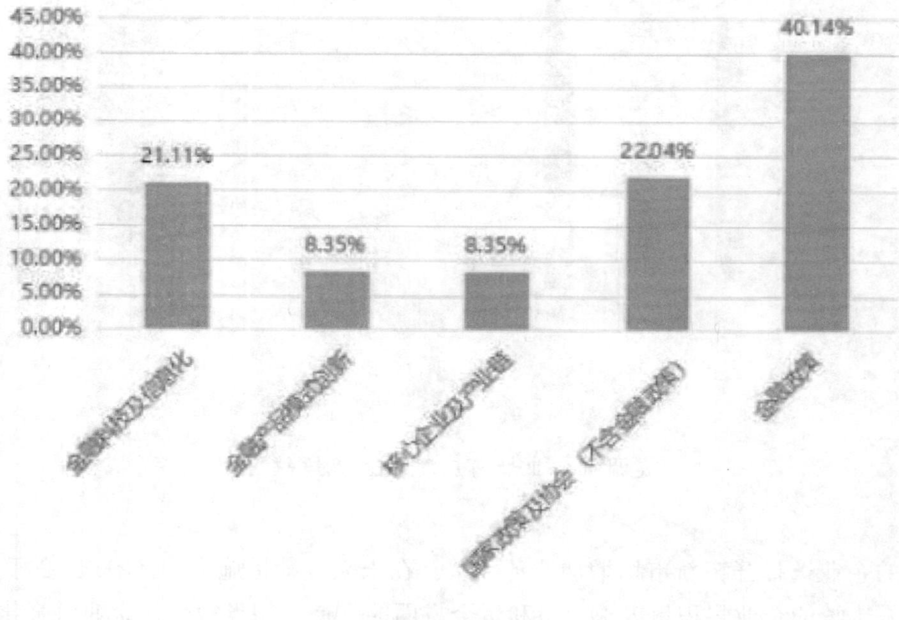

专家建议分布比例

1. 47. 25% 的受访专家认为在线数字化供应链和供应链金融服务平台需求将进一步扩大。疫情后将进一步激发基于区块链、物联网、互联网、大数据等数字化技术的线上供应链金融基础设施，强化区块链在供应链金融系统中应用，实现双链合一，推进跨行业合作与协同，大通工商、税务、法律、

质量、物流、生产、交易流通、服务、金融等方面数据。

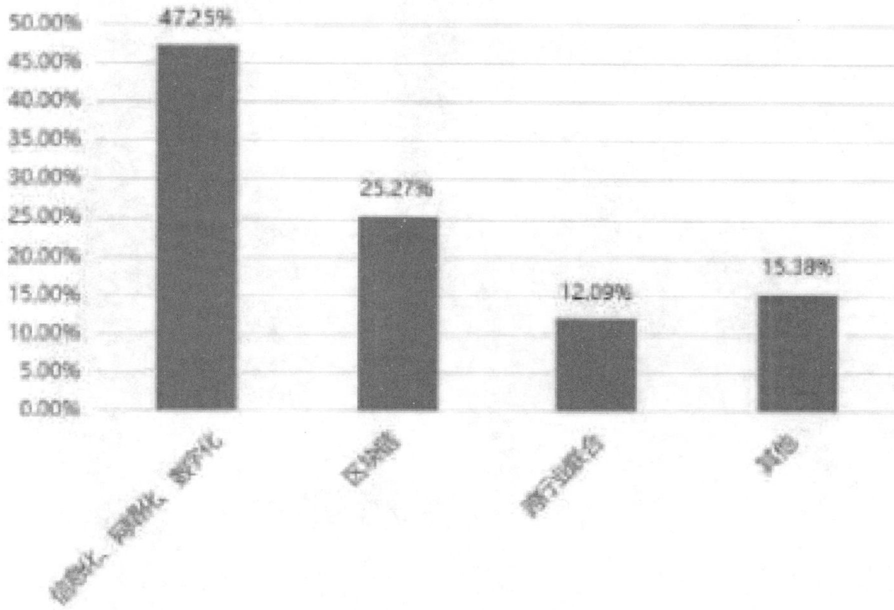

金融科技及信息化建议分布

2. 行业解决方案会逐步落地。超过 20% 的受访专家提出，基于金融机构、核心企业、金融科技、保险、协会机构等多主体参与的协同合作机制的细分领域行业解决方案将会加快落地。

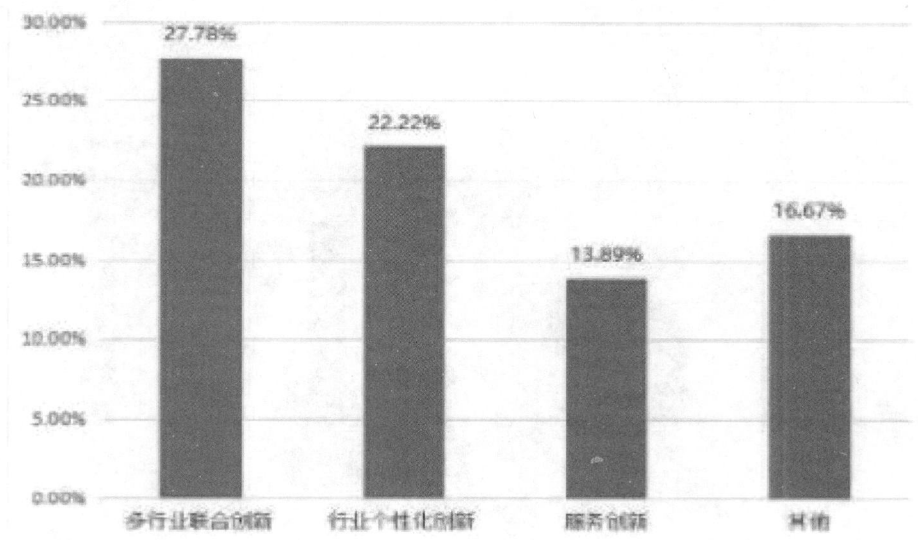

行业解决方案创新建议比例

3. 核心企业的责任将进一步明确。超过 33% 的专家认为，政府将采取措施要求核心企业加强确权力度，承担起产业链良性运转责任，鼓励采用电子商票进行结算，合理清偿上下游中小企业债务。

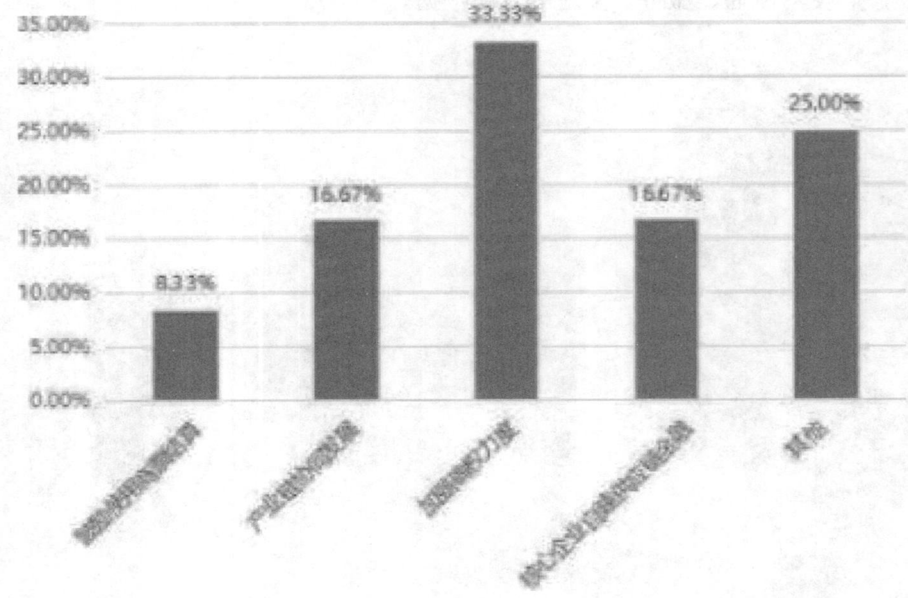

核心企业建议比例

4. 50% 以上的受访专家对供应链金融政策充满期待。主要集中在通过供应链，金融给予中小企业等优惠利率，建立基于供应链金融信用评价体系、保险支持体系、担保征信体系和再融资支持政策以及商票政策等。

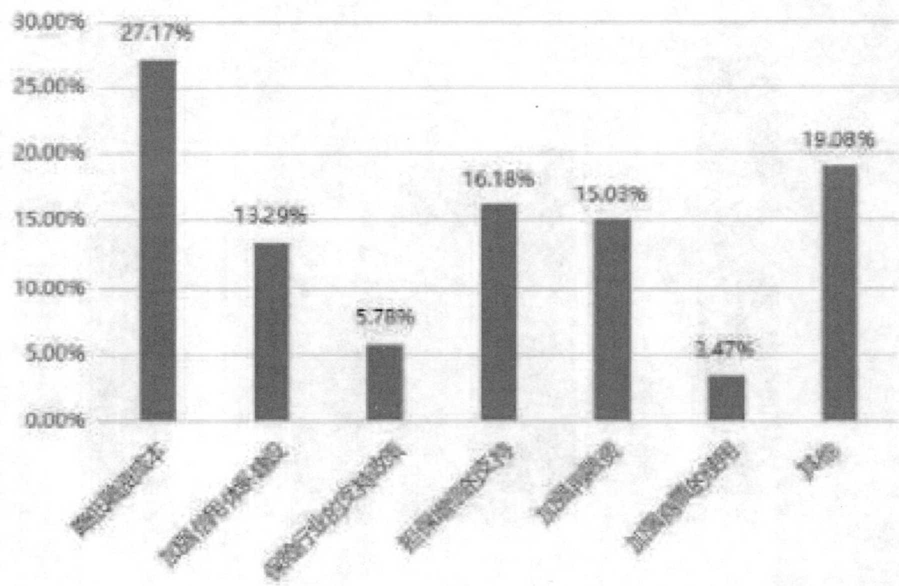

金融相关建议比例

四、相关政策建议

供应链金融业务有序发展，对于中小企业恢复生产、保障供应链的安全稳定具有重要作用。

1. 降低中小企业的赋税，助力供应链安全稳定运营。为保证中小企业尽快恢复生产经营，应当制定相应政策给予支持，诸如降低或者免除一段时间的税负，为中小企业营造良好的制度氛围。

2. 推动大企业，特别是国有企业协助中小企业恢复生产经营。推动大企业合理有效确权、及时支付和清偿中小企业账款，通过供应链金融模式，给予信用支持，只是目前急需的政策保证。

3. 降息增额展期，财政贴息扶持。对于受到疫情影响中小微企，银行不抽贷，不断贷，不压贷，视企业受影响的情况，阶段性下调贷款利率；受疫情影响严重，无力偿还的企业，予以展期降息的政策支持，财务部门给予贴息支持。

4. 支持发展金融科技，提升信贷增量，增强便利化。支持金融科技的应用，充分利用物联网、区块链、大数据、云计算、人工智能、线上风控等信息化系统工具，提升信贷增量，快速审批，快速放款，降低成本。

5. 组织建立中小企业产业基金，支持面向中小企业供应链金融服务。通过大数据和数字化平台，有针对性地将资金引导到中小企业，保障有充足的资金，通过供应链金融促进中小实体企业的发展。

6. 探索协同金融服务体系。积极探索异地开户，跨行支付清分等体制方面的变革，组织融资，金融资产交易，保险、担保、支付清分等金融服务机构，逐步形成协同一致的服务体系服务体系。

来源：中物联物流与供应链金融分会

供应链金融226号文里的风向标（节选）

2020年9月18日，央行等八部委发布《关于规范发展供应链金融支持供应链产业链稳定循环和优化升级意见》（银发[2020]226号文）。供应链金融业务方兴未艾之际，监管迅速反应，提前亮明了态度。

226号文，是一个意见性文件，不是规章等具有严密逻辑的规范性文件，所以没有什么明确的约束性规则，其含金量在于，监管层给出了供应链金融平台发展方向的原则性规范，具有指示作用。

今天，我们就来分析下这个《意见》，看看监管指挥棒都指向了哪里？

一、绑定金融科技

供应链金融以往的概念，是以供应链+金融为核心展开，很少有学者将科技维度考虑进去。但是226号文明确指出，金融科技是供应链金融开展的手段，直接回应了如火如荼的供应链金融科技化的现实。226号文第（一）、（十八）和（二十）条从不同角度，阐明了这一点。这里指明了两个方向：

1. 供应链金融迎来了新的发展阶段，科技的作用将特别突出，行业将迎来新的机遇。

2. 金融科技一大用武之地就在供应链金融领域，从业者应当看清这个趋势，不要选错行业。

二、明确参与主体

供应链金融领域的参与方有金融机构、核心企业、仓储和物流企业和科技平台。226号文第（三）条指出，主体应聚焦主业。那么，各类主体的“主业”是什么？

金融机构是资金提供方，核心企业是信用提供方，这两点比较容易理解。

1. 仓储和物流企业。在仓储融资或物流融资的模式下，融资人是以其占完全所有权的货物作为质押，从而获得金融机构的融资，其中货物的实际占有或保管的主体就是仓储或物流企业，他们是架在融资人与金融机构之间桥梁，使企业存货（包括在途物资）可以转变为现金资产，解决流动性问题。他们的信用和能力，决定仓储融资或物流融资的风险和可行性。

2. 科技平台。科技平台是运用科技手段，将供应链金融各方主体整合起来的机构，可以使金融机构与中小企业顺利建立链接，产生规模效应，降低整个业务运转的成本。

监管做上述分类，是否意味着未来会按照各个角色的核心功能来安排监管规则？如果是，那么目前很多市场实践就需要做适当的调整。

三、提升线上水平

供应链金融已经踏入了金融科技的洪流，在实操层面，应当线上为主，线下为辅。226号文第（六）条指出，可以在线上开展贷前、贷中、贷后审查。支持电子签章在线签署合同，进行身份认证核查，远程视频签约验证。上述线上化实践的本质，不是技术问题，而是技术手段的法律效力问题。上述线上化手段，司法实践已经给予了有效回应，各地的司法判决均给予了积极的肯定，不得不说，各地法院在创新事务发展早期，实质上起到了立规定制的作用。因此，如果想要找到线上化各类业务和程序的具体细化标准，一个捷径是到司法实践中去挖掘。

四、紧扣核心企业

供应链金融运转的关键是核心企业，只有强大的核心企业，才会衍生强大的产业链供应链，才有可能基于供应链场景发展出金融业务。226号第（七）（九）（十五）和（十七）以及整个第六部分，从不同角度阐明核心企业的重要性。

第（七）条是为了激活核心企业参与，鼓励金融机构其提供信贷和债券融资，以支付上下游企业的账款；第（九）条是鼓励核心企业通过应收账款平台进行确权；第（十五）条是讲，供应链金融具体的产品在风控层面，可以侧重对核心企业信用的审查，从而放宽对上下游中小企业的审核力度；第（十七）条是讲，金融机构要加强对核心企业的风险防控，比如遵守大额风险暴露的监管要求等。当然还有第六部分涉及公平交易，我们后面再说。

可以看出，核心企业在供应链金融业务中关键核心的地位，供应链金融的核心信用来自核心企业，交易关键步骤是核心企业确权，风控关键对象是核心企业，所以说抓好核心企业这个关键要素，就能掌控供应链金融的全局。

正因为关键，所以未来对核心企业监管，势必会很谨慎。如果激励不足，则核心企业缺少参与度，供应链金融业务不可能做大做强，解决中小企业融资难的目的也可能落空；但是，如果约束不足，核心企业也可能借此新工具侵犯中小企业利益，被市场诟病（这点在226号文第六大部分有详细论述）。

所以，监管核心企业，又是一个走平衡木的业务，也是供应链金融监管成败的指示灯。

五、搭建配套措施

供应链金融的顺利发展，除了自身本领过硬之外，还需要有良好的配套措施。226号文第（八）和（十三）条提到了供应链票据和标准化票据，这些金融工具都是为了更好发挥供应链金融的场景，其可以与供应链平台互联互通，把局部的闭环与更广阔的金融市场相连接，增加供应链金融的活性和生命力。近日，上海票据交易所发布了《上海票据交易所供应链票据平台接入规则（试行）》，快速响应了（十三条）的要求。

226号文第（十四）条，推动动产和权利担保统一登记公示业务，也得到了落实。2021年1月1日实施的《国务院关于实施动产和权利担保统一登记的决定》，把应收账款、存货、仓单等供应链金融产品的担保登记统一到中国人民银行征信中心（以下简称征信中心）动产融资统一登记公示系统，便利了供应链金融的实操。

226号文关于配套措施的指向，均已经开始落地，效率之高，足以说明监管之重视，以及行业需求之旺盛。

六、拓展业务范围

应付账款保理业务是供应链金融的主流，但是供应链金融的业务范围远远不止这些。226 号文第（十）和（十一）条拓宽了业务范围。第（十）条指出要打通和修复全球产业链。这点把供应链金融从国内推到了国际。中国近 20 年崛起的根本因素就在于拥有全世界最完整产业链，要稳住这一要素，也需要供应链金融助以一臂之力。买方信贷、出口应收账款融资、保单融资都会借助科技化的手段获得新生。第（十一）条指出规范发展存货、仓单和订单融资。实际上是把供应链金融的全链条予以展开，从应收账款，推向了存货和预付账款。从财务角度讲，这些都是企业的资产，都有一定的价值，通过供应链金融的方式，实现与现金资产的置换，提高了中小企业资金的流动性。

226 号文以如此明显的方式，指明了供应链金融除应收账款保理融资之外其他可能性，实属从业者之幸。

七、引入保险机制

供应链金融的一个特点是“链”，如果多条“链”叠加交互，就会形成“网”，围绕核心企业的一张信用扩张之网。其正面作用是可以辐射更多中小企业，给他们带来流动性的福音；但是反过来，一旦链条断裂，也会波及众多网上成员。因此保证供应链金融平台运转万无一失尤为重要。保险是一个很好的防范机制。通过对供应链金融业务中高风险环节加入保险产品，能够有效稳定整个金融产品。226 号文第（十二）条点名了要增加营业中断险、仓单财产保险、保证保险的供给，以支持供应链金融的发展。

八、严格防控风险

供应链金融再被看好，也不能忘记金融聚集风险的一面。因此，防范风险是不可缺少的环节。

在近几年暴露的大案要案中，供应链金融的风险主要表现为核心企业信用崩塌和实操上的麻痹。226 号文（十六）、（十七）、（十八）、（十九）、（二十）条对此予以了回应和做了提醒。

来源：肖飒 lawyer 公众号

供应链金融保理业务最朴素、最实用的风控逻辑与方法论（节选）

我们做过各种各样的供应链金融项目，包括保理的、融资租赁的和供应链的，成功很多，但也有过失败的。当下很多人参加各种供应链金融培训，热衷于学习各种案例。坦白说，大部分经验和业务模型根本难以复用，真正有价值能够流传不衰，让我们终生受用的，却是那些最原始最朴素的原理、逻辑和方法论。

当前保理公司已过万家，但真正在做保理业务的却越来越少，大部分保理公司因为缺乏资金只能给银行做嫁妆或者做 ABS 通道。几年下来，优质客户贡献给银行了，自己口袋里却没有沉淀，公司一文不值。

一些有资金的保理公司，不是在配合上市公司或其他大公司做虚假应收账款融资，就是在做商业承兑汇票保理，有的是融资性票据保理，沦为某些大公司信用套现的融资工具。近些年系统风险频发，踩雷保理公司呈增长趋势，保理行业的前程开始显得模糊不清。

虽然导致当前这种境况的原因很多，单从保理那些底层逻辑来看，足以让我们深思极恐！

一、保理背后的信用逻辑

保理融资是基于供应商应收账款做的，应收账款是企业赊销，即信用销售的产物。奇怪的是几乎当前所有的保理公司不会先了解应收账款债务人的背后信用风险，像国际双保理那样先对债务人进行信用授信管理，然后引导供应商按自己的风险偏好开展赊销活动，以此展开保理服务（我们称之为"管理型"风控）。

我们总是习惯地像银行那样选择大家共认的"资本雄厚"的债务人的供应商，作为风控导向开展保理服务（我们称之为"选择型"风控）。所以，我们看到保理扎堆在那些地产、建筑、环保等上市公司里的淘金场景，却不知道我们的保理融资不过是银行贷款的小小"过桥"而已。

不管是买方市场还是卖方市场，商品变现客观上都需要时间，如果采购商是现金采购，则交易量必然一时难以上去，供应商短时间内占领市场的难度相当大，所以，供应商允许客户延期支付货款一定会上升为企业的营销战略政策。而应收账款实际上是供应商主动把货款借给采购商使用，即典型的企业间融资。但是，供应商采用信用销售是为了销售更多商品和服务，获取更多客户，占领更大市场，而不是为了获得赊销价格与现金价格的差额收益。

供应商用于赊销的资金，有些是自有的，有些是外借的。外借的资金会有成本（如保理融资），如果供应商赊销价格与现金销售价格的差额不能覆盖贷款融资成本，供应商的正常利润就一定会被金融剥夺，甚至可能产生信用亏损，相反则正常利润可能会增加，甚至产生信用利润。比如：现金销售价款 100 万元，赊销 3 个月价款是 110 万元，即 3 个月的"商业利息"是 10 万元，因为核心企业信用不太理想，保理融资成本是 14 万元，则卖家所得的"商业利息"10 万元就变成了 -4 万元，如企业这笔业务原本赚了 3 万元，因卖家保理融资后实际上变成亏 1 万元了。

相反，同样是现金销售价款 100 万元，赊销三个月价款 110 万元，即"商业利息"是 10 万元，因为核心企业信用好，银行保理融资成本 6 万元，说明卖家还可以获得"商业利息"4 万元，如果企业这笔应收的原始利润还是 3 万元，则卖家保理融资后还获得了 1 万元的买家"信用利润"。

因此，赊销价格的高低会直接影响企业利润，其定价与客户的信用风险密切相关，也与应收账款保理等外部融资的资金成本密切相关。但是，我国企业普遍不这么想，我所知道的企业信用管理教科书中也没有这块内容，如果企业的赊销定价没有充分考虑债务人（采购商）的信用风险和当前社会资金成本，则这些应收账款在保理融资后可能直接给供应商带来利润亏损；在反向保理中，这部分资金成本如果由核心企业承担，则也有可能直接导致核心企业自身利润亏损。

未必所有采购商都能得到供应商的赊销待遇，供应商一般选择那些对自己产品有长期规模需求，且具备良好履约能力的采购商提供信用销售。现实中，由于产品竞争性、行业局限性和供应商地位上的弱势，有些供应商不知道如何使用《合同法》保护自己的正当权益，反而成为采购商信用压榨的对象，应收账款账期比同行可能更长，付款条件比同行更加苛刻，有的信用额度非常大，这种应收账款表现出采购商的强势，这就是明保理难以做成的内在原因之一。有些供应商下游客户只有一两个，根本不具备客户信用管理条件，这类企业应收账款回款率通常偏低，基本属于被压榨的对象。

作为企业金融资产的应收账款，占用供应商大量流动资金，在其信用管理不到位，下游客户信用存在明显缺陷情况下，供应商以负债来拓展信用规模变得十分有限。

供应商赊销总体额度可以理解为超出其业务运营周转金的剩余货币资金，可新增（即弹性）赊销额度为企业当期营运资本（即流动资产 - 流动负债）的可变现净值。如果营运资本小于零，企业就需要增加新负债，来偿还到期流动负债的资金缺口。从财务量化角度，我们可以测算一个企业信用管理的水平如何？特别是对应收账款债务人的信用能力核算，判断准确度非常高，这是我的保理风控能力所不一样的一个地方。

企业为了保证现金流正常运转，原材料采购的理想账期包括生产期和销售期，其中如果企业按定单生产，销售期就是销售合同账期，如果是非定单生产，现金销售情况下，销售期即为库存期，赊销情况下，则为库存期 + 销售合同账期。我们保理的融资期限与供应商的合同定单期限一致，实际上，由于企业信用管理缺失，这些协议上的账期被随意制定，导致企业之间的习惯性违约时有发生，保理在面对债务人违约时，如果不回归企业贸易上述原点思考违约原因，还有产品方案设计，其结果反而会成为业务违约的推手。

二、保理产品的形成逻辑

信用销售给供应商带来的流动性风险，企业有一个内部解决方案，它就是现金折扣政策，即供应商以现金折扣为作代价鼓励客户提前回款，解决其现金流压力问题。但我们站在供应链立场上思考信用管理的时候，就会意识到任何一个采购商同时也是供应商，当一个正常的供应商有现金流问题时，通常是由下游传导涉及的，这就是为什么大多数企业在合同定单中看不到现金折扣条款的原因。

但透过现金折扣，我们看到了早期保理的影子。与整个供应链公司的代理逻辑一样，最终调剂供应商这个流动性风险的也是一个有钱的“代理商”，由它代理采购商提前支付货款给供应商，这就是保付代理（保理）的原始内涵。换位思考，“代理商”做这个业务的底气在哪里？如果这个“代理商”是采购商的“亲戚”（即关联公司）；或供应商是按它对其采购商的授信进行商品交易；或供应商是按采购商的信用保险授信额度交易；或它与采购商达成长期战略合作关系；或是为采购商提供信用管理咨询的关联公司……，这些保理业务都值得我们保理公司认真深思。

三、保理“管理型”风控逻辑

保理客户就是供应商喜欢的客户，即回款及时、稳定或回款率高的客户，供应商不喜欢的客户一定信用不好，这好像为我们寻找保理业务提供了一个很好的指南，其实它只解释了结果，没有解释成因，它更像我们正向保理业务开发的思路，即“选择型”风控的逻辑。

一直以来，我们整个供应链金融都在盲目学习银行风控，我自己也是银行出来的，深知几百年来，银行传统“选择型”风控 +“资产担保型”静态风控已发展到极度完美，以致成为它们对接现代供应链金融的巨大障碍。

“选择型”风控通常建立在低风险偏好的假设基础上，它适合拥有低成本资金的银行，不适合供应链金融企业。供应链金融企业处于市场末端，没有优选权，分散、弱小、信息负面、财务不健全的小微企业注定属于供应链金融服务的对象，小微企业之所以能够生存下来，只要是大中型企业的发展需要它们的产品和服务。因此，这个结果并不坏。

我们要改变思维方式，不要盯着小微企业主体不放，苛求极不现实的“信用资质”，我们应该盯住小微企业的业务和它们下游的核心企业，通过供应链管理来做风险控制。

“选择型”风控对供应链金融企业来说，注定是不可持续的，当“苹果”挑到最后一定是坏中选“优”。“管理型”风控认为，核心企业可以通过信用授信管理控制，小微企业的业务通过供应链公司的系统化结构化风控，可以将金融资产标准化，对接低成本外部资金。

保理公司通过供应链服务参与客户的商业、物流、信息流和资金流管理后，贸易真实、确权和回款控制自然不在话下。“管理型”风控对象由此不再是融资客户，转变为企业业务和核心企业信用。这个风控机制下的保理服务是长期可持续的，不再存在对中小微企业选择性风控要求，打破了“选择型”风控的束缚，极大拓展了保理业务的风险容忍度，让保理真正重归正途。

来源：供应链金融学堂 作者：张遂泉

9.2 物流融资租赁

9.2.1 综述

发展供应链金融产品拓展企业融资渠道

3 月 31 日，国务院常务会议明确，鼓励发展订单、仓单、应收账款融资等供应链金融产品，促进中小微企业全年应收账款融资 8000 亿元。

对此，中国国际经济交流中心经济研究部副部长刘向东在接受《证券日报》记者采访时表示，受新冠肺炎疫情影响，中小企业特别是餐饮、旅游等服务类中小企业面临经营困难，支付员工的流动资金不足，而要生存下去就需要争取订单，为此发展有实际需求的供应链金融产品相当有必要。

谈及在当前情况下，订单、仓单、应收账款融资等供应链金融产品的优势有哪些，中南财经政法大学数字经济研究院执行院长盘和林对《证券日报》记者表示，事实上资金利用率低一直是导致企业资金链紧张，业绩表现不佳的重要原因。供应链金融产品有助于拓展企业的融资渠道，打通企业资金循环，在有效降低银行等金融机构风险的情况下，调动金融机构贷款的积极性，从而形成一个高效、畅通、可循环的资金生态圈，促进资本市场和实体经济的发展，尤其是在当前的形势下，对于促进企业迅速复工，增加就业扩大内需，从而恢复经济具有重要的积极作用。

盘和林建议，提高企业资本利用效率，是解决中小企业融资难题首要解决的问题。其次，创新金融工具，疏通融资渠道，让普惠金融、绿色金融落实到所有企业，防止出现隐形门槛的现象。

面对中小企业可能破产造成部分供应链断裂，上下游企业面临坏账风险等问题，刘向东建议，需要提供核心企业融资支持，支持他们提前预付款，确保上下游供应链中小企业持续经营下去，同时进一步减税降费、稳岗增收确保中小企业渡过难关。

来源：证券日报

9.2.2 综合信息

融资租赁与物流供应链金融结合的模式

一、方案简介

供应链金融在当今市场发挥着越来越重要的角色，它是商品交易下应收应付、预收预付和存货融资而衍生出来的组合融资，是以核心企业为切入点，通过对信息流、物流、资金流的有效控制或对有实力关联方的责任捆绑，针对核心企业上、下游长期合作的供应商、经销商的融资服务。在供应链金融中可以把钱投在需求大的地方，有效的提高一个产业链的总体效益。融资租赁有限公司所提出的供应链金融模式可以根据不同的企业进行有效的调整，以达到解决企业客户融资难的问题，以及为对象客户提供货物的囤积。在供应链金融模式中，主要有保兑仓融资、应收账款融资、融通仓融资。融资租赁业务可以融入到保兑仓融资和融通仓融资这两种模式中。

二、关系图

1. 保兑仓融资模式—直接租赁

A. 承租人、厂商、租赁公司、物流企业签订《货物融资租赁合同》。

B. 融资租赁公司和银行签订《贷款合同》。

C. 在《货物融资租赁合同》中要明确厂商回购义务和客户为其自己提货逾期而做相应担保责任。此外，租赁公司和物流企业要明确仓单质押涉及到的货物所有权转移，以及物流企业对存货安全性的担保。

2. 融通仓融资模式—售后回租

A. 承租人、租赁公司、物流企业签订《货物融资租赁合同》。

B. 融资租赁公司和银行签订《贷款合同》。

C. 在《货物融资租赁合同》中要明确第三方担保和客户为其自己提货逾期而做相应担保责任。此外，融资租赁公司和物流企业要明确仓单质押涉及到的货物所有权转移，以及物流企业对存货安全性的担保。

三、流程

1. 保兑仓融资模式—直接融资租赁

出卖人（厂商）、承租人、物流企业、租赁公司首先签订《货物融资租赁合同》，以明确各自权利和责任。

2. 融通仓模式—售后回租

承租人、物流企业、租赁公司首先签订《货物融资租赁合同》，以明确各自权利和责任。

蓝色实线为物流方向，蓝色虚线为资金流，红色实线为单据传递。

四、两种模式的关键点分析

1. 还款来源

A. 客户要提供其与下游经销商或直接用户的商品销售合同。

B. 租赁公司可以向银行提供贷款客户的应收账款质押或保理。

C. 客户对其自己提货逾期提供自有资产的担保措施。

D. 厂商对逾期货物提供回购担保。

2. 优势分析

A. 对于下游买方（客户）可以用银行融资支付预付货款，减少自有资金占用。售后回租业务模式中，客户可以把货物变现，加强企业自身现金流。此外，客户可以在原材料销售淡季买入存货以达到降低成本，抵抗通货膨胀影响。

B. 对于上游出卖方（厂商）可以提前确定销售规模，提前回收资金，稳定客户关系，提高市场占有率。

C. 能够为银行贷款找到良好的服务对象，大大减少了银行的不良贷款风险。此外，租赁公司还可以为银行做应收账款保理，应收账款质押，扩大了市场份额，拓展了业务范围。

D. 为物流企业提供一个良好的供应链循环，使其能够在供应链环节中发挥越来越重要的角色，能使整个供应链快速发展。

3. 信用条件

A. 对于下游买方（客户）符合国家产业政策，发展前景良好，或在合作银行开设基本账户或一般结算账户。

B. 买方（客户）有明确的销售（赊销）政策，并有完整有效的产品下游销售合同，产品生产周期正常，提货周期正常，有较好顺畅的自有资金。

C. 客户需要与上下游厂商保持良好的合作关系，有完整的交易记录，且未发生过重大违约经济纠纷。

D. 客户需要交纳的申请材料：企业工商局登记证，企业机构证明，纳税材料，完税证明，企业法定代表人资料，主要股东个人信用记录，近 3 年企业的财务报表，审计报表，验资报告等。

E. 上游卖方厂商原则上是国内主流或行业主流企业，当地的龙头企业，具有完整良好的信用记录。

F. 物流企业自身具有强大的交通运输网，货物运输能力，货物验收能力，货物监管能力，完整良好的信用记录，良好的自有资产为货物做担保。

4. 风险点分析以及应对措施

A. 物流企业存货风险

厂商一旦将标的货物运抵融资租赁公司指定的物流企业仓库后，物流企业就要对此货物验收，监管，保护。因此物流企业的选择是要达到一定良好的标准，就有良好的信用记录以及一定规模的自有资产。一旦货物遭到破坏，例如：消防不善，排水不善，防腐防霉不善，防盗不善。物流企业要能够及时的补救，并算出损失，及时的向货物的所有方做出赔偿措施。国内较大的物流企业有：中国物资储运总公司，中国远洋物流有限公司，中铁物流科技股份有限公司等。

（1）如果货物由物流企业运抵客户指定地点，货物抵达之前的损失风险全由物流企业承担。

（2）如果货物由客户亲自执融资租赁公司签发的提货单提货，货物装车后的风险转移给客户。

存货的要求：

（1）货权清晰，为了保证融资租赁公司最终对货物处置时没有其他第三方主张权利，在进行动产抵质押时需要对出质人或抵押人提供的动产权属进行认定；（增值税发票、货运发票）。

（2）价格稳定，价格波动剧烈的商品不宜作为抵质押物，一是增加盯市工作量，二是处置需要时间。

（3）流动性强，基础原料，战略物资，大宗物资，初级产品。

B. 违约风险

受到一些人为或者天灾的影响，客户不能够按规定及时的交付货款。所以融资租赁公司首先要和厂商签订回购协议，以对货物提供回购担保。然后，融资租赁公司还要和买方客户签订对其提货逾期造成的货物贬值提供相应有效的担保措施，该客户可用自有资产做担保。

C. 法律风险

仓单质押担保操作程序是否完备会影响到融资租赁公司，物流企业，融资企业甚至厂商企业的权利和义务。同时会引起质押物所有权的法律纠纷问题。根据我国《合同法》，《担保法》等相关法律，仓单质押为权利质押。仓单转移存储物其所有权也同时转移，仓单上所记的物品权利与仓单本为一体。因此，仓单质押担保程序是关系到仓单权利是否实现的关键。然而，目前没有统一的法律标准，这也是引起法律纠纷的原因所在。所以，物流企业、融资租赁公司、客户要制定一个三方同意的有法律效益的《仓单质押操作合同》，以明确租赁公司和物流企业之间的货物所有权的转移。另外此合同也可以防止物流企业和客户进行违法犯罪活动。

5. 产品内容设计

A. 保证金，手续费，首付金

下游买方客户需首先向租赁公司预付货款的 20%-30% 作为保证金。

融资租赁公司为此业务收取 1.5%-2% 的手续费、首付金为货款的 5%-10%、租赁利率，在我方取得资金成本基础上上浮 30%；仓储管理费用（比物流公司对外价格有所优惠）

融资租赁公司资金成本：银行承兑汇票或国内信用证方式结算：承兑汇票或信用证手续费、银行贷款现金结算：贷款利率。此种方式下融资租赁公司可在银行做保理业务及时回笼资金。

库存原材料的未来价格走势要与美元的价格走势成反比。

B. 库存原材料的选择

（1）鉴于租赁公司采用“银行承兑汇票”向上游厂商付货款，而承兑汇票最高期限为 6 个月。下游客户需要有高存货周转率，良好的销售渠道。

（2）2009 年末，全国中小企业平均存货周转周期为 124 天，应收账款周转周期为 91 天。营业利润为 12.47%，销售增长率为 0.89%，利润增长率为 0.73%。

C. 担保条件

①原材料供应商在客户发生逾期后提供无条件回购担保。以货物原价和市场公允价值孰高者的一定比例（如 80%-90%）回购。

②客户的土地厂房进行不动产抵押。

③法人代表夫妇两人连带责任担保。

④股权质押。

⑤第三方担保。

⑥（可选择）物流企业为客户做出担保，在客户放弃提货权并无法实施厂商回购时，由物流企业负责对余下货物进行拍卖或转售，以补偿租赁公司的风险敞口。

五、融资产品

1. 买方付息贴现，委托代理贴现业务等应收类产品。

2. 先票（款）后货存货质押，国内信用证，委托代理开票，法人账户透支等预付类产品。

3. 电子票据，票据库等电子服务类产品。

六、退出机制

1. 最后一期客户缴清全部货款及利息，货物移交完毕，融资租赁业务结束。

2. 当客户出现逾期或放弃提货权，按担保措施实行风险敞口补偿。（厂商回购、客户担保、物流公司处置）

3. 若货物市场价值较高，租赁公司还可自行处置，在期货市场交易或者转售。

七、贷后管理

1. 银行承兑汇票到期前 15 日，如客户交付的货款不足以兑付承兑汇票时，业务人员要以书面的形式通知客户组织资金兑付，并通知核心厂商作好承担保兑责任准备，如到期日前 5 日内下游客户仍未备足兑付资金，厂商必须无条件在五日内（到期日前）承担保兑责任。

2. 业务部门和生产商、客户应视提货发生频率，定期、专人每月或每周核对提货量和未提余额。每季度末，各分行要将保兑仓业务，通融仓的开展情况上报公司。

3. 项目经理应采用多种方式对生产商和客户进行授信后跟踪，密切关注其经营、财务、管理、产品销售、产品结构变化、产品价格变动和市场竞争程度等可能对租赁公司授信产生不利影响的情况。此外，项目经理还应随时从银行信贷登记系统查询客户、厂商在他行的授信情况，防止一份《购销合同》多头取得信用支持。

物流金融将成为融资租赁市场的蓝海！了解物流金融商机（节选）

说到物流，人们直接的印象就是快递。据测算，2018 年，我国快递业务突破 500 亿件，连续五年位居首位。从快递运输需求的井喷可以看出，中国物流市场巨大。目前，随着互联网经济的快速发展，物流金融这一新兴产业逐渐成为各方进入资本布局的出路，融资租赁业也不例外。业内已有租赁公司进入这一市场，或为物流运输市场的运输企业提供融资服务，或为物流产业供应链中的中小微企业提供一套综合服务解决方案，试图找到物流金融市场的差异化经营。

物流作为一种新兴的复合型产业，为制造业、工业、金融等周边产业创造了更多的发展机遇。中国物流与采购联合会副会长何登才表示，完善物流与制造业、工业、金融等相关产业的融合，有利于促进物流业向高质量发展的快速发展。其中，“金融 + 物流”是业内一个很有前途的新出路。上海大学现代物流研究中心主任朱学坚表示，物流发展的核心力量必须是金融。以“贸易 + 物流”为核心，增加金融服务，构建供应链金融物流服务生态系统，为市场客户提供统一、快捷、一站式的物流供应链服务。业内人士认为，将融资租赁与物流业结合起来，不仅有助于构建现代物流金融服务生态系统，还可以促进租赁业务的创新升级。中国民投 ** 物流融资租赁有限公司总裁助理王俊峰认为，近年来，租赁行业同质化竞争日趋激烈，创新的商业模式和业态成为行业的共同需求。需要指出的是，租赁不仅具有融资的特点，而且具有贸易、投资、融资、促销等多重功能。进入物流领域，可以更好地体现租赁的资产管理和交易管理的特点，从而为租赁公司带来新的盈利模式。融资租赁方面，据商务部统计，前五名分别是能源、流量运输设备、基础设施和房地产、通用机械设备和工业设备，均与房地产业有关。业内人士表示，物流本身是一个复合产业，而运输业是租赁业中非常重要的一个行业。由此可见，融资租赁在物流业有着巨大的发展空间。

对于租赁公司来说，无论是物流地产、物流园区、物流基础设施、物流运输等基础市场，还是物流冷链、物流智能（自动分拣设备）等专业细分市场，都可以成为业务布局的重点。朱学坚说，物流业市场本身就很广阔。做好物流领域的租赁业务，需要行业内企业找准具体方向，使业务深入细致。物流运输是租赁公司进行物流融资的主要阵地。其中，商用车金融是一片蓝海。据深陷商用车市场的租车者介绍，目前的细分市场包括新型商用车、二手车、乘用车等。目前，国内商用车市场的金融渗透率仅为 50%，远低于需要发展的成熟市场的 90%。一些租赁公司在运力环节继续发力，如切入汽车后金融市场和汽车后备箱物流市场，为商用车产业链上下游提供全周期、多场景的金融服务，开放供应链等运输能力。例如，以干线物流金融为主业的石桥集团，为近 12 万名货车司机业主提供金融产品服务，并通过连接数万名司机，为国内一线电子商务、快递、快递、第三方物流公司提供运输服务。此外，中小企业物流供应链市场也是一个细分市场。朱学坚认为，我国中小企业的融资需求没有得到满足。在小企业的制造物流供应链中，融资租赁是一种很有前途的方式。比如，义乌小商品制造业形成的“一镇一村一品”的模式，导致了物流的碎片化。商品制造产业链在发展到一定的企业规模时，需要强大的物流链和供应链来支撑。租赁公司可以通过有效控制资金流、物流和信息流，与供应链的上游供应商和下游分销商建立联系，提供有针对性的融资服务或囤货服务，从而提高产业链的整体效率。

金融扶持物流将加快物流业发展的“春天”。但这个“春天”不是以“量”取胜，而是以“质”和“量”取胜。在物流产业向高等化、信息化、集成化、集成化、生态化演进的过程中，必须通过技术手段延伸产业链，提升价值链。对于融资租赁来说，利用信息技术提高物流金融供应链的服务能力也很重要。有业内人士表示，目前的物流及其体系在一定程度上不能满足金融机构对利益的追求。融资租赁的融资成本和运营成本都不低。此外，物流金融领域也会出现一些违约事件。因此，租赁进入物流业时，要把握行业的性质和成本。通过现代信息技术降低运营成本，提高风险控制能力，有助于支持租赁公司更好地开展物流金融业务。朱棣文表示，科技可以改善和提升物流供应链服务。通过物联网、人工智能、大数据、区块链等技术的结合，提高交易信用和监管信用的信用度，使物流订单执行过程、监管对象和监管操作信息可视化，通过可视化、可追溯和可控的。例如，石桥集团通过利用大数据、移动互联网技术等构建的一套移动互联网 IT 系统，在移动终端应用中完成公司从客户申请提交、销售人员调查贷款、贷后管理和服务等主要业务。

来源：顺佳物流（深圳）有限公司

物流企业融资租赁需要注意什么?

就目前实物流通大多是在物流企业的代理下进行的，所以现在的物流企业也在不断地通过筹资融资租赁来增加规模并且战力更多的市场，但是融资租赁存在很多的风险，那么，物流企业融资租赁需要注意什么呢？其实物流企业想要通过租赁来融资首先就得注意到自身结构和管理资金方面的问题。下面一起来看看具体需要注意的内容。

一、物流企业融资租赁需要注意什么？

我国中小物流企业大多发展时间不长，自身难免存在很多问题。其一，资产结构不尽合理，固定资产比重过轻，以致于向银行借款时没有可抵押资产。其二，缺乏核心竞争力，产品结构和形式单一，抵御风险的能力过弱。其三，管理混乱，缺乏内部控制，不注重信用的建设，没有树立良好的企业形象。其四，缺少物流与金融的复合型人才。

发展中小物流企业融资租赁业务的建议

（一）加大对融资租赁的宣传力度，强化租赁意识

我国引入融资租赁这一金融创新产品已有 30 年，并在我国经济建设和发展中发挥了十分重要的作用，但是由于根深蒂固的传统融资观念以及推广的不到位，使得这一新兴融资方式还未在经济领域中广泛普及，很多缺乏资金的中小物流企业也不敢贸然涉足。因此，政府应加大宣传和扶持力度，让中小物流企业强化融资租赁的意识，比如可以选择合适的城市或地区推行试点宣传计划，使融资租赁这种新型融资方式深入人心。

（二）建立和完善物流企业融资信用担保体系，提高物流企业的地位

一是政府直接出资建立规范的担保机构，同时通过税收优惠和降低法定存款准备金率等财政货币政策鼓励和扶持具备担保资格的民间担保机构为中小物流企业提供优惠的担保或贷款。二是制定专门针对为中小物流企业提供优惠的担保制度，这是决定中小物流企业能否利用融资租赁方式快速解决资金问题的关键所在。

（三）提高租赁公司的综合服务水平

一是加强租赁公司的日常管理水平。目前我国租赁公司规模较小，从业人员少且素质不高，管理水平较低，因此租赁公司应健全员工机制，加强对复合型人才的培养和引进，实行先进科学的管理模式，改变封闭式分散经营管理的现状，对租赁项目进行精心管理，从根本上提高企业的日常管理水平。

二是开展多元化的创新业务。创新是一个企业发展的不竭动力，只有创新，企业才能进步，才能在市场上立足。因此租赁公司应开拓一些具有市场潜力的多元化创新业务。例如可以打破租赁期限固定、支付租金方式死板、设备来源渠道单一等传统方式，针对不同的物流企业采取不同的对策。同时还可以借鉴国外发达国家推出的融资租赁新产品，如杠杆租赁、收益百分比租赁、结构共享式租赁等。

（四）中小物流企业加强自身修炼，决战行业竞争

融资租赁可以成为解决中小物流企业融资难题的一剂良方，但除了国家政策和租赁公司的扶持和配合，企业的自身能力才是发展之根本。中小物流企业在利用好融资租赁方式的同时，更应加强自身修炼，制定更为积极和完备的战略发展方向。

第一，注重自身信用管理，树立良好的企业形象。良好的信用是企业和金融机构（特别是融资租赁公司）合作的必要条件，因此保持和加强信用管理也是至关重要的。

第二，建立科学的管理体系，提高企业整体素质。引入先进的全面管理体系，运用现代物流信息技术，采用科学的管理方法和管理手段，全面提高企业综合素质，促进企业持续良性发展。

第三，加强培养和引进物流管理与金融专业人才，优化物流人才结构，建立强大的物流人才体系。企业的竞争本质上还是人才的竞争。物流企业应该在企业内部营造物流和金融人才的发展环境，同时整合高校物流和金融专业的培训资源，建立企业和高校的联系平台，形成物流和金融人才培训的完善体系。

综上所述，物流公司想要得到在融资租赁方面的成功首先就得注意到关于自身结构发展以及内部资金上的问题，企业如果出现疑惑可以参照上述小编给出的建议进行企业管理上的改善。

来源：律图网

9.3 物流业直接融资

9.3.1 综述

国务院金融委：拓宽优质中小企业直接融资渠道

记者从中国政府网获悉，1 月 7 日，国务院金融稳定发展委员会（以下简称金融委）召开第十四次会议，研究缓解中小企业融资难融资贵问题，部署相关工作。值得注意的是，这已经是近一个月以来，国务院相关会议第三次提及中小企业融资话题。

会议指出，中小企业是建设现代化经济体系、推动经济实现高质量发展的重要基础，在支撑就业、稳定增长、改善民生等方面发挥着重要作用。要坚持“两个毫不动摇”，充分认识金融支持中小企业发展的重要性，持续加大支持力度，切实缓解融资难融资贵问题。

会议要求，尽快研究出台进一步缓解中小企业融资难融资贵的相关举措。要围绕疏通货币政策传导机制，综合运用多种货币信贷政策工具，实行差异化监管安排，完善考核评价机制，对金融机构履行好中小企业金融服务主体责任形成有效激励。要深化金融供给侧结构性改革，健全具有高度适应性、竞争力、普惠性的现代金融体系。要多渠道补充中小银行资本金，促进提高对中小企业信贷投放能力。要继续完善政府性融资担保体系，加快涉企信用信息平台建设，拓宽优质中小企业直接融资渠道，切实缓解中小企业融资面临的实际问题。

从 2019 年年底到 2020 年年初，多个重要会议聚焦中小企业，尤其是中小企业融资问题。2019 年 12 月 13 日召开的国务院促进中小企业发展工作领导小组第四次会议提出，要创新中小企业金融服务考核激励机制，完善中小企业融资担保体系，加快推进中小企业信用信息平台建设，鼓励科技型中小企业上市融资，切实解决融资难、融资贵问题。2020 年 1 月 3 日召开的国常会再次提出，引导金融机构创新方式，缓解中小企业融资难融资贵。

中国民生银行首席研究员温彬表示，量多面广的中小企业，广泛分布在各领域、各行业、各地区，历来是促进经济增长、增加社会就业、提高财政收入、改善民生福祉的主力军。他表示，对金融领域而言，包括差异化的货币信贷政策、监管政策、考核激励政策、资本补充政策等，有望给服务中小企业的金融机构营造一个愿贷、敢贷、能贷的良好政策环境，从根本上缓解中小企业融资难融资贵问题，在稳增长和高质量发展过程中，充分激发中小企业活力。

温彬表示，近期有可能出台实施一系列针对中小企业融资的激励约束相容的货币政策和监管政策，比如央行可能实施定向降准，并对中小企业贷款增速、占比提出量化要求；在宏观审慎监管中增加中小企业贷款指标；在金融机构考核评价、现场检查中纳入中小企业融资的数量、价格、期限等内容。

来源：《经济参考报》

9.3.2 综合信息

物流业迎政策红包，拓宽运输企业直接融资渠道

专家表示，中国物流行业的区域性、结构性特征明显，特别是中西部及农村地区，居民的物流需求强烈，规模巨大，这将成为未来企业的盈利增长点。

近几年，物流业发展呈现出蒸蒸日上的趋势，可以说大到城市小到农村人们的衣食住行都与物流行业有着密切联系。据《证券日报》记者统计发现，今年年初多部委印发了关于促进物流行业发展的相关规划和指导意见，物流业发展迎来密集的政策性“红包”。

可以说，2016 年是快递行业发展的分水岭，申通、圆通、韵达已陆续登陆资本市场，京东开启物流社会化进程，快递行业由快速野蛮式跑规模阶段进入重资产化精细运营阶段。但是，物流业发展还面临一部分的两极分化，要想让整个行业健康有序发展，政策的扶持必不可少。

2 月 8 日，商务部、国家发改委、国土资源部等五部门联合印发了《商贸物流发展“十三五”规划》，明确提出将加大财政金融支持力度，鼓励地方政府加大财政资金支持，引导社会资本投入冷链物流、城乡配送网络、公共信息平台等项目建设。鼓励社会资本探索设立商贸物流产业基金。扩大融资渠道，推广供应链金融。鼓励商贸物流企业通过股权投资、债券融资等方式直接融资。

同一天，交通运输部、财政部、国家铁路总局等 6 部门联合印发了《关于鼓励支持运输企业创新发展的指导意见》，在金融支持方面提出，鼓励金融机构为运输企业提供多样化金融服务和融资支持，拓宽运输企业直接融资渠道。

就农村地区的物流业发展，在刚刚印发的中央“一号文件”就提到了，将推进农村电商发展，包括加快建立健全适应农产品电商发展的标准体系、支持农产品电商平台和乡村电商服务站点建设、深入实施电子商务进农村综合示范、完善农产品流通骨干网络等多个方面。

商务部新闻发言人孙继文在昨天的新闻发布会上表示，将支持建立完善县、乡、村三级物流配送机制，着重解决乡镇和农村之间“最初一公里”、“最后一公里”物流瓶颈问题，让产品“出得来”“下得去”。

财富证券某分析师告诉《证券日报》记者，中国物流成本还存在较大的下行空间，物流企业将通过资源整合来提升市场集中度与盈利能力；另一方面，中国物流行业的区域性、结构性特征明显，特别是中西部及农村地区，居民的物流需求强烈，规模巨大，这将成为未来企业的盈利增长点。

来源：中国物流信息网

9.3.3 浅析中国物流行业融资需求及操作方案（节选）

中国物流业发展虽然较快，但许多深层次的矛盾和问题尚未解决。″大而全″″小而全″的企业物流运作模式还相当普遍，社会化的物流需求不足，物流企业融资难的问题一直得不到很好解决。2008 年下半年以来，又受到国际金融危机的冲击，物流市场需求增速放缓，服务价格大幅下跌，物流企业经营出现严重困难。本文通过对整个物流行业融资需求分析，提出了物流行业融资的关键领域与具体操作方案。

一、中国物流行业总体融资需求及重点

（一）物流产业的总体融资需求

根据中国物流发展报告（2006—2007）《2006 年物流金融业发展回顾与 2007 年展望》公布显示：现代物流产业发展的资金需求增量主要由两部分构成，一部分是银行贷款增量；另一部分是上市公司融资增量，由这两部分相加得到资金需求增量的总量。

1. 总量分析

2. 据文献显示，在 2007—2015 年间，中国现代物流产业金融资金需求总规模预计达到 7.67 万亿元，其中物流产业的银行各项贷款总需求 3.14 万亿元，物流产业上市公司市价总值增加的总需求为 4.53 万亿元，直接融资（上市方式）与间接融资（银行贷款）的增量比例接近约为 3 ∶ 2。

2. 地区分析

据文献显示，在东部地区的资金需求量结构中，上市公司市价总值占 63.25%、银行贷款占 36.75%，说明东部地区直接融资的比例比较大。中部地区上市公司市价总值占 54.74%、银行贷款占 45.26%，说明直接融资与间接融资的比例差不多。西部地区上市公司市价总值占 43.45%、银行贷款占 56.55%，说明间接融资的幅度更大。

（二）中国物流行业融资需求的重点

1. 物流节点基础设施（物流园区、物流中心等）建设

以各地区经济发展潜力和物流服务市场需求为依据，依托综合运输网络，加强物流节点基础设施建设，包括：物流基地、物流园区、物流中心、配送中心和货运场站、货运枢纽等基础设施的建设以及配套服务系统和公共物流信息网络平台。

2. 运作型物流企业

运作型物流企业是指以物流相关业务为核心业务的企业。一是该企业必须从事运输（含运输代理、货物快递）或仓储等基本业务；二是企业能够对物流过程的各个环节进行一体化的组织和管理，最终满足客户需求；三是企业必须建立与物流服务相应的信息管理系统。

优先支持运作型物流企业的行业重点：要重点支持关系国计民生且目前仍为薄弱环节的农产品物流、食品物流、冷链物流和医药物流，促进这些行业物流持续、快速、健康发展。

银行重点支持运作型物流企业的业务内容：要重点支持运作型物流企业的核心能力建设，尤其是物流企业信息化建设。积极支持物流企业进行收购、兼并与重组，支持物流企业运用各种现代物流技术，提升企业市场竞争能力。

3. 平台型物流企业

平台型物流企业是指以物流企业作为物流基地（园区、中心）的主导企业，该企业负责该物流基地（园区、中心）的规划、运作和管理等主要任务。通常，该平台物流企业以某一物流园区基地为依托，联合物流基地（园区、中心）内的广大物流企业，共同服务于城市和区域的生产与商贸物流。

二、解决物流行业融资问题的操作方案

由于中国物流企业规模普遍较小，且大多数物流企业都存在贷款难的问题，银行可以借鉴成熟的中小企业贷款模式来解决物流企业融资问题。具体可从创建物流企业贷款平台和担保平台入手，把地方政府的组织协调优势、银行的融资优势以及群众组织的民主监督制约优势结合起来，构建贷款模式的核心要素〞两台一组〞（贷款平台 + 担保平台 + 群众组织。

贷款平台指在银行培育和指导下按银行要求承担或协助承担客户开发、评审、组织民主评议和贷后管理职能的机构；担保平台指在试点地区与银行有较为稳定的合作关系、为银行物流企业贷款提供担保的担保机构，主要是各地政府组建的物流企业政策性担保公司；群众组织指银行推动地方

政府成立的物流企业信用促进会、信用协会等组织，配合银行推动信用建设。

按照债权债务关系，结合现有的中小企业贷款实践经验，银行可采取三种模式：

一是统贷模式，即由地方政府授权的借款平台统借统还，借款平台以委托方式通过代理金融机构向物流企业提供资金支持。借款平台承担项目的开发、受理、评审和贷后管理等职能。

二是直贷模式，银行直接与物流企业签订借款合同，物流企业直接对银行承担还款责任，由管理平台负责贷款项目的开发、受理、评审和贷后管理。

三是物流贷款分工链模式。该模式是充分利用大型物流企业（机构）的商业信用和内部融资能力，银行将一笔大额资金贷给某一大型物流企业（机构），再由这个物流企业对其他物流企业发放贷款。该模式的关键要建立对大型物流企业（机构）的评审体系和调动其积极性。开行首先要对拟承贷大额贷款的大型物流企业（机构）的资信状况进行评级，确定对大型物流企业（机构）贷款的风险溢价，按照信用级别给予其风险溢价贷款。该物流企业（机构）负责事前筛选、事中管理监督和事后评价，并负责贷款本金及利息回收，同时，承担向开行按期还本付息的义务。

来源：知乎者也论文网

9.3.4 大力提高直接融资比重发挥资本市场枢纽作用

中国经济编者按：昨日，中央政治局委员、国务院副总理刘鹤在《人民日报》刊发的署名文章《加快构建以国内大循环为主体、国内国际双循环相互促进的新发展格局》中指出，坚持以服务实体经济为方向，对金融体系进行结构性调整，大力提高直接融资比重，改革优化政策性金融，完善金融支持创新的政策，发挥资本市场对于推动科技、资本和实体经济高水平循环的枢纽作用，提升金融科技水平。要构建现代物流体系，完善综合运输大通道、综合交通枢纽和物流网络。要实施高标准市场体系建设行动，加强社会信用体系和结算体系建设，降低制度性交易成本。

一、六方面推进构建新发展格局

《据证券时报》报道，11 月 25 日，中共中央政治局委员、国务院副总理刘鹤在《人民日报》发表署名文章《加快构建以国内大循环为主体、国内国际双循环相互促进的新发展格局》。就如何加快构建新发展格局，刘鹤分别从科技创新、供需互动、金融支持、新型城镇化、提高收入水平、高水平对外开放六个方面详解实施路径。

具体来说，一是推动科技创新在畅通循环中发挥关键作用。加快科技自立自强是畅通国内大循环、塑造我国在国际大循环中主动地位的关键。鼓励大胆探索和合理质疑，加强基础研究，加强应用研究。要强化企业创新主体地位，集中力量打好关键核心技术攻坚战，锻造产业链供应链长板，补齐产业链供应链短板。要建设高质量教育体系，推动全社会加大人力资本投入，加强基础研究人才培养，加强创新型、应用型、技能型人才培养等。

二是推动供给创造和引领需求，实现供需良性互动。坚定不移建设制造强国、质量强国、网络强国、数字中国，优先改造传统产业，发展战略性新兴产业，加快发展现代服务业。微观市场主体活力在优化供给体系中处于核心地位。要加快培育完整内需体系，完善扩大内需的政策支撑体系。增强消费对经济发展的基础性作用，全面促进消费，提升传统消费，培育新型消费，发展服务消费等。

三是推动金融更好服务实体经济，健全现代流通体系。对金融体系进行结构性调整，大力提高直接融资比重，改革优化政策性金融。发挥资本市场对于推动科技、资本和实体经济高水平循环的枢纽作用，提升金融科技水平。流通是畅通经济循环的重要基础。要构建现代物流体系，完善综合运输大通道、综合交通枢纽和物流网络。加强社会信用体系和结算体系建设，降低制度性交易成本等。

值得注意的是，对金融体系进行结构性调整，大力提高直接融资比重，不仅是新发展格局的需要，也是防范化解金融风险的需要。央行行长易纲近日撰文指出，最近10多年来，我国银行贷款在各项融资之中的占比明显提高。风险向金融机构尤其是银行集中，容易扭曲激励约束机制，影响金融资源的配置效率，还会扭曲风险定价，导致金融资产总量过快膨胀和部分资产质量下降，放大金融风险。只有发展好直接融资尤其是股权融资，才能够减少对银行债权融资的过度依赖，从而实现在稳住杠杆率的同时，保持金融对实体经济支持力度不减的目标。未来10年我国金融发展的最佳路径是市场的双向开放。

四是推动新型城镇化和城乡区域协调发展。要发挥中心城市和城市群带动作用，实施区域重大战略，建设现代化都市圈，形成一批新增长极。要推动农业供给侧结构性改革，确保粮食等重要农产品安全，将经济发展的底盘牢牢托住。要推动城市化地区、农产品主产区、生态功能区三大空间格局发挥各自比较优势等。

五是推动扩大就业和提高收入水平。中等收入群体的扩大对于形成强大国内市场、拉动结构升级具有基础作用。要坚持共同富裕方向，改善收入分配格局，扩大中等收入群体，努力使居民收入增长快于经济增长。提高劳动报酬在初次分配中的比重，着力提高低收入群体收入。完善再分配机制，加大税收、社会保障、转移支付等调节精准度，改善收入和财富分配格局。多渠道增加城乡居民财产性收入。完善营商环境，促进中小微企业和个体工商户健康发展等。

六是推动更高水平的对外开放，更深度融入全球经济。要进一步扩大市场准入，创造更加公平的市场环境，在更高水平上引进外资。要加快推进贸易创新发展，提升出口质量，扩大进口，促进经常项目和国际收支基本平衡。推进共建“一带一路”高质量发展，实现高质量引进来和高水平走出去等。

二、金融要坚持以服务实体经济为方向

据《21世纪经济报道》称，早在2019年6月，刘鹤在第11届陆家嘴论坛上用10余张PPT阐述了中国经济运行、金融风险处置、资本市场改革等方面的内容。其中一张PPT为标题为“中国经济再平衡持续推进”。

在这张PPT上，他将中国人均GDP、消费对经济增长的贡献率、城市化率、服务业对经济增长的贡献率、经常项目占GDP放在同一坐标系中考察。曲线图显示，2008年之后上述前四条曲线稳步上升，而经常项目占GDP的比重稳步下降。

国家外汇管理局的数据显示，经常项目占GDP的比重由2007年的高点10.1%降至2019年的1%，下降幅度明显。换言之，中国经济的对外依存度在不断地降低。

“中国不断落实金融危机发生后在G20会议上的承诺，经常项目顺差占GDP的比重不断下降。与国际金融危机发生前相比，中国经济再平衡正在持续推进。”刘鹤在第11届陆家嘴论坛上表示，“中国正在发生巨大的结构性变化，从外需导向转向了国内巨大市场驱动。”

在11月25日刊发的署名文章中，刘鹤表示，加快构建新发展格局是发挥我国超大规模经济体优势的内在要求。大国经济的重要特征，就是必须实现内部可循环，并且提供巨大国内市场和供给能力，支撑并带动外循环。

刘鹤称，从供求双方看，中国具备实现内部大循环、促进内外双循环的诸多条件，必须利用好大国经济纵深广阔的优势，使规模效应和集聚效应充分发挥。市场是全球最稀缺的资源，我们构建新发展格局和扩大内需，可以释放巨大而持久的动能，推动全球经济稳步复苏和增长。

其次，这是应对错综复杂的国际环境变化的战略举措。刘鹤指出，新冠肺炎疫情影响广泛深远，逆全球化趋势更加明显，全球产业链、供应链面临重大冲击，风险加大。面对外部环境变化带来的新矛盾新挑战，必须顺势而为调整经济发展路径。

再次，适应我国经济发展阶段变化的主动选择。刘鹤在文章中表示，“经过长期努力，我国需求结构和生产函数发生重大变化，生产体系内部循环不畅和供求脱节现象显现，‘卡脖子’问题突出，结构转换复杂性上升。解决这一矛盾，要求发展转向更多依靠创新驱动，不断提高供给质量和水平，推动高质量发展。这是大国经济发展的关口，我们要主动适应变化。”

刘鹤在此次解读中指出，金融是实体经济的血脉。要坚持以服务实体经济为方向，对金融体系进行结构性调整。

中信证券首席固收分析师明明表示，近年我国金融供给总量M2、社融增速已放缓。相比于总量问题，我国金融服务供给的结构问题更为突出。如间接融资与直接融资发展不平衡，多层次、广覆盖、有差异的金融体系尚未完全建立。

刘鹤此次指出，要大力提高直接融资比重，改革优化政策性金融，完善金融支持创新的政策，发挥资本市场对于推动科技、资本和实体经济高水平循环的枢纽作用，提升金融科技水平。

央行数据显示，今年前三季度新增社融中企业债券占比13.8%，同比提升1.9个百分点；非金融企业境内股票融资占比2.1%，同比提升1个百分点——直接融资（债券融资加股票融资）占比合计15.9个百分点，同比提高2.9个百分点。

华泰固收首席分析师张继强表示，“科技创新需要新的融资方式做支撑，区别于过去的间接融资，未来直接融资的重要性大幅提升”。

来源：中国经济网

9.3.5 物流金融的两大模式：物流供应链融资和物流银行

资本市场近年来对物流的关注热度持续不减，但仔细观察发现，主要还是集中在快递和快运这些能够规范化、标准化复制的以网络为核心竞争力的行业，真正能得到资本滋润的更是行业中的个别领先企业。面对更广泛的物流业中小企业，债权融资仍是重要的融资渠道。

物流企业的终端基础设施、转运中心等都需要大力建设，同时现代物流服务属于智能型、管理型产业，现代化程度较高，需要投入巨额资金。

因此，从总体来看，物流企业的融资需求很大。而且深入行业内部会发现，公路物流不同细分行业的企业融资需求有很大差别：

第一，若干规模化快递或物流公司资金实力雄厚，很多时候能够获得资本市场的直接融资。同时作为合同物流业务，资金结算方式以合同的方式订立，较为简单，主营业务产生的现金流较多，产生资金回收问题较少，因而信贷需求基本能够通过银行信贷进行覆盖。

第二，众多小微的快递、快运企业则由于激烈的市场竞争，存在通过为客户代开证、代垫费用甚至购货资金来争取货源的情况。据中国物流与采购联合会物流金融专业委员会估算，物流业仅运费垫资一项，每年就存在约6000亿元的融资需求，但其中只有不到5%是通过银行贷款方式获得的。

第三，近年迅速发展的无车承运人企业也很快收获了资本的青睐，却仍然需要大量资金来烧钱，以攫取更大的市场份额与少数规模化物流企业不同，小型民营快递企业存在着融资难的问题。由于企业经营设施以租赁为主，小型民营快递企业的主要价值集中在品牌和网络等无形资产，抵押物很少，无法向银行进行抵押贷款。此外，由于民营快递企业普遍规模较小，也无法取得银行授信额度。因此，银行贷款的融资方式并不能与快递行业对接，造成更大的融资难题。而对于公路货运行业这样的资金密集型产业，资金是保障其快速发展的重要因素。而缺钱，已成为这些物流企业发展最主要的制约因素之一。面对特定市场竞争结构带来的融资需求与供给的错配，传统信贷业务在艰难前进中摸索出了两条路：物流供应链融资模式和物流银行两种模式。

这两种业务模式的重点不同：前者专注于核心企业上下游企业，因为能够实施监控货品仓储和运输动向，以核心企业业务链条为抓手，便能最大限度内把控风险；而后者则精心挑选合适的产业，对其精品业务授信，也能从源头上控制风险，还能获得较高的收益。

下面做个具体介绍：

1. 银行与物流合作

在供应链融资模式方面，目前开展规模最大也最早的是深圳发展银行，此外上海浦发银行、招商银行、工商银行、华夏银行、兴业银行、中国银行、建设银行以及交通银行等也有开展。代表性银行在物流供应链融资模式和物流银行两种模式中均采用殊途同归的风险管控和收益获取方式。

2. 银行 + 物流 + 电商

"互联网 +"在物流业早已不是一句空话，传统供应链金融被互联网大数据时代的到来打破。在互联网时代，小微企业也同样拥有自己的供应链，市场中心节点的概念越来越模糊，每个客户都是出发点，都存在上下游。

电子商务、物流企业凭借信息、技术和渠道优势，依托自身强大的电子商务交易和物流配送平台，与商业银行开展越来越紧密的合作，共同为客户提供全流程、一体化的服务，即"银行 + 物流 + 电商"的新型线上供应链金融模式。目前，交通银行、平安银行和苏州银行等均已通过与核心企业对接平台和系统，利用电商流量和数据，开展电商平台内企业供应链金融业务。

来源：新浪财经

9.4 物流保险

9.4.1 综述

物流保险，从宏观上来讲，是一切与物流活动相关联的保险。其发展历史可以追溯到 16 世纪下半叶，海上运输保险和火灾保险的诞生，成为物流保险在运输和仓储环节的最初起源。

而在我国物流的发展较晚，相应的物流保险业的起步更晚。但随着现代物流体系的完善，物流行业对于保险的需求变得日益强烈，这个市场不容小觑。

根据中国物流与采购联合会发布的数据显示，2016 年全国社会物流总额 229.7 万亿元，同比增长 6.1%，与 5 年前相比增长 80% 左右。据此可以推算，未来我国货物运输类保险的规模有望超千亿元。业内人士估算，物流市场在 4000 亿 -5000 亿。

但是与市场需求不相对应的是，我国物流保险的发展缓慢且不尽如人意，保险公司甚至将其列为劣质业务。数据显示，自 2014 年以来，货运险在我国产险业务的占比不断下滑，2012-2014 年连续 3 年出现负增长，累计萎缩幅度达 14.4%。

一、物流保险发展缓慢原因

物流行业风险多样，风险系数高。现代物流不仅提供运输和仓储服务，还提供如配送、流通加工、保税、通关等增值服务，服务的多功能性导致其环节繁多、操作过程复杂，使得物流行业风险不确定、可控性差、认知性差，导致保险行业也望而却步；

物流行业发展不规范，导致物流保险的条款的措辞、责任的界定都难以明确，因为保险必须以大量同质风险的存在为前提，而无标准、无规范的物流运作显然加大了保险产品开发设计的难度，所以目前针对物流企业设计的保险产品开展的很一般。

从保险的角度来看，物流保险专业人才的匮乏直接导致了物流保险产品的匮乏。保险公司对物流业不熟悉，就无法开展有效地服务，双向人才的缺乏，阻碍了物流保险的发展。

分散业务的局限性，货运险等业务具有点多面广，展业难度大，单位收费少等特点，更多保险公司把精力放在了机动车险和企财险等大块业务上，使业务分散、收费较低的货运险倍受冷落。

以上造成了物流保险业务发展缓慢，处于边缘位置的现状。

二、现阶段物流保险的痛点

从模式来看，现在国内货运险市场普遍的业务模式是“预付＋后结”。简单地说就是：用户估算运量—预付整年保费—阶段按实际上报—最终保费结算。这个模式存在一个问题：如果货物没有出险，部分用户实际上可以考虑不报或者少报；如果货物出险，那么出险车辆肯定要报。

这意味着保险公司收到的上报车辆可能都是高风险或者已出险的车辆，最终导致保费充足率低，保险公司提高费率。费率提高就意味着他们也必须跟着缴纳高额的保费，这容易造成诚信用户的流失，产生比较严重的逆选择情况。由此，就进入了一个恶性循环。

除了模式上的问题，物流保险的发展中还存在以下痛点：

（1）险种单一，目前我国保险公司为物流业提供的保险险种主要有财产保险和货物运输保险，这两种保险均针对物流中单个环节，物流的各环节被肢解，保险险种无法满足物流市场需求。

（2）对于物流企业来说，存在物流公司对承运的货物货值不清楚、保费较多、投保不便、理赔繁琐，保障不足等问题。

（3）对于保险公司来说，由于保单被割裂成若干段，保险机构难以全面掌握链条中的风险，风险发生时则总是高频率的被动出险，责任认定与理赔过程同样复杂耗神。

（4）保险公司难以掌握物流过程中的信息数据，难以核实年 / 车货值，导致很多保险人在承保物流公司大多处于亏损的状态。一些保险公司只能通过物流企业的年收入来制定保费，导致保费充足率低。

三、现有的互联网保险物流玩家

部分第三方物流保险平台（微信：baoxianguancha）			
项目名称	成立时间	切入点	代表产品
聚保物流	2014 年	细分物流保险产品	整车保、员工保等
阔鱼保险	2015 年	在线投保、定制物流保险	公路货运险、货运整车保等
货保微	2017 年	在线投保、细分产品	普货运输险、整车物流责任险等
oTMS	2013 年	上游切入	全程保
货保宝	2011 年	在线投保	公路运[illegible]、物流责任险

随着互联网保险的发展，我们也注意到一些瞄准物流保验市场的第三方创业平台，总结下来，玩家主要有以下几类：

建立在线投保平台，线下转移到线上，这类玩家又分为两类，一类背靠传统保险经纪公司，如阔鱼保险背靠传化保险经纪，货保宝则隶属于上海华一保险经纪；另一类则是完全的创业公司，如聚保物流；在模式上的区别，则从细分物流保险产品切入。

还有一种本身并不是保险出身，而是在上游切入的物流领域创业公司，同保险公司合作，来推出保险产品，保险一般作为增值服务。

第一种模式通过互联网，提供了一个在线投保平台，简化了用户的购买流程，提升了用户体验。但是这类模式并没有触及到物流与保险的根本痛点，并且对于其落地服务能力要求较高。

第二种则是从上游切入的物流创业公司，以 oTMS 为例，这是一家运输服务平台，注重服务前端的货主以及第三方物流。

图为 oTMS 推出的产品“全程保”

从物流的上游切入来做，作为一个撮合平台，使得数据的交换更为容易，而这恰恰是保险难以获取的。但是存在的问题是，保险业门槛较高，物流这方来做，如何跟保险公司对接、是否懂保险以及是否有专业人员运营，都是其面临的挑战。

与 oTMS 相反，阔鱼保险、聚保物流则强调保险产品的细分。强调根据从物流细分模块入手，针对不同的场景对象，进行费率、承保范围、承保条件的定制化设计，来满足用户真正的保险需要。

四、互联网对于物流保险的改造

1. 投保

互联网、移动互联网对于保险业最基础的改造之一，在于让保险的购买变得更为便捷。以物流保险为例，传统物流保险的投保程序缓慢，需要人工传输货物信息、填写货物资料，人工出保单等，而在线投保平台的建立则改善了这些弊端。不但提高了投保效率，提升用户体验，而且对于物流公司来说更加节约投保成本，这是互联网对于物流保险在效率和用户体验的提升。

2. 产品

以上我们也提到，物流保险的一大痛点是产品的缺乏，在梳理的几家创业公司中，一些公司开始专注产品的细分。互联网时代，场景化保险开始渐成主流，同样可以应用到物流保险，把物流货代、3PL、专线、零担等拆分开来，根据场景来设计保险产品。

还有一点是，物流与保险公司之间的痛点在于数据的不流通、信息的不对称，果能够通过互联网的技术将物流数据信息化，那么就能在很大程度上解决保险公司在产品设计上的难题，解决供给侧的难题。

3. 风控

以上提到了物流保险模式上的痛点，其中涉及到逆选择的问题。其实，在物流保险的风控环节，大数据可以发挥重要作用。通过和物流平台的合作，保险公司可以根据货运险的大数据分析，了解用户的车辆运营情况，对诚信度较差的公司或个人进行风险识别，构建起物流信用评估体系，根据不同的公司、车队或个人提供不同的风险解决方案。

五、互联网物流保险的机遇

总而言之，如果未来互联网物流保险能以用户为中心，基于大数据分析，场景化投保、差异化定价，实现反欺诈管理、线上自助理赔、自助核保等，物流保险将焕发新的生机。

另外，以上叙述的都是以中小型物流企业为对象，而在我国，实际上，针对大企业或集团的货运保险几乎没有。

因为大企业或集团年运货量大，或自有运输车队，或采取自有物流公司与委托物流相结合的方式，风险相对较小，按现行的保险产品及承保管理规定承保，企业要么交付较高的保费，要么保额不足，比例赔付，结果业务日渐萎缩，大企业或集团货物运输保险近乎“绝迹”。

所以，如果能够解决决大企业或集团缴费高，或不再按比例方式赔付的问题，那么这块市场也十分可观。

来源：保观

未来“风口”！千亿级的物流保险市场，到底该怎么玩?

一、物流保险市场规模

目前关于物流保险的市场规模到底有多大，尚无官方统计数字。可参考的是中国物流与采购联合会发布的数据，显示：

2015年我国社会物流总额预计达220万亿元，与5年前相比增长70%左右，5年年均可比增幅8.7%，据此推算未来我国货物运输类保险的规模有望达千亿元。

同时，结合长期来对物流业保险需求的市场摸底，货运险、责任险、仓储险等传统类物流保险的需要强劲，加之意外险、营运车险、创新场景险等，估计总规模会超过5000亿元。

可以预判，伴随保险“国十条”强调将积极发展物流保险的倡议，未来物流保险必将成为较大的市场“风口”。

二、物流保险的主要症结

2015年是互联网保险发展的元年，各种围绕着旅游、意外、碎屏等互联网保险平台如雨后春笋般冒出。但是以生产、生活货物运输息息相关的物流保险却“无人问津”，甚至出现了“断货”的情况。

大多数保险公司将物流保险列入劣质业务中，整体业务处于萎缩阶段。即使有些保险公司想努力去尝试，但在产品供给方面依然有很大的问题，物流保险的“供给侧”问题明显。

如当前真正从物流公司角度出发进行产品设计的几乎没有，保险公司基于原来积累和打造的物流行业数据精算模型，已不适应当前快速发展的物流风险的评估。

以货运险为例，一个格式条款密密麻麻的几千字，主要描述的是不承保事项和免赔责任，条款设计看似合理，但对标物流现状看，一些免赔事项和承运条件在一段时间内都会存在。

比如物流行业的三超问题，在成本越来越高，利润越来越薄的情况下，中小物流企业要生存，会存在不得已下的风险选择，这种现状下从有利于行业发展的角度，保险公司需要做的是提出何种承保方案和风险规避方案，通过引导降低风险发生率，而不是大门紧锁或别无选择的告知。

除此之外，在购买和理赔等方面，复杂条款、繁缛材料、理赔陷阱等等，对行业用户也造成了较大的困惑……诸如此类的保险产品和服务让物流行业想说爱你，却不容易。

这是经过一段时间的摸索，我们发现的从前端到后端一些比较重要的问题。

三、物流保险怎么做才是“正途”

既然市场大、用户痛点与需求明确，那么怎么做才能让这个群体得到更好的保险服务？尤其是在移动互联、物联网、云计算的大背景下，如何更好的通过保险+的创新快速满足用户需求、提升整体运作的效率和质量？

（一）拆分场景，打造更具针对性的保险产品

深入物流行业，深入供应链场景，切切实实的了解物流的模块分工，了解不同用户的风险需求：长途运输与短途运输的差异，三方、中介、零担专线的业务区别等，针对不同的场景对象，进行费率、承保范围、承保条件的定制化设计，来满足用户真正的保险需要。

很难想象不懂物流行业的保险人能设计出场景化的保险产品。“一刀切”的保险产品会越来越没有市场，有时候用户不是不想要保险，而是保险们“不懂我”，那么友谊的小船自然说翻就翻了。

保险产品是源头，协同保险公司进行创新，努力做精、做深是根本。

（二）互联网化运作，打造“傻瓜式”的用户体验

可能有人会说，不要受互联网的毒，凑热闹只会死的很惨，持这种观点的人，说明真的不懂物流，更不懂物流保险了。做互联网 + 物流保险，不是脑袋热，是客户真正的痛点。

传统保险销售方式是拿个保险单给客户填，客户是否能看懂不说，光是时间要浪费个把小时，尤其是货运险，客户在忙着装货，哪有时间填那个东西。虽然各保险公司逐渐的开发了 ecargo 系统，但是近 30 多项必填内容看上去眼都花掉了，除专业录单员外，用户毫无兴趣。

正因为此，在互联网、移动化时代，为用户提供简洁操作的 PC 购买方式，针对用户半夜发车提供便捷的移动端 APP、微信购买方式，就成为解决用户“痛”的灵丹妙药了。

另外在互联网产品设计过程中，界面要简单，可选可不选的就忽略掉，能菜单式的、选择式的就避免让用户输入，尽可能降低用户的学习成本。总之，一板一眼都要考虑的简单简单再简单，打造用户群体的极致便捷体验。

（三）平台化运营，构建和谐生态

当前物流保险在发展上存在两极化的现象：

1. 供给端——保险公司

以物流行业的赔付率和收益规模为参考模型，致使业务处于整体控制、萎缩或拒绝受理的状态。

2. 需求端——物流用户

真正需要的、基于场景的保险产品很少或没有，造成要么不买、要么逆向选择等怪圈。

这个局要怎么破？靠保险公司？很难，任何一方因本位的问题都难以解决。我们认为只有对物流场景、物流用户充分了解、对保险行业有认知的“旁观者”才有这个功力。我们着手打造的互联网物流保险平台就是在做这个事。

为什么一定是平台化呢？通过平台化运营的好处是什么？

原因很简单，只有构建起多边共赢的平台，这个生态才是一个稳定的生态，才具备可持续性和延展性：

（1）要从保险公司的角度考虑，风险识别、风险预警、风险防范等措施，降低保险公司的负担。

（2）更要从用户角度考虑，用户风险的保障，费率成本、承保范围、理赔服务等，让用户体验到的是一种便捷、无忧、放心的综合性服务，而不是简单的保险买卖关系。

通过双方的平衡，以平台化方式，实现彼此的链接、交融、充分匹配，让生态内的多端共生、让普罗大众享受多样化、定制化、权益化的产品服务。

至于产品体验背后的逻辑、整个服务的“黑匣子”由平台充分提供，用户需求的深度调研、大数据行为分析、产品需求档案编制、保险产品协同设计、互联网系统搭建、理赔协助服务、用户权益协助，以及与之相关的各种谈判等等。总而言之，要用最匠心的“苦逼”，展现最“牛逼”的互联网保险服务。

（四）多产品组合，做服务与服务的“链接”

如果说工业时代产品拼的是功能，互联网时代拼的是客户体验，那么即将到来的智能时代拼的是大服务，是转嫁给用户的综合价值，单一价值的产品在未来的生存会比较困难。如我们说的保险，现在主要是功能性的产品设计、按照销售导向模式进行推广，用户接受到的不是综合价值高的产品，而是工业时代延续下来的“强卖”式的单一产品。

要改变现状，赶上业已到来的智能时代用户的需要，就要在综合价值上下功夫，围绕“保险 +”进行两端化“立体式”的模式拓展。

一是围绕保险产品本身，依据用户需求、大数据，打造出用户真正需要的产品、购买、理赔服务等，形成保险大服务。

二是做相关服务的“链接”，如通过保险为用户提供低于市面费率的贷款服务（保险金融服务互通），用户得到的综合价值提升，会对平台的黏性逐步增强，并通过信赖关系的持续积累，促使平台衍生成为“保险 + 资源聚合的入口”，从而构建起平台与其他竞争者的壁垒。

四、物流保险的“最后一公里”

传统保险行业是个红海，尤其是在各家产品大同小异的情况下，扫街、推销就成了核心竞争力的主要构建方式，为此，一些保险公司在“你不情我愿”的情况下，以“狂轰乱炸”式的推销（电销或地推），将触角伸向了大多客户，强势与用户产生了关系。

那么，物流行业是否也被洗礼了？用户是否如愿的得到了相关服务呢？然并卵。物流行业讲究的是熟人关系，尽管当前趋势也向生人交易进行演化，但整体环境并没发生多大变化。这么一种状况下，保险业务员到物流企业推销保险产品，通常得到的是“闭门羹”，而电销在骚扰电话拦截下也逐渐失去效力。虽然看上去保险公司依然在接触客户，但实际效果不明显，这个行业始终存在着保险的“最后一公里”没有打通。

要怎么做才能如愿打通这“最后一公里”呢？关键是找到能和用户产生有效关系的通路，运用互联网思维进行“关联和交互”，如：

（1）找到物流企业“扎堆”的地方，物流协会、物流园区、配货站、互联网物流平台等等，借助这些与用户的“钮结”进行产品与服务的拓展。

（2）找到用户交心的方式，通过发展更多的物流圈内人，以物流咨询、物流风险研讨等方式，深入到用户物流业务的服务中，为用户出谋划策，同时邀请用户共同参与保险产品设计，形成共创模式和口碑化营销。

（3）改变以往保险一旦卖出就形同陌路的销售方式，通过物流社区、物流人联盟的建设，打造“社区”文化，与用户持续性沟通，就平台体验、综合服务等方面持续互动，培养形成一种圈子经济。平常不忘用户，用户自然在有需要时也不会忘了你。

来源：保观

9.4.2 综合信息

让航运保险为企业纾困解难

近日，记者获悉，广州南沙自贸区挂牌五周年以来，以大数据为抓手，研发粤港澳大湾区创新型航运保险业务，为大湾区航运保险产品提供登记、注册、交易等服务，不断提高大湾区航运金融服务能力。

随着新冠肺炎疫情在全球大流行，国际航运和贸易受到的波及也愈发明显。航运企业为了降低损失，采用索赔方式获得相应的赔偿，尽管能否索赔成功还存在很大的不确定性，但对航运业而言，海上保险的重要性不言而喻。“我国航运保险业要有高度的危机处理灵活性，降低市场损害。”上海国际航运研究中心市场分析师李志平日前接受记者采访时表示，我国的航运保险业存在不少短板，疫情来袭暴露得更加明显，需要进一步夯实基础，增强自身的创新能力和市场灵活性，助力航运企业渡难关。

一、我国航运高端险种发展滞后

疫情期间，有关船舶在港口被隔离检疫而产生费用的争议屡见报端。一方面，由于通常的航运路线被取消或变更，船东发现自己可能无法及时将货物运送到目的地；另一方面，由于延迟卸货和转运费用等原因，也导致船东可能产生损失。业内人士介绍，严重的延误势必增加船东面对货主针对货物价值损失和／或货物损坏提出索赔的风险，尤其是在货物容易腐烂（例如大豆）的情况下。

通常情况下，航运企业一般通过互保或者购买海事责任险的方式转移因货物运输延期或损坏带来的风险。“例如因为疫情导致航运企业的船舶不能及时开航或者到港后不能及时靠港卸货，发生延期或货物损坏。如果他们有互保或购买有海事责任险、离岸能源险，一般都能得到理赔，并不需要为此承担太大的风险。”李志平介绍，海事责任险和离岸能源险属于航运保险领域的高端险种，虽然保费占比不高，但技术含量较高。

然而现实是，我国航运保险发展存在起步晚、市场规模化程度低、保险产品的创新能力不足等问题，导致我国在海事责任险和离岸能源险等高端险种方面的发展存在不足。

“在我国，大多数航运企业一般会根据自身需求，选择在英国伦敦、新加坡等国外航运保险市场购买高端险种。”李志平告诉记者，近年来，我国的船货险规模有进一步增长的潜力，但是高端险种中的海事责任险和离岸能源险发展比较滞后，保费全球占比均不足 1%。

根据上海国际航运研究中心每年发布的现代航运服务业报告统计，上海的船货险保费规模基本上仅次于伦敦和新加坡，近两年已经超过中国香港，但是国际保险市场的船货险业务几乎为零，主要靠国内市场支撑。

在李志平看来，我国作为全球主要的贸易国、船东国、船舶运输国以及造船国，我国航运业一直保持着快速增长，但与航运业的发展需求相比，航运保险特别是高端险种的发展还存在较大差距，“保障面不足、创新性产品缺乏、灵活性不够等短板，在疫情之下尤其明显。”

二、增强危机处理能力满足市场需求

强大的风险分担能力，是让我国大多数航运企业对国外航运保险趋之若鹜的原因。“尤其是在发生国际突发公共事件时，像英国伦敦航运保险市场更让我有安全感。”一位国内航运企业相关负责人告诉记者，鉴于当前运输行业的风险规模和复杂性很大，发生严重损失的可能性程度依然令人不安，航运保险公司必须要应对各种挑战。

新冠肺炎疫情在全球蔓延，潜在的扣船风险正在随之增加。有专家表示，一些港口相关泊位因船舶在检疫期间停运，造成其他船舶无法使用该泊位。这无疑会对港口运营商的收入带来影响，而港口则可能会考虑向该船船东提出损害赔偿。尽管承运人有能力在货物损坏或损失索赔方面依据相关公约作出抗辩，但这无疑会导致船东面临港口运营商扣押船舶以获取索赔担保的风险。

目前，我国一些港口为了减轻航运企业的负担，出台了相关优惠政策。例如，招商港口两次减免疫情期间集装箱库场使用费；江苏省港口集团免除春节期间进口重箱（内外贸）堆场使用费；泸州港对凡是涉及疫情防控所需的物资及集装箱，提供免费场内堆存、转运及吊装服务，且予以优先吊装……这些政策虽然能帮助我国航运企业减轻资金压力，但在李志平看来，增强我国航运保险业处理危机的能力，才能给予国内航运企业更有力的支撑。

专家表示，目前我国航运市场中存在的问题主要有：货运险业务市场准入相对较低，承运人责任险等技术要求相对较高保险很少公司参与，而航运险种的设计缺乏创新导致部分新兴风险不能涵盖，现在的保险产品不能涵盖业界的需要。此外，缺乏集技术及管理于一身的管理人才，影响高质量、高技术的风险评估服务。

李志平说：“我国保险公司要想寻求突破，一方面要提高我国航运保险市场的灵活性，提高保险产品创新能力，满足市场的个性化及高端化需求；另一方面，通过再保的方式将风险转移，提升风险的承受能力。”

三、要创新更要“走出去”

据了解，目前，我国的航运保险业市场由机构组成，相对严苛的注册成立条件导致我国航运保险市场经营主体相对单一，降低了航运保险市场经营的灵活性，同时阻碍了高端险种保险产品的创新，保险经纪人的产品创新能力难以发挥。

相较之下，伦敦等国际保险市场既有保险经纪人也有保险机构。以英国伦敦为例，已经形成劳合社（Lloyds）和伦敦承保人协会（IUA）两大航运保险市场。其中，伦敦承保人协会是经营海上保险的保险人公会组织，采用会员制形式，已由100多家海上保险公司取得会员资格，这些海上保险公司主要来自英国，部分来自英国以外的其他国家。

“国外的保险经纪人专业水平高，由他们组成的市场灵活性非常高，产品创新能力和紧随市场能力强于我们。”李志平告诉记者。

目前，上海探索保险注册制改革有一些成效，但是成效仍不明显。“如果想丰富航运保险市场的参与主体，及时出台规范性文件也很重要。”李志平说，以航运险为例，现在只有海商法和保险法，不能包括满足的需要。现在大部分的航运企业都用英国法，约定在伦敦管辖。我国虽然也成立了海事法院，但案件数量相对比较少，大力发展航运险必须建立配套的法律体系。

“结合我国现有航运发展水平，我们一方面要拓展海事责任领域的险种，同时航运保险走出去也很重要。”李志平认为，我国的航运保险市场缺少统一的协会组织，使得航运保险业者之间没有较好的沟通渠道，影响市场的有序发展和创新能力提升，降低了航运保险市场的国际影响力。

李志平建议，未来我国航运市场的发展仍要围绕创新和国际化两个方面展开。在创新方面，包括航运保险产品的创新和航运保险经营方式的创新。保险产品创新方面仍然要以上海航运保险注册制改革为抓手，深化、落实保险注册制措施，并继续探索新的航运保险产品创新方式；经营方式创新方面则探索形成保险公司、个人等多种形式经营主体并存的航运保险市场，同时鼓励培育会员制或更加灵活的保险业组织。

“为更好应对现在或将来可能遇到的风险，航运保险产品还可以进一步丰富，保险产品的营销和核保同样存在需要创新的方向，例如当前疫情背景下‘零接触’营销和‘零接触’核保等都需要新技术的支持。”李志平认为。

航运保险的国际化则主要包括人才的国际化、业务的国际化等。重点培育国际化的航运保险人，同时借助“一带一路”发展机遇推动国内航运保险业者的国际化发展，吸引国际领先航运保险机构集聚。

来源：《中国水运报》

9.4.3 浅析仓储质押的含义

一、基本概念

仓储质押融资业务在欧美及发达国家实际上早一百多年前已开始流行，现仍是中小型企业融资的一种主要方式。我国的仓储质押融资业务最初起源于广东、江苏、浙江一带，业务分布主要是生产制造企业、物贸业密集的地区，各银行以不同方式推出如现货质押、仓单（提单）质押、买方信贷等多种金融物流品种，银行俗称保兑仓业务。

目前，银行方面规模最大也最早的是深圳发展银行和广东发展银行，此外，上海浦东发展银行、交通银行、兴业银行、中信实业银行、民生银行、工商银行、建设银行及各商业银行也有开展，实践证明越是机制灵活、商业化、股份化的银行对此需求越旺盛。

仓储质押融资主要是为那些没有固定资产及相关财产的资信作抵押或担保，而手头上又拥有相当数量的库存产品（流动资产）的客户提供融资通道，尤其是中小型企业及贸易公司，由于银行方面精力和专业水平有限，以及同时也为促进银行内部规范管理、杜绝内部管理上的漏洞，引入外部监督机制，降低授信风险，故引进第三方监管公司参与监管，随着中国入世进程的加快，金融市场的全面放开，国外银行及其它金融业纷纷登陆大陆并享受国民待遇，使国内金融市场竞争变得越来越激烈，迫使国内金融业必须全方位加强服务，不断创新新的金融服务产品；又由于物流公司触角长并涉及到企业的上下游供应链的各环节，故许多物流公司充当了第三方监管公司的角色。

结构融资中，将未来可以产生现金流的资产进行质押，质押资产的产权结构被重新安排在银行、质押管理者之间，一般地，其占有权将转移给贷出方。

二、业务模式

仓储质押融资业务突破国内传统风险控制模式，由静态、孤立的风险控制理念变为动态、系统的风险控制理念，深入分析资金（货物）供应链企业之间的交易关系，通过对贸易背景真实性，交易对手的规模、信用和实力，提高交易客户违约成本，封闭运作，期限金额与贸易的匹配，合同单据的控制等方面的把握来控制风险，同时为客户信用体系建立提供服务，它实际上已形成了“供应链金融”，仓储质押融资在融资结构中包括四个方面：基于质押存货的产权结构、融资额度（即风险敞口、风险暴露）和偿还结构、费用结构、风险规避结构。这些结构的制定是在银行、借贷者和质押管理者共同参与下完成的，体现为三者之间的合约。仓储质押融资最显著的一个特点是个性化需求服务，针对不同客户可以制订多种融资模式。

1. 仓单质押

由借款企业、金融机构和物流公司达成三方协议，借款企业把质物寄存在物流公司的仓库中，然后，凭借物流公司开具的仓单向银行申请贷款融资，银行根据质物的价值和其他相关因素向其提供一定比例的贷款，质押的货品并不一定要由借款企业提供，可以是供应商或物流公司。

2. 买方信贷

对于需要采购材料的借款企业，金融机构先开出银行承兑汇票，借款企业凭借银行承兑汇票向供应商采购货品，并交由物流公司评估入库作为质物，金融机构在承兑汇票到期的兑现，将款项划拔到供应商帐户，物流公司根据金融机构的要求，在借款企业履行了还款义务后释放质物，如果借款企业违约，质物可由供应商或物流公司回购。

3. 现货质押

由借款企业、金融机构、监管公司达成三方协议，借款企业把质押物移交给金融机构指定的仓库（仓库划分为第三方仓库，出质人自有仓库），现货质物由金融机构占有，委托监管公司监管、金融机构确定质物的单价，监管公司按照金融机构核定的监管质物总值、监管质物的数量，同时承担审定质物权属和保管的责任，金融机构根据借款企业实际提供的经监管公司确定的质物价值的一定比例发放贷款。

4. 动态质押

动态质押使得企业在质押期间获得流动资金的同时，不会影响到其正常生产、销售，产生了资金放大效应，动态质押就是要使企业沉淀在原材料、半成品、成品的库存资金变成现金流动起来，同时又通过专业的监管公司渗透到企业的各个交易层面，掌握资金的流向，根据授信额度控制风险敞口，确保银行放贷资金的安全，专业监管公司的专业管理又促进了融资单位的内部管理，使其管理和业务流程及资金链的加速运转都起到了极大的推动作用。

动态质押主要有以下几种方式：

（1）循环质押（滚动质押）：考虑到仓单的有效性（仓单有效期、质物保质期）等因素，在质押期间，按与银行的约定，货主可用相同数量的产品替代原有质物，保证银行债权对应的质物价值不变。

（2）置换仓单质押：在质押期间，按与银行的约定，货主可用新仓单置换替代原有仓单，银行释放相应的原有质押仓单，同时，保管人解除对相应质物的特别监管，置换后保证银行债权对应质物的价值不减少。

（3）信用或保证金置换仓单质押：在质押期间，按与银行的约定，货主可用增加保证金或提供新的信用担保等方式置换替代原有质押仓单，置换后保证银行债权对应质物的价值不减少（可以增加），银行释放相应的质押仓单，同时保管人解除对相应质物的特别监管。

（4）动态控制存量下限质押（流动质押）：可分为动态控制库存数量下限和动态控制存货价值量下限两种，动态控制库存数量下限，与循环质押相同；动态控制库存价值量下限，与置换仓单质押相同，在保证银行债权对应质物的价值不减少的情况下进行监管。

三、业务优势

1. 仓储质押融资服务为企业带来了融资便利

仓储质押融资服务大大降低了企业的融资成本。作为中小企业规模小，固定资产少，很难从银行通过固产质押物获得贷款。而在仓储质押融资模式下，企业支付给仓储企业的费用仅在银行贷款利率基础上上升 0.3-0.5 个百分点，融资成本还不到典当借款的 1/5。很好地解决了企业经营融资问题，使之获取更多的流动资金，达到扩大经营规模和提高经济效益的目的。

2. 对于仓储企业来说，开展仓储质押融资服务收益良多

仓储企业通过与银行合作，监管客户在银行质押贷款的商品，可以更好地融入到客户的商品产销供应链中去，有利于仓储物流企业的业务整合，同时也加强了与银行之间的同盟关系。仓储企业通过融资服务解决了中小企业融资难的问题，提高了企业自身物流服务的附加值，既增加了利润来源，又可以稳定和吸引更多的中小企业客户，突出其竞争优势。

3. 对于银行来说，仓储质押融资服务作为一个新的经济增长点，风险相对较低

银行通过仓储质押融资服务可以扩大和稳固其客户群，树立竞争优势，开辟新的利润来源。银行在质押贷款业务中，仓储企业作为第三方可以为中小企业提供库存商品信息和可靠的质押物监管服务，由此降低了信息不对称带来的信贷风险，降低质押物评估过程及其由此产生的费用。

因此，仓储质押融资服务作为一种新型的融资模式，在方便企业融资的同时，更保证了仓储物流企业与银行的利益，能在中小企业、银行和仓储企业三者之间形成多赢局面，使参与各方受益，因而这项服务有持久的生命力和广阔的发展前景。

四、保障措施

1. 利益相关方要树立强烈的风险意识

仓储质押融资服务无论采用哪一种模式都存在着一定的风险。因此，作为融资服务的中介，仓储企业必须防范融资过程中的各种风险。选择客户要谨慎，要考察其业务能力、业务量及货物来源的合法性，防止客户选择不当带来的资信风险；选择合适的质押品种，如黑色金属、有色金属、大豆等价格涨跌幅度不大、质量稳定的品种，防止质押物因质押期间的巨大变化带来价格和质量风险。

2. 仓储企业与中小企业、银行应建立良好的合作伙伴关系

在仓储质押融资服务过程中，通过客户资信调查、客户资料收集、客户档案管理、客户信用等

级分类及信用额度稽核等措施，仓储企业对客户进行全方位的信用管理。仓储企业与银行建立长期合作关系，可以更好地取得金融机构的信用，有效地提高仓储质押融资服务的效率。

3. 仓储企业要加快信息化建设

先进的仓储设施，直接影响到货物查验的速度和成本，影响仓库的储存、加工、配送效率和服务质量。先进的网络化技术和仓储管理技术的应用，将会节约更多的时间、资源，减少流通损耗，降低库存压力。要加大力度建立仓储信息系统，及时掌握仓储市场信息，提高仓储的利用率和企业的经济效益，营造出一个有利于仓储信息流畅、良好的信息环境。

来源：CSDNVivianHuang001

9.4.4 如何开展冻品行业仓单质押

众多中小企业为了保证生产销售的供需稳定性，不得不留有一定库存以应对市场变化。这样一来不仅资金流吃紧，而且企业经营者也面临将库存快速转变为现金流的压力。在这样的背景下动产存货质押融资可以说对中小企业的意义重大，下面我们将以冻品行业的存货质押业务为例，具体剖解其业务实施过程中的某些要点。

一、存货质押业务介绍

首先，存货质押业务过程中涉及的参与方角色有哪些？

设想一下，如果一个企业希望用自己的库存货物作为质押物换取流动资金以保证企业正常经营，同时恰巧有另外一个资金机构看好这个企业的库存货物并愿意为其提供有偿使用的资金，那么这个交易就可以达成了吗？一定不是的。因为双方信息不对称使交易存在着风险，比如资金机构如何评估货物的价值，再比如质押后的货物怎么管理。因为相对于不动产而言，影响货物价值的因素有很多，货物的管控成本很高。所以，通常的存货质押业务中还需要有一个货物监管方的角色存在，监管方需要对货物行情较有把控能力能够执行控货管理，监管方可能是一个物流仓库的实际管理者也可能是其他角色，如果不是仓库管理者，那么监管方还需要有合作的仓储方为其提供仓储实时的数据。

存货质押业务所涉及的参与方角色

第二，存货质押业务类型有哪些？

如下图，按照货物状态来分主要为静态质押和动态质押。静态质押要求融资企业以明确的货物品类及数量对应固定的融资款，还款金额对应相应价值的货物数量，不允许以货易货，灵活性不高，对资金机构或监管方而言操作难易度较容易，但不适合中小企业灵活且频率高的融资需求；动态质押设置货物的质押池，以质押池中货物总价值判断融资金额，伴随贸易进行可随时发生货物的进出，资金机构设置融资最高额及质押货物最低限额或最高质押率等关键指标，满足指标要求则可融资或自由进出货物。动态质押模式下货物进出与融资放款还款操作可随时发生，对货物的监管控货要求自然更高，但却可满足中小企业的切实需求。

存货质押分类

二、冻品行业的存货质押

冻品行业和其他行业的存货质押业务控制的本质是一致的，我们将从贷前、贷中、贷后几个阶段分别介绍一下冻品行业具体实施过程中关注的业务要点。

首先，贷前阶段除了对于融资申请企业的资质审查外，还需要对将要作为质押物的具体 SKU 进行准入调查。SKU 准入调查需要针对冻品的分类、产地、生产商、供应商、品质、保质期、存储条件、市场价值及价格波动性、处置渠道等方面做详细地了解。同时，因冻品货物的特殊性，运输过程操作不当会影响货物价值，所以对于物流服务商地调研也是十分必要的。另外，关于货权的证明，冻品行业可能也会涉及一些独特的证明材料，比如肉类的检验检疫合格证、进口冻品的报关材料等。

贷中阶段，质押货物的市场价值在贷前质押物 SKU 准入过程中已详细调研，融资客户正式发起融资申请后针对在库质押物的价值进行核定，即核价。因冻品为大众日常消费品所以采价渠道丰富，根据不同的风控标准，核价可参考不同采价渠道的价格，市场最低价、平均价或设置加权规则计算得到用以计算可融资上限金额的核定单价。同时贷中阶段也是要核查货物权属的，货权清晰明确是避免后续风险发生的一大前提。

贷后阶段，按照业务初期确定的监管方案实行货物的监管操作。当监管货物入库时融资企业提供相对的货物入库权属凭证（比如上游送货单、进仓单），监管员现场实时监控入库过程，核实入库品名、规格 / 型号、产地、生产厂家（供应商）是否符合平台要求，同时，将出质货物存放于指定监管场地范围，待货物全部进仓完毕后，经现场监管员复核无误，详细记录在《出入库流水登记》上，填写《监管质 / 抵押物进出结存表》，与融资企业双方确认签名，纳入监管范围。出库时，监管物价值高于监管下限的，对超出的部分，融资企业可以直接申请提货，可以直接办理；监管物价值等于或小于监管下限的，融资企业的任何提货均须经过平台的书面同意，现场监管人员收到平台签发的《提货通知书》后，经核查无误后，按监管物最低控货价值给予融资企业办理换货或提货。当监管物出库时；监管员实时跟踪货物出库过程，对该批监管物的出仓品名、规格／型号、车牌号以及出仓时间，详细记录在《出入库流水登记表》并进行复核，复核无误后作出仓处理；另外，针对在库货物的定期巡查盘点等操作也是必不可少的。

三、金融科技可以提供的助力

通过金融科技手段建立直连系统解决多方协同作业的效率问题，同时避免信息不对称导致的风险因素。一方面通过建立存货质押服务系统可以与仓库、监管等系统打通数据，为资金机构或监管方提供实时的仓库数据监控，沉淀融资企业的货物进出数据；另一方面也可减少下下人工操作环节，系统处理信息更加准确及时，对接监管的物联网设备更可以实现自动化监管解决人工操作的效率问题，目前物联网监管设备：RFID（自动传输货物出入库数据）、视频监控（监管仓的异常操作）、GPS 定位（物流运输路线监控）、温控设备（在库的温湿度监控）、智能锁（控制货物进出）等，都可以提升监管效果又能节约人工成本；同时，金融科技通过线上业务对接动产质押登记还可以在各参与方间同步公示方便查看共同监督，某种程度上避免货物权属不清晰地风险发生。

来源：汇融数科供应链

摘录整理：陈震 叶克全 何牧

第十篇 附 录

10.1 上海图书馆部分 2020 年出版物流业文献目录

上海图书馆藏部分 2020 年出版物流业文献目录

序号	书名	著者	出版社
1	《区块链技术下冷链物流安全性研究》	刘华	中国财政经济出版社
2	《区域农产品冷链物流配送优化研究 >	姚源果	中国农业出版社
3	《物流营销实务》	唐铮	上海交通大学出版社
4	《电子商务物流》	刘磊	电子工业出版社
5	《物流业发展质量对区域经济协调发展的影响研究》	李娟	人民出版社
6	《跨境电商物流》	薛士龙	上海财经大学出版社
7	《城市电商物流系统决策方法研究》	李松	经济科学出版社
8	《采购和供应链全流程控制与运营管理》	李文发	人民邮电出版社
9	《区域果蔬外贸冷链物流模式及其机制创新研究》	李红	中国农业科学技术出版社
10	《物流学导论》	黄辉	重庆大学出版社
11	《现代物流系统集成》	尹军琪	中国财富出版社有限公司
12	《“一带一路”背景下无水港跨境物流网络研究》	魏海蕊	上海社会科学院出版社
13	《物流运输实务》	姫中英	中国人民大学出版社
14	《电商物流中心运营管理》	杨礼美	机械工业出版社
15	《物流技术与实务》	翁兆波	中国财政经济出版社
16	《现代物流运筹学》	王东辉	中国人民大学出版社
17	《成品油销售企业物流一体化协同研究》	柳瑞禹	武汉大学出版社
18	《新编现代物流管理》	穆丽娟	中国水利水电出版社
19	《新编物流管理实务》	张惠敏	中国水利水电出版社
20	《军事物流系统规划与设计》	荀烨	中国财富出版社

序号	书名	著者	出版社
21	《现代物流技术与设备》	刘源	中国财政经济出版社
22	《电子商务与物流》	陈雄寅	电子工业出版社
23	《现代物流基础学习指导》	陈雄寅	电子工业出版社
24	《跨境电商物流实务》	戴小红	浙江大学出版社
25	《中国冷链物流发展典型案例》	蔡翠	人民交通出版社股份有限公司
26	《物流論》	斉藤実	中央経済社
27	《物流業界立て直しバイブル》	岡卓也	済新報社
28	《突发公共卫生事件下的物流与供应链管理》	何明珂	首都经济贸易大学出版社
29	《物流专业英语》	夏立娟	首都经济贸易大学出版社
30	《物流系统仿真》	谢勇	清华大学出版社
31	《物流配送车辆路径问题模型及算法研究》	曹二保	科学出版社
32	《航空货运物流规划》	刘武君	同济大学出版社
33	《航空物流，初级》	张晓梅	中国劳动社会保障出版社
34	《国际物流实务》	顾永才	首都经济贸易大学出版社
35	《国际物流学》	鲁力群	北京大学出版社
36	《物流成本管理基础》	周珠	中国劳动社会保障出版社
37	《物流客户服务与营销》	杨俐	中国财富出版社有限公司
38	《电子商务物流》	邓之宏	北京大学出版社
39	《物流成本管理》	段春媚	中国人民大学出版社
40	《区块链与智慧物流》	王喜富	电子工业出版社
41	《冷链物流知识体系与运营》	王国利	科学出版社
42	《物流设施设备》	刘敏	高等教育出版社
43	《电子商务物流基础与实训》	周晓	西安电子科技大学出版社
44	《走进物流》	郑王卉	机械工业出版社
45	《食品物流管理》	傅莉萍	清华大学出版社
46	《物流市场营销》	旷健玲	电子工业出版社
47	《现代物流综合作业》	杨双幸	中国财富出版社有限公司
48	《城市物流系统可靠性优化研究》	张浩	经济科学出版社

序号	书名	著者	出版社
49	《供应链与物流管理》	戈尔兹比	人民邮电出版社
50	《物流分析、规划与仿真案例教程》	付强	机械工业出版社
51	《物流探秘》	陆大明	机械工业出版社
52	《现代物流概论》	段圣贤	电子工业出版社
53	《药品营销网络与物流配送》	李晓晖	中国发展出版社
54	《跨境物流及海外仓》	孙韬	电子工业出版社
55	《物流企业商业模式创新》	李占雷	中国纺织出版社有限公司
56	《国际物流与货运代理从入门到精通》	许丽洁	人民邮电出版社
57	《中国物流与供应链金融发展报告》	张炜	中国财富出版社有限公司
58	《中国汽车物流发展报告》	左新宇	中国财富出版社有限公司

来源：上海图书馆网查询整理 制表：王伟

10.2 2020上海物流业大事记

华辰优安，终结进口冷链食品“恐慌”

上海华辰隆德丰企业集团创立于1994年，是一家以房地产开发、建筑施工、物流园区开发运营为主业，涉足金融投资、食品供应链管理、养老服务、农业投资、酒店管理和海外投资等领域的综合性企业集团。集团2018年资产规模超过100亿元，在住宅地产、商业和产业地产、金融投资、食品供应链管理等多种业态上积累了丰富的经验和管理能力。

随着进口食品行业风口来临，集团整合相关产业资源进行业务创新和转型，以进口食品商贸产业园开发建设为基础，打造行业领先的线上线下一体化的进口食品交易和供应链服务平台——上海华辰优安供应链有限公司，32.5万平方米的产业服务平台。产业与供应链金融结合，通过共享经济打造食品产业B2B平台。作为国家首批“6天+365天”常年展示交易平台，公司发挥平台优势，积极对接中国国际进口博览会，助力消费升级大战略。整合进口食品产业链企业，建设线上线下一体化、一站式的进口食品智慧供应链服务平台，构建进口食品商贸生态圈。

上海华辰优安供应链有限公司疫情依始积极配合政府，做好市场供给和服务工作，上海市市商委、市场监督管理局、卫健委、浦东海关、进博会会展中心等各部门领导现场调研园区，并共同探讨制定2020年进博会冷链展品统一消杀及核酸检测等防疫措施，并指定华辰优安为进博会冷链展品消杀查验华东区唯一定点单位。

当全球疫情陷入至暗时刻，多地冷链食品包装核酸阳性……面对新冠病毒，防人亦需防物。华辰优安冷库作为上海进口冷链食品市政府定点中转查验库，华辰隆德丰集团董事长朱永兴高度重视、亲自部署、狠抓落实，迅速行动，第一时间成立了领导小组和工作小组，把疫情防控作为当前最重要的工作来抓，确保食品安全和仓储物流市场供应，全力以赴、积极践行企业社会责任。

华辰优安全体员工在这场战〞疫”中，体现出了〞爱岗敬业、勇担责任、甘于奉献、众志成城”的华辰抗〞疫”精神。董事长要求把这项民生工程作为当前集团的重中之中去完成。一线工作人员不畏艰险，勇于担当，努力拼搏，为进口冷链食品安全保驾护航。

朱永兴董事长表示：华辰优安冷库每天大约处理100个标准集装箱的进口冷链食品。从港口出发，统一车辆运送到上海华辰优安中转查验库；登记、入库，集中消杀，分区摆放；批批抽检，现场对表面进行采样，样品第一时间送到指定实验室检测；想要离开中转库进入市场必须〞四证”齐全：核酸阴性报告、业经消毒证明、进口冷链食品出库证明和出入库凭证。

朱董事长还表示，货到后会进行即时消杀，工作人员24小时备勤值守。同时，市场监管、卫生健康委等相关部门在这里设立专班，对中转查验入库货品进行核酸检测等，督促落实消杀、人员防护等各项疫情防控措施。

在市政府、浦东新区政府、市市场监管局、商委、卫健委、疾控中心等相关部门的关怀指导及支持下，华辰优安从手工消杀进入到机器消杀，自2020年11月16日至今已顺利完成消杀检测近6000余柜。

目前华辰优安严格按照上海市相关防疫防控政策，进入园区的车辆需经全车消毒道口完成消杀，卸货时所有货物都需经过自动消杀机器完成六面消杀。然后由专业的第三方检测机构对货物随机采样，同时消杀人员对已卸完的集装箱内壁完成消杀，核酸检测报告为阴性后方可安排货物出库。

同时，所有工作人员也已按要求完成疫苗接种，每周会进行一次全员核酸检测。进入作业现场严格执行二级防护标准，所有一线装卸工人实行集中居住管理；所有进入园区人员需经测温、健康码并满足一月内核酸检测阴性，切实将园区人、物精准防控做到位。

疫情面前，华辰优安守护好一方园区，众志成城为国为民做好食品安全和市场供给支持。华辰人共同为庚子祈福、不负韶华、勇担责任、坚守信心，必将胜利完成疫情防控、食品安全和市场供给三大战役。

机场综保区：离世界市场最近的国内市场
经营总收入逆势飞扬 同比增长41%

杨珍莹

“浦东机场综合保税区利用航空物流优势，打造成具有国内国际双循环战略链接的一个核心承载区，使机场综保区能够真正成为离世界市场最近的国内市场，离国内市场最近的国际市场，”保税区管理局机场办主任施惠良说。

这样的底气，来自于一组亮丽的成绩单。记者最新了解到，得益于一系列的创新发展举措和不断探索实践，机场综保区贸易自由化、便利化水平不断提升，2020年机场综保区经营总收入完成380亿元，比上年增长41%；商品销售额156亿元，增长1倍；进出口总额736.7亿元，增长2.7%；税务部门税收33.4亿元，增长29%；实到外资5.0亿美元，增长51%，在疫情之下，主要指标均取得了大幅增长，真正实现了逆势飞扬。

化危为机：紧紧围绕着企业需求的“转型升级”

面对去年以来，严峻复杂的国际疫情和世界经济形势，逆势飞扬从何而来？源于机场综保区主动创新，拓展新业务的步伐从未停歇。以最新启用的浦东机场机动车公共服务中心为例，就是机场综保区紧抓政策突破，围绕企业需求而快速建立的。

“在2019年以前，我们这儿是没有进口汽车业务的，《国务院关于促进综合保税区高水平开放高质量发展的若干意见》发布后，我们根据这一变化，快速推进了相关进口汽车的业务，”施惠良说，“并把检测线设置在需求进口汽车企业的仓库旁边，让他们可以随时随地按照需要完成检测，同时实现分拨功能，去往国内或国外市场。”

疫情以后，跨国公司在全球范围内进行业务重组，综合保税区是各方面开放度最高的海关特殊监管区。去年以来，机场综保区就紧紧围绕着跨国企业的需求，将危机转化为了机遇。疫情发生之前，近铁已与其客户英飞凌有了将境外分拨中心搬到机场综保区的规划，这一举措，将以往亚太地区多点仓库操作转变为一点分拨，更有利于企业的全球发展。近铁没有因为疫情踩刹车，而是踩下了油门。保税区管理局、浦东机场海关空港办及开发主体也对企业加快复工复产给予了支持与帮助，让近铁所构想的功能“升级”在最短的时间就得到了实现。2020年5月7日，近铁公司运营的国内首个品牌半导体企业跨境（工业）电商项目也在机场综保区同步上线运作，通过网上下单，即使客户一两片芯片的需求，也能实现从机场综保区发货全球，快递到家。

改革创新是腾飞的强力引擎：

成为集约化、高产出、高效能的综合保税区

去年8月，机场综保区首个无尘智能查验室的建成使用，解决了查验过程中精密半导体对温度、湿度、防尘等要求，并将查验工作时间由一到两个工作日缩短为一小时，且不额外收取费用。该项目的投入将大幅度提高区内半导体业务运行效率，从而进一步巩固浦东机场在国际物流分拨中心方面的地位。

全球企业在变化战略，世界市场在变换需求，机场保税区也紧紧跟上了新兴产业的发展，快速按下了“快进键”。

看好中国市场，浦东机场成为了最佳“全球带货”地，也大大缩短消费者和海外商品的距离，而自贸区“试验田”的作用也在不断发酵：机场综保区内25万平方米的商业综合体今年也即将建成，这里将成为国内体量最大的“新品集聚地”。

“2020年机场综保区商品销售额一下子达到了150亿元，这是大有发展前途的业务，我们要充分利用浦东机场综保区贴近浦东机场，快进快出的高效率，在跨境出口、跨境进口领域进行有力的探索，” 施惠良表示。

未来，机场综合保区将依托自贸区试验区、综合保税区政策叠加优势，对标国际最高标准、最高水平，大胆试、大胆闯、自主改，创造有利于技术进步的制度条件，实现全要素生产率的提高，努力把区域打造成产业优势明显、制度创新领先，力争成为集约化、高产出、高效能的综合保税区，在新一轮改革开放中进一步发挥引领示范作用。

上海浦东现代物流行业协会供稿

让物流企业成为抗疫战线开路先锋

——上海综合保税区国际物流有限公司

2020年年初，疫情爆发、各地医疗资源紧缺，上海综合保税区国际物流有限公司（简称“综保物流”）通过洋山特殊综合保税区亚太分拨中心配合客户为各地的疾控中心不间断地发货，支持疫区实验室对病毒、液剂等功能性检测。

截至2月6日已顺利完成50多票疾控设备进口通关手续，有效地确保了所有防疫物资第一时间、最快速度送达湖北黄冈疾控中心以及辽宁、山东、天津、重庆、深圳、长沙等全国十几个省、市、地区疾控中心。此外，作为上海报关协会跨境贸易服务分会发起单位，综保物流依托“春雷关务工作室”的专家团队，无偿为境外人士及境内收货人的海外进口医疗捐赠物资提供的上海口岸清关咨询和免费报关服务，第一时间为客户提供防疫物资进口通关咨询等服务。综保物流项目团队圆满完成紧缺医疗设备发运任务，被梅特勒－托利多中国区授予“最美逆行者”荣誉称号。

目前，梅特勒－托利多在洋山特殊综保区设立的、由综保物流负责运营洋山亚太分拨中心，对内充当中国工厂的出口仓库，按照客户订单进行集拼，快速满足国内外需求；减少多个工厂发货运输的成本、提高物流效率，同时，借助洋山政策优势助力梅特勒加快退税及资金流转。综保物流负责根据梅特勒的客户订单在区内保税仓库进行组合加工、生产成定制产品；将组合完成后的最终产品申报进口到国内，根据货物的实际状态申报进口缴税。

梅特勒不仅使用了组合加工、分送集报等创新功能，而且是洋山特殊综合保税区第一家使用“未加工证明”功能创新的企业。经过综保物流与海关的多次沟通交流，梅特勒得到中国海关签发的首张“未加工证明”，证明梅特勒的货物即使流转到了第三国，也没有对其产品进行任何加工，仍然可以享受贸易优惠。

综保物流承包了梅特勒产品的到港至离港的所有操作，包括运输、通关等等，真正做到了从库存管理、仓储搬运，到报关报检、关务咨询等专业、综合性强的供应链服务。目前，亚太分拨中心已经实现年度进出体量在80000立方左右，年度进出票数在10000票左右，进出贸易额15亿人民币！

在进口组合加工操作方面，综保物流承接了国际知名婴幼儿奶粉品牌——雅士利旗下Bluebell调制乳粉的进口分装业务、全球快消品领军企业——利洁时旗下薇婷、滴露等系列产品的进口通关业务，在向洋山海关以及各产品需要报备的机构进行申报后，根据客户实际需求完成组合加工操作。

例如，食品类Bluebell调制乳粉的进口组合加工操作，需在向洋山海关、上海海关食品处申报后，分装入库条装产品，在国内采购铁罐，库内进行灌装、喷码、贴标后，装箱出库；化妆品类薇婷脱毛膏的进口组合加工操作，在向洋山海关申报后，配合客户落实仓库审核、硬件改装、组合加工流程匹配等，最终形成区域范围内标杆性规范操作流水线。

3月18日，综保物流与中航国际合作的项目正式落地，进行功能性税号改变组装并实施大件操作。中航国际的组合加工操作是将德国进境航空用空气压缩机作为主机，与国内出口航空用空气压缩机配件在保税区内进行组合，再将组合完成后的最终成品申报进口到国内。因洋山特殊综合保税区功能上的创新，在海关系统中进行组合加工申报，便可以以整机申报出区，大大地缩短了等待时间。

洋山特殊综保区的组合加工操作称为“商业性简单加工”，综保物流可应客户订单及市场的需求在洋山特殊综合保税区内，实现简单的分装、单品及配件的配套组合、多品类混合组合、功能性税号改变组装等相关类型的增值功能服务。

在区内的组合加工业务仅向海关做好前期报备即可进行操作，不需要品牌授权，环评等前期工作。区内无账册管理，以货物实际状态征税进口。可以实现多种组合、分装模式，并以完成加工后的货物实际状态申报并出具检验检疫证明食品化妆品类的中文标签，不需要标识国内分装地，可有效解决全球采购散件分批进境，成套设备交付的问题。

5月7日，综保物流与德国贝塔斯曼旗下欧唯特数码科技（上海）有限公司签订了合作协议，项目一期仓储规划面积约5000平方米，此次入库以VR穿戴式设备等电玩产品为主，预计未来年出口额有望突破100亿元人民币。

综保物流依托洋山特殊综合保税区优越的地理位置，借助与机场的近距离优势条件，为欧唯特节省了物流运输成本；项目落地洋山可以直接进行货物分拣再发出，以便货物直达客户手中，从而提高出货产能，加快发货速度；当产品的国内工厂同时位于出口加工区时，产品进入洋山特殊综保区便无需进行再次报关，只需在海关系统中进行核注清单操作，在节省时间成本的同时，进一步提升客户的体验感。

6月2日，综保物流与临港新片区重点装备制造企业——卡哥特科工业签署合作协议，为旗下品牌卡尔玛提供服务。卡尔玛是全球集装箱，起重设备和自动控制系统及其相关服务的领先供应商。

综保物流根据其业务模式特点，提出了“海运整批进境＋VMI保税管理”的供应链集成解决方案。通过VMI洋山联动临港产业，按实际生产计划按需供给配件的模式，有效降低了临港新片区工厂配件库存管理压力及资金占用问题，从而灵活支配资金，提升了经济效益。

综保物流除了实施“批次进出、集中申报”、“先进区后报关”、“集中汇总纳税”等新举措以外，还进行了“货物状态分类监管”、“未加工证明”的尝试。未来，综保物流将持续推进“保税维修”、“保税研发”、“保税船供”、“保税汽车存储”等功能创新。

上海浦东现代物流行业协会供稿

10.3 编辑说明

《上海物流年鉴 2021》出版了，这已经是第十本行业年鉴。本年鉴原定命名为《上海物流年鉴 2020》，应广大读者要求更名为《上海物流年鉴 2021》，内容反应的是 2020 年度全国及上海物流行业相关发展报告及情况。

本年度年鉴共分十篇：第一篇综合报告与政策文件；第二篇物流业发展景气指数；第三篇口岸、临港自贸区、进口博览会物流；第四篇长三角物流业区域联动合作；第五篇制造业物流；第六篇逆向物流；第七篇城市配送与快递物流；第八篇物流装备、标准、技术和信息化；第九篇物流金融与保险；第十篇附录，本年度年鉴信息和稿件收集的时间范围为 2020 年全年（部分延至 2021 年 2 月）

本年鉴根据行业发展实际情况，在 2019 年鉴基础上做了篇幅前后的改动，其余的篇章也有相应不同程度的框架及内容上的扩充或缩减。

本次调整如下：第一篇综合报告与政策文件，第二篇物流业发展景气指数，这两篇主要登载了当年主要政府政策及法律、法规的文件和官方的解读，以及 2020 年物流业发展景气指数数据。取消了上一本年鉴第二篇物流基础领域，取消了第三篇“物流业改革开放四十年”整个篇章，改至为今年的第三篇口岸、自贸区、进口博览会物流，将原第五篇中的“长三角物流业区域合作”单独纳入第四篇长三角物流业区域联动合作，第五篇制造业物流章节未变，第六篇逆向物流，由上一本年鉴第十篇提至本年鉴第六篇，取消了第八篇冷链物流，改为第八篇物流装备、标准、技术和信息化，第九篇物流金融与保险，章节在上一本年鉴基础上增加了物流保险板块。第十篇附录，取消了上一本年鉴中上海物流业大事记章节。

本年鉴选摘稿件信息主要来源于国家统计局、国家发展改革委、国家邮政局、交通运输部、商务委、中国（上海市）发展改革委、市经信委、市商务委、中物联、工信部、市统计局、市交通委、市城市交通运输管理处、市口岸服务办公室、上海市邮电管理局、上海海关、上海市港口行业协会、上海市物流协会（学会）、上海市快递协会、上海现代服务业联合会等公共网站，本年鉴采用的选摘稿件均注明了数据信息来源出处。

由于今年仍然处于疫情防控阶段原因，物流行业信息统计不够全面及时，加以物流业涉及面广，内容浩繁，少数数据由于统计口径不尽一致，数值若不尽相同，再加上编辑专业水平经验不足，若有疏漏及不足之处，敬请读者和业内外人士批评指正。

上海物流年鉴编辑部
2021 年 3 月 24 日